国家出版基金项目
NATIONAL PUBLICATION FOUNDATION

U0586467

中国近代
思想家文库

◎

章太炎卷

姜义华 编

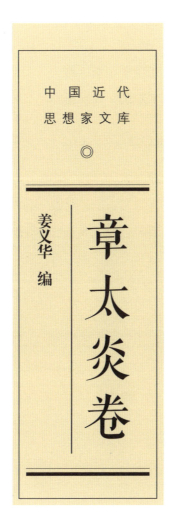

中国人民大学出版社
·北京·

总 序

对于近代的理解，虽不见得所有人都是一致的，但总的说来，对于近代这个词所涵的基本意义，人们还是有共识的。一个国家、一个民族走入近代，就意味着以工业化为主导的经济取代了以地主经济、领主经济或自然经济为主导的中世纪的经济形态，也还意味着，它不再是孤立的或是封闭与半封闭的，而是以某种形式加入到世界总的发展进程。尤其重要的是，它以某种形式的民主制度取代君主专制或其他不同形式的专制制度。中国是个幅员广大、人口众多、历史悠久的多民族国家，由于长期历史发展是自成一体的，与外界的交往比较有限，其生产方式的代谢迟缓了一些。如果说，世界的近代是从 17 世纪开始的，那么中国的近代则是从 19 世纪中期才开始的。现在国内学界比较一致的认识，是把 1840 年到 1949 年视为中国的近代。

中国的近代起始的标志是 1840 年的鸦片战争。原来相对封闭的国门被拥有近代种种优势的英帝国以军舰、大炮再加上种种卑鄙的欺诈打开了。从此，中国不情愿地加入到世界秩序中，沦为半殖民地。原来独立的大一统的中央集权的君主专制国家，如今独立已经极大地被限制，大一统也逐渐残缺不全，中央集权因列强的侵夺也不完全名实相符了。后来因太平天国运动，地方军政势力崛起，形成内轻外重的形势，也使中央集权被弱化。经历第二次鸦片战争、中法战争、甲午战争、八国联军入侵的战争以及辛亥革命后的多次内外战争，直至日本全面侵略中国的战争，致使中国的经济、政治、教育、文化，都无法顺利走上近代发展的轨道。古今之间，新旧之间，中外之间，混杂、矛盾、冲突。总之，鸦片战争后的中国，既未能成为近代国家，更不能维持原有的统治秩序。而外患内忧咄咄逼人，人们都有某种程度“国将不国”的忧虑。

“天下兴亡，匹夫有责”，读书明理的士大夫，或今所谓知识分子，尤为敏感，在空前的危机与挑战面前，皆思有所献替。于是发生种种救亡图存的思想与主张。有的从所能见及的西方国家发展的经验中借鉴某些东西，形成自己的改革方案；有的从历史回忆中拾取某些智慧，形成某种民族复兴的设想；有的则力图把西方的和中国所固有的一些东西加以调和或结合，形成某种救亡图强的主张。这些方案、设想、主张，从世界上“最先进的”，到“最落后的”，几乎样样都有。就提出这些方案、设想、主张者的初衷而言，绝大多数都含着几分救国的意愿。其先进与落后，是否可行，能否成功，尽可充分讨论，但可不必过为诛心之论。显而易见，既然救国的问题最为紧迫，人们所心营目注者自然是种种与救国的方案直接相关的思想学说，而作为产生这些学说的更基础性的理论，及其他各种知识、思想，则关注者少。

围绕着救国、强国的大议题，知识精英们参考世界上种种思想学说，加以研究、选择，认为其中比较适用的思想学说，拿来向国人宣传，并赢得一部分人的认可。于是互相推引，互相激励，更加发挥，演而成潮。在近代中国，曾经得到比较广泛的传播的思想学说，或者够得上思潮的，主要有以下几种：

（一）进化论。近代西方思想较早被引介到中国，而又发生绝大影响的，要属进化论。中国人逐渐相信，进化是宇宙之铁则，不进化就必遭淘汰。以此思想警醒国人，颇曾有助于振作民族精神。但随后不久，社会达尔文主义伴随而来，不免发生一些负面的影响。人们对进化的了解，也存在某些片面性，有时把进化理解为一条简单的直线。辩证法思想帮助人们形成内容更丰富和更加符合实际的发展观念，减少或避免片面性的进化观念的某些负面影响。

（二）民族主义。中国古代的民族主义思想，其核心是“非我族类，其心必异”，所以最重“华夷之辨”。鸦片战争前后一段时期，中国人的民族思想，大体仍是如此。后来渐渐认识到“今之夷狄，非古之夷狄”，“西人治国有法度，不得以古旧之夷狄视之”。但当时中国正遭受西方列强的侵略和掠夺，追求民族独立是民族主义之第一义。20世纪初，中国知识精英开始有了“中华民族”的概念。于是，渐渐形成以建立近代民族国家为核心的近代民族主义。结束清朝君主专制，创立中华民国，是这一思想的初步实现。第一次世界大战爆发，中国加入“协约国”，第一次以主动的姿态参与世界事务，接着俄国十月革命爆发，这两件事对近代中国的发展历程造成绝大影响。同时也将中国人的民族主义提升到一个新的层次，即与国际主义（或世界主义）发生紧密联系。也可以说，中国人更加自觉地用世界的眼光来观察中国的问题。新生的中国共产党和改组后的国民党都是如此。民族主义成为中国的知识精英用来应对近代中国所面临的种种危机和种种挑战的一个重要的思想武器。

（三）社会主义。社会主义作为一种模糊的理想是早在古代就有的，而且不论东方和西方都曾有过。但作为近代思潮，它是于 19 世纪在批判近代资本主义的基础上产生的。起初仍带有空想的性质，直到马克思和恩格斯才创立起科学社会主义。20 世纪初期，社会主义开始传入中国。当时的传播者不太了解科学社会主义与以往的社会主义学说的本质区别。有一部分人，明显地受到无政府主义的强烈影响，更远离科学社会主义。直到五四新文化运动兴起之后，中国人始较严格地引介、宣传科学社会主义。但有一段时间，无政府主义仍是一股很大的思想潮流。中国共产党的成立，从思想上说，是战胜无政府主义的结果。中国共产党把在中国实现社会主义乃至共产主义作为自己的奋斗目标。此后，社会主义者，多次同各种非科学社会主义思想的信仰者进行论争并不断克服种种非科学社会主义思想的影响。

（四）自由主义。自由主义也是从清末就被介绍到中国来，只是信从者一直寥寥。直到五四新文化运动兴起，具有欧美教育背景的知识精英的数量渐渐多起来，自由主义始渐渐形成一股思想潮流。自由主义强调个性解放、意志自由和自己承担责任，在政治上反对一切专制主义。在中国的社会条件下，自由主义缺乏社会基础。在政治激烈动荡的时候，自由主义者很难凝聚成一股有组织的力量；在稍稍平和的时候，他们往往更多沉浸在自己的专业中。所以，在中国近代史上，自由主义不曾有，也不可能有大的作为。

（五）激进主义与保守主义。处于转型期的社会，旧的东西尚未完全退出舞台，新的东西也还未能巩固地树立起来，新旧冲突往往要持续很长的时间，有时甚至达到很激烈的程度。凡助推新东西成长的，人们便视为进步的；凡帮助旧东西排斥新东西的，人们便视为保守的。其实，与保守主义对应的，应是进步主义；与顽固主义相对的则应是激进主义。不过在通常话语环境中人们不太严格加以区分。中国历史悠久，特别是君主专制制度持续两千余年，旧东西积累异常丰富，社会转型极其不易。而世界的发展却进步甚速。中国的一部分精英分子往往特别急切地想改造中国社会，总想找出最厉害的手段，选一条最捷近的路，以最快的速度实现全盘改造。这类思想、主张及其采取的行动，皆属激进主义。在中共党史上，它表现为“左”倾或极左的机会主义。从极端的激进主义到极端的顽固主义，中间有着各种程度的进步与保守的流派。社会的稳定，或社会和平改革的成功，都依赖有一个实力雄厚的中间力量。但因种种原因，中国社会的中间力量一直未能成长到足够的程度。进步主义与保守主义，以及激进主义与顽固主义，不断进行斗争，而实际所获进步不大。

（六）革命与和平改革。中国近代史上，革命运动与和平改革运动交替进行，有时又是平行发展。两者的宗旨都是为改变原有的君主专制制度而代之以某种形式的近代民主制度。有很长一个时期，有两种错误的观念，一是把革命理解为仅仅是指以暴力取得政权的行动，二是与此相关联，把暴力革命与和平改革对立起来，认为革命是推动历史进步的，而改革是维护旧有统治秩序的。这两种论调既无理论根据，也不合历史实际。凡是有助于改变君主专制制度的探索，无论暴力的或和平的改革都是应予肯定的。

中国近代揭幕之时，西方列强正在疯狂地侵略与掠夺殖民地和半殖民地，中国是它们互相争夺的最后一块、也是最大的资源地。而这时的中国，沿袭了两千年的君主专制制度已到了奄奄一息的末日，统治当局腐朽无能，对外不足以御侮，对内不足以言治，其统治的合法性和统治的能力均招致怀疑。革命运动与改革的呼声，以及自发的民变接连不断。国家、民族的命运真的到了千钧一发之际，危机极端紧迫。先觉分子救国之心切，每遇稍具新意义的思想学说便急不可待地学习引介。于是西方思想学说纷纷涌进中国，各阶层、各领域，凡能读书读报者，受其影响，各依其家庭、职业、教育之不同背景而选择自以为不错的一种，接受之，信仰之，传播之。于是西方几百年里相继风行的思想学说，在短时期内纷纷涌进中国。在清末最后的十几年里是这样，五四时期在较高的水准上重复出现这种情况。

这种情况直接造成两个重要的历史现象：一个是中国社会的实际代谢过程（亦即社会转型过程）相对迟缓，而思想的代谢过程却来得格外神速。另一个是在西方原是差不多三百年的历史中渐次出现的各种思想学说，集中在几年或十几年的时间里狂泻而来，人们不及深入研究、审慎抉择，便匆忙引介、传播，引介者、传播者、听闻者，都难免有些消化不良。其实，这种情况在清末，在五四时期，都已有人觉察。我们现在指出这些问题并非苛求前人，而是要引为教训。

同时我们也看到，中国近代思想无比的多样性与复杂性呈现出绚丽多彩的姿态，各种思想持续不断地展开论争，这又构成中国近代思想史的一个突出特点。有些论争为我们留下了非常丰富的思想资料。如兴洋务与反洋务之争，变法与反变法之争，革命与改良之争，共和与立宪之争，东西文化之争，文言与白话之争，新旧伦理之争，科学与人生观之争，中国社会性质的论争，社会史的论争，人权与约法之争，全盘西化与本位文化之争，民主与独裁之争，等等。这些争论都不同程度地关联着一直影响甚至困扰着中国人的几个核心问题，即所谓中西问题、古今问题与心物关系问题。

中国近代思想的光谱虽比较齐全，但各种思想的存在状态及其影响力是很不平衡的。有些思想信从者多，言论著作亦多，且略成系统；有些可能只有很少的人做过介绍或略加研究；有的还可能因种种原因，只存在私人载记中，当时未及面世。然这些思想，其中有很多并不因时间久远而失去其价值。因为就总的情况说，我们还没有完成社会的近代转型，所以先贤们对某些问题的思考，在今天对我们仍有参考借鉴的价值。我们编辑这套《中国近代思想家文库》，希望尽可能全面地、系统地整理出近代中国思想家的思想成果，一则借以保存这份珍贵遗产，再则为研究思想史提供方便，三则为有心于中国思想文化建设者提供参考借鉴的便利。

考虑到中国近代思想的上述诸特点，我们编辑本《文库》时，对于思想家不取太严格的界定，凡在某一学科、某一领域，有其独立思考、提出特别见解和主张者，都尽量收入。虽然其中有些主张与表述有时代和个人的局限，但为反映近代思想发展的轨迹，以供今人参考，我们亦保留其原貌。所以本《文库》实为“中国近代思想集成”。

本《文库》入选的思想家，主要是活跃在1840年至1949年之间的思想人物。但中共领袖人物，因有较为丰富的研究著述，本《文库》则未收入。

编辑如此规模的《文库》，对象范围的确定，材料的搜集，版本的比勘，体例的斟酌，在在皆非易事。限于我们的水平，容有瑕隙，敬请方家指正。

《中国近代思想家文库》编纂委员会

目 录

导 言

（一）章太炎生平：独树风标的革命者，继往开来的思想家

一 童年与青年

章太炎，清同治七年戊辰十一月三十（即1869年1月12日）生于浙江省杭州府余杭县东乡仓前镇。初名学乘，改名炳麟，字枚叔。后以“太炎”知名于世。太炎二字，缘于倾慕明末清初大思想家黄宗羲（其字太冲）及顾炎武而取。他所使用的笔名、别名、别号还有“膏兰室主人”、“章绛”、“西狩”、“台湾旅客”、“穷荒孤客”、“蓟汉阁主”等20多个。

章太炎出生之时，正值“同治中兴”。清王朝在倾其全力平定太平天国与捻军之后，借助于办“洋务”，使统治秩序渐次恢复。经历十多年战乱，全国人口锐减，大量土地荒芜，急待招徕户口开垦，人口膨胀与耕地有限的矛盾得到暂时缓和；小农的普遍增加，永佃制在江南的推行，为农业和农村的复苏提供了契机。结果，清王朝深重的经济危机、政治危机、社会危机的总爆发被延缓了30多年。章太炎正是在这样的环境中度过了他的童年、少年和青年。

章太炎的家庭，乾隆、嘉庆年间曾一度显于乡里。太平天国战乱期间，家道急遽中落。他的父亲章濬曾做过杭州知府谭钟麟的幕僚，后返回余杭任县学训导，后因卷入仓前镇轰动一时的“杨乃武与小白菜案”，被革职闲居在家。仕途不利，章濬恬淡之中，常常又夹杂着一丝郁郁不得志的情绪。章太炎生活在这样的家庭中，能够较为安定地接受教育，而同清王朝及当时炙手可热的湘淮军统治集团保持了相当一段距离。

章太炎4岁就学识字，7岁后从外祖父朱有虔接受了非常严格的朴学基础教育和基本训练。朱有虔出身于海盐汉学世家，本人对汉学也很有修养，课读小外孙，非常尽心，使章太炎童稚时代便受到了朴学的正规启蒙。

11岁时，外祖父返回海盐，章太炎改由父亲亲自督教。章濬课以律诗及科举文字，3年后即命章太炎赴县城参加童子试。章太炎因患癫痫症未能终场。其后便废制义不为，专心研究文字音韵诸学。担任县学训导不久又中举的长兄章炳森对章太炎的学业非常关心，指导他刻苦攻读许慎的《说文解字》、段玉裁的《说文解字注》、顾炎武的《音学五书》、郝懿行的《尔雅义疏》等一批文字音韵学方面的权威性著作；章太炎还通过仔细研读王引之的《经义述闻》等著作，得识如何充分运用文字音韵学知识诠释经文、疏解经义。在这一扎实的基础上，章太炎通读了汇集清代经学研究之大成的《学海堂经解》与《南菁书院经解》，共二千八百余卷，对清代朴学研究的成果有了比较全面的了解。

1890年，章濬去世。章太炎离家至杭州入由俞樾主持的著名学府诂经精舍，埋首苦读近8年。章太炎师事俞樾，培养了研治群经和诸子的浓厚兴趣。他在精舍期间，还虚心向谭献、黄以周、高学治等一批卓然成家的学者问学，在他们的影响下，从专门模拟秦汉文风转向崇尚魏晋文章，从只言片语的考订转向注重古今各种典章制度及其沿革的研究。

就思想渊源而论，章太炎在这一时期最为重视的是传统的史学与子学。《春秋左氏传》，杜佑的《通典》，司马光的《资治通鉴》及老子、庄子、荀子、韩非的著作，对他影响极深。这时，他也开始接触西方若干学说。从译成中文的欧几里得《几何原本》、侯失勒《谈天》、雷侠尔《地学浅释》等书中，他接触到近代西方天体演化学说、生物进化学说、细胞学说、物质构成的元素与粒子学说。从其他译书与刊物中，他还接触到外国历史与西方哲学、社会学。传统思想与西方这些学说推动了章太炎自具特色的学说见解的形成。

章太炎在诂经精舍期间撰写的第一部著作是《膏兰室札记》。原稿分装4册，以密密麻麻的蝇头小楷写成，以他读书著述的一方斗室名称题名。这是一部仿效《读书杂志》、《诸子平议》的著作，以诠释考辨诸子著作为主，兼及经、史，其中一个重要特色，是运用了不少他当时所知的西学知识。

《春秋左传读》是章太炎精舍期间用力最勤撰成的一部50万字的著作，原题《春秋左传杂记》，共有900条，分作9卷，解释《左传》中文字、典章、名物，疏证《左传》体例、论旨，辨明《左传》作者、撰著与传授的过程。有清一代，专门研究《左传》的鸿篇巨制极少，章太炎运用自己广博的知识和熟练的方法，填补了这方面的空白。

正当章太炎潜心著述之时，边陲警报迭起，民族危机日渐深重。当甲午海战的隆隆炮声响起的时候，西子湖畔的宁静书斋便再也平静不下去了，章太炎的生活历程翻开了新的一页。

二 从革政到革命

甲午战争失败，大片土地被割让，大笔赔款要支付，“洋务”竟不堪一击，“中兴”重新为危机所取代。章太炎深深感到，这是一个“大群之将涣”的时代，他尽管只是一名“越之贱民”，生又羸弱，“目睹其肢体骨肉之裂而不忍，去之而不可，则惟强力忍诟以图之”①。他针对现实重读史著与诸子著作，“独于荀卿、韩非所说，谓不可易”②。荀子法后王，尊荀也就必然注重研治西学。为此，他同主张尊崇孟子及法先王的老师俞樾产生了分歧。1895年11月，康有为在上海发起建立上海强学会，团结南北之通人志士讲求新学。章太炎见到章程后，立即报名入会并捐款支持，这是他首次表示同发动公车上书、积极鼓吹维新变法的康有为站在同一战线上。

随着维新运动渐次开展，章太炎越来越不甘于“终日枯坐，与蟫鱼相对”③。1897年初春，他欣然接受了上海《时务报》经理汪康年的邀请，不顾俞樾的劝阻，离开了诂经精舍，到这家维新变法最重要的宣传中心参加编撰工作，发表了《论学会有大益于黄人亟宜保护》等文，被谭嗣同称誉为“真巨子也”④。但为时未久，他就因为不愿附和康有为尊孔设教的主张，同主持报馆工作的康门弟子梁启超、麦孟华等发生冲突，被梁启超的学生梁作霖当众羞辱殴打。章太炎不愿因思想学术上的分歧导致政治上的分裂，为避免事态扩大，主动离开了时务报馆。

---

① 章太炎：《明独》，见《訄书》初刻本。

② 章太炎：《菿汉微言》，见浙江图书馆刊《章氏丛书》本第72页。

③ 章太炎：《致谭献书》（光绪二十二年七月十日），上海图书馆收藏。

④ 谭嗣同：《致汪康年、梁启超书》，见《谭嗣同全集》第三七一页。

章太炎返回杭州，但没有返回诂经精舍。他起先着手撰写《〈新学伪经考〉驳议》，后来考虑到这样做会因康有为威望受损而削弱共同致力的维新政治运动，接受了孙诒让的劝告，中止了这部书的写作。

为推动浙江维新变法运动，1897 年 6 月，章太炎同宋恕、陈虬等人联名发起成立了兴浙会，要求以浙江历史上五位著名英雄刘基、于谦、王守仁、黄宗羲、张煌言为楷模，振兴浙江，进而振兴中国与亚洲。他企图将兴浙会办成一个政治性团体，特别标榜奋勇抗击异族统治、积极规复华夏故鼎的历史人物，表明他已隐隐将振兴中国与维护清廷统治区别开来。《兴浙会章程》要求根据荀子法后王精神研究西方格致、政法诸学，对传统思想，以研治周礼、汉唐历史及管子、墨子之学为主，反映了章太炎这一时期治学的基本倾向。

兴浙会筹组未久，1897 年 8 月初，章太炎又与宋恕、陈虬等创办了《经世报》，并试图使之成为兴浙会的机关刊物。在创刊号上，他发表了《变法箴言》一文，比较系统地正面阐述了他对维新变法的见解。章太炎认为，应当同时反对两种错误倾向：一是醉生梦死，无视国家深重危机，继续抱残守缺，骛心于教派之争；二是看改革之业过于轻易，“见西法之效，以为驰骋上下，无曲折可以径行也”。他指出，前一种倾向将会使士气愈委靡、民志愈涣散，国家“求再亡、三亡而不可得”；而后一种倾向，以为借一纸法令，中国就能够立即开议院、立民主，那只能导致无政府状态泛滥，甚至域内抢攘、流血漂橹。就建立民主政治而言，他强调：“学堂未建，不可以设议院；议院未设，不可以立民主。”为此，中国维新变法必须具有“趣死不顾”的决心，而又认真注意民众觉悟程度和新旧力量对比的实际状况，准备走一条曲折之路。“憔悴竭思，斟酌西法，则而行之。”为促使民众觉悟，他主张在维新宣传与教育中“必合中西之言以喻之”，分别不同对象，或重在“道今”，或“委蛇以道古”。这篇文章，比较全面地显示了章太炎维新变法运动中的基本立场。

章太炎对清王朝率直的批评，特别是他经常流露出来的反满民族情绪，使兴浙会中的许多成员感到不安。他们要求修改《兴浙会章程》，改变兴浙会倾向，《经世报》一部分同仁也支持他们的要求。章太炎愤而退出兴浙会，并辞去《经世报》总撰述职务。

根据针对不同对象或倡导复兴故物、或径直介绍新知的方针，章太炎 1897 年 8 月与王仁俊一道创办了《实学报》，11 月与恽积勋、董康等一同组织了译书公会，创办了《译书公会报》。在《实学报》上，章太炎发表了《后圣》、《儒道》、《儒兵》、《儒法》、《儒墨》、《儒侠》、《异术》等一批比较儒学与诸子学短长的文章，用以论证诸子学说可以纠正儒学的偏颇，补充儒学的不足，引导治旧学者脱出儒学樊篱。译书公会的任务则是专门购求和译介欧美日本“凡有关政治、学校、律例、天文、舆地、光化电汽诸学、矿务、商务、农学、军制”等切用书籍，章太炎作为专任主管，负责确定会报的宗旨、选题、译文润色。

1897 年冬，德军强占胶州湾，沙皇俄国军舰闯进旅顺港，一场以划分在华势力范围，进而肢解中国为目标的瓜分狂潮席卷而来。为了挫败德、俄等国的侵略阴谋，章太炎致书总理各国事务衙门大臣李鸿章，建议外交上采取主动行动，利用将威海卫租借给日本，以及广泛聘用日本学者和各类工程技术人员来中国，与日结成联盟，借日本之力抵制德、俄、英、法势力的扩张。“瓜分之形，皦如泰山”，如果继续消极应付，那就会束手待毙。① 章太炎在信中还介绍了自己的学历、志向，期望得到李鸿章的器重，但上书以后，如石沉大海，李鸿章对他的建议未予置理。

1898 年初，湖广总督张之洞致电章太炎，邀请他赴武昌担任即将创办的《正学报》主笔，并派幕僚钱徇至沪迎接。4 月初，章太炎到达武昌，发现主持《正学报》创办事宜的是张之洞的亲信梁鼎芬，他们企图利用章太炎反对建立孔教，把《正学报》办成一个反对康有为的刊物。正在这时，张之洞鼓吹“中学为体，西学为用”的代表作《劝学篇》由两湖书院刊刻问世，内篇鼓吹保国保教保种，外篇讨论引进西学西制，全书中心是效忠清廷。这一切，使章太炎深为失望。他为此同梁鼎芬等人发生多次正面冲突，在武昌只待了一个月，便乘舟东下。

章太炎返沪不久，光绪发布《明定国是》诏书，开始了“百日维新”。1898 年 7 月 26 日，《时务报》奉旨改为官办，汪康年乘机改刊名为《昌言报》，并聘章太炎为主笔。章太炎密切关注着京中政局的发展。结局很快就出现了：慈禧发动军事政变，光绪被软禁，康有为、梁启超仓皇外逃，谭嗣同等“六君子”惨遭屠戮，腥风血雨笼罩了中国大地。章太炎对清王朝统治集团自我变革是否可能由来已久的怀疑得到了证实。他悲愤地撰写了《祭维新六贤文》，痛斥以慈禧太后为首的反动势力；他还以“日本西狩祝予”的假名在《昌言报》上发表了《书汉以来

① 参见章太炎：《上李太傅伯相书》，上海图书馆收藏。

革政之狱》，对汉唐以来多次改革运动失败的原因作了总结；并暗示康有为、谭嗣同等尽管被强加了各种罪名，但真相终将大白于天下，“其事虽不获平反于当时，而未尝不平反于后世”。

不久，章太炎被列名通缉。他在上海已立不住足，经亚东时报馆日本人安藤阳洲等介绍，1898年12月到了日本占领下的台湾。

先前，章太炎尽管对清王朝深为不满，还是希望能够通过较为和平的“革政”来达到改革的目标，避免采用激烈的革命手段。面对慈禧太后所发动的军事政变和“六君子”的惨遭杀戮，他自白“至此亦悟无兵仿者之不能变政矣”①。但是，对于是否只有革命一途，他心中尚存疑虑。在台北，他应聘担任《台湾日日新报》特约撰述，在该报发表了数十篇文章，揭露发动政变的元凶那拉氏及助纣为虐的袁世凯、张之洞等人的罪恶，对逃避在日本的康有为、梁启超表示积极声援。康、梁的政治见解这时对他仍有相当影响，特别是革命将引发内乱，导致列强干涉和瓜分危机的论点，成了他走向革命的严重障碍。正是处于这样一种矛盾徨遽的状态下，他提出了“客帝”与“分镇”两项主张。

客帝一语，脱胎于古之客卿。章太炎认为，凭清王朝统治的种种罪恶，进行反满斗争的正义性是无可怀疑的。但一面有“逐加于满人，而地割于白人”的外部威胁，另一面又有光绪皇帝椎胸啮臂以悔250年之过，并决心变革故法以御白人之侮的内在因素，不攘逐满人又是必要的与可能的。这互相冲突的两种政治方略怎样才能统一起来呢？一个折中的方案就是光绪皇帝“引咎降名，以方伯自处”，主持实际政务，身份犹如向国外聘来佐理政务的客卿，而虚尊孔子为“中夏之共主”②。这样，至尊的帝号归之于汉人，但又非实体；光绪皇帝可以变法，但他又只是一名权力较大的长官；反满与不攘逐满人两种要求便都可得到满足。

分镇，是在中央政治制度没有改变的情况下，将全国分成6个大区，燕、齐、晋、汴及东三省为王畿，由朝廷直接统辖，关陇并附以新疆、楚蜀并附以西藏、滇黔桂、闽粤、江浙等各以其督抚治理，行政署吏惟其所令，每年上交朝廷数十万贡银。“若是，则外人不得挟政府以制九域，冀少假岁月以修内政。人人亲其大吏，争为效命，而天下少安矣。”③

---

① 章太炎：《致汪康年》（己亥正月初七日），上海图书馆收藏。

② 《客帝论》，见1899年3月12日《台湾日日新报》；《清议报》第十五册（1899年5月20日出版）。又见《訄书》初刻本《客帝》；《訄书》修订本《客帝匡谬》。

③ 章太炎：《分镇》，见《訄书》初刻本。

然而，中国政治局势的发展很快便粉碎了章太炎所精心设计的这两个方案，并使他对康有为等从期待转为深深的失望。对日本朝野较为深入的了解，也使他认识到先前寄期望于日本支持中国抗击西方各国是多么幼稚。

台湾处于日本殖民主义统治之下，章太炎在这里首先较为直接地尝到了亡国之民的滋味；因此，他对于日本治台政策经常猛加抨击。他终于无法在台继续待下去，决定赴日游历与考察一个短时期后即秘密回国。1899年6月，他到达日本，会见了梁启超，并第一次见到孙中山。在这里，他看到许多高唱维新的流亡者竟热衷于争名逐利，非常气愤，怒斥他们"蛣蜣思转丸，茅鸱惟啖肉；新耶复旧耶，等此一丘貉!"①

1899年8月底，章太炎秘密返回上海，后为逃避清廷耳目，又潜回浙江。他一面将自己论学论政的第一部综合性著作《訄书》编定付梓，一面寻找机会将自己提出的客帝与分镇方案付诸实施。1900年1月，慈禧太后宣布立端王载漪之子溥俊为"大阿哥"，准备废黜光绪皇帝，立溥俊为帝。这一计划虽因各国驻华公使拒绝给予支持而搁浅，却将光绪的懦弱与毫无实力裸露于世。依靠这样的客帝来进行改革、抵御列强显然很荒唐。1900年夏，义和团控制北京，慈禧太后决定对列强宣战，列强组成八国联军进津京地区，南方各省督抚为安定列强之心，宣布"东南互保"。章太炎以为实施分镇方案时机已到，写信给两广总督李鸿章与两江总督刘坤一，要他们"明绝伪诏，更建政府，养贤致民，以全半壁"②。但是，李鸿章却北上接任直隶总督兼北洋大臣，刘坤一也继续效忠清廷。章太炎在《訄书》刻本上写下一段自责的批语，说上述客帝、分镇等主张都是"弃本崇教，其流使人相食"③。随即，他又分别写了《客帝匡谬》与《分镇匡谬》，说明"满洲弗逐，欲士之爱国，民之敌忾，不可得也。浸微浸削，亦终为欧美之陪隶已矣"；分镇属"借权之谋"，但事实已证明，"今督抚色厉中干，诸少年意气盛壮，而新用事者，其葸畏又过大耋旧臣"，这就表明："夫提挈方夏在新圣，不沾沾可以媮取。"④

正在这时，严复、容闳、唐才常等人联络在沪各方面人士于1900

① 章太炎：《西归留别中东诸君子》，见《清议报》第二十八册。

② 章太炎：《庚子拳变与粤督书》，见《甲寅周刊》第一卷第四二号。

③ 《訄书》（木刻本）章太炎手批本，上海图书馆藏。

④ 《客帝匡谬》、《分镇匡谬》，俱见《訄书》，东京翔鸾社1904年4月版"前录"。

年7月26日在上海愚园正式建立中国议会，确定宗旨为“不认通匪矫诏之伪政府”、“平内乱”、“保全中国自主”、“推广支那未来文明之进化”①。章太炎参加了成立会，对于唐才常等所坚持的起兵“勤王”的主张极为不满，为此，给中国议会专门写了一份说帖，强调“本会为拯救支那，不为拯救建虏；为振起汉族，不为振起东胡；为保全兆民，不为保全孤偾……若模棱两可，阴有所觊，徒托斗智斗力之辞，坐忘畏首畏尾之害，则国非吾国，民非吾民，虽保安全壤，仍与曾、胡之徒同符共轨”，并明确表示自己断然退出，以示抗议。② 随即，8月3日，他又毅然剪去作为忠于清王朝标志的长辫，不再穿清朝服装。他并挥笔写了《解辫发说》，公开宣布同清王朝完全决裂；致书孙中山，表达了对他无限仰慕的情感和自己坚定不移的革命信念。他终于克服了所有疑虑，走上了革命道路。

三　七被追捕，三年禁狱

章太炎第一次被通缉追捕，是在戊戌政变之后；第二次被追捕，是因为慈禧太后立溥俊为大阿哥时，上海电报局总办经元善联合各省寓沪绅商1 200多人急电北京反对逼迫光绪退位，章太炎也被经元善列名其中，慈禧太后恼羞成怒，下令缉捕经元善与其他列名者，章太炎不得不走避。1900年8月唐才常发动自立军起事失败，清廷悬赏缉拿列名于中国议会与自立军的成员，章太炎第三次成为被指名追捕的要犯。相隔数月之后，事态有所缓和，他返回余杭乡里度岁。农历正月初一，他获悉追捕者即将到达，原来他又因《訄书》初刻本问世而第四次被缉拿。他在一座寺院中躲避了10多天，潜回上海，借住在朋友吴保初家中。

这时，章太炎越来越强烈地感到康有为、梁启超等人所持的保皇主义，只反对慈禧太后而不反对整个清朝统治者，将中国革新强盛的希望寄托于光绪皇帝重新执掌朝政，已经成为妨碍人们走向反清革命的重要障碍。为了击破人们对光绪皇帝的幻想，章太炎撰写了《正仇满论》，发表于在东京出版的《国民报》第四期，论证包括光绪本人在内的整个满族统治者绝不可能放弃他们的权力、地位与既得利益，他们所有作

---

① 孙宝瑄：《日益斋日记》庚子七月初一日，上海图书馆藏。

② 参见《请严拒满蒙人入国会状》及下述《解辫发说》、《来书（至孙中山书）》，俱见《中国旬报》第十九期。

为，“无一事不足以丧吾大陆”，只有经过革命，推翻清朝统治者，中国才能真正变法，取得成功。这是近代中国公开正面批判保皇主义的第一篇论文。章太炎旗帜鲜明的反清革命宣传，使许多人感到惊骇，也使他面临第五次被缉捕的威胁。

为避开清廷耳目，章太炎经吴保初推荐，于 1901 年 8 月赴苏州到美国传教士所创办的东吴大学任教。在课堂上，章太炎照样抨击清朝内外政策，宣传反清革命。当时，俞樾已离开诂经精舍，移居苏州，章太炎特地去拜谒自己的老师。不料，俞樾竟给他一顿怒斥：“今入异域，背父母陵墓，不孝；讼言索虏之祸，毒敷诸夏；与人书，指斥乘舆，不忠；不孝不忠，非人类也。小子鸣鼓而攻之可也。”① 章太炎非常难过，因为老师竟如此不理解他，但他并没有就此丧气，相反，写下了《谢本师》，严词拒绝了俞樾加于他的罪名，表达了坚定不移的革命决心。

1902 年初，湖广总督张之洞、湖北巡抚端方、两江总督刘坤一、江苏巡抚恩寿、浙江巡抚任道镕等封疆大吏函电交错，密谋逮捕章太炎。章太炎虽然只不过是一介书生，却使统治者为之惊恐不已。又是一个农历正月初一，章太炎得到急电，知这一次追捕更急，在苏州、杭州、上海都已待不下去。2 月下旬，他再次流亡日本。

这时，留日学生已从上次来日时的数十人增至 600 人。章太炎抵日之后，即同《国民报》的创办者秦力山等人每日聚会，讨论革命排满诸问题。他听说孙中山旅居横滨，即和秦力山专程往访，孙中山也每月数次来东京同他们讨论与革命相关的一些重大问题，使留学生与孙中山所致力的革命运动沟通起来。

1902 年 4 月 26 日，是明末永历皇帝殉国 242 周年*。为了唤起人们仇恨清王朝的民族情绪，章太炎与秦力山等发起是日举行纪念会。清朝驻日公使要求日本当局制止，日本警吏驱散了赶来与会的数百名留学生。孙中山随即邀集章太炎、秦力山等于当天下午到横滨，使纪念会得以举行。孙中山任主席，章太炎宣读纪念词，这是一次将正在兴起的革命浪潮集中到“排满”这个简明目标上来的政治示威。

这次章太炎在日本逗留了 3 个月。一有空，他就去书店，购买有关哲学、社会学、文化人类学、语言文字学等方面新近出版的各种著作，

---

① 《谢本师》，见《民报》第九号。

* 此处按中国旧历计算。——编者注

热心了解各派观点，用以提高自己的学理水准。他深切地感到，极有必要从思想上、理论上对旧的认识作一番清理，对新的认识作一番总结。为此，在得知追捕他的风声稍微减弱以后，他便潜行归国，着手修订《訄书》。

章太炎从革政转向革命，就已着手修订《訄书》。这次从日本返国后，更集中全力做这一工作。对初刻本最为不满的，一是在“尊荀”的名义下仍然承认孔子至高无上的地位，甚至将荀子的“法后王”解释成为师法孔子，无助于人们从传统思想，特别是传统儒学下解放出来；二是其中有不少继续散布对清王朝抱有幻想的文字，影响有待消除。此外，随着对国内外情况较多的了解和国内外政治经济局势自身的演变，有大量新的认识、新的经验有待总结。为使《訄书》成为一部更有系统的宣传革命与探讨中国如何变革的理论著作，他推开了其他许多工作，历时半年多，终于在1902年底、1903年初将《訄书》修订完毕，交日本东京翔鸾社于1904年4月铅印出版。《訄书》虽文字古奥，许多人句读为艰，但“风行一时”，“轰震海内”①。1904年至1906年间，重印多次。

1903年初农历新年过后不久，章太炎为避免第七次缉拿，再次离开家乡，应蔡元培、蒋智由之邀，到上海爱国学社担任高级班国文教员。爱国学社系由南洋公学罢课风潮中集体退学的学生在中国教育会蔡元培等支持下开办，后又有南京陆师学堂退学学生来沪参加。留学日本的邹容、张继、陈独秀因强行割去湖北留学生监督姚文甫的辫子被迫回国，陈独秀返回安徽，邹容、张继则住进了爱国学社。章太炎与邹容、张继及从南京陆师学堂来的章士钊日日聚会，纵论天下大势，并约为兄弟，共同献身革命。他们除利用课堂积极宣传革命外，还假地张园安垲第演讲厅每周开会演说，进行反对清朝腐朽统治及反对法国插足广西、沙俄军队驻屯东北拒不撤走的鼓动。

革命不再是极少数人秘密的活动，以上海为中心，它已发展成为引人注目的社会运动。革命运动的发展，加剧了保皇派与革命派的冲突。康有为的《答南北美洲诸华商论中国只可行立宪不可行革命书》，这时成了保皇主义反对革命的一份纲领性文献。为了公开驳斥康有为提出的反对进行革命的论点，章太炎撰写了《驳康有为论革命书》，公开论证进行以反满为直接目标的民族革命是势所必然，因为“今以满洲五百万人临制汉族四万万而有余者，独以腐败之成法愚弄之、锢塞之耳”，光

---

① 《章炳麟〈訄书〉再版已到》，见1904年10月16日《警钟日报》。

绪皇帝赞成变法，自有其个人目的，即使他诚意革新，也抵敌不了满洲贵族整体的势力。所以，不推翻清王朝，便只能屈心忍志以处奴隶之地。至于革命者的能力，不可能凭空产生，革命实践本身就是最好的课堂和锻炼场所。“公理之未明，即以革命明之；旧俗之俱在，即以革命去之。”“今日之民智，不必恃他事以开之，而但恃革命以开之。”此信写成后，一边托人带至香港转寄新加坡交康有为本人，一边在沪以《章炳麟驳康有为书》为名刊行，公之于世。一时间，上海市上人人争购，在知识界引起了强烈的反响。这时，年方 19 岁的邹容完成了《革命军》，同章太炎的《驳康有为论革命书》一并成为震动朝野的雷霆之声。

1903 年 5 月下旬，上海《苏报》主持者陈范倾向革命，聘请章士钊为主笔，章太炎等为撰述。章太炎、章士钊、邹容等即以《苏报》为阵地，大张旗鼓地展开革命宣传，把《苏报》变成了上海革命派的喉舌。清廷当然不会容忍，一面令沿江沿海各督抚对革命志士要严密查拿，随时惩办，一面向各国驻沪领事及工部局交涉，要求工部局出面查封设于租界之内的《苏报》，逮捕章太炎、邹容等人。章太炎闻讯后对邹容说：“吾已被清廷查拿七次，今第八次矣。志在流血，焉用逃为！”他不愿再东躲西藏逃避了。6 月 30 日上午，工部局巡捕到爱国学社搜查，他挺身而出，说：“余人俱不在，要拿章炳麟，就是我！”被捕后，被关进总巡捕房。次日，邹容在他的感召下，到捕房自行投案。

章太炎与邹容等人被捕后，清廷即紧急同各国驻华公使交涉，要求引渡，由清廷法办。俄、美、法、德、比诸国支持清廷要求，英、日、意等国认为同意引渡将会损害租界的“治外法权”，坚持由租界当局自行审理。结果，在会审公廨公堂上，清廷竟以中国政府名义控告章太炎、邹容“大逆不道，煽惑乱党，谋为不轨”，章太炎、邹容等则声明他们根本不承认“野蛮政府”。他们被捕及受审，《苏报》被封，在国内引起了强烈反响。各报刊广泛报道和评论这一案件，热切颂扬他们“壮哉奇男子，支那第一人。危言不怕死，感世至斯深”①。“宁为自由死，不作牛马生。男儿发大愿，公理终得明。”② 这一事件对扩大革命思潮的社会影响，远远超出了语言文字宣传的力量，而且在许多国家的议院、新闻界也引起了争执，使中国革命的风潮为世界所注目。1903 年

---

① 嚣嚣：《怀人》，见 1903 年 8 月 14 日《民国日日报》。
② 剑公：《题太炎先生驳康氏政见》，见 1904 年 8 月 10 日《警钟日报》。

12 月，在上海会审公廨开设了一个额外公堂，由上海县知县会同英国审判官等一道对章太炎等进行审判。12 月 24 日，额外公堂判处章、邹二人永远监禁。消息传出后，国内外舆论大哗，领事团不得不宣布这一判决无效。1904 年 5 月 21 日复审，宣布了清廷外务部和各国公使共同签署的判决书：章太炎监禁三年，邹容监禁二年，从被拘之日起算；监禁期内罚做苦工，期满逐出租界。断断续续迁延了近 11 个月的审判，实际上是以清王朝的失败而告终的。章、邹虽然给判了刑，他们的革命精神却鼓舞了人们更旺盛的斗志，所以，《警钟日报》发表社论，称章太炎等被判决为“中国国民之大纪念”①。

宣判以后，章太炎和邹容被移送到上海西牢关押，被指令从事敲碎石子的苦役。狱卒又经常任意凌辱他们，章太炎绝食 7 日抗议。其后，当狱卒再次向他们寻衅时，章太炎便回拳以报，为此，常被横施拳脚，被打得昏死过去，关入铁槛之中。这一切，使章太炎对西方文明监狱内部的黑暗有了极深的体验，并通过难友，加深了对中国下层社会的了解。由于他倔强抗争，加上中国教育会友人蔡元培等多方疏解，他与邹容终于改事裁缝、烹饪等役作，并获准在役作之余可以阅读佛典等书籍。

被关押期间，章太炎继续密切关注着狱外革命运动的发展。蔡元培每月入狱探视，章太炎从他那里了解到上海与江、浙革命志士正逐步组织起来并同会党建立了联系的情况，便积极推动他们联合组成光复会。因章太炎在狱中，蔡元培被推为会长。这并不妨碍章太炎在光复会中思想指导者的地位，正如他自己所说：“光复会初立，实余与蔡元培为之始，陶成章、李燮和继之。”②

每日做工之外，章太炎专心研治《瑜伽师地论》、《因明入正理论》、《成唯识论》等唯识法相学的主要经论，自谓深有所获，他说：“及囚系上海，三岁不觌，专修慈氏世亲之书。此一术也，以分析名相始，以排遣名相终，从入之涂，与平生朴学相似，易于契机，解此以还，乃达大乘深趣。”③ 这番经历，使章太炎思想学术的发展起了一个很大的变化，从此，佛学哲理成了他的主要思想渊源之一。

1905 年 3 月，邹容在狱中突然病倒，狱长不让请医生诊治，病势

---

① 1904 年 5 月 23 日《警钟日报》。

② 章太炎：《光复军志序》，见《检论》卷九《大过》附录。

③ 章太炎：《葑汉微言》，见浙江图书馆刊《章氏丛书》本第 72 页。

渐渐沉重。4 月 3 日，邹容被移至另外一室，不料夜半即暴卒于狱中。邹容在刑期将满之时骤然不明不白地死去，引起人们对章太炎境况的深切关注。租界监狱当局不敢继续虐待章太炎，改派他从事较轻的炊事役作。1906 年 6 月 29 日，章太炎三年监禁期满，同盟会总部特派代表从东京赶到上海迎候。当晚，章太炎即离开上海，再次赴日。

四 主持《民报》，同谋光复

当章太炎第三次来到日本的时候，中国同盟会在东京成立已经将近一年，孙中山为总理，黄兴主持庶务，机关报《民报》作为革命党人的主要喉舌，同保皇党人喉舌《新民丛报》进行了激烈的论战，人数已激增至八千余人的留学生多倾向革命，同盟会“驱除鞑虏，恢复中华，建立民国，平均地权”的纲领和《民报》公开揭示的推翻清王朝、建立共和政体等六大主义，已经广为传播，把越来越多的爱国志士集合于一起。章太炎一到日本，便由孙毓筠介绍，孙中山主盟，加入了同盟会。1906 年 7 月 15 日，由同盟会总部主持，两千多留日学生集会隆重欢迎章太炎的到来。根据总部要求，章太炎担任了《民报》的总编辑和发行人。

章太炎上任伊始，《新民丛报》便发表了《劝告停止驳论意见书》，要求与《民报》停止论战。梁启超为改变保皇派被动的处境，企图利用同章太炎过去的关系，乘章太炎接手主持《民报》之机，通过调停，使双方已夹杂有大量攻讦的论战停息下来。章太炎不赞成用辱骂代替义正词严的思想批判，但是，更不能容忍以各种似是而非的保皇主义理论混淆人们的视听，所以，不仅继续在《民报》大量篇幅刊登汪精卫、胡汉民、朱执信、张继、宋教仁等正面批驳梁启超与《新民丛报》的文章，而且亲自撰写和发表了《箴新党论》、《〈社会通诠〉商兑》、《讨满洲檄》、《中华民国解》、《定复仇之是非》、《国家论》、《政闻社员大会破坏状》及《驳神我宪政说》、《革命军约法问答》等一系列重要论文、评论，在更加广泛的范围内针对保皇主义反对革命、主张立宪的种种论点加以廓清。他十分明确地将反满同反对强权、反对王权结合于一起，通过痛切揭露清王朝的罪恶打掉人们对清王朝及皇帝的幻想与效忠之心，并反复论证革命党人所主张的民族主义系以军国社会为利器，人人自竞，为国御侮，其力正足以促使宗法社会熔解，因此，把民族主义硬说成宗法社会意识纯属无稽之谈。排满，也并不是消灭满人，这是推翻几百万人对几万万人的腐朽统治，让满人从寄生者变成生产者，提高其政治素质，届时他们便可以同汉人及其他民族享受一样的政治与经济权利。康有为等新党人物反对排满，一个重要的原因，就是他们竞名死利，把自己的命运同清王朝联结到了一起，因此，他们与旧党相较，“挟术或殊，其志则非有高下也”①。

章太炎主持《民报》期间，另一个注意的重点是革命与建国的方略。他同孙中山、黄兴每天聚在一起，经过反复讨论，共同制定了《革命方略》，包括《军政府宣言》、《军政府与各处民军之关系条件》、《军队之编制》、《对外宣言》、《招降满洲将士布告》、《扫除满洲租税厘捐布告》等 14 个文件，为同盟会成员发动武装起义、建立革命政权制定了各项具体政策。这时，他同日本著名的社会主义、无政府主义活动家幸德秋水、堺利彦、山川均、大杉荣经常交往，并一道支持张继、刘师培等创建社会主义讲习会，出席讲演。这些交往，使他受无政府主义特别是施蒂纳无政府个人主义及幸德秋水等“直接行动派”斗争方式很深影响。强烈批判资本主义代议制度，批判资本主义下的伪民主、伪平等，对俄国虚无党人活动和暗杀活动的肯定，等等，都反映了这种影响与章太炎建国方略和行动方式的思考关系非同一般的密切。章太炎主持下的《民报》，和张继主持时的《民报》相比，一个显著的新的特点，是把革命的变革范围扩大到价值取向、思维方式等更为广阔的领域。

正当同盟会及其所领导的革命运动蓬勃向前发展之时，日本当局为了从清廷手中牟取中国东北更多权益，接受了清廷所提出的要求，不许孙中山继续居留于日本，开除了一批投身革命运动的留学生。日本朝野势力为了削弱中国革命队伍，还设法在同盟会内部挑起纠纷，制造分裂。由于清廷严令各省查禁《民报》，《民报》难以输入内地，销售量下降，经费出现了异常困难。章太炎为了撑持社务，朝治文章，暮营经费，应付日本警察，酬对社外来宾，有时一天只吃两个大饼。

1907 年底至 1908 年春，章太炎因脑病发作，《民报》改由张继、陶成章先后任总编辑。1908 年 5 月后，他身体复原，立即为《民报》撰稿，夏末继续接任总编辑。这时，他所关注的重点集中在清廷预备立宪的骗局和《新世纪》以无政府主义否定中国民族革命的政治空谈上。

① 章太炎：《箴新党论》，见《民报》第十号。

他揭露清廷颁布的《钦定宪法大纲》“不为佐百姓，亦不为保乂国家，惟拥护皇室尊严是急”①，立宪党人为虎作伥，“徒令豪民得志，苞苴横流，朝有党援，吏依门户，士习嚣竞，民苦骚烦”②。《新世纪》是张静江、李石曾、吴稚晖、褚民谊等在巴黎创办，以为中国当务之急是宣传无政府主义，倡导排满的民族主义是狭隘的复仇主义、自私主义、反悖科学、有乖公理、不合进化、违反自然。他们置身实际斗争万里之外，高谈学理，在革命者中造成思想混乱。针对《新世纪》这些攻讦，章太炎写了《规〈新世纪〉》、《排满平议》、《四惑论》、《五无论》等一系列重要论文，论证《新世纪》鼓吹的无政府主义同样不可能消除人类社会与自然界的全部矛盾，而以为中国目前应以无政府主义为奋斗目标，更是完全无视中国的实际情状。《新世纪》用从西方耳食而来的科学、公理等等时髦词汇来反对图谋切实解决现实苦难的行动纲领，貌似激进、彻底、高超，实际上是地道的清谈。

1907 年至 1908 年间，国内各地如火如荼地展开了群众性的收回利权运动，反对列强强占中国铁路建筑权、矿山开采权。章太炎积极声援这一运动，努力使这一运动成为革命的同盟者。1907 年 11 月 10 日，章太炎邀集在日本的江、浙两省人士与其他各省代表八百多人集会，要求江、浙绅商以自行断路、在省城罢市等办法保护沪杭甬路权。11 月 17 日在豫晋秦陇协会发起的大会上，他再次倡导罢工、断路。1908 年夏，山东人民为保护津浦路沿线矿产的主权而展开斗争，章太炎号召“山东士民为义和团，无为衍圣公（衍圣公曾以军乐迎德皇画像至其第），为林清、王伦，无为吕海寰”③。

《民报》被人们视为“革命党之旗”，清廷屡次要求日本方面予以查禁。1908 年美国加强对中国东北的渗透，清政府加强了同美国的亲善关系。新上台的桂太郎内阁为了破坏清美外交格局，诱使清政府屈从日本对东北各项权益的要求，决定接受清廷要求，封禁《民报》和其他中国革命书刊。10 月 19 日，日本警察总监龟井三郎签署了一份由内务大臣平田东助发布的命令，借口《民报简章》等违反了日本出版条例，勒令停止其发卖颁布。章太炎理正词严地驳斥了日本当局强加于《民报》的罪名，并三次致书平田东助，对日本当局的卑劣行径提出强烈抗议。

---

① 章太炎：《虏宪废疾》，见《民报》第二十四号。

② 章太炎：《政闻社员大会破坏状》，见《民报》第十七号。

③ 章太炎：《中国之川喜多大尉袁树勋》，见《民报》第二十四号。

他的抗争得到留日学生的广泛支持。日方为胁迫章太炎就范，派人到民报社放火、投毒，又通过玄洋社、黑龙会与同盟会有关人士出面劝说章太炎离开日本，还派人前来洽购《民报》，都未能达到目的。最后，东京地方裁判所悍然于11月和12月开庭，强行判决《民报》停刊，并判处章太炎罚款。

章太炎在《民报》被封禁后，力主将《民报》迁往美国或其他地方继续出版，可是，因经费不济等原因，这一计划未能实现。1910年2月，章太炎与陶成章重建了光复会，分任会长、副会长，创办《教育今语杂识》出版机构为公开的对外联络机关。

光复会重建以后，实际工作由陶成章、李燮和等主持，章太炎把主要精力转向讲学和撰写学术性著作。白话的讲演记录陆续发表于《教育今语杂识》，许多学术论文则发表于《国粹学报》和黄侃主编的《学林》。1910年由秀光社出版了他的精心之作《国故论衡》和《齐物论释》。《国故论衡》上卷小学10篇，中卷文学7篇，下卷诸子学9篇。此书与《齐物论释》被评为"空前的著作"①。《新方言》、《文始》亦于此时修订完成。

五　在建立民国的政治冲突中

1911年10月10日武昌起义爆发，各地旋即纷纷响应。正在东京讲堂上拿佛学印证《庄子》的章太炎中断了自己的讲业，密切关注着国内局势的发展。在他的主持下并由他亲自起草，10月25日在东京发布了一份《中国革命宣言书》，以中国革命本部的名义，申明革命大义，劝诫清廷陆海军将士明辨是非，莫自外于人群而与义师争命，呼吁东西各国严守中立，认清"万国和平之的，系于中夏政治之修明；政治修明之期，依于民主立宪之成立"②。同时，他还发表了一封《致留日满洲学生书》的公开信，要他们警惕日本对华侵略野心，应欢迎革命成功，届时可以作为中国人民之一员，与各民族一切平等，"优游共和政体之中"③。

1911年11月3日，上海光复。11月15日，章太炎返回五年半前

---

① 胡适：《中国哲学史大纲·导言》。

② 《日本外务省档案》1.6.1.4-2-1《关于清国革命党员之件》。

③ 见冯自由：《清肃王与革命党之关系》，见《革命逸史》第五集。

离开的上海，被时论誉为“中国近代之大文豪”、“革命家之巨子”、“新中国之卢骚”而受到人们的欢迎。

章太炎返沪之时，正值仿效美国大陆会议的各省都督代表联合会在沪建立，在中央革命政权建立之前负责协调各地军政府行动的工作。章太炎立即同各省代表及黄兴、上海都督陈其美、江苏都督程德全、浙江都督汤寿潜等一道，积极组织了进军江南重镇南京并攻克之的战役，派遣了援军西上帮助处在清军围攻之中的武昌军政府，紧张地筹备建立临时中央政府与统一的军事统帅部，准备集结力量进行北伐。

革命形势发展异常迅速。宣布反正与独立的各省区权力，或由革命党人掌握，或由原立宪党人、地方士绅与原督抚所把持，在许多问题上他们的看法与行动都不一致。大批非常实际的具体事务放在革命党人面前，有待他们马上作出决定。章太炎希望能够把站在革命营垒一边的各种力量联合起来，共同对付清廷，特别是袁世凯掌握下的军事势力，宣布自己将尽力“任调人之职，为联合之谋”①。当时，他特别注意调节革命党人内部不同派别之间及革命党人与原立宪党人之间的关系。返国时，江苏境内上海、吴淞、苏州、镇江、江北5都督并立，各自为政，互不统属。为结束这一局面，章太炎劝告光复会成员、吴淞都督李燮和放弃都督一职，改称吴淞总司令，奉戴原江苏巡抚程德全。时武昌军政府代表在上海发起组织共和中国联合会，程德全发起组织中华民国联合大会，派遣马叙伦在沪具体进行，章太炎认为其势可用，便与程德全联名发表《为统一意见发起中华民国全国联合会宣言》，最终确定正式名称为中华民国联合会。为解决组织中央临时政府中的各种争执，担心“以革命党人召集革命党人”、以一党组织政府致使“人心解体”，他提出“革命军兴，革命党消，天下为公，乃克有济”的口号，要求不再固守原同盟会、光复会的界限，广泛联合集合于革命军大纛下的所有各派力量，组成一个统一的政府。② 章太炎这些举措和意见，受到原立宪党人，宣布反正的前清士绅、官员的欢迎，而深为陈其美等人所不满。当孙中山回国就任临时大总统时，原拟任命章太炎为教育总长，即遭到各省代表会中一批同盟会代表的反对，终于作罢。

1912年1月3日，中华民国联合会在上海举行了成立大会，章太

① 《章炳麟致民立报书》，见1911年11月21日《民立报》。

② 参见章太炎：《致谭人凤电》，见1911年12月4日《神州日报》。

炎当选为会长，程德全为副会长，张謇、蔡元培等为参议员。机关报《大共和日报》次日创刊，章太炎任社长。联合会总部与大共和日报社俱设于上海。1912 年 2 月 12 日，清帝宣布退位；15 日，南京参议院根据孙中山的推荐，以一致票推选袁世凯为临时大总统。3 月 10 日，袁世凯在北京宣誓就职。章太炎起初力主北伐，对南北议和并不热心；当南北统一、袁世凯信誓旦旦拥护共和之时，他鉴于外蒙、西藏、东北警报迭起，俄、英、日等强敌正妄图分裂中国北部与西南大片领土，以为袁世凯握有军事实力，多年从政，不失为一时之雄骏，便将实现中国领土完整和统一共和的希望转移到袁氏身上。为此，他倡议将中华民国联合会改组为统一党，图谋将革命、宪政、中立等各种力量集合到一起，以正式的现代政党形式强固中央政府，促进共和政治逐步完善。3 月 2 日改党大会上，章太炎、张謇、程德全、熊希龄、宋教仁 5 人当选为理事。但是，政治现实很快就将他的幻想击得粉碎。

袁世凯聘章太炎为总统府高等顾问，1912 年底又任命他为东三省筹边使，形式上给他以很高的礼遇，实际上只是要他做一名为自己帮腔的清客。章太炎不久就开始意识到这一点。① 出任东三省筹边使时，章太炎为防止沙俄及日本入侵东北，拟定了一个很大的计划，准备在东北大规模勘察土地和资源，发展水运，开办地方性银行以筹措必要的资金等等。然而，严峻的现实却是他一无钱、二无权、三无人，他所得的仅是一个虚衔，袁世凯根本不想让他做成任何实事。

1913 年 3 月 20 日晚，章太炎的挚友宋教仁在上海北站被袁世凯与国务总理赵秉钧派人刺死，击碎了革命党人企图利用议会选举建立多党制内阁及决定正式总统选举的梦想。这对章太炎是当头一棒，使他看到了指望借助袁世凯之力完成政治革命建立统一共和的荒诞。起初，他还想用法律解决、政治解决的方法处理宋案，并期待国会正式总统选举时用投票办法把袁世凯赶下台。然而，形势使革命党人不再有退路，不得不仓促发动“二次革命”，武力抗袁。

“二次革命”在袁世凯的军事进攻下很快失败。孙中山、黄兴等许多革命者不得不逃往日本，再次过起流亡生活。章太炎 1913 年 6 月 15 日在上海与神州女学教师汤国梨结婚。他不甘于中国已光复而再次亡命国外，当得悉国会之中共和党将与国民党联合起来继续坚持反袁斗争，

① 参见《章太炎之暴徒解》，见 1916 年 7 月 14 日《中华新报》。

决定顶着袁氏凶焰入京，推进两党联合，利用国会将制定宪法、选举正式总统这两个机会，同袁世凯作背水一战，并于 8 月 11 日抵达北京。

章太炎到京后，袁世凯欲使他为己所用，嘱人致意，欲一相见，为章太炎所拒绝。这时，他已看到国会中选举、制宪等等实际上都在军人掌握之中。果然，1913 年 10 月 6 日，袁世凯派军警与便衣数千人包围国会，强迫选举他为正式大总统。为了全面加强政治控制，袁世凯又在京师实行戒严，捕杀敢于违抗者及各种异己分子。11 月 4 日，又公然下令解散国民党，取消全部国民党议员的资格。

政治愈来愈黑暗，章太炎言论与行动都受到限制，一切政论无由发抒。他的一些学生担心老师穷愁抑郁、孤寂伤生，张罗开办了一个国学会，请他讲授经学、史学、玄学、小学。袁世凯试图软化他，先后请他出任国史馆总裁、重新担任总统府高等顾问，筹建弘文馆，最后一一都为他所拒绝。章太炎几次想冒死出京，都因受阻，未能走成。1914 年 1 月 7 日，他直闯新华门，用袁世凯颁发给他的勋章作扇坠，大骂袁世凯包藏祸心，结果，被强行押往军事教练处拘禁起来。在国内外舆论的压力下，袁世凯未便置章太炎于死地，将他移至南下洼龙泉寺长期监禁。这时，袁世凯下令解散了国会和各省议会，随后又撤销国务院。章太炎 6 月 6 日开始绝食，以示抗议。延至 16 日，他被移送到医院抢救，监视他的警察表面上撤走，他方才复食。康复后，他移居钱粮胡同，行动仍受限制，但有了一些读书写作及和他的门生论学的自由。

软禁之中，章太炎取出《訄言》，增订为《检论》9 卷。至 1915 年 4、5 月间将《检论》杀青。在此期间，还由章太炎口述，他的弟子吴承仕记录整理，完成了一部以阐述他的哲学观点为主要内容的《菿汉微言》。1915 年上海右文社汇集他的著作编定为《章氏丛书》，包括《春秋左传读叙录》1 卷、《刘子政左氏说》1 卷、《文始》9 卷、《新方言》11 卷、《岭外三州语》1 卷、《小学答问》1 卷、《说文部首韵语》1 卷、《庄子解故》1 卷、《管子余义》1 卷、《齐物论释》1 卷、《国故论衡》3 卷、《检论》9 卷、《太炎文录初编》5 卷，分装 24 册。

袁世凯摧残了各种反对力量之后，雄视一切，以为人莫予毒，悍然复辟帝制，结果，众叛亲离，1916 年 6 月 6 日在全国人民的唾骂声中死去。黎元洪以副总统身份继任为总统。章太炎立即写信给黎，要求解除对他的监禁，但国务总理段祺瑞、内务总长王揖唐仍然留难，后经各方一再呼请，章太炎方才获得自由，随即南下，与发动护国战争者及从日本返国的黄兴、孙中山等人会合。在他面前的景象是："帝制余孽，犹未剿除；墨吏贪人，布满朝列"①，中华民国这个牌号虽然历经劫磨保存了下来，却早已百孔千疮了。

六　为护法与联省自治奔走的10年

袁世凯死后，黎元洪其实只是名义上的总统，中央军政权实际上掌握在以段祺瑞为首的皖系军阀和以副总统冯国璋为首的直系军阀手中；他们视黎元洪和他所凭借的临时约法、国会为实行全面控制中央权力的障碍。1917年，段祺瑞为了满足美国与日本的要求，力主中国加入第一次世界大战，站在协约国一边对德宣战，黎元洪与国会则坚持中国应严守中立。双方冲突激化，终于导致张勋率军入京拥戴宣统皇帝溥仪复辟，段祺瑞乘机以平定复辟、再造共和为资本，逼走黎元洪，自立国会，以冯国璋为总统。

章太炎是时正息影上海，日与孙中山等相聚，针对京中政局，不断发出通电，反对参战，反对段祺瑞等胁迫黎元洪与国会。张勋复辟时，他们商定以广东为基地，出师讨逆，并一同乘军舰离沪南下。抵穗时，段祺瑞已篡窃中央大权，并拒绝恢复临时约法和国会，而代之以各省军阀代表会即所谓安福国会，孙中山遂决定以护法为旗帜，召集议员南下在广州举行非常国会，在广州成立中华民国军政府，领导戡乱事宜。孙中山任军政府大元帅，章太炎任军政府秘书长。

民国元年临时约法与国会初立之时，章太炎都不满意，但是几年来的政局演变的态势，使他深深感到，它们尽管都不成熟，但是代表了民主共和的发展方向，所以袁世凯、段祺瑞、冯国璋等都视之为眼中钉。他期待"切实结合多数有力者，大起护法之师，扫荡群逆，凡乱法者必诛，违法者必逐"，使"真正共和之国家"得以成立。然而，他所期待的所谓"多数有力者"，主要是以桂系军阀首领陆荣廷与滇系军阀首领唐继尧为首的西南军阀，他们同段祺瑞等北洋军阀有矛盾，却并无意于真正共和之国家。因之，陆荣廷与唐继尧都不肯就军政府职，一直首鼠两端，意存观望。为说服唐继尧取较为积极的态度，章太炎自告奋勇，作为孙中山的全权代表，经香港转道越南去昆明，劝说唐继尧勉强接受

---

① 《致黎元洪电》，见《章太炎选集》，595页，上海，上海人民出版社，1981。

了军政府元帅印信。然而，一触及实际的军事行动，章太炎很快就发现，唐继尧所谋求的只是称雄滇、川、黔三省，根本无意沿江东下与北洋军对垒，整个西南军阀都企图通过拥冯倒段的方法谋求与北洋军阀妥协。章太炎请孙中山任命他为军政府驻川办事处全权委员，统筹川中军政、民政、财政、外交等事，然而，由于受制于唐继尧，他根本无法实现自己的意图。1918 年 5 月，护法军政府改组，以由岑春煊任主席的七总裁合议制取代原来由孙中山担任大元帅的大元帅制，孙中山被逼离穗返沪。章太炎见护法之事已难以为继，便离川东下，经湖北恩施、湖南沅陵与常德等地，稍事逗留，于 10 月返归上海。为正视听，他发表了一封长信，尖锐地揭露西南诸军阀“徒以部落主义蔽其远略，广西不过欲得湖南，云南不过欲得四川，借护法之虚名，以收蚕食鹰攫之实效”，他们“言和不过希恩泽，言战不过谋吓诈”，完全无信义之可言。以此，他一针见血地指出：“西南与北方者，一丘之貉而已。”[①] 西南军阀不可靠，那么，护法又该依靠谁呢？为反对南北议和，1919 年初他发起组织了护法后援会，但是，这时他已深感到，约法也好，国会也好，其实都与民众没有多少关系，既非民心所向，它们当然也就号召不了民众，而只能流于空洞的呼吁了。

针对南北之间、北方皖直奉三系之间、南方各地方之间战火不息、纷争不绝的混乱局面，章太炎转而全力倡导联省自治。为推动各省自治，江苏、安徽、江西、山东、山西、河南、甘肃、广东、四川、福建、湖北、广西和北京等 13 省市的代表在北京组织了各省区自治联合会。章太炎致电该会，强调联省自治必须以“各省自治为第一步，联省自治为第二步，联省政府为第三步”，指出：“未有各省自治而先有联省自治，是舍实责虚也；未有联省自治而先有联省政府，则启宠纳侮也。”而各省自治，首先是要以本省人充军民长官，本省人充军队警察，长官由本省人民公举。他认为，这时的中国急需的正是实行各省自治，在省自治实现之前，贸然歆求联省政府，反而会妨碍自治。[②]

章太炎企图用实行各省自治的办法削弱北洋军阀势力，保障各省人民的基本权利。然而，他的目标一不见容于推行武力统一气焰正盛的直系军阀，二不见容于决不放弃自己地盘与权力的地方军阀。1921 年夏，

---

① 《章太炎对于西南之言论》，见 1918 年 12 月 2 日《时报》。

② 参见《章太炎与各省区自治联合会电》，见 1921 年 1 月 6 日《申报》。

吴佩孚率军南下打败湘鄂川军，做了两湖巡阅使，给川、湘自治一大打击。1922 年 5 月，吴佩孚大败奉军，为打击省自治运动，恢复了 1912 年的老国会，并恢复黎元洪大总统职务。针对直系军阀这一阴谋，章太炎提出一套实行“大改革”以定国本的主张，要求先由各省自制宪法，然后再定联省宪法以代替现行约法，用联省参议院取代趋附势力的现行国会，以委员制取代大总统。当时，各省省议会、省教育会、省商会、省农会、省工会、省银行公会、省律师公会、报界联合会等八团体在上海举行国是会议，筹商宪法草案，章太炎在讨论中反复说明自己的主张，使这些主张尽可能写入宪法草案之中。然而吴佩孚仍然我行我素，继续推行武力统一政策。1923 年 4 月，章太炎通电湘、川、滇、黔、浙、闽等十省省长、督军，痛斥“独彼直系，包藏祸心，始终以武力统一主义，破坏自治”，要求“南北十省，唯当以自治名义联拒寇仇”①。然而，联省自治这时实际上已成为联督自治，省宪非但没有成为民治的保障，反做了军阀政客争权夺利的旗号。

当联省自治运动日渐变质之时，章太炎应江苏教育会之请，于 1922 年 4 月至 6 月在上海主讲国学，每周 1 次，共讲 10 次。1923 年 9 月，由他任社长，由汪东任编辑，创办了《华国月刊》，以当时气势越来越磅礴的新文化运动为主要标志，从论政转向论学，以“甄明学术，发扬国光”为刊物宗旨。他一边为《华国月刊》写稿，一边还完成了《清建国别记》等考史著作和《猝病新论》等医论著作。

这时，章太炎仍然没有放弃联省自治主张，但是，他的这一主张始终未能实现。而他本人，则被国民党有关当局定为反动的著名“学阀”而列为通缉对象。

七　党治中退隐和救亡中复出的晚年

1927 年夏，在阵阵通缉著名“学阀”声中，章太炎迁入同孚路新近租赁的寓所，“终日宴坐，兼治宋明理学，藉以惩忿”②。这时，只有少数挚友偶尔来访，但见他一动不动地坐在书室中的藤椅上，默默对着壁上所悬挂的黎元洪题赠的“东南朴学”匾额，以及剥制好的一整张鳄

① 1923 年 4 月 13 日《申报》。

② 章太炎：《致李根源书》（1927 年 11 月 16 日），见《近代史资料》1978 年第 1 期。

鱼皮。他在当时用以自遣的《感事》一诗中写道："天欲亡我非由他，鼍去鳄来当奈何?"① 北洋军阀是鼍，蒋介石则是鳄，房间中挂上一张鳄鱼皮，大概正是想以此化解胸中磊砢之气吧！

"僦居虽近市，弇关如深秋。"② 同孚路地处闹市，章太炎却闭门不出。但是，他并没有能忘情任世变。蒋介石宣布实行以党治国，他斥之为背叛民国之贼；1928 年 6 月，黎元洪死于天津，他在挽联上自署"中华民国遗民"。1928 年 11 月 21 日，招商局轮船公司招待新闻界，他应邀出席并发表讲话，直斥蒋介石所谓以党治国。

章太炎蛰居寓所，研寻理学家治心之术，兼亦习禅，以使胸中愤懑之情慢慢淡化。1929 年起，中国又陷入了蒋介石与李宗仁、冯玉祥、唐生智、阎锡山此起彼伏连绵不绝的新军阀战争。章太炎认为，中国已是栋折榱崩，情形每况愈下，他恐怕已不及见河清。对于政事，他已不愿再加论列，为保存国学于一线之中，用以滋灌民族感情，以待民族他日复兴，他又回到故纸堆中董理朴学旧业。

章太炎 1929 年至 1930 年初撰成《春秋左氏疑义答问》5 卷。从 19 世纪 90 年代开始他就研治《春秋左氏传》，至此已近 40 年。早年撰有《春秋左传读》、《驳箴膏肓评》，1906 年主持《民报》时撰《春秋左传读叙录》。起初，他宗法刘向、刘歆、贾逵之注而轻杜预之注，流亡东京后他感到刘、贾之注犹多附会《公羊传》，杜预虽多矫枉过正之论，但文直辞质，亦有所长；民国以来，他悟《春秋》终是史书，汉世唯太史公司马迁为明大体，尽汉世之说经者，终不如司马迁为明白。《疑义答问》仅四万字，但章太炎自评此为"三十年精力所聚之书，内之繁言碎辞，一切芟薙"③。继这部著作之后，章太炎又陆续撰著《体撰录》1 卷，考订古代算术与计量；《太史公古文尚书说》1 卷，据《史记》所引考订《尚书》古文凡 20 余条；《古文尚书拾遗》2 卷，通故言、征事状，凡 15 条；《广论语骈枝》1 卷，疏证《论语》40 余条；《新出三体石经考》1 卷，凡 127 条。这几部著作与带有总结性的《春秋左氏疑义答问》不同，非通释全书，综述大义，而多属释疑解难的训诂之作。除此之外，在突然掀起的一股废除中医中药浪潮中，他还写了一批倡导正确估价中医中药的医论文章。这些著述表明，章太炎确乎不愿干预扰扰

① 章太炎：《感事》，见《太炎文录续编》卷七之下。
② 章太炎：《春日书怀》，见《太炎文录续编》卷七之下。
③ 章太炎：《与吴承仕论春秋答问作意书》，见《制言》第十二期。

纷纷的世事，而想以一个纯粹的学者身份在宁静中终其余生。

然而，九一八事变与奉、吉沦陷，还是打破了他的宁静。起初，他尚保持沉默，因为他对蒋介石极为失望，认为“欲使此畏葸怠玩者起而与东人争，虽敝舌喑口，焉能见听”①，所以默无一言。但当整个东北沦于日寇之手时，他再也忍不住了。1932 年 1 月，他与熊希龄、马相伯、李根源、沈钧儒、左舜生、黄炎培等共同组织中华民国国难救济会，并多次发表通电，要求国民政府“应即日归政全民，召集国民会议，产生救国政府，俾全民共同奋斗”②，并宣言“国家兴亡之事，政府可恃则恃之，不可恃则人民自任之”③。日寇发动“一·二八”事变，日军在闸北分三路向上海驻军发动进攻，十九路军奋起抗战，章太炎时登三楼晒台北望战火燃起之处，急迫地等待早晚报纸送到，了解战况，并支持他的夫人汤国梨创办第十九伤兵医院。2 月下旬，他离沪北上，到北平见张学良，代表东南民众呼吁他出兵抗战。他大声疾呼：“对日本之侵略，惟有一战。中国目前只此一条路可走，不战则无路，惟坐而待亡。”④ 当听说签订了《淞沪停战协定》时，他怒不可遏，痛斥当事者志在屈服，断然拒绝参加蒋介石、汪精卫在洛阳举行的国难会议。

在北平期间，他将近年所著诸书编成《章氏丛书续编》，交予弟子钱玄同等梓行。同时，应各大学之邀，作了多次学术讲演。5 月离北平经济南、青岛南返，沿途演讲，呼吁勇赴国难。是年秋，应南社诗人金天翮及李根源、张一麐、陈衍等邀请，他到苏州讲授《儒行》、《大学》、《孝经》、《丧服》，历时一月。他认为：“自《论语》而外，括囊民义，不涉天道，莫正于《大学》；奋厉志行，兼综儒侠，奠隆于《儒行》；导扬天性，过绝悖德，莫尚于《孝经》；辅存礼教，维系民俗，莫要于《丧服》。”⑤ 他企图通过倡导这几部著作，使人们重视民族气节，勇于对侵略者抗争。

1933 年初，冯玉祥特派代表来沪同章太炎联络，章太炎立即给予鼓励。3 月，热河沦陷，章太炎通电责备蒋介石置外患于不顾，托名剿共，自图规避。宋哲元在喜峰口阻击日军，冯玉祥发动察哈尔抗战，章

---

① 章太炎：《与孙思昉论时事书一》（1931 年 10 月 5 日），见温州图书馆《章太炎手札》。

② 《国难救济会请政府决大计》，见 1932 年 1 月 15 日《申报》。

③ 《章太炎等请国民政府援救辽西》，见 1932 年 1 月 22 日《申报》。

④ 《章太炎谈时局》，见 1932 年 3 月 8 日天津《大公报》。

⑤ 章太炎：《与吴缦斋书》，见《制言》第十二期。

太炎都致书支持。张继当时受命劝告章太炎应安心讲学，勿议时事。章太炎答复张继说："吾之于人，不念旧恶，但论今日之是，不言往日之非。五年以来，当局恶贯已盈，道路侧目。及前岁关东事起，吾于往事，即置之不言。幸其兵力尚盛，谓犹有恢复之望也，不图侵寻二岁，动与念达。……年已耆艾，惟望以中华民国人民之名表吾墓道，乃今亦几不可得。谁使吾辈为小朝廷之民者？谁使同盟会之清名而被人揶揄嘲弄者？愿弟明以教我。"① 中华民族、中华民国的生存都已到了危急关头，他怎么能置时事于度外呢？他照旧一个通电接着一个通电，既作学术讲演，也不忘如何切于时世、补偏救弊。

1933 年初，李根源等在苏州建立了国学会，章太炎列名会籍并代撰国学会会刊宣言。6 月，会刊《国学商兑》出版，根据章太炎建议，该刊从第二期起改名为《国学论衡》。1934 年秋，他举家迁至苏州定居。为培养更多继承自己学业的人才，他筹备创设章氏国学讲习会。1935 年春，他突然发病，诊断为鼻咽癌。是时，李烈钧、居正等曾要推荐他为国民政府高等顾问，为他所婉言拒绝，当他发病时，蒋介石即派丁惟汾专程前来问候，并以"都下故人"名义馈赠一万元作疗疾之费。章太炎便用这笔款子作章氏国学讲习会的开办费。4 月，章氏星期讲习会先行开讲，共 9 期，讲题分别为《说文解字序》、《白话与文言之关系》、《论读经有利而无弊》、《论经史实录不应无故怀疑》、《再释读经之异议》、《论经史儒之分合》、《论读史之利益》、《略论读史之法》、《文学略说》。9 月，章氏国学讲习会正式开学，各地学者报名入学者百余人，会址设苏州锦帆路 50 号新建章氏宅邸，由章太炎主讲，他的门人朱希祖、汪东等任讲师。章太炎系统地讲授了小学、经学、史学、诸子学、文学，由他的门人记录整理为《太炎先生讲演记录五种》印出。同月，由他任主编的《制言》半月刊，作为章氏国学讲习会的会刊，成为讲学的羽翼。章太炎的苦心孤诣，是对当局已完全失望，认为世已无可为，想借助孱守国学，以待他日民族主义终将在人民中勃兴。

1936 年 5 月，蒋介石亲笔致函章太炎，属以共信济艰之义劝诱国人。6 月 4 日，章太炎复函蒋氏，强调对于国人"若欲其杀敌致果，为国牺牲，此在枢府应之以实，固非可以口舌致也"②。写这封信时，他

---

① 章太炎：《答张继》（1933 年 4 月 8 日），章太炎家藏手稿。

② 章太炎：《答某书》，见温州图书馆《章太炎书札》。

的身体已经不适；由于鼻咽癌、胆囊炎、气喘病、疟疾诸症并发，病势急速恶化；6 月 14 日上午七时三刻，与世长辞。7 月 9 日，国民政府明令国葬。因抗战开始，灵柩暂厝于宅后花园中，1955 年 4 月方才根据章太炎生前愿望，安葬于杭州南屏山北麓张苍水墓右侧。1966 年秋“文化大革命”中墓地被毁，章太炎亦被曝尸于棺外，直到 1981 年 10 月方才在旧址重建陵墓，以所找到的遗骨安葬。

（二）本卷编选说明

章太炎一生著述甚多，大部分生前已经刊布。政论、文电多发表于当时报刊。专门著作，最初刊布的是《訄书》，1900 年刊于上海，不久增补本复刊于上海，修订本 1904 年 4 月由日本东京翔鸾社刊行，该社 1904 年 10 月又出版该书句读本，1906 年 7 月出版章太炎本人勘误本，1906 年 9 月又出取消句读的无标点本。1958 年 3 月，上海古典文学出版社出版新版。1972 年，上海人民出版社出版大字线装本。1985 年，上海古籍出版社又出版该书影印原刻手写底本。1906 年章太炎流亡日本后，陆续刊布的有：《国学讲习会略说》，东京秀光社 1906 年版；《国学振起社讲义》，东京秀光社 1906 年版；《新方言》、《小学答问》，东京秀光社 1909 年版；《国故论衡》，东京秀光社 1910 年版，此书后收入 1919 年版《章氏丛书》时有所增订；《齐物论释》，东京秀光社 1910 年版。辛亥革命爆发，章氏返国后，刊行的专著或文集有：《齐物论释重定本》，1912 年频伽精舍刊；《春秋左传读》，1913 年北京坊间石印本，此书后有潘承弼缩印本；《庄子解故》，1914 年北京排印本；《文始》，1914 年浙江图书馆手稿影印本。其时，坊间还出版过一些章氏文集，如：《章太炎文钞》，国学扶轮社 1913 年版、上海中华图书馆 1914 年版、文明书局 1915 年版；《章太炎教育今语》，重庆启渝印刷公司 1914 年版；钱须弥编《太炎最近文录》，上海国学书室 1915 年 4 月版；1915 年上海右文社出版的《章氏丛书》，两函 24 册，收入《春秋左传读叙录》、《刘子政左氏说》、《文始》、《新方言》、《岭外三州语》、《小学答问》、《说文部首均语》、《庄子解故》、《管子余义》、《齐物论释》、《国故论衡》、《检论》、《太炎文录初编》文录与别录共 13 种；《菿汉微言》，1916 年北京铅字排印本。1919 年浙江图书馆出版《章氏丛书》，较右文社版增《齐物论释重定本》、《太炎文录初编》补编、《菿汉微言》3 种，原收《太炎文录初编》亦稍有增删，此书1924年又有上海古书流通处印本。此后，陆续刊行的章太炎著作有：《太炎教育谈》，四川观鉴庐1920年版；《太炎学说》，四川观鉴庐1921年版；《章太炎的白话文》，泰东图书馆1921年版；《国学概论》，泰东图书馆1922年版；《章太炎先生国学讲演集》，平民印书局1927年版；《清建国别记》，1924年聚珍仿宋本；《章太炎先生所著书》，上海古书流通处1924年版，收录章氏著作同于浙江图书馆《章氏丛书》。1933年刊行于北平的《章氏丛书续编》，收录《广论语骈枝》、《体撰录》、《太史公古文尚书说》、《古文尚书拾遗》、《春秋左氏疑义答问》、《新出三体石经考》、《菿汉昌言》7种。此书1943年由成都薛氏崇礼堂覆刻。

章氏国学讲习会成立后，亦印行多种章太炎论著，如《重订三字经》、《猝病新论》、《太炎先生自订年谱》、《章太炎先生讲演集》、《太炎文录续编》、《章氏星期讲演会》第1—9期、《章氏国学讲习会讲演记录》第1—8期、《章炳麟遗著》（线装1册）。

20世纪五六十年代，台湾、香港多次影印与出版《章氏丛书》、《章氏丛书续编》及《訄书》、《国故论衡》等著述。大陆人民卫生出版社1957年出版《章太炎医论·猝病新论》，上海古典文学出版社1958年出版《訄书》，中华书局1962年影印出版汤国梨编《章太炎先生家书》。70年代，中华书局1977年出版汤志钧编《章太炎政论选集》上下册。80年代以后，章氏著述在两岸三地大量重印、再版，而新编的章氏著述亦很多，较有影响者如：上海人民出版社于1981年出版的《章太炎选集（注释本）》、1982年起出版的新编《章太炎全集》，北京师范大学出版社1982年出版的吴乘仕藏《章太炎论学集》，上海古籍出版社1985年影印出版的《訄书原刻手写底本》，北京师范大学出版社1986年出版的章念驰编选的《章太炎先生学术论著手迹选》，中国社会科学出版社1995年出版的《近现代著名学者佛学文集·章太炎集》，上海远东出版社1996年出版的《革故鼎新的哲理：章太炎文选》，河北教育出版社1996年出版的《中国现代学术经典·章太炎卷》，中国社会科学出版社1997年出版的《章太炎学术史论集》，上海古籍出版社2000年出版的徐复《訄书详注》，河北人民出版社2003—2004年出版的马勇编《章太炎书信集》、《章太炎演讲集》，中华书局2008年出版的《章太炎说文解字授课笔记》（朱希祖、钱玄同、周树人记录），中国画报出版社2010年出版的《章太炎在苏州国学讲习会的讲稿》，齐鲁书社2012

年出版的罗志欢主编《章太炎藏书题跋批注校录》，等等。

我在《章炳麟评传》一书曾引述侯外庐《近代中国思想学说史》对章太炎思想学说地位的评价，认为出版于 1947 年的这部著作，至今仍然是研究章太炎思想的具有很高学术水准的著作之一。我在该书中写道：侯外庐在论章炳麟学术成就时，反复强调了他的最大特点，就是坚持了理性主义思想路线。侯外庐指出：章炳麟“言文字学主发明而不拘守十四博士之陋，言经学主存古而非以之适今，尤反对定于一尊，言史学主明流变而反对大义微言之说，言中西百家之学主长短取舍，反对似是而非的傅会，言方法论主名理，反对主观妄说，凡此皆理性论的本质，在当时是光辉的言论”①。即以诸子之学而言，侯外庐指出：章炳麟“对于诸子学术研究，堪称近代科学整理的导师，其文如《原儒》、《原道》、《原名》、《原墨》、《明见》、《订孔》、《原法》，都是参伍以法相宗，而义证严密地分析诸子思想的，他的解释思维力，独立而无援附，故能把一个中国古代的学库，第一步打开了被中古传袭所封闭着的神秘壁垒，第二步拆散了被中古偶像所崇拜着的奥堂，第三步根据他的自己的判断能力，重建了一个近代人眼光之下所看见的古代思维世界”②。“近代中国启蒙运动一个突出的特点就是理性缺位，非理性主义充斥，因而，坚持理性主义的章炳麟便在众多思想学术界英雄人物中别树起一帜。”我还写道：侯外庐在论章炳麟思想贡献时，称他“在近代中国学术史上，是自成宗派的巨人”，“运用古今中外的学术，揉合而成一家言的哲学体系，在近世他是第一个博学深思的人”③；“他对于极大极微的宇宙、人生、社会问题，表现出自我横冲的独行孤见，在中国思想史上这样有人格性的创造，实在数不上几人”④；他的“天才性的洞察，依然是更广大、更普遍的暗夜笼罩下的火把，始终在无边黑暗的吞吐里，被狂风暴雨吹打着明灭不定”⑤。五四以来，“新人与旧人的若干尖端的代表者，同时出现在章氏门下”⑥，是章炳麟思想发展的逻辑结果。

侯外庐本人就是一位杰出的思想家，对章炳麟的独行孤见与原创性的贡献，因此能敏锐地洞察和深刻地理解。

---

① 侯外庐：《近代中国思想学说史》，853 页，上海，生活书店，1947。

② 同上书，831 页。

③ 同上书，860～861 页。

④ 同上书，865 页。

⑤ 同上书，957 页。

⑥ 同上书，873 页。

按照《中国近代思想家文库》编选要求，根据章太炎著述的实际情况，本卷分“论政”、“原道”、“述史”三个部分，选录了章太炎最具代表性及原创性的论述。《中国近代思想家文库》编例中有“专著”一项，就章太炎论著而言，他自诩《齐物论释》及其定本“千六百年来未有其匹”①，“可谓一字千金”②。章太炎其他几部较完整展现他思想体系的专著，如《訄书》、《国故论衡》、《检论》，也都产生过重大影响。有些专著，篇幅较大，且已出版一种或多种注疏本，如《齐物论释》有缪篆注本、荒木见悟训注本，《訄书》有徐复《訄书评注》，《国故论衡》有庞俊疏记本（华西大学 1940 年版，疏正该书中、下两部分）及庞俊、郭诚永疏证（中华书局 2008 年 7 月版，郭诚永疏证该书卷上），故本卷不作为专著全文收录。

本卷第一部分为“论政”。从戊戌变法到辛亥革命，从民国肇建到日本侵华，章太炎参与了近代中国一系列的政治变革。变法运动中，章太炎曾倾向于实行西方式的君主立宪和联邦制，写了《客帝》与《分镇》。1900 年走向革命之路后，他在《訄书》重订本里专门写了两篇《匡谬》，对这两大主张做了自我批判。1903 年的《苏报》案，让章太炎的革命家形象名满天下，《驳康有为论革命书》以及《〈革命军〉序》就是这一事件的导火索，并且此二文笔锋犀利、论调激昂，有着极大的煽动力。章太炎在日本东京主持《民报》笔政时，特别重视革命党人自身的思想道德建设，《革命之道德》与《箴新党论》清楚阐明道德在革命运动中的重要性。在《军人贵贱论》中，章太炎呼吁军队应当襄赞革命，而不是做清廷的爪牙。辛亥革命中各省新军出力颇多，正好应了章太炎当初的呼吁。推翻清王朝之后，应当建立一个什么样的新型国家？这是章太炎这一时期关注的一个重点。他不仅关注新型国家的外在形式，更关注新型国家的内涵，既注意吸收西方近代国家治理的积极因素，又正视西方国家治理的各种弊端，参考了对西方国家进行批判的各种思潮，努力立足中国实际，设计中国国家治理的新方案。《中华民国解》、《五无论》、《国家论》、《〈无政府主义〉序》、《驳神我宪政说》、《代议然否论》便是他在这方面的代表性著述。武昌起义爆发之后，传闻满洲留日学生将组织力量进行抵抗，章太炎在《致留日满洲学生书》

① 章太炎：《致龚未生书》。

② 章太炎：《自述学术次第》。

中呼吁彼辈不要与革命军相抗，革命党人的民族政策并非制造仇恨，而是让国内各民族平等相处。其时，各方势力皆跃跃欲试，章太炎在《诛政党》一文里指出立宪派汲汲于名利，无补于国事，不应与之同流合污。这一时期，他更多关心的是新的国家政权如何建立、如何运行，《中华民国联合会第一次大会演说辞》和《〈大共和日报〉发刊辞》等文献，反映了当时复杂多变的政局和章太炎的政治立场。《致袁世凯书》是章太炎同镇压了“二次革命”后的袁世凯的抗争的一份记录。在被袁世凯软禁于北京之时，他开始反省辛亥革命何以未能获得全功，写了《大过》与《小过》。袁世凯复辟帝制失败死去后，军阀混战，一片乱象，联省自治思潮开始在国内盛行，《联省自治虚置政府议》反映了章太炎对此的态度。在《与章行严论改革国会书》中，章太炎主张恢复古代御史、都察院的部分职能，这可以说是章太炎撰写《代议然否论》以来的思想延续。1930年代，日本侵华之心日益明显，章太炎目睹时艰，主张结束国内政争，一致对外，于是有《答张季鸾问政书》等文；《答某书》中的“某”，即为当时权重一时的蒋介石。

本卷第二部分“原道”，选录了20世纪初章太炎最富独创性及原创性的哲学论著。《菌说》叙述物种进化的历史进程，批判当时流行一时的“以太论”；《原人》、《原变》二文说明了人类社会的变迁和物竞天择的原理。章太炎特别关注当时日本所流行的西方社会学及德国哲学，是当时革命党人中对哲学和社会学作了独一无二的专门思考者。他翻译了日本人岸本能武太的《社会学》一书，《〈社会学〉自序》说明了他的社会发展观，即为他研习斯学的心得。在《东京留学生欢迎会演说录》中，他主张借国粹激动种性，借宗教增进道德，这是他关于哲学问题思考的纲领。《无神论》、《俱分进化论》、《建立宗教论》及《四惑论》等文表明，章太炎借助佛学（主要是唯识学、法相学）、诸子学（主要是庄子学）、西方（特别是德国）哲学，构建了自己的哲学体系，发动了近代中国的“哲学革命”。章太炎认为，在当时，儒学已经衰微，想要提高人民的道德，则需要借助佛学，在《答铁铮》与《论佛法与宗教、哲学以及现实之关系》二文里，他对此作了解说。1910年，章太炎出版了学术代表作《国故论衡》、《齐物论释》，本卷收录其中的《原学》、《原道》、《辨性》及《齐物论释定本·释篇题》诸文，章太炎在这些文章中就哲学一系列根本性问题阐述了自己的见解。民国建立以后，章太炎在《驳建立孔教议》、《礼隆杀论》中，追溯儒家思想的特征，旗帜鲜明地反对将儒学宗教化，尤其反对立孔教为国教，说明礼的本义及作用，强调居今之世盲目复古，非愚即妄。1913 年，身处监禁中的章太炎，向弟子吴乘仕口述自己的治学心得，后来结集为《菿汉微言》一书，本卷所选的那一段，乃是章太炎自述其对于哲学思考的经历。

本卷第三部分“述史”，选录的是章太炎的史学论著。章太炎的政治思想、哲学思想之所以皆独树一帜，和他对历史的重视及对中国历史的深度认知密不可分。《尊史》及《中国通史略例》特别强调了认识历史特别是文明史、制度史的重要性。《征信论》及《信史》论及史学方法及如何写出真实可信的“历史”。《〈社会通诠〉商兑》专论不可将西方历史发展模式强行套用到中国及世界其他地方。《原经》、《原儒》夷经于史，夷儒家为诸子百家之一。《诸子学略说》对先秦诸子作了全面重新的审视。《尊荀》、《秦献记》、《商鞅》、《学变》、《清儒》、《订孔》、《秦政记》、《五朝学》对中国政治史、文化史、思想学术作了具有颠覆性的“重新梳理”。《通法》、《官统》、《官制索隐》、《五朝法律索隐》诸文，对制度史、法律史作了专门的探索，引导人们注意汲取中国传统政治文化中的精华，作为当代制度建设之借鉴。章太炎晚年，更力述读史的重要，这与他对学风与世风的感观极有关系。本书所选的《救学弊论》、《略论读史之法》、《历史之重要》诸文，即为这方面的相关论述。章太炎一生当中，写了不少与他同时代的人物传记，其中既有他的师友，又有革命同志，还有政治上的盟友。本书选取了《邹容传》、《高先生传》、《俞先生传》、《孙诒让传》、《喻培伦传》、《焦达峰传》、《大总统黎公碑》、《黄季刚墓志铭》、《史量才墓志铭》等篇，这些传记体现了他的学术主张、政治立场、鲜明的个性。《书十九路军御日本事》虽非传记之作，却是章太炎对于淞沪抗战的记录与评价，因此也值得重视。章太炎一生当中并未将《中国通史》撰就，但是在作于 1920 年代的《菿汉昌言》的“区言”部分，他对整个中国政治史进行一番鸟瞰式的回顾。《自述学术次第》一文，则是章太炎对自己治学心路的回顾，可以当成他的自传来读，置于本卷之末，亦可作为章太炎对本人思想学术的一个自我总结。

本卷所收论著，尽量做到以原貌为准。凡肯定原文误植者，后加〔〕，凡肯定脱字者，后加〈〉，并将正字、脱字注于〔〕、〈〉中；凡缺字或原件难以辨认者，用□标出。除导言中 * 形式脚注为本卷编者注外，其余圈码形式脚注内容均为所参考之相关出版物原貌。另外，本卷各文中夹注者，均以小字形式，以区别于正文，至于有以（）标出者、未以（）标出者，均以原貌为准原则未加以统一。

本卷编选工作，得到了乐敏、曹南屏、姜玢、王锐等协助，尤其是王锐承担了大量的具体事务，谨此感谢。

姜义华

2015 年 1 月

论政

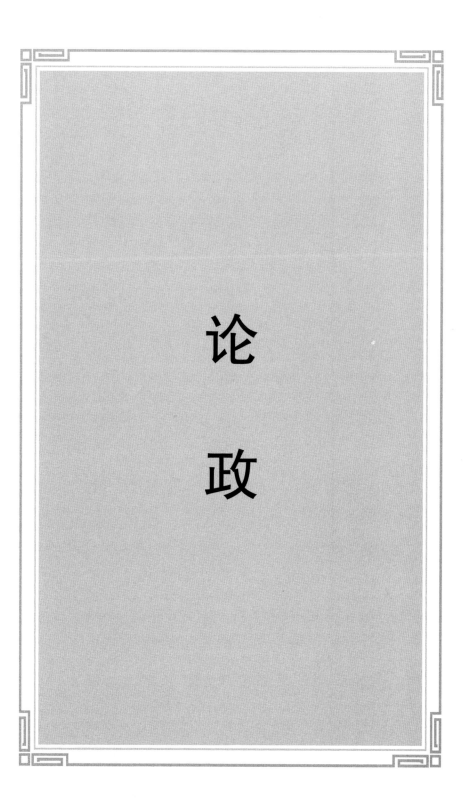

客帝匡谬

自古以用异国之材为客卿，而今始有客帝。客帝者何也？曰：如满洲之主中夏是也。夫整军之将，司税之吏，一切假客卿于欧美，则以鸡林靺鞨之宾旅，而为客帝于中国也，何损？知是，而逐满之论，殆可以息矣。

抑夫客卿者，有用之者也。客帝者，孰为之主，而与之玺绂者乎？明堂大微，不司其勋；岱山、梁父，不载其德。盗沃土于中夏，而食其赋税。既无主矣，而客于何有？曰：已矣！弗复道矣。《咸池》之均，弗可以入里耳矣。必若言之，吾则曰：中夏之共主，自汉以来，二千余年，而未尝易其姓也。

昔者《春秋》以元统天，而以春王为文王。文王孰谓？则王愆期以为仲尼是已。欧洲纪年以邪苏，卫臧纪年以释迦，而教皇与达赖剌麻者，皆尝为其共主。中夏之共主，非仲尼之世胄则谁乎？梅福之讼王章也，见新室盗汉之朕而塞之也；及王章不可讼，而上绍殷之议，其指归则以圣庶夺适为臬。是何忘汉之社稷，而为此阔疏之计邪？夫固曰：素王不绝，黑绿之德不弛，则中夏之域，亘千百世而有共主。若夫摄斧扆、掌图籍者，新乎？汉乎？则犹菌鹤马蜩之相过乎前而已矣。繇福之说，苟言大同，必有起于侧陋，握石椎而怀神珠者，吾民以为可恃，然后君之。斯固拥戴也，亦不得世及矣。若犹是世及也，冠冕未裂，水土未堙，则中夏之共主，其必在乎曲阜之小邑，而二千年之以帝王自号者，特犹周之桓、文，日本之霸府也。苟如是，则主其赏罚，而不得尸其名位。中夏有主，则为霸府于丰镐、秣陵、汴、雒、北平者，汉乎？满乎？亦犹菌鹤马蜩之相过乎前而已矣。苟摄之者不得其指，而自以镇抚九有，若天之有摄提大角，斯犹大夫之胪岱，其罪不赦。此汉唐之所以为天囚非命，而客帝之所以愈迫民以攘逐也。

难者曰：今之衍圣公，其爵则九命，其册封则必于京室。今倒植其分，霸其封之者，而帝其受之者，其左夫？

曰：已矣！弗复道矣。吾固曰《咸池》之均，弗可以入里耳矣。

《繁露》有言："天子不臣二代之后，而同时称王者三。"是则杞、宋之在周世，其名则公，其实则王也。《书·梓材》："以厥臣达王惟邦君。"《正义》曰："郑以王为二王之后。"夫以胜国之余蘖，不立其图法，不用其官守，然犹通三统而王之。况朝野皆奉其宪典，以纲纪品庶者欤？名曰衍圣公，其实泰皇也。

若夫锡命之典，自汉之封绍嘉以至于今，更十七姓，七十有余主，而不能以意废黜之。夫非一代之主所得废黜者，则亦非一代之主所得册封也。虽微册封，于孔氏之位何损？其册封，则骜主媚臣之自为僭滥，亦犹乾隆之世，英吉利尝一通聘，而遽书之以为入贡之藩云尔。且昔者成周之末，王赧已虏，而东周特畿内之侯也。其于七王，爵位固不相若，亦侍祠贡献惟谨，且听其黜陟焉。宋氏之于金、元，亦尝至乎称臣称侄矣，然而言神州之王统者，终不以彼而夺此。苟以是为比，则衍圣当帝，而人主之当比于桓、文、霸府也，岂顾问哉？

虽然，此犹千载之盅事，臧于石室，史官儒生，得守空文以持其义，而世主未尝既其实也。土箸〔著〕之后，逆取顺守，尚已。方其盛时，持重万钧，环天下而为臣妾，虽临辟雍，固不欲捐其黄屋，以朝孔氏之尝酎，斯已泰矣。及夫陵夷积弱，处逃责之台，被窃铁之言，大枋既失，势侪于家人，宁奉表以臣敌国，而犹岿然自谓尊于玄圣之裔，岂不忸哉！

乃夫宾旅侵突而为君者，故迩梁远，以华夏为异类，蜂刃所抵，类祃厥宗，而无所慜痛。杨〔扬〕州之屠，嘉定之屠，江阴之屠，金华之屠，啖肉也如黑鹫，窃室也如群麀。其他掊发窖臧，掘冢坏陵，而取其金鼎玉杯银尊珠襦之宝以为储臧者，不可以簿籍计也。及统一天下，六官犹耦，防营犹设，明末马、阮筑板矶城为西防。左良玉叹曰："今西何所防？殆防我耳！"今之驻防，则谁防乎？名不正，言不顺，二百年泄泄然而不改，异夫！托不加赋以为美名，而以胡骑之饩饷刓敝府库；迮有狱讼，则汉民必不可以得直；迮有剧寇，汉臣贤劳而夷其难；创夷既起，又置其同族于善地以乱其治。吾义士之谋攘逐者，亦宁有过职乎？

逐加于满人，而地割于白人，以是为神州大诟。夫故结肝下首而不欲逞，非其丧志，鉴于蜀、宋也。蜀相之结荆杨〔扬〕也，非忘报也，彼綦曹氏，则吴不得怨；故覆于南郡，烬于白帝，再挫之忿，而不敢复焉。宋与女真，宗祢之痛也，引蒙古以灭之，终自戕败，庙算失也。故地处其逼，势处其隉，九世之仇，而不敢复焉。何者？犨牛之斗，玄熊呴怒以格其间，则二牛皆蔺也。

且夫今世则又有圣明之客帝，椎匈啮臂，以悔二百五十年之过矣。彼疏其顽童，昵其地主，以百姓之不得职为己大耻，将登荐贤辅，变革故法，使卒越劲，使民果毅，使吏精廉强力，以御白人之侮。大东辛颢之胄，且将倚之以为安隐，若是又可逐乎？虽然，弗逐，则高义殆乎格，配天之志殆乎息矣。决胜负于一朝，两族皆偾，而不顾其后者，日莫涂远之所计，虽非少康，犹之伍员也。中夏虽坏败，宁无其人邪？其攘逐满洲也，在今日，其不攘逐满洲也，亦在今日。客帝诚圣明，则必取谟于陆贽，引咎降名，以方伯自处。《唐书·陆贽传》：德宗议更益大号，贽奏言若以时屯，当有变革，不若引咎降名，以祇天戒。禘郊之祭，鸡次之典，天智之玉，东序之宝，一切上之于孔氏；彤弓黄钺，纳陛矩鬯，一切受之于孔氏。退而改革朝官，皆如宗人府丞。朝官皆满汉二员，独宗人府丞，则只一汉员。圈地之满、蒙，驻防之八旗，无置马甲，而除其名粮，一切受治于郡县。自将军以至佐领，皆退为散秩。大政既定，奏一尺书，以告成于孔氏。吾读《伊尹书》，有九主，有素王。吾读《中候》，至于霸免，郑注："霸犹把也，把天子之事。"有受空之帝。郑注：谓楚义帝。今以素王空帝，尸其名位，而霸者主其赏罚，则吾中夏所君事者，固圣胄已。其建霸府于域中，则师不陵正，而旅不逼师，臣民之视客帝，非其后辟，其长官也。霍光也，金日磾也，李晟也，浑瑊也，其种系不同，而其役使于王室也若一，则部曲之翼戴之也。汉乎？满乎？亦犹茵鹤马蜩之相过乎前而已矣。君臣不属，则报志可以息，虽弗攘逐，无负于高义。然则二族皆宁，而梅福之大义，且自今始既其实焉。以是流衍于百王，而为宪度，其有成劳于中夏也，亦大矣！

难者曰：今中国羸病，炊之则僵，犁五稔必仆。虽尊崇孔氏，以息内讧，其何瘳乎？曰：尚观明堂合宫之法，官天下则帝孔氏，百世丕天之大律，非独为滑夏之代而已。且夫发愤为天下雄，则百稔而不仆；怠惰苟安，则不及五稔而亦仆。吾所议者，为发愤之客帝言也，非为怠惰苟安者言也。夫苟怠惰苟安，虽采椽茅茨，若自处于臣虏，可以亡国；发愤而为雄，而后以降名尊主为可恃也。不然，则一饭之顷，已涣然离逖矣，安能五稔？

共和二千七百四十一年，章炳麟曰：余自戊、己违难，与尊清者游，而作《客帝》。饰苟且之心，弃本崇教，其违于形势远矣！且汉帝虽孱弱，赖其同胤，臣民犹或死之。满洲贱族，民轻之，根于骨髓，其外视亡异欧美。故联军之陷宛平，民称“顺民”，朝士以分主五城，食其廪禄，伏节而死义者，亡一于汉种，非人人阘茸佣态。同异无所择，孰甘其死？繇是言之，满洲弗逐，欲士之爱国，民之敌忾，不可得也。浸微浸削，亦终为欧美之陪隶已矣。今弗能昌言自主，而以责宣尼之主祏，面欺！箸〔著〕之以自劾录，而删是篇。

（选自《訄书》重订本（1904 年））

分镇匡谬

与不得已，官制不及改，则莫若分镇。

分镇尚已。昔唐大〔太〕宗欲世授节度，而马周、李百药之伦，则谓亲属且不可以领土宇。其后淮朔不宾，柳宗元祖述其意，作《封建论》，盖惧镇将世及，尾大跖戾，黜陟将自主。属时清明，未有外侮，其论议固足以自守也。宋之季，而祸发于穹庐，州郡破碎，墓无完棤，里无完室，则李纲始有分镇之议。虽不竟行，南宋卒赖是以自完其方部。然后知封建有其韪，而郡县有其非也。

定倾之道，一彼而一此。轩辕大角之兽不见，则王者不能以革故。及阳节既尽，必守前世故常之论，以外重内轻为足以亏国家之大柯，此文俗吏之所乐，而知时者故未以是为权概也。

自明以来，行省则有布政使，主用人治赋，不得操兵柄。其后以疆宇廖亢，非能正众之丈人，使之节制将吏，不足以为治，于是有以大臣为督抚者。当明之衰，直隶一隅，有总督三人；十有三行省，其巡抚乃至二十有九。威权虽众箸〔著〕，然所驭乃不过数郡。土宇既狭，不足行其意。终于流寇票突，外患蹑迹，如决澥池而莫之夭阏。此无他，劫于马、李、柳氏之论，常惧方镇屈强，不用朝命，故宁削弱其土，使局促不得自展，至于疆宇坼裂而不悔也。

满洲起朔方，因袭明旧，稍省督抚，小者不损一行省，使教令所下，渐及泰远。然犹禀命于六部，不敢自擅。咸丰之季，汉帝已立，重以外寇，孤清之命，阽阽如累九丸。赖大酋明圣，枢臣善方略，一昔举缄縢扃镉之智而破碎之；自征自抚，自生自杀，自予自夺，一切属其权于疆吏。是时知兵之臣，威令振肸，或出其竟外，而上不以文法制之，卒能戬灭大平，盗其天球。

繇此言之，内外之重轻，所以为利害者，断可知矣。今方镇藾弱，而四裔乘其敝，其极至于虚猲政府，使从而劫疆吏，一不得有所阻桡，割地输币，无敢有异议。彼其所以钳束者，则外轻之效，非乎？

与不得已，官制不及改，则莫若以封建、方镇为一。置燕、齐、晋、宋及东三省为王畿，注措无所变。其余置五道：曰关陇，附以新疆；曰楚蜀，附以西藏；曰滇黔桂林；曰闽粤；曰江浙。谓三江、浙江。道各以督抚才者制之，冠名以地，无以虚辞美称；行政署吏，惟其所令；岁入贡于泉府者数十万，毋有缺乏；扶寸地失，惟斯人是问。一受其爵，非丧土缺贡，终其身无所易；死则代以其属吏，荐于故帅，而锡命于朝。其布于邻国，则曰：斯吾附庸之国也，交会约言在是，天室弗与知。案：联邦之制虽同等，联邦外交固在中央政府也。不同等联邦无论。然清室之于朝鲜，任自遣使，既尝破其例矣。若是，则外人不得挟政府以制九域，冀少假岁月以修内政。人人亲其大吏，争为效命，而天下少安矣。

夫清世名位至滥，独爵号乃重于灵鼍之鼓。蒙古而外，非宗室无有处王位者，虽五等亦非勋臣不得与。此其法昉于汉、明之制。然明永历讨不庭也，何腾蛟则以中湘王封墓。其后若金声桓、李定国数子，皆剖青圭而正王位，其膏不屯，其印不刓。何者？遭值丧乱，则守文之制，固运而往矣。且古者上公九命，子男特五命耳，其位乃下于列卿。是故成周之典，足以度越千世。其在中叶，惟唐制最中绳。其秩，亲王正一品，与三公三司同；嗣王郡王，则不过从一品；降及男国，则不过五品。故宰相皆公，而将帅以郡王封者三十余辈。以李光弼之部，王者至十校。今俄、英之相，多以王公称者。远则唐制，而近则西邻，以此崇重方镇，夫何牵于往日之制乎？

或以唐世河北失驭，其端自方镇之有功始。此皆愚儒无知，惩既成之事，顾不知其谋始之所以难也。使唐无方镇，十道且不能保，奚翅失河北而已！其卒旅距抗命者，以武夫骅突之将，勇于趋利，而未尝知方，故侵寻至不可制。今以文臣，而惧其跳踉为桀寇，自唐以来，其孰觌之哉？

夫法不外操，而兵不中制。今自九服以内，旬始未出，而瓜分固已亟矣。瓜分而授之外人，孰与瓜分而授之方镇？方镇虽不肖，尚略得三四人，其他或愿悫无雄略。吾闻晚明之将帅，史可法最劣，其次有瞿式耜，其次有李定国，其次有郑成功、张煌言。后出益倞，则习于戎事故也。始虽愿悫，而代之者必雄略矣，其愈于中制者亦远矣。

且夫利不过幅，则用足也；思不出位，则虑周也；兵不外募，则士附也；吏不旁掔，则功立也。当裔夷之竞，而求之剽末，以觊自全，使烝民有立，政府缓带，舍是则无长计矣。若其检式群下，和齐县内，微革更官制，则犹篆车之无輹。而丁时者或未意是也。颂曰：皇以间之！

共和二千七百四十一年，章炳麟曰：怀借权之谋，言必凑是。今督抚色厉中干，诸少年意气盛壮，而新用事者，其葸畏又过大耋旧臣，虽属以一道，弗能任。传曰：负且乘，盗之招也。纵满洲政府能弃，若无收者何？夫提挈方夏在新圣，不沾沾可以媮取。鉴言之莠，而删是篇。

（选自《訄书》重订本（1904 年））

驳康有为论革命书

长素足下：读与南北美洲诸华商书，谓中国只可立宪，不能革命，援引今古，洒洒万言。呜呼长素，何乐而为是耶？热中于复辟以后之赐环，而先为是龃龉不了之语，以耸东胡群兽之听，冀万一可以解免。非致书商人，致书于满人也！夫以一时之富贵，冒万亿不韪而不辞，舞词弄札，眩惑天下，使贱儒元恶为之则已矣；尊称圣人，自谓教主，而犹为是妄言，在己则脂韦突梯以佞满人已耳，而天下之受其蛊惑者，乃较诸出于贱儒元恶之口为尤甚！吾可无一言以是正之乎？谨案长素大旨，不论种族异同，惟计情伪得失以立说。虽然，民族主义，自太古原人之世，其根性固已潜在，远至今日，乃始发达，此生民之良知本能也。长素亦知种族之必不可破，于是依违迁就以成其说，援引《匈奴列传》，以为上系淳维，出自禹后。夫满洲种族，是曰东胡，西方谓之通古斯种，固与匈奴殊类。虽以匈奴言之，彼既大去华夏，永滞不毛，言语、政教、饮食、居处，一切自异于域内，犹得谓之同种也耶？智果自别为辅氏，管氏变族为阴家，名号不同，谱牒自异。况于戕虐祖国，职为寇仇，而犹傅以兄弟急难之义，示以周亲棣尌之恩，巨缪极戾，莫此为甚！近世种族之辨，以历史民族为界，不以天然民族为界。藉言天然，则褅祫海藻，享祧蝯蜼，六洲之氓，五色之种，谁非出于一本，而何必为是聒聒者耶？长素又曰："氐、羌、鲜卑等族，以至元魏所改九十六姓，大江以南，骆越、闽、广，今皆与中夏相杂，恐无从检阅姓谱而攘除之。"不知骆越、闽、广，皆归化汉人，而非陵制汉人者也。五胡、代北，始尝宰制中华，逮乎隋、唐统一，汉族自主，则亦著土傅籍，同为编氓，未尝自别一族，以与汉人相抗，是则同于醇化而已。日本定法，夙有蕃别；欧、美近制，亦许归化。此皆以己族为主人，而使彼受吾统治，故一切可无异视。今彼满洲者，其为归化汉人乎？其为陵制汉人乎？堂子妖神，非郊丘之教；辫发璎珞，非弁冕之服；清书国语，非斯、邈之文。徒以尊事孔子，奉行儒术，崇饰观听，斯乃不得已而为之，而即以便其南面之术，愚民之计。若言同种，则非使满人为汉种，乃适使汉人为满种也。长素固言大同公理，非今日即可全行，然则今日固为民族主义之时代，而可溷殽满、汉以同薰莸于一器哉！时方据乱，而言太平，何自悖其三世之说也？长素二说，自知非持之有故，言之成理，不得已复援引《春秋》，谓其始外吴、楚，终则等视。不悟荆、扬二域，《禹贡》既列于九州，国土种类，素非异实。徒以王化陵夷，自守千里，远方隔阂，沦为要荒。而文化语言，无大殊绝，《世本》谱系，犹在史官，一日自通于上国，则自复其故名，岂满洲之可与共论者乎？至谓衣服辫发，汉人已化而同之，虽复改为宋、明之服，反觉不安。抑不知此辫发胡服者，将强迫以成之耶？将安之若性也？禹入裸国，被发文身；墨子入楚，锦衣吹笙。非乐而为此也，强迫既久，习与性成，斯固不足以定是非者。吾闻洪、杨之世，人皆蓄发，不及十年，而曾、左之师摧陷洪氏，复从髡薙。是时朋侪相对，但觉纤首锐颠，形状噩异。然则蓄发之久，则以蓄发为安；辫发之久，则以辫发为安。向使满洲制服，涅齿以黛，穿鼻以金，刺体以龙，涂面以垩，恢诡殊形，有若魑魅，行之二百有六十年，而人亦安之，无所怪矣！不问其是非然否，而惟问其所安，则所谓祖宗成法不可轻变者，长素亦何以驳之乎？野蛮人有自去其板齿，而反讥有齿者为犬类，长素之说，得无近于是耶？种种缪戾，由其高官厚禄之性，素已养成，由是引犬羊为同种，奉豭尾为鸿宝。向之崇拜《公羊》，诵法《繁露》，以为一字一句，皆神圣不可侵犯者，今则并其所谓复九世之仇，而亦议之。其言曰："扬州十日之事，与白起阬赵，项羽阬秦无异。"岂不曰秦、赵之裔，未有报白、项之裔者，则满洲亦当同例也！岂知秦、赵、白、项，本非殊种，一旦战胜而击阬之者，出于白、项二人之指麾，非出于士卒全部之合意。若满洲者，固人人欲尽汉种而屠戮之，其非为豫酋一人之志可知也。是故秦、赵之仇白、项，不过仇其一人；汉族之仇满洲，则当仇其全部。且今之握图籍，操政柄者，岂犹是白、项之胤胄乎？三后之姓，降为舆台，宗支荒忽，莫可究诘，虽欲报复，乌从而报复之？至于满洲，则不必问其宗支，而全部自在也；不必稽其姓名，而政府自在也。此则枕戈剸刃之事，秦、赵已不能施于白、项，而汉族犹可施于满洲，章章明矣。明知其可报复，犹复饰为瘖聋，甘与同壤，受其豢养，供其驱使，宁使汉族无自立之日，而必为满洲谋其帝王万世、祈天永命之计，何长素之无人心，一至于是也！长素又曰："所谓奴隶者，若波兰之属于俄，印度之属于英，南洋之属于荷，吕宋之属于西班牙，人民但供租税，绝无政权，是则不能不愤求自立耳。若国朝之制，满、汉平等，汉人有才者，匹夫可以为宰相。自同治年来，沈、李、翁、孙，迭相柄政，曾、左及李，倚为外相，恭、醇二邸，但拱手待成耳。即今除荣禄、庆邸外，何一非汉人为政？若夫政治不善，则全由汉、唐、宋、明之旧，而非满洲特制也。然且举明世廷杖、镇盗、大户加税、开矿之酷政，而尽除之。圣祖立一条鞭法，纳丁于地，永复差徭，此唐、虞至明之所无，大地万国所未有。他日移变，吾四万万人必有政权自由，可不待革命而得之也。"夫所谓奴隶者，岂徒以形式言耶？曾、左诸将，倚畀虽重，位在藩镇，蕞尔弹丸，未参内政。且福康安一破台湾，而遂有贝子、郡王之赏；曾、左反噬洪氏，挈大圭九鼎以付满洲，爵不过通侯，位不过虚名之内阁。曾氏在日，犹必谄事官文，始得保全首领。较其轻重，计其利害，岂可同日而道？近世军机首领，必在宗藩。夫大君无为，而百度自治，为首领者，亦以众员供其策使，彼恭、醇二邸之仰成，而沈、李、翁、孙之有事，乃适见此为奴隶，而彼为主人也。阶位虽高，犹之阉宦仆竖，而赐爵仪同者，彼固仰承风旨云尔，曷能独行其意哉！一条鞭法，名为永不加赋，而耗羡平余，犹在正供之外。徭役既免，民无恶声，而舟车工匠，遇事未尝获免。彼既以南米供给驻防，亦知民志不怡，而不得不藉美名以媚悦之。玄烨、弘历，数次南巡，强勒报效，数若恒沙。己居尧、舜、汤、文之美名，而使佞幸小人间接以行其聚敛，其酷有甚于加税开矿者。观唐甄之《潜书》与袁枚之《致黄廷桂书》则可知矣。庄生有云："狙公赋芧，朝三暮四，众狙皆怒，朝四暮三，众狙皆悦，名实未亏，而喜怒为用。"此正满洲行政之实相也。况于廷杖虽除，诗案、史祸，较诸廷杖，毒螫百倍。康熙以来，名世之狱，嗣庭之狱，景祺之狱，周华之狱，中藻之狱，锡侯之狱，务以摧折汉人，使之噤不发语。虽李绂、孙嘉淦之无过，犹一切被赭贯木，以挫辱之。至于近世，戊戌之变，长素所身受，而犹谓满洲政治，为大地万国所未有，呜呼！斯诚大地万国所未有矣！李陵有言："子为汉臣，安得不云尔乎？"夫长素所以不认奴隶，力主立宪以摧革命之萌芽者，彼固终日屈心忍志以处奴隶之地者尔。欲言立宪，不得不以皇帝为圣明，举其诏旨有云："一夫失职，自以为罪者，而谓亟亟欲开议院，使国民咸操选举之权以公天下，其仁如天，至公如地，视天位如敝屣，然后可以言皇帝复辟，而宪政必无不行之虑。"则吾向者为《正仇满论》既驳之矣。盖自乙未以后，彼圣主所长虑却顾，坐席不煖者，独太后之废置我耳。殷忧内结，智计外发，知非变法，无以交通外人，得其欢心；非交通外人，得其欢心，无以挟持重势，而排沮太后之权力。载湉小丑，未辨菽麦，铤而走险，固不为满洲全部计。长素乘之，投间抵隙，其言获用，故戊戌百日之政，足以书于盘盂，勒于钟鼎，其迹则公，而其心则只以保吾权位也。曩令制度未定，太后夭殂，南面听治，知天下之莫予毒，则所谓新政者，亦任其迁延堕坏而已。非直堕坏，长素所谓拿破仑第三新为民主，力行利民，已而夜宴伏兵，擒议员百数，及知名士千数，尽置于狱者，又将见诸今日。何也？满、汉两族，固莫能两大也！今以满洲五百万人，临制汉族四万万人而有余者，独以腐败之成法愚弄之，锢塞之耳。使汉人一日开通，则满人固不能晏处于域内，如奥之抚匈牙利，土之御东罗马也。人情谁不爱其种类而怀其利禄，夫所谓圣明之主者，亦非远于人情者也。果能敝屣其黄屋，而弃捐所有以利汉人耶？藉曰其出于至公，非有满、汉畛域之见，然而新法犹不能行也。何者？满人虽顽钝无计，而其怵惕于汉人，知不可以重器假之，亦人人有是心矣。顽钝愈甚，团体愈结，五百万人同德戮力，如生番之有社寮。是故汉人无民权，而满洲有民权，且有贵族之权者也。虽无太后，而掣肘者什伯于太后；虽无荣禄，而掣肘者什伯于荣禄。今夫建立一政，登用一人，而肺腑暱近之地，群相讙哓，朋疑众难，杂沓而至，自非雄杰独断，如俄之大彼得者，固弗能胜是也！共、驩四子，于尧皆葭莩姻娅也，靖言庸回，而尧亦不得不任用之。今其所谓圣明之主者，其聪明文思，果有以愈于尧耶？其雄杰独断，果有以侪于俄之大彼得者耶？往者戊戌变政，去五寺、三巡抚如拉枯，独驻防则不敢撤，彼圣主之力，与满洲全部之力，果孰优孰绌也？由是言之，彼其为私，则不欲变法矣；彼其为公，则亦不能变法矣。长素徒以诏旨美谈，视为实事，以此诳燿天下，独不读刘知几《载文》之篇乎？谓魏、晋以后，诏敕皆责成群下，藻饰既工，事无不可。故观其政令，则辛、癸不如；读其诏诰，则勋、华再出。此足以知戊戌行事之虚实矣。且所谓立宪者，固将有上下两院，而下院议定之案，上院犹得以可否之。今上院之法定议员，谁为之耶？其曰皇族，则亲王贝子是已；其曰贵族，则八家与内外蒙古是已；其曰高僧，则卫藏之达赖、班禅是已。是数者，皆汉族之所无，而异种之所特有，是议权仍不在汉人也。所谓满、汉平等者，必如奥、匈二国并建政府，而统治于一皇，为双立君主制而后可。使东三省尚在，而满洲大长得以兼统汉人，吾民犹勉自抑制以事之。今者满洲故土，既攘夺于俄人，失地当诛，并不认为满洲君主，而何双立君主之有？夫戴此失地之天囚，以为汉族之元首，是何异取罪人于囹圄，而奉之为大君也？乃曰："朋友之交，犹贵久要不忘，安有君臣之际，受人之知遇，因人之危难，中道变弃，乃反戈倒攻者！"诚如是，则载湉者，固长素之私友，而汉族之公仇也。况满洲全部之蠢如鹿豕者，而可以不革者哉？虽然，如右所言，大抵关于种类，而于情伪得失未暇论也，则将复陈斯旨，为吾汉族筹之可乎？长素以为革命之惨，流血成河，死人如麻，而其事卒不可就。然则立宪可不以兵刃得之耶？既知英、奥、德、意诸国，数经民变，始得自由议政之权。民变者，其徒以口舌变乎？抑将以长戟劲弩，飞丸发旝变也？近观日本，立宪之始，虽徒以口舌成之，而攘夷覆幕之师在其前矣。使前日无此血战，则后之立宪亦不能成。故知流血成河，死人如麻，为立宪所无可幸免者。长素亦知其无可幸免，于是迁就其说以自文，谓以君权变法，则欧、美之政术器艺，可数年而尽举之。夫如是，则固君权专制也，非立宪也。阔普通武之请立宪，天下尽笑其愚，岂有立宪而可上书奏请者？立宪可请，则革命亦可请乎？以一人之诏旨立宪，宪其所宪，非大地万国所谓宪也！长素虽与载湉久处，然而人心之不相知，犹挃一体而他体不知其痛也。载湉亟言立宪，而长素信其必能立宪，然则今有一人执长素而告之曰："我当酿四大海水以为酒。"长素亦信其必能酿四大海水以为酒乎？夫事之成否，不独视其志愿，亦视其才略何如。长素之皇帝圣仁英武如彼，而何以刚毅能挟后力以尼新法，荣禄能造谣诼以耸人心，各督抚累经严旨，皆观望而不辨，甚至章京受戮，己亦幽废于瀛台也？君人者，善恶自专，其威大矣。虽以文母之抑制，佞人之谗嗾，而秦始皇之在位，能取太后、嫪毐、不韦而踣覆之，今载湉何以不能也？幽废之时，犹曰爪牙不具。乃至庚子西幸，日在道涂，已脱幽居之轭，尚不能转移俄顷，以一身逃窜于南方，与太后分地而处。其孱弱少用如此，是则仁柔寡断之主，汉献、唐昭之俦耳！太史公曰："为人君父而不知《春秋》之义者，必蒙首恶之名。"是故志士之任天下者，本无实权，不得以成败论之，而皇帝则不得不以成败论之。何者？有实权而不能用，则不得窃皇帝之虚名也。夫一身之不能保，而欲其与天下共忧，督抚之不能制，而欲其使万姓守法，庸有几乎？事既无可奈何矣，其明效大验已众著于天下矣，长素则为之解曰：“幽居而不失位，西幸而不被弑，是有天命存焉。王者不死，可以为他日必能立宪之征。”呜呼！王莽渐台之语曰：“天生德于予，汉兵其如予何！”今之载湉，何幸有长素以代为王莽也。必若图录有征，符命可信，则吾亦尝略读纬书矣。纬书尚繁，《中庸》一篇，固为赞圣之颂。往时魏源、宋翔凤辈，皆尝附之三统三世，谓可以前知未来，虽长素亦或竺信者也。然而《中庸》以“天命”始，以“上天之载，无声无臭”终。天命者，满洲建元之始也；上天之载者，载湉为满洲末造之亡君也。此则建夷之运，终于光绪，奴儿哈赤之祚，尽于二百八十八年，语虽无稽，其彰明较著，不犹愈于长素之谈天命者乎？要之，拨乱反正，不在天命之有无，而在人力之难易。今以革命比之立宪，革命犹易，立宪犹难。何者？立宪之举，自上言之，则不独专恃一人之才略，而兼恃万姓之合意；自下言之，则不独专恃万姓之合意，而兼恃一人之才略；人我相待，所倚赖者为多。而革命则既有其合意矣，所不敢证明者，其才略耳。然则立宪有二难，而革命独有一难，均之难也，难易相较，则无宁取其少难而差易者矣。虽然，载湉一人之才略，则天下信其最绌矣。而谓革命党中必无有才略如华盛顿、拿破仑者，吾所不敢必也。虽华盛顿、拿破仑之微时，天下亦岂知有华盛顿、拿破仑者？而长素徒以阿坤鸦度一蹶不振相校。今天下四万万人之材性，长素岂尝为其九品中正，而一切检察差第之乎？藉曰此魁梧绝特之彦，非中国今日所能有，尧、舜固中国人矣，中国亦望有尧、舜之主出而革命，使本种不亡已耳。何必望其极点如华盛顿、拿破仑者乎？长素以为中国今日之人心，公理未明，旧俗俱在，革命以后，必将日寻干戈，偷生不暇，何能变法救民，整顿内治？夫公理未明，旧俗俱在之民，不可革命，而独可立宪，此又何也？岂有立宪之世，一人独圣于上，而天下皆生番野蛮者哉？虽然，以此讥长素，则为反唇相稽，校轸无已。吾曰不可立宪，长素犹曰不可革命也。则应之曰：“人心之智慧，自竞争而后发生，今日之民智，不必恃他事以开之，而但恃革命以开之。”且勿举华、拿二圣，而举明末之李自成。李自成者，迫于饥寒，揭竿而起，固无革命观念，尚非今日广西会党之侪也。然自声势稍增，而革命之念起；革命之念起，而剿兵救民、赈饥济困之事兴。岂李自成生而有是志哉？竞争既久，知此事之不可已也。虽然，在李自成之世，则赈饥济困为不可已，在今之世，则合众共和为不可已。是故以赈饥济困结人心者，事成之后，或为枭雄；以合众共和结人心者，事成之后，必为民主。民主之兴，实由时势迫之，而亦由竞争以生此智慧者也。征之今日，义和团初起时，惟言扶清灭洋，而景廷宾之师，则知埽清灭洋矣。今日广西会党，则知不必开衅于西人，而先以扑灭满洲、剿除官吏为能事矣。唐才常初起时，深信英人，密约漏情，乃卒为其所卖。今日广西会党，则知己为主体，而西人为客体矣。人心进化，孟晋不已。以名号言，以方略言，经一竞争，必有胜于前者。今之广西会党，其成败虽不可知，要之，继此而起者，必视广西会党为尤胜，可豫言也。然则公理之未明，即以革命明之；旧俗之俱在，即以革命去之。革命非天雄、大黄之猛剂，而实补泻兼备之良药矣！长素以为今之言革命者，或托外人运械，或请外国练军，或与外国立约，或向外国乞师，卒之，堂堂大国，谁肯与乱党结盟，可取则取之耳。吾以为今日革命，不能不与外国委蛇，虽极委蛇，犹不能不使外人干涉，此固革命党所已知，而非革命党所未知也。日本之覆幕也，法人尝通情于大将军，欲为代平内乱。大将军之从之与否，此固非覆幕党所能豫知。然以人情自利言之，则从之为多数，而不从为少数；幸而不从，是亦覆幕党所不料也。而当其歃血举义之时，固未尝以其必从而少沮。今者人知恢复略有萌芽，而长素何忍以逆料未中之言，沮其方新之气乎？乌呼！生二十世纪难，知种界难，新学发见难，直人心奋厉时难。前世圣哲，或不遇时，今我国民，幸睹精色，哀哀汉种，系此刹那，谁无父母，谁无心肝，何其忝阙之不遗余力，幸同种之为奴隶，以必信其言之中也！且运械之事，势不可无，而乞师之举，不必果有。今者西方数省，外稍负海，而内有险阻之形势，可以利用外人而不为外人所干涉者，亦未尝无其地也。略得数道，为之建立政府，百度维新，庶政具举，彼外人者，亦视势利所趋耳。未成则欲取之，小成则未有不认为与国者，而何必沾沾多虑为乎？世有谈革命者，知大事之难举，而言割据自立，此固局于一隅，所谓井底之蛙不知东海者，而长素以印度成事戒之。虽然，吾固不主割据，犹有辩护割据之说在，则以割据犹贤于立宪也。夫印度背蒙古之莫卧尔朝，以成各省分立之势，卒为英人蚕食，此长素所引为成鉴者。然使莫卧尔朝不亡，遂能止英人之蚕食耶？当莫卧尔一统时，印度已归于异种矣，为蒙古所有，与为英人所有，二者何异？使非各省分立，则前者为蒙古时代，后者为英吉利时代，而印度本种，并无此数十年之国权。夫终古不能得国权，与暂得国权而复失之，其利害相越，岂不远哉！语曰："不自由，无宁死！"然则暂有自由之一日，而明日自刎其喉，犹所愿也，况绵延至于三四十年乎？且以印度情状比之中国，则固有绝异者。长素《论印度亡国书》，谓其文学工艺，远过中国，历举书籍见闻以为证。不知热带之地，不忧冻饿，故人多慵惰，物易坏烂，故薄于所有观念。是故婆罗、释迦之教，必见于印度，而不见于异地。惟其无所有观念，而视万物为无常，不可执著故。此社会学家所证明，势无可遁者也。夫薄于所有观念，则国土之得丧，种族之盛衰，固未尝概然于胸中。当释迦出世时，印度诸国已为波斯属州，今观内典，徒举比邻诸王而未见波斯皇帝，若并不知己国之属于波斯者。厥有愤发其所能自树立者，独阿育王一家耳。近世各省分立之举，亦其出于偶尔，而非出于本怀，志既不坚，是故迁延数世，国以沦丧。夫欲自强其国种者，不恃文学工艺，而惟视所有之精神。中国之地势人情，少流散而多执著，其贤于印度远矣！自甲申沦陷，以至今日，愤愤于腥羶贱种者，何地蔑有！其志坚于印度，其成事亦必胜于印度，此宁待蓍蔡而知乎？若夫今之汉人，判涣无群，人自为私，独甚于汉、唐、宋、明之季，是则然矣。抑谁致之而谁迫之耶？吾以为今人虽不尽以逐满为职志，或有其志而不敢讼言于畴人，然其轻视鞑靼以为异种贱族者，此其种性根于二百年之遗传，是固至今未去者也。往者陈名夏、钱谦益辈，以北面降虏，贵至阁部，而未尝建白一言，有所补助，如魏徵之于太宗，范质之于艺祖者。彼固曰异种贱族，非吾中夏神明之胄，所为立于其朝者，特曰冠貂蝉、袭青紫而已。其存听之，其亡听之，若曰为之驰驱效用，而有所补助于其一姓之永存者，非吾之志也。理学诸儒，如熊赐履、魏象枢、陆陇其、朱轼辈，时有献替，而其所因革，未有关于至计者。虽曾、胡、左、李之所为，亦曰建殊勋、博高爵耳，功成而后，于其政治之盛衰，宗稷之安危，未尝有所筹画焉。是并拥护一姓而亦非其志也。其他朝士，入则弹劾权贵，出则搏击豪强，为难能可贵矣。次即束身自好，优游卒岁，以自处于朝隐。而下之贪墨无艺、怯懦忘耻者，所在皆是。三者虽殊科，要其大者不知会计之盈绌，小者不知断狱之多寡，苟得廪禄以全吾室家妻子，是其普通之术矣。无他，本陈名夏、钱谦益之心以为心者，固二百年而不变也。明之末世，五遭倾覆，一命之士，文学之儒，无不建义旗以抗仇敌者，下至贩夫乞子，儿童走卒，执志不屈，而仰药剸刃以死者，不可胜计也！今者北京之破，民则愿为外国之顺民，官则愿为外国之总办，食其俸禄，资其保护，尽顺天城之中，无不牵羊把茅，甘为贰臣者。若其不事异姓，躬自引决，搢绅之士，殆无一人焉。无他，亦曰异种贱族，非吾中夏神明之胄，所为立于其朝者，特曰冠貂蝉、袭青紫而已，其为满洲之主则听之，其为欧、美之主则听之，本陈名夏、钱谦益之心以为心者，亦二百年而不变也。然则满洲弗逐，而欲士之争自濯磨，民之敌忾效死，以期至乎独立不羁之域，此必不可得之数也。浸微浸衰，亦终为欧、美之奴隶而已矣！非种不锄，良种不滋，败群不除，善群不殖，自非躬执大彗，以埽除其故家汙俗，而望禹域之自完也，岂可得乎？（以上录旧著《正仇满论》。）夫以种族异同明白如此，情伪得失彰较如彼，而长素犹偷言立宪而力排革命者，宁智不足，识不逮耶？吾观长素二十年中，变易多矣。始孙文倡义于广州，长素尝遣陈千秋、林奎往，密与通情。及建设保国会，亦言保中国，不保大清，斯固志在革命者。未几，瞑瞒于富贵利禄，而欲与素志调和，于是戊戌柄政，始有变法之议。事败亡命，作衣带诏，立保皇会，以结人心。然庚子汉口之役，犹以借遵皇权，密约唐才常等，卒为张之洞所发。当是时，素志尚在，未尽澌灭也。唐氏既亡，保皇会亦渐溃散，长素自知革命之不成，则又瞑瞒于富贵利禄，而今之得此，非若畴昔之易，于是宣布是书。其志岂果在保皇立宪耶？亦使满人闻之，而曰长素固忠贞不贰，竭力致死以保我满洲者，而向之所传，借遵皇权、保中国不保大清诸语，是皆人之所以诬长素者，而非长素故有是言也。荣禄既死，那拉亦耄，载湉春秋方壮，他日复辟必有其期，而满洲之新起柄政者，其势力权藉，或不如荣禄诸奸，则工部主事可以起复，虽内阁军机之位，亦可以觊觎矣。长素固云："穷达一节，不变塞焉。"盖有之矣，我未之见也！抑吾有为长素忧者，向日革命之议，哗传于人间，至今未艾。陈千秋虽死，孙文、林奎尚在；唐才常虽死，张之洞尚在；保国会之微言不著竹帛，而入会诸公尚在；其足以证明长素之有志革命者，不可件举，虽满人之愚蒙，亦未必遽为长素欺也。呜呼，哀哉！南海圣人，多方善疗，而梧鼠之技不过于五，亦有时而穷矣。满人既不可欺，富贵既不可复，而反使炎、黄遗胄，受其蒙蔽，而缓于自立之图。惜乎！己既自迷，又使他人沦陷，岂直二缶钟惑而已乎？此吾所以不得不为之辨也。若长素能跃然祇悔，奋厉朝气，内量资望，外审时势，以长素魁垒耆硕之誉闻于禹域，而弟子亦多言革命者，少一转移，不失为素王玄圣。后王有作，宣昭国光，则长素之像，屹立于星雾；长素之书，尊藏于石室；长素之迹，葆覆于金塔；长素之器，配崇于铜柱；抑亦可以尉荐矣。藉曰死权之念，过于殉名，少安无躁，以待新皇，虽长素已槁项黄馘，卓茂之尊荣，许靖之优养，犹可无操左契而获之。以视名实俱丧，为天下笑者，何如哉！书此，敬问起居不具。章炳麟白。

（1903年，选自《太炎文录初编》文录卷二）

《革命军》序

蜀邹容为《革命军》方二万言，示余曰：欲以立懦夫，定民志，故辞多恣肆，无所回避，然得无恶其不文耶？余曰：凡事之败，在有其唱者而莫与为和，其攻击者且千百辈，故仇敌之空言，足以堕吾实事。

夫中国吞噬于逆胡，已二百六十年矣。宰割之酷，诈暴之工，人人所身受，当无不昌言革命。然自乾隆以往，尚有吕留良、曾静、齐周华等持正议以振聋俗，自尔遂寂泊无所闻。吾观洪氏之举义师，起而与为敌者，曾、李则柔煦小人，左宗棠喜功名、乐战事，徒欲为人策使，顾勿问其韪非枉直，斯固无足论者。乃如罗、彭、邵、刘之伦，皆笃行有道士也。其所操持，不洛、闽而金溪、余姚，衡阳之《黄书》，日在几阁，孝弟之行，华戎之辨，仇国之痛，作乱犯上之戒，宜一切习闻之。卒其行事，乃相缪戾如彼！材者张其角牙以覆宗国，其次即以身家殉满洲，乐文采者，则相与鼓吹之。无他，悖德逆伦，并为一谈，牢不可破。故虽有衡阳之书，而视之若无见也。然则洪氏之败，不尽由计画失所，正以空言足与为难耳！

今者风俗臭味少变更矣，然其痛心疾首，恳恳必以逐满为职志者，虑不数人。数人者，文墨议论，又往往务为温藉，不欲以跳踉搏跃言之，虽余亦不免是也。

嗟乎！世皆嚣〔嚚〕昧而不知话言，主文讽切，勿为动容，不震以雷霆之声，其能化者几何？异时义师再举，其必堕于众口之不俚，既可知矣。今容为是书，壹以叫咷恣言，发其惭恚，虽嚚昧若罗、彭诸子，诵之犹当流汗祇悔，以是为义师先声，庶几民无异志，而材士亦知所返乎！若夫屠沽负贩之徒，利其径直易知而能恢发智识，则其所化远矣。藉非不文，何以致是也！抑吾闻之，同族相代，谓之革命；异族攘窃，谓之灭亡；改制同族，谓之革命；驱逐异族，谓之光复。今中国既灭亡于逆胡，所当谋者光复也，非革命云尔。容之署斯名，何哉？谅以其所规画，不仅驱除异族而已，虽政教学术、礼俗材性，犹有当革者焉，故大言之曰革命也。

共和二千七百四十四年[①]四月，余杭章炳麟序。

（1903 年，选自《革命军》）

① 共和二千七百四十四年，即公元一九〇三年。

革命之道德

古之所谓革命者，其义将何所至耶？岂不曰天命无常，五德代起，质文相变，礼时为大耶？夫如是则改正朔、易服色、异官号、变旗识，足以尽革命之能事矣。名不必期于背古，而实不可不务其惬心。吾所谓革命者，非革命也，曰光复也。光复中国之种族也，光复中国之州郡也，光复中国之政权也。以此光复之实，而被以革命之名。呜呼！天步艰难，如阪九折，墨翟、禽滑厘之俦，犹不能期其必效，又乃况于柔脆怯弱如吾属者！世无黄中通理之人，而汲汲焉，以唇舌相斫，论议虽笃，徒文具耳。旷观六合之邦家，虽起废不常，盛衰相复，若其沦于异族降为台隶者，则亦鲜有。有之，必素无法律政治与愚昧无知之民也。中国之学术章章如彼，其民不可谓愚。秦汉以降，政虽专制，非无宪章箸〔著〕于官府，良治善法足以佐百姓者，亦往往而有。举吾炎顼嬴刘之苗裔，提封万里，民籍巨亿，一旦委而弃之于胡羯，其根本竟安在耶？晋之乱于五胡也，桓温、刘裕起而振之；宋之割于女真也，岳飞、虞允文出而匡之。蒙古不道，宰割诸夏，改玉改步，人无异心，濠州真人奋臂大泽之间，元政瓦解，北方郡县，传檄而定。综观往古，戎夏交捽之事，侵入者不过半壁，全制者不逾百年，硕果虽食，不远而复。今者，满洲之在中国疆域已一统矣，载祀已三百矣，川楚磨顶于前，金田趼足于后，陨身赤族，卒无一成，是孰使之然耶？昔王而农发愤于晚明之丧，推而极之，至于孤秦、陋宋，以为藩镇削弱，州郡无兵，故夷狄之祸日亟，此可为汉族自治之良箴，非所论于覆亡之后也。近世学者推寻祸始，以为宋世儒者妄论春秋，其教严于三纲，其防弛于异族，故逆胡得利用其术，以阻遏吾民爱国之心。然自季明以后，三纲之名虽存，其实废久矣，而里巷鄙人之言鞑靼者，犹相率以为鄙夷之名，是其心亦未尝泯绝也。或者又谓祸本之成，咎在汉学，虽日本人亦颂言之。夫讲学者之孅于武事，非独汉学为然。今以中国民籍量其多少则识字知文法者，无过百分之二，讲汉学者于此二分又千分之一耳，且反古复始，人心所同，裂冠毁冕之既久，而得此数公者，追论姬汉之旧章，寻绎东夏之成事，乃适见犬羊殊族非我亲昵。彼意大利之中兴，且以文学复古为之前导，汉学亦然，其于种族固有益无损。已于此数者，欲寻其咎，而咎卒不可得，微芒暗昧，使人疑眩，冥心而思之，寤寐而求之，其衅始于忽微，其积坚于盘石，呜呼！吾于是知道德衰亡诚亡国灭种之根极也。今与邦人诸友同处革命之世，偕为革命之人，而自顾道德犹无以愈于陈胜、吴广，纵今喑其口焦其唇破碎其齿颊，日以革命号于天下，其卒将何所济？道德者不必甚深言之，但使确固坚厉、重然诺、轻死生则可矣。虽然吾闻古之言道德者曰：大德不逾闲，小德出入可也。今之言道德者曰：公德不逾闲，私德出入可也。道德果有大小公私之异乎？于小且私者，苟有所出入矣；于大且公者，而欲其不逾闲，此乃迫于约束非自然为之也。政府既立，法律既成，其人知大且公者之逾闲，则必不免于刑戮，其小且私者，虽出入而无所害，是故一举一废，应于外界而为之耳。政府未立，法律未成，小且私者之出入，刑戮所不及也；大且公者之逾闲，亦刑戮所不及也。如此则恣其情性，顺其意欲，一切破败而毁弃之，此必然之势也。吾辈所处革命之世，此政府未立法律未成之世也。方得一芥不与一芥不取者，而后可与任天下之重。若曰有狙诈如陈平、倾险如贾诩者，吾亦可以因而任之，此自政府建立后事非今日事也。今世之言革命者，则非直以陈平、贾诩为重宝，而方欲自效陈平、贾诩之所为，若以此为倜傥非常者。悲夫！悲夫！方令中国之所短者，不在智谋而在贞信，不在权术而在公廉。其所需求乃与汉时绝异。楚汉之际，风尚淳朴，人无诈虞，革命之雄起于吹箫编曲。汉祖所任用者，上自萧何、曹参，其下至于王陵、周勃、樊哙、夏侯婴之徒，大抵木强少文，不识利害。彼项王以勇悍仁强之德，与汉氏争天下，其所用皆廉节士，两道德相若也。则必求一不道德者，而后可以获胜。此魏无知所以斥尾生孝己为无用，而陈平乃见宝于汉庭矣。季汉风节上轶商周，魏武虽任刑法，所用将士慼不畏死，而帷幄之中参豫机要者，钟陈二荀皆刚方皎白士也。有道德者既多，亦必求一不道德者而后可以获胜，故贾诩亦贵于霸朝矣。其所以见贵者，以其时倾险狙诈之才不可多得，而贵之也。庄周云：药也其实堇也，豕零也，鸡痈也，桔梗也，是时为帝者也。风教陵夷，机械日构，至于今日求一质直如萧曹，清白如钟、陈、二荀，奋厉如王陵、周勃、樊哙、夏侯婴者，则不可得，而陈平、贾诩所在有之。尽天下而以诈相倾，甲之诈也，乙能知之，乙之诈也，甲又知之，其诈即亦归于无用。甲与乙之诈也，丙与丁疑之；丙与丁之诈也，甲与乙又疑之；同在一族而彼此互相猜防，则团体可以立散。是故人人皆不道德，则惟有道德者可以获胜，此无论政府之已立未立，法律之已成未成，而必以是为臬矣。谈者又曰：识世务者存乎俊杰，所谓英雄在指麾而定尔。世有材杰敢死之士，吾能任之，使为己死，则大业可成，逆胡可攘，若必亲莅行陈，以身殉事，此无异于斗鸡狗者，亦天下之大愚也。呜呼！为是言者，若云天下可以不战而定，则亦已矣，若犹待战，宁有不危而获者！最观上世之事，汉高与项氏战，涉险被创，垂死数四，大〔太〕公、吕后、孝惠、鲁元之属登俎堕车，固不暇顾，广武之矢，荥阳之围，皆以身冒白刃，然后士卒用命，乐为尽力；光武昆阳之役，亲率将士以与虎豹相搏，幸而获济；魏武智计殊绝于人，然犹困于南阳，险于乌巢，危于祁连，逼于黎阳，几败伯山，殆死潼关，然后伪定一时，此其成事可见者。夫其政府已立，军队已成，驱使将校易如转轴，犹必躬受矢石而后获之，又况天造草昧，壮士乌集，纪律未申，符籍未著，不以一身拊循士卒，共同安危，而欲人为尽力，虽乳儿知其不能矣。且汉魏诸君志在为己，与诸将固有臣主之分，主逸臣劳，主生臣死，犹可以名分责之。今之革命非为一己而为中国，中国为人人所共有，则战死亦为人人所当有，而曰甲者当为其易，乙者当为其难，可乎？若以人材难得，不欲使之创寿于旗幢者，不悟艰难之事，固非一人所任，为权首者常败，而成者必在继起之人。且人材非天成也，固以人事感发而兴起之。前者以身殉中国矣，后者慕其典型，追其踵武，则人材方益众多，夫何匮乏之忧乎？昔华盛顿拯一溺儿，跃入湍水，盖所谓从井救人者。若华盛顿作是念曰：溺儿生死轻于鸿毛，吾之生死重于泰山，空弃万姓倚赖之躯，而为溺儿授命，此可谓至无算者。如是，则必不入湍矣。华盛顿以分外之事而为之死，今人以自分之事而不肯为之死，吾于是知优于私德者亦必优于公德，薄于私德者亦必薄于公德，而无道德者之不能革命，较然明矣。

且道德之为用，非特革命而已。事有易于革命者，而无道德亦不可就。一、于戊戌变法党人见之；二、于庚子保皇党人见之。戊戌变法惟谭嗣同、杨深秀为卓厉敢死；林旭素佻达，先逮捕一夕，知有变，哭于教士李佳白之堂。杨锐者，颇圆滑知利害，既入军机，知其事不可久，时张之洞子为其父祝寿，京师门生故吏皆往拜，锐举酒不能饮，徐语人曰：今上与大〔太〕后不协，变法事大，祸且不测，吾属处枢要死无日矣。吾尝问其人曰：锐之任此固为富贵而已，既睹危机复不能去，何也？其人答曰：康党任事时天下望之如登天，仕宦者争欲馈遗或不可得，锐新与政事，馈献者踵相接，今日一袍料，明日一马褂料，今日一狐桶，明日一草上霜桶，是以恋之不能去也。呜呼！使林旭、杨锐辈皆赤心变法无他志，颐和之围或亦有人尽力；徒以萦情利禄，贪箸赠馈，使人深知其隐，彼既非为国事，则谁肯为之效死者。戊戌之变，戊戌党人之不道德致之也。庚子保皇之役，康有为以其事属唐才常，才常素不习外交，有为之徒龙泽厚为示道地。其后，才常权日盛，凡事不使泽厚知，又日狎妓饮燕不已。泽厚愤发争之不可得，乃导文廷式至武昌发其事，才常死。其军需在上海，共事者窃之以走。是故庚子之变，庚子党人之不道德致之也。彼二事者，比于革命其易数倍，以道德腐败之故犹不可久，况其难于此者。积芦灰以塞鸿水，断鳌足以立四极，非弘毅负重之士，孰能与于此乎！

或曰彼二党之无道德者，以其没于利禄，耽于妻子也。今革命者则异是，大抵年少不为禄仕，又流宕无室家。人亦有言：人不婚宦，情欲失半，则道德或可以少进乎。若然，吾将大计国人之职业，而第论之。

孟轲云：矢人惟恐不伤人，函人惟恐伤人，巫匠亦然，故术不可不慎。今之道德大率从于职业而变，都计其业则有十六种人：一曰农人，二曰工人，三曰裨贩，四曰坐贾，五曰学究，六曰艺士，七曰通人，八曰行伍，九曰胥徒，十曰幕客，十一曰职商，十二曰京朝官，十三曰方面官，十四曰军官，十五曰差除官，十六曰雇译人。其职业凡十六等，其道德之第次亦十六等，虽非讲如画一，然可以得其概略矣。农人于道德为最高，其人劳身苦形，终岁勤动，田园场圃之所人，足以自养，故不必为盗贼，亦不知天下有营求诈幻事也。平居之遇官长，虽甚谨畏，适有贪残之吏，头会箕敛，诛求无度，则亦起而为变，及其就死，亦甘之如饴矣。工人稍知诈伪，楛窳之器，绵薄之材，有时以欺市人，然其强毅不屈，亦与农人无异。裨贩者有二种，其有荷蒉戴盆求鬻于市者，则往往与农工相类；若夫千里求珍，牵车载牛，终日辎重不离身，其人涉历既多，所至悉其民情谣俗，山谷陵阪之间有戒心于暴客，则亦习拳勇知击刺，其高者乃往往有游侠之风，恤贫好施，金钱飞洒，然诪张为幻之事亦稍以益多矣。坐贾者倚市廛，居奇货，其朴质不逮农工，其豁达不逮裨贩，以啬为宝，以得为期，然不敢恣为奸利，懋迁有无，必济以信，其有作伪罔利者，取济一时，久亦无以自立，此则贾人自然之法式也。学究者，其文义中律令，其言语成条贯，坚守其所诵习者，而不通于他书，贫无所赖，则陶诞突盗之事亦兴，乃有教人作讼，以取温饱，而亦辄与官吏相抗，其他猥鄙不可历数，然无过取给事畜；迂疏之士，多能乐天，家无斗筲，鸣琴在室，虽学术疏陋，不周世事，而有冲夷自得之风；二者虽有短长，然未至折要屈膝，为他人作狗马也。艺士者，医方缋画书法雕刻之属，其事非一，此其以术自赡，固无异于工贾。书画雕刻之士多为食客，而医师或较量贫富，阿谀贵人，然高者，往往傲岸自好，虽有艺术，值其情性乖角之际，千金不移，固亦有以自重也。通人者，所通多种，若朴学，若理学，若文学，若外学，亦时有兼二者。朴学之士多贪，理学之士多诈，文学之士多淫，至外学则并包而有之。所恃既坚，足以动人，亦各因其时尚，以取富贵。古之鸿文大儒邈焉，不可得矣。卑谄污漫之事，躬自履之，然犹饰伪自尊，视学术之不己若者，与资望之在其下者，如遇仆隶，高己者则生忌克，同己者则相标榜，利害之不相容，则虽同己者而亦嫉之。若夫笃信好学，志在生民者，略有三数狂狷之材，天下之至高也。行伍者，多由家人子弟起而从军，亦多闾里无赖，奸劫剽暴是其素习。近世征兵，则学究亦稍稍预之，清淳朴质之气既亡，而骄横恣妄之风以起。虽然其取之也，不以诈而以力，其为患也，不以独而以群。大抵近世军人与盗贼最相似，而盗贼犹非最无道德者也。胥徒者，其取以诈不以力矣，其患在独不在群矣。曩者，胥史尚习文法，知吏事，徒役虽横，犹必假借官符，而后得志；收发委员作，而猲诈甚于门丁，地方警察兴，而拘逮由其自便。舆台草隶，尊为清流，条狼执鞭，厚自扬诩，言必曰团体，议必曰国家，有覥面目，曾不自怍，此其可愤亦其可笑者也。幕客者，其才望驾胥徒而上之，其持书求荐，援引当道，浮伪谀佞，则胥徒所无也；其受赇骫法，高下在心，虽有法律而不可治，则有甚于胥徒者也。大略亦分三种：其最下者厘局之司事、州县之征收，饰小说以干县令，徒欲得哺啜求饱暖，而无乡里讼师强毅不屈之风；其稍高者，则闲习法律，明识款目，或曰刑名，或曰升铨，或曰钱谷，略有执守，而舞弄文法是所擅场，其卑鄙则不如司事征收之甚；其最高者，所谓传食幕府治例外之奏议条教者也，世之通人多优为之，以简傲为谄媚，以跅驰为捭阖，以察言观色固结主知，其术弥工，其操弥下，郡邑守令仰望风采，陟罚臧否在其一言，商鞅之所必诛，韩非之所必戮，在此曹也。职商者，非谓援例纳捐得一虚爵，谓其建设商会自成团体，或有开矿筑路通航制器直隶于商部者。自满洲政府贪求无度，尊奖市侩，得其欢心，而商人亦自以为最贵，所至阻挠吏治，掣曳政权，已有欺罔赃私之事，长吏诃问，则直达商部以解之，里巷细民小与己忤，则嗾使法吏以治之，财力相君，权倾督抚；官吏之贪污妄杀者不问，而得罪商人者必黜，氓庶之作奸犯科者无罚，而有害路矿者必诛；上无代议监督之益，下夺编户齐民之利，或名纺纱织布而铸私钱，或托华族寓居而储铅弹；斯乃所谓大盗不操戈矛者。若夫淫佚烝报，所在有之，则不足论也已。京朝官者，或出学究，或出艺士，或出通人，而皆离其素朴，胥徒幕友之所为率尽能之，然其位置最高，得自恣肆列卿以下，或以气节文章自托，韩愈之博奕饮酒，欧阳修之帷薄不修，又其素所效法者，以为无伤大节也。阁部长官多自此出，其气益颓，欲以金钱娱老而已。若夫新增诸部，则其人兼与职商同行，又其下劣者也。方面官者，其行又不逮京朝官，府县诸吏虐民罔利，其失尚小，督抚监司则无不以苞苴符券得之，或有交通强国以自引重，投命异族，贰心旧君，而督抚则兼有军官资格。军官者，其杀人不必如方面官之援律例也，军法从事而已，其取利不必如方面官之受贿赂也，无事刻饷有事劫掠而已。督抚为坏法乱纪之府，提镇为逋逃盗贼之魁，自此以下则仆役尔。差除官者，其浮竞污辱又甚于京朝方面，各省之局所皆以候补道员莅之，其人率督抚之外嬖也，同卧共起，吮痈舐痔者，是其天职然也。俄而主人更易，新外嬖来，而旧外嬖无所容纳，则往往有劾罢者。昔者天子弄臣，盖有所谓葺技狗官，今乃遍于藩镇，士之无行于斯极矣。然其次犹有雇译者，则复为白人之外嬖，非独依倚督抚而已。故以此十六职业者，第次道德，则自艺士以下率在道德之域，而通人以上则多不道德者。九等人表，不足别其名；九品中正，不能尽其实。要之，知识愈进，权位愈申，则离于道德也愈远。今日与艺士通人居，必不如与学究居之乐也；与学究居，必不如与农工裨贩坐贾居之乐也；与丁壮有职业者居，必不如与儿童无职业者居之乐也。呜呼！山林欤？皋壤欤？使我欣欣而乐欤？乐未毕也，哀又继之。哀乐之来，吾不能御，其去弗能止。悲夫！

今之革命党者，于此十六职业将何所隶属耶？农工、裨贩、坐贾、学究、艺士之伦，虽与其列，而提倡者，多在通人。使通人而具道德提倡之责，舍通人则谁与？然以成事验之，通人率多无行，而彼六者之有道德，又非简择而取之也。循化顺则不得不尔，浸假农为良农、工为良工、贾为良贾，则道德且不可保；学究、艺士进而为通人，资借既成，期于致用，其道德又爽然失矣。此犹专就齐民无位者论之也。今之革命，非徒弄兵潢池而已，又将借权以便从事，自雇译外，行伍而上其职八等，置彼周行，森然布列，湛于利禄，牵于豢养，则遂能不失其故乎？往者，士人多以借权为良策，吾尝斥之，以为执守未坚而沦没于富贵之中，则鲜不毁方瓦合矣。湘军盛时，常有一方仕宦，一方革命者，彼其党援众多，虽事发而不为害，革命不成，仕宦如故。其志既携，则必无专心于大事者。又其军中统领，率以会党渠帅起家，既得冯借取悦上心，则不惮残贼同类，以求翎顶，盐枭亦然。故以会党制会党，盐枭制盐枭者，逆胡之长策也。以革命党而借权于彼，彼则亦以是法处之。少者必壮，壮者必老，终为室家妻子所牵，即不得不受其羁絷。权不可借，而已反被借于人，后之噬脐虽悔何及？故必以不婚、不宦期革命党者，必无效之说也。呜呼！层累益高，阽危愈甚，纵情则为奔驹，执德则如朽索，趋利则如坠石，善道则如县丝。杨朱之哭岐涂，墨子之悲染练，不徒于吾生亲见之也。

如上所说，则道德堕废者，革命不成之原，救之何术，固不可知。虽然必待由光夷齐而后正之，则如河清之不可俟矣。昔顾宁人以东胡僭乱，神州陆沉，慨然于道德之亡，而著之《日知录》。曰：有亡国，有亡天下，亡国与亡天下奚辨？曰：易姓改号谓之亡国；仁义充塞，而至于率兽食人，人将相食，谓之亡天下。昔者，稽绍之父康被杀于晋文王，至武帝时，山涛荐之入仕，绍时屏居私门欲辞不就，涛谓之曰：天地四时犹有消息，而况于人乎？一时传诵以为名言。不知其败义伤教至于率天下而无父也。自正始以来，大义不明遍于天下，山涛既为邪说之魁，遂使稽绍之贤，且犯天下之不韪而不顾。夫邪正之说不容两立，使谓绍为忠，则必谓王裒为不忠而后可也。何怪其相率臣于刘聪、石勒，观其故主青衣行酒而不以动其心乎！是故知保天下，然后知保其国。保国者，其君其臣肉食者谋之，保天下者，匹夫之贱与有责焉耳矣。（案顾所谓保国者，今当言保一姓。其云保天下者，今当言保国。）余深有味其言匹夫有责之说。今人以为常谈，不悟其所重者，乃在保持道德而非政治经济之云云。吾以为天地屯蒙之世，求欲居贤善俗，舍宁人之法无由，吾虽凉德，窃比于我职方员外录其三事，以与同志相切厉，则道德其有瘳乎？

一曰知耻。《五代史·冯道传》论曰：礼义廉耻，国之四维，四维不张，国乃灭亡。善乎管生之能言也。礼义治人之大法，廉耻立人之大节，不廉不耻，则祸败乱亡，无所不至。然而四者之中，耻为尤要，故曰行己有耻，曰人不可以无耻，无耻之耻无耻矣，曰耻之于人大矣。为机变之巧者，无所用耻焉。所以然者，人之不廉而至于悖礼犯义，其原皆生于无耻，故士大夫之无耻，是谓国耻。吾观三代以下，世衰道微，弃礼义捐廉耻，非一朝一夕之故。然而松柏后雕〔凋〕于岁寒，鸡鸣不已于风雨，彼昏之日，固未尝无独醒之人也。顷读颜氏家训，有云：齐朝一士夫尝谓吾曰：我有一儿年已十七，颇晓书，疏教其鲜卑语及弹琵琶，稍欲通解，以此伏事公卿，无不宠爱。吾时俯而不答。异哉！此人之教子也，若由此业自致卿相，亦不愿汝曹为之。嗟乎！之推不得已而仕于乱世，犹为此言，尚有小宛诗人之意。彼阉然媚于世者，能无愧哉！

二曰重厚。世道下衰，人材不振，王伾之吴语，郑綮之歇后，薛昭纬之浣溪沙，李邦彦之俚语舞曲，莫不登诸岩廊，用为辅弼，至使在下之人慕其风流，以为通脱，而栋折榱崩，天下将无所庇矣。及乎板荡之后，而念老成，播迁之余，而思耆俊，庸有及乎？侯景数梁武帝十失，谓皇子吐言止于轻薄，赋咏不出桑中；张说论阎朝隐之文，如丽服靓妆，燕歌赵舞，观者忘疲，若类之风雅，则罪人矣。今之词人率同此病，淫辞艳曲，传布国门，诱惑后生，伤败风化，宜与非圣之书同类而焚，庶可以正人心术。何晏之粉白不去手，行步顾影；邓扬之行步舒纵，坐立倾倚；谢灵运之每出入，自扶接者常数人，后皆诛死。子曰：君子不重则不威。杨〔扬〕子《法言》曰：言轻则招忧，行轻则招辜，貌轻则招辱，好轻则招淫。

三曰耿介。读屈子《离骚》之篇，乃知尧舜所以行出乎人者，以其耿介，同乎流俗合乎污世，则不可与入尧舜之道矣。非礼勿视，非礼勿听，非礼勿言，非礼勿动，是之谓耿介，反是谓之昌披。夫道若大路，然尧杰〔桀〕之分，必在乎此。

呜呼！如吾宁人之说，举第一事则矜欧语者，可以戒矣；举第二事则好修饰者，可以戒矣；举第三事则喜标榜者，可以戒矣。必去浮华之习，而后可与偕之大道。敝巾葛拂，缊袍麻鞋，上教修士，下说齐民，值大事之阽危，则能悍然独往以为生民请命。若于此三者，犹未伏除，则必不能忘情于名利。名利之念不忘，而欲其敌忾致果舍命不渝，又可得乎？抑吾于宁人所举三事之外，又得一不可缺者，曰必信。信者，向之所谓重然诺也。昔人以信为民宝，虽孔氏之权谲，而犹曰无信不立，又曰人而无信不知其可。余以为知耻、重厚、耿介三者，皆束身自好之谓，而信复周于世用，虽萑苻聚劫之徒，所以得人死力者，亦惟有信而已。今之习俗，以巧诈为贤能，以贞廉为迂拙，虽歃血莅盟，犹无所益。是故每立一会，每建一事，未闻其有始卒。其或稍畏清议而欲食其前言则曰：吾之所为，乃有大于此者；知祸患之将至，则借口于远求学术，容身而去矣；见异己之必胜，则遁辞于大度包容，委事而逸矣。言必信，行必果，久要不忘平生之言，贯四时而不改柯易叶者，盖有之矣，我未之见也。必欲正之，则当立一条例。今有人踵门而告曰：尔其为我杀人掘冢。应曰：诺。杀人掘冢至恶德也，后虽悔之，而无解于前之已诺，则宁犯杀人掘冢之恶德，而必不可失信。以信之为德，足以庚偿杀人掘冢之恶而有余也。夫尾生与女子期于梁下，女子不来，水至不去；商鞅与秦民约，能徙木者与之十金，民果徙木，鞅亦竟以十金与之。昔人以为长德善政，今人为之，则必讥其无谓。然欲建立信德，必自此始。若其校量大小，比絜长短，而曰某事当信，某事不当信，则虽处当信之事，而亦必无践言之实矣。举此四者，一曰知耻、二曰重厚、三曰耿介、四曰必信，若能则而行之，率履不越，则所谓确固坚厉、重然诺、轻死生者，于是乎在。呜呼！端居读书之日，未更世事，每观管子所谓四维，孔氏所谓无信不立者，固以是为席上之腐谈尔。经涉人事，忧患渐多，目之所睹，耳之所闻，坏植散群，四海皆是，追怀往诰，惕然在心，为是倾写肝鬲以贻吾党。若曰是尚可行，则请与二三君子守此迂介，幸而时济，庶几比于铅刀一割；不幸不济，根本既立，虽死不僵，后人必有能继吾志者，雪中原之涂炭，光先人之令闻，寄奴元璋之绩，知其不远。若曰迂儒鄙生以此相耀，不足以定胜负之数也，则分崩之祸，不出数岁，将使七十二代之遗民，终于左衽，吾亦惟被羊裘以游大泽矣。反是不思，亦已焉哉！

（原载《民报》第八号（1906 年 10 月），选自《太炎文录初编》别录卷一）

箴新党论

党锢之名自汉始，迄唐宋明皆有党人，其材望行义，虽有高下，未有如新党之阘茸者也。是何也？合百千万人而为一朋，其执守必与众异，然后可以自固其群，非乌合兽聚之谓也。前世党人虽无远略，犹不失其正鹄，独新党则异。是中国士民流转之性为多，而执箸〔著〕之性恒少，本无所谓顽固党者，特以边阪之地，期月之时，见闻不周，则不能无所拘滞，渐久渐通，彼顽固者又流转而为新党。往者科举取士之世，新程墨出，则旧程墨必废，未有执守旧文，恳恳以继承故武为念者。外界之剌戟虽异，而内心之流宕则同。彼新党者，犹初习新程墨者也，是非之不分，美恶之不辨，惟以新为荣名所归，故新党之对于旧党，犹新进士之对于旧进士，未有以相过也。原其用心，本以渴慕利禄之故，务求速化，一朝摈斥，率自附于屈原、韩愈之徒。盖魏公子牟有云：身在江湖之上，心在魏阙之下。庄周述之，以为热中之戒，而是族反举此以为美谈，何异相如自述以琴心盗卓文君事乎？虽然党人之所以自高者，率在危言激论，而亦藉文学以自华。今之新党，于古人固不相逮，若夫夸者死权，行险徼幸，以求一官一秩，则自古而有之。汉世甘陵之党，多正人卓立其间，所与争者，惟奄竖与椒房之亲，以此求胜，宜称无罪。朝野流言，转入大学，诸生三万余人，郭林宗、贾伟节为其冠，并与李膺、陈蕃、王畅更相褒重。自牢修密告其事，而辞所连及者，莫不禁锢终身。若郑康成以山东大师传授经术，未尝问王朝治乱之事，名在党中，实由株连所及，此本不得以党人论者。郑公之门，黄山罗拜，其德之下被于民，当与虞舜所居成都相比。微特唐宋诸党弗能逮其咫尺，以当时李杜之伦拟之，正犹燕石之与美玉耳。若夫汝南许劭名有臧否人伦之鉴，而与其兄许靖不协，摈之马磨，则知朋党相倾，不足以洽人望久矣。郭林宗以在野之士，昵迩公卿，虽不应征辟，终不出于浮华竞名之域。是以葛洪正之曰：

林宗有机辩，风姿又巧，自抗遇而善用，且好事者为之羽翼，延其声誉于四方，故能挟之见推慕于乱世，片言所褒则重于千金，游涉所经，则贤愚波荡，可谓善击建鼓而当扬日月者耳，非真隐也。盖欲立朝则世已大乱，欲潜伏则闷而不堪；或跃则畏祸害，确尔则非所安；彰偟不定，载肥载臞；而世人逐其华而莫研其实，翫其形而不究其神；故遭雨巾坏，犹复见效不觉其短，皆是类也。或劝之以仕进，林宗对曰：吾昼察人事，夜看乾象，天之所废，不可支也。案林宗之言，其知汉之不可救，非其才之所辨审矣。法当仰跻商洛，俯泛五湖，追巢由于峻岭，寻渔父于沧浪。若不能结踪山客，离群独往，则当掩景渊洿，韬鳞括囊；而乃自西徂东，席不暇温，欲慕孔墨栖栖之事，圣者忧世，周流四方，犹为退士所见讥弹。林宗才非应期，器不绝伦，出不能安上治民移风易俗，入不能挥豪属笔祖述六艺；行衒自耀，亦既过差；收名赫赫，受饶颇多；然卒进无补于治乱，退无迹于竹帛，观倾视泪冰泮草，靡未有异庸人也。无故浮沉于波涛之间，倒屣于埃尘之中，遨集京邑，交关贵游。轮刓策弊，匪遑启处，遂使声誉翕耀，秦胡景附。巷结朱轮之轨，堂列赤绂之客，轺车盈街，载奏连车，诚为游侠之徒，未合逸隐之科也。有道之世而臻此者，犹不得厕高洁之条贯，为秘丘之俊民，奚足多哉！故大傅诸葛元逊曰：林宗隐不修遁，出不益时，实欲扬名养誉而已。街谈巷议以为辩，讪上谤政以为高，时俗贵之歙然，犹郭解、原涉见趋于曩时也。

夫以林宗高名之士，而比于独行隐逸诸公，犹多勿逮，至其竞逐当道，借交养名，则可以为世戒矣。下至唐世，牛李以旧家新进相争，如李之言，则犹汲黯所云：陛下用人如积薪，后来居上者也。如牛之言，则犹春秋非世卿也。二者各有所守，然材略足以相当，虽欲乘其贬黜，阴相贼杀，惟以朝士自倾朝士，外之未尝借资于藩镇，内之未尝假权于奄人，此其材行，必非近世党人所能仰跂。然其醉心权利之事，以汉世党人视之，则犹腐鼠之比神羊矣。宋之洛蜀，交相丑诋，程颐持正而不周于学，苏轼利口而不济于用，其所争不关政事，惟以琐细节奏之间而相侵陵。若其寄心王室，闻故主之嘉赏其文，则泫然为之流涕。使近世新党之魁摹效其状以为忠孝，周狗啼而牺牛哭者，则苏轼为之前驱也。明之党人，名为与逆奄相抗，然自江陵新郑之时，朝士已分省自植。以熊廷弼之长于兵略，而不附东林，则邹元标、魏大中辈，必欲致之死地，其私心有可见者。会魏忠贤用事，廷弼、东林同时俱尽，海内党人不得不解仇相助。忠贤既诛，而分省之争复亟。乃者东林之汪文言，复社之张溥，皆以善行贿赂为党人所依赖，此汉唐宋之党人所不为者。若其内行点汙，瞑瞒声色，则又前世清流之所未有。张溥喜服房中之药，见于医师喻昌书中。如瞿式耜之忠纯，而犹有内实五姬，临命桂林，欲与妾诀，为张同敞所引止，况复延儒、谦益之流乎！明思文帝有言：北都覆于东林，南京亡于马、阮，厥罪维均。信哉！党人之死权而忘国事也。索虏入关以后，党人已绝。而臭味所遗，百年未艾。其以文字抗虏者，在野有吕留良，在朝有查嗣廷、胡中藻。虏酋宣其罪状，叛逆以外率举浮华奔竞为辞。彼以陈义慷慨，而婴斯戮，诚当为之讼直于天。然留良以时文自豪，科举诸生猥相崇尚，而嗣廷之附隆科多，中藻之附鄂尔泰，虽爱者亦莫能为讳，其被浮华奔竞之名，非不幸也。虏不能以浮华之名加顾炎武，以奔竞之名加戴名世，而独被于是三人者，由其中明世党援之习独深，以此为名而汉人不能以辞相抵。然则始自东汉迄唐宋明有党人者，四世虽竞名，死利各有等差，而大体不能外也。今之新党与古人絜长则相异，与古人比短则相同。自弘历殁而谤声衰，百年之间，朝野士庶寂然宁息，国政军实堕于暗昧。洪王起于金田，虏始振动，旋踵亦灭。外有皙人之祸，北露西欧交征诸夏。讫于载湉嗣位，丑声起于禁掖之间，李鸿章拥兵于外，朝士哗然，皆谓其有异志。梁鼎芬以劾李鸿章罢官，朱一新以言李连英废黜，天下冤之。则新党之萌芽，始作甲午辽东之役，丧师縻财，疆场日蹙，台湾之割，旅顺之割，青岛之割，威海之割，接踵而至。大酋垂拱于上，失其帝天之尊，而宫掖亦时有诟谇。康有为乘七次上书之烈，内资同龢之力，外藉之洞之援，设强学保国诸会，以号召天下。当是时，有郑孝胥、陈三立之徒，以诗歌目录闻于世，而汤寿潜善持论为吏有声，世比之陈仲弓。数子者，名为通达时事，并相和会。嘉应黄遵宪与有为交最深，元和江标以掇拾中外末流之学，视学湖南，熊希龄辈和之于下，皆更相驱驰为一朋。有为既用事，欲收物望，树杨锐、刘光第于军机。以宫闱相挤之故，复结二妃。时文廷式既废，亦扼腕欲自发舒。其外则有俞明震者，与陈三立父子有连，尝佐唐景崧称副总统于台湾，世人称其忠义，与有为亦相引为重。而诸贵游为京朝官者，各往往参错其间，新党自此立矣。有为既败，杨、刘死，张之洞、梁鼎芬始与有为抵拒，其党人亦稍稍引去，而江标以连蹇死，惟黄遵宪始终依之倾侧。扰攘至于庚子团民之变，唐才常起汉口，事发，有为再败，则同党始有告密于诸藩，自戕其爪牙者。然新党之萌芽，本非自有为作，挟其竞名死利之心，而有为所为，足以达其所望则和之，不足以达则去之，足以阻其所望则畔之，故有为虽失助，而新党自若。至学生任事时，则新党始颓废，其善附会者，犹故不败。综观十余年之人物，其著者或能文章矜气节，而下者或苟贱不廉与市侩伍，所志不出交游声色之间。人心不同，固如其面，吾亦不敢同类而共非之，特其竞名死利则一也。其所以异于诸耆老者，挟术或殊，其志则非有高下也。往者，大酋专制，公卿备其顾问，故干誉者不出市朝。藩镇日强，自帝其部，非传食幕府则不足以钓名。自薛福成、黎庶昌辈为其前导，而后之继起者，转相崇尚。足迹接乎诸侯之境，车轨结乎千里之外，出入庶方，所更既广，故不得以一端取胜。必若条分件系，各附其人，则或为名士耻。是故录其科目，以为大别。国事阽危，庶政纷乱，旧法未收，新政又起，故官未裁，新除又下，非特职守难分，即名实亦多相缪，于是求之古人，以定是非，而对策八面，锋贵于当世，则有父同甫兄贵与者，此一族也。备位公辅，自名知学，百家成说未能研精，然未尝不记其篇目，晓其大义；于是求与已应者，造次酬对，展转不穷，而目录说部诸书，最为利器，则有父晓岚兄兰甫者，此一族也。法制不常，时有张弛，诸所陈奏，要在疏通，而不可不缘以儒术，下逮序述笔札之属，质胜则不动人，文胜则不适用，于是桐城义法为其中流，则有父永叔兄子瞻者，此一族也。声气相扶，交相诵美，哀亡上寿，及以饮食会同之属，华实两尽，足以无憾。谄曲者，末胡椒以堕泪，怀橄榄以解酲，其实虽具必济以文，则有父荀慈兄稚存者，此一族也。生长贵游，冯藉家世，一端之长，足以倾动朝野，自谓与国家同休戚，不敢有贰，而学术未具，徒能诗歌，所赋不出佩兰赠芍之词，所拟不离鸣鸩嘤鹃之状，而又挟其惰性，喜逐狎邪，燕私之情形于动静，则有父朝宗兄定庵者，此一族也。是数族者，举其大别则然，若囊括数者而兼有之，则最足以趋利。夫其所操技术，岂谓上足以给当世之用，下足以成一家之言耶？汗漫之策论，不可以为成文之法，杂博之记诵，不可以当说经之诂；单篇之文笔，不可以承儒墨之流；匿采之华辞，不可以备瞽矇之颂；淫哇之赋咏，不可以瞻国政之违。既失其末，而又不得其本，视经方陶冶之流，犹尚弗及。亦曰以是哗世取宠而已。若夫前世党人，未尝涉历幕府以为藉也，未尝交通禁掖以行媚也，未尝逢迎驵侩以营利也。而今之新党，则泊然不以为耻，均之竞名死利，其污辱又较前世为甚。幸其用事日短，秽行不彰。不然而康氏事成，诸新党相继柄政，吾知必无叶向高、高攀龙辈，而人为谦益，家效延儒，可无待蓍龟而决矣。故曰：今之新党，与古人絜长则相异，与古人比短则相同也。抑此新党者，自名为新，彼固以为旧，染污俗，待我而扫云尔。返而观其行迹，其议论则从新，其染污则犹旧。盖顾氏有言曰：今日人情相与，惟年、社、乡、宗而已。除此四者，窅然丧其天下。吾尝持此以衡今日之俗，与明季略有异同。其相同者，年耳乡耳，宗则今日所轻，而重渐移于姻戚，社则今日所绝，而恩又笃于拜盟。彼党人之所以自相援助，传之自旧，虽昌言维新而不废者，亦有四事，具论如下：

一曰师生。师生本以学术授受得名，非座主与所举者得称师生。晚世浮伪之俗，其师在穷阎织履者，则弃之，未尝一顾，而曲事座主如对上皇，斯已可鄙。科举废而斯道不行，然执贽上官以师生相称者，其丑又甚于座主。推究始祸，实惟唐之韩愈。愈作师说以自文饰，其门下相从者，自皇甫张李之外，以其力能通榜求为援手而已。明世武臣对执政则称走狗，而士大夫之事奄人者名为义儿。其名既污，近世乃假借师生之称，以避指摘。按《日知录》有云：《后汉书·贾逵传》：拜逵所选弟子及门生为千乘王国郎。是弟子与门生为二。欧阳公谓亲受业者为弟子，转相传授者为门生。愚谓汉人以受学者为弟子，其依附名势者为门生。《郅寿传》：大将军窦宪，常使门生赍书诣寿有所请托。《杨彪传》：黄门令王甫，使门生于京兆界辜榷官财物七千余万。宪外戚，甫奄人也，安得有传授之门生乎？《南史》所称门生，今之门下人也。《宋书·徐湛之传》：门生千余人，皆三吴富人之子，姿质端妍，衣服鲜丽。每出入行游，涂巷盈满，泥雨日悉以后车载之。《谢灵运传》：奴僮既众，义故门生数百是也，其所执者，奔走仆隶之役。《晋书·刘隗传》：周嵩嫁女，门生断道，斫伤二人。《南史·刘瓛传》：游诣故人，惟一门生持胡床随后是也，其初至皆入钱为之。《梁书·顾协传》：有门生始来事协，知其廉洁不敢厚饷，止送钱二千，协怒杖之二十。《南史·姚察传》：有门生送南布一端、花练一匹，察厉声驱出是也。而今之以达官贵人为师者，则无不自称为门生。彼固以为弟子事师与前史所说有异，及观其实，则所事者亦外戚奄人之流，而欲入其门虑无不入钱以当束修之献者。耆旧既然，新党趋之益甚，是当比于汉世赘婿之科，为人群所不齿也。

二曰年谊。前世所谓同岁生者，谓其同在精庐，得失相告，困乏相资，急难相救，及其学成出校又在同时，故其恩比于他人为切。若夫以科举取士而同时入选者，前日固非相识，邂逅遇之，何所归厚。而近世执为典常，复取唐人小说浮薄之言，以为根据，义不本于礼经，事不允于民志，其不足称说也明矣。翰林院之尊先辈，逾于三老五更，不计齿历之高下、学术之浅深，惟入选后先是问。乾坤可毁，中国可亡，而此制必不可变。由是言之，沈朝士于浊流者，非为过矣。然观今之新党，心识其非，而犹不决然舍去，乃沾沾于百事之改良，非能见千里而不自见其睫者乎？

三曰姻戚。近古虽重宗族，而宗族不皆显贵之人。惟累世达官者，犹以自护其宗为念。下此则宁通谱于贵人，然犹不如择取外姻之为便也。诸将校之起自田间者，虽位至开府，犹见轻于乡人。必与清贵者为婚姻，然后可以御侮。惟士大夫亦然，苟以姻娅为援，其迁转自较常人为易。而郡县守令之属，葭莩末戚，相聚一堂，鬻狱弄权，习为民患。彼新党者，于后者或能制止矣，于前者则犹固箸〔著〕不忘也。

四曰同乡。人情爱其乡里，不足致讥。督抚既横，时有暴政，则同乡京官得诉于察院而理之，此其补苴隙漏，诚不可骤废者。以视前三，敻乎远矣。然今人之爱其乡邻，较诸爱国为甚。夷貉在前，视之自若；而鄙夷他省，辄以为鱼蛇狼虎之不如。一人秉权，则乡人倚之而起；一人失职，则乡人从之而衰。故有舆金辇璧以保其乡贵使不失旧服者。此新旧党之同情也。而新党之偏戾不道者，或谓南方当存，北方当弃，则往者迂旧之士所羞称矣。

今夫食肉者贵鲜肥，宿则味减，不如其鲜也。饮酒者贵陈酿，新则气暴，不逮其陈也。同此啖食之物，而或新或旧，贵贱殊情。然则论事当以是非为准，不以新旧为准，其例较然明矣。而诸新党于旧道德之当维持者，则视之以为琐节末事，诸有污俗则随而与之转移，岂不曰吾之党援将藉是以成立也。若是而顽固守旧者，亦得执此以为口实，曰吾之党援将藉是以成立也。彼其激扬名声，互相题拂，两者对校，未见旧之必劣，而新之必优。然则闰位余分，偷假旦夕，及名位既去，其人亦见轻于天下。荀子有言，狂生者不胥时而落，此之谓矣。若与汉唐宋明之党人相提并论，不亦轻中国而羞泉下之朽骸耶！

或曰今之任事者为学生。学生者非新党，而亦自为一群，此殆可以无讥矣。曰吾向者固言之矣，中国士民流转之性为多，而执箸〔著〕之性为少，渐久渐通则无不流转而为新党。今天下既无顽固守旧之徒，则新党之名自绝，而诸学生之所为者，又新党之变形也。夫其学术风采有异昔时，诸所建白又稍稍切于时用，然其心术所形举无以异于畴昔。其尊师帅有异于向者之称门生乎？其应廷试有异于向者之叙年谊乎？其分省界有异于向者之护同乡乎？以借权为长策，以运动为格言，凡所施为复与党人无异。特其入官未久，不如昔人之孰识径涂，故不敢冒昧以求一试，迟之数岁，必森然见其头角。且新党虽多谄曲，而品核公卿、裁量执政，犹其所优为者。彼虽恃其客气，外以风节自高，则不得不有所饰伪；今则并其饰伪者而亦不知，惟以阿附群公为事。若夫呵殿出门，登坛自诩，以其爵命夸耀诸生，而视其取青紫如拾芥者，则新党虽顽顿无耻，犹必噤口不言。然则新党者，政府之桀奴；学生者，当涂之顺仆。新党犹马不饱则不行，学生犹貍不饥则不用。自专权自恣之政府计之，则学生之谨愿小心，其可用自优于新党。学生用而新党废者，非独时势适然，亦其品格愈卑，易于策使之故。观近世督抚之荐举州县，犹以书生本色为美谈。彼学生者，诚可谓书生本色矣。若就寻常处世之道为言，则新党诚愚而学生不可谓非智。何者？东陬貉子宰割神州，彼亦自树其部落族姓而已。汉人之良者，非备访问则充书记，求其驯谨顺命而止，下此则为溺职，过此则为出位。其视汉人实无异于趋走供奉，岂复以骨鲠直臣望之耶？篡盗日久，恬然忘故；而汉人亦自以为在汉唐宋明之世。犹之僵卧于海船者，梦中所见犹是山原城郭，而不悟巨浸之稽天也。汉官之视虏主，无以异于吾族帝王，乃欲昂首伸眉，上法先正，外饰直言之名，内有植党之志，真昔人所谓探龙颔批逆鳞者。大酋一觉，或废或诛，而汉人之为新党者，各鸟兽散矣。以此而处汉唐宋明之世，君威虽伸，舆论尚在，必不至落薄如是。彼满洲者，既无法律，亦无清议，一遭贬削，则望实交陨尔耳。昔李绂之反接菜市，孙嘉淦之掷笔殿堂，此虏酋所以豫惩新党者也。学官之设卧碑，乡老之讲圣谕，此虏酋所以弹正学生者也。学生能善体虏酋之志，执雌守黑，不敢自遂，大智若愚，于是乎在。而新党不能，岂非天下之至戆耶？今之新党犹有孑遗，幸而小小得志者，皆善守学生之术。以此云进步则真进步矣，以此云维新则真维新矣。若就中国民气为言，则新党犹不至靡然荡尽，学生用事，廉耻道丧耗矣！哀哉！非独中国之亡在是，虽满洲政府亦未必不以此致亡于外人也。何者？国于天地必有与立，非倜傥非常之士，即强力敢死之人，以一者足以进取，一者犹足以自卫也。满洲初入关，虽多兽德，而贞固干事之材，其所素有，此汉人所以不竞。今满人习于承平之乐，惟声色狗马是务，诸所举措，纷无友纪。而学生之承流其下者，一切以顺为正，海内向风，既明且哲，反唇偶语，且不得闻，而欲建立议院，以匡救庙堂之阙，此必不可得之数。然则虏廷之自恣必甚，而亡国划类固可以旦夕俟之。满洲之亡，汉人之幸也。所恨者，天下习于学生之腥德，怯懦持下宁为牛后。满洲之亡，不亡于汉人，而或亡于他族，则汉人亦与之同尽。非变形新党之咎，而谁咎哉！若吾党之狂狷者，不疾趋以期光复，日月逝矣，高材捷足者将先之。

（1906 年，选自《太炎文录初编》别录卷一）

军人贵贱论

中国千一百年之习俗，视兵与倡优同贱。而今世特甚重兵，此皆不察其情实者也。兵者，为国爪牙以扞卫其人民土地使他族毋得陵逼而宰制之，此兵之所以贵。若夫入受命于政府出而翦除寇盗镇服潢池者，无过魁脍伍伯之等夷，又况效忠虏庭，为枭为貙，以拒倡义之师乎？比于倡优犹为逾格，亦何尊贵之有？满洲政府之陆军，大抵以破灭义师为职者也。论者徒以向之军士出于鸡鸣鼠窃，而今有以士人入行伍者比之。曩日步伐齐均则贤，纪律娴习则贤，通知文字则贤，护惜威仪则贤，故相与震矜之。若究其实，彼果为国爪牙以御他族者耶？征兵之与募兵，练卒之与乌合，良家之与狗屠，其贵贱均也。御他族者，虽后亦有可贵之道，拒义师者，虽前亦在当贱之列。不揣其本，而齐其末，猥以步伐纪律文字威仪之长，而加之以高名，方寸之木，可使高于岑楼，此而可贵则倡优亦有可贵者矣。夫倡者，以他人为夫，而不自刃其夫；优者，以其身受戮辱，而不使同类偕受戮辱。今之军士，于此宁无愧耶？且征兵之制，千一百年以前固然。汉之南北军、唐之府兵皆州郡良家也，然其所以张皇简讨者，惟备御羌胡是急。汉时尚武之气未衰，关西健儿皆以从军为乐，至唐世始有牵衣顿足悲泣以送戍边之士者。然观其所以怨嗟，知其心以戎狄豺狼为可惎，而非施于内地镇抚之师也。唯然故汉唐之名将，率不以严厉为能，唯拊循士卒，绝甘分少者称焉。此兵之以御侮为贵，而上亦能贵其兵。中唐以降，始有彍骑，犹是备边之师耳。其后方镇角立，僭制自王，实始招募市人以相抵御，名为牙兵。而兵之贱，亦自此始。讫宋，如故岳家军之得名，从其主帅，兵既无赖，不得不示以威棱。则妄取一鸡者，罪在必戮，其他骄帅无问军法重轻，惟以己意断斩。将之于兵，所谓狼牧羊者。明世虽有军籍，徒任挽输之事，能战者少。九边劲旅，大抵出于招募，而持溺器侍寝食者，杂厕其间。此千一百年以来募兵之所以贱。贵贱虽殊，然其意在防外，不在备内，则未有与前世相戾者也。古之军制曰：蛮夷戎狄，不式王命，淫湎毁常，王命伐之。则有献捷，王亲受而劳之，所以惩不敬，劝有功也。兄弟甥舅侵败王略，王命伐之，告事而已，不献其功，所以敬亲昵，禁淫慝也。讫于明世，武选之法，首功四等，迤北为大，辽东次之，西番苗蛮又次之，内地反寇又次之。若是则征兵募兵虽异，要其设军之意，只以御敌，非以防民，章章明矣。夫其宗旨既同，故兵亦本无可贱之道，就此无可贱中而本其或出良人或出阘茸，以第论其高下，斯贵贱之情有异，亦其至微者尔。若夫满洲政府之用汉兵，则勿论为征为募也，其用意固与前代绝异，辽东则本部也，迤北则同类也，西番则绝远也，苗蛮则小丑也，敌忾之情固不加于数者。至于欧美诸国，亦明知其力不若，毋敢启衅，以失事大之道。所汲汲欲得而甘心者，我中国之义师，而彼之所谓内地反寇耳。使彼族自处其地，协以谋我则在彼，诚有可贵者。以汉族而为之用，其可贵者安在？夫名者实之宾，名其为兵，而云可贵，无可贵之实以丽之，则可贵者亦去。犹之仕宦为官吏者，其名亦岂不尊严邪？然以今之官吏言之，则清廉者百无二三，而臧吏遍于市朝。稽以当官之律，孰非在大辟之条者。如是，则官亦失其所以贵。而指斥者以为胠箧模金之不若，其言非过也。惟兵亦然。近世惟中流以上知官之为贱而兵之被贱视者，率在闾里细民之目，非民智不开而囿于习俗也。兵无御虏之用，顾反被用于虏以防制吾民，则宜其被贱也。夫闾巷细民尚知黄炎遗胄之可贵，而贱夫翼戴他族以反噬同种者，士大夫乃欲倒行而挽回之，使人人以叛降异族为神圣重宝之名，则是士大夫之智曾闾巷细民之不若也。且兵之所以被贱者，岂独社会恒言而已，虽满洲政府亦自贱之。观其陈奏于大酋之前也，文臣自署曰臣，武臣自署曰奴才。其将既奴，而为之部曲者非奴之陪奴欤？其京朝官有受命于虏廷而充钦差者，所至之地文臣则以手版入谒，武臣自副将而下皆长跪道左，唱名以迎前导。然则所部之兵，又不足比其狗马也。今满洲政府改易兵制，于礼节或稍宽假，而奴才之称自若。夫社会既以反面事仇而贱视之，虽满洲政府亦以其叛降于己而贱视之，进退无可贵之地，独士大夫之不肖者，乃欲率其私意以相矜尚，则是士大夫之智又胡貉禽兽之不若也。若以区区征募之间相较，则吾不曰征募为同等，而曰征兵犹贱于募兵。今之征兵，唯略有士流耳，其实犹以招募得之，非有比户简稽之法也。彼醉心于兵最可贵之名，亦不暇计其可贵者在为己国而非为他人之国。擿埴索涂如群瞽之相导，以委身于戏下，此犹其所志然也。若征兵也，则吾汉民固无效命于虏廷之责，一旦从其胁迫，受其縶维，牵帅壮士投命军府，此无异于被略卖者。当此时而犹以兵为贵，则不如泽雉之入樊笼，犹有抵触震雊之顷也。由是言之，募兵者，自鬻而为奴，犹非洲之矿工。征兵者，被他人胁迫而为奴，犹南洋之猪仔。以此为衡，则征之更贱于募，断可知矣。或曰若是，则人类之至贱者，莫如满洲所置之陆军耶！曰人之贵贱亦在其心耳，无以面目形式为也。今有痛心于宗国之沦亡，而身在草茅无尺寸假手之柄，欲得其当而报汉者，顾岂无其人哉！夫不惮以身为厮养臧获，展布四体以趋胡羯笞箠之下，卒其所谋乃归于反正者，此其心至哀隐，其行亦天下之至高也。昔靡固夏之遗臣也，降仕夷羿，卒辅少康，以复旧物。颜杲卿又唐之大〔太〕守也，迎谒禄山有紫袍之赐，终能定谋图贼，使赵魏诸郡坚守，自固陆军。人而知此，成则可以上比二公；其不成也，犹不失为李陵；此汉人所当写金为像而膜拜之者也。若其弗能，胡汉治戎，遇于中原，弹丸未发，望风瓦解，宁失数金之廪食，积岁之勋资，而不忍冒天下之不韪者，抑其次也。虽然借权之事，固非容易得之。坚忍者，以此为恢复汉宗之径窦；而狡者，或假借其名以谋衣食。至不已而裴回观望，不以一矢相加遗者，虽至无俚，犹其次也。

（1906 年，选自《太炎文录初编》别录卷一）

中华民国解

中国之名，别于四裔而为言。印度亦称摩伽陀为中国，日本亦称山阳为中国，此本非汉土所独有者。就汉土言汉土，则中国之名以先汉郡县为界。然印度、日本之言中国者，举土中以对边郡；汉土之言中国者，举领域以对异邦，此其名实相殊之处。诸华之名，因其民族初至之地而为言。世言昆仑为华国者，特以他事比拟得之。中国前皇曾都昆仑以否，史无明征，不足引以为质。然神灵之胄自西方来，以雍梁二州为根本。宓牺生成纪，神农产姜水，黄帝宅桥山，是皆雍州之地。高阳起于若水，高辛起于江水，舜居西城（据《世本》，西城为汉汉中郡属县，故公孙尼子言舜牧羊于汉阳。据《地理志》，汉中郡褒中县有汉阳乡），禹生石纽，是皆梁州之地。观其帝王所产，而知民族奥区，斯为根极。雍州之地东南至于华阴而止；梁州之地东北至于华阳而止，就华山以定限，名其国土曰华，则缘起如是也。其后人迹所至，遍及九州。至于秦汉，则朝鲜、越南皆为华民耕稼之乡，华之名于是始广。华本国名，非种族之号，然今世已为通语。世称山东人为侉子者，侉即华之遗言矣。正言种族，宜就夏称。《说文》云："夏，中国人也。""蛮夷猾夏"，《帝典》已有其文，知不起于夏后之世。或言远因大夏，此亦与昆仑华国同类。质以史书，夏之为名，实因夏水而得，是水或谓之夏，或谓之汉，或谓之漾，或谓之沔，凡皆小别互名，本出武都，至汉中而始盛，地在雍梁之际。因水以为族名，犹生姬水者之氏姬，生姜水者之氏姜也。夏本族名，非邦国之号，是故得言诸夏。其后因族命地而关东亦以东夏著。下逮刘季，抚有九共，与匈奴、西域相却倚，声教远暨，复受汉族之称。此虽近起一王，不为典要。然汉家建国，自受封汉中始，于夏水则为同地，于华阳则为同州，用为通称，适与本名符会。是故华云、夏云、汉云，随举一名，互摄三义。建汉名以为族，而邦国之义斯在。建华名以为国，而种族之义亦在。此中华民国之所以谥。今有为金铁主义说者曰：中国云者，以中外别地域之远近也。中华云者，以华夷别文化之高下也。即此以言，则中华之名词，不仅非一地域之国名，亦且非一血统之种名，乃为一文化之族名。故《春秋》之义，无论同姓之鲁、卫，异姓之齐、宋，非种之楚、越，中国可以退为夷狄，夷狄可以进为中国，专以礼教为标准，而无有亲疏之别。其后经数千年，混杂数千百人种，而其称中华如故。以此推之，华之所以为华，以文化言，可决知也。故欲知中华民族为何等民族，则于其民族命名之顷而已含定义于其中。以西人学说拟之，实采合于文化说，而背于血统说。华为花之原字，以花为名，其以之形容文化之美，而非以之状态血统之奇，此可于假借会意而得之者也。为是说者盖有三惑。一曰未明于托名标识之事，而强以字义皮傅为言。夫华本华山，居近华山而因有华之称。后代华称既广，忘其语原，望文生训，以为华美，以为文明，虽无不可，然非其第一义，亦犹夏之训大，皆后起之说耳。且如印度人种，旧称为阿黎耶，今人推究其始，则为农夫，而其后或言贵人，或言圣者，此实晚出之义，乃种人所以自矜尚也。就以有义言之，中国向日称民为黎民，至秦则曰黔首。黎云、黔云，皆谓其黑发也。然不得以一切黑发者尽指为同族。纵令华有文化之义，岂得曰凡有文化者尽为中国人乎？必如所说，则凡有农夫，皆得为印度人；凡有贵人、圣者，亦皆得为印度人，安得此渎乱汗漫之言也？今夫蛮夷戎狄，固中国所以表别殊方者。其始划种为言，语不相滥。久之而旃裘引弓之国，皆得被以斯名。胡本东胡，久之而称匈奴者亦谓之胡，久之而称西域者亦谓之胡。番本吐番，久之而称回部者亦曰西番，久之而称台湾之野人者亦曰生番。名既滥矣，而不得谓同称者即为同国同族，况华之名犹未同也。特以同有文化，遂可混成为一，何其奢阔而远于事情耶？二曰援引《春秋》以诬史义，是说所因，起于刘逢禄辈，世仕满洲，有拥戴虏酋之志，而张大公羊以陈符命，尚非公羊之旧说也。案中国自汉以上，视蛮闽貉狄诸族不比于人，故夷狄无称人之例。《春秋》尝书邢人、狄人伐卫，齐人、狄人盟于邢，公羊不言其义。夫引异类以剪同族，盖《春秋》所深诛。狄不可人而邢人、齐人人之，则是邢人、齐人自侪于狄也。非进狄人，实以黜邢人、齐人。老子有言，正言若反。观于《春秋》书狄为人，其言有隐，其声有哀，所谓志而晦哉！若夫潞子婴儿，赤狄犬种，晋与为婚，既非匹偶，及遭虐杀，兴师复仇，书潞子者非谓夷狄有君，亦正所以贱晋，与书狄人者同科。而公羊谓潞子为善，斯言之不从矣。其有贬黜诸华同于夷狄者，则《春秋》书晋伐鲜虞是。何氏《解诂》曰：谓之晋者，中国以无义故为夷狄所强。今楚行诈灭陈、蔡，诸夏惧，然去而与晋会于屈银，不因以大绥诸侯，先之以博爱，而先伐同姓，从亲亲起，欲以立威行霸，故狄之。是所以狄晋者，正以其自戕同气，委陈、蔡于夷而不顾耳。夫弃亲昵而媚诸夷，又从而则效之，则宜为人心所深嫉。今人恶范文程、洪承畴、李光地、曾国藩辈，或更甚于满洲，虽《春秋》亦岂有异是。若专以礼教为标准者，人之无道至乎弑父烝母而极矣，何《春秋》之书此者亦未尝贱之如狄也？至于吴楚封域不出荆扬，固禹贡九州之地。熊绎、周章，受封命族，岂与赤狄山戎同例？特其地杂有诸蛮，而吴楚渐其污俗，又以不修职贡，自外宗周，故为《春秋》所贬。召陵征而苞茅入，黄池盟而命圭从，则进之同于齐、晋，以其本非夷狄，故向日自外则退之，今日自内则进之，是犹越巂益州，汉世久设郡县，及唐末南诏畔援，声教壅隔，宋世王灵不远，不得已而弃云南，至明复隶版籍，岂得曰云南本夷狄，至明始进于中国耶？夫子本楚之良家，而云楚为非种，以忧劳主父，效忠穹庐，故遂不惮污辱其乡人，虑大义灭亲之泰过也。盖《春秋》有贬诸夏以同夷狄者，未有进夷狄以同诸夏者。杞用夷礼，则示贬爵之文。若如斯义，满洲岂有可进之律。正使首冠翎顶、爵号巴图鲁者，当退黜与夷狄等耳。三曰弃表谱实录之书，而以意为衡量。如彼谓混淆殊族至千百种，历久而称中华如故是也。夫言一种族者，虽非铢两衡校于血统之间，而必以多数之同一血统者为主体。何者文化相同自同一血统而起，于此复有殊族之民受我抚治，乃得转移而翕受之；若两血统立于对峙之地者，虽欲同化莫由。中国魏晋以来异族和会者数矣。稽之谱谍，则代北金元之姓，视汉姓不及百一。今试于通都广市之间，四方所走集者一一询其氏族，旧姓多耶，抑吊诡殊恒之姓多耶？其间固有私自改变与朝廷赐姓者。征之唐宋人姓氏书中，其数犹最微末。夫岂徒保中华民族之空模，而以他人子弟充其阙者。或曰：若如是，则满洲人亦居少数而已，稍稍同化于我矣，奚不可与同中国？为答曰：所以容异族之同化者，以其主权在我，而足以翕受彼也。满洲之同化，非以受我抚治而得之，乃以陵轹颠覆我而得之。二者之不可相比，犹婚媾与寇之例。以婚媾之道而归女于吾族，彼女则固与吾族同化矣。以寇之道而据我寝宫，入我床笫，亦未尝不可与我同化，然其为怨为亲，断可识也。吾向者固云所为排满洲者，亦曰覆我国家，攘我主权之故。若其克敌致果，而满洲之汗大去宛平以适黄龙之府，则固当与日本、暹罗同，视种人顺化归，斯受之而已矣。然主权未复，即不得举是为例。人有病而啜粥者，于吐下之后可也。未吐下时而先啜粥，非直滋病，亦欧恶不能下咍咽。先后之序，其术其心皆如是矣。说者茫昧，私臆吾辈非以民族主义为主义，乃以民族主义为手段，是犹见未吐下而屏粥者曰：是徒惧其滋病耳，不知本自欧恶，未尝欲一箸一匕之人咽也。夫不知中华之名义，斯所以有三惑也。

中国以先汉郡县为界，而其民谓之华民。若专以先汉郡县为界者，则蒙古、回部、西藏之域不隶职方，其经营诚宜稍后。若夫乐浪、玄菟，即朝鲜之地。交趾、日南、九真，奄越南而有之。至于林邑，则柬埔寨是也。以民族言，二国起居衣食多与禹甸同风。言语虽殊，而文字诵读能中其音，异于日本之隔阂者。血统则朝鲜稍杂，而越南皆吾冠带之民，间有蛮人时相错杂，则与琼雷一例。是二国者，非独力征经营，光复旧土为吾侪当尽之职，观其受制异国，举止掣曳，扶衰禁暴，非人道所宜然乎。朝鲜设郡，止于汉魏。越南则上起秦皇，下逮五季，皆隶地官之版，中间阔绝，明时又尝置行省矣。今二国之陵籍于异域则同，而政术仁暴稍异，故经营当有后先。其次则有缅甸。缅甸非先汉旧疆，特明代众建土司隶于云南承宣之部。土民习俗虽异诸华，而汉人徙居者众，与干崖盏达为邻类。然既未设流官，宜居朝鲜之次，外人之遇缅甸犹视越南为宽，则振救无嫌于缓。西藏回部，明时徒有册封，其在先汉，三十六国虽隶都护，比于附庸，而非属土。今之回部又与三十六国有殊。蒙古则自古未尝宾服。量三荒服之后先，则西藏以宗教相同犹为密迩，回部、蒙古直无一与汉族相通。故以中华民国之经界言之，越南、朝鲜二郡必当恢复者也；缅甸一司则稍次也；西藏、回部、蒙古三荒服则任其去来也。然而事有难易，得以曲成，不得以径行，举措之宜，或与誓愿相左。今者，中华民国虑未能复先汉之旧疆，要以明时直省为根本。（除缅甸。）越南、朝鲜其恢复则不易。惟缅甸亦非可以旦夕致者。三荒服虽非故土，既不他属，循势导之，犹易于二郡一司。其同化则互有难易。若计言语文字者，则新疆既多汉族，而回民聪颖胜于蒙古，其教易入。蒙古虽颛愚，以汉人数往贸易，亦渐能效其音声。独西藏为僻左，又向习波黎文字，既有文明之学，不受他熏，则汉语或相扞格。故语言文字之化当尽力者莫西藏若也。若计居食职业者，回部耕稼与汉俗不甚差违，宫室而居，外有城郭。西藏山谷阻深，虽欲游牧，其势不能广衍，故任地力者亦多，特其土地硗确，栽种独宜青稞，上者止于牟麦，而粳稻不适于土宜，木城虽陋，犹愈于支幕者。至于蒙古，戈壁曼延，虽平地亦多沙漠，天若纵之使事游牧，即不得不张幕而处。其王与台吉辈虽有寝室，而不可遍及烝民。故居食职业之化当尽力者莫蒙古若也。若计法律符令者，西藏虽听于神权，清政府亦多遣满员辅其吏治，今仍可以汉官治之。蒙古自有酋长，其律亦与中土大殊，然如塞外归化诸城，凡诸狱讼以同知司裁判，诸台吉环坐其旁，应对唯谨，稍不称意，以手抵案而叱之，然则汉官任治，非不可行于内外诸盟。独回部以无罪而亡，满洲遇之酷虐，非若蒙古之为肺腑，藏教之被尊崇，今虽暂置行省，犹岁勒回民以供诸王之役使，满洲视回部若草芥，而回部亦深基满人，迁怒贻憎及于汉族吏治，稍有不适则噪变随之。故法律符令之化当尽力者莫回部若也。今欲使之同化，惟设官兴学，专意农工，而法律暂因其故。必期以二十年然后可与内地等视。吾向者有言曰，浸假言语风俗渐能通变而以其族醇化于我，吾之视之必非美国之视黑民。若今有人就吾之说而诘之曰，使其不然，则见今之未醇化于我者，吾视之将不得不如黑民，以待黑民者待蒙、回、藏人，即为民族主义而不得已之政策也。夫曰醇化以后则不与美国之视黑民等者，谓其得预选举见之行事，不以空言相欺耳。非曰其未醇化以前，则特定区划逾之者，斩杀唯命也。未醇化以前，固无得预选举之事。彼为金铁主义说者曰，蒙、回、藏人有选举权与被选举权者，必以通中国语为惟一条件。夫能通中国语者，则已稍稍醇化矣，然于中国社会之形态能知其一二耶？情伪不知，利病不审，坐而论道则勿能，纵令随众予夺，亦与投钩何异。且所为建设代议士者，非独为人民平等计。询于刍荛，固欲其言之有益于治耳。若言之而不能中要领，与不言同，则选举固可废矣。故专以言语同化者，必不足以参通国之政也。必不得已，惟令三荒服各置议士，其与选者惟涉于彼部之事则言之，而通国大政所不与闻，则差无弊害耳。非独此也。满人于中国语言文字既同化矣，而职业犹不。三荒服若回部、西藏犹有耕稼，蒙古犹有游牧。满人则于此亦未服习、斯所谓惰民者。贵人惟逐倡优歌二簧弹琵琶以终日月。驻防之军日提雀笼嬉游街市，寒则拥裘而出，两臂结胸腹间持熏炉以取暖，行过饼家见有美食则张口而啖食之，不以指取。此人人所共睹者。彼其呰窳偷生，不知民业，又三荒服之不若。世人或以满人文化视三荒服为最高，徒就此方见有法政陆军之学生而言之耳。此虽成就亦只人官从军之技，其不知民事自若也。且人非生居闾里，日睹米盐琐屑之情，则虽专精法政而入官犹无所效。近世为长吏者，都邑之士必不如村落之儒，经世之通材必不如田家之讼棍，岂非讲习虚言不如亲睹实事之为愈欤？昔满洲伪高宗欲尽去天下州县，悉补以笔帖式。刘统勋曰：州县治百姓者也，当以曾为百姓者为之。然则代议士者为百姓代表者也，可弗以曾为百姓者充之乎？议士之用，本在负担赋税，不知稼穑之艰难，闾阎之贫富，商贳之赢绌，货居之滞流，而贸焉以议税率，未知其可。今彼满人，于百姓当家之业所谓农工商贾者，岂尝知其豪牦，而云可为议士，何其骛虚言而忘实事也。且近世为僧侣者，即不得充代议士，彼僧侣者岂绝无学术耶？正以寺产所资，足以饱食与农工商贾之事相隔故也。然以欧美之僧侣，比满洲之法政陆军学生，则明习民情与否，又相县矣。满洲者，勿论学生、马甲，其为惰民一也。己不事生产而评佗人之生产，己不纳租税而议佗人之租税，于权利则不当有，于事实则无所知，彼满人而欲有代议士之资格邪，宜俟革命以后，尽裁甲米，退就农耕，乃始为与汉人同化，然后得与中国之政治耳。金铁主义论者一与仅知语言之满洲人，再与仅知语言之三荒服人，夸言平等而忘利害中失之端，其症结非难破也。在昔汉唐宋明之世，初任文吏，后进儒生，人材迁通，虽非同揆，要其讲求吏治，哀念民生，先后一也。是故当其末造，朝政不纲，而吏治犹清于下，未有若满洲之汗漫者。满洲初载任用族姓，柄政者皆介胄武夫，非独刀笔文法有所不晓，民生百事尚未能举其名号也。（世传伪高宗南巡时，见田间有稻秧，问言何草。然此非独一人而已。民间事业，隔阂可知。）又其素性贪饕，以苞苴为应有，惭德在躬，即无以廉问群吏，是故吏治得失本非其所措心，而汉官亦承其风旨，曹司则不知法律，府县则不接吏民，循吏之传半录虚文，于成龙、余甸之徒前世所恒有者，于斯乃为麟角。其夸言经世者，则曰瞻言百里方略何如而已，盖所举不出攻略聚敛二端，而游说横议之风以起。远猷辰告，而不能治一水门。长驾远驭，而不能捕一劫盗。经画国常，而不能理一凶政。高张筹策，而不能平一租庸。率天下而为魏了翁、马廷鸾、真德秀、丘浚之徒。手把“三通”，躬述“衍义”，犹不如田千秋之不学无术足以富民。何者，退野人而进华士也。至于近世，则墨吏盈朝，贪污载路，绳以法律，以屋可诛。一介清廉之长官且不可得，况复为民兴利哉！夫讲求吏治，至纤至悉，又必履行经验而后得之，非摇唇鼓舌大言自肆者所能为。至言立宪则不然，剿袭讲义，粗涉政书，言之至易，而比于讲求吏治者为名高。金铁主义论者盖闻其风而兴起矣。彼见满洲政府近时所注意者，无过聚财讲武二端，而于吏治得失，民生隐曲，曾不一语及之，以为由今之道，无变今之俗，但使国会成立，笼罩群生，则中国已足以治，诚如是，则彼所谓宪政者，金云铁云而已。其去汉唐盛时专制之政，何其远耶！盖曩者包世臣、汪辉祖辈所见虽近，而吏治民生言之至悉。金铁主义论者则并此亦不知也。近者，梁启超辈日扇虚言，犹知吏治点污不可姑息，欲求立宪，必先之以开明专制。金铁主义论者则并此亦不知也。不言吏治得失，则行媚可及于臧吏。不计民生隐曲，故选举可及于惰民。彼且谓今之满人可充议士，何论三荒服人犹有职业者邪！吾所见者，则与此异。方其未醇化时，宜分部为三，各设一总督府。（中华民国建后，各省督抚当废，惟存布政使为长官，总督即专为荒服设也。）而其下编置政官，其民亦各举其贤良长者以待于总督府，而议其部之法律财用征令，以授庶官而施行之。兴其农业，劝其艺事，教其语言，谕其书名，期二十年而其民可举于中央议院。若是则不失平等，亦无不知国事而妄厕议政之位者。庙谋人道，两无所亏，则亦可以已矣。若谓汉土面积小于三荒，兴亡绝续之交，必将奋而自主，非用兵力则不足以致之者。不悟三荒相合诚较汉土为宽，分部计方，则回部、西藏二者各当汉土三分之一，惟蒙古乃略相等。虽然，蒙古之众，建诸侯久矣。非内部有枭雄，先以武力蚕食诸邻如噶尔丹所为者，则必不足以自恣。西藏自元灭吐蕃以后建立法王。明之代元，清之代明，西藏皆率土来宾，不烦一旅。彼满洲者或以崇信黄教，得其欢心，如明大〔太〕祖曷尝以此为市耶？必以宗教为欢，则中国亦有文成公主，西藏尊之以为神母，号曰多逻伊伽，此亦可援以为质者。蒙古自万历以后，渐胡土克图之化，则杀掠之心已衰。西藏不绝，蒙古亦易驯耳。若谓英、俄二憝，狼子野心，乘隙窥边，诱以他属，此虽满洲政府不亡，其势犹不可禁，何独革命之世然也。且方今社会革命之声遍布欧土，而印度亦有谋光复者，人亦有言虎啸而谷风应，一朝云合，势如燎原，彼何暇肆侮于二方哉！独回部民气剽悍，易于集合。满洲遇回人既惨酷无人理，其再征者为左宗棠之湘军，彼则亦以虺蛇视汉族。三荒之中，独此觖望，念烝民之同柢，岂彼回部当为戮民？幸而解怨则可以宁辑矣。不然，彼实有国，吾岂可以劫夺得之？向者有云，回部诸酋以其恨于满洲者刺骨而修怨及于汉人，奋欲自离以复突厥花门之迹，犹当降心以听，以为视我之于满洲，而回部之于我可知也。金铁主义论者有忧之，则曰此内部瓜分之计也。内部既瓜分，使中国以外若无各列强之环伺，则汉人以一民族组织一国家，平等自由，相与为乐，虽曰主义狭隘，然以自私为乐，亦未尝非一义也。无如保全领土之说，方为各强国中一派之所主张，而一派反对之。反对之者，俄为其首。俄固日日欲攫蒙回之地以入其囊中也。今见中国各族分离，而蒙回之程度又不足以自立一国，岂有不入蒙回之地以占领之乎？俄既入蒙回，英必入藏，法必入滇粤，而汉人之土地亦将不保，直以内部瓜分之原因，而得外部瓜分之结果矣。夫保全领土于欧人则何利？必其可取直取而代之耳。安用是煦煦孑孑者为耶？诚知地大物博，非须臾所能摭拾，四分五裂之余，兵连不解，则军实匮而内乱生，其言保全，非为人道亦所以自完耳。不然庚子联军之役，四方和会，师出有名，而虏酋亦已播迁关右，不以此时瓜分中国，乃待日本胜俄之后乎？且使革命不成，则满洲政府固在，而回部无以自离，固无瓜分之道。革命果成，取此深根宁极之政府而覆灭之，其兵力必非犹人而已，纵不足以抵抗欧人，然其朝气方新，威声远播。彼欧人之觇国也，常先名而后实，自非吹而可僵者。亦未至轻召寇仇为劳师费财之举而回部之脱离也，吾岂与之砉然分诀耶？彼其人材稀疏，政治未备，事事将求助于汉人，视为同盟，互相犄角，则足以断俄人之右臂明矣。虽然此直为回人自立计也。若其深明祸福，辨别薰莸，知往日之兴兵构怨出于满人，而汉族非为权首，又以地处偏隅，虽苟足设险自完，无由进于开明之域。如是则求与汉人同化之不暇而何自离之云。要之事有奇恒，涂有险易，则不得不虑及于是耳。若三荒服而去其一，余二者固未必自离；若三荒服而一切同化于吾，则民族主义所行益广。自兹以后，二郡一司反乎可覆，则先汉之疆域始完，而中华民国于是真为成立。吾观滇中人士，多发愤于越南缅甸之亡，曾欷累息恒思收复以为愉快，自余则未有系念者。中华民国之义孰深知之，其惟金马之神、碧鸡之灵哉！

（原载《民报》十五号（1907年7月），选自《太炎文录初编》别录卷一）

五无论

今之人不敢为遁天之民，随顺有边，则不得不有国家，亦不得不有政府。国家与政府，其界域固狭隘，故推其原以得民族主义，其界域亦狭隘。以民族主义为狭隘而不适于国家者，斯谓有法，自相相违，不成比量。（如三支法，彼先立一量云：民族主义是狭隘见，于无界中强分界故。喻如宗法思想，此亦可立一量云：国家主义是狭隘见，于无界中强分界故。喻如村落思想，两因两后陈皆同，则前者所以破敌，亦即所以自破。若作三段法亦得。）夫于恒沙世界之中而有地球，无过太仓之有稊米。今于其间分割疆域，葆为己有，而命之曰国家；复于其间建设机关，区分等级，而命之曰政府。则蛮氏触氏之争，不足喻也。其所守本狭隘，惟相应于狭隘之民族主义而为之。诚欲广大，固不当分种族，亦宁得分国家。民族主义随感情而有，国家主义宁非随感情而有。以彼为固葆此者欲何为耶？嗟乎！莽瀁平原，入其域而视之，始见土地，次见人民，乌睹所谓国家者？国家者，如机关木人，有作用而无自性。如蛇毛马角，有名言而非实存。究其成此虚幻妄想者，非民族之为而谁为乎？易族既非所争，卖国亦应无责，而劳心以控抟此国家何为者？将其借兹遣日，如毁瓦画墁者所为耶？若曰国家者所以利一群，则与利一族也何异？同此芥子牛迹之微，而二者何以相难？是故随顺有边，既执着国家矣，则亦不得不执着民族主义。然而其中有广大者。吾曹所执，非封于汉族而已。其他之弱民族，有被征服于他之强民族，而盗窃其政柄，奴虏其人民者，苟有余力，必当一匡而恢复之。呜呼！印度、缅甸灭于英，越南灭于法，辩慧慈良之种，埽地尽矣！故吾族也，则当返；非吾族也，孰有圣哲旧邦而忍使其遗民陷为台隶？欲圆满民族主义者，则当推我赤心救彼同病，令得处于完全独立之地。有效巨憝麦坚尼之术，假为援手，借以开疆者，著之法律，有诛无赦。然则爱无差等，施由亲始，墨者之道然也。若夫民族必有国家，国家必有政府，而共和政体于祸害为差轻，固不得已而取之矣。爵位废而兼并行，其乱政又无以异于美利坚氏。于是当置四法以节制之：一曰，均配土田，使耕者不为佃奴；二曰，官立工场，使佣人得分赢利；三曰，限制相续，使富厚不传子孙；四曰，公散议员，（凡议员有贪污事，平民得解散之。议院本由民间选举，自当还付民间解散。然诸政法得失，问罪于政府可也。至于议员受贿，则罪有专属矣。）使政党不敢纳贿。斯四者行，则豪民庶几日微，而编户齐人得以平等，亦不得已而取之矣。无是四者，勿论君民立宪，皆不如专制之为愈。所以者何？议院者，受贿之奸府；富民者，盗国之渠魁。专制之国无议院，无议院则富人贫人相等夷。及设议院，而选充议士者，大抵出于豪家。名为代表人民，其实依附政党，与官吏相朋比，挟持门户之见，则所计不在民生利病，惟便于私党之为。故议院者，国家所以诱惑愚民，而钳制其口者也。且议士既出于豪家，则与捐纳得官无异，其志固为利而已。官吏受贿，议院得弹劾而去之；议院受贿，谁弹劾而去之？一议士受贿，他议士得弹劾而去之；尽议院皆受贿，谁弹劾而去之？近观日本郡制废止一案，议院得赃，明见踪迹者七人，而其他三百余员皆有隐昧受赇之事。（见《黑龙杂志》。）日本立国，非专以重商拜金为务。且议院之设，才二十年，其腐败已如是。然则有议院而无平民鞭棰于后，得实行其解散废黜之权，则设议院者，不过分官吏之赃以与豪民而已。返观专制之国，犹无斯紊乱也。（案：世人常语，谓多一监察者，即多一受贿者。今议院所以监督官吏，乃适便其受贿之私，斯言犹信。）专制之国，商人无明与国家分权之事，及异于专制者则不然。夫钱刀金币、实使民扰攘之阶。然黄金、白金、赤金三品，视之有光，击之有声，取之甚艰，藏之不朽，其质性诚有可宝者。因其可宝而以为币，犹民之公心也。及夫径寸赫蹄，与故纸初非有异，而足以当百金，则政府所以愚弄其民者至矣。犹不知止，使牙侩设银行者，得公为之，而常民顾不得造。是则牙侩之权，得与政府相等，其与齐民非有天泽之分乎？返观专制之国，钱币一出于国家，然民间犹得以碎银贸易；至于楮币，则国家尚鲜为之，况于牙侩？（今上海中国银行亦许自造楮币，斯实揣摩欧化，非其本有。）是故有共和政体，而不分散财权，防制议士，则犹不如专制政体之为善也。虽然，是四制者，特初级苟偷之法，足以补苴衅隙而已。欲求尽善，必当高蹈太虚，然非有共和伪政，及其所属四制以为之基，宁有翔蹑虚无之道，随顺有边，期以百年，然后递见五无之制。

五无者，超过民族主义者也。云何五无？一曰：无政府。凡兹种族相争，皆以有政府使其隔阂，假令政权堕尽，则犬马异类，人犹驯狎而优容之，何有于人类？抑非专泯种族之争而已。有钱币在，则争夺生而阶级起。于是以共产为生，则贸易可断，而钱币必沈诸大壑矣。有军器在，则人将藉是以为杀掠之资。于是熔解铳饱〔炮〕，椎毁刀剑，虽未足以绝争心，而争具则自此失矣。其他牝牡相交，父子相系，是虽人道之常，然有所昵爱则妒生，有所摄受则争起。于是夫妇居室、亲族相依之事，必一切废绝之，使人民交相涉入，则庶或无所间介矣。凡此诸制，皆所以平人民嫉妒之心，而非以为幸福。幸福本无，惟少害故。二曰：无聚落。政府之成立，本以争战为其始原。争战不绝，则政府不可以一日废。是故政府者，非专为理民而设，实与他国之政府相待而设。他国有政府在，即一国之政府不得独无。今日无政府，固必与他政府同时俱尽。国界之当先破，语言文字之当先统一者，斯尽人所知也。国界虽破，而聚落犹未破，则惨烈之战争未已。何也？人类本平等，而所依之地本不平等；人类之财产可以相共而容，而地方之面积不能相共而容。夫共产者，以为自喻适志矣。然地有温润寒苦之不同，处寒苦者尽力经营，以化其地为膏腴，孰与攘夺膏腴之便？况气候之燥润惨舒，其难齐有百倍于地质者。自古温润之国，率为苦寒人所兼并，顾温润国则未有蚕食苦寒国者。无他，苦寒国人视温润国为乐土，驱于欲望，则不惮断脰摩顶以争之。悦以使民，民忘其死。温润国人于苦寒地，素无欣羡之心，则其不能兼并也亦宜。夫两地皆有政府，而苦寒必胜温润者，知其胜非政府所成，乃自然界所役使矣。今观欧洲诸国侵略印度以南之地，其始岂假藉帝力、挥其天戈耶？一二农商规利远涉，招集亡命，挟捕兽之器以杀人，而其地遂为所据有。斯与政府何与？及其殖民既就，上之政府，以著领土之名，无旧无新，悉为一国矣。而旧土民之厚利，犹为征服者恣意侵渔，讨伐生蕃，逞情残杀，斯于国界何与？是故政府与国界破，而犹有聚落之存，则温润地人必为苦寒地人所杀掠。近则如白人之侵略南方，远则如原人之覆灭他族，可决知也。夫俄人所以敢言无政府者，何也？地素苦寒，有己国人之侵食他方，而不虑他方人之侵食己国。法人所以敢言无政府者，何也？土虽膏腴，面积非甚广大，有狭乡人之侵略他温润地，而不虑他温润地人之侵略狭乡。故实践之而无所惧。若泰东诸国则不然，中原、辽沈、日本、朝鲜，虽与俄国同时无政府，东亚之民犹为俄人所蹂躏也。滇、桂、闽、广、越南、暹罗，虽与法国同时无政府，南海之民犹为法人所侵掠也。是何也？既依聚落地着而居，则气候之相较有温寒，面积之相较有广狭，非法制契约所能平也。夫无政府者，以为自由平等之至耳。然始创自由平等于己国之人，即实施最不自由平等于他国之人。在有政府界中言之，今法人之于越南，生则有税，死则有税，乞食有税，清厕有税；毁谤者杀，越境者杀，集会者杀，其酷虐为旷古所未有。是曰食人之国，虽蒙古、回部曾未逮其豪毛。此法兰西，非始创自由平等之法兰西耶？在有政府界中，法人能行其自由平等者于域内，而反行其最不自由平等者于越南。以此相推，虽至无政府时，犹渔猎他人可知已。或者以为语言文字有殊，迭相视为异种，故无含容包覆之心，既统一则无斯虑。夫以利相争，虽兄弟至亲，犹有操戈之衅，况故为路人耶？今人震矜无政府说，以为典型。然纵令政府尽亡，国界尽破，而因仍固有之聚落以相什伍者，犹未化熔，合旅相争，其势仍不能已。则效其术者，正为创其说者所鱼肉耳。是故欲无政府，必无聚落。农为游农，工为游工，女为游女。苦寒地人与温润地人，每岁爰土易室而居，迭相迁移，庶不以执着而生陵夺。斯则无政府者，必与无聚落说同时践行也。三曰：无人类。世人以政府为众恶之源，国家为群污之府，宁不谓尔？虽然，政府云，国家云，固无自性。此政府与国家者，谁实成之？必曰，人实成之。夫自人成之，自人废之，斯固非绝特可惊之事。而成之之根不断，有其废之，终必有成之者。不然，则原人本无政府国家之累，何以渐相垛积以有今日之穰穰者也？且人之相争，非止饮食牝牡之事；人之争具，宁独火器刚铁之伦。睚眦小忿，则憎怨随之；白刃未获，则拳力先之。纵大地悉无政府聚落，销兵共产之制得以实行，而相杀毁伤，犹不能绝其愈于有政府者。昔鲍生有言曰："细民之争，不过小小匹夫校力，亦何所至。势不能以合徒众，威不足以驱异人。孰与王赫斯怒，陈师鞠旅？推无仇之民，攻无罪之国，僵尸则动以万计，流血则漂橹丹野。"（案：鲍生好老、庄之书，治剧辩之言，以为古者无君胜于今世，与抱朴子相难。中国言无政府者，前有庄子，后有鲍生，为其最著。语见《抱朴子·诘鲍篇》。）若是，而已使人类返于犬豕，不使人类进于修罗，其术虽善，而犹非圆满无缺之方。是故一二大士超人者出，诲之以断人道而绝其孳乳，教之以证无我而尽其缘生。被化虽少，行术虽迂，展转相熏，必有度尽之日，终不少留斯蠹以自祸祸他也。四曰：无众生。自毛奈伦极微之物，更互相生，以至人类，名为进化，其实则一流转真如。要使一物尚存，则人类必不能断绝。新生之种，渐为原人，久更浸淫，而今之社会、今之国家又且复见。是故大士不住，涅槃常生，三恶道中，教化诸趣，令证无生，而断后有，此则与无人类说同时践行者也。五曰：无世界。世界本无，不待消灭而始为无。今之有器世间，为众生依止之所本，由众生眼翳见病所成，都非实有。六十四种原质，析至邻虚，终无不可复析之量。既可复析，即不得强立原子之名。若云原子本无方分，互相抵触而后见形者。既无方分，便合浑沦为一，何有互相抵触之事？故知原子云者，徒为妄语。其他或立伊太，或立伊奈卢鸡，斯皆超出经验之外，但有假名。要之，空间尚无，岂彼空间所容受者，而可信其为有？然现见此器世间，宛尔存在，则以众同分业，错乱其明故。是则众生既尽，世界必无豪毛圭撮之存。譬若病眼者死，而眼中所见之空华与之俱死。虽然，此未可为常人道也。常人所信，惟有覆谛而已。世界初成，溟濛一气，液质固形，皆如烟聚。佛谓之金藏云，康德谓之星云，今人谓之瓦斯气，儒者则以太素目之。尔后渐渐凝成，体若熟乳，久之坚硬，则地球于是定位，次是乃有众生滋长。而有机物之最始，果自无机物出乎？则生物学家所不能断定者。若如覆谛世界不亡，仍有产出群生之日。是故众生悉证法空，而世界为之消弭，斯为最后圆满之期也。此五无者，非能于一时成就。最先二无，同时成就，为一期；其次二无，渐递成就，为一期；最后一无，毕竟成就，为一期。前二次二，其时期亦有互相错杂者，以非普遍，故不得以成就为言。若自明者观之，序次秩然，推行不乱，孰后孰急，若指果于掌中。然而俗昧远理，僧滞近教，事之常也。今之在宗教者，以盛衰强弱为素定，徒执因缘，不知以增上缘辅其为治。又乃情存谄曲，以强有力者为护法之宗，抑盛辅微，耳不欲听。顾沾沾焉以慈善事业资助穷民，适为豪强者保其令闻长世。其有贤者，甘趋寂灭，而万善方便之法不行，所谓财施无畏，施者竟安在耶？若夫俶傥愍世之材，以无政府为至极矣。坚信性善之说，则谓利用厚生，与夫男女隐曲之事，果无少缺，虽无法律而不为非。不悟人心好事，根于我见，我见不除，虽率尔桷目相视，犹有并命同尽之心，岂专由利害得丧而已。以无政府主义中道自画，而不精勤以求其破碎净尽者，此亦乏于远见者也。佛说郁单越洲，人无妻妾、田宅、车马、财物、资具诸摄受，清宁耆寿，殊胜三洲。而佛亦不于是洲出世，此其事岂非明验于今耶？

何以云性善之说，不可坚信，人心好争，根于我见耶？答曰：人之本性，所谓藏识无善无恶者，勿论也。而末那意根，虽无记而有覆，常执藏识以为自我，以执我之见见于意识，而善恶之念生。人心固非无善，亦非不好善。如孟子、路索、索宾霍尔，皆以恻隐之心立极，诚非夸诞。然如希腊学者，括人心之所好，而立真、善、美三，斯实至陋之论！人皆着我，则皆以为我胜于他。而好胜之念见之为争，非独人尔，一切动物皆然。若鸡者，若鹌鹑者，若蛙与虾蟆者，若蟋蟀者，多以无事相争，而不必尽为利害得丧之事。索宾霍尔立意志世界之说，谓意志常自相竞。证以蚁子下指甲而断之，蚁子既死，其身与首犹相斗，此岂为利害得丧而然乎？婴儿始能言时，两不逊则举手相扑，及至壮夫，亦有以嘲骂瞬视之微，而怀怨以终其世者。杯酒失意，白刃相仇，盖前世所常睹。此又岂为利害得丧之事也？然世多以利害得丧而生竞者，以好胜是其天性。涉于利害得丧之事，则发之愈烈耳。宁得谓人之相杀者，止于生存竞争、牝牡竞争而已乎？今使人无私藏，亦无家室，其为财产妃色而生争者，固少息矣。然斯之社会，在兽类固有之，兽类无一夫一妇之事，两性相逐，天下为公，而以字尾之故，相噬啮者犹众，何独于人类而能外是？兽类言语既简少，惟以声气呼召排摈，而峭刻之调讥无有焉，其知耻之心亦寡，故无以言语而起竞争之事。人则不然，有喙三尺，其利甚于刀矛，报之者亦率以刀矛从事。乱之生也，则言语以为阶。萧同房中之一笑，嵇康锻灶之两言，其祸至于丧师断首。此犹曰报之者有势藉也。纵无势藉，一身之股肱固在，凡彼勇夫，不忍恶声以至相死者，多矣。然未至于甚溃裂者，何也？有法律以闲之，有利欲以掣之也。人情莫不怀生而恶死，非饥寒交迫，铤而走险者，严刑在侧，常有以挫其好胜之心。亦或遁逃法外，而令名既损，民所不与。攻难剽暴之徒，与社会既不相入，则无穷之希望自此而终。此所以惮于猝发也。然以二者相衡，则法律之惩戒，其力微，并利欲之希望，其力厚。今无政府，法律有无且勿论，共产同内，则一身无利之可损，亦无利之可增也。希望既绝，伪道德以此廓清，而好胜之良能，将于是轩豁呈露。盖处今时之社会者，非无好胜之心也，而常为利欲所制。故近世欲作民气首，在损其好利之心，使人人自尊，则始可以勇猛无畏。及无政府主义成就以后，其所患又在彼不在此。或者以为今时风气驻戾，好杀者已居少数。他时政府虽亡，而习惯犹因仍不没，无患其遽裂者。吾则以为不然。今之习惯，非能使天性迁移，特强制之使不发耳。谁无嗔心，谁不屠杀有情以供餐食，是好杀之习惯由性成，而不杀之习惯为强制也。藩篱既彻，则向之弹力复生。纵有力能强制者，必其尝处今之社会，而后处无政府之时代者耳。再世以往，其子孙不见今之社会，安有不杀之习惯哉？或者以为恻隐之心，人所素有，虽甚好胜，必能强自制裁。吾又以为不然。恻隐之心，孟轲举孺子入井为例，此最为密切者。人之所怜，在彼弱小于我，而所憎在其敌对于我。即彼恻隐心者，亦与好胜心同一根柢。虽其凶戾，无不怜弱者；虽甚仁慈，无不憎怨家。观夫任侠之居心，即可见矣。上世人兽争战之时，常杀其长者而豢其稚者；其次部落争战之时，常屠其丁壮而遗其妇女弱儿。此宁有政令发征期会哉！诛其强者，本乎好胜心；全其弱者，本乎恻隐心。人之良能然也。纵令人人不傲无告，不侮鳏寡，而体力智勇与我相若者，一有小忿，常存必杀之心。此必不能去者也。或者以为无政府时，既无争具，虽欲相杀，而有不可得者。吾又以为不然。人之异于禽兽者，在其体力有差。世固有力能扛鼎，亦有不举一雏者。此则强弱相形，或足以动其哀怜之念。至乎常人相视，力有余而形不逮，亦数有之。攘臂相争，犹足断命，况于长竿白梃，犹有可藉乎？且夫兵器虽销，而资生金铁，犹不可废。农夫发地，则必有犁锄矣；疱人割截，则必有刀匕矣；大匠伐木，则必有斧斤矣；女红制帛，则必有翦刀矣。举此数者，无不可资为杀人之具，安在其赤手无藉也？虽然，必谓人将相杀，当以法律治之，而愿政府之存者，是则甚谬。原政府之初设也，本非以法律卫民而成，乃以争地劫人而成。今者法令滋章，其所庇仍在强者。贫民以为盗受诛，宁止亿兆？其或逻候森严不得恣意，则转死于煤坑中耳。至于帝国主义，则寝食不忘者，常在劫杀。虽磨牙吮血，赤地千里，而以为义所当然。夫窃钩者诛，窃国者为诸侯，此庄生所为愤嫉。今无政府，虽不免于自相贼杀，必不能如有政府之多。且平人相残，视其膂力，非夫以强陵弱、以众暴寡者之可悲也。昔鲍生有言曰："使夫桀纣之徒得燔人，辜谏者，脯诸侯，菹方伯，剖人心，破人胫，穷骄淫之恶，用炮烙之虐。若令斯人并为匹夫，性虽凶奢，安得施之？使彼肆酷恣欲，屠割天下，由于为君，故得纵意也。"综观今世所谓文明之国，其屠戮异洲异色种人，盖有甚于桀、纣。桀、纣惟一人，而今则合吏民以为之；桀、纣无美名，而今则借学术以文之。独一桀、纣，犹不如去之为愈，况合群策群力以为桀、纣矣。夫斗殴杀人者，其心戆；计谋杀人者，其恶深；独力杀人者，其害微；聚众杀人者，其祸剧。今政府固尽知此，法律所治，轻重有殊焉。而政府自体，乃适为计谋、聚众以杀人者，则乌得不舍此之重而就彼之轻耶？古之言性恶者，莫如荀卿，其见非不卓绝，犹云当以礼法治之。荀卿之时，所见不出禹域，七雄相争，民如草芥，然尚不如近世帝国主义之甚。随俗雅化，以建设政府为当然，而自语相违实甚。何者？既知人性之恶，彼政府者亦犹人耳，其性宁独不恶耶？检以礼法，而礼法者又恶人所制也。就云礼法非恶，然不可刻木为吏，则把持礼法者，犹是恶人。以恶人治恶人，譬则使虎理熊，令枭将獍。熊与獍之恶未改，而适为虎与枭傅其爪牙。然则正以性恶之故，不得不废政府。庄生云："唇竭则齿寒，鲁酒薄而邯郸围，圣人生而大盗起。"纵令有新政府者出，能尽反近世文明政府所为，而其幅员不能遍于大地。且机关既设，众慝日滋，终足以为大盗之藉。故余以设新政府者为无政府之阶，而永世守之，则不可。无政府者，虽有平入相杀，其酷犹愈于有政府，终当使其趋于寂灭，而以为圆满，则不可。

所谓无人类、无众生、无世界者，说虽繁多，而无人类为最要。以观无我为本因，以断交接为方便，此消灭人类之方也。然世人多云：天地之大德曰生，阴阳匹偶，根性所同，不应背天德而违人道。嗟乎！人在天地，若物之寄于康瓠耳。器非同类，则无德之可感；体无知识，则何物之能生？且原始要终，有生者未有不死。既云天地之大德曰生，何独不云天地之大德曰死乎？天地不仁，以万物为刍狗，乃老子已知之矣。夫名色五阴，是为苦聚。人生三苦：一依内苦，二依外苦，三依天苦。此则《金七十论》师犹明其义。而近世学者亦云：苦为积极，乐为消极。其说近《成实论·问受品》云：又种种乐，少苦能胜，如人具足受五欲时，蚊蚋所侵，则生苦觉。又如存百子乐，不如丧一子苦。夫尽世间之上妙乐具，无益于我秋豪，而只足以填苦壑，则人生之为苦聚可知。故《世亲百论释》云：福有二相，能与乐，能与苦。如杂毒饭，食时美欲消时苦，福亦如是。复次，有福报是乐因，多受则苦因。譬如近火止寒则乐，转近烧身则苦。是故福二相，二相故无常，是以应舍。然则若苦若乐，终之为苦一也。本未生时，非有苦乐可受而生者，忽以苦府锢之。使人果天地所生，则对之方为大怨，而何大德之有焉？或窃海格尔说，有无成义，以为宇宙之目的在成，故惟合其目的者为是。夫使宇宙而无所知，则本无目的也；使宇宙而有所知，以是轻利安稳之身，而倏焉生成万物以自蠹。譬诸甘食不休，终生蛲蚘之害，其卒必且自悔，或思得芫华巴豆以下之矣。然则宇宙目的，或正在自悔其成，何成之可乐？调御丈夫，当为宇宙之忏悔者，不当为宇宙所漂流者。“且人之在斯世也，若局形气以为言，清净染污，从吾志耳。安用效忠孝于宇宙目的为？若外形气以为言，宇宙尚无，何有目的？”世之论者，执着有生，而其终果于行杀，曷若生杀两尽之为愈也？至其所谓人道者，不知以宇宙目的为准耶？抑以人类天性为准耶？若以宇宙目的为准者，已如前驳；若以人类天性为准者，人之天性不能无淫，犹其天性不能无杀。以淫为人道不可断者，何不以杀为人道而不可断乎？何以知其然也？人之情性可见者，莫如诗；其次莫如小说、神话。中国之《诗》，风以道淫，雅、颂以道杀。而言淫者，以窈窕好逑文之；言杀者，以神武耆定文之。屈原、相如之作，哀则言思美人，见佚女；壮则言诛风伯，刑雨师。虽一往寓言，若非淫杀则不足以为美者。乃如常行小说，非以恋爱表淫，即以侦探表杀，此为中外所同。至于神话，希腊、印度皆立男女二神。而急风骤雨，则群指为天神战斗之事。以及刑天干位，修罗争帝，天魔诱人，波旬娆佛，凡诸杀事，神话中往往有之。而湿婆苇纽之教，则公言淫；天方之教，则公言杀。故知淫云杀云，皆人之根性也。若人性果不好杀者，何以勇果刚毅等名，至今不为恶词，而以之为美德？观其所美，则人性大可见矣。善乎！太史公曰：自含血戴角之兽，见犯则校，而况于人怀好恶喜怒之气，喜则爱心生，怒则毒螫加，情性之理也。小亚细亚学者海逻克梨提之言曰：争者群生之父，万物之王，一日息其争战，则宇宙将自灭亡。其言虽悖，而适合于事情。万物无我见则不生，无我见则不杀。生与我见俱来，而杀亦随之。非直此也，芸芸万类，本一心耳。因迷见异，以其我见自封，而无形之外延，因以张其抵力，则始凝成个体以生。是故杀机在前，生理在后。若究竟无杀心者，即无能生之道。此义云何？证以有形之物，皆自卫而御他，同一方分，不占两物，微尘野马，互不相容。虽以无形之分别心，一刹那间，亦不容俱起两念。斯皆排摈异类，互相贼杀之征。一切法我人我法尔，以杀为生，无杀则三界自然绝纽。以是推观，则人为万物之元恶，断可知矣！今据天性以为准，而云淫为人道，则杀亦独非人道耶？夫妇公有，既纵淫矣；法律废弛，既听杀矣。所以为此者，岂以纵淫、听杀为当然？谓如是而后合群，相杀者可以衰止，较诸有政府时为犹愈尔。夫所恶者杀也，而杀根终不可断；欲断杀者，不得不先断我见；而我见断则生亦断，安可以男女匹偶为当行哉？问曰：若生当断，曷若杀之之为愈？且既以人为元恶，则杀之也何害？答曰：断生者，谓断后有之生，非断现有之生。若现有之生可断，斯即杀矣；而不断杀者，即亦不能断生。何以故？能杀所杀，我见皆未尽故。且人为万物之元恶，是则然矣。子元恶也，我元恶也，均之元恶，而二者何以相治？若欲听命于摩醯首罗、大梵帝释、耶和瓦等，彼实虚无，不可信其为有；纵令有之，既有生矣，则是与尔我同为元恶也；同为元恶，即亦弗能相治。言无人类者，不欲以是人杀他人，犹之言无政府者，不欲以是政府灭他政府。非直不欲，且痛恶之。所以者何？为恶杀故，为平等故。是故断生之道，任人自为，而不得以行杀为断生矣。问曰：人之有淫，有政府时且不能以法律断之，况无政府而可以是强遮人之情欲耶？答曰：断淫者，固任人为之，非他人所能强制。惟然，故展转相熏，其收效至为阔远。若可以强制者，不过六七十年而大地可无噍类，安得此径易事也？人之不可强制者，非独淫尔，虽杀亦不可强遮也。真遮杀者，不仅于动物遮之，虽至草木苔藓之微，所谓种子村、有情村者，犹不得有意毁坏。（村者，是依止义。种子村，即果核等为种子所依止；有情村，即丛草等为蚊蚋所依止。）微菌湿生，则有青衣白醭之属，欲去之者，惟得起洁净心，不得起损害心，斯岂尽人能然者？惟以同志自为契约，而展转及于他人，斯有度尽之日已。问曰：若淫杀皆为天性者，何以人皆恶杀？若淫杀皆可厌恶者，何故于淫则习而忘之，顾反以为人伦之始？答曰：人若不恶淫者，纳采问名，既公布婚姻之礼，何以夫妇隐曲，当在屏蔽之中，不如犬豕之遵大路？而又先知蔽前，继知蔽后，露生支而行者，则人人举以为羞。下至麋鹿狸狌，牝牡相逐，则牝者犹遁逃不暇，岂非交会之情，虽禽豸亦知隐避乎？（近人说尤谬者，以为交会无关廉耻，若生支出于面颊，则与衔吻等耳。不知根器所依，心念即缘之而起，不得假设迁移之想。若如彼说，胡不曰，使谷道与口同处，则便秽亦不知其臭乎？或又谓：卫藏风俗，常使老妪教男女行淫之法，未尝屏蔽。故知屏蔽者，乃习惯使然，非本性也。然斯巴达人之俗，以善窃盗为美谈。若如彼说，胡不曰，自讳言窃盗者，亦习惯使然，非人之本性乎？）人有偶为诳语，虽于利害无关者，乍被发觉，无不忸然见色，彼淫者亦其比尔。而人之于杀，顾有悍然矜伐其能者。上者铭之钟石，著之史书，虽穷而在下者，亦因是得称为好汉。法律只足以制其行事，然人心尊崇之念，虽严刑莫能遮。谁谓恶杀不恶淫耶？故就好美好胜之心以言，则淫杀皆人所好矣；格以好善之心，而淫杀又皆为人所恶矣。要之，性中种子，本以真如无明，更互相熏。由无明熏真如，而天性有好淫好杀之心；由真如熏无明，而天性亦有恶淫恶杀之心。两者具存，在人所自择耳。问曰：生物进化，未有尽期。今之人虽多贼杀，千百世后，或为道德纯备之人，何必以灭绝人类为志也？答曰：望进化者，其迷与求神仙无异。今自微生以至人类，进化惟在智识，而道德乃日见其反。张进化愈甚，好胜之心愈甚，而杀亦愈甚。纵令进化至千百世后，知识慧了，或倍蓰于今人，而杀心方日见其炽。所以者何？我见愈盛故。吾友北辉次郎，尝期化学日精，则人人可以矿物和为饮食，而动植皆可恣其自生。乃至便利道断，交会路绝，则人与天神无二。夫矿物供餐之说，容有其期，而杀心终不以饮食有余而止，此前所已言者。若夫断便利，绝交会，则与辟谷还丹相似。大药既成，人腹不腐，神仙之说固然。而我见不亡，淫根必无自断之道。老子云："吾所以有大患，以有身故。"法与之貌，识与之形，五作根既开洞穴而发枝茎，则非掉动以遂所欲不已。故曰："有欲以观其徼。"徼之不亡，而求其自然无欲，乌可得哉？纵令证得四空，形质已销，我见犹未伏灭，因缘外界，其种得以更生。故余以为我见在者，有润生则淫必不可除，有好胜则杀必不可灭。夫耽于进化者，犹见沐浴为清凉，而欲沉于溟海。所愿与卓荦独行之士，勤学无生，期于人类众生，世界一切，销熔而止，毋沾沾焉以进化为可欣矣。呜呼！人生之智无涯，而事为空间时间所限。今日欲飞跃以至五无，未可得也。还以随顺有边为初阶，所谓跛驴之行。夫欲不为跛驴而不得者，此人类所以愈可哀也！

（原载《民报》十六号（1907 年 9 月），选自《太炎文录初编》别录卷三）

国家论

余向者于社会主义讲习会中，有遮拨国家之论。非徒为期望无政府者说，虽期望有政府者亦不得不从斯义。然世人多守一隅，以余语为非拨过甚。故次录前论，附以后议，令学者得中道观云。

一、国家之自性，是假有者，非实有者；二、国家之作用，是势不得已而设之者，非理所当然而设之者；三、国家之事业，是最鄙贱者，非最神圣者。此义云何？第一义者：凡云自性，惟不可分析、绝无变异之物有之；众相组合，即各各有其自性，非于此组合上别有自性。如惟心论者，指识体为自性；惟物论者，指物质为自性。心不可说，且以物论。物质极微，是最细色，不可断截破坏贯穿，不可取舍乘履搏掣，非长非短，非方非圆，非正不正，非高非下，无有细分，不可分析，不可睹见，不可听闻，不可嗅尝，不可摩触，故名极微，亦曰原子。（此《毗婆沙论》一百三十六说，近世原子论者亦同此义。）若以原子为实有，则一切原子所集成者，并属假有。何以故？分之则各还为原子。故自此而上，凡诸个体，亦皆众物集成，非是实有。然对于个体所集成者，则个体且得说为实有，其集成者说为假有。国家既为人民所组合，故各各人民，暂得说为实有，而国家则无实有之可言。非直国家，凡彼一村一落，一集一会，亦惟各人为实有自性，而村落集会，则非实有自性。要之，个体为真，团体为幻，一切皆然，其例不可以偻指数也。或曰：凡团体者，非止以集合个体为性，乃自以其组织为性，故不得说为假有。夫组织云者，将指何等事耶？一线一缕，此是本真，经纬相交，此为组织。今若有一幅布及一端帛，特指其经纬相交以成面积而言。当其为布帛时，此一线一缕者，未尝失其自性；及其解散，则线缕之自性犹在，而布帛则已不可得见。是故线缕有自性，布帛无自性。布帛虽依组织而有，然方其组织时，惟有动态，初无实体。若尔，组织亦无自性，况其因组织而成者，可得说为实有耶？且如人有两手，两手者，固各有自性，虽至两手相叉，亦惟认两手为有自性，不得以相叉为有自性，此儿童所知者。复次，人之组合而为村落，或为军旅，或为牧群，或为国家。又若金之入型，各从其相，而金之自性无改。方为指环，无间又为眼镜筐；方为眼镜筐，无间又为时辰表廓。此指环、眼镜筐、时辰表廓者，惟是形式相差，势用有异，而展转相更，复可以此为彼。是故指环、眼镜筐、时辰表廓，一切虚伪，惟金是真。如是村落、军旅、牧群、国家，亦一切虚伪，惟人是真。虽有巧辩，不能夺其说也。然近世国家学者，则云国家为主体，人民为客体。原彼之意，岂不曰：常住为主，暂留为客，国家千年而无变易，人民则父子迭禅，种族递更，故客此而主彼耶？若尔，请以溪流喻之。今此一溪，自有溪槽，溪槽者，或百千年无改，而其所容受之水，则以各各微滴，奔凑集成，自朝逮暮，瀑流下注，明日之水滴，非今日之水滴矣。是则亦可言溪槽为主体，槽中水滴为客体。而彼溪槽，所指何事，左右有岸，下有泥沙，中间则有空处。岸与泥沙，虽溪槽所因以成立，而彼自性是土，不得即指彼为溪槽。可指为溪槽者，惟有空处。夫以空处为主体，而实有之水滴反为客体，是则主体即空，空既非有，则主体亦非有。然此空者，体虽虚幻，而犹可以眼识现量得之。若彼国家，则并非五识现量所得，欲于国家中求现量所得者，人民而外，独土田山渎耳。然言国家学者，亦不以土田山渎为主体。则国家之为主体，徒有名言，初无实际，可知已。或曰：国家自有制度法律，人民虽时时代谢，制度法律，则不随之以代谢。即此是实，故名主体。此亦不然，制度法律，自有变更，非必遵循旧则。纵令无变，亦前人所贻之“无表色”耳。凡言色者，当分为三：青黄赤白，是名显色；曲直方圆，是名形色；取舍屈伸，是名表色。凡物皆属显色、形色，凡事皆属表色。表色已过，而其所留遗之功能，势限未绝，是名无表色。如筑桥梁、建城郭等，当其作役，即役人之表色；作役已毕，而桥梁、城郭至千百年不坏。即此不坏之限，为役人之无表色，其功能仍出于人。云何得言离人以外别有主体？然则国家学者，倡此谬乱无伦之说以诳耀人，真与崇信上帝，同其昏悖。世人习于诞妄，为学说所缚，而不敢离，斯亦惑之甚矣！问曰：若尔者，人亦细胞集合而成，云何得言实有自性？答曰：以实言之，人亦伪物云尔。然今者以人对人，彼此皆在假有分位，则不得以假有者斥假有者。使吾身之细胞，悍然以人为假有，则其说必非人所能破。若夫对于国家者，其自体非即国家，乃人之对于国家。人虽伪物，而以是单纯之个体，对于组合之团体，则为近真。故人之以国家为假有者，非独论理当然，亦其分位得然也。第二义者：一切物质，皆有外延，此本无当然之理。特以据有方分，互不相容，则不得已而生肤郭。植物有皮，介虫有甲，乃至人及鸟兽，皆有肤革以护其肌。大者至于地球，亦有土石为之外郛，使地藏金火得以安稳。此皆势力所迫，不得自由。昔者庄生有云：夫得者困，可以为得乎？则鸠鸮之在于笼也，亦可以为得矣。且夫趋舍声色，以柴其内，皮弁、鹬冠、搢笏、绅修，以约其外。内支盈于柴栅，外重纆缴，睆睆然在纆缴之中，而自以为得。则是罪人交臂历指，而虎豹在于囊槛，亦可以为得矣。由是观之，令人得脱肉而居，无皮革以缠其外，而不受雪霜风雨之侵，则于我顾不快耶？夫国家犹是也，亦有大山巨渎，天所以限隔中外者。然以人力设险为多。蒙古之鄂博，中国之长城，皆是类也。又不能为，则置界碑；又不能为，则虚画界线于舆图，以为分域。凡所以设此外延者，与蛤蚌有甲、虎豹有皮何异？然则国家初设，本以御外为期。是故古文国字作或，从戈守一。先民初载，愿望不过是耳。军容国容，渐有分别，则政事因缘而起。若夫法律治民，不如无为之化，上有司契，则其势亦互相牵连，不可中止。向无外患，亦安用国家为？汉土学者，视政府无足重轻，然犹云尊卑有分，冠履有辩〔辨〕，君臣有等，虽无用，而不可不立。不悟天高地下，本由差别妄念所生，一切分位，随眼转移，非有定量。如彼工巧画者，以少采色间少采色，能令无高下中见有高下。乾坤定位，准此可知，名分之执，亦由斯破坏矣。或者又谓：物有外延，实是天然规则。国界虽无所用，而不可破此模型。欲破此执，且当以峡水喻之。如峡水流两岸，色形同处一时，俱见二像，居两岸者，互见分明。夫即此一峡水中，而互容两岸色像，是则万物本无不相容受之理。凡诸有形质碍，同处一时，似不俱起。然试取一坚青玉质，以石磨研，悉成细粉。青所在处，亦即坚所在处；坚所在处，还即青所在处。此青与坚，何以同处一时，相容俱起？又试任取一物，除去显色形色质碍而外，其中尚有“物如种子”否？若云无者，物则本无，不烦推论；若云有者，即彼“物如种子”，何故能与显色形色质碍等相，相依俱有？若云显色形色质碍等相，别有“造色种子”为之因者，是则“物如种子”、“造色种子”二者所现之量，同处一时，互相容受。即知万物本无外延明矣。虽无外延，而随眼所得，则有外延者，亦犹工巧画师，用少采色间少采色，能令无坳突中见有坳突。故知万物外延之用，非理本然，实随感觉翳蒙而有。以是推求，则国家之作用可知已。第三义者：凡诸事业，必由一人造成，乃得称为出类拔萃。其集合众力以成者，功虽煊赫，分之当在各各人中，不得以元首居其名誉，亦不得以团体居其名誉。惟诸学术文艺技巧之属，高之至于杜多苦行，皆由自力造成，非他能豫。若是，斯足以副作者天民之号。若学术无心得，惟侈博闻；文艺无特长，惟随他律；技巧无新法，惟率成规；虽尽天下之能事，得尽有之，犹是他人所有，非吾所独有也。若节操足以动人，惟是弹琴咏风，自喻适志，如《周易》所谓甘节者，斯则少欲知足之士皆能仿佛，非天下之至高也。非吾所独有与？非天下之至高，而独尸其嘉名，犹不免为攘窃，况于功德在人，本非独力所能成就。析而视之，则犹人人解炊，使天下无一夫受其饥者，其功利不可谓不博。要之，其业至微末已。夫工场主人，于佣作者日役其力，而擅美利于一己，世犹以为不均。然凡一熟货之成，一者必有质料，二者必有作具，三者必有人力。此质料与作具者，素皆主人所有，彼佣作者，独人力耳。是一熟货成就之因，主人当其二，佣作者仅当其一也。而所获赢余，一切为主人所没，议者且以盗窃名之。若夫国家之事业者，其作料与资具，本非自元首持之而至，亦非自团体持之而至，还即各各人民之所自有。然其功名，率归元首；不然，则献诸团体之中。此其偏颇不均，不甚于工场主人之盗利乎？世人愚暗，辄悬指功利以为归趋。余岂必非薄功利，然彼功利所在，亦即美名所在。而功利者，必非一人所能为，实集合众人为之。纵有提倡其前者，犹行礼之赞相，所擅唯有口号，至于槃辟跪拜，则犹赖人自为之也。夫其事既由人自为之，而美名所在，不归元首，则归团体，斯则甚于穿窬发柜者矣。岂独常事为然，凡在军旅，其劳瘁亦至甚矣。然将帅虽劳，而士卒之疮痍，与齐民之罢弊，有什佰于将帅者。世人以功成骨枯为佳兵者戒，不悟事虽合义，行迹非不与佳兵者同也。然并世之夸夫，率举“我不入地狱，谁入地狱”以为恒语，此必不能附会者。大觉有情，期于普度众生，得离苦趣，则身入恶道而不辞，顾未尝牵帅他人以入恶道。至于国家事业则不然。其为种族革命欤？政治革命欤？社会革命欤？必非以一人赴汤蹈刃而能成就。我倡其始，而随我以赴汤蹈刃者，尚亿万人。如是，则地狱非我所独入，当有与我俱入者在。而独尸是语，以为名高，斯亦何异于盗窃乎？余以为众力集成之事，直无一可宝贵者。非独莅官行政为然，虽改造社会亦然。尧舜云，亚历山德云，成吉思汗云，华盛顿云，拿坡仑云，俾士麻云，于近世巴枯宁、苦鲁泡特金辈，虽公私念殊，义利事异，然其事皆为众力集成，则与炊薪作饭相若，而代表其名者，视之蔑如。以比释迦、伊壁鸠鲁、陈仲子、管宁诸公，诚不啻蛎甲之于犀角。虽一术一艺之师，犹不足以相拟也。夫灶下执爨之业，其利于烝民者至多，然而未有视为神圣者。彼国家之事业，亦奚以异是耶？尸之元首则颇，归之团体则妄，若还致于各各人民间，则无过家人鄙事而已。于此而视为神圣，则不异于事火咒龙也。

上来三事，所谓遮拨国家。然期望有政府者，亦非因是而被障碍。此义云何？

前第一义，既不认许国家自性为实有物，则凡言爱国者悉是迷妄。虽然，爱国之义，必不因是障碍。以人心所爱者，大半非实有故。喻如各各金粒，至百千数，人之爱之，不如其已成指环者。各各白石粉粒，至万亿数，人之爱之，不如其已成瓷瓶者。又如古钱有文，旧碑有刻，若捣碎之，则废铜沙砾，可以弃之沟中。纵复熔铸为钱，凝和为碑，犹不如向日完具时为可宝玩。夫指环、瓷瓶，无过形式，而钱文、石刻，则区区雕琢，隐显之间耳。然其可贵，必有百倍于各各分子者，此何因缘？则以人身本非实有，亦集合而成机关者。以身为度，推以及他，故所爱者，亦非微粒之实有，而在集合之假有。夫爱国者之爱此组合，亦由是也。且以各各微粒，捣和成器，器虽是假，而其本质是真，其爱之犹无足怪尔。亦有别无本质，唯是幻象，而人反乐观之者。喻如幻师幻作白兔、青雀等像，于中无有微分毛羽血肉可得，乃至石磨水漉，亦不可得，而人之爱玩，反过其真；又如画工画作林木及诸牛驹，于中本质，惟是纸素丹青，虽以锯齿析破，木之一叶，牛之一角，驹之一足，竟无存其中者。然人心睹画而愉快，或过于入山适牧，见其真形也。此何因缘？则以人身本非本质，托此气液固形诸无机物，以转化为肌骨血汗耳。即身为衡，而以外观群物，故所爱者，亦非本质之实有，而在幻象之假有。夫爱国者之爱此景象，亦由是也。今夫幻云画云，虽无本质，而见有接触于眼根者，其爱之犹无足怪尔。亦有别无现量，惟属过去未来，而人反乐念之者。今有上味，声称远闻，或地绝远，或物难致，如思熊掌，及思鲈鱼。又若蜀士思啖蟹羹，或在沙漠思得荔支，当其存念，虽太牢之味，无以易也。逮其舌根亲证，顾无以愈于彼。复有上妙欲尘，求之难获，若彼妃匹、裘马、宫室、道具之好，当其未得也，希望过甚，或舍生以求之。及其已丧也，恋着过甚，有忘形以殉之。此其以为乐也，虽钧天玄圃，曾莫逮其万一。然当其现受时，则亦寻常之愉快耳。夫过去者已灭，未来者未生，此即虚空无有之境。然于现在正有之境，而爱之甚微，于过去未来无有之境，而爱之弥甚者，此何因缘？则以人心本念念生灭，如长渠水，相续流注，能忆念其已谢灭，而渴望其未萌芽者，以心为量，令百事皆入矩矱之中，故所爱者亦非现在之正有，而在过去、未来之无有。夫爱国者之爱此历史，亦犹是也。复次，处盛强之地，而言爱国者，惟有侵略他人，饰此良誉，为枭为鸱，则反对之宜也。乃若支那、印度、交趾、朝鲜诸国，特以他人之翦灭蹂躏我，而思还其所故有者，过此以外，未尝有所加害于人，其言爱国，则何反对之有？爱国之念，强国之民不可有，弱国之民不可无。亦如自尊之念，处显贵者不可有，居穷约者不可无。要以自保平衡而已。前第二义，既不认许国家作用为当设，则凡言建国者，悉是悖乱。虽然，建国之义，必不因是障碍。以人所行事，大半非当然故。饥者求菽麦，渴者求水浆，露处者求廊宇，号寒者求絮绵，此宁有当然之理耶？使人皆如灵龟，则可以不食矣；人皆如雉子，则可以不饮矣；人皆如飞凫，则可以不屋矣；人皆如游鱼，则可以不衣矣。非特尔也，草昧初民，虽有饮食居服，而犹与今人绝异。今人纵不能为龟雉、凫鱼，独不可为草昧初民乎？习于宴安，而肌骨不如昔日之坚定，去此则不足以自存。值歉岁，处围城，析木皮以为食，有宁不入喙而死者，由其咽喉所习则然。以此知近世存生之术，皆由势不得已而为之，非理有当然而为之也。原夫人之在大界也，介然七尺，而攻围其四匝者多矣。依天以立，而寒燠瘴疠侵之；依人以处，而笞棰刀锯犯之；依身以存，而饥渴疲劳迫之。尽此百年，无一刹那得以自在。于是则宁以庶事自缚，以求安全。若从吾所好者，安取是扰扰为？然既已自求安全，则必将层累增上，以至建国而止。今之建国，由他国之外铄我耳。他国一日不解散，则吾国不得不牵帅以自存。说者以为国界虽存，政府则固可以不立。乃举普法战事证之，谓拿破仑第三自将而亡，巴黎城人自为守而固。宁思人自为守者，独无当轴处中，以司号令者耶？此固不必远举法事为征，凡以草泽齐民，起而自踣其政府者多矣，要有幕府，是即政府之具体而微者。故不得以无有政府为说。人亦有言，勇夫重闭，而况国乎？当其存时，则不得不俱存；及其废也，亦相随俱废耳。一废一存，慢藏贾祸之道，在是矣。说者又云：饮食居服，生而不得不然。至于国家则否，有时而可以消灭之，故不得以为同喻。是亦未为谅直之论也。人果入山，日啖松脂药草诸物，久之芽毛渐生，而居服即无所用。方书所言，或不尽实，然以成事验之，人有击鹳而下者，微伤其足，涂以金疮之药，久之自愈，日以稻饭食之，举翮欲飞，遂不得上。以是知谷食祸人，令体沉重而多疾病，故资于裘絮栋宇以蔽之，不然，则无所事此尔。人于居服，当其可弃则弃之；人于国家，当其可废则废之，其喻正同。势未可脱，则存之亦宜也。前第三义，既不认许国家事业为神圣，则凡言救国者，悉成猥贱。虽然，救国之义，必不因是障碍。以人之自卫，不论荣辱。农夫担粪以长稻粱，矿人沾体以致石炭，此其事至污辱也，而求食者不以为诟。是何也？人之躯骸，本由腐臭不净之物以成胚胎，其出入与便利同道。故一念及生，即不恤自处污垢，况于匡扶邦族，非专为一己而已。特世人执是以为高名，则不知集众所成，其能力最为阘茸，而自旌其伐，尊于帝天。遂令志其事者，豪毛未动，先有矜众自贵之心；事之既成，又群奉以为大长，斯最可忿嫉者！若本其惨怛之心，以为自卫卫人之计，则如里闾失火，相与抱瓮救之，虽焦头烂额，不以自多，惟曰行吾之素耳，此安论鄙贱与神圣哉？今之贤者，既救火而思牛酒，斯末矣！不肖者，未救火而预设一可得牛酒之心，悲哉！然此非独救国为然，虽能空国家而致之大同，亦赖群伦之力，未足以自豪也。其间贵者，独有密怀匕首，流血五步，与夫身遭厄困，百折而不回者，斯乃个人所为，非他能代，故足重耳。若夫成功以后，铭勒景钟，斯适足为揶揄之柄。此而可贵，凿井而饮、耕田而食昔，当愈贵于是矣。然则前举三事，与后义本不相妨。世之期望有政府者，必知斯义，而后举无缪妄。若夫拘牵法理，尊仰事功，斯乃牛羊贱趋、冥无识知者尔，是曷足与言胜义哉？

（原载《民报》十七号（1907年10月），选自《太炎文录初编》别录卷三）

《无政府主义》序

张继译《无政府主义》一卷，本意人利人马剌跌士达著。其挥斥垢氛，解散维絷，悲愍众生之念，亦以勤矣！至于自明指要，或有执著，旧邦学说，多未脱离。夫能平齐人之好恶，知一身之备物，刀割香涂，爱憎不起，黄尘火齐，等无差别者，斯天下之至高也。其次莫如恬淡寡营，屏人独处，持芧栗为谷食，围木皮作绔襦，大乐不至，劳苦亦绝。愈于交相掎持、待群为活者远矣。何者？人之形躯，不异鸟兽，而好尚所至，是有两端：州居萃处，人之情也；及其独居深念，中有秘藏，肺府周亲，憎若蚊蚋，此亦根性然也。故有乐群就众，亦有介特寡交，人心不同，虑如面颊。若其离群孑居，言有秩序，尚不可得，况得言无秩序，一求屯聚，即不得无友纪条贯，鳃鳃然惧人之多言，急以自白，盖犹震于物论者也。庄生有言："鱼之相濡以沫，不如相忘于江湖"；"吾生有涯，以随知之无涯，殆已！"昔人悲夸父之逐日，近贤悼奔马之追杖，此则营求眇欲，自苦之根，麇集为生，伐性之斧。故知福为美疢，群惟聚痈，计文野者，是华士见，不如归大朴也。求幸福者，是天宫见，不如言苟全也。徒以心如委辔，竞进猥多，持世之言，必以百姓千名为准。然则山林独善，不能制群体之曼延，橧巢见并，松栎为摧，以众暴寡，又可睹矣。若能循齐物之眇义，任夔蚿之各适，一人百族，势不相侵，井上食李之夫，犬儒裸形之学，旷绝人间，老死自得，无宜强相陵逼，引入区中，庶几吹万不同，使其自已，斯犹马氏所未逮乎？然其搉捣政家，锄犁驵侩，振泰风以播尘壒，鼓雷霆以破积坚，堕高堙卑，丘夷渊实，荡覆满盈之器，大庇无告之民，岂弟首途，必自兹始。虽有大智，孰能异其说耶？谅知大戟荛花，是时为

帝者也。丁未十二月，章炳麟

（原载《民报》二十号（1908年4月），选自《太炎文录初编》别录卷二）

驳神我宪政说

罗马教高僧马良自吴淞抵日本，说宪政事，以神我为国家根本，视阘茸者稍愈。马氏治法兰西哲学，初祖笛伽尔，言思在即我在，与数论所云我是思者相类，故马氏亦傅会数论神我之说以为本氐。详其所论，求神我之愉快者，愉快不与神我相应，其在佛乘则为受阴，其在数论则为萨埵喜德，求愉快亦不与神我相应。自性三德生我慢谛，此乃所谓求愉快者，神我不当为境界缠缚，一求愉快，即絷维于境界之中，乃自负其神我矣。名实相反而皮傅以为言，是则眩惑后生之论也。复以神我形我相对为名，我但一耳，宁有形神之别。形我者，即数论所谓五知根、五作根，不容与神我对立，则知马氏所谓神我，即罗马教所谓灵魂。名之不可相假，盖稍治学术者所能知。儒者言神气，非罗马教所谓灵魂。罗马教言灵魂，非数论所谓神我。数论言神我，非佛家所谓中阴五阴。界说各殊，不容相贸。今以灵魂而假神我之名，斯不察其同异矣。至引孟子少乐众乐之文，以为国家成立在是。则一切博饮淫佚者，悉可借孟说为表旗；以国家言则兼并者亦可以是文饰，背人道而为残贼，乃以神我涂附其肤，黄发雨际诸公，当不食其余矣。余因举马氏所说，分条驳难，著于篇。

马氏之言曰：国家之起原果何自昉乎？凡有血气者，莫不自爱我。然所谓我者，有形我焉，有神我焉。禽兽知有形我，而不知有神我，故永世不能以为群。人类者，非徒以形我之安佚而自满也，必更求神我之愉快。苟孑然孤立而无偶，则虽极耳目口腹之欲，而非人情之所愉乐，于是乎家族不得不兴。普通之人其爱其家族也，殆与爱己身无所择，盖神我之作用然也。然神我之愉快，又非徒恃家族而能满足也。善夫孟子之言曰：与少乐乐，与众乐乐，孰乐？曰不若与众。盖人类之恶独而乐群，全由其天性然，于是乎由家族进而为部落，由部落进而为国家。禽兽不能为家族部落，而人能为之，曰惟知有神我。故野蛮人不能为国家，而文明人能为之，曰惟能扩充其神我故。今案：神我之名，自数论始。据自在黑金十七论，离身别自有我，我非作者，名为见者，与自性三德合。如烧器与火相应。是三德者，何等为相，一、萨埵喜为体，能作光照；二、罗阇忧为体，能作生起；三、多磨暗为体，能作系缚。三德互违，得共一事，如油炷火，三合为灯，是为作者，非为见者，故我与自性合，如生盲人负生跛人，是和合者能生世间。自性先生大，大者，或名觉，或名为想，或名遍满，或名为智，或名为慧。大次生我慢，我慢者，或名五大初，或名转异，或名焰炽。慢次生十六，十六者一五唯。五唯者，一声，二触，三色，四味，五香。次五知根，五知根者，一耳，二皮，三眼，四舌，五鼻。次五作根，五作根者，一舌，二手，三足，四男女，五大遗。次心根。是十六，从我慢生，从五唯生五，大声唯生空，大触唯生风，大色唯生火，大味唯生水，大香唯生地，大是名二十三，谛此二十三皆有三德。譬如黑衣从黑缕出，末与本相似，故自性三德，作我事已则得分离。如世间中无知水草，牛所啖食，应养犊子，于一年内能转为乳。犊子既长，牛复食水草，则不变为乳。若如其说，三德为我作用，则我在缠缚之中矣。三德与我脱难，而我入涅槃之境矣。今马氏所谓愉快者，即由喜德转为我慢，与心相应，乃适为缨茀，神我之网罟，于神我何所利焉？若家族者、若部落者、若国家者，虽事有巨细，对境不过五大五唯，十用不过五知五作，特以此二十事展转交叉，递相蕃变。即实而言，家族作用，特男女根之戏尔；部落作用，特手根之执足根之步尔；国家作用，并此三者益以舌根之言尔。所对外境，于无机物不出地水火风四者；于有机物骨肉筋毛悉归之地，精血涕泪悉归之水，暖气蒸动悉归之火，呼吸出入悉归之风。除此四者，何处得有人类。人群相与，舍此无他事矣。特以从此则乐，违此则忧，皆由我慢执持，不得自遂。使神我而见自性于此，方遁逃不暇，复何愉快之有？非特家族部落国家则然，即彼爱我心者，亦由我慢煎迫使然。于神我适为桎梏，斯正可谓形我耳。是故马氏欲以家族部落国家供养神我，神我所不受也。其言扩充神我，尤不可通。神我本自不增不减。无微尘数量，神我不为之损；有恒沙数量，神我不为之增。如鹅羽衣，不受水染；如金刚石，不作浮沤，纵欲扩充，亦无扩充之处。是诸论议，可谓伧陋不学者矣。若以佛法相稽，惟许有阿赖耶识，并不许有神我。所以者何？若我有自性者，不应生灭相寻；若我无自性者，不应执箸〔著〕难舍；是故立阿赖耶识为根。以末那之执箸〔著〕者，谓之我见，谓之根本无明。而此阿赖耶识唯与舍受相应，不与苦乐忧喜四受相应；乐且无存，皇论外界之多少乎？又云禽兽知有形我，不知有神我。若以神我为寂灭者，人类不知亦几十得八九；若以神我为求愉快者，虽高之至于建设国家，亦只形我之事。禽兽与人知识阴暗虽相远，其有我慢与五知五作一也。且蜂蚁有君臣，猿猱有渠帅，谁谓禽兽无部落国家者。禽兽虽有部落国家，人视之则不以齿数，此由形有巨细，事有幽明，故二者不能以相拟。令有修人无路建立国家，视吾侪所谓国家部落者，亦若蜂蚁猿猱之聚矣。马氏所执，亦谓禽兽无灵魂，人有灵魂耳。灵魂之说，义固芒昧，形骸既殁，理不独存。若就生存为说灵魂者，即与知识无异。人与禽兽知识虑有短长，至谓禽兽有见量而无比量，则亦夸诬之论。马行道上，见有人偃卧其前，则却行勿进，以前比量知蹴则伤。故狸闻鼠声必审听其方位，从其方位而捕啖之，以余比量知鸣处，即鼠所在。故鹿于石上砺角，必就池沼自镜，观其形态妩媚与否，以平等比量知水中像即己形。故若徒知有见量者，必不审虑如此。且心所有五遍行境，人与禽兽所同也。作意触受，无过动向感觉之伦，乃至想以取境分齐，思以构造善恶，禽兽虽愚，于此岂异于人耶？特其别境五事，则不必尽与人同，要所缺者，惟定慧胜解耳。未来之欲，过去之念，此亦非有异人也。以此鄙夷禽兽，既非其实，以寻常知识之本体，而被以神我之名，其名实亦不相应矣。卒之禽兽之所以劣于人类者，在其少自觉心，不在其不知神我。家族、部落、国家之所以建造，亦不系神我观念之有无。有知神我者，有进而知无我者，则独往之念必盛，而合群之力必衰。世俗所谓文明野蛮者，又非吊当之论也。昔德人尼采有言曰：路德所以能改教者，非由其才调志行度越常人，亦非由北欧君主同心与法皇相抗，又非由罗马旧教内容腐败可炊而僵；实以北欧文明过浅，人人有平均之信仰，故从之如风靡耳。南欧文明已进，故与路德相和者少。上观希腊盛时，毕佗科罗斯、柏拉图、因柏图克黎斯诸圣哲，人人有建立宗教之资，然而独倡寡和者，由希腊文明最进，个人之发达有余，则思想不容一致。以此反观改革宗教之所以成，正由北欧之文明缺乏耳。是岂特宗教然？虽于国家亦然。凡能成国家者，必其人民于国家有平均之信仰也。假令人民参半皆知神我，团体解散直反掌之事而已。今信仰国家者，以信仰宗教为非文明，惟信仰国家为文明。信仰无政府者，以信仰国家信仰宗教为非文明，惟信仰无政府为文明。三者虽殊，其当合群一也。若信仰神我者，则不容有团体。纵如雨际诸师亦成宗教，率皆屏营独处，僻在深山，与上说下教者有异，故神我之说成，而团体从之熔释。然世固有以止观禅定，为见危授命之资者，此但旷览死生，能轻躯命，故其成效有然，所谓尘垢秕康，陶铸尧舜，非直接于清净法流也。且审于自知有我者，亦审于知他人之有我，互相题品，则方人自此始。然知人愈明，其团体亦愈难巩固。今以中国民情论之，他无所长，独知人为长耳。有雄略之士出，宅塞北与蒙古处，宅南海与侨人处，其人知识浅短，不知交际蕃变之情，则易于结合也。黄河以北抵长城而止，五岭以南抵崖山而止，稍难于凝集矣。大江左右，其人机智相猜，互见肝肺，纵欧洲诸豪骏生在区中，亦无以使人翕合，一相诊察而崩离立见矣。惟庸德庸行，有时足以感人，愈雄略则愈见其拙。是即尼采所论南欧北欧之例，非审于知我之效耶？今以知有神我为国家之起原，抑何其纱戾也。由家族而部落，由部落而国家，特彀张使大耳。若以但有家族为野蛮，既有国家为文明者，今应问彼文明野蛮为反对耶？为部类耶？若云是反对者，家族部落国家巨细有异，其为人群相处则同，反对之性安在？若云是部类者，文明野蛮即不应分别高下。家族者，野蛮人所能为，增进其野蛮之量则为部落，又增进其野蛮之量则为国家。是则文明者，即斥大野蛮而成，愈文明者即愈野蛮。亦犹伏卵为鸡，至三尺之鹍而止，鸡为极成之卵。文明为极成之野蛮，形式有殊，而性情无异，安用徒张虚号矣。今以文明野蛮为国家有无之准，又何其纱戾也。马氏之言曰：洵如孟子少乐不如众乐之言，则神我之最宜感愉快者，莫吾中国人若也。盖个人之乐，不如家族之乐；家族之乐，不如部聚之乐；部聚之乐，不如国家之乐；小国寡民之乐，不如大国众民之乐；比例则然也。而我中国今日之人，乃适得其反。今案人之情性好群好独，固有两端，好群者，虽多数如婴儿多嗜甘也，稍长则或嗜姜蓼诸辛，有睹饴蜜而作吐者矣。研精冥想之士，多好闲居。乐群者，惟恒民为尔，不然则死权殉利奔走衣食者也。就云众乐为本性者，喑醷之物强阳之气则然，非对于神我必应如是。伉俪相处，不如陈列嫔嫱，父子更佣，不如传呼仆役，骄奢淫纵皆自众之念生，马氏亦与之耶！若云小国寡民不如大国众民之乐，自非侵略他人，其乐何由而遂。夫事有同名而指趣绝相违戾者，博爱并容，墨子之所谓兼士也。侵牟蚕食，商君之所谓兼并也。其言兼同其所以为兼异，乃如水火白黑势不相容。今假众乐之言，以文饰其帝国主义，是犹借兼士之名以文饰其兼并主义。墨孟有知，必萦以朱丝，攻以雷鼓无疑也。马氏固罗马教僧，其言不得不稍蕴藉，充其意趋，去金铁主义不远矣。

马氏之言曰：吾侪以求神我之愉快，故而组织此政闻社；吾侪以遵良知之命令，故而组织此政闻社。人人各有其所信之主义，所信之主义适相同者，乃集合而为一党。谁信之，吾之良知信之也。故政党者，多数政党员之良知之结晶体也。人而不自服从其良知时曰非人。是说固非甚谬，然应问良知云何？当婴儿能啼笑时，宁知有政治？亦宁知政治中有相岐之主义？长而有所见闻，以意推校，或可或否，则既非良知矣。且人当服从良知固也。而良知所信者，未必皆正。即彼为盗贼者，亦有任侠可贵之名，凡诸椎埋攻掠之徒，赤心悃幅以崇效宋江为义士者，其心岂皆虚伪，盖贞实自信者多矣。故虽服从良知，而所信既非不得以良知为解世之言。致良知者，始自余姚王守仁，以宸濠仁孝多闻，视武宗荒淫之主一尧一桀可知也。而守仁拥戴乱君以诛贤胄，亦谓效忠天室，良知所信则然。今以匡扶胡羯、热中巧宦之政党主义相同，同在慕膻之事，而以良知所信文之，斯良知亦不足邵矣。昔康德有言曰：过而为非，后必自悔，此良知之命令使然也。后有人驳之曰：过而以任恤之事许人，后亦自悔，此亦良知之命令使然耶？若云至诚，所发悉本于良知者，一切悖乱作慝之事，苟出至诚，悉可以良知被饰。宜哉，孔有德、范承谟辈得以致命遂志称也。

呜呼！马良以方闻之黄耇，为承学重，今其持论款空，徒为侈大，有以知权利之涂，令人丧其神守而已矣。虽然吾当为马良告曰：马良本罗马教僧，吾亦崇信相宗，与沙门比迹。虽佛乘与天教有殊，其游心方外一也。既与乞儿马医同贱，为民请命，是其故常。且释教以王贼并称，而罗马教所奉旧约出埃及记一篇，亦即民族主义，纡此净土天宫之想，以其头目脑髓持救汉民，则僧徒所有事。若蹀躞政党之间，熔金跃冶，既不祥矣！而黑衣宰相之名，又足以点污正教，抑何不矜惜其门风耶！吾意马良之命名也，盖亦有所则效。昔汉末有襄阳马良矣，蜀先主辟为左将军掾，遣使吴下。良求诸葛亮为介子孙权，亮曰：君试自为文，良即为草。曰：寡君遣掾马良，通聘继好，以绍昆吾豕韦之勋。其人吉士，荆楚之令，鲜于造次之华，而有克终之美。愿降心存纳，以慰将命。今马良自吴淞来，不惮波涛，自日没以至日出，又与东国勋旧应和，寡君爱新觉罗氏其亦叹为白眉哉！汉有胡广，明有胡广，中庸之道既同；汉有马良，清有马良，协穆二家亦复。古今一揆，所志固遂，若无以昭事上帝何？

（原载《民报》二十一号（1908 年 6 月），
选自《太炎文录初编》别录卷一）

代议然否论

代议政体者，封建之变相。其上置贵族院，非承封建者弗为也。民主之国，虽代以元老，蜕化而形犹在。其在下院，周礼有外朝询庶民，虑非家至而人见之也。亦当选其得民者，以叩帝阍。春秋卫灵公以伐晋故遍访工商。讫汉世去封建犹近，故昭帝罢盐铁榷酤，则郡国贤良文学主之，皆略似国会。魏晋以降，其风始息。至今又千五六百岁，而议者欲逆反古初合以泰西立宪之制。庸下者，且沾沾规日本。不悟彼之去封建近，而我之去封建远。去封建远者，民皆平等；去封建近者，民有贵族黎庶之分。与效立宪而使民有贵族黎庶之分，不如王者一人秉权于上，规摹廓落则苛察不遍行，民犹得以纾其死。盖震旦亦无他长耳。旁倪邻国与我为左右手者，印度以四姓阶级亡西方诸国，上者藩侯，下者地主，平民皆不得与抗礼。其废君主立总统者，以贫富为名，分若天泽冠履，然彼其与印度兴亡虽异，以阶级限民则同。独震旦脱然免是，闽粤间或以族姓分高下，自岭以北则绝；江东有惰民渔户，法皆禁锢不得入仕涂，自秣陵以西则绝。有时矫虔吏，奋其威棱，践元元如草芥，然固非世其位者。废官归老，其子姓或暴横乡曲，值长吏骨鲠者，往往能捕治之。若夫使高资兼并之家，口含天宪，手司民命，则千载未有一二。承五十叶平等之绪风，虽东胡入主，犹不能恣情滑乱，而反除江左世奴之制，为之释回增美，是震旦所以卓绝矣。官吏贼民，宦家武断，与岭南人分宗族大小，是为纯白中箸〔著〕一黑黡。假令彼政府欲除三害，当专以法律为治，而分行政司法为两涂。诸司法官由明习法令者，自相推择为之，咨于政府，不以政府尸其黜陟。夫长吏不奸裁判之权，则无由肆其毒。司法官不由朝命，亦不自豪民选举，则无所阿附，以骫其文如是，而民免于隍杌矣。猝然外交有失，至于辱国祸民，民得临时诛其主者，依罗马法无所问，如是而主相不得自擅矣。惰民渔户之俦，肇自有明，所以贬抑胡裔。岭南之葆爱族制，其始亦以分北俚徭，久则泛滥及同种，然皆自法令禁锢成之。若一切许其登录，锐意奖进，则去此如发蒙振落。如是而王道荡平，大圜停水之中，无少有坎窞矣。斯固标举粗犄，未尽委细，然大体不逾。是必欲闿置国会，规设议院，未足佐民，而先丧其平夷之美。若是者，于震旦为封豕，投畀有北，未足以尽其诛。乃者，杨度鸱张，夸夫伸眉延颈，喁喁请开国会。满政府如其请，果刻九年为宪政实行之日。吾且庋阁民族主义，而言代议之不可。夫其横分阶级，既略论如前矣。若乃选举不可实行，则明之以丁口比例。今计中国本部及新疆、盛京、吉林、黑龙江四省，大校二千四百万方里，为州县千四百，丁口则四万二千万有奇。若如日本选率十三万人而一议员，则议员当得三千二百人，其数与虎贲等。猱屯麇聚，分曹辩论，謦咳之声，已足以乱人语。故列国议员无有过七百人者。今以七百员计，则是六十万人而选其一也，除去妇女、僮儿入选场者，大率二十万人愚陋恒民之所属。目本不在学术方略，而在权力过人，以三千人选一人，犹不能得良士。数愈阔疏，则众所周知者，愈在土豪。今举一例，假令二十万人中，有二十贤良与一土豪，区万人为一处而选之。其万人中无土豪者，勿论；其适有土豪者，设土豪得票与贤良均或且增倍，贤良虽不能与土豪抗，其余十九区中犹有贤良、土豪不能尽陵其上也。若以二十万人选一，彼万人所知之贤良非十九万人所知，而万人所知之土豪则为十九万人所周知，是贤良终不能与土豪抗也。单选不善，于是与之复选。其人知识虽少高，贤良众则势分而附从寡，土豪一则势合而陪属多，其不足相胜，亦明矣。是故，选举法行，则上品无寒门，而下品无膏粱。名曰国会，实为奸府，徒为有力者傅其羽翼，使得膢腊齐民，甚无谓也。藉令通选不足以得材士，又缩屻之而为限选。汉土之限选，若易行矣，不以纳税为齐，而以识字为齐。计汉土识字者，十人而三，则七人无选举之柄。行之若截削省要者，卒之苟偷一时，势不足以经远。强迫教育实行以后，人人识字，又无奈彼何也。且以满洲政府歆羡金钱，其计必以纳税为权度。然以纳税定选权者，又不可施于震旦也。案今震旦所有直税纳诸所在州县者，独地丁漕米与渔芦诸课岁可得银三千万两，而田赋高下科则处处不同，山泽亦然，以其地有肥硗，获有多寡，不容以法令一切等画之耳。然则田赋重者，莫如江浙，亩几输银三钱，漕米可一斗许，亦当银二钱有奇，合之则亩输银五钱，池沼场圃山林庐舍之属，视此而杀。上流稍轻灭，湖南壤土非硗埆，而亩财输银三分，又无漕米，山泽廛里几无税矣。辰沅以上，亩财出银七八厘耳。北方诸省，亦大校类是。而新疆与东三省其陇亩往往未升科，纵升科亦必不能过辰沅。今若以纳税定选权，中国制钱当日本半钱五分之一，日本以直税十圆者得选举权，中国应以直税二圆者得选举权。如是则江南、浙江之农有田三亩纳丁漕方二圆，足以攘臂参选；而上流贵州、湖南诸省，虽有田百五十亩，犹倜倜未入格；北方如陕西、甘肃益以销铄；而东三省与新疆尤无赖。如是，则选权凑集于江浙，而西北诸省或空国而无选权也。此何等政体耶？若欲比肩日本，以直税十圆为度齐，今此直税三千万两无虑当银圆五千万枚。令人人皆有十圆之税，全国得选举权者，亦财五百万人，况其数本出于奇零。蓋集税不及十圆者，大抵三分居二，则得权者财百六十六万人耳。而税有倍于十圆者，其选权仍不得倍，如是又当减其什一，则得权者财百五十万人。夫以四万万人成国，其得选权者只百五十万，是二百六十六人而一。于民权不增涓壤，又安用选举之虚名为？若欲增重直税，以繁殖选权者，此不足使繁殖，而适以减削其数。何者？土田山泽所得本微，复课重税，中人有十圆之税者，且将去而之商贾，以其土鬻之富人；富人虽纳百圆之税，选权不为增多，而纳税十圆者其人数已减十分之九，选权则愈省。啬夫代议本以伸民权也，而民权顾因之日蹙。令二百六十六人中必有一人居其维首，其权力与众绝殊，名为损上益下，于下反增之层累，此则名实相戾，不足以给孩婴之童也。且所为代议者，欲使增益租赋之令，不自上发，而自下裁定之。今为繁殖选权，则于代议未行之前，先武断以增租赋，于因果又适为颠倒矣。若不以直税为剂，而以一切税课为剂者，民有选权或稍稍增于往昔。凡课至重者，莫如盐。今设盐官凡十处，其商多聚居城市，一处无过三四千家，合之亦增多三四万人耳。其外则茶也、丝也、木也、药材也、瓷器也、缯帛也、锡也、木绵也、布也、谷食也、酒也、皮也、马也、珠玉也、纸也、烟草也，为货殖家最巨者，而倡优亦不得无课，其课率在十圆以上。夫以商人预选，若无害矣。反而思今之政党素皆蹑屩嬴粮以游异国，参半为贫乏士，虽有温饱者，亦往往不治生产，其纳税十圆者盖寡。夫倡优尚与选，而素知法律略有政见者，反无尺寸选举之柄。则以纳税定选权者，其匡戾亦已甚矣。况值风教陵替之时，朝贵既惟金钱是务，惟氓庶亦应之于下。谋选举者或以方术运动，终不如橐中装足以耀人，若是则虽倡优亦或被选。

吾何以知其然耶？向者，未有选举，满洲以乡会试为取士大典，然柏葰尝与优童通关节，中式人录矣。今之选举宁有异是，若以众选不可遂私者，吾见选举之法尚在，而作奸树伪者，相枕借也。选举法中，孰不曰为选举事而以酒食游览招人者，及受其招者皆有禁锢之刑乎？孰不曰为选举事而赠财物利益于选举人者，及受其赠者皆有禁锢之刑乎？法令滋章，关防滋密，而诡窃者滋多，视之以为恒事。加以复选，则私昵者尤多，况上视贵族院，而知满洲华胄人人习为倡优。贵族院得容此曹，众议院独不得容此曹耶？尤而效之，则人情亦不为噩异矣。夫以纳税定选权者，犹汉时以资算为郎，其点污甚。且震旦二千岁中，世爵已废，财产皆均分子姓，无以长子相续者矣。一兴选举，又以纳税为限，民之死权者，欲持以无替，父有一顷之田一廛之肆，而其税适当选格，分之数子则权去，委之长子则权存，人将以重视荣名，不顾七子均分之美，其滑乱风俗又将自此兴矣。以纳税定选权者，独有一善，曰租界工商纳税多。在外人辖下，而乡里或无铢两之租，身无选权，则不得齐夷于士伍容当作其耻心耳。虽然犹无效大驵多金，固得以敕选入贵族院；而敕选非有定格，满洲制法方县子男之赏以厉贩夫。向者以报效赏京卿，今且以报效入上院，何有于乡里选权哉！是故通选亦失，限选亦失，单选亦失，复选亦失。进之，则所选必在豪右；退之，则选权堕于一偏。要之，代议政体必不如专制为善，满洲行之非，汉人行之亦非，君主行之非，民主行之亦非，上天下地，日月所临，遗此尘芥腐朽之政，以毒黎庶，使鱼乱于水，兽乱于泽，惴耎之虫、肖翘之物，莫不失其职姓。甚矣哉！酋豪贵族之风，至于今未沫也。难者曰：知代议必不可行，而公等昔尝主持共和政体，何其自相斫也？应之曰：昔者吾党以为革命既成，必不容大君世胙，惟建置大总统为无害；而又慕说美利坚人哀思窈窕为我好仇，故联想及于共和政体。不悟置大总统则公，举代议士则戾，且未尝推校丁口与他国相稽也。美之丁口七千有余万，视震旦五不当一，其地三千万方里，视清所据疆土四分而三，视震旦本部以倍，然犹众建联州各为宪法，其议员亦无等差高下，然后分布得均耳。震旦不分为联州，多选议员则召喧呶，少选议员则与豪右，若分为联州耶，此土情势即又与美軵戾；今之务在乎辑和民族，齐一语言，调度风俗，究宣情志，合之犹惧其隔阂，况剖分之？自宋以降，南人视北人则有异，荆、扬、益三州人视岭外人则有异。地方自治始萌芽，而湖南、江苏、安徽比邻之民，又且相视若戎狄；滨海通商之地，其民羯羠不均，顾反有贱其宗国，而厚爱欧美人者。若一日分为联州，其逖离则愈甚，而南北美之战争将亟见于汉土，于民族主义甚反矣。夫山人诮泽人则以为蛙黾；泽人诮山人则以为貋狸；将由老死其乡无交通之利便故然耶？斯又未谛合震旦冠带之区，大于英德法三国。彼以政俗不同，转相鄙贱，虽交通利便不为损。今若分置联州，其相蔑相陵可知已。抑震旦人之天性，固函阴阳二极，玼阴故更互鄙夷，玼阳故争求和会。在昔魏氏代汉，梁氏代唐，以合为分，以博为伐，则讴歌者有怨志。三国分而晋混一之，南北分而唐混一之，五季分而宋混一之，江表唐蜀亦有文思憔杀之人，未闻以灭宗为怨，何者？幸同气之和合为一家，不至以戈矛相见也。故当伏其阴极，轩其阳极，令民族亲如昆弟，宁可以联州促其骚离哉？若就民生主义计之，凡法自上定者，偏于拥护政府；凡法自下定者，偏于拥护富民。今使议院尸其法律求龙断者，惟恐不周，况肯以土田平均相配。故当时言共和政体者，徒见肤表，不悟其与民族民生二主义相抵牾也。余固非执守共和政体者，故以为选举总统则是，陈列议院则非。总统之选，非能自庸妄陵猎得之，必其尝任方面与为国务官者，功伐既明，才略既著，然后得有被选资格。故虽以全国人民胪言推举，不至怐瞀而失其伦也。至夫议员则不然，其被选不以成绩，有权力者能以势借结人，大佞取给于口舌，哗众啸群，其言卓荦出畴辈，至行事乃绝异，家有阎妻，又往往以色蛊人，助夫眩惑，既与举者交欢骋辩未终，令听者魂精颠沛，俄而使其良人上遂矣。美国之法，代议士在乡里有私罪，不得举告其尊，与帝国之君相似，猥鄙则如此，昌披则如彼。震旦尚不欲有一政皇，况欲有数十百议皇耶？他国未有议员时，实验未箸〔著〕，从人心所县揣，谓其必优于昔。今则弊害已章，不能如向日所县拟者。汉土承其末流，琴瑟不调，即改弦而更张之尔，何取刻画以求肖。为吾党之念是者，其趋在恢廓民权。民权不借代议以伸，而反因之埽地，他且弗论。君主之国有代议则贵贱不相齿，民主之国有代议则贫富不相齿，横于无阶级中增之阶级，使中国清风素气，因以摧伤，虽得宰制全球，犹弗为也。夫欲恢廓民权，限制元首，亦多术矣。如余所隐度者，略有数端，代议不可行，而国是必素定，陈之版法，使后昆无得革更。其事云何？总统惟主行政国防，于外交则为代表，他无得与，所以明分局也。司法不为元首陪属，其长官与总统敌体，官府之处分，吏民之狱讼，皆主之。虽总统有罪，得逮治罢黜，所以防比周也。学校者，使人知识精明，道行坚厉，不当隶政府，惟小学校与海陆军学校属之，其他学校皆独立，长官与总统敌体，所以使民智发越，毋枉执事也。凡制法律不自政府定之，不自豪右定之，令明习法律者与通达历史周知民间利病之士，参伍定之，所以塞附上附下之渐也。法律既定，总统无得改，百官有司毋得违越。有不守者，人人得诉于法吏，法吏逮而治之，所以戒奸纪也。总统任官以停年格迁举之，有劳则准则例而超除之，他不得用。官有专门者毋得更调，不使元首以所好用人也。在官者非有过失，罪状为法吏所报当者，总统不得以意降调，不使元首以所恶黜人也。凡事有总统亲裁者，必与国务官共署而行之，有过则共任之，不使过归于下也。总统与百官行政有过及溺职受贿诸罪，人人得诉于法吏，法吏征之逮之而治之，所以正过举，塞官邪也。轻谋反之罪，使民不束缚于上也；重谋叛之罪，使民不携贰于国也。有割地卖国诸罪无公布私行，皆殊死，不与寻常过举官邪同也。司法枉桡，其长得治之，长不治，民得请于学官集法学者共治之，所以牵独断也。凡经费出入政府，岁下其数于民，所以止奸欺也。凡因事加税者，先令地方官各询其民，民可则行之，否则止之，不以少数制多数也。数处可否相错者，各视其处而行止之，不以多数制少数也。民无罪者，无得逮捕，有则得诉于法吏而治之，所以遏暴滥也。民平时无得举代议士，有外交宣战诸急务，临时得遣人与政府抗议，率县一人。议既定，政府毋得自擅，所以急祸难也。民有集会、言论、出版诸事，除劝告外叛、宣说淫秽者，一切无得解散禁止；有则得诉于法吏而治之，所以宣民意也。凡是皆所以抑官吏伸齐民也。政府造币惟得用金银铜，不得用纸，所以绝虚伪也。凡造币，不得以倍见有之钱者等于一钱，不使钱轻而物益重，中人以下皆破产也。轻盗贼之罪，不厚为富人报贫者也。（案：治盗贼，不当刻定臧数以论罪之轻重，当计失主所有财产而为之率。譬如家有百万金者，取二十万金犹无害；家有十金者，取三金则病甚。其为害于人有轻重，故罪亦因之为轻重。不当刻定铢两以计罪，亦犹伤人者毁婴儿一肢与毁大人一肢同罪，或且加重，不以肉之重量面积计罪也。）限袭产之数，不使富者子孙蹑前功以坐大也。田不自耕植者，不得有；牧不自驱策者，不得有；山林场圃不自树艺者，不得有；盐田池井不自煮暴者，不得有；旷土不建筑穿治者，不得有；不使枭雄拥地以自殖也。官设工场，辜较其所成之直四分之以为饩禀，使役佣于商人者，穷则有所归也。在官者，身及父子皆不得兼营工商，托名于他人者，重其罪，藉其产。身及父子方营工商者，不得入官，不与其借政治以自利也。凡是皆所以抑富强，振贫弱也。夫如是则君权可制矣，民困可息矣。又奚数数然摹效代议，惟恐或失。为难者曰：夫一国而分数总统者，可行于小国，不可行于大国，今以法司、学官、与总统敌，是即三总统矣。事有稽留，则奈何？应之曰：总统不可众建者，以其议论不决也。今法司与学官各视其事，不与行政国防相奸，责有专负，事有专任，非众建之例。借观明代法制，行省有布政、按察二使，政刑分权，无他官以临其上。及满洲常设巡抚一员为行省长，学政又与巡抚抗礼，政学分权，无他官以临其上，然不闻有废事何者？各司其局，则无羢羵之忧，亦无所用争执。一省如是，一国易明也。总统主行政国防与代表外交事，他人无从旁掣曳者。斯不应以大小为比，且公知大国之总统不可众建，未知大国不可设议院也。夫小国寡民如雅典，则市民人人得以议政。今欧洲诸国，皆方雅典，拶大即揪缩为代议。汉土视英、德、法又大至五六倍，视美利坚其民则繁庶至五六倍，由是代议又不可行；行之惟有分州以治，又不足县群众，而有害于和会；是故监督政官之责，当移于法司，此形势自然也。学术者，故不与政治相丽。夫东胶虞庠、辟雍、泮宫之制，始自封建时代，礼乐射御皆为朝廷用。孔老起与之格斗，学始移于庶民，自尔历代虽设大学，其术常为民间鄙笑。汉世古文诸师，所与交战者十四博士；宋世理学诸师，所与交战者王氏之《三经新义》。综观二千岁间，学在有司者，无不蒸腐殠败；而矫健者常在民间，方技尤厉，张衡、马钧之工艺，华佗、张机之医术，李治、秦九韶之天元四元，在官者曾未倡导秒末，皆深造创获卓然良师。且震旦为学者，常诟谇与官立庠序反对，纵校官有长艺，犹刳心致死以争之，此则一统久长，民不系于九两之效也。知学校为使人求是非，为使人致用，则学官与政官分，然犹建长理之，分帑赋之，不纯任民间自为者，以草茅设学常少数，而资财又不足以取济，或并于译人大驵之手，则国华谠而贱民兴。是故以此扶翼，不以此为本株。独以击蒙讲武之学隶政官者，由强迫教育为在官所，有事申李，法定约束，其事固专为致用，非执权者又莫能行也。难者曰：停年格者，徒以岁月期会困人，不能得方略士，是材者不得起，而下资获遂也。应之曰：为治固当循绳墨无所用，贤且有劳者得超除，溺职者受罢黜，材者固无患其沈滞，虽下资亦自见泠汰矣。若夫踔弛异众之材，虑非平日所能逆睹，若使元首以知人善任为期，所得无过纵横之士。夫年劳可质验，而怀材不可预知，其魄兆独在言词捷给而已。以笔札唇舌自用者，率多援引声气，更相题榜，嫉人之是，用己之非。下者箪笥馈遗，以结人欢，其称誉乃日起。若主者无他肠，则误用佞人耳。若有他肠，且假借尚贤之名，为顿置私人地。内观清政部选重时，虽权在胥徒，犹不能以意颠倒。今者部选之权愈轻，而督抚用人愈缪，借有一二廉直者，以不受赂遗自高，内则引用故旧，外则交通关节，犹处处见告。外观美政，总统更移，自台阁以至抱案之吏，无不随之更调，此其朋党比周为蠹已甚。故令贪夫盈于朝列，饕餮贡于大庭，犹曰美政文明，斯则戾矣。要之，国有政党，非直政事多垢黩，而士大夫之节行亦衰。直令政府转为女闾，国事夷于秘戏，此盖法家所深惎者。彼停年格直不足以得高材耳。高材固不常有，偶失一二亦何害？若乃任意举措，其失人且百倍此矣。难者曰：平时不选举议员者，虑其任豪右也；有外交宣战诸急务，而临时得遣人与政府抗议，顾不患其举豪右邪？应之曰：所为选举者，欲其伸民权宣民志也。庶事多端，或中或否，民不能预揣而授其意于选人；选人一朝登王路，坐而论道，惟以发抒党见为期，不以发抒民意为期，乃及工商诸政，则未有不徇私自环者。欧洲诸国中选者，亦有社会民主党矣。要之，豪右据其多数，众寡不当则不胜，故议院者，民之仇非民之友。今以外交宣战诸急务，临时遣人，既无他端杂事，民得直以其意授之。所遣者本无政党题号，亦非以是为荣名而得摩近仕宦，若己意与舆人反，则辞谢不行可也，行者必与民同意之士。观近世郡县有冤狱，民辄公选一人，使讼于都察院。所选者率非豪右，亦无逆民意而自擅者。以其事有期验，不容以意诡更，诡更之则为舆人齰死。故奉使能致其命，以是为类例，其与平时选举议员，利害至不侔矣。难者曰：因事加税，使地方官各询其民，此亦丛脞甚也。数处可否相错，乃各视其处而行止之，此则全国之税则，又失整齐矣。应之曰：凡以州部集民，不为丛脞。夫至众者，莫如农圃。汉世街弹之制，集县民而致之，今虽不可试行，借观农人之纳丁漕，分期赴县，率十余日而竣。（此据自投匮白上仓言，若包征包粮者，则与此异。）今若访问农民，亦自州县询之，夫何丛脞之有？其工商则多屯聚都会，而数亦减于农，司与府问之足矣，必不如头会箕敛之碎也。今夫土膏肥瘠川渠清浊所在不同，故田赋必不能量以一概。往者，赫德为清政府谋，令田一亩赋二百制钱。此由外人素未习东土事，故以彼国法制相衡，其实厚薄异齐，不得一往，刻定所可定者，曰顷亩长短不容彼此异耳。其赋则相地衰征，自有差事，故或有加于此，而不得加于彼。纵令农学遍行，或准古区田法，堕高堙，卑舄卤，化而膏泽，然以气有舒惨，收获犹不可齐。夫本不可齐者，则不齐亦无害矣。工商转贩一物，而远近贵贱不同，故亦相地而差赋税，此宁可以一翦刀剂之？管子有言，千里之路不可扶以绳，万家之都不可平以准。盖据有广土者，不得无是见也。夫分区而询民与分区而选举，其繁碎相若。然远西诸国取彼不取此者，其议院始牙蘖本为征税，而税实出于地主。既有地主一人足以摄千万人，是故就此访之，不必与无税之佃客议也。中国土田农圃自主者，大半逮地权平均以后，全国无地主矣。岂有一人足以表六十万人，七百人足以表四万万人者！其外，征税及商贾之事几及百端，而议员未能悉备，又可冒昧许诺耶？若谓百事有统计表，不出户牖足以坐识万方，此虽官吏亦能知之，又何赖于议员也。且今之议员名为代表，全国非为其一邑一村，而震旦税则，全国必不能同，如欲增税，此省此道则胜之，彼省彼道则弗胜。人情素隔，而令其更互为谋，无异使夔谋蚿使鹿谋鳅也。是故就赋税计，函胡以询议员，不如分画以询齐民也。如上所述，此政体者，谓之共和，斯谛实之共和矣，谓之专制，亦奇觚之专制矣。共和之名不足多，专制之名不足讳，任他人与之称号耳。大抵建国设官，惟卫民之故，期于使民平夷安隐，不期于代议。若舍代议政体，无可使其民平夷安隐者，吾亦将摭取之。今代议则反失是，不代议则犹有术以得是，斯掉头长往矣。名者，实之宾也，吾汉族诸昆弟将为宾乎？

（原载《民报》二十四号（1908年10月），选自《太炎文录初编》别录卷一）

致留日满洲学生书

满洲在东留学生诸君鉴：武昌义旗既起，人心动摇，贵政府岌岌不遑自保，君等滞在海东，岂无眷念，援借外兵之志，自在意中，此大误也。

所谓民族革命者，本欲复我主权，勿令他人攘夺耳，非欲屠夷满族，使无孑遗，效昔日扬州十日之为也；亦非欲奴视满人不与齐民齿叙也。曩日大军未起，人心郁勃，虽发言任情，亦无尽诛满人之意。今江南风靡，大势已成，耆定以还，岂复重修旧怨。东方一二妄人，志在兼并他人土地，妄作莠言，以动贵政府之听。不知贵政府之旧交，首在俄罗斯，其次则欧、美诸国。与彼国交通使命，建设商场，不过三十余岁，借口旧交，其实安在？彼国旧交之域，气〔无〕过高丽。今观彼国之待高丽，他日之于满洲可知也。贵政府一时皇恐，亦或堕其术中，君辈满洲平民，于此真无利益。抚心自问，满洲人之智力，能过于高丽人乎？若在彼国钳制之下，监察森严，一举手一动足而不可得，君辈虽智识短浅，何遽不念是哉？若大军北定宛平，贵政府一时倾覆，君等满族，亦是中国人民，农商之业，任所欲为，选举之权，一切平等，优游共和政体之中，其乐何似？我汉人天性和平，主持人道，既无屠杀人种族之心，又无横分阶级之制，域中尚有蒙古、回部、西藏诸人，既皆等视，何独薄遇满人哉？四年前曾说肃王，晓以此意，肃王心亦默知。彼爱新觉罗之皇族，犹不弃遗，何况君辈惟是编氓，何所用其猜忌耶？诸君对于此事，不须忧虑，幸各安怀，明哲自爱，阳历十月十日。

（1911 年，原载冯自由：《革命逸史》第五集《清肃王与革命党之关系》一文中）

诛政党

杨〔扬〕子云曰："周之士也贵，秦之士也贱，道泰业隆，乃有显懿，叔代偷薄，狙诈斯起。"故朋党之兴，必在季世。汉代党锢，起于甘陵、汝南，海内雾会，非尽正人。后世徒以李膺、陈蕃辈并有伟节，遂并矜党锢。明之季年，君荒政非，阉尹用事，党人婞直者羞与之伍，抗节死直，略同桓、灵之世，然桑荫未移，九服分崩，党祸为之也。近世礼经威仪之化尽斁，习于戎俗，士益佻偷，夸者无古人婞直之风，而有淫昏之德，外慕远西政党之名，内怀驰骛追逐之志，遨集京邑，交关豪右，食如螘，衣如华，东泽可鉴，先马前驰，昂首伸眉，列论政事，甚乃侈陈政纲，诱惑夏众，黔首倥侗，聪明不开，以此曹为有禔民之德，死亡无日而不思自拯，不亦重可哀乎？吾乃发愤笔而诛之。

天下之至猥贱，莫如政客。挽近中夏民德污下，甚于晢人，故政之猥贱尤甚。欧、美政党，贪婪兢进，虽犹中国，顾尚有正鹄政府，有害民之政，往往能挟持不使遂行，自及秉政，他党又得议其后，兴革多能安利百姓，国家赖焉。汉土则独否。盖欧、美政党，自导国利民至，中国政党，自浮夸奔竞，所志不同，源流亦异，而漫以相比，非妄则夸也。当世党人，可约而数，观其言行，相其文质，校第品藻，略得七类：

治公羊学，不逮戴望甚远，延其绪说，以成新学伪经之论，刘歆所谓党门妒道真者也。浮兢上士，不期景从，教授岭海间，生徒以千数，风声所树，俨然大儒；上方马融，则不相逮，下亦比于徐湛。及大阉用事，四裔交侵，上书北阙，二人仅胜持举，所言虽不足观，布衣伏阙，要为数百年所仅见，不以船山、晚村之义正之，则陈东之俦也。主事之秩，亦才比于黄头郎耳。自鸣得意，谓受殊知，及今犹自焜耀。中更猖獗，欲效高欢故事以弋大官，事机败露，逋逃异国，利夫蒿里丧元者不能起而辩其诬也，则侜张为幻，以欺黔首，身窜绝域之表，心在魏阙之下。见侨商多金，SSS如鹰隼，得之则辈馈名王贵人，以求赦宥，千夫十年积之异域，党人一绳输之朝贵。贿赂之外，复营菟裘，兵库海峤，巍然新宫，是未来宰相之华居也。政府立宪，意别有在，辄为露布天下，以为己功，乘此以结政党，谓中国大权，在其党徒，他日爵秩之尊卑，视今政进钱之多寡，贪饕罔利，如斯其极。向使兴以其严道之山，虽尽灭汉种，亦所甘焉。财用既充，则周游列国，以自娱乐，舟车馆舍，比于王侯，旬月之间，资以万计。其游记曰：欧西小儿，见吾衣冠华好，疑为中国贵人，皆额手为礼，逋臣身上衣、侨商额上泚也。游迹所至，多有遗行，腥德彰闻，中外共弃，独东方政客利用之，资以金钱，为之外援。大隈重信其智矣乎，以国易贷。若夫学未及其师，而变诈过之，掇拾岛国贱儒绪说，自命知学，作报海外，腾肆奸言，为人所攻，则更名《国风》，颂天王而媚朝贵，文不足以自华，乃以帖括之声音节凑，参合倭人文体，而以文界革命自豪。后生好之，竞相模仿，致使中夏文学扫地者，则夫己氏为之也。又往代党人，所与争者宦官外戚，碎首断脰而不顾，亦为壮也。今则曲事大珰，以求禄秩者有之矣。不特不逮汉、明，方以牛僧孺、李德裕之徒，犹有惭德，昏淫猖诈，古未曾有。是汉种将灭之妖，而政党之第一类也。

见天下大乱，不利立朝，荣华丘壑，又不堪其闷，乃弃官牵牛，不争于朝，而争于市。以褛褴子，不及数年，起富巨万，南金积宫中，嫔嫱充绮室，梁木表缇绣，狗马被缋罽，高台华屋，连骑击钟，剥割萌黎，以恣奢欲。班固有言，上争王者之利，下锢齐民之业，伤化败俗，大乱之道也。此曹既好货殖，不求仕进。好货殖则为白圭、范蠡可也，家既不訾，乃求比封君而抗礼王侯，束帛之币，以赂贵臣，则膺显秩而备顾问，复大结朋党，将隐握政权以便其私。论者不察，谓中国方患贫，是可以富国家而舒民困，延其声誉而名播于歌咏。呜呼！选举徒有空名，民生日即艰苦，王室倾而政出富民，欧、美之弊，吾尝见之矣，此又一类也。

尝受学于当世大师，能以文学自华，而学术未具。游学异国，结纳亡命，歃血为盟，誓复诸华，所言不出戎狄豺狼之辞，所书不出内夏外夷之义，叠山、所南之伦也。心醉利禄，一变而谈保皇，宗国幅裂，民生多艰，置夏民而为引弓者谋生计，陈义纵高，权衡已丧，将以媚大长，则尤无耻矣。惩于党魁之失，不辇金于朝贵而要藩镇，与一二党徒，激扬名声，以动听闻，大命一至，若恐弗及。屈膝穷庐，驰驱豪帅，朝习胡语，暮弹琵琶，亦云勤矣。昊天不仁，不生之于东陬，而生之于中国，身为异类，终见猜疑，载沉载浮，大官难致，向日奥援，或死或废，荃更不察，十年将不迁也。赎货无厌，至于自卖乡里，父老震恐，致届汉口，狼狈北窜，仅逃诛灵，然人而不见容于其乡，谓能谋国，何颛蒙之甚也。亦有奸人，高谈佛理，竟在欺世，能为诗歌，以钓名声，内不慈于其子，外不忠于友朋，睚眦之怨，至于告密藩镇，大者钩党，杀多士，贼烈女，以快其私，谛晓释氏之旨者而若是耶？热衷利禄，无由得进，大结党徒，闻政主上，亦犹负鼎俎击牛角之意也。遭逢强暴，兽散瓦解。惧东京子弟粗刚，去而之上海，拥树景教高僧为缀旒，而自持其柄。法部主事，主上倡优狗马之所蓄也。嘉谟入告，本非其事，利其服官京师，使言政事而弹大臣，既获严谴，全党夺气。人固坐废，己亦连蹇，竭忠新主之情，既不得表见，缩头畏死，又不能追踪彭咸以自洁，见楚人之得计，乃舍灵修而曲求藩镇，挟其笔札之才，以涉历幕府，颇见侪亲尊宠日异，知县之秩，虽不通显，所望不奢，因已满意。盖宛平万流兢进，贵游众多，既非韩嫣之善射，复非延年之能歌，二千石印，终不得佩，固不若谨身以媚节度使，犹得鹰扬虎视于清州也。谚有之曰：众偷牛不若独偷狗，其时之谓欤。此又一类也。

少游学于欧洲，见其车马宫室衣裳之好，甚于汉土，遂至鄙夷宗邦，等视戎夏。壮岁而归，才备重舌之选，上者学文桐城，粗通小学，能译欧西先哲之书，而节凑未离帖括，其理虽至浅薄，务为华妙之辞以欺人。近且倡言功利，哗世取宠，徒说者信之，号为博通中外之大儒。下者以六籍之文为诬，而信大秦之教，既奉天生〔主〕圣母矣，法当追踪保罗，继迹马太，辟路德之非，绍彼德之后，若不能仰跻先圣，则当传教里闾，以求多福，而乃连结身犯重案之人，以成良莠不齐之党，将欲借宗教以得政权耶？则当今之世，政教既分，教皇且不能作威福，何有于神甫？将欲借政党以致显贵耶？则天堂之乐，如约翰所云，胜于人世千万，驾云螭以腾丹谿，宁不愈于乘马车以趋议院。既羡天国之嘉祉，复求人世之利禄，以天使而幕人爵，居神州而梦罗马，进退失据，徒为天下笑而已。观其不自祀其祖考，而上书当涂，深以他人宗庙为忧，又似宁背教宗，只求显达者矣。至若病汉字难识欲尽废之，而以罗马字拼音，则年来浮薄少年，歆羡岛中蛮夷，多倡此议，固难责之于袄教僧也。后生观其华而不观其实，相其文而不相其质，相与禋祀之，甚无谓也。要之此曹，虽不仕宦，一则服事豪帅以致科第，且得议郎；一则专树朋徒以耀声誉而求富贵。进无补于国计，退无迹于简编，诚为通事教民之雄，而未合显士之科，此又一类也。

家世贫贱，又不学问，以赂市官，既无其资，绝迹浚谷，复非所耐，出不能自致通显以光宗族，入不能挥豪属笔以收声誉，谘议局员，斗筲之役，复非丈夫所甘处。习闻苟偷法政者之言，以为国会可以致富强而便驰骋，于是以请开国会之名，号召党徒，海外党人，嘉其忠义，延其名于四方，遂为流俗所推慕。既游京师，朱轮竟衢，冠盖荫术，堂有珥貂之客，门结安车之轨，王公贝子，与之分庭抗礼，虽不得请，荣何加焉。峨峨高门，比于閶阖，请开国会，则得入之；玄熊之肤，肥牛之腱，请开国会，则得食之；华阁飞陛，闲宫云屋，请开国会，则得处之；燕赵佳人，丰鬋垂髾，请开国会，则得近之。东鄙贱民，一旦及此，魂精泄横，瞑瞒流污，固其所矣。又此曹为民请命，行必厚赆，今日百缗，明日千金，则请开国会又起富之道，是可谓党人之黠者，非真为国家也。非然者既不得请，则伏白棓，首土囊，受马通之熏，挟熟烧之镇，以死报国可也，否则自湛东海，以谢父老而励来者，犹不失为烈士，而乃凭依权豪，附托显贵，或求入海军处，或求入编查馆，公卿阉人室中，红笺厚尺有咫，识者掩口，海内嗟叹，何无耻至于斯也。狂呆者偶触藩镇之怒，衣赭关三木，全团股栗，遂不敢复请，此曹亦浸浸如死灰矣。若夫以减短四年为奇功，市酒肉张华灯以相庆者，则其中国之祥耶？此又一类也。

少负俊逸之才，长有乡曲之誉，崇伪耀也。乃膺民选，既入资政之院，品核公卿，裁量宰辅，讥刺内宠，讪谤朝政，一言才出，直声闻于天下，贵臣动容，黎庶色喜，群公碌碌，诚不若一士之谔谔也。执政病其害己，稍羁縻之，亦帖然以就范围，四五品京堂，名优大阉之所弗屑，微蔑者得之，光宠五宗焉。爵秩既赐，谤声随衰，贵游一言，则稽首以拜大命，王公一怒，则征营不知死所。甚乃承受意旨，膏唇拭舌，甘祸生民，以效忠政府。民赋利之，如虎得伥，百姓怨怼，则假借此曹之言以塞其口。求之史册，英国选法改革以前，法国路易腓力以后，差足比之。选举议郎，以代言论，不知适以自害也。盖其非权贵适所以要权贵，谤政府适所以求政府，譬之小儿夜啼，人辄投以果饵，既而时时啼，非故欲啼也，欲果饵耳。开院一稔，四海困穷，而政府之暴滋甚，此曹无状，又较然明矣。士生鄙野，选而禄之，非不贵也，而形神不全，颜歜之言，岂虚语哉。此又一类也。

不晓学术，惟能诗歌，资目录以应对，假新党以邀名，彷徨苏轼之道左，而文学两不相逮，徒以爵命通显，毫末之长，足以倾动天下，转入保国、强学之会，与浮夸之徒更相褒重，声名翕燿，公卿倒屣，八俊三君，未足方喻。党祸既兴，并见罢斥，既已坐废，则衡门悬车可也，而乃昵迩豪帅，交欢贵臣，伺候奔走，不惶起处，其视宦官内宠，亦齐楚之间耳。近年朝野兢谈立宪，新党亦稍稍复出，上者为师傅，下亦为布政使，然则今日又其用事时矣。观其建铁路于乡里，至言好货者必称其名，贪饕可以想见。至若诗人之刺，以谒王侯，殃民之计，以献朝贵，夺齐民之业，借强国之债，逢迎当涂，以得大郡者，其罪更浮于为师傅者矣。当此曹贬黜时，天下尚有高尚其道，污秽庙堂者。今则湘川闽粤之民，思食其肉，人毁其奸，神疾其邪，有党若此，速中国之亡而已，此又一类也。

综观七类，操术各异，而兢名死利，则同为民蠹害，又一丘之貉也。中国自东汉以后，党祸相寻，魏、晋、宋、齐、梁、陈皆享国日浅，其害不著。蒙古僭盗中原，视汉人如重台，又贱儒术，为日未久，即见攘逐，故亦无朋党。向使久据神州，假借经术以诳燿诸夏，猥贱之士，与之相忘，则党祸必不在汉、唐下也。历观史册，凡四代有党，汉、明以之亡国，唐、宋以之不振，朋党之祸，天下亦彰明矣。

近世朋党者，新党所从出，政党又新党之变相。中国大局，已非往代，朋党猥贱，甚于古人，其祸必更烈于先禩。即以近事观之，十年以前，党人犹以风节自高，五年以还，已专以奔走贵人为事。今日闻有受岛国之金而建议弃辽沈者矣。不出一纪，人为完用，家效容九，亡国夷种，不待蓍龟而可决也。苟我夏齐民，不忍亡其宗国，赫然振作，以恢九服，中国既安，各依其见为政党，内审齐民之情，外察宇内之势，调和斟酌，以成政事而利国家，不亦休乎？不然，则速速方谷，邦国随倾，既见灭于欧人，万劫将不复也。狙公赋芧，朝三而暮四，则群狙怒；朝四而暮三，则群狙喜。恶专制而喜立宪，亦犹此而已。党人以其便己变诈乖诡，以合时宜，贪夫殉财，夸者死权，不足责矣。国人不悟，睹暖昧之利，而不见显哲之祸，托命此曹，亦犹鹈鸩之巢苇苕也。九县崩离，天地否闭，士怀夷庆，民忘华风。悲夫，吾其长为左衽矣。(署名“太炎”。)

(1911年刊于《光华日报》)

《大共和日报》发刊辞

民主立宪、君主立宪、君主专制，此为政体高下之分，而非政事美恶之别。专制非无良规，共和非无秕政。我中华国民所望于共和者，在元首不世及，人民无贵贱，然后陈大汉之岂弟，荡亡清之毒螫，因地制宜，不尚虚美，非欲尽效法兰西、美利坚之治也。议院之权过高，则受贿鬻言，莫可禁制；联邦之形既建，故布政施法，多不整齐。臧吏遍于市朝，土豪恣其兼并，美之弊政，既如此矣；法人稍能统一，而根本过误，在一意主自由。民德已媮，习俗淫靡，莠言不塞，奇邪莫制，在位者无能改革，相与因循，其政虽齐，无救于亡国灭种之兆。中国效是二者，则朝夕崩离耳！

夫推舟于陆，行周于鲁，世知其不能也。政治法律，皆依习惯而成，是以圣人辅万物之自然而不敢为，其要在去甚、去奢、去泰。若横取他国已行之法，强施此土，斯非大愚不灵者弗为。君主立宪，本起于英，其后他国效之，形式虽同，中坚自异；民主立宪，起于法，昌于美，中国当继起为第三种，宁能一意刻划，施不可行之术于域中耶？乃若政府未成以前，事固有越出恒轨者。假令狂稚之伦，口含天宪；穿窬之盗，擅有土疆；暗杀之威，以钳语言；汉奸之名，以淆白黑；党见自封，外援取固；讳之不能止其彰布，文之益以使其炽然。是故天造草昧，利有元良，《春秋》贤秦穆，盖善其悔过也。

夫光复宗国，和宁兆民，执大象而天下往，势自然也；往而不害，其犹宜自厉焉。不能自克，而今近见之徒，复欲拥戴虏廷，以持秩序，云共和不可行于中国，是孰尸其咎哉！然则风听胪言，高位之所有事；直言无忌，国民之所自靖。《日报》刊发，大义在兹。箴当世之痈疣，谋未来之缮卫，能为诤友，不能为佞人也。辛亥十一月，章炳麟。

（原载《大共和日报》，1912 年 1 月 4 日）

中华民国联合会第一次大会演说辞

本会性质，对于政府立于监督补助地位也。其应主张之事如何？请为诸君言之：

中国本因旧之国，非新辟之国，其良法美俗，应保存者，则存留之，不能事事更张也。盖中国与美绝不同，美为新建之国，其所设施，皆可意造，较中国易，无习惯为之拘束也；与法亦悬殊，法系破败之国，推翻一切。而中国则不然，如悉与习惯相反，必不能行。至美之联邦制，尤与中国格不相入，盖美之各州，本殖民地，各有特权，与吾各省之为行政区划、统一已久者不同，故绝不能破坏统一而效美之分离。至所谓独立者，对于满廷而言，非对于新建之民国也，将来只依山川划分，如三十六郡之例已耳。惟置大总统，限制其权，以防民主专制之弊，宜与法之制度稍近。至行政官，除大总统外，不由人民选举。行政部应对议院负完全责任，不宜如美之极端分权。对于外藩，仍应行统属主义，俟言语生业同化后，得与本部政权平等。三权分立之说，现今颇成为各国定制，然吾国于三权而外，并应将教育、纠察二权独立。盖教育与他之行政，关系甚少，且教育宗旨定后，不宜常变，而任教授者，又须专门学识，故不应随内阁为进退。纠察院自大总统、议院以至齐民，皆能弹劾，故不宜任大总统随意更换。至考选考绩，前此临时大总统曾主张独立，然就法理上言之，究属一部分之事，无可独立之理由，故仍宜于内阁之内，设立专局以管辖之。

近来对于民生问题，颇有主张纯粹社会主义者。在欧洲国度已高之国，尚不适用，何况中国？惟国家社会主义，乃应仿行，其法如何？一、限制田产，然不能虚设定数，俟查明现有田产之最高额者，即举此为限。二、行累进税，对于农工商业皆然。三、限制财产相续，凡家主没后，所遗财产，以足资教养子弟及其终身衣食为限，余则收归国家。至若土地国有，夺富者之田以与贫民，则大悖乎理；照田价而悉由国家买收，则又无此款，故绝对难行。如共产主义之限制军备，只可就兵力充足之国言之，而非适用于今日之中国也。若财政问题，现时只宜整理，不应增加，厘正漏规而搜括中饱，改正税则而平均负担，国家收入，自必倍增于前日。然富国必先足民，国民经济，应为发展，金融机关，宜求整理，则统一币制，设立国家银行，实为今日不可缓之事也。

以上就内政立言者也。至于对外，则主张国际平和，不执侵略政策，此事洵为吾国特有之国家道德，高出于各国者也。但亦不受他国之侵略。为自卫计，自当以适应之法，维持国权。此外，关于中国旧有之美俗良法，宜斟酌保存者，请更为诸君言之：

一、婚姻制度宜仍旧，惟早婚则应禁。其纳妾一事，于国民经济，个人行为，诸多妨害，如家产之不发达，行为之多乖谬，由此事耗费为之者，十居七八焉。昔日官吏犹然，故将来应悬为禁令。如官吏议员今已有妾者，即应免职撤消。

二、家族制度宜仍旧。如均分支子、惩治恶逆、严科内乱，均不可改。惟死后继嗣，似宜禁断，生前养子者不禁。

三、中国本无国教，不应认何教为国教，虽许信教自由，然如白莲、无为等教，应由学部检定教理，方予公行。政教分离，中国旧俗，其僧侣及宣教师，不许入官，不得有选举权。

四、本国人在本国境内入外国籍者，虽不必照旧律谋叛惩治，仍应禁断。惟自来流寓在外者，不在此例，仍须削除国籍。如以后华侨再有入外籍者，非先由政府允许不可。

五、承认公民不依财产纳税多额，而以识字为标准，庶免文盲与选，而有智识之寒畯，反至向隅。

六、速谋语言统一，文字不得用拼音，妄效西文，而使人昧于其义也。

七、赌博启人侥幸心而妨害恒业，应严禁。其竞马斗牛等亦然。

八、在公共场所，效外人接吻、跳舞者，男女杂沓，大坏风纪，应由警察禁止。

此仆对于中国前途，所应保存、提倡与夫禁止之概略也。

（原载《大共和日报》，1912 年 1 月 5—6 日）

致临时大总统书

逸仙总统执事：据潮州光复会人来言，同盟、光复二会，日益轧轹，前由张继等公函劝告，卒无所效。迩者，几有贵族、平民之分矣。详考光复会初设，实在上海，无过四五十人；其后同盟会兴于东京，光复会亦渐涣散。二党宗旨，初无大异，特民权、民生之说殊耳。最后同盟会行及岭外，外暨南洋；光复会亦继续前迹，以南部为根基，推东京为主干。仆以下材，同人谓是故旧，举为会长，遥作依归，素不习南州风俗，惟知自守礼教而已。

同盟、光复初兴，入会者，半是上流，初无争竞，不图推行岭表，渐有差池。盖被习文教者寡，惟以名号为争端，则二会之公咎也。然自癸、甲以来，徐锡麟之杀恩铭，熊成基之袭安庆，皆光复会旧部人也。近者，李燮和攻拔上海，继是复浙江，下金陵，光复会新旧部人，皆与有力。虽无赫赫之功，庶可告无罪于天下。侨民虽智识寡陋，其欣戴宗国，同仇建虏，亦彼此所同也。纵令一二首领，政见稍殊，胥附群伦，岂应自相残贼。仆以吴、楚之人，教令不能行于南国。迩以中华民国联合会事，精力俱殚，不遑远及。执事挺生岭海，习其旧常，登高一呼，众山皆应，惟愿力谋调处，驰电传知，庶令海隅苍生，咸得安堵。兼闻同盟会人（指在广东者）有仇杀保皇党事。彼党以康、梁为魁帅，弃明趋暗，众所周知；然附和入会者，尚不能解保皇名义，赤子陷阱，亦谓无罪于人。今兹南纪肃清，天下旷荡，虽旧染污俗，亦当普与自新。若以名号相争，而令挟私复怨者，得借是以为名，无损于虏，徒令粤东糜烂，此亦执事所当谨饬者也。章炳麟白。

（原载《大共和日报》，1912年1月28日）

复北洋法政学堂教习今嘉幸井书

得书并《建国策》一通，论联邦之谬，戒一院之危，崇论宏议，深中事状；独欲保存省制，使行省之长，权逾督抚，鄙意犹有未了。盖行省者，本中央政府之分局，非地方都会之名目。昔有中书、尚书等省，皆钧冲重地也。蒙古入主，以游牧骑官，足练政事，恶往时州郡之纷繁，于是廓大疆域，建置行省，其长官则以左右丞相平章政事为名。明祖光复，改行省为布政司，改平章政事为布政使，虽分置三司，权均位等。（布政司主民政，都指挥司主军政，按察司〈主〉司法。）而地域华离，跨江越河，其害如故。至于清世，仍袭旧常，不遑更革。其后更以督抚莅布政使上，军容国容，自斯无别，政事亦愈挠乱。综观三朝行省之制，独明世稍完善，终以土地广険，不能纤悉，其治不逮前世甚远。今存行省之制，而使军民分权，独可方迹明世，拨元、清之乱法耳。民情风俗之异不恤也，户口土田之籍难周也；又使行省之长权逾督抚，是名与联邦异，实与联邦同。且一省所辖，大者百余县，小亦不损六七十县，欲令一长官兼统其事，丛脞已甚。明、清所以稍理者，赖有省、府、县三阶耳。以府领县，以省领府，然后其事不劳。今既拨去府制，独存省、县两级，其何以免治丝之棼，收执辔之效？下江诸省，不盈一圻，庶事已难理矣。乃如四川、云南等省，此于日本，地余二分之一，若以一省长直辖诸县，非行省官制与中央政府等夷，不能无废事，是仍与联邦等。若省中官制不繁，而欲直辖诸县，是即三朝瓠落之政也。所谓分画行政区域者，鄙意以为军府建牙，所领宜大，而无干与民政之权，虽兼二三省兵符可也。其民政区域，以省直隶于中央政府则过大，以府直隶于中央政府则过小。依清世分巡道制，剖一省为数道，隶于中央，所领不过二三十县，则地方之治不纷；其隶于中央政府者，不过六七十道，则中央之政令易行也。

足下远举罗马旧制，以相方拟，谓人口如此众，领域如此大，而欲中央集权，西国未见其例。夫远举西方之罗马，何不近就中国汉、宋观之。汉时以郡国直隶政府，其数一百有三；宋时以州军直隶政府，其数亦二百有余也。汉之疆域，兼得安南，视今本部为广；宋之疆域，不及燕云，视今本部为狭。以郡国州军直隶政府，纤悉具知，未尝失御。今使中央政府直领六七十道，地方所辖，已视汉、宋为宽；中央所辖，已视汉、宋为简。比例具存，焉用远举罗马为也。

盖政治之要，不在大言，而在版籍户口之清理，斯非分画行政区域，无以为功。废省存道，有数善焉：地皆连附，无犬牙相错之忧，民情易洽，一也；中央之政令，直行边远诸道，其民接于政令愈近，则政事知识愈开，二也；道有肥瘠，瘠道苦经费不足，其士民不得不倡行实业，愿加地税，名为中央集权，乃愈促地方进化，三也；幅悃之民集，而自治丁口易悉，生产易知，四也；中央对于边道，不至坐忘，号令直行，不得不力筹交通之便，五也。有此五善，而今犹未实行者，以南方军事未罢，扰攘犹多，加以政官疏阔，无廉悍精明之气，故犹依省制，不敢纷更耳。一二年后，固非废省存道不办。今之所行，则猝暂苟且之法也。至新疆、东三省等，足下谓当别为制度，鄙意亦谓四省地广人稀，未应分画，而军、民二政，亦未可分，规画大端，略如来意。

（原载《大共和日报》，1912 年 7 月 3 日）

与副总统论政党

邦家不造，谗慝弘多。前者公倡民社于上，而炳麟亦建统一党于下，以为群言淆乱，赖此整齐。迩者躬诣武昌，亲聆教益，以两党合并，排拒异谋。浃旬以来，默观近状，乃知中国之有政党，害有百端，利无毛末，若者健稳，若者暴乱，徒有议论形式之殊。及其偕在议院，胡越同舟，无非以善腾口舌为名高，妄扩院权为奉职，奔走运动为真才，斯皆人民之蠡蠹，政治之秕稗，长此不息，游民愈多，国是愈坏。前清立宪党可为前车。

夫政党本为议院预备，而议院即为众恶之原，驱使赤子，陷于潢池，非吾侪之过欤？公以盖世之略，旋乾转坤，功德在人，本无待政党为之援助，虽以炳麟之驽下，发声振铎，坑谷皆盈，亦但以一身为先觉耳，妄藉后先胥附为也。与其随逐乱流，终为罪首，岂若超然象外，振起群伦。若公能以廓然大公之心，率先凡庶，所愿执鞭奉弭，趋步后尘，风声所播，谁不倾靡？纵有暴乱党人，乌合万亿，不孚人望，势自崩离。此盖审观时势，而知非此不足以救国家之危亡也，惟公熟计而厉行之！

（1913年，录自《民国经世文编》正编“政治”三）

致袁世凯书

大总统执事：前上一书，未见答复。迩者宪兵虽解，据副司令陆建章言[①]：公以人才阙乏，必欲强留，炳麟不能受此甘言也。若有他故，能议公者，岂惟一人！舆论纵不振于中土，若外人之烦言何？炳麟本以共和党独立来相辅助，亦傥至而相行耳。而大总统羁之不舍，既使赵秉钧以国史相饵，又欲别为置顿。炳麟以深山大泽之夫，天性不能为人门客，游于孙公者，旧交也；游于公者，初交也。既而食客千人，珠履相耀，炳麟之愚，岂能与鸡鸣狗盗从事耶！史馆之职，盖以直笔绳人，既为群伦所不便。方今上无奸雄，下无大佞，都邑之内，攘攘者穿窬摸金皆是也。纵作史官，亦倡优之数耳！窃闻史迁、陈寿之能谤议，而后世乐于览观者，以述汉、魏二武之事也，不幸遇朱全忠、石敬瑭，虽以欧阳公之叹息，欲何观焉！今大总统圣神文武，咸五登三，簪笔而颂功德者，盖以千亿，亦安赖于一人乎？

近有武汉人士，招往讲学，北方亦有一二人耸之。愚意北方文化已衰，朝气光融，尚在江汉合流之地，不欲羁滞幽燕也。必若蔑弃约法，制人迁居，知大总统恪守宪法[②]，必不为也。饱食终日，无所用心，以与朋辈优游谑浪，炳麟亦不为也。苟图其大，得屈此身以就晦冥之地，则私心所祈向者，独考文苑一事，经纬国常，著书传世，其职在民而不在官，犹古九两师儒之业。迩者方言国音、字典文例、文学史、哲学史等，皆未编成，而教育部群吏，又盲瞽未有知识，国华日消，民不知本，实愿有以拯济之。同苑须四十人（仿法国成法）。书籍碑版印刷之

① 底稿作“迩者宪兵已解，据陆副司令言”。

② “宪法”，底稿作“宪典”。

费，数复不少，非岁得数十万元不就①。若大总统不忘宗国，不欲国性与政治俱衰，炳麟虽狂简，敢不从命。若縶维一人以为功，委弃文化以为武，凤翱翔于千仞，览德辉而下之，炳麟亦何愧之有？设有不幸，投诸浊流，所甘心也。书此达意，请于三日内见复。章炳麟启。

（撰于1913年11月22日，录自《民权素》第二集（1914年7月15日出版））

① 底稿作“非岁得二十四万圆不就”。

小　过

昔清氏僭乱，夏人起而仆之。非吾兵甲足与为敌，循百姓之心，宰制于异族者三百年，故发愤期与俱尽；师出有律，又人所乐宾也。

清之当黜，久矣！自王夫之、顾炎武、朱之瑜、吕留良、据张符骧所为《吕晚邨先生事状》，本生祖父熯，淮府仪宾。先生生于崇祯己巳。北都亡时，年十六，散万金以结客，往来铜炉、石镜间，窜伏林莽，常数日不一食，事竟不就。顺治初，怨家以此讦先生，及先生从子亮功。亮功独自引服，竟论死。子度亦以忧卒。而先生幸存，怨家狺叫不已。昵先生者咸曰："君不出，祸且及宗。"先生不得已，易名光轮，出就试，为邑诸生。自癸巳讫丙午，展转十余年，仇复事定，乃得弃去。是应试非其本怀。终拒博学宏词、隐逸二举，鬀发僧服，其志可知矣。卒后二十四年，其子葆中始成康熙丙戌一甲进士。人乃以身自应试及听子仕至侍从为讥，皆未详其端末也。观吕氏《南阳集》，其人本游侠诗人之流，切齿于满洲滑夏者。晚岁好言朱学，所得亦浅要，是愤明末之披倡耳。陆陇其所作祭文，自谓由吕氏闻道。其实吕所操持，未在是也。戴名世、全祖望之流，隐显不常，皆以光复期之后嗣。其后风义少衰，而戴望、孙诒让发言常有隐痛。戴望《过鲁监国墓诗》："傥寓阳秋笔，春王未敢删"。孙诒让校《亭林集》后系以诗云："亡国于今三百年。"是时尚畏清法，自署荀羕，盖以孙音通荀，诒让切羕也。其与余书，或触忌讳，亦皆署荀羕名。闾巷之甿，山泽之宗帅，惎恶胡人众矣！士大夫媮食其禄，相与推迁，久之更以光复为怪。

及君主立宪党作，盛言清室宜主中夏，以东国万世一系相准，淫风毋荡，士志颠倒。中间虽有怀怒敌忾之士，动变无恒，或归就清廷为少吏。

余始识故大总统孙公于东京对阳馆，及与陶成章、蔡元培、邹容、张继、汪兆铭、宋教仁之徒，援引义法，折其非违，而视听始变。此数公者，虽明暗殊情，狂狷异行，皆能艰难其身，以为表仪，蒙霜露，涉波涛，乞食囚絷，而不愠悔。外有陈天华、杨毓麟，皆以感概自裁。四方之人感其至诚，亦会清政不纲，丧师蹶地，民望日移。于是日夜匡饬，规行义师，期于自相吊唁。惩艾洪秀全劫杀之举，亦不欲如汉、明初载，寻仇于同类，所以董振驯说者，若此其备也。是故士民感慕，趣义日广，覆清之声，洋溢中外。虏官知其名氏，而不敢搏。此非能自出其意，以诒佗人也。民有先觉，久更惽忘，明者儆而起之，直其更久不移，终无恇桡，所以异于浮议之士耳。

伪清宣统三年，缘因铁道事状，吏民哄于成都。武昌诸豪，因之以挤瑞澂。初发兵士，不属所将，财有四十余人，中夜走呼，而胡帅跳身舟次，一师之卒倒戈以归于我。未逮两月，淮、汉以南十有二部，北及河之东西、汾渭之滨，皆群起逐虏官，植旗反正。然其饷馈空虚，地自为制，不能相维持。武昌取当兵冲，又初发难，群视以为中都，而地势华散，易见冯陵。诸军府虽以名义相属，独长沙与同存亡，常发兵补完丧败，其余未能奉征令也。赖其上下卧睦，军不骚动，民忘其死。直岸抗兵，而郭中市肆不变，绩妇奉壶以馋野战，翁媪稚子候门而舍番休之兵。诸生在学校者，年不及冠，而皆奉械注丸，争死前敌，虽直败衄，宁堕身沉江，而不肯北面以称降虏。由是邻国诵义，争相扶持，而伯迹始基矣。

中以士卒寡弱，军谋不臧，汉阳蹉跌，全国殆于冰解。会浙江、江苏联军攻拔南都，虏志稍挫。行李在馆，支持几三旬。于时广州、桂林、江宁三部，援师上属屯聚江沔者，殆六七万，而桂林为最劲，蓄怒未渫，骍不可御。反虏退舍百里，而称讲解。其兵士欲遁逃者，军府为置衣肆夏口，褎袍短衣，转而相贸，一日受衣致械者将百人也。夫以兵备单弱，而士心不携；居势湫陷，败余憔悴，而敌人不敢进逼，先自散降者，非独援军之为力也。不有正顺之名，哀隐之实，果毅之志，固不足以致是也。他军府虽未迫兵祸，莫不先以慈惠，董以纪律，未有妄剽略杀人者。其间虽有一二，若江西朱汉涛、浙江王逸之徒，颇亦横恣，有寇盗行，皆素未受部署，乘间而起者也。朱汉涛以纵兵骚扰，诛。王逸在浙东，亦有能裁制之者。上齿孟、荀所称仁义，意者旁皇惧于后诸？其必上轶汉、明，下陵近世曾、左之师，明矣！曾、左之师，号为不嗜杀人，然齐民被迫转俘为婢妾者，不可胜数。义军固无是也。若夫恐猲取财，时或有之，只以施诸清时贪吏，未尝施于农商之家。胡林翼云："非贪吝不能聚财，非酷暴不能取贪吝者之财。明怀宗之劝募，而无一应者。李自成之脑箍，而尽室以献。"则林翼所为可知矣。比于义军，远不相若。若李鸿章之徒，弥不足道矣！

南都既举，初建政府，手无魁柄，军士不属也。或有逢迎蝥心，以与武昌间构。褊者欲因事稍修前怨。上下触牾，恶声日腾。武昌诸将东行观政者，或几以小忿致戮。江流之岸，华为两戍，战不相问，盟不相咨。于时旧士散在上下两都，京邑寡援。主者不念吉凶同患之义，而更招致票狡不识大体者，与之亲比。旧时数年之所纠合同志，率不过二千。一朝求附丽为徒属者，日莫簿阅署名，几五千人。又更聚集白徒，以给卫旅，细人投间，藉威假名。司令之橐，散而不可纪；易币之符，翻而不可校。于是民有闲言，外人脱帽致敬之礼衰矣。然犹内识本始，外不敢拂舆人之言，躬率百官，昭告孝陵，以为民极，礼也。虽公私屈匮，亟于贷质，闻浙西铁道抗议则不取，睹汉冶之谏则瞿然。南都初欲以浙西铁道质于外人，以求称贷。商人抗议，卒不果行。又欲以汉冶萍公司与日本人合资兴举，东商愿奉银二百万版给军。既署券矣，人情弗顺，莫敢言者。余时被任为枢密顾问，上书力诤者三次，卒得请而毁券。诚令涓选善士，与共政理，人心不溃，敌人亦未敢窄也。徒以性行疏嫚，不能割制，内多欲而外憙言文政；狂狡戟持其间，会集专己寡谋之士；又以少年无行、循势俛仰者奸之，更相噬啮，莫适为主；于是形涣势屈，而禄胙归于北廷矣！

夫向之仆敌，非一时之谋。勤苦劳来，涕洟相告，至于身为累囚，怀沙赴江，用是激厉同类，示人以赤心。积累十年，应和虽众，犹不敢自谓得之。及所以突起有功者，本之仁义，而非以威力胜也。

得志之顷，造次忘其前事。向之自相匡督，与夫感概自裁之节，皆忽略以为游尘，直道殣视之矣。退身不悟，而犹营聚沙轻，资以威宠，拥为议人，而付之国论。夫少年之性，难为闲阈，而易用漂荡也。精脉方刚，其睹成事又易，则论议宕而自恣，陵猎大吏若扈养。然此足以祸一身，犹不能牵率同类，与之俱顿也。宅京稍久，渐益染其淫俗，诸所以为抗音嚆言者，乃在挟持执政，视财赂为通塞物；或间之，琛币公行，甘言覫生，向者茸技之官，奔亡之虏，游食于北都者，乘其阽危，阳与为好，而阴蠹害其事。于是盟败约解，人自相疑，丑声彰于远近，而大势崩矣！

《易》曰："革而当其悔，乃亡。"言远咎之不易也。又曰："舍尔灵龟、观我朵颐。"言肉食之昏其智也。且夫曩时以布衣游旅，未有一民之役，尺土之藉，片言誓约，而天下雷动，驱叱胡戎，疾于转毂。及其势藉已成，不及二岁，而江南为丘，沔口道茀。往始人惟恐其不成，终后人惟幸其速败者，何哉？侮唇齿之援，弃同德之好，远忧勤之人，而任娷扰之士也！

（1914 年，选自《检论》卷九）

大　过

民国既兴三年，教学日偷，商贾多诳豫，在官者皆为须臾秩禄，亡久长心。

客有访于章炳麟者，曰："清世之治，所谓荡荡无纲纪文章也，然上不循法守，而下犹少宴安之民。治经者不足以谋仕宦，终身不离薪水之劳，然犹亶心攻苦，忍负下而为之，卒其所开斥者，或高出汉师上。算事始梅文鼎，终李善兰、华蘅芳。由今隐之，诚不尽便速也。学术无短长，要以胸府独见为贵。其时西来异书既寡，勤而后获，取诸其怀，非受之外师、录之故书而已。所营不可以得美禄，而嗜味之不衰。商贾虽徒知转贩，不识孳殖之道，其性树惇，有守信而无僓慝。岂谓伪诈不可以致苟富？盖为兼终计也。季世若胡光墉、盛宣怀辈，资货有余，营构稍广，其人亦与成勋重人相要，及在市曹，贵倨终不加于同列。有所经画，不入声色、淫条章，而事贯既成，不幸覆败，仰药以死，而不肯乞活灌柞之中。虽未逮古人所称大儒良贾，其勤勇不雕，可多也。吏道诚污，其始犹有直言之臣，字民之长，饬身之吏。无改上之昏德，而庶减苛恙于民萌，诛黜得加于其权幸。比其将亡，吏人比屋而可诛矣，可道者犹有三数。若其酗于燕饮，淫于女乐，劳于投博，终日蠕动而忘政之功苦，终不如今日甚也。民国既建，胆饰旧污，宜有以蹶其生，顾所务悉反是。学子徒望卒业信书，而不苦身服劳，先时之所钞撮，既宦遂忽忘之。诸科目已仕者，苟得金石玩好、宋椠之册，以观虚华，而不求其是非。乃若或以诵法旧闻为迂。今虽有治新学者，问其肄业积年，与其所得高下，则以为腐生之谈矣。吏与游民，集资以称市贾。拙者岁初榜题，不及伏腊而已闭门。工者数岁或不折阅，而掊同贾铢集之资，为己蓄藏。坛堂集议，无势贵近援者不得与焉。虽有奇羡，其财终已不为主人宰制。工拙虽殊，其诈欺取财均。且破产以后，犹得践事朝列以宠其身，虑不为贾人保信与佗日退处地也。及夫吏道，当何所讥哉！夕问诸声伎之门，朝问诸异域之设廛肆者，则可矣。观其所为，微独道义不可以相谕教，虽利害固不可说。利害之可说者，直其感忽之益，目前之创也。稍隐深者，则扪耳疾走尔。语称‘贞固足以榦事’，‘无恒不可以为巫医’，无信犹车无輗軏不可行也。斯乃老生田畯之所习识，其道佣近而彻于万方。外瞻强邻，百邑不蹇。今中土一切丧其恒信。命吏之诃人者，以持械寇暴为贼乱。诚诊其实，嗛鼠藏而伏狸偷者遍满也，则朝野皆游闲贼民。意者中国其遂亡邪？是何昔人之有长思，而今颛为堕身绝嗣之计也！敢问先生，救之何道矣？”

章炳麟曰：

事生有基，固不妄致也。

夫民穷匮而无宿粮，入学已难，而责其终身治之？都市之粪用者，廿年之校，其差殆六、七倍，则吏不能无盗窃。贾无藏资，固将奸以行之也。重以职役日尊，居士日贱，苟内朝吏而外工贾，其以一人兼制，宜矣。

且事孰有大于革命改制？前世之创业者，或连兵一纪，死人多于臬蕉，直其罢极而后收之。其旧朝贪人恶吏，未有不诛也。今倡义不过四月，天步遂夷，而致届不及墨吏。人民见其成功之易，其佗小事，谓愈可以徼幸得之。墨吏以曩日不绖刑诛，以为贪残不足以丧望实。就有弹治，财及曹司、县令。苟位高而以臧污诛者，不在本事，又自横以他故得之；自非他故，则异党歆羡而求代兴，宪司乃为造攻具也。善为前却，尽色养于达尊，虽取得巨万，而理官不敢诘焉，其侮事偷得又宜也。况于政令骤更，谗椓不息，所芘以为国者，则闯然汋谍爪牙之士耳。

《中论》有言：王莽亦求名儒、征术士，其实囚之也，使进不得陈其谋，退不得安其身。是则以绂组为绳索，印佩为钳铁也。斯与笼鸟槛兽何异？（《亡国篇》。）夫忮心成于内，而奸诇横于外，暴察亟行，死亡无日，则人人不为卒岁之计。逮乎民心骚离，邻国责言，国之存亡，中人不能保以五稔，则愿者委运，黠者争于先得，冀国破而家不亡。诸所以为苟偷者，其本不过数事而已矣。

且夫暴察之政，可以慈惠改也；娄冒之吏，可以名法黜也；穷匮之生，可以撙节救也。上诚司契而不恣行，动遵法式，用财以度，民亦效上而能忍久，上下靖恭，则强敌弗能侮也。何有终岁愒息，所念不及晷荫动移闲邪？夫饥者易为食，渴者易为饮，正今之救时者，无必有高材殊能，直心术旋棢之间耳。

独其成功之易，事已往矣，而不可睹其难成。虽然，此皆新生之儳见，降吏之所诵言也。夫事收效易者，其作始常至艰难。中人之智，徒知餐食成于俄顷炊甑之劳，固不悟治稼之疲也。今先时创谋者虽颇凋丧，其他或以小器易满，不能知忧思，而涉变复知患难者，尚四、五人。诚令追迹前事，念始谋之不易，与一身颠沛屏营之状，宜有俶焉动容、潸焉浥涕者矣。

陈琳有言："微物尚不可欺以得志。"况临大事，而有以仓猝狡戏致之者也？然存者多窜海外，常士日用而不与知，狃于见迹，以为万事悉然，此复何所怪乎？循今之俗，前世所谓土崩瓦解者，尚不可以幸致也，直如鱼烂而已矣！

吾侪虽廑，不为偷惰，不敢以昔人为无闻知。丁其讫录，俱人皆死，而我独存，虽追告何益焉？且客言过矣！世有兵械不良，选士寡弱，闻简书而恇然者，常道也；责言竞至，而都邑官府更宴如，则中有不可道者矣。岂徒士大夫之咎邪？

（1914 年，选自《检论》卷九）

联省自治虚置政府议

民国成立以来，九年三乱。近且有借名护法，阴图割据者。自湖南建义，破走北军，光复旧壤；而四川亦击走滇、黔，自固疆圉；广东之于桂军，骎有灭此朝食之势；下及湖北、江、浙，靡不以地方自治为声。是知敬恭桑梓，无滋他族，为人心所同然，亦事势所必至。欲济横流，在此道也。自今以后，各省人民，宜自制省宪法，文武大吏，以及地方军队，并以本省人充之；自县知事以至省长，悉由人民直选；督军则由营长以上各级军官会推。令省长处省城，而督军居要塞，分地而处，则军民两政，自不相牵。其有跨越兼圻，称巡阅使，或联军总司令者，斯皆割据之端，亟宜划去。此各省自治之大略也。

然近世所以致乱者，皆由中央政府权藉过高，致总统、总理二职为夸者所必争，而得此者，又率归于军阀。攘夺一生，内变旋作，祸始京邑，鱼烂及于四方。非不豫置国会，以相监察，以卵触石，徒自碎耳。今宜虚置中央政府，但令有颁给勋章、授予军官之权；其余一切，毋得自擅。军政则分于各省督军，中央不得有一兵一骑。外交条约则由各该省督军省长副署，然后有效。币制银行，则由各省委托中央而监督造币，成色审核、银行发券之权，犹在各省。如是，政府虽存，等于虚牝，自无争位攘权之事。联省各派参事一人，足资监察，而国会亦可不设，则内乱庶其弭矣。

或云，外交大权，中央不能专主，则应敌为难。不知今日所公患者，不在外人之迫胁，而在中央之贩卖路矿，以偷一时之利耳。中央之所贩卖者，其实还在各省，而非中央自能有之。以中央去人民远，密谋贩鬻，人民无自审知；比其觉察，则签约已成，不可追改。此正外患所由生也。今使事涉某省者，皆由该省督军省长副署负其责任，督军省长去人民近，苟有奸，事易宣露。身为是省之人，而与外人朋比以贩鬻本省人民之公产，千夫所指，其倾覆可立而期；虽甚贫愚，焉得不深自敛戢。故外交权归于各省，则贩卖自止，而应敌反易，外患亦可渐息矣。

此种联省制度，为各国所未有，要之中国所宜，无过于此。若但如德、美联邦之制，则中央尚有大权，行之中土，祸乱正未有艾也。谨议。

（原载《益世报》，1920 年 11 月 9 日）

与章行严论改革国会书

行严吾弟左右：得钞寄在欧来书。吾前在日本，逆知代议制度不适于中土；其后归国，竟噤口不言者，盖以众人所咻，契约已定，非一人所能改革。且国会再被解散，言之惧为北方官僚张目，故长此默尔而已。今国会恶名，播于远近，亦无再成之势，穷而思变，人人皆知之矣。然则复理前论，适在今之时也。

今所患于国会者，又非如《代议然否论》所指而已也。盖取决多数，其势有必不可行者，以过半列席议员，监督政府官吏，则弹劾查办之事，率牵制而不能行，以人民法吏监督议员，则过半数以上之议员作奸犯科者，亦无术以处置之，是故选区撤回，法廷起诉，可以制少数议员，而不能制多数议员也。或曰：政党结合，则多数一心，弹劾查办，必无停滞。然吾国之政党，已可知矣，以爱憎为取舍，虽实举弹劾查办之事，亦无益于国也。而人民法吏之监督议员者，复非政党所能就。假令议员过半以上无不作奸犯科者，欲使全国之选举区并起而撤回之，则势有所不成；欲使法廷起诉，法吏虽强鲠有力，亦惧于伤国体而止耳。使夫百务停滞，动转不便，有若万牛回首之势者，则取决多数之为也。

今以选举元首、批准宪法之权，还之国民，此不能不取决于多数，以多数决之而无害者，以其在全体国民，不在代议士也。若夫监督政府，则当规复给事中；监督官吏，则当规复监察御史。给事中、御史二名，有帝王侍从官之嫌，宜取其实而更其名。分科分道，各司基事，监督之权，始无牵制矣。不幸而给事中、御史复有作奸犯科者，不过于一科一道中为之，而非全体为之，则法廷起诉亦易行矣。以科道监督政府官吏，以法吏监督科道，其连及者不广，则无牵制难行之事，比于国会议员，似为胜之也。

给事中、御史所以必分者，何也？曰：一以监督政府，一以监督官吏。监督政府者，事未成而制之；监督官吏者，事已成而弹之。其事务不同，有不能合一者也。自唐讫明，给事中本特置一官，诏令既下，由给事中分科发钞，以行于部，其行政不便、用人不当者，给事中有封还之权。若大体不谬，节目失当者，又有批敕之权。其各部所定科令，诸吏所上章疏，得旨允行，而于事不便者，给事中有驳议之权。驳议亦称科参，自部以下，无敢有抗科参者。此与今议员所掌，未有大异，唯立法则由各部拟案，给事中加以可否而已。若御史则专主弹劾，与给事中异用。清雍正以后，君相恶给事中之害己也，并其职于都察院，使与御史同务。法定职掌，虽犹以封驳之权予之，然诏令多由军机密行，鲜由内阁明发，虽欲封还而无由，凌夷日久，虽明令用人，亦瞠目视之矣。由台御史、谏给事中不分，君相得以专肆，然犹幸有弹劾之制，使之从后救正，究其所失，盖已多矣。给事中日阅诏命，事务繁猥，则于百吏暧昧之事，自非其所能察；御史以无事观察官邪，使之审定诏令，又非其所暇为。且使政府有不法诏令，给事中承顺而颁行之，经御史弹劾，则阁员当事者、给事中当科者，皆当负咎。同在一官，即无由裁正矣，其不能不分者势也。

御史与法官所以必分者，何也？曰：官吏违法渎职之事，有于刑律未尝定罪者，亦有事情委曲，非法官所能喻其旨者。细者如受赃之事，盖非徒财物珠玉而已；妓妾之奉，文字之谀，如立德政碑等。至于肖像建祠，起堂署额，此其与赃一也，而于法式无其条。大者则有辱国媚外，阴损主权，于法亦或不可科罪。其最甚者，以阴险刻薄为政，驯至藩镇叛变，寇盗日棘，若唐卢杞、明温体仁所为者，为祸至烈，人心恶之亦至深，然稽之刑律，则无事也，是岂法官所能问哉？近世刑律之设，以纠治百姓者多，以纠治官吏者少，非有弹劾查办，则恣其所为矣。弹劾查办以后，于刑律不应科罪，而但受行政处分者，亦当视其轻重议之：免职降资，一也；除名不叙，二也；于他州安置，宋时有此制，特以待官吏，不以待人民，非流刑之比。三也；于边庭效力自赎，清时有此制，亦特以待官吏，不以待人民。如发往军台效力，仍以废员视之，不以流配犯人视之也。四也。此则当定之官吏惩戒法，不当定之刑律，其处置又有异矣。故御史与法官不得不分者，亦势也。

唐、宋给事中不分科，御史不分道，分科分道自明始。今欲使人有专责，事权易举，则分之为宜。给事中职，但准明之六科，而广之为九科，明六部，故六科；今九部，故九科。又设一科以对国务院可也。御史之职，分道当与明时有异，盖各省已有自治之制，弹劾省吏，自有本省人员主之，不当据省分道，亦按部院分之可也。科道员额，明时科至五十余人，道至一百一十人，今以每科每道，各置四员可也。

科道官何自而出乎？选举则与代议同弊，任命则由政府爱憎，是皆有所不可。今使其人皆出于考试，考试及格，则使之互选，选举已定，则政府加以任命。以先有考试，故选举不能妄投；以先有选举，故任命不能随意。视近代议员纯出选举，唐、宋台谏直由任命者，其弊必差减矣。考试之法，政府先聘鸿儒硕学，谙练政事者，以为考官，厚其禄养，封轺而致之京师，所过防闲惟谨。其应考者，给事中则取专门毕业及前代进士以上，曾充荐任官六年、或充简任官三年者，为应考资格；御史则取专门毕业及前代乡举选贡，曾充荐任官三年者为应考资格。其有名实卓著而资格未具者，考官得特调以就考焉。关防周卫，糊名录朱，仍如前代科场旧制。录取之数，以科道员额三倍为准，既录则为选举人，使之互选，选成则以告于政府而任命之，然则庸吏、土豪、白丁、暴人之徒，必不得阑入矣。

唐、宋给事中官甚尊，御史则末僚矣。明代给事中、御史，秩各不过七品，清代增秩至五品，然出就外吏，犹不过道府，其视之亦微也。夫位过尊，禄过厚，则无劝功乐进之心；位过卑，禄过薄，则有诃人受赇之志。今宜使给事中处简任二等资，御史处荐任四等资，为得其中。给事中以在职六年为限，御史以在职三年为限，无使长久淹滞，以失锋利之气，此亦与议员改选同意也。

以上所列，鄙意似以为洽，请更评其当否。兄炳麟白。

（原载 1924 年《华国月刊》第一卷第五期）

答张季鸾问政书

季鸾我兄左右：东雷出示手书，所问数条，今一一具复：

一、中国今后应永远保存之国粹，即是史书，以民族主义所托在是。

二、为救亡计，应政府与人民各自任之，而皆以提倡民族主义之精神为要。

为今日御敌计，欲乞灵外援而人不我助也，欲改良政事而时不我待也，欲屈志求和而彼诛求无厌也，欲守险穷山而入不可复出也。第四策差可苟延祚运，然今日谋之，则灰亿万人之心，姑经营以待末路可也。

今日所责于政府者，仍在军政而已。战与否固难知，而要不得不备战，备战先在整军政。将不良，士不勇，器不利，自清末已然，然当时列强蚕食，未有及行省区域者，（日本虽割台湾，然其设省本在最后。）以军政尚未大坏也。今则上下相疑，莫敢先发，事事推诿，乃召亡之大端。政府欲以中坚应敌，而恐一败则失其匕鬯也。边帅欲以偏师捍御，而恐一败则幸灾乐祸者乘其后也。是故清末尚可一战，而今则求战且不可得也。韩非有言，能一尽其民力、破国杀身者，犹为贤主也。以今日之势相衡而论，彼岂徒贤主哉，虽谓之圣主可矣。救之如何？曰：整军旅而已。其道有四，皆易知易行：一曰申大信以安有功；二曰专进退以重边帅；三曰公赏罚以解疑贰；四曰均劳逸以平怨咨。四者果行，胜败固尚难知，而必可以一战，视今日之手足不随者，必相去万万矣。闻谋事者日以曾、胡旧术导其主帅，曾、胡之术，以练兵则可耳，怯于御敌而勇于内争，此正今日大忌。吾谓老生常谈，有陆宣公《翰苑集》在，其言虽专于安内，然今日不用其术，亦断不可以对外，彼曾、胡者，曷足比焉。

若自人民言之，今日权不在民，固无救亡之道，惟民族主义，日日沦浃胸中，虽积之十百年，终有爆发之一日。宋亡民不能救也，逾七八十年而香军起；明亡民不能救也，逾二百七十年而民国兴。此岂揭竿斩木之为力哉！有民族主义在其胸中，故天下沛然响应也。

三、中国文化本无宜舍弃者，（妖妄之神话，淫荡之小说，前此法律有禁，今无禁矣，此决当舍弃者，而不可谓之文化也。）但用之则有缓急耳。今日宜格外阐扬者，曰以儒兼侠。故鄙人近日独提倡《儒行》一篇。宜暂时搁置者，曰纯粹超人超国之学说。故鄙人今日于佛法亦谓不可独用。二十四年六月六日，章炳麟白。

（撰于1935年6月6日，录自《制言》第24期，1936年9月1日出版）

致宋哲元电

北平宋主任鉴：

学生请愿，事出公诚。纵有加入共党者，但问今之主张何如，何论其平素？执事清名未替，人犹有望，对此务宜坦怀。章炳麟。马。

（1935 年 12 月 21 日）

答某书

前被手书，属以共信济艰之义，劝诱国人，抑言之非难，欲其心悦诚服则难。迩来所以语河北者，独云保爱令名，勿入陷阱而已。苟其人自惜羽毛，又知东人非始终可保，必不轻于依附。至于小小委蛇，如晋张轨之在凉州，非不与刘、石酬酢也，而领土必不肯弃，名号必不肯更，则所以自守者固在。一闻劝励，当必有努力增倍者矣。若欲其杀敌致果，为国牺牲，此在枢府应之以实，固非可以口舌致也。顷者，东方于津、沽等处，又增兵矣。观其用意，亦只以武力胁迫，欲为城下之盟而已，用兵则犹未也。然势之所激，往往有出虑外者，枢府虽以剿匪诸师近驻晋南，阴为犄角，一旦有急，则未知河北之意，果愿其入境否也？鄙意应之以实，本无他虑，彼在危急之中，而部下之不肯屈辱者，尚居大半，果以精械厚糈相助，唯有感激向前耳，安有据之以兴背诞者耶？此事既行，又厚遇山东，以坚其意，彼知政府之不我遗弃也，能以一部应战固善，不能独战，则必有济师之请，而晋南诸师，可与并力矣。为今日保全华北计，唯有如此。若以河北难守，而但南抗黄河，河流既长，处处可以窃渡，幸遇水潦涨盛，容可暂安，水涸则必无以阻敌矣。抑鄙意以为今之国计，固不宜恣言远略，惟领土未亡者，则不可不加意顾全。北平既急，纵令勉力支持，察省必难兼顾。盖非常之时，必以非常之事应之。今共党之在晋北者，其意不过欲北据河套，与苏俄通声势耳。此辈虽多狙诈，然其对于日军，必不肯俯首驯伏明甚。若能顺其所欲，驱使出塞，即以绥远一区处之，其能受我委任则上也；不能，亦姑以民军视之。如此，察省介在日、共之间，渐可成为缓冲之势，较今之左支右绌者，其得失必相悬矣。盖闻两害相较，则取其轻，与其使察、绥二省，同为日有，不如以一省付之共党之为害轻也。以上就形势立说，或不致有大差池。若夫开诚布公，以悬群众，使将相之视枢府，犹手足之扞头目，转移之妙，自在庙堂，此非草野所能与，而固不能不殷殷期望者也。匆遽陈辞，当不以临渴掘井为诮。六月四日。

（撰于 1936 年 6 月 4 日，选自《章太炎书札》）

原道

菌　说

不知原始，不能反终，故列《菌说》。

曩读《庄子·齐物论》，有云“乐出虚，蒸成菌”，而不谛其所自。夫人心之乐，发于空虚，而能蒸成有形之菌，岂所谓荒唐之言耶？顷之得礼敦根所著《人与微生物争战论》，乃悟其言之不虚也。

凡人有疾，其甚者由微生物撼之。而其为动、为植、为微虫、为微草，则窥以至精之显微镜，犹难悉知，徒可道其有叶绿质者为植物，能转徙者为动物耳。而又不能尽合。盖犹仙桃草之类，其茎叶则卉，其根实则虫，动与植有汗漫而无畔者也。然植物学者，谓寄生之草，至大者为拉弗来写，其花径二丈有五尺，而小者则生于人兽之肺，有则必病，是则所谓菌者是也。德医告格尝究诸病所自生，于霍乱则谓其由于尾点微生物，于肺痨则谓其由于土巴苦里尼，皆同物也。夫霍乱勿论，若肺痨则往往始于耽色极欲，欲之过而为霉者，亦有蚑行芝生之物孽〔蘖〕芽其间，斯所谓“乐出虚，蒸成菌”者非耶？其递相传染者，虽与乐无涉，而其端则必自乐始。医和之言曰：女阳物而晦时，淫则生内热惑蛊之疾。于文，皿虫为蛊，穀之飞亦为蛊。所谓女室疾者，则肺痨与霉近是已。以微草言则谓之菌，以微虫言则谓之蛊，良以二者难辨，而动植又非有一定之界限也。

动植皆有知，而人之胚珠血轮又有知。其胚珠时出游荡，能发小分文，如掌生指，常出收定质微点，以入胚珠之中，为其食物。如微生动物已种一病，则胚珠必收之。再种之，则有无数白色血轮，行至种病之处，围其微生物，或噬蚀以杀之。是则物能蛊人，而人之胚珠血轮又能蛊物。盖夫爱恶相攻，一身之中而肺肝若胡、越也，岂不哀哉！

虽然，非特淫乐之足以成菌成蛊也。菌蛊已成，则又能强撼人之志念，而使从淫乐。自淫乐以外，喜怒哀乐，又莫不有受其撼者也。佛家谓人身自顶至踵，自髓至肤，有八万户虫，四头四口，九十九尾，形相非一，一户复有九万细虫，小于秋毫。《宝积经》云：初出胎时，经于七日，八万户虫，从身而生，纵横食啖，令身热恼，生有忧愁。《僧伽吒经》云：人将死时，诸虫怖畏，互相啖食，受诸苦痛，男女眷属，生大悲恼。《金匮要略》曰：狐惑之为病，状如伤寒，默默欲眠，目不得闭，卧起不安。蚀于喉为惑，蚀于阴为狐，不欲饮食，恶闻食臭，其面目乍赤乍黑乍白，说者以为是虫病也。虫固有情，而能以其情使人烦惑变志，斯则蛊之所以立名欤？而菌虽植物，其有知亦不异于蛊矣。

嗟乎！人之始胎也，有不类于"乐出虚，蒸成菌"者耶？有不类于"晦淫生蛊"者耶？而特其形状不别，性情不异也。故一攻之而一孳乳之，斯亦可以明爰类之说也。今夫生植之始，在男曰精虫，在女曰泡蜑。泡蜑者，即胚珠也。夫妇邂逅，一滴之精，有精虫十数入，啮泡蜑而破之，以成妊娠。彼精虫者，因人之情而为之使，间无以异乎蛊矣。

吾又读《淮南·坠形训》曰：窔生海人，海人生若菌，若菌生圣人，圣人生庶人，凡窔者生于庶人。夫置若菌于海人、圣人之间，则若菌亦人也。既而读《后汉书·南蛮西南夷列传》，有莋都夷、白狼王、唐菆等作诗三章，注皆引《东观记》所载夷人本语，每汉语四字，夷语亦四字，其中如"与人富厚"，作"魏菌渡洗"，"部人多有"，作"补菌邪推"，今本误倒作"菌补"。是呼人为菌也。然则"若菌"即"若人"矣，以淮南王著书，其必非用夷语可知，又以知古者谓人为菌，而其语特流传于莋夷也。人之称菌也，其义则必自精虫始，亦以蛊菌为同物，而动植不可以强判尔。

夫其以淫乐而成是菌蛊也，则曷故哉？伏曼客之说《易》曰：蛊，惑乱也，万事从惑而起，故以为蛊事。见《周易集解》。《首楞严经》曰：一切众生，因诸爱染，发起妄情，情积不休，能生爱水。是故心忆珍羞，口中水出；心忆前人，或怜或恨，目中泪盈；贪求财宝，心发爱涎，举体光润；心著行淫，男女二根，自然流液。诸爱虽别，流结是同。由斯二说推之，因人有牝牡之情，而传之于精虫，精虫受之，其情则与人同，而有慕为人形之志，于是为之胚胎以象之。彼十数精虫之造人，犹数千微虫之造珊瑚。微虫果能成珊瑚也，事之起于蛊也。精虫果能成人也，人始已蛊，而精虫以蛊成其事也。夫非有上帝之造之，而物则自造之，故曰：咸其自取，怒者其谁耶？

呜呼！事之由妄想而成者，岂独胚胎然哉！知此者莫察于太公调。少知问曰：四方之内，六合之里，万物之生恶起。太公调曰：阴阳相照相盖相治，四时相代相生相杀，欲恶去就，于是桥起，雌雄片合，于是庸有。安危相易，祸福相生，缓急相摩，聚散以成，此名实之可纪，精〈微〉之可志也。随序之相理，桥运之相使，穷则反，终则始，此物之所有。《庄子·则阳篇》。

盖凡物之初，只有阿屯，而其中万殊，各原质皆有欲恶去就，欲就为爱力、吸力，恶去为离心力、驱力，有此故诸原质不能不散为各体，而散后又不能不相和合。夫然，则空气金铁虽顽，亦有极微之知。令人徒以植物为有知者，益失之矣。《楞严经》曰：由因世界，愚钝轮回，痴颠倒故，和合顽成，八万四千枯槁乱想。如是故有无想羯南，流转国土，精神化为土木金石，其类充塞。是佛家亦知金石为有知，要其痴钝，亦可谓之无知；前所谓死后各点无知者，即谓如是。盖与之则可曰有知，奋之则可曰无知，彼其知则欲恶去就而已，不如是不能自成原质，亦不能相引而成草木。夫其桥起而相引也，则于是有雌雄片合，而种类成矣。有种类则又有其欲恶去就，而相易相生相摩，渐以化为异物。故既有草木，则草木亦如瞽之求明，如痿之思起，久之而机械日生，刻意思之以趋于近似，而其形亦遂从之而变，则于是有蜃蛤水母。彼又求明，则递为甲节，为脊骨，复自鱼以至鸟兽而为猿狙猩狒以至为人，此所谓随序之相理也。

其渐思而渐变也，则又有二端：有以思致其力而自造者焉，有不假于力而专以思自造者焉。致力以自造者，接子或使之说也；不假力而自造者，季真莫为之说也。二说亦少知问语。如鸟之修颈长喙，适可以理毛羽，此或有体操之术，令其胸长而项伸，此致力以自造者也。如夫露巢之鸟，患人之探其卵也，则其卵多非白色，与暗处者迥殊。故巢草莱者，卵必青绿若萌芽；巢河干者，卵必暗绿若芦苇；巢乔木者，卵必光绿若树叶；巢山崖乱石荆棘之中者，卵必棕色而有花点，以与土石相混。夫其色之必同于所处之草木土石者，以眩人之目，使不能辨目。若是者，鸟岂能致力以造是哉？苟曰上帝为造之，而鸟之死于矰缴探雏者，亦自不少，又何其矛盾也？然则必由鸟之思护其卵，积精专思，而遂变其形色，所谓以思自造者也。夫自诸异物而渐化为人者，此亦以思自造者也。若是者则皆所谓以妄想生之，而伏曼容之所谓蛊、《淮南》

之所谓菌也。

人之有生，无不由妄，而舍妄亦无所谓真。是故去其太甚，而以仁义檃括烝矫之，然后人得合群相安，斯途径之必出于此者也。若谓身相属妄，而舍利是真，卒之无生灭、增减、变易者，适成其顽，而勿见其灵，学之乃适增其妄也。夫妄性虽成，化以礼义，则自入进步。故最初祖祢孰不兄弟聚麀者，而自政俗日跻，今遂以此为大垢，此进步之说也。苟曰：吾祖有聚麀之妄，而后有我，即不妨效其聚麀，是循妄而勿去太甚也。苟曰：吾生由于聚麀之妄，必无生而后为真，是又成顽而增妄也。昔唐终南沙门宗密作《原人论》云：孔、老、释迦，皆是至圣，设教殊途，有实有权，二教唯权，佛兼权实，策万行惩恶劝善，同归于治，则三教皆可遵行。推万法穷理尽性，至于本源，则佛教方为决了。夫六经之说，诚亦有权，与人天、小乘、法相、破相等教同意，而穷原反本，则其实确然不拔，乃有卓出一乘显性之上者。要之，儒、佛、庄子三家，皆属理想，亦皆参以实验，较之祆教各家，诚若玉之视燕石矣。而佛必以空华相喻，庄亦间以死沌为词，斯其实之不如儒者也。

太公调曰：丘里者，合十姓百名而为风俗也。合异以为同，散同以为异。今指马之百体而不得马，而马系于前者，立其百体而谓之马也。《涅槃经》曰：一切众生，不退佛性，名之为有，决定得故，譬如王者告一大臣，汝牵一象，以示盲者。时彼众盲，各以手触。王问之曰：象为何类？其触牙者，即言象形如芦菔根；其触耳者，言象如箕；其触头者，言象如石；其触鼻者，言象如杵；其触脚者，言象如臼；其触脊者，言象如床；其触腹者，言象如瓮；其触尾者，言象如绳。善男子如彼众盲，不说象体，亦非不说，若是众相悉非象者；离是之外，更无别象。说佛性者亦复如是。此二说意旨大同，而以佛性不滞于一体。然数体相合，即为佛性，则正可借证人性之说。盖内有精虫，外有官骸，而人性始具。使官骸皆殒，而精虫独存，则无声色香味诸欲，而独有牝牡之情。若去就桥起雌雄片合之始而已。此则于生人全性之中而得其见端，倘不能谓性具于是也。说今人之死也，则淡、养、炭、轻诸气，盐、铁、磷、钙诸质，各散而复其流定之本性，而人之性亡矣。离此流定而复索一舍利性海，亦犹离此诸体而索马索象也。

或谓性海即以太，然以太即传光气，能过玻璃实质，而其动亦因光之色而分迟速。彼其实质，即曰阿屯，以一分质分为五千万分，即为阿屯大小之数。是阿屯亦有形可量。以太流动，虽更微于此，而既有迟速，则不得谓之无体。如《淮南·俶真训》云：秋毫之末，沦于无间，而复归于大矣。芦苻之厚，通于无圻，而复反于敦庞。若夫无秋毫之微，芦苻之厚，四达无境，通于无圻，而莫之要御夭遏者，其袭微重妙，拟掮万物，揣丸变化，天地之间，何足以论之？盖所谓性海，无秋毫之微，芦苻之厚。而阿屯以太，则尚不免于毫末沦无间，芦苻通无圻也，以此相拟，终不相类。即如光、热、电三者，虽不能得其质点，而终与湛然不动者有殊，舍利性海，岂是之比？苟如是，动则速矣，力则厚矣，而亦与极顽之日星同类，宁能超出万有耶？

或谓必知各原质之成于以太，万物之成于各原质，而后知内外四大，至于六道，无一非我，乃为乾元至仁之量，是固然矣。然所以见为殊者，以官骸相阂，所以见为合者，以原质相同。原质有形，即以太亦有至微之形，固不必以邈无倪际之性海言也。然官骸虽一时暂有，而兼爱既济之道，即由官骸而生。何者？以知识为全体，亦不能出乎官骸之外也。人之嗜欲，著于声、色、香、味、触、法，而仁义即由嗜欲而起。独夫为我，即曰贪贼；能近取譬，即曰仁义。故《易》称利物足以和义，明非利亦无所谓义也。有义则分际有远近，而恩施有隆杀。是故至仁之行，可以强恕求之，而其量无可尽之理。随俗雅化，则周、孔不能舍刍豢；有物勿戕，则释迦亦不能啖〔废〕菜果，此皆以义裁断者。而谓至戚不异于行路，华种无间于晳人，其可乎？是故内圣外王，无不托始于六根三欲，制为礼义，所以养欲给求，而为之度量分界。《荀子·礼论篇》。余所谓舍妄无真者是也。若必轻其官骸，而重其性海，兹义递衍，则遂以二亲为凡民，而阿阇世王之弑父，亦可悔悟入道。见《涅槃经》。夫岂释氏之论独高耶？亦由不得其本而已。

总之，轮回之说，非无至理，而由人身各质所化，非如佛家所谓灵魂所化也。六道升降，由于志念进退，其说亦近，而所化者乃其胤胄，非如佛家谓灵魂堕入诸趣也。故理想之学，少渐多顿；实验之学，有渐无顿。

或曰：人固有自忆其前生者，安得谓轮回无与于灵魂耶？曰：夫异体相知，则有虾与水母矣。然则吾所谓自忆为前生者，宁知非他人所亲历，而吾以异体知之，亦若虾之与水母耶？且以演若达多照镜事况之，彼眉目可见，而忽然以为魑魅，至于狂走。见《楞严经》。此则非有因缘而致。彼忆前生者，亦若是则已矣。且中国未有前生之说时，人未有忆前生者也，即忆之亦未尝以为前生。自闻前生之说，而始以所忆者当之耳。亦犹乍忆高冈，如见其峦峤嵯峨、陵阜耸峻者，而心以为是华岳、岱山，然究未登华、岱也。彼忆前生，亦复如是。然何以以为华、岱，而不以为妄拘假名之山，华、岱之名，其所已闻也。彼闻有前生之说，而以所忆为前生者，亦复如是。

前生之说替，而上帝造人之说起，彼亦非持之无故也。盖曰有养气，无淡气，则人将暍瘥以死，而今分剂适合。他如卵中白质，未出之雏，足以自养，草木子中之胚乳，亦能化糖以养苗，而叶又有依螺线而生，巧合算理者，非上帝为此人物，而配其分剂，调其节度，资其匮乏耶？曰：夫久处于是，则寝食衣被，亦以是为调适。麋鹿食荐，夏虫茹腐，非甘之也，彼生乎其地，长乎其时，则自以此为适矣。卵白胚乳之给养，岂有他哉？舍是无可食，则致命遂志于是而不愿其外矣。老子曰：草食之兽，不疾易薮，水生之虫，不疾易水。《庄子·田子方篇》。此言生此地，食此饵，故能成此形，具此性也。使有养无淡，则亦自有一物能当此浓郁之气者，生乎其间。如人不能入水火，而火鼠海鱼，初不以为患也。且亦安知其无人哉？没人泅水，与鲸鲵同乐，为取珠耳，非不得已也。果不得已，则人将常习于水。有养无淡，则人将常习于养，亦自可以不死。而毛羽鳞介，渐则因其思力而生。彼鲛之化鹿，雉之为蜃，有明征也。故曰：万物皆出于几，皆入于几。夫上帝为何者哉？

《论衡·自然》曰：天地合气，万物自生，犹夫妇合气，子自生矣。万物之生，含血之类，知饥知寒，见五谷可食，取而食之；见丝麻可衣，取而衣之。或说以为天生五谷以食人，生丝麻以衣人，此谓天为人作农夫桑女之徒也。不合自然，故其义疑，未可从也。此言可谓洞幽明之故矣。吾尝谓文明之民，其初生蕃也，一旦皆为台隶，浸被逼遁逃入山，食异而血气改，衣异而形仪殊，则未有不反其故。王船山《思问录》盖惧之矣。夫衮州桑土，今为野茧，故家豚于草泽，则化为豪猪，蠢豕尽然，人独何能自保？故《鞞婆沙论》谓，或金翅鸟，或龙或人，皆具卵、胎、湿、化四种，而《江总白猿传》谓欧阳纥妻为猿所窃，因而生询，见《文献通考·经籍门》。皆不尽诬妄。然则异物化人，未有底止，人之转化，亦无既极，诊予手足．而叹兹形之将然，滋足戚也。

抑人之易地也，神识未殊，而何以能变？得无与以思自造之说缪耶？曰：思力所至，形体自更，此谓无阻力耳。苟有阻力，则不足以宣通矣。要使力能抵之，则固足以自立，其道奈何？曰：荀子曰，人力不若牛，走不若马，而牛马为用，何也？曰人能群，彼不能群也。人何以能群？曰分；分何以能行，曰义。故义以分则和，和则一，一则多力，多力则强，强则胜物，故宫室可得而居也。故序四时，裁万物，兼利天下，无他故焉，得之分义也。《王制篇》。是故合群明分，则足以御他族之侮；涣志离德，则帅天下而路。

或曰：性善性恶之说，皆不如言无善无恶者，曰：子将言人性乎？抑自有所谓性乎？夫言人性，则必有善有恶矣。彼无善无恶者，盖佛之所谓性海，而非言人之性也。何也？自其未生言，性海湛然，未有六道，而何人性之云？自既有六道言，亦各有如来藏隐伏其中，而人与鸟兽，初未尝异，又岂得专为人之性也？孟、荀所言，专为人言之也。

虽然，以符验言，则性恶为长。然非谓其同于鸟兽也。盖举孩提之爱亲者，未知初生之时，坼擘其母而不少顾也。举稍长之敬兄者，未知乳哺之顷，少有不慊而瞋目作色也。孟举其善而忘其恶，荀则以善恶皆具，不能纯善，则以恶名之，故其言曰：繁弱、巨黍，古之良弓也，然而不得排檠，则不能自正。桓公之葱，太公之阙，文王之录，庄君之曶，阖闾之干将、莫邪、巨阙、辟闾，此皆古之良剑也，然而不加砥厉则不能利，不得人力则不能断。骅骝、骐骥、纤离、绿耳，皆古之良马也，然而前必有衔辔之制，后必有鞭策之威，加之以造父之驭，然后一日而致千里也。《性恶篇》。夫惟弓故可檠，剑故可厉，马故可辔。苟非三物者，则虽檠之、厉之、辔之而无所用，此即谓其本异于鸟兽矣。又曰：今涂之人者，皆内可以知父子之义，外可以知君臣之正。是则即孟子所谓善者。而荀子以其偏险悖乱，亦由天授。既非纯善，即谓之恶，犹之既舂之米，谓之精凿，未舂之米，谓之粗粝。粗粝云者，对精凿言之，而非谓其与稂莠比肩也。然一人之行，固以习化，而千世之性，亦以习殊。泰古豨韦之民，犷悍贪暴，以水火毒药相亏害，夫人而有此性也。自先觉者教化之，至于文明之世，则相亏相害者，固不能绝，而具此性者稍少。故学可以近变一人之行，而又可以远变千世之质。荀子于首篇《劝学》，即曰青取之于蓝而青于蓝，冰水为之而寒于水。夫固谓一人锲而不舍，则行美于本性矣；千世锲而不舍，则性亦美于祧墠矣。仲尼之言，性相近，习相远，亦兼二义，而不言灵魂。

夫肢体一蹶，前万世而不昭，则孰肯致死。或者以为民气选懦，不能与释迦、基督布教之国抗者，由是故也。然惟无鬼神，而胤嗣之念，乃独切于他国。今知不合群致死以自御侮，则后世将返为蛮獠狙获，以此为念，则足以倡勇敢也必矣。是故不言鬼神，而能使人致死者，必于爱类，爱类必于知分。荀子曰：万物同宇而异体。《富国篇》。以异体故必自亲亲始，以同宇故必以仁民爱物终。惟其群而有分，故有墨子兼爱、上同之善，而畛域有截矣。

仲虺有言：兼弱攻昧，是道家之说也。其心独鹜，亦独明于天人之故。凡以昧弱遇智勇，鲜不败衄；而以昧勇遇智勇也亦然。然则万物之胜负，决于智而已矣。大盗盗国，窃取圣法，诸侯之门，而仁义存焉。斯智也。是故徒善而无法者，煦煦孑孑，必不足与校，惟知合群明分，则足以御之尔。若专以是非枉直相角，则天下皆恶直丑正者矣。吾观《六波罗蜜经》，言忉利天临命终时，天女眷属皆悉远离，弃之如草。是诸天之无礼义也，远甚于人，而其种反驾乎人上。果使其言非夸，则知所以驾人者，特智勇有胜而已矣。乃者，红、黑、棕色之种，伏于黄人，黄人复制于白人。白人果有大同之志，博施济众之仁，能胜于黄人也。惟其智勇能窃圣法焉尔。夫自有花刚石以来，各种递变，而至于人，则各种皆充其鼎俎，以人智于各种尔。然则继人之后，亦必有变而智于人者。夫如是，则黄白人皆其脔脍也。不然，则皆其骖服也。彼人之自保则奈何？曰：合群明分而已矣。苟能此，则无不自立。譬之蜜蜂，虽细不败。苟不能此，则无不受侮。譬之狮子，为罗马所杀者，四月至万一千头，虽大而亦绝矣。然则以大智而充仁义之量，诚无如荀子所言哉？然而洁身中清者，将安往矣。呜呼！吾于是知兼弱攻昧，则迫务光于清冷，而驱伯夷于首阳也。彼大盗者，诚非独行之士所能与处也。

（原载《清议报》（1899年）第二十三册～第三十四册）

原　人

赭石赤铜箸乎山，莙藻浮乎江湖，鱼浮乎薮泽，果然貜狙攀援乎大陵之麓，求明昭苏，而渐为生人。

人之始，皆一尺之鳞也，化有蚤晚而部族殊，性有文犷而戎夏殊。含生之类，不爪牙而能言者，古者有戎狄，不比于人，而皃近讳之。

余以所闻，名家者流，斥天下之中央，则燕之北、越之南是已。然则自大瀛海以内外，为浛洲者五。赤黑之民，冒没轻儳，不与论气类。如欧、美者，则越海而皆为中国。其与吾华夏，黄白之异，而皆为有德慧术知之氓。是故古者称欧洲曰大秦，明其同于中国，异于荤鬻、貐戎之残忍。彼其地非无戎狄也，错处乎欧、美者，则有生蕃；烬瑞西、普鲁士而有之者，则尝有北狄；俶扰希腊及于雅典者，则尝有黑拉古利夷族。夫孰谓大地神皋之无戎狄？而特不得以是诬白人耳。戎狄之生，欧、美、亚，一也。

在亚细亚者，礼义冠带之族，厥西曰震旦，东曰日本，佗不得箸〔著〕录。冈本监辅曰："朝鲜者，鞑靼之苗裔。"余以营州之域，自虞氏时箸〔著〕图籍矣，卒成于箕子卫满。文教之盛，与上国同风，宜不得与鞑靼为一族。意者三韩、涉貉之种姓，羼处其壤，则犹俄之有鲜卑，（西伯利亚，或作锡伯，即鲜卑。）奥之有匈牙利欤？（或言即匈奴。）总之傅于禹籍者近是。其他大幕之南北，蒙古尨鲁特之窟，袤延几万里，犬种曰狄，亦自谓出于狼鹿；东北绝辽水至乎挹娄，豸种曰貉；瓯越以东，滇、交趾以南，内及荆楚之深山，蛇种曰蛮闽；河、湟之闲，驱牛羊而食，湩酪而饮，旃罽而处者，羊种曰羌。（羯亦从羊，然与羌异义。《日知录》三十二曰：羯本地名，"上党武乡县羯室。晋时匈奴别部入居之，后因号胡戎为羯"。是羯为地名，非种类名，与羌之羊种人胻者殊矣。）自回鹘之入，则羌稍陵迟衰微，亦掍殽不得析。是数族者，在亚细亚洲，则谓之戎狄。其化皆晚，其性皆犷，虽合九共之辩有口者，而不能予之华夏之名也。惟西南焦侥，从人，长三尺，莫知其谁氏？要之，卫藏、天毒与西域三十六国，皆犹有顺理之性，则神农、黄帝所不能外；亦其种类相似，与震旦比，犹艾之与蒿，犹橘之与枳。

夫西徼以外，自古未尝重得志于中国，而南方三苗之裔，尤犷愚无文理条贯。惟引弓之国，尝盗有冀州，或割其半，而卒有居三鬲六钛以临禹之域者。其遂为人乎？非也。其肖人形也，若禺与为也；其能人言也，若狌狌也；其不敢狂惑大倍于人义也，若彗麟也。彗麟虽驯，天禄辟邪虽神，不列于人。吾珍之字之，不狝杀之而止。其种类不足民，其酋豪不足君。

乌呼！民兽之不秩叙也，千有五百岁矣。凡大逆无道者，莫剧篡窃。篡窃三世以后，民皆其民，壤皆其壤，苟无大害于其黔首，则从雅俗而后辟之，亦可矣。异种者，虽传铜瑁至于万亿世，而不得抚有其民。何者？位虫兽于屏扆之前，居虽崇，令虽行，其君之实安在？虎而冠之，猿狙而衣之，虽设醮醴，非士冠礼也。夫龙举于华甬之下，乘云瑕，负凌兢，濛雨注天下，号令非不施也，吾不事之以雨师之神。民兽之辨，亦居可见矣。（按：《海内南经》云：枭阳国，“在北朐之西，其为人，人面长唇，黑身有毛，反踵，见人笑亦笑”。寻枭阳即狒狒，乃亦称之曰人，合之曰国。则戎狄之称人、称国，视此矣。）不以形，不以言，不以地，不以位，不以号令，种性非文，九趠不曰人。（惟行进，乃自变耳。《旧唐书·突厥传》：颉利部落来降；温彦博请置于塞下，曰：“古先哲王，有教无类。突厥以命归我，教以礼法，尽为农民。”是说以类为种类，谓奉教则种类自化。然虽进于戎狄，而部族与中国固殊云。）种性文，虽百挫亦人。

若夫华夏而臣胡虏之酋者，宁自处于牧圉，操箠而从之，则谓之臣矣。虽然，德之不建也，民之无援也，以大人岂弟，其忍使七十二王之萌庶，戕虐于诸戎，而不拯其死，不人兮其生也？故假手于臣异类以全泰氏之民。既臣矣，鸩其酋曰弑，废其主曰逆，有天常不赦，臣道也，不持以例民。民力耕冥息，珍食美衣，老幼以相字，夫妇以相欢，朋友以相掖，其名与实，未尝听命于戎人。强与之以听命之名，则犹曰“听命于龙”。其何不辨？辨之而不遰，弹之而不设隐括，惟政令之一出一人，曰以是分戎夏。

乌乎！民兽之不秩叙也久矣。辨之而不遰，弹之而不设隐括，曰：

“彼抚有九域，自吾祖祢至今，世以食毛践土。”是则未谛于北山之雅人、楚之芋尹之言也。彼周世也，井田未废，则天子经略，诸侯正封，九畡之土，莫不曰王田，而置农官以督之，则民犹赁而耕者也。其言若是，岂不中哉！自秦汉以后，井田废，约剂在民间。民归德于君，文饰其辞，则亦曰“食毛践土”，此非事实也。譬则以重华之圣颂其君，铜印以上，皆习之为恒言，而心知其夸诬也亦明矣。当秦汉以后，中国之君而犹若是，况异类乎？彼弃其戈壁，而盗居吾膏腴，则践我土也。彼舍其麇鹿雉兔，而盗食吾菽粟，则食我毛也。彼方践我土，食我毛，而曰我践彼土、食彼毛，其言之不应其肺肠欤！不然，何其戾也？

希腊之臣服土耳其也，数百岁矣，一昔溃去，而四邻辅之以自立，莫敢加之叛乱之名者，无他，种族殊也。意大利初并于日耳曼，逾年百五十，而米兰与伦巴多人始立民主。斯其为殊类也，间不容翲忽耳，然犹不欲以畀他人。由是观之，兴复旧物，虽耕夫红女将与有责焉。异国之不忍，安忍异种？异教之不偶俱，奚偶俱无教之狼鹿？君子观于明氏之史，如刘基者，其于为震旦尽矣！

难者曰：淳维之祖，犹吴之祖。今兽匈奴而民泰伯，悖。

曰：匈奴之犬种，先淳维生矣。己夏王之胤，娶胡牝以为妇而传冑焉，其冑非人也。岂直淳维？郯瞒在三季矣，苟效吴泰伯，虽被发文身以奔杨州之域，地故无异种，孰不曰人？若种类非也，苻、石之入帝，蒙古之全制，其犹是封豕巨鱼也。（凡虏姓，如宇文、慕容等，久进化矣。与始入不同，然犹当辨其部族。《元和姓纂》、《广韵》，为类族辨物者所必用。）且夫《春秋》以吴、越从狄者，谓其左衽同浴，不自别于异类，故因是以贬损之，不谓其素非人。若赵盾、许止之弑，被之空言而不敢辞，非曰其以刃剚也。今蛮闽、广东、福建之域，宅五帝之子姓矣。其民有世系，其风俗同九州，其与沙漠之异族，舞干戚而盗帝位者，其可同乎？故曰五者不足言，而种性重也。

难者曰：必绌亚洲之戎狄，而褒进欧、美，使欧、美之人，入而握吾之玺，则震旦将降心厌志以事之乎？

曰：是何言也！其贵同，其部族不同。观于《黄书》，知吾民之皆出于轩辕。余以姜姓之氏族，上及烈山，则谓之皆出于少典可也。海隅苍生，皆少典之冑；广轮万里，皆少典之宅。以少典之宅，而使他人制之，是则祭寝庙者亡其大宗，而以异姓为主后也，安论其戎狄与贵种哉？其拒之一矣。

余秩乎民兽，辨乎部族，故以《云门》之乐听之，(《大司乐》注：黄帝曰《云门》、《大卷》。黄帝能成名万物，以明民共财，言其德如云之所出，民得以有族类。）一切以种类为断。是以综核人之形名，则是非昭乎天地。(今世渐知人为猿化。然猿之种类，亦多矣。杜甫诗："人说南州路，山猿树树悬。举家闻若咳，为寄小如拳。"是则猿之小者如拳，大者乃如□□，而况人乎?)

(选自《訄书》初刻本（1900 年))

原　变

人谓紫脱华于层冰，其草最灵。（《文选》王元长《三日三日曲水诗序》注引《礼斗威仪》："人君乘土而王，其政大平，而远方献其珠英、紫脱。"紫脱，北方之物，生植紫宫。按：紫宫，即北极。今北冰洋亦有浮生之草，岂即紫脱欤？）紫脱非最灵也，其能寒过于款冬已。鼠游于火，忍热甚也。海有象马，嘘吸善也。物苟有志，强力以与天地竞，此古今万物之所以变。变至于人，遂止不变乎？

人之相竞也，以器。风胡子曰：轩辕、神农、赫胥之时，以石为兵，断树木为宫室，死而龙臧。黄帝时，以玉为兵，以伐树木，为宫室凿地，死而龙臧。禹穴之时，以铜为兵，以凿伊阙，决江导河，东注于东海，天下通平，治为宫室。当今之时，作铁兵，为龙渊、泰阿工布麾之，至于猛兽欧瞻，江水折扬，晋、郑之头毕白。（见《越绝书·外传·记宝剑》。）

石也，铜也，铁也，则瞻地者以其刀辨古今之期者也。惟玉独无所见于故书轶事。

章炳麟曰：阖胡观于鞞琫珕具之用？以知璋之邸射，古之刀也；圭之上剡，古之铗也；大圭杼上而终葵首，古之铁椎也；琮之八隅，古之矛与戟也。及玉，不足以刃人，而仅存其璏珌以为容观。武库之兵，出之典瑞，以为聘祭之币，斯无以竞矣。

竞以器，竞以礼，昔之有用者，皆今之无用者也。民无兽患，则狝苗可以废。社无鬼神，则朱丝、攻鼓可以息。自是以推，坐不隐地而跪䠊，庙不揆景而刻石，大臣戮者不赐盘水而拜恩，名实既诡，则皆可以替。

竞以礼，竞以形，昔之有用者，皆今之无用者也。冰期之世，非茸毛不足与寒气格战。至于今，则须发为无用，凑理之上，遂无短毳矣。

泰古之马，其蹄四指，足以破沮洳。今海内有大陆，而马财一指。然则寒暑燥湿之度变，物之与之竞者，其体亦变。且万族之相轧，非直寒暑燥湿之比者也。若是，人且得无变乎？浸益其智，其变也侗长硕岸而神明。浸损其智，其变也若跛鳖而愚。其变之物，吾不能知也，要之，蜕其故用而成其新用。

吾不敢道其日益，而道其日损。下观于深隧，鱼虾皆瞽，非素无目也，至此无所用其目焉。鲸有足而不以厹，羖有角而不以触，马爵有翼而不以飞，三体勿能用，久之则将失其三体。故知人之怠用其智力者，萎废而为豦蜼。人迫之使入于幽谷，夭阏天明，令其官骸不得用其智力者，亦萎废而为豦蜼。防风，厘姓也，后为侨如。马留，天汉之士卒也，(《唐书·南变·环王传》："又有西屠夷，盖马援还，留不去者，才十户，隋末孳衍至三百，皆姓马。俗以其寓，故号'马留人'，与林邑分唐南境。"按：今马来由族，亦作巫来由。来由，即留之切音。是马来由即马留，当时仅十户，而今南洋皆其种族。孳乳固广，容亦相溷。）今其颜色苍黑，其思虑不徇通。自亚洲之域，中国、日本、卫藏、印度有猿，其他不产。澳洲无猿，亦无反噍之兽。其无者，化而为野人矣。其有者，安知非放流之族，梼杌、穷奇之余裔，宅岫窟以御离魅者，从而变其形也？以是为忧，故"无逸"之说兴，而"合群明分"之义立矣。

章炳麟曰：物不知群，益州之金马、碧鸡。大古有其畜矣，沾沾以自喜，踽踽以丧群，而亡其种，今仅征其枯腊。(凡僵石，皆生物所化，亦有本是金石，而生物留其印迹者；又有生物已化去，而佗金石之质往代其壳，与原式无异者。是盖鸡马枯壳已化，而金碧代之也。）知群之道，细若贞虫，其动翃翃，有部曲进退，而物不能害。山林之士，避世离俗以为亢者，其侏张不群，与夫贪墨佣驽之役夫，诚相去远矣。然而其弊，将挈生民以为豦蜼。故仲尼谇之曰：鸟兽不可与同群。

合群之义，其说在《王制》、《富国》；知人之变，其说在《八索》。(《左》昭十二年传，"八索"马融注："八索，八卦。"是说最为近之。《说卦》传于一索、再索、三索得男女之前，先列乾为首，坤为腹，震为足，巽为股，坎为耳，离为目，艮为手，兑为口。是则"八索"者，明人体之取象于八卦，宜亦涉人类学及全体学者。又按：古之拜䠶，基于隐地，今惟日本尚近之耳。泰西尊奉景教，人不相拜，独施于祆祠。《元史·宪宗纪》禽钦察部酋巴齐玛克，命之跪，曰："身非驼，何以跪人为？"盖亦与景教同旨。）

（选自《訄书》初刻本（1900年））

《社会学》自序

社会学始萌芽，皆以物理证明，而排拒超自然说。斯宾塞尔始杂心理，援引浩穰，于玄秘淖微之地，未暇寻也；又其论议，多踪迹成事，顾鲜为后世计，盖其藏往则优，而匮于知来者。美人葛通哥斯之言曰：社会所始，在同类意识，俶扰于差别觉，制胜于模效性，属诸心理，不当以生理术语乱之。故葛氏自定其学，宗主执意，而宾旅夫物化，其于斯氏优矣。日本言斯学者，始有贺长雄，亦主斯氏；其后有岸本氏，卓而能约，实兼取斯、葛二家，其说以社会拟有机，而曰非一切如有机，知人类乐群，亦言有非社会性，相与偕动，卒其祈向，以庶事进化，人得分职为侯度，可谓发挥通情知微知章者矣。余浮海再东，初得其籍，独居深念，因思刘子骏有言：道家者流，出于史官，固知考迹皇古，以此先心，退藏于密，乃能斡人事而进退之。考迹皇古，谓之学胜；先心藏密，谓之理胜；然后言有与会，而非夫独应者也。岸本氏之为书，综合故言，尚乎中行，虽异于作者，然其不凝滞于物质，穷极往逝，而将有所见于方来，诚学理交胜者哉！乃料简其意，译为一编，无虑五万余言，有知化独往之士，将亦乐乎此也。壬寅六月，章炳麟序。

（选自 1902 年出版的［日］岸本武太郎著、章太炎译《社会学》）

东京留学生欢迎会演说录

今日承诸君高谊，开会欢迎，实在愧不克当；况且自顾生平，并没有一长可恃，愈觉惭愧。只就兄弟平生的历史，与近日办事的方法，略讲给诸君听听。

兄弟少小的时候，因读蒋氏《东华录》，其中有戴名世、曾静、查嗣庭诸人的案件，便就胸中发愤，觉得异种乱华，是我们心里第一恨事。后来读郑所南、王船山两先生的书，全是那些保卫汉种的话，民族思想渐渐发达。但两先生的话，却没有甚么学理。自从甲午以后，略看东西各国的书籍，才有学理收拾进来，当时对着朋友，说这逐满独立的话，总是摇头，也有说是疯颠的，也有说是叛逆的，也有说是自取杀身之祸的。但兄弟是凭他说个疯颠，我还守我疯颠的念头。

壬寅春天，来到日本，见着中山，那时留学诸公，在中山那边往来，可称志同道合的，不过一二个人。其余偶然来往的，总是觉得中山奇怪，要来看看古董，并没有热心救汉的心思。暗想我这疯颠的希望，毕竟是难遂的了，就想披起袈裟，做个和尚，不与那学界政界的人再通问讯。不料监禁三年以后，再到此地，留学生中助我张目的人，较从前增加百倍，才晓得人心进化，是实有的。以前排满复汉的心肠，也是人人都有，不过潜在胸中，到今日才得发现。自己以前所说的话，只比得那"鹤知夜半，鸡知天明"。夜半天明，本不是那只鹤、那只鸡所能办得到的，但是得气之先，一声胶胶喔喔的高啼，叫人起来做事，也不是可有可无。到了今日，诸君所说民族主义的学理，圆满精致，真是后来居上，兄弟岂敢自居先辈吗？只是兄弟今日还有一件要说的事，大概为人在世，被他人说个疯颠，断然不肯承认，除那笑傲山水诗豪画伯的一流人，又作别论，其余总是一样。独有兄弟却承认我是疯颠，我是有神经病，而且听见说我疯颠，说我有神经病的话，倒反格外高兴。为甚么缘故呢？大凡非常可怪的议论，不是神经病人，断不能想，就能想也不敢说。说了以后，遇着艰难困苦的时候，不是神经病人，断不能百折不回，孤行己意。所以古来有大学问成大事业的，必得有神经病才能做到。诸君且看那希腊哲学家琐格拉底，可不是有神经病的么？那提出民权自由的路索，为追一狗，跳过河去，这也实在是神经病。那回教初祖摩罕默德，据今日宗教家论定，是有脏燥病的。像我汉人，明朝熊廷弼的兵略，古来无二，然而看他《气性传》说，熊廷弼剪截是个疯子。近代左宗棠的为人，保护满奴，残杀同类，原是不足道的。但他那出奇制胜的方略，毕竟令人佩服。这左宗棠少年在岳麓书院的事，种种奇怪，想是人人共知。更有德毕士马克，曾经在旅馆里头，叫唤堂官，没有答应，便就开起枪来，这是何等性情呢？仔细看来，那六人才典功业，都是神经病里流出来的。为这缘故，兄弟承认自己有神经病；也愿诸位同志，人人个个，都有一两分的神经病。近来有人传说，某某是有神经病，某某也是有神经病，兄弟看来，不怕有神经病，只怕富贵利禄当面现〔现面〕前的时候，那神经病立刻好了，这才是要不得呢！略高一点的人，富贵利禄的补剂，虽不能治他的神经病，那艰难困苦的毒剂，还是可以治得的，这总是脚跟不稳，不能成就甚么气候。兄弟尝这毒剂，是最多的。算来自戊戌年以后，已有七次查拿，六次都拿不到，到第七次方才拿到。以前三次，或因别事株连，或是普拿新党，不专为我一人；后来四次，却都为逐满独立的事。但兄弟在这艰难困苦的盘涡里头，并没有一丝一毫的懊悔，凭你甚么毒剂，这神经病总治不好。或者诸君推重，也未必不由于此。若有人说，假如人人有神经病，办事必定瞀乱，怎得有个条理？但兄弟所说的神经病，并不是粗豪卤莽，乱打乱跳，要把那细针密缕的思想，装载在神经病里。譬如思想是个货物，神经病是个汽船，没有思想，空空洞洞的神经病，必无实济；没有神经病，这思想可能自动的么？以上所说，是略讲兄弟平生的历史。

至于近日办事的方法，一切政治、法律、战术等项，这都是诸君已经研究的，不必提起。依兄弟看，第一要在感情，没有感情，凭你有百千万亿的拿破仑、华盛顿，总是人各一心，不能团结。当初柏拉图说："人的感情，原是一种醉病"这仍是归于神经的了。要成就这感情，有两件事是最〈要〉的：第一，是用宗教发起信心，增进国民的道德；第二，是用国粹激动种性，增进爱国的热肠。

先说宗教。近来像宾丹、斯宾塞尔那一流人崇拜功利，看得宗教都是漠然。但若没有宗教，这道德必不得增进，生存竞争，专为一己，就要团结起来，譬如一碗的干麪子，怎能团得成面？欧、美各国的宗教，只奉耶苏基督，虽是极其下劣，若没有这基督教，也断不能到今日的地位。那伽得《社会学》中，已把斯宾塞〈尔〉的话，驳辩一过。只是我们中国的宗教，应该用那一件？若说孔教，原有好到极处的。就是各种宗教，都有神秘难知的话杂在里头，惟有孔教，还算干净，但他也有极坏的。因为孔子当时，原是贵族用事的时代，一班平民，是没有官做的，孔子心里，要与贵族竞争，就教化起三千弟子，使他成就做官的材料。从此以后，果然平民有官做了。但孔子最是胆小，虽要与贵族竞争，却不敢去联合平民，推翻贵族政体。他《春秋》上虽有"非世卿"的话，只是口诛笔伐，并不敢实行的，所以他教弟子，总是依人作嫁，最上是帝师王佐的资格，总不敢觊觎帝位。及到最下一级，便是委吏乘田，也将就去做了。诸君看孔子生平，当时摄行相事的时候，只是依傍鲁君，到得七十二国周游数次，日暮途穷，回家养老，那时并且依傍季氏，他的志气，岂不一日短一日么？所以孔教最大的污点，是使人不脱富贵利禄的思想。自汉武帝专尊孔教以后，这热中于富贵利禄的人，总是日多一日。我们今日想要实行革命，提倡民权，若夹杂一点富贵利禄的心，就像微虫霉菌，可以残害全身，所以孔教是断不可用的。若说那基督教，西人用了，原是有益；中国用了，却是无益。因中国人的信仰基督，并不是崇拜上帝，实是崇拜西帝。最上一流，是借此学些英文、法文，可以自命不凡；其次就是饥寒无告，要借此混日子的；最下是凭仗教会的势力，去鱼肉乡愚，陵轹同类。所以中国的基督教，总是伪基督教，并没有真基督教。但就是真基督教，今日还不可用。因为真基督教，若野蛮人用了，可以日进文明；若文明人用了，也就退入野蛮。试看罗马当年，政治学术，何等灿烂，及用基督教后，一切哲学，都不许讲，使人人自由思想，一概堵塞不行，以致学问日衰，政治日敝，罗马也就亡了。那继起的日耳曼种，本是野蛮贱族，得些基督教的道德，把那强暴好杀的心，逐渐化去，就能日进文明，这不是明白的证据么？今日的中国，虽不能与罗马并称，却还可称伯仲，断不是初起的日耳曼种可相比例。所以真正的基督教，于中国也是有损无益。再就理论上说，他那谬妄可笑，不合哲学之处，略有学问思想的人，决定不肯信仰，所以也无庸议。孔教、基督教，既然必不可用，究竟用何教呢？我们中国，本称为佛教国。佛教的理论，使上智人不能不信；佛教的戒律，使下愚人不能不信。通彻上下，这是最可用的。但今日通行的佛教，也有许多的杂质，与他本教不同，必须设法改良，才可用得。因为净土一宗，最是愚夫愚妇所尊信的。他所求的，只是现在的康乐，子孙的福泽。以前崇拜科名的人，又将那最混帐的《太上感应篇》、《文昌帝君阴骘文》等，与净土合为一气，烧纸、拜忏、化笔、扶箕，种种可笑可丑的事，内典所没有说的，都一概附会进去。所以信佛教的，只有那卑鄙恶劣的神情，并没有勇猛无畏的气概。我们今日要用华严、法相二宗改良旧法。这华严宗所说，要在普度众生，头目脑髓，都可施舍与人，在道德上最为有益。这法相宗所说，就是万法惟心。一切有形的色相，无形的法尘，总是幻见幻想，并非实在真有。近来康德、索宾霍尔诸公，在世界上称为哲学之圣。康德所说"十二范畴"，纯是"相分"的道理。索宾霍尔所说"世界成立全由意思盲动"，也就是"十二缘生"的道理，却还有许多哲理，是诸公见不到的。所以今日德人，崇拜佛教，就是为此。在哲学上今日也最相宜。要有这种信仰，才得勇猛无畏，众志成城，方可干得事来。佛教里面，虽有许多他力摄护的话，但就华严、法相讲来，心佛众生，三无差别。我所靠的佛祖仍是靠的自心，比那基督教人依傍上帝，扶墙摸壁，靠山靠水的气象，岂不强得多吗？

有的说中国佛教，已经行了二千年，为甚没有效果？这是有一要点。大概各教可以分为三项：一是多神教，二是一神教，三是无神教。也如政体分为三项：一是贵族政体，二是君主政体，三是共和政体。必要经过君主政体的阶级，方得渐入共和政体；若从这贵族政体，一时变成共和政体，那共和政体必带种种贵族的杂质。必要经过一神教的阶级，方得渐入无神教，若从这多神教一时变成无神教，那无神教必带种种多神教的杂质。中国古代的道教，这就是多神教。后来佛教进来，这就是无神教。中间未经一神教的阶级，以致世人看佛，也是一种鬼神，与那道教的种种鬼神，融化为一。就是刚才所说的烧纸、拜忏、化笔、扶箕等类，是袁了凡、彭尺木、罗台山诸人所主张的。一般社会，没有一人不堕这坑中，所以佛教并无效果。如今基督教来，崇拜一神，借摧陷廓清的力，把多神教已经打破，所以再行佛教，必有效果可见的了。

有的说印度人最信佛教，为甚亡国？这又是一要点。因为印度所有，只是宗教，更没甚么政治法律。这部《摩拏法典》，就是婆罗门所撰定。从来没有政治法律的国，任用何教，总是亡国。这咎不在佛教，在无政治法律。我中国已有政治法律，再不会像印度一样。若不肯信，请看日本可不是崇信佛教的国么？可像那印度一样亡国么？

有的说佛教看一切众生，皆是平等，就不应生民族思想，也不应说逐满复汉。殊不晓得佛教最重平等，所以妨碍平等的东西，必要除去。满州〔洲〕政府待我汉人种种不平，岂不应该攘逐？且如婆罗门教分出四性阶级，在佛教中最所痛恨。如今清人待我汉人，比那刹帝利种虐待首陀更要利害十倍。照佛教说，逐满复汉，正是分内的事。又且佛教最恨君权，大乘戒律，都说："国王暴虐，菩萨有权，应当废黜。"又说："杀了一人，能救众人，这就是菩萨行。"其余经论，王贼两项，都是并举。所以佛是王子，出家为僧。他看做王就与做贼一样，这更与恢复民权的话相合。所以提倡佛教，为社会道德上起见，固是最要；为我们革命军的道德上起见，亦是最要。总望诸君同发大愿，勇猛无畏。我们所最热心的事，就可以干得起来了。

次说国粹。为甚提倡国粹？不是要人尊信孔教，只是要人爱惜我们汉种的历史。这个历史，是就广义说的，其中可以分为三项：一是语言文字，二是典章制度，三是人物事迹。近来有一种欧化主义的人，总说中国人比西洋人所差甚远，所以自甘暴弃，说中国必定灭亡，黄种必定剿绝。因为他不晓得中国的长处，见得别无可爱，就把爱国爱种的心，一日衰薄一日。若他晓得，我想就是全无心肝的人，那爱国爱种的心，必定风发泉涌，不可遏抑的。兄弟这话，并不像做《格致古微》的人，将中国同欧洲的事，牵强附会起来；又不像公羊学派的人，说甚么三世就是进化，九旨就是进夷狄为中国，去仰攀欧洲最浅最陋的学说，只是就我中国特别的长处，略提一二：

先说语言文字。因为中国文字，与地球各国绝异，每一个字，有他的本义，又有引申之义。若在他国，引申之义，必有语尾变化，不得同是一字，含有数义。中国文字，却是不然。且如一个天字，本是苍苍的天，引申为最尊的称呼，再引申为自然的称呼。三义不同，总只一个天字。所以有《说文》、《尔雅》、《释名》等书，说那转注、假借的道理。又因中国的话，处处不同，也有同是一字，彼此声音不同的；也有同是一物，彼此名号不同的。所以《尔雅》以外，更有《方言》，说那同义异文的道理。这一种学问，中国称为"小学"，与那欧洲"比较语言"的学，范围不同，性质也有数分相近。但是更有一事，是从来小学家所末说的，因为造字时代先后不同，有古文大篆没有的字，独是小篆有的；有小篆没有的字，独是隶书有的；有汉时隶书没有的字，独是《玉篇》、《广韵》有的；有《玉篇》、《广韵》没有的字，独是《集韵》、《类篇》有的。因造字的先后，就可以推见建置事物的先后。且如《说文》兄、弟两字，都是转注，并非本义，就可见古人造字的时代，还没有兄弟的名称。又如君字，古人只作尹字，与那父字，都是从手执杖，就可见古人造字的时代，专是家族政体，父权君权，并无差别。其余此类，一时不能尽说。发明这种学问，也是社会学的一部。若不是略知小学，史书所记，断断不能尽的。近来学者，常说新事新物，逐渐增多，必须增造新字，才得应用，这自然是最要，但非略通小学，造出字来，必定不合六书规则。至于和合两字，造成一个名词，若非深通小学的人，总是不能妥当。又且文辞的本根，全在文字，唐代以前，文人都通小学，所以文章优美，能动感情。两宋以后，小学渐衰，一切名词术语，都是乱搅乱用，也没有丝毫可以动人之处。究竟甚么国土的人，必看甚么国土的文，方觉有趣。像他们希腊、梨俱的诗，不知较我家的屈原、杜工部优劣如何？但由我们看去，自然本种的文辞，方为优美。可惜小学日衰，文辞也不成个样子。若是提倡小学，能够达到文学复古的时候，这爱国保种的力量，不由你不伟大的。

第二要说典章制度。我个〔们〕中国政治，总是君权专制，本没有甚么可贵，但是官制为甚么要这样建置？州郡为甚么要这样分划？军队为甚么要这样编制？赋税为甚么要这样征调？都有一定的理由，不好将专制政府所行的事，一概抹杀。就是将来建设政府，那项须要改良？那项须要复古？必得胸有成竹，才可以见诸施行。至于中国特别优长的事，欧、美各国所万不能及的，就是均田一事，合于社会主义。不说三代井田，便从魏、晋至唐，都是行这均田制度。所以贫富不甚悬绝，地方政治容易施行。请看唐代以前的政治，两宋至今，那能仿佛万一。这还是最大最繁的事，其余中国一切典章制度，总是近于社会主义，就是极不好的事，也还近于社会主义。兄弟今天，略举两项，一项是刑名法律。中国法律，虽然近于酷烈，但是东汉定律，直到如今，没有罚钱赎罪的事，惟有职官妇女，偶犯笞杖等刑，可以收赎。除那样人之外，凭你有陶朱、猗顿的家财，到得受刑，总与贫人一样。一项是科场选举。这科举原是最恶劣的，不消说了，但为甚隋、唐以后，只用科举，不用学校？因为隋、唐以后，书籍渐多，必不能像两汉的简单。若要入学购置书籍，必得要无数金钱，又且功课繁多，那做工营农的事，只可阁〔搁〕起一边，不能像两汉的人，可以带经而锄的。惟有律赋诗文，只要花费一二两的纹银，就把程墨可以统统买到，随口咿唔，就像唱曲一般，这做工营农的事，也还可以并行不悖，必得如此，贫人才有做官的希望。若不如此，求学入官，不能不专让富人，贫民是沉沦海底，永无参预政权的日了。这两件事，本是极不好的，尚且带几分社会主义的性质，况且那好的么？我们今日崇拜中国的典章制度，只是崇拜我的社会主义。那不好的，虽要改良；那好的，必定应该顶礼膜拜，这又是感情上所必要的。

第三要说人物事迹。中国人物，那建功立业的，各有功罪，自不必说，但那俊伟刚严的气魄，我们不可不追步后尘。与其学步欧、美，总是不能像的；何如学步中国旧人，还是本来面目。其中最可崇拜的，有两个人：一是晋末受禅的刘裕，一是南宋伐金的岳飞，都是用南方兵士，打胜胡人，可使我们壮气。至于学问上的人物，这就多了。中国科学不兴，惟有哲学，就不能甘居人下。但是程、朱、陆、王的哲学，却也无甚关系。最有学问的人，就是周秦诸子，比那欧洲、印度，或者难有定论；比那日本的物茂卿、太宰纯辈，就相去不可以道里计了。日本今日维新，那物茂卿、太宰纯辈，还是称颂弗衰，何况我们庄周、荀卿的思想，岂可置之脑后？近代还有一人，这便是徽州休宁县人，姓戴名震，称为东原先生，他虽专讲儒教，却是不服宋儒，常说“法律杀人，还是可救；理学杀人，便无可救”。因这位东原先生，生在满洲雍正之末，那满洲雍正所作朱批上谕，责备臣下，并不用法律上的说话，总说“你的天良何在？你自己问心可以无愧的么？”只这几句宋儒理学的话，就可以任意杀人。世人总说雍正待人最为酷虐，却不晓是理学助成的。因此那个东原先生，痛哭流涕，做了一本小小册子，他的书上，并没有明骂满洲，但看见他这本书，没有不深恨满洲。这一件事，恐怕诸君不甚明了，特为提出。照前所说，若要增进爱国的热肠，一切功业学问上的人物，须选择几个出来，时常放在心里，这是最紧要的。就是没有相干的人，古事古迹，都可以动人爱国的心思。当初顾亭林要想排斥满洲，却无兵力，就到各处去访那古碑古碣传示后人，也是此意。

以上所说，是近日办事的方法，全在宗教、国粹两项，兄弟今天，不过与诸君略谈，自己可以尽力的，总不出此两事。所望于诸君的，也便在此两事。总之，要把我的神经病质，传染诸君，更传染与四万万人。至于民族主义的学理，诸君今日，已有余裕；发行论说刊刻报章的事，兄弟是要诸君代劳的了。

（选自《民报》第六号（1906年7月））

俱分进化论

近世言进化论者，盖昉于海格尔氏。虽无进化之明文，而所谓世界之发展，即理性之发展者，进化之说，已蘖芽其间矣。达尔文、斯宾塞尔辈应用其说，一举生物现象为证，一举社会现象为证。如彼所执，终局目的，必达于尽美醇善之区，而进化论始成。同时即有赫衰黎氏与之反对。赫氏持论，徒以世运日进，生齿日繁，一切有情，皆依食住，所以给其欲求者，既有不足，则相争相杀，必不可已，沾沾焉以贫乏失职为忧，而痛心于彗星之不能拂地，以埽万物而剿绝之。此其为说，亦未为定论也。当海格尔始倡“发展论”时，索宾霍尔已与相抗，以世界之成立，由于意欲盲动，而知识为之仆隶。盲动者，不识道途，惟以求乐为目的，追求无已。如捷足者之逐日月，乐不可得，而苦反因以愈多。然后此智识者，又为意欲之诤臣，止其昌狂妄行，与之息影于荫下也。则厌世观始起，而稍稍得望涅槃之门矣。其说略取佛家，亦与僧佉论师相近，持论固高，则又苦无证据。虽然，吾不谓进化之说非也。即索氏之所谓追求者，亦未尝不可称为进化。若云进化终极，必能达于尽美醇善之区，则随举一事，无不可以反唇相稽。彼不悟进化之所以为进化者，非由一方直进，而必由双方并进，专举一方，惟言智识进化可尔。若以道德言，则善亦进化，恶亦进化；若以生计言，则乐亦进化，苦亦进化。双方并进，如影之随形，如罔两之逐影。非有他也，智识愈高，虽欲举一废一而不可得。曩时之善恶为小，而今之善恶为大；曩时之苦乐为小，而今之苦乐为大。然则以求善、求乐为目的者，果以进化为最幸耶？其抑以进化为最不幸耶？进化之实不可非，而进化之用无所取，自标吾论曰《俱分进化论》。

善恶苦乐之并进也，且无以社会明之，而专以生物明之。今夫有机物界以乳哺动物为最高，在乳哺动物中，又以裸形而两足者为最高，无爪牙而能御患，无鳞毛而能御寒，无羽翼而能日驰千里，此非人之智识，比于他物为进化欤？以道德言，彼虽亦有父子兄弟之爱，顾其爱不能持久，又不知桄充其爱，组织团体以求自卫，聚麀之丑，争食之情，又无时或息也。人于前者能扩张之，于后者能禁防之，是故他物唯有小善，而人之为善稍大。虽然，人与百兽，其恶之比较为小乎？抑为大乎？虎豹以人为易与而啖食之，人亦以牛羊为易与而啖食之。牛羊之视人，必无异于人之视虎豹，是则人类之残暴，固与虎豹同尔。虎豹虽食人，犹不自残其同类，而人有自残其同类者！太古草昧之世，以争巢窟、竞水草而相杀者，盖不可计，犹以手足之能，土丸之用，相觝相射而止。国家未立，社会未形，其杀伤犹不能甚大也。既而团体成矣，浸为戈矛剑戟矣，浸为火器矣，一战而伏尸百万，蹀血千里，则杀伤已甚于太古。纵令地球统一，弭兵不用，其以智谋攻取者，必尤甚于畴昔。何者？杀人以刃，固不如杀人以术，与接为构，日以心斗，则驱其同类，使至于悲愤失望而死者，其数又多于战，其心又惨于战，此固虎豹所无，而人所独有也。由是以观，则知由下级之乳哺动物，以至人类，其善为进，其恶亦为进也。以生计言，他物所以养欲给求者少，惟人为多。最初生物，若阿米巴，若毛柰伦，期于得食而止耳。视觉、听觉、嗅觉皆未形成，则所以取乐者少，鱼亦期于得水而止，鸟亦期于得木而止耳。供鳅以毛嫱、西施，乐鹦以钧天、九韶，彼固无所于乐也。乳哺动物愈进化矣，幼眇之音，姝丽之色，芳泽之气，至于蝯、狙而能乐之，其所乐者，亦几微也。一昔而得之，而不为甚乐，一昔而失之，而亦不为甚苦，故苦乐之量必小。若人则非独有五官之乐也，其乐固可以恒久，自五官而外，其乐又有可以恒久者，于是摄受之念始成，衽席之情，床笫之乐，刍豢之味，裘帛之温，无不可以常住。其始徒以形质现前为乐，其后则又出于形质以外，由饱暖妃匹而思土地，由土地而思钱帛，由钱帛而思高官厚禄。土地欤？钱帛欤？高官厚禄欤？此固不可直接以求乐者，而求乐之方便，必自此始。有此而后饱暖妃匹之欲，可以无往不遂也。虽然，其始之乐此者，为间接以得饱暖妃匹之欲，其卒则遂以此为可乐，而饱暖妃匹之欲，亦或因此而牺牲之。又其甚者，则以名誉为乐，而土地钱帛、高官厚禄亦或因此而牺牲之。此其为乐，岂他动物所敢望者？然而求此乐者，必非可以一蹴获也，将有所营画而后获之。下者奔走喘息，面目黎黑，以求达其五官之欲，其苦犹未甚也。求土地者，求钱帛者，求高官厚禄者，非直奔走喘息、面目黎黑而已，非含垢忍辱则不可得。今夫动物之情虽异，而其喜自尊贵，不欲为外物所陵藉者，则动物之同情也，必不得已，而至于含垢忍辱，笞我詈我，蹍我践我，以主人臧获之分而待我，我犹鞠躬磬折以承受之，此其为苦，盖一切生物所未有也。虽求名誉者，宁或异此？于世俗之名誉，求之之道，固无以愈于前矣。道德、功业、学问之名誉，于名誉为最高，其求之亦愈艰苦。有时而求此道德、功业、学问之名，乃不得不举此道德、功业、学问之实而丧之。有时而求此道德、功业、学问之名，乃不得不举此可以受用道德、功业、学问之名者而亦丧之，杀身灭种，所不恤矣！此其为苦，则又有甚于前者，以彼其苦而求是乐，其得之者犹可以自喜也，而不得者十犹八九。藉令得之，犹未知可以摄受否也？藉令可以摄受，受之愈乐，则舍之也愈苦。佛说诸天终时，现五衰相，其苦甚于人类。今观富贵利达之士，易箦告终，其苦必甚于贫子；贫子之死，其苦必甚于牛马，牛马之死，其苦必甚于鱼鳖。下至腔肠、囊状、桑葚诸物，而死时受苦之剂量，亦愈减矣。是不亦乐之愈进者，其苦亦愈进乎？

上来所说，善恶苦乐同时并进，唯举一二事证，今更求其原理，并举例以明之。

善恶何以并进？一者由熏习性。生物本性，无善无恶，而其作用，可以为善为恶。是故阿赖邪识，惟是无覆无记；（无记者，即无善无恶之谓。）其末那识，惟是有覆无记；至于意识，而始兼有善恶无记。纯无记者，名为本有种子；杂善恶者，名为始起种子。一切生物，无不从于进化之法而行，故必不能限于无记，而必有善恶种子与之杂糅；不杂糅者，惟最初之阿米巴尔。自尔以来，由有覆故，种种善恶，渐现渐行，熏习本识，成为种子。是故阿赖邪识亦有善恶种子伏藏其间，如清流水杂有鱼草等物。就轮回言，善恶种子，名为羯磨业识，此不可为常人道者。就生理言，善恶种子，则亦祖父遗传之业识已。种子不能有善而无恶，故现行亦不能有善而无恶。生物之程度愈进而为善，为恶之力亦因以愈进，此最易了解者。二者由我慢心，由有末那执此阿赖邪识，以为自我，念念不舍，于是生四种心。希腊古德以为人之所好，曰真、曰善、曰美。好善之念，惟是善性，好美之念，是无记性；好真之念，半是善性，半无记性。虽然，人之所好，止于三者而已乎？若惟三者，则人必无恶性，此其缺略可知也。今检人性好真、好善、好美而外，复有一好胜心。好胜有二：一、有目的之好胜，二、无目的之好胜。凡为追求五欲财产、权位、名誉而起竞争者，此其求胜非以胜为限界，而亦在其事、其物之可成，是为有目的之好胜；若不为追求五欲财产、权位、名誉而起竞争者，如鸡、如蟋蟀等，天性喜斗，乃至人类亦有其情，如好弈棋与角力者，不必为求博赆，亦不必为求名誉，惟欲得胜而止，是为无目的之好胜。此好胜者，由于执我而起，名我慢心，则纯是恶性矣。是故真、善、美、胜四好，有兼善、恶、无记三性，其所好者，不能有善而无恶，故其所行者，亦不能有善而无恶。生物之程度愈进，而为善为恶之力，亦因以愈进，此亦易了解者。若在一人，善云恶云，其力皆强，互相抵抗，甲者必为乙者征服而止，固非善恶兼进。而就一社会、一国家中多数人类言之，则必善恶兼进，于下举例：

一、如欧洲各国，自斯巴达、雅典时代，以至今日，贵族平民之阶级，君臣男女之崇卑，日渐划削，则人人皆有平等之观，此诚社会道德之进善者。然以物质文明之故，人所尊崇，不在爵位，而在货殖。富商大贾之与贫民，不共席而坐，共车而出，诸佣雇者之事其主人，竭忠尽瘁，犹必以佞媚济之。虽无稽首折腰之礼，而其佞媚有甚于是者。东方诸国，诚人人趋附势利矣，犹以此为必不应为之事。独欧洲则举此以为天经地义（除少数之持社会主义者）。此非其进于恶耶？往者旧教盛行，迫人以必不愿从之事，自宗教改良，而人人有信教之自由，此诚社会道德之进善者。虽然，基督教未行以前，如琐格拉底辈，以身殉道，蹈死不顾；基督教既行以后，奉教者以舍身救人为志，则殉道者尤不可以更仆数。乃至路德之倡新教，其风亦未尝绝也。今日之以身殉道者，犹有其人乎？其在中国与非、澳诸洲者，或以智穷力竭，无所复之，而不得不就菹醢，其同类则相高以以身殉道之名，究其实际，怯懦畏葸之尤也。非直宗教，今之欧人，强毅敢死之风，已渐消灭，而吝惜身命，希于苟安而止者，所在皆是。风教陵迟，志节颓丧，其进于恶也，盖已甚矣！

二、如日本人言：日本维新以后，以新道德与旧道德相参，其奉法守节，胜于往古。曩者轻果好斗之风，渐转而为国家死难，此固社会道德之进善者。虽然，国势渐隆，法律渐备，纳其臣民于轨范之中，诸公卿间，求其刚严直大如西乡隆盛者，盖不可复睹矣！往者虽轻侠自喜，而士人之倜傥非常者，亦往往而有，若中江笃介、福泽谕吉诸公，诚可为东方师表也。今其学术虽胜于前，然有不为政府效用者乎？有不为富贵利禄而动者乎？日本维新才四十年，而其善之进如此，其恶之进，亦既如此矣。

三、如中国。中国自宋以后，有退化而无进化，善亦愈退，恶亦愈退，此亦可为反比例也。论者或谓周、秦以上，戕杀烝报之事，记于《春秋》者，不可偻指。常疑前世道德，必无以愈于今，此大误也。春秋之世，戕杀烝报，不以为忌，常在世家贵族。若乃尾生之信，沮、溺丈人之节，亦为后代所无。虽至战国，士人习以游说为事，然豫让、聂政、荆轲之徒，其侠烈有足多者。墨翟之仁，庄周之高，陈仲子之廉介，自汉以后，可复得乎？东汉风俗，二千年中为殊胜，而奸雄亦出其间，互相争竞而不可已。唐世风烈，稍近战国矣，急科名、趋利禄者日多，而高洁者亦因以愈多。阳城、元德秀，特其最著者也。自宋以后，渐益退化，至满洲为甚。程、朱、陆、王之徒，才能自保，而艰苦卓绝，与夫遁世而无闷者，竟不可见，此则善之退化矣。矫称蜂出，誓盟不信，官常之堕败，士风之庸猥，党见之狭陋，工商之狙诈，此诚可谓恶也。夫善恶虽殊，而其资于伟大雄奇之气则一。然观今日为篡者，惟能为石敬瑭、吴三桂，而必不能为桓温、刘裕；为奸者，惟能为贾似道、史弥远，而必不能为元载、蔡京。朝有谀佞，而乏奸雄；野有穿窬，而鲜大盗；士有败行，而无邪执；官有两可，而少顽嚚。方略不足以济其奸，威信不足以和其众，此亦恶之退化也。

苦乐何以并进？凡苦有三：一曰怨憎会苦，二曰求不得苦，三曰爱别离苦。乐者反是。苦又有二：一曰苦受，苦事现前，逼夺身心，不能暂舍，是为苦受。二曰忧受，苦事未来，豫为愁戚，苦事已去，追为痛悼，是为忧受。乐亦有二：一曰乐受，乐事现前，瞑瞒耽溺，若忘余事，是为乐受。二曰喜受，乐事未来，豫为掉动，乐事已去，追为顾恋，是为喜受。世界愈进，相杀相伤之事渐少，而阴相排挤之事亦多。彼时怨憎会苦，惟在忧受，不在苦受。惟此一苦，或少减于畴昔，需求日繁，供给不逮，求不得苦，较前为甚。所求既得，其乐胜前，一旦死亡，舍此他去，爱别离苦，则较前为最甚。非直如是而已，一、感官愈敏，应时触发，其感乐则愈切，其感苦亦愈切。例如犬羊娩乳，熙怡自得，人间妇女，则以娩乳为最苦。以文明人较野蛮人，则娩乳为尤苦也。二、卫生愈善，无少毁伤，其感乐则愈久，其感苦亦愈久。例如蛙失其肢，守宫丧尾，习为故常，则补缺力亦易发达，丧失未久，完具如故。高等动物无常失肢体之事，偶尔丧失，则补缺力亦无所用。又如野蛮人众，刀剑创痍，应时完好；文明人众，则无此事，虽有药物，而伤甚者，必难骤复也。三、思想愈精，利害较著，其思未来之乐愈审，其虑未来之苦亦愈审。例如火将焚栋，燕雀处堂，颜色不变；若在小儿，亦鲜危怖；其在成人，则望气而矍然也。四、资具愈多，悉为己有，其得乐之处愈广，其得苦之处亦愈广。例如贫子家中，徒四壁立，一身以外，无所受乐，亦复无所受苦；若在富人，田园金帛，围绕形躯，多得一物，即有余欢，略失一物，亦有余憾也。五、好尚愈高，执著不舍，其器所引之乐愈深，其器所引之苦亦愈深。例如狎客冶游，所遇既广，无所缠绵，顺之不为甚乐，逆之不为甚苦；若笃于伉俪者，稍有乖违，其苦已甚。又如学究鄙儒，恣意记录，不劳心力，得失之间，亦无苦乐；若耽于撰述者，略有残损，苦亦随之。六、夭殇愈少，各保上龄，其受乐之时愈永，其受苦之时亦愈永。例如蟪蛄、朝菌，一瞬已亡，其苦其乐，亦云暂矣；若在牛羊，其寿稍永，常得豢养之乐，亦常受鞭棰之苦也。如上所举，苦乐相资，必不得有乐无苦，善恶并进，犹云泛指全体；苦乐并进，则非特遍于全体，而亦局于一人。其并进之功能，盖较善恶为甚矣。

上来所述，善恶、苦乐二端，必有并进兼行之事。世之渴想于进化者，其亦可以少息欤？抑吾尝读赫尔图门之《宗教哲学》矣，其说曰："有恶根在，必有善根，若恬憺无为者，其善根亦必断绝。"此谓恶尚可为，而厌世观念，则必不可生也。不悟厌世观念，亦有二派：其一，决然引去，惟以出此世界为利，亦无余念及于众生，此佛家所谓钝性声闻，无有菩提种子者也。其一，以世界为沉浊，而欲求一清净殊胜之区，引彼众生，爰得其所，则不惮以身入此世界，以为接引众生之用，此其志在厌世，而其作用则不必纯为厌世。若是，则何不可厌世之有？抑吾又读羯通哥斯之《社会学》矣，其说曰："凡彼乐受，先由轧轹，第一轧轹，惟是苦观，第二轧轹，始有乐观。"此谓苦不可厌，于苦受后，得有乐受继之而起也。不悟人之追求，固无穷极，方其乐时，虽知有乐，久之而其乐亦可厌矣，则必求一新乐以代其已谢者。于是第一轧轹之新苦，又必先于新乐而生，求乐无已，其得苦亦无已，后得之乐，果足与先受之苦相庚偿乎？况其所谓乐者，同时必有苦受与之方轨丽骖而进，是先受之苦为纯苦，而后得之乐，惟是苦乐相参也。然则进化之乐，又曷足欣羡也哉？或曰："今之世未为究竟进化，善恶、苦乐，犹未达于顶点，故人之希望者多，而厌弃者犹少，无宁任其进化，使人人知有世界极恶、自身最苦之时，则必有憬然反顾者。当尔所时，厌世之说，于是昌矣!”此其为说，亦本赫尔图门调和进化、厌世二主义者，世有勇猛大心之士，不远而复，吾宁使之早弃斯世，而求之于视听言思之外，以济众生而灭度之。纵令人世，以行善为途径，必不应如功利论者，沾沾于公德、私德之分。康德所云“道德有对内之价值，非有对外之价值”者，庶几近于“无漏善”哉！何以故？尽欲度脱等众生界，而亦不取众生相，以一切众生，及与己身，真如平等无别异故。既无别异，则惟有对内之价值，而何公德、私德之分乎？其次，无勇猛大心者，则惟随顺进化，渐令厌弃。夫以进化之力，使斯世趋于为鬼为魅，则自陀穷而知所返，此法尔无可遁者。然随顺进化者，必不可以为鬼为魅、为期望于进化诸事类中，亦惟择其最合者而倡行之，此则社会主义，其法近于平等，亦不得已而思其次也。

（原载《民报》七号（1906 年 9 月），选自《太炎文录初编》别录卷二）

无神论

世之立宗教、谈哲学者，其始不出三端：曰惟神、惟物、惟我而已。吠檀多之说，建立大梵，此所谓惟神论也；鞞世师（译曰胜论）之说，建立实性，名为地、水、火、风、空、时、方、我、意，九者皆有极微，我、意虽虚，亦在极微之列，此所谓惟物论也；僧佉（译曰数论）之说，建立神我，以神我为自性三德所缠缚，而生二十三谛，此所谓惟我论也。（近人以数论为心、物二元，其实非是。彼所谓自性者，分为三德，名忧德、喜德、暗德，则非物质明矣。其所生二十三谛，虽有心、物之分，此如佛教亦分心、色，非谓三德之生物质者，即是物质。寻其实际，神我近于佛教之识阴，忧德、喜德近于佛教之受阴，暗德近于佛教之根本无明，非于我外更有一物。）渐转渐明，主惟神者，以为有高等梵天；主惟物者，以为地、水、火、风，皆有极微，而空、时、方、我、意，一切非有；主惟我者，以为智识意欲，互相依住，不立神我之名，似吠檀多派而退者，则基督、天方诸教是也；似鞞世师派而进者，则殑德、歌生诸哲是也；似僧佉派而或进或退者，则前有吠息特，后有索宾霍尔是也。（近人又谓笛加尔说，近于数论。其实不然。笛氏所说，惟“我思我在”一语，与数论相同耳。心、物二元，实不相似。）惟我之说，与佛家惟识相近，惟神、惟物则远之。佛家既言惟识，而又力言无我。是故惟物之说，有时亦为佛家所采。小乘对立心物，则经部正量、萨婆多派，无不建立极微；大乘专立一心，有时亦假立极微，以为方便。瑜伽论师以假想慧，除析粗色，至不可析，则说此为极微，亦说此为诸色边际，能悟此者，我见亦自解脱。虽然，其以物为方便，而不以神为方便者，何也？惟物之说，犹近平等；惟神之说，崇奉一尊，则与平等绝远也。欲使众生平等，不得不先破神教。故就基督、吠檀多辈论其得失，而泛神诸论附焉。

基督教之立耶和瓦也，以为无始无终，全知全能，绝对无二，无所不备，故为众生之父。就彼所说，其矛盾自陷者多，略举其义如下：

无始无终者，超绝时间之谓也。既已超绝时间，则创造之七日，以何时为第一日？若果有第一日，则不得云无始矣。若云创造以前，固是无始，惟创造则以第一日为始。夫耶和瓦既无始矣，用不离体，则创造亦当无始。假令本无创造，而忽于一日间有此创造，此则又类僧佉之说。未创造时，所谓“未成为冥性”者；正创造时，所谓“将成为胜性”者。彼耶和瓦之心，何其起灭无常也？其心既起灭无常，则此耶和瓦者，亦必起灭无常，而何无始之云？既已超绝时间，则所谓末日审判者，以何时为末日？果有末日，亦不得云无终矣。若云此末日者，惟是世界之终，而非耶和瓦之终，则耶和瓦之成此世界，坏此世界，又何其起灭无常也？其心既起灭无常，则此耶和瓦者，亦必起灭无常，而何无终之云？是故无始无终之说，即彼教所以自破者也。

全知全能者，犹佛家所谓萨婆若也。今试问彼教曰：耶和瓦者，果欲人之为善乎？抑欲人之为不善乎？则必曰：欲人为善矣。人类由耶和瓦创造而成，耶和瓦既全能矣，必能造一纯善无缺之人，而恶性亦无自起；恶性既起，故不得不归咎于天魔。虽然，是特为耶和瓦委过地耳。彼天魔者，是耶和瓦所造，抑非耶和瓦所造耶？若云是耶和瓦所造。则造此天魔时，已留一不善之根，以为惑诱世人之用。是则与欲人为善之心相刺谬也。若云非耶和瓦所造，则此天魔本与耶和瓦对立，而耶和瓦亦不得云绝对无二矣。若云此天魔者，违背命令，陷于不善，耶和瓦既已全能，何不造一不能违背命令之人，而必造此能违背命令之人？此塞伦哥自由之说，所以受人驳斥也。若云耶和瓦特造天魔，以侦探人心之善恶者，耶和瓦既已全知，则亦无庸侦探。是故全知全能之说，又彼教所以自破者也。

绝对无二者，谓其独立于万有之上也。则问此耶和瓦之创造万有也，为于耶和瓦外无质料乎？为于耶和瓦外有质料乎？若云耶和瓦外本无质料，此质料者，皆具足于耶和瓦中，则一切万有，亦具足于耶和瓦中，必如庄子之说，自然流出而后可，亦无庸创造矣。且既具足于耶和瓦中，则无时而无质料，亦无时而无流出。此万有者必不须其相续而生，而可以遍一切时，悉由耶和瓦生，何以今时万有不见有独化而生者？若云偶尔乐欲，自造万有，乐欲既停，便尔休息，此则耶和瓦之乐欲无异于小儿游戏，又所谓起灭无常者也。若云耶和瓦外本有质料，如鞞世师所谓陀罗骠者，则此质料固与耶和瓦对立。质料犹铜，而耶和瓦为其良冶，必如希腊旧说，双立质料工宰而后可，适自害其绝对矣。是故绝对无二之说，又彼教所以自破者也。

无所不备者，谓其无待于外也。则问此耶和瓦之创造万有也，为有需求乎？为无需求乎？若无需求，则亦无庸创造；若有需求，此需求者当为何物何事？则必曰：善耳，善耳。夫所以求善者，本有不善，故欲以善对治之也。今耶和瓦既无所不备，则万善具足矣，而又奚必造此人类以增其善为？人类有善，于耶和瓦不增一发；人类不善，于耶和瓦无损秋豪〔毫〕。若其可以增损，则不得云无所不备也。且世界之有善恶，本由人类而生。若不创造人类，则恶性亦无自起。若云善有不足，而必待人类之善以弥缝其缺，又安得云无所不备乎？是故无所不备之说，又彼教所以自破者也。

基督教人以此四因，成立耶和瓦为众生之父。夫其四因，本不足以成立，则父性亦不极成。虽然，姑就父性质之，则问此耶和瓦者，为有人格乎？为无人格乎？若无人格，则不异于佛家所谓藏识。藏识虽为万物之本原，而不得以藏识为父。所以者何？父者，有人格之名，非无人格之名。人之生也，亦有赖于空气、地球。非空气、地球，则不能生。然不闻以空气、地球为父，此父天母地之说，所以徒为戏论也。若云有人格者，则耶和瓦与生人各有自性。譬如人间父子，肢体既殊，志行亦异，不得以父并包其子，亦不得以子归纳于父。若是，则非无所不备也，非绝对无二也。若谓人之圣灵，皆自耶和瓦出，故无害为无所不备，亦无害为绝对无二者。然则人之生命，亦悉自父母出，父母于子又可融合为一耶？且所以称为父者，为真有父之资格乎？抑不得已而命之乎？若其真有父之资格者，则亦害其绝对无二。所以者何？未见独父而能生子者，要必有母与之对待。若是，则耶和瓦者，必有牝牡之合矣。若云不待牝牡，可以独父而生，此则单性生殖，为动物最下之阶，恐彼耶和瓦者，乃不异于单性动物。而夜光、浸滴诸虫，最能肖父，若人则不肖亦甚矣。若云不得已而命之者，此则无异父天母地之说，存为戏论，无不可也。

如上所说，则能摘其宗教之过，而尚不能以神为绝无。尝试论之曰：若万物必有作者，则作者亦更有作者，推而极之，至于无穷。然则神造万物，亦必被造于他，他又被造于他。此因明所谓犯无穷过者。以此断之，则无神可知已。虽然，亦不得如向、郭自然之说。夫所谓自然者，谓其由自性而然也。而万有未生之初，本无自性；既无其自，何有其然？然既无依，自亦假立。若云由补特伽罗而生，而此补特伽罗者，亦复无其自性。是故人我之见，必不能立。若云法则固然，而此法则由谁规定？佛家之言“法尔”，与言“自然”者稍殊，要亦随宜假说，非谓法有自性也。本无自性，所以生迷，迷故有法，法故有自，以妄为真，以幻为实。此则诚谛之说已。

若夫吠檀多教，亦立有神，而其说有远胜于基督教者。彼所建立：一曰高等梵天；二曰劣等梵天。高等梵天者，无属性，无差别，无自相；劣等梵天者，有属性，有差别，有自相。而此三者，由于无明而起，既有无明，则劣等梵亦成千迷妄。而一切万物之心相，皆自梵出，犹火之生火花。是故梵天为幻师，而世间为幻象。人之分别自他，亦悉由梵天使其迷妄。若夫高等梵天者，离言说相，离名字相，离心缘相。谓之实在而不可得，谓之圆满而不可得，谓之清净而不可得。所以者何？实在、圆满、清净之见，皆由虚妄分别而成，非高等梵天之自性也。人之所思想者，皆为劣等梵天；唯正智所证者，乃为高等梵天。既以正智证得，则此体亦还入于高等梵天，非高等梵天之可入，本即高等梵天而不自知也。若其不尔，则必堕入轮回，而轮回亦属幻象。惟既不离虚妄分别，则对此幻象而以为真。此则吠檀多教之略说已。

今夫基督教以耶和瓦为有意创造，则创造之咎，要有所归，种种补苴，不能使其完善。吠檀多教立高等、劣等之分，劣等者既自无明而起，则虽有创造，其咎不归于高等梵天。基督教以世界为真，而又欲使人解脱。世界果真，则何解脱之有？吠檀多教以世界为幻，幻则必应解脱，其义乃无可驳。虽然，彼其根本误谬，有可道者。若高等梵天有士夫用，则不得不有自性；既有自性，则无任运转变，无明何自而生？劣等梵天依何而起？若高等梵天无士夫用者，则无异于佛家之真如。真如无自性，故即此真如之中，得起无明，而劣等梵天者，乃无明之异语。真如、无明，不一不异，故高等梵天与劣等梵天，亦自不一不异。若是，则当削去梵天之名，直云真如、无明可也。若谓此实在云，此圆满云，此清净云，惟是虚妄分别，真如之名，亦是虚妄分别，故不得举此为号。然则梵天云者，宁非虚妄分别之名耶？又凡云“幻有”者，固与“绝无”有别。若意识为幻有，五大亦属幻有，则有情之意识，得以解脱，而无情之五大，以何术使其解脱？是则虚妄世界，终无灭尽之期也。若意识是幻有，而五大是绝无者，无则比于龟毛兔角，亦不得谓是梵天幻师所作之幻象矣。是何也？幻象者是幻有，而此乃绝无也。且劣等梵天既是无明，必断无明而后解脱，则将先断劣等梵天。人能断无明，高等梵天亦能断无明耶？否耶？若高等梵天能断无明者，则劣等梵天固有永尽之日。若高等梵天，常与劣等梵天互相依住，有如束芦，则必不能断无明。人能断无明，而高等梵天乃不能断无明，是则高之与劣，复有何异？故由吠檀多教之说，若变为抽象语，而曰真如、无明，则种种皆可通；若执此具体语，而曰高等梵天、劣等梵天，则种种皆不可通。此非有神教之自为障碍耶？

近世斯比诺莎所立泛神之说，以为万物皆有本质，本质即神。其发见于外者，一为思想，一为面积。凡有思想者，无不具有面积；凡有面积者，无不具有思想。是故世界流转，非神之使为流转，实神之自体流转。离于世界，更无他神；若离于神，亦无世界。此世界中，一事一物，虽有生灭，而本体则不生灭，万物相支，喻如帝网，互相牵掣，动不自由。乃至三千大千世界，一粒飞沙，头数悉皆前定，故世必无真自由者。观其为说，以为万物皆实，似不如吠檀多教之离执着。若其不立一神，而以神为寓于万物，发蒙叫旦，如鸡后鸣，瞻顾东方，渐有精色矣。万物相支之说，不立一元，而以万物互为其元，亦近《华严》无尽缘起之义。虽然，神之称号，遮非神而为言；既曰泛神，则神名亦不必立。此又待于刊落者也。

赫尔图门之说，以为神即精神。精神者，包有心物，能生心物。此则介于一神、泛神二论之间。夫所谓包有者，比于囊橐耶？且比于种子耶？若云比于囊橐，囊橐中物，本是先有，非是囊橐所生，不应道理。若云比于种子，干茎华实，悉为种子所包，故能生此干茎华实。然种子本是干茎华实所成，先业所引，复生干茎华实；若种子非干茎华实所成者，必不能生干茎华实。此则神亦心物所成，先业所引，复生心物，是心物当在神先矣。若谓自有种子能生干茎华实，而非干茎华实所成，如藕根之相续者，为问此藕自何处来？必曰藕自藕生。复问此藕往何处去？必曰藕复生藕，及生莲之干茎华实。然则以藕喻神，则今神为先神所生，当有过去之神矣。今神复生后神，及生一切心物，当有未来之神矣。过去之神，精神已灭；现在之神，精神暂住；未来之神，精神未生。达摩波罗氏云："若法能生，必非常故；诸非常者，必不遍故；诸不遍者，非真实故。"若是，则神亦曷足重耶？虽然，赫氏则既有其说矣，彼固以为世界自盲动而成。此则窃取十二缘生之说。盲即无明，动即是行，在一切名色六入之先，是以为世界所由生也。神既盲动，则仍与吠檀多教相近。而有无之辨，犹鹳雀蚊虻之相过乎前矣。

夫有神之说，其无根据如此，而精如康德，犹曰："神之有无，超越认识范围之外，故不得执神为有，亦不得拨神为无。"可谓千虑一失矣！物者，五官所感觉；我者，自内所证知。此其根底坚牢，固难骤破。而神者，非由现量，亦非自证，直由比量而知。若物若我，皆俱生执，而神则为分别执。既以分别而成，则亦可以分别而破。使神之感觉于五官者，果如物质，其证知于意根者，果如自我，则不能遽拨为无，亦其势也。今观婴儿堕地，眙视火光，目不少瞬，是无不知有物质者也。少有识知，偶尔蹉跌，头足发痛，便自捶打。若曰此头此足，令我感痛，故以此报之耳。是不执色身为我，而亦知有内我也。若神则非儿童所知，其知之者，多由父兄妄教；不则思虑既通，妄生分别耳。然则人之念神，与念木魅山精何异？若谓超越认识范围之外，则木魅山精亦超越认识范围之外，宁不可直拨为无耶？凡现量、自证之所无，而比量又不可合于论理者，虚撰其名，是谓无质独影。今有一人，自谓未生以前，本是山中白石。夫未生以前，非其现量、自证之所知，即他人亦无由为之佐证，此所谓超越认识范围之外者也。而山中白石之言，若以比量推之，又必不合，则可以直拨为无。惟神亦然，不可执之为有，而不妨拨之为无，非如本体实在等名，虽非感觉所知，而无想灭定之时，可以亲证其名，则又非比量所能摧破也。更以认识分位言之，则人之感物者，以为得其相矣。而此相者，非自能安立为相，要待有名，然后安立为相。吾心所想之相，惟是其名，于相犹不相涉。故一切名种分别，悉属非真，况于神之为言，惟有其名，本无其相，而不可竟拨为无乎？难者曰：若是，则真如、法性等名，亦皆无相，何以不拨为无？答曰：真如、法性，亦是假施设名。遮非真如、法性，则不得不假立真如、法性之名，令其随顺，亦如算术之有代数，骨牌之列天人，岂如言神者之指为实事耶？且真如可以亲证，而神则不能亲证，其名之假相同，其事则不相同，故不可引以为例。若夫佛家之说，亦云忉利天宫，上有天帝，名曰释提桓因。自此而上，复有夜摩、兜率诸天，乃至四禅、四空，有多名号。此则所谓诸天者，特较人类为高，非能生人，亦非能统治人。征以生物进化之说，或有其征，要非佛家之所重也。至云劫初生人，由光音天人降世，此则印度旧说，顺古为言，与亚当、厄袜等同其悠谬。说一切有部以为世尊亦有不如义言，明不得随文执着矣。

（原载《民报》第八号（1906 年 10 月），选自《太炎文录初编》别录卷三）

建立宗教论

太空之鸟迹，可以构画乎？绘事之所穷也；病眼之毛轮，可以行车乎？舆人之所困也。然则以何因缘而立宗教？曰：由三性。三性不为宗教说也。白日循虚，光相暖相，遍一切地，不为祠堂丛社之幽寒而生日也，而百千微尘，卒莫能逃于日外，三性亦然。云何三性？一曰：遍计所执自性；二曰：依他起自性；三曰：圆成实自性。第一自性，惟由意识周遍计度刻画而成。若色若空，若自若他，若内若外，若能若所，若体若用，若一若异，若有若无，若生若灭，若断若常，若来若去，若因若果。离于意识，则不得有此差别。其名虽有，其义绝无。是为遍计所执自性。第二自性，由第八阿赖耶识、第七末那识，与眼、耳、鼻、舌、身等五识虚妄分别而成。即此色空，是五识了别所行之境；即此自他，是末那了别所行之境；即此色空、自他、内外、能所、体用、一异、有无、生灭、断常、来去、因果，是阿赖耶了别所行之境。赖耶惟以自识见分，缘自识中一切种子以为相分。故其心不必现行，而其境可以常在。末那惟以自识见分，缘阿赖耶以为相分。即此相分，便执为我，或执为法，心不现行，境得常在，亦与阿赖耶识无异。五识惟以自识见分，绿〔缘〕色及空以为相分。心缘境起，非现行则不相续；境依心起，非感觉则无所存。而此五识，对色及空，不作色空等想。末那虽执赖耶，以此为我，以此为法，而无现行我法等想。赖耶虽缘色空、自他、内外、能所、体用、一异、有无、生灭、断常、来去、因果以为其境，而此数者各有自相，未尝更互相属。其缘此自相者，亦惟缘此自相种子，而无现行、色空、自他、内外、能所、体用、一异、有无、生灭、断常、来去、因果等想。此数识者，非如意识之周遍计度执着名言也。即依此识而起见分相分二者，其境虽无，其相幻有。是为依他起自性。第三自性，由实相、真如、法尔（犹云自然。）而成，亦由阿赖耶识还灭而成。在遍计所执之名言中，即无自性；离遍计所执之名言外，实有自性。是为圆成实自性。夫此圆成实自性云者，或称真如，或称法界，或称涅槃。而柏拉图所谓伊跌耶者，亦往往近其区域。佛家以为正智所缘，乃为真如；柏拉图以为明了智识之对境为伊跌耶。其比例亦多相类。乃至言哲学创宗教者，无不建立一物以为本体。其所有之实相虽异，其所举之形式是同。是圆成实自性之当立，固有智者所认可也。若遍计所执自性，佛家小乘有诸法但名宗；而大乘《般若经》中亦谓我但有名，谓之为我，实不可得，以不可得，故空。但随世俗假立客名，诸法亦尔。是其为说，亦不止法相一家，即欧洲中世学者，如鹿塞梨尼辈，亦皆寻取通性，以为惟有其名。是遍计所执自性之当遣，亦有智者所认可也。惟此依他起自性者，介乎有与非有之间，则识之殊非易易。自来哲学宗教诸师，其果于建立本体者，则于本体之中，复为之构画内容，较计差别。而不悟其所谓有者，乃适成遍计所执之有，于非有中起增益执，其本体即不成本体矣。其果于遮遣空名者，或以我为空，或以十二范畴为空，或以空间、时间为空。独于五尘，则不敢毅然谓之为空，顾以为必有本体，名曰物如。物如云者，犹净名所谓色如耳。（色兼五尘言。）此则计五尘为不空，而计法尘为空。彼以此五尘者，亦有能诠，亦有所诠；此法尘者，惟有能诠，绝无所诠。有所诠者，必有本体；无所诠者，惟是空名。不悟离心而外，即不能安立五尘。是则五尘之安立，亦无异于法尘之安立。五尘固幻有也，而必有其本体；法尘亦幻有也，宁得谓无本体？于幻有中起损减执，其空名亦无由为空名矣。此二种边执之所以起者，何也？由不识依他起自性而然也。损减执者，不知五尘法尘，同是相分。此诸相分，同是依识而起。由有此识，而有见分、相分依之而起。如依一牛，上起两角。故意识见分，亲缘法尘以为相分之时，此法尘者，未尝离于意识之外；即五识见分，正缘五尘以为相分之时，五识亦未尝自起分别，以为此五尘者，离于五识之外。然则法尘在意识中，五尘在五识中。若云五尘之名有所诠者，则法尘之名亦有所诠；若云法尘之名无所诠者，则五尘之名亦无所诠。所以者何？其所诠者皆不在外，惟为现行之相分而已。今者排摈意识，以为所见法尘，惟是妄想而无外境；又取此五识所见之外境，在五识中本不分别以为外境者，却从意识所分以为外境。于彼则排摈意识，于此则又不得不借资于意识，矛盾自陷，尚可通乎？且法尘中所谓十二范畴者，与彼五尘犹各自独立，不必互为缘起也。若空间，则于五尘之静相有所关系矣；若时间，则于五尘之动相亦有所关系矣。关系者，何也？所谓观待道理也。马鸣有言：“虚空妄法，对色故有，若无色者，则无虚空之相。”由此言之，亦可云色尘妄法，对空故有；若无空者，则无色尘之相。假令空是绝无，则物质于何安置？假令时是绝无，则事业于何推行？故若言无空间者，亦必无物而后可；若言无时间者，亦必无事而后可。彼其所以遮拨空、时者，以前此论空间者，或计有边，或计无边；论时间者，或计有尽，或计无尽。互为矛穳，纠葛无已。于此毅然遮拨为无，而争论为之杜口。此不可谓非孤怀殊识也。虽然，有边无边、有尽无尽之见，岂独关于空间时间而已耶？若以物言，亦可执有边、无边之见。所以者何？现见六十四种极微，积为地球，推而极之，以至恒星世界。此恒星世界极微之量，果有边际乎？抑无边际乎？若以事言，亦可执有尽、无尽之见。所以者何？现见单细胞物，复生单细胞物，经过邬波尼杀昙数层累阶级而为人类，由此人类复生人类。此一切众生之流注相续者，果有始终乎？抑无始终乎？然则破空而存物、破时而存事者，终不能使边、尽诸见，一时钳口结舌明矣。果欲其钳口结舌耶？则惟取物质、事业二者，与空间、时间同日而遮拨之可也。夫彼亦自知持论之偏激也，故于物质中之五尘，亦不得不谓其幻有，而归其本体于物如。若尔，则空间时间何因不许其幻有耶？物有物如，空间时间何因不许其有空如时如？贝尔巴陀氏继康德后建立列夏尔说，已云有睿智之空间、睿智之时间矣。不识此义，而谓惟有空名，都无实性。生人心识，岂于空无所依而起此觉？故曰，损减执者，不知依他起自性也。而彼增益执者，则又反是。说神我者，以为实有丈夫，不生不灭。其说因于我见而起。乃不知所谓我者，舍阿赖耶识而外，更无他物。此识是真，此我是幻，执此幻者以为本体，是第一倒见也。说物质者，欧洲以为实有阿屯，印度以为实有钵罗摩怒，执为极细，而从此细者剖之，则其细至于无穷。名家所谓“一尺之捶，日取其半，万世不竭”者，彼不能辟其过矣。执为无厚，（无厚，即非延长，谓其本无形式，非粗非细。）离于色、声、香、味、触等感觉所取之外，惟其中心力存。此虽胜于极细之说，然未见有离于五尘之力，亦未见有离力之五尘。力与五尘，互相依住，则不得不谓之缘生。既言缘生，其非本体可知。然则此力、此五尘者，依于何事而能显现？亦曰心之相分，依于见分而能显现耳。此心是真，此质是幻，执此幻者以为本体，是第二倒见也。说神教者，自马步诸逑而上，至于山川土谷；稍进则有祠火，与夫尊祀诸天之法；其最高者，乃有一神、泛神诸教。其所崇拜之物不同，其能崇拜之心不异。要以藐尔七尺之形，饥寒疾苦，辐凑交迫，死亡无日，乐欲不恒。则以为我身而外，必有一物以牵逼我者，于是崇拜以祈获福。此其宗教，则烦恼障实驱使之。或有山谷之民，出自窟穴，至于高原大陆之上，仰视星辰，外睹河海，而爽然自哀其形之小，所见所闻，不出咫尺，其未知者，乃有无量恒河沙数。且以万有杂糅，棼不可理，而循行规则，未尝愆于其度，必有一物以钤辖而支配之，于是崇拜以明信仰。此其宗教，则所知障实驱使之。不能退而自观其心，以知三界惟心所现，从而求之于外；于其外者，则又与之以神之名，以为亦有人格。此心是真，此神是幻，执此幻者以为本体，是第三倒见也。故曰，增益执者，亦不知依他起自性也。若尔，则二种边执者，固不知有依他起自性矣。亦有能立本体，能遣空名，而卒之不得不密迩于依他者。特无此依他之名以为权度，虽其密意可解，而文义犹不得通。如柏拉图可谓善说伊跌耶矣，然其谓一切个体之存在，非即伊跌耶，亦非离伊跌耶。伊跌耶是有，而非此则为非有，彼个体者，则兼有与非有。夫有与非有之不可得兼，犹水火相灭，青与非青之不相容也。伊跌耶既是实有，以何因缘不遍一切世界，而令世界尚留非有？复以何等因缘，令此有者能现景于非有而调合之，以为有及非有？若云此实有者，本在非有以外，则此非有亦在实有以外。既有非有，可与实有对立，则虽暂名为非有，而终不得不认其为有，其名与实，适相反矣。若云此实有者，本无往而非实有，特人不能以明了智识观察，横于实有之中，妄见非有；复于此妄见非有之中，微窥实有，更相盘错，然后成此个体之有与非有。是则成此个体者，见、相二分之依识而起也。非说依他起自性，则不足以极成个体也。又如希腊上世，哀梨牙派有犍诺摩者，以为一切皆无异相，亦无流转，虽以镞矢之疾，一刹那间则必不动。自此第一刹那，积而至于十百刹那，初既无动，则后亦不能更动。此其为说，岂不近于方实不转、心实不动之义耶？乃谓见其有动者，出于迷妄，此则所谓云驶月运、舟行岸移之说也。然未能说此迷妄是谁？复以谁之势力而能使之迷妄？故非说依他起自性，则不足以极成妄动也。又如康德既拨空间、时间为绝无，其于神之有无，亦不欲遽定为有，存其说于纯粹理性批判矣。逮作实践理性批判，则谓自由界与天然界，范围各异。以修德之期成圣，而要求来生之存在，则时间不可直拨为无；以善业之期福果，而要求主宰之存在，则神明亦可信其为有。夫使此天然界者，固一成而不易，则要求亦何所用。知其无得，而要幸于可得者，非愚则诬也！康德固不若是之愚，亦不若是之诬，而又未能自完其说。意者于两界之相挤，亦将心懵意乱，如含蒜齏耶？欲为解此结者，则当曰：此天然界本非自有，待现识要求而有。此要求者，由于渴爱；此渴爱者，生于独头无明。纵令有纯紫之天然界，而以众生业力，亦能变为纯青之天然界。此渴爱者云何？此独头无明者云何？依于末那意根而起。故非说依他起自性，则不足以极成未来，亦不足以极成主宰也。以此数者证之，或增依他，或减依他，或虽密迩，而不能自说依他。偏执者，则论甘忌辛；和会者，则如水投石。及以是说解之，而皆冰解冻释。然后知三性之说，是名了义言教，则如毗湿缚药，一切散药仙药方中，皆应安处；则如画地，遍于一切彩画事业，或青或黄，或赤或白，皆同一味，复能显发彩画事业；则如熟酥，倾置一切珍馐诸饼果内，更生胜昧。吾既举此诸例，于是复持三性以衡宗教。

宗教之高下胜劣，不容先论。要以上不失真，下有益于生民之道德为其准的。故如美洲之摩门，印度之湿婆韦纽，西藏之莲华生教，专以“不律仪”为务者，无足论矣。反是，虽崇拜草木、龟鱼、徽章、咒印者，若于人道无所陵藉，则亦姑容而并存之。彼论者以为动植诸物，于品庶为最贱，今以人类而崇拜之，则其自贱滋甚！若自众生平等之见观之，则大梵安荼、耶和瓦辈，比于动植诸物，其高下竟未有异也。然而不可为训者，何也？彼以遍计所执自性为圆成实自性也。言道在稊稗、屎溺者，非谓惟此稊稗、屎溺可以为道；言墙壁、瓦砾咸是佛性者，非谓佛性止于墙壁、瓦砾。执此稊稗、屎溺、墙壁、瓦砾以为道只在是，佛祇在是，则遍计所执之过也。非特下劣诸教为然也，高之至于吠陀、基督、天方诸教，执其所谓大梵、耶和瓦者，以为道祇在是，神祇在是，则亦限于一实，欲取一实以概无量无边之实，终不离于遍计矣。不得已而以广博幽玄之说附之，谓其本超象外，无如其“有对之色”为之碍也。非特神教为然也，释教有无量寿佛之说，念之者得生净土，永不退转。其始创此“易行道”者，固以遍教僧俗，使随顺法性而得入尔。而拙者震于功德庄严，恍忽如闻铃网之声，如见曼陀罗华之色。由其欣羡三界之心，以欣净土，净土本净，而以所欣者垢之，则何以异于人天诸教。是故以遍计所执而横称为圆成实者，其疵玷则既然矣。然则居今之世，欲建立宗教者，不得于万有之中，而横计其一为神，亦不得于万有之上，而虚拟其一为神。所以者何？诸法一性，即是无性，诸法无性，即是一性，此般若精妙之悉檀，亦近世培因辈所主张也。执一实以为神者，其失固不胜指。转而谓此神者，冒世界万有而为言，然则此所谓有，特人心之概念耳。以假立依他言之，概念不得不说为有；以遮拨遍计言之，概念不得不说为无。从其假立而谓概念惟在自心，当以奢摩他法，洒埽诸念，令此概念不存而存，亦奚不可从其遍计，而谓吾此概念，必有一在外者与之相应，从而禖祠之，祈祷之，则其愚亦甚矣！又复从此概念而写其形质材性，谓其无不能成，无不能坏，如计羝羊之有乳者，所计已谬，犹以为少，复计今日之乳为甘，明日之乳为苦，则其诬，抑又甚矣。虽然，执着诸法一性即是无性之言，而谓神者固无，非神亦无，则又所谓损减执者。所以者何？由彼故空，彼实是无；于此而空，此实是有。谓此概念法尘，非由彼外故生，由此阿赖耶识原型观念而生。拙者以彼外界为有，而谓法尘为空。实则外界五尘，尚不可不说为无，况于法尘而可说为非无。若即自此本识原型言之，五尘、法尘，无一非空。而五尘、法尘之原型，不得不说为有。人之所以有此原型观念者，未始非迷。迷不自迷，则必托其本质；若无本质，迷无自起。马鸣所谓迷东西者，依方故迷；若离于方，则无有迷。众生亦尔，依觉故迷；若离觉性，则无不觉。以有不觉妄想心，故能知名义，为说真觉。若离不觉之心，则无真觉自相可说。是故概念虽迷，迷之所依，则离言而实有。一切生物，遍在迷中，非因迷而求真，则真无可求之路。由此故知，冒万有者，惟是概念。知为概念，即属依他；执为实神，即属遍计。于概念中，立真如名，不立神名。非斤斤于符号之差殊，由其有执、无执异尔。

万有皆神之说，未成宗教，而有建立宗教之资。自曼布轮息、斯比诺沙、海格尔辈，积世修整，渐可惬心。然近世泛神教之立说，则亦有可议者。彼其言曰：以一蚊子之微，而比于人，人之大，不知几千万倍也。然此几千万倍者，要必有量。若人之比华藏世界，其大小则无有量。朝菌不知晦朔，惠蛄不知春秋。晦朔、春秋，与朝菌、惠蛄，所经之修短，犹有量也。而永劫之来，不知其始；其去也，不知其终。人之寿量，比于永劫，又巧历者所不能计也。以此器界时间之无量，而一切布列其间者，取舍屈伸，生住异灭，无时而或愆于法。孰主张是，孰维纲是？吾辈睹此，安得不自愧其形之细，其时之促，其知之劣耶？设于巴黎市中，而有一瓯之花，于花萼间而有微虫。微虫在花，安知其市之方圆面积，与其市中之人所经营者？人之比于华藏世界，复不可以此相校，而欲知其体、相、用三，必不可得。是故其崇拜也，非以为有一主宰，恐怖佞媚而事之也。以彼无量，而比于我之有限，以彼有法，而比于我之不知，则宜其归敬矣。今辨无量之说曰：所以知无量者，由于心起分别。先以大小、长短相形，至不可形，而立无量之名。此无量之名，未显现时，则阿赖耶识中之原型观念耳。若自心见分，不缘同聚同体之相分，则无量之名亦无。然则无量者，自心中之无量，非在外之无量。彼希腊古德之建立“阿贝轮”者，甚无谓也。纵令有其外界，物物而数之，事事而检之，其简阅则无穷极。若但思“无量”二字，则以一刹那顷，可以概括而知。是知其内容则难，而知其外延则易。若云止知外延不知内容者，不足以称如实了知。若尔，吾身以内，爪生发长，筋转脉移，吾亦不自知也，而固自知有我。能知我之外延，而不知我之内容，虽不知，亦无害为知矣。如实知其无量者，根本智之事也；如实知其部分者，后得智之事也。待根本智成而起后得智时，无患其不知也。且彼所谓无量者，谓其至大无外，至长无际耳。然至大者极于无量，而取最小之微尘递分析之，其小亦无有量；至长者极于无量，若取最短之一刹那为之分析，则复有其短者，递析递短，而其短亦无有尽。以吾形而比于华藏，以吾寿而比于永劫，其细且短，不可以量计也。若复取吾形而比于递分之微尘，取吾寿而比于递析之刹那，其大且长，又不可计其量矣。夫以吾形吾寿，而比于华藏永劫，犹云以定量比无量，无相拟之理也。而吾形吾寿，本是细且短者之积。细者短者既无量，则吾形吾寿亦自无量。以吾形吾寿之无量，比于华藏永劫之无量，均此无量，则不得云孰胜孰劣矣。由此言之，量与无量，本由自心分别而起。分别所依，依于吾形吾寿，以为权度。于其本无量者，而强施以有量之名。果离我见，安取量与无量之说为？若犹不了，则更取其离于外界者而言之。夫一、二、三、四之数，本非外界所有，而惟是内识之范畴。此立敌所共许也。然若取此一数，递加递乘，自十、百、千、万、亿、兆，以至不可纪极之数，则虽以超过永劫之寿，无一刹那而不偻指以计，犹不能尽其边际也。夫以心所自造之数，其无量亦如外界。然则无量固在自心，不在外界，明矣。辨有法之说曰：凡取一物一事，而断其合法与否，此亦惟在自心，非外界所能证也。而人心之断其合法与否者，有时亦无一成之规则。今有四时辰表，甲者密合晷影，无所差忒，乙者递行则递迟，丙者递行则递速，丁者乍速乍迟，各有定齐。自世俗言之，则必以甲者为合法，乙者、丙者为不合法，而丁者则不合法之尤甚者也。然甲者诚合法矣，其次三者，虽不与晷影相应，而亦自循其法，未尝逾越。乃若地球之自转也，子午圈亦每日不同，此与丁者何异？而人未尝以为不合法也。若云：彼有常度，可以推测，故谓之合法者，则时辰表之乍迟乍速，亦自有法，常度可以推测知之。于此则被以不合法之名，于彼而被以合法之名，此特人心之自为高下，而于物何与焉。且合法者，对不合法而言耳。有生之物，以有自由，而举止率多逾法；彼无生者，既无自由，则不得不由他物相牵而动。万物相支，互为推荡之，合法亦奚足羡？若使有生之物，一日踩手瞑目而死，青瘀变烂，亦事事合法矣。其不合法者，特生时一细分也，而细分固不能动全部。如彼地、水、火、风之属，亦宁知无细分之不合法者，将可引绳切墨以求之乎？大风起于土囊之口，震电激于玄云之下；朝跻于西，崇朝其雨；其雨其雨，杲杲出日；是虽无生之物，而亦不能以定法限之。就彼人类可推之率，则以为合法云尔。由是观之，心精圆遍，含裹十方，云何无量，心之无量；云何合法，心之合法。与其归敬于外界，不若归敬于自心。不知其心，而怖于外，以为穷大至精。譬之心有忧者，闻鸟鸣而谓鸟亦有忧；心有乐者，睹草色而谓草亦有乐。于彼外界起增益执，于此自心起损减执，实惟不了依他之故。

复次，以为宇宙至大，非人类所能推测者，此亦于宇宙起增益执，于自心起损减执。宇宙本非实有，要待意想安立为有。若众生意想尽归灭绝，谁知有宇宙者？于不知中证其为有，则证据必不极成。譬如无树之地，证有树影，非大愚不灵之甚耶？虽然，此但足以遮有，而不足以立无。有无皆不敢定，则堕入怀疑之说。是故为说梦喻：如人梦时，见有种种山川、城郭、水火、云物，既觉寤已，决定知为非有。由此可知，觉时所见种种现象，亦如梦象，决定非有，既大觉已，如实知无。今之以意想知其为无者，但为比知，非如实知。正如梦时亦有自知为梦者，然非于知为梦时，遂能消灭种种梦境。故但说为比知，不说为如实知。虽然，此诚足以遮境，而亦足以遮心。境缘心生，心仗境起，若无境在，心亦不生。譬如生盲，素未见有黑白，则黑白之想亦无。如是遮境为无者，亦不能立心为有。是故为说证量：如人起心，疑境为无，或起胜解，决定遮境为无。如是，于此自心亦疑为无，亦决定遮拨为无。然于疑境遮境之时，境已粉碎，无可安立。而此疑心遮心之时，非以他物而能疑心遮心，要即此心，方能疑心遮心。即此疑心遮心之心，亦即是心。是故前心虽在可疑可遮之列，而此心则无能疑能遮之理。虽然，此但可以现起之心，还成此心，而不能以不现起心，成此自心。如人以心遮心为无，其后则并不起心遮心为无，亦不起心立心为有。当尔所时，心尚不起，宁能说为有无耶？是故为说有种子识。种子识者，即阿赖耶。凡起心时，皆是意识，而非阿赖耶识。然此意识，要有种子；若无种子，当意识不起时，识已断灭，后时何能再起？若尔，闷绝熟眠等位，便当与死无异，云何得有觉寤？云何觉寤以后还复起心？由此证知，意虽不起，非无种子识在。如隔日疟，疟不起时，非无疟种；若疟种灭断者，云何隔日以后，疟复现起？夫五识者，待有五尘为其对境，然后识得现起；意虽猛利，于境不见前时，亦得自起"独头意识"。然此"独头意识"，亦非无端猝起，要必先有"五俱意识"，与五识同取对境。境既谢落，取境之心不灭，虽隔十年，独头意识犹得现前。是故五识与意识者，即以自造之境，与自识更互缘生。喻如色相，与太空相依俱有，空依色住，色依空住，若去其一，余则不存。又如黑、白二线，交纽为结，黑线之结，以白线成，白线之结，以黑线成，若去其一，余一则不成结。亦如生人皆有两足，左足能立，以有右足；右足能立，以有左足，若去其一，余一则亦倾倒。如是法喻，但可执是以说六识，不能执是以说阿赖耶识。阿赖耶识，无始时来，有种种界，如蜀黍聚。即此种种界中，有十二范畴相，有色空相，有三世相，乃至六识种子，皆在阿赖耶中。自有亲缘，故无起尽，亦无断绝。非如六识之缘境而起，离境而息。是故心虽不起，而心非无，其义成立。虽然，此但可说有种子之集相，而不能说无种子之灭相。诸漏既尽，证得二空。是时种子既断，此识复何所在？是故为说庵摩罗识。庵摩罗者，译言无垢。即此阿赖耶识，永离垢染，而得此名。如手五指，屈而现影，欲捉此影，遽握成拳，手为能握，影为所握，阿赖耶识执持现识及彼见相，亦复如是。若在暗处，即以此手自握成拳，即此能握，即是所握，阿赖耶识执持种子，亦复如是。若即此手，还自解拳，既无所握，亦无能握，而此手力，非不能握，庵摩罗识无所执持，亦复如是。由此故知，明了识性，无时断绝。解此数事，则此心为必有，而宇宙为非有。所谓宇宙，即是心之碍相。即以此心，还见此心，夫何不可推测之有？

上来所说，诸事神者，皆起于增益执。泛神之说虽工，而由不了依他，故损减自心而增益外界。其可议者，犹在今之立教，惟以自识为宗。识者云何？真如即是惟识实性，所谓圆成实也。而此圆成实者，太冲无象，欲求趋入，不得不赖依他。逮其证得圆成，则依他亦自除遣。故今所归敬者，在圆成实自性，非依他起自性。若其随顺而得人也，则惟以依他为方便。一切众生，同此真如，同此阿赖耶识。是故此识非局自体，普遍众生，惟一不二。若执着自体为言，则惟识之教，即与神我不异。以众生同此阿赖耶识，故立大誓愿，尽欲度脱等众生界，不限劫数，尽于未来。若夫大圜星界、地、水、火、风无生之物，则又依众生心而生幻象。众生度尽，则无生之物自空。是故有度众生，无度四大。而世之议者，或执释教为厌世，或执释教为非厌世。此皆一类偏执之见也。就俗谛而言之，所谓世者，当分二事：其一三界，是无生物，则名为器世间；其一众生，是有生物，则名为有情世间。释教非不厌世，然其所谓厌世者，乃厌此器世间，而非厌此有情世间。以有情世间堕入器世间中，故欲济度以出三界之外。譬之同在漏舟，波涛上浸，少待须臾，即当沦溺，舟中之人，谁不厌苦此漏舟者？于是寻求木筏，分赋浮匏，期与同舟之人，共免沦陷。然则其所厌者，为此漏舟，非厌同在漏舟之人，明矣。与彼蜚遁甘节之夫，所志正相反对。彼所厌者，实圆颅方趾之人群也。若夫神皋大泽，浩博幽闲，则反为其所乐。是为厌有情世间，而不厌器世间。二者殊途，如冰与炭。彼徒知厌世之名，而不能分世为二，执厌非厌以拟释教。如彼盲人，相聚扪象，得其一体，而以为象之全形，其见嗤于明目者审矣。惟其如是，故大乘有断法执，而不尽断我执。以度脱众生之念，即我执中一事。特不执一己为我，而以众生为我。如吠息特之言曰："由单一律观之，我惟是我；由矛盾律观之，我所谓我，即彼之他，我所谓他，即他之我；由充足律观之，无所谓他，即惟是我。"此以度脱众生为念者，不执单一律中之我，而未尝尽断充足律中之我，则以随顺法性，人人自证有我，不得举依他幻有之性，而一时顿空之也。夫依他固不可执，然非随顺依他，则无趋入圆成之路。是故善见问世尊言：若有情际即是实际，云何大士以不坏实际法，安立有情于实际中？若安立有情于实际中者，则为安立实际于实际；若安立实际于实际者，则为安立自性于自性。然不应安立自性于自性。云何可说以不坏实际法，安立有情于实际中？佛言以方便善巧，故能安立有情于实际中，而有情际不异实际。（《般若经·不可动品》。）有情际即实际者，圆成实自性也。以方便善巧故，安立有情于实际中者，随顺依他起自性，令证圆成实自性也。顺此依他，故一切以利益众生为念，其教以证得涅槃为的。等而下之，则财施无畏施等，亦与任侠、宋、墨所为不异，乃有自舍头目脑髓以供众啖者。此义少衰，则厌器世间者，并与有情世间而亦厌之。缁衣之士，惟有消极之道德，更无积极之道德可以自见。而宗密之匿李训，紫柏之忤奄党，月照之覆幕府，载在史册者，惟此三数而已。

问者曰：立教以惟识为宗，识之实性，即是真如，既无崇拜鬼神之法，则安得称为宗教？答曰：凡崇拜者，固人世交际所行之礼。故诸立神教者，或执多神，或执一神，必以其神为有人格，则始可以稽首归命之礼行之，其崇拜诚无可议。然其神既非实有，则崇拜为虚文尔。若以别有本体而崇拜之，本体固无人格。于彼无人格者，而行人世交际之礼，比之享爰居以九韶者，盖尤甚焉！是故识性真如，本非可以崇拜。惟一切事端之起，必先有其本师，以本师代表其事，而施以殊礼者，宗教而外，所在多有。士人之拜孔子，胥吏之拜萧何，匠人之拜鲁般，衣工之拜轩辕，彼非以求福而事之，又非如神教所崇拜者。本无其物而事之，以为吾之学术出于是人，故不得不加尊礼。此于诸崇拜中，最为清净，释教亦尔。诸崇拜释迦者，固以二千六百岁前尝有其人，应身现世，遗风绪教，流传至今，沐浴膏泽，解脱尘劳，实惟斯人之赐。于是尊仰而崇拜之，尊其为师，非尊其为鬼神，虽非鬼神，而有可以崇拜之道，故于事理皆无所碍。此亦随顺依他则然。若谈实相，则虽色身现量，具在目前，犹且不可执为实有，而况灭度之后耶？若夫偶像之应去与否，则犹未有定论。执此偶像，而以为真，则偶像不得不毁。彼摩西之力破偶像者，以彼犹太种族，执着心多，视此金人桃梗，以为有无上之灵明。于遍计所执之中，又起遍计，则其自诬实甚！故非特专信一神者，不得不禁偶像，若佛教而行于彼族，则造像亦不可行矣。若其无执着者，以为人心散乱，无所附丽，要有一物以引其庄敬震动之情，非谓即此偶像即是真实。如观优者，具见汉官威仪，与其作止进退，成败兴废，则感情之兴奋，必百倍于读书论世。然而非即以此优人为方册所载之人。东方民族，执着之心本少，虽在至愚，未有即以偶像为神灵者。在昔周庙铸金以为慎言之人，句践命工以写朱公之像，皆由心有感慕，以此寄形，固未尝执为实事。既无执着，则随顺依他起性而为之，无不可也。彼依傍神教者，多谓宜毁偶像。虽然，相之与名，无所异也。今见神教诸师而语之曰："神即是猿"，则必有怫然怒者。究之，说神之名，非神之实，说猿之名，非猿之实。名固不足以当实，然而怫然怒者，以为名虽非实，且可以代实也。然则偶像者，是其相耳。相固非实，而亦可以代实，与名之代实何异？名之非实，庄周称为“化声”。执名为真，斥相为假，其持论岂足以自完耶？若夫沙门之破偶像者，则有矣。禅宗丹霞，尝烧木佛，此固著在耳目。而今之丛林规则，起于百丈。百丈固言：“惟立法堂，不建佛殿。”则无造像之事可知也。至云门之诃佛，则非特破相，而亦破名。文偃诵经，见有佛初降世经行七步之说，书其后曰：“我若看见，一棒打杀，与狗子吃！”今立教仪，不得如云门之猖狂，亦不可效天祠之神怪。若百丈所建立，庶几可乎？

述此既终，则又得一疑事。或举赫尔图门之说，以为宗教不可专任僧徒，当普及白衣而后可。若是，则有宗教者，亦等于无宗教。自我观之，居士、沙门，二者不可废一。宗教虽超居物外，而必期于利益众生。若夫宰官吏人之属，为民兴利，使无失职，此沙门所不能为者。乃至医匠陶冶，方技百端，利用厚生，皆非沙门所能从事。纵令勤学五明，岂若专门之善？于此则不能无赖于居士。又况宗教盛衰，亦或因缘国事。彼印度以无政之故，而为回种所侵，其宗教亦不自保。则护法之必赖居士明矣。虽然，居士者，果足以为典型师表耶？既有室家，亦甘肉食，未有卓厉清遐之行，足以示人。至高不过陈仲、管宁，至仁不过大禹、墨翟，猥鄙污辱之事，犹不尽无，其于节行固未备也。以彼其人，而说无生之达摩，讲二空之法印，言不顾行，谁其信之？夫以洛、闽儒言，至为浅薄，而营生厚养之士，昌言理学，犹且为人鄙笑，况复高于此者？宗教之用，上契无生，下教十善，其所以驯化生民者，特其余绪。所谓尘垢秕糠，陶铸尧、舜而已。而非有至高者在，则余绪亦无由流出。今之世，非周、秦、汉、魏之世也，彼时纯朴未分，则虽以孔、老常言，亦足化民成俗。今则不然，六道轮回、地狱变相之说，犹不足以取济。非说无生，则不能去畏死心；非破我所，则不能去拜金心；非谈平等，则不能去奴隶心；非示众生皆佛，则不能去退屈心；非举三轮清净，则不能去德色心。而此数者，非随俗雅化之居士所能实践，则聒聒者亦无所益。此沙门、居士，所以不得不分职业也。借观科学诸家，凡理想最高者，多不应用；而应用者，率在其次之人。何独于宗教而不然耶？尝试论之，世间道德，率自宗教引生。彼宗教之卑者，其初虽有僧侣祭司，久则延及平民，而僧侣祭司亦自废绝。则道德普及之世，即宗教消熔之世也。于此有学者出，存其德音，去其神话，而以高尚之理想，经纬之以成学说。若中国之孔、老，希腊之琐格拉底、柏拉图辈，皆以哲学而为宗教之代起者。琐氏、柏氏之学，缘生基督，孔子、老子之学，迁为汉儒，则哲学复成宗教。至于今斯二教者，亦骎骎普及于国民矣。（中国儒术，经董仲舒而成教。至今阳尊阴卑等说，犹为中国通行之俗。）一自培庚、笛加尔辈，一自程、朱、陆、王诸儒，又复变易旧章，自成哲学。程、朱、陆、王，固以禅宗为其根本。而晚近独逸诸师，亦于内典有所摭拾。则继起之宗教，必释教无疑也。他时释迦正教，普及平民，非今世所能臆测。然其无上希有之言，必非常人所喻，则沙门与居士，犹不得不各自分途。赫氏所言，但及人天小教，此固可以家说户知者，然非所论于大乘。后之作者，无纳沧海于牛蹄可也。

（原载《民报》第九号（1906 年 11 月），选自《太炎文录初编》别录卷三）

人无我论

于纵生两足之假相，而畀以人之假名。何者谓之人？云何谓之人？以何因缘而有此人？精者，则有十二缘生之说；粗者，则有自然淘汰之义。皆略能明其故矣。独至一切众生，无不执持有我，而欲下一定论，以判决我之有无，则必非浅识常言所能喻。我有二种：一者，常人所指为我。自婴儿堕地，已有顺违哀乐之情，乃至一期命尽，无一刹那而不执有我见。虽善解无我者，亦随顺世俗以为言说之方便。此为俱生我执，属于依他起自性者。非熟习止观以至灭尽，则此见必不能去，固非言词所能遮拨。二者，邪见所指为我，即与常人有异。寻其界说，略有三事：恒常之谓我；坚住之谓我；不可变坏之谓我。质而言之，则我者即自性之别名。此为分别我执，属于遍计所执自性者。乃当以种种比量，往覆征诘而破之。近世惟物论者，亦能知第二我执为谬。而或以多种原质互相集合为言；或以生理单位异于物质为言。此虽能破人我，乃举其所谓自性者，以归诸他种根力，又堕法我之谬论。先师无著大士，善破我执，最为深通。然其文义奥衍，或不适于时俗。余虽寡味，窃闻胜义。闵末俗之沉沦，悲民德之堕废，皆以我见缠缚，致斯劣果。曲明师说，杂以己意，为《人无我论》一首。

计我论者，以为有有情我，命者，生者，有养育者，数取趣者，如是等谛实常住。此其为说，由寻思观察而得之，略有二因：一，先不思觉，率尔而得，有情想故；二，先已思觉，得有能作所作故。彼如是思：若无我者，方见五事，不应遽起五有我想：一，见形色已，惟应起形色想，不应起有情想；二，见领纳苦乐诸心行已，惟应起领受想，不应起胜者、劣者、各种有情之想；三，见言说名号已，惟应起言说名号想，不应起支那人、日本人、印度人等想；四，见造作染净诸业已，惟应起造作事业想，不应起愚者、智者、善人、恶人等想；五，见转识随境变迁已，惟应起心识想，不应起有我能见、有我能取等想。如上五事，皆由先不思觉，以瞬息间而起五种有情之想，由此先不思觉，率尔乍见，而起有情想，故决定证知必有实我，彼又作如是思：若无我者，不应于一切心法、色法、不相应法中，先起思觉，方得有所造作。如我以眼当见诸色，正见诸色，已见诸色，或复起心，我不当见，如是等用，皆由我相为其前导。又于善业、不善业、无记业等，或当造作，或当止息，亦由思觉为先，方得作用。非彼五知五作等根，能使如是；又非依于五知等根之识，能使如是；亦非意识界中心所有法，若触若作意，若受若想等位，能使如是。是必有思，始能造作种种事业。思者云何？即所谓我，是故必有实我，其理极成。今当转诘之曰：

如公所说，为即于所见事起有情想耶？为异于所见事起有情想耶？若即于所见事起有情想者，公不应言即于形色等事，计有有情、计有我者是颠倒想；若异于所见事起有情想者，我有形量，不应道理。复有胜者、劣者，或有支那人、日本人、印度人等，或有愚者、智者、善人、恶人，或有能见境界、能取境界等事，不应道理。所以者何？我非形色，亦非领受，亦非名号，亦非作业，亦非心识，不应与彼五蕴和合而称为我。若不和合，所谓我者，毕竟何在？又如公等所说我想，为惟由此法自体起此想耶？为亦由余体起此想耶？若惟由此法自体起此想者，即于所见而起我想，不应说此为颠倒想；若亦由余体起此想者，是则甲等境界，反是乙等境界想之正因，不应道理。又如公意，于无情中作有情想，于有情中作无情想，于甲有情中作乙有情想，此想为起为不起耶？若起者，是则无情即是有情，有情即是无情，此甲有情即是彼乙有情，不应道理。若不起者，世间见有见石而认为虎，见绳而认为蛇者，亦有见彼决明、蜃蛤等物，而认为石子者，亦有见孔子而认为阳货者。公言此想不起，即是遮拨现量，不应道理。又如公意，此有情想，为取现量义，为取比量义耶？若取现量义者，惟形色、领受、名号、作业、心识五事，是现量得，而我非现量得，不应道理。若取比量义者，如彼婴儿未能思度，何缘率尔而起我想？

又今复有欲征诘者，世间造作事业，为以思为本因，为以我为本因？若以思为本因者，但是思作，而非我作；若以我为本因者，我既常住，不应更待思觉方能造作；若谓思在故我在，思即是我者，是则无思之时即无有我，不应道理。又如公意，造作事业之本因，为常为无常耶？若无常者，此造作事业之本因，体是变异，而言我无变异，不应道理。若是常者，即无变异，既无变异，即不得有所造作，而言有所造作，不应道理。又如公意，为有动作之我有所作耶？为无动作之我有所作耶？若有动作之我能有所作者，我既是常，动即常动，作亦常作，不应有时不作，有时而作；若无动作之我有所作者，无动作性而有所作，不应道理。又如公意，为有因故我有所作，为无因耶？若有因者，此我应由余因策发，方有所作，是则于我之上复立一我，不应道理。若无因者，应一切时作一切事，不应道理。又如公意，此我为依自故能有所作，为依他故能有所作？若依自者，此我既常，而自作生灭、病苦、杂染等事，不应道理。若依他者，我有所依，则已失其我性，既非绝对，而能常住，不应道理。

又如公意，为即于形色、领受、名号、作业、心识五蕴施说有我，为于五蕴之中施设有我？为于五蕴之外复指余处施设有我，为不属于此五蕴施设有我耶？若即于五蕴施设我者，是我与五蕴无有差别，而计有我谛实常住，不应道理。若于五蕴中者，此我为常为无常耶？若是常者，常住之我，为诸苦乐之所损益，不应道理。若无损益，而起染净诸业，不应道理。若不起染净诸业者，应此五蕴毕竟不起，又应不由功用，我常解脱；若无常者，离此五蕴之外，何处得有生住异灭、相续流转诸法，又于此灭坏后，于他处不作而得有大过失，亦不应理。若于五蕴之外，复指余处者，公所计我，应是无为，不应道理。若不属于此五蕴者，我一切时应无染污，又我与身不应相属，此不应理。

又如公意，所计之我，为即见者相，为离见者相？若即见者相者，为即于见假立此见者相，为离于见别立此见者相？若即于见假立此见者相，是则见者与见，应无分别，而立我为见者，不应道理。若离于见，别立此见者相，即彼见法，为是我所造成之业，为是我所执持之器？若是我所造成之业者，假令我如种子，而见如干茎华叶，种子既是无常，我亦应是无常；假令我如陶师，而见如砖瓦瓶瓯，陶师之名本是假立，我亦应是假立，而言此我是常是实，不应道理。假令我如木人，中有机关，而见如歌舞等事，机关木人，亦是无常假立，此亦如前，不应道理。假令我如大地，而见如动植等物，大地亦有成亏灭坏，不应见为常住，又所计我，无如大地显了作业，故不应理。何以故？现见大地所作业用显了可得，谓持万物令有依止，我无是业显了可得故。假令我如虚空，而见如一切色相，彼虚空者，本非实有，惟于色相不在之处，而假立为虚空，是则见是实有，我是假立，而计我为谛实，不应道理。又彼虚空，虽是假有，然有业用分明可得，谓因有虚空故，一切万物得起往来屈伸等业，而我望于见，不能有此业用，是故以见为我所造成之业，不应道理。若是我所执持之器者，假令此见，如彼钩刀，有刈禾用，而离于钩刀之外，余物非无能断业用，今离此见，更无余物有了视用，不应道理。假令此见如彼炽火，有烧物用，现见世间诸火，虽无用火之人，而火自能烧物，以火例见，虽无用见之我，而见亦能了物，复计有我，不应道理。若离于见，别立此见者相，则所计我相，乖一切量，不应道理。

又公所计之我，为与染净相应而有染净，为不与染净相应而有染净耶？若与染净相应而有染净者，如彼湖水，有时点污，有时清洁，即彼湖水，虽无有我，而说有染净相应，如于外物，内身亦尔，虽无有我，染净义成，是故计我，不应道理。若不与染净相应，而有染净者，离染净相，我有染净，不应道理。又公所计之我，为与流转相相应而有流转止息，为不与流转相相应而有流转止息耶？若与流转相相应而有流转止息者，世间现有五种流转相可得：一曰有因，二曰可生，三曰可灭，四曰展转相续生起，五曰有变异，如彼流水、灯焰、车轮等物，有此流转作用，而彼诸物，虽无有我，亦能流转，及能止息，何必于此假设丈夫之身，而横计有我为？若不与彼相相应而有流转止息者，则所计我无流转相，而有流转止息，不应道理。

又公所计之我，为由境界所生苦乐，及彼思业烦恼诸行之所变异说，为受者作者及解脱者，为不由彼变异说为受者等耶？若由彼变异者，是即诸行是受者作者及解脱者，何须设我？设是我者，我应无常，不应道理。若不由彼变异者，我无变异，而是受者作者及解脱者，不应道理。

又如公意，为惟于我说为作者，为亦于余法说为作者？若惟于我，何故根识不具，即不能作？若亦于余法，是即说根识为作者，徒分别我，不应道理。

又如公意，为惟因我而建立我，为亦因余法而建立我？若惟因我，世间不应于假说丈夫之身，而立农牧工商等号；若亦因余法者，是则惟于种种行相假说有我，何须更执别有我为？何以故？诸世间人，惟于假说丈夫之身，起有情想，立有情名，及说自他有差别故。又如公意，计我之见，为善为不善耶？若是善者，何故极愚痴人，深起我见，不由方便，率尔而起，能令众生怖畏解脱，又能增长诸恶过失，不应道理。若不善者，不应说正及非颠倒，若是邪倒，所计之我体是实有，不应道理。又如公意，无我之见，为善为不善耶？若言是善，于彼常住实有我上，见无有我，而是善性非颠倒计，不应道理。若言不善，而此无我之见，要由精勤方便方能生起，宣说无我，能令众生不怖解脱，如实对治一切过恶，不应道理。

又如公意，为即我性自计有我，为由我见耶？若即我性自计有我者，应一切时无无我想；若由我见者，虽无实我，由我见力故，于诸行中妄谓有我，是故定计实有我者，不应道理。如是，不觉为先而起我想故，思觉为先方有造作故，于五蕴中假施设故，由于彼相安立为有故，建立杂染及清净故，建立流转及止息故，假立受者作者解脱者故，施设有作者故，施设言说故，施设见故，计有实我，皆不应理。

如上所说，遍计所执之我，业已瓦解。虽然，人莫不有我见，此不待邪执而后得之。则所谓依他起之我者，虽是幻有，要必依于真相。譬如长虹，虽非实物，亦必依于日光水气而后见形。此日光水气是真，此虹是幻。所谓我者，亦复如是。昔人惟以五蕴为真，仍堕法执，又况五蕴各分，别自成聚，岂无一物以统辖之者？故自阿赖耶识建立以后，乃知我相所依，即此根本藏识。此识含藏万有，一切见相，皆属此识枝条，而未尝自指为我。于是与此阿赖耶识展转为缘者，名为意根，亦名为末那识，念念执此阿赖耶识以为自我。此不必有多证据，即以人之自杀者观之，亦可知已。夫自杀者，或以感受痛苦，迫不欲生，而其所以趋死者，亦谓欲解我之痛苦耳。假使其人执着形体以为我，则其所以救我者，乃适为自亡其我之道，此人情所必无也。然则自杀者之居心，必不以形体为我，而别有所谓我者，断可知矣！阿赖耶识之名，虽非人所尽知，而执此阿赖耶识之相即以为我者，则为人所尽有。自杀者所执之我，亦即此阿赖耶识耳。上之至于学者，希腊有斯多牙派哲学，印度有投灰坠岩各种外道，皆以自杀为极。其意亦谓我为世界所缚，以致一切举动皆不自由，故惟自杀以求解脱，然后成为完全自由之我。若执此形体为我者，则欲使我脱世界之缚，而其我亦已无存，彼辈处心，亦必不尔。明其所谓我者，亦此幻形为我之阿赖耶识而已。此方古志，本有克己复礼为仁之说。儒者优柔，故孔子专以循礼解之。推其本意，实未止此。《传》曰："克者何？能也。何能也？能杀也。"是则克己云者，谓能杀己云尔。仓颉作字，我字从ｷ，ｷ即古文殺字。推此，而克己之训，豁然著明。夫使执此形体以为我，礼云仁云，皆依我起，我既消灭，而何礼与仁之云云。故知其所谓我者，亦即阿赖耶识。彼虽不了此识，而未尝不知识所幻变之我。其意固云：仁者我之实性，形体虽亡，而我不亡，故仁得依之而起。此数子者，或以求解忧愁而死，或以求脱尘网而死，或以求证实性而死。自无我之说观之，则前一为痴，后二为慢。然我之不在根身，与我之不在名色，则借此可以证知。如是阿赖耶识幻作我相之义，乃人人可晓矣。难者曰：现见世间自杀之事恒少，而营生卒岁者多。毁伤一体，残破寸肌，则无不宛转顾惜者。而谓世人不执形体为我，无乃以少数蔽多数耶？答曰：知我与我所之说，则斯疑易破矣。自八识六根，以至一毛一孔，属于内界者，假说为我；自眷属衣食金钱田园，以至一切可以摄取受用之物，属于外界者，说为我所。而我与我所，又非一成不变也。若由外界以望内界，则外界为我所，而内界惟称为我；若由内界以望最内之界，则根识形体亦为我所，而惟阿赖耶识可称为我。除少数自杀之人，其余营生卒岁者，凡摄取受用之物，偶有损伤，犹悲悼不能自已，而况内界之根识形体乎？彼以摄取受用之我所，胶着于我而不能舍，损及我所，即无异损及于我。如人以木紧裹其身，铁椎击木，身亦随痛，此所以宛转顾惜也。人亦有言：百骸调适，忽忘我身。四肢弦缓，摄养乖方，微加针艾，即知有我。是故安闲鲜忧之日，我与我所，淆杂难分，必至自杀，而后见此阿赖耶识，幻技所成单纯之我，此无所致疑者也。难者曰：人之爱我所也，恒不如其爱我，而悲愤自杀者，多由我所被损而为之，非由我自被损而为之。又世人之于我所，亦有不爱直接于我之妙欲，而惟爱间接于我之金钱者，此又何也？答曰：此正见其爱我，非爱我所也。若我所与我绝不相附，则不成我所之名。如北极之海冰，于我何与？言我所者，则既有摄取受用矣。所摄取受用者为我所，能摄取受用者为我，能、所互纽，结不可解，久之而丧其所者，亦即自病其能。故世之悲愤自杀者，非以丧所而为之，正以病能而为之也。若夫同此我所，而其中复有疏远邻近之分。如五妙欲可直接者，则为邻近我所；如彼金钱但间接者，则为疏远我所。人何以有爱着疏远而舍弃邻近者？则亦以爱我之故。观世之悭夫，率以艰难无逸而致富厚，则不肯恣用金钱以易妙欲；若夫膏粱之子，生而多金，乘坚策肥，自快其意，则亦不欲遏绝妙欲以聚金钱。所以者何？前之得富以劳力，而后之得富则不以劳力故。但就我所言之，则金钱为疏远，妙欲为邻近；而以劳力较之妙欲，则劳力尤为邻近。妙欲自外至，为境界受；劳力自内发，为自性受。人必不以邻近易疏远，亦必不以自性易境界。故慳夫之弃彼而爱此者，非不辨我所之亲疏，正其爱我之至耳。昔魏征论梁武帝云：夫人之大欲，在乎饮食男女，至于轩冕殿堂，非有切身之急。高祖屏除嗜欲，眷恋轩冕，得其所难，而滞于所易，可谓神有所不达，智有所不通矣。由今论之，则亦易解。梁武之于轩冕殿堂也，以劳力而得之；而其于饮食男女也，则不以劳力而得之。弃彼则如敝屣，守此则如金城。由自爱我之劳力，而不暇辨我所之邻近疏远也，奚足怪乎？非独如是，虽父母之爱其子也，亦其爱我之深，非专以子为我所而爱之也。夫人类既同情而肖貌，何以自爱其儿，甚于邻之赤子？若云少小相依，其情最昵者，此亦一增上缘。乃何以兄弟之相爱也，必不如父母之于其子，而父之于子也，又不如母之矜怜独甚者？凡诸兄弟，不必以劳力而得之，父之于子，以劳力而得之，母之于子，则复以种种痛苦之劳力而得之。以其爱我之深，而我能之被于我所者，亦以是甚爱之也。母之得子也以劳力，而子之得母也非劳力。故世间之慈母恒多，而孝子恒少者，亦以是故。然则能证无我，而世间始有平等之大慈矣。

若如上说，我为幻有，而阿赖耶识为真。即此阿赖耶识，亦名为如来藏。特以清净杂染之分，异其名相。据实言之，正犹金与指环，两无差别，而又不可与世俗言灵魂者，并为一谈。灵魂为东西所共许，原其本义，特蠢尔呼吸之名。婆罗门之阿德门，亦即指此。其与阿赖耶识之异相，亦近人所能言。至阿赖耶识为情界、器界之本，非局限于一人，后由末那执着，乃成我相。而灵魂乃个人所独有，此其分齐绝殊，不得无辨。若阿赖耶识局在体中，则虽以百千妙语，成立无我，不过言词之异同，而实已暗认有我矣。若夫释尊既立无我，而又成立轮回。近世黎斯迭韦氏以为二者互触，故不得不说羯磨缘生以为调和之术。姉崎正治亦宗其说，此实浅于解义者。无我之与轮回，非特不互相抵触，而适足以相成。所以者何？恒常之谓我，坚住之谓我，不可变坏之谓我。若其有我，则必不流转以就轮回。故涅槃之说，惟佛有常乐我净。正惟无我，乃轮回于六趣耳。若不解我之名义，非特无我与轮回相触，即无我与羯磨，亦不得不云自相违戾。所以者何？一切行业，由我而起，我既实无，彼羯磨亦何所依止。纵说十二缘生，而与所缘相对者，不可无此能缘。如猿狙缘树，蜗牛缘壁，树与壁者，为其所缘，然不得无猿狙、蜗牛为其能缘之体。若无我者，则缘生亦不可成。虽说因果，而果待于因，因复待因，展转相推，亦有无穷之过。惟知内典所遮之我，与寻常言我有殊，然后知无我者，即轮回之正因，初不待建立余法，以补苴其缺也。若依他起之我，则为常人所共喻者，我非妙有，故不同于圆成，我非断无，故不同于遍计。遍计所执之我，本是绝无，与空华石女儿同例。依他起之我，则非无量方便，不能摧其种子。无性论师《摄论释》曰：于此正法中信解无我者，虽恒厌逆分别我见，然有俱生我见随缚，此于何处，谓彼但于阿赖耶识率尔闻声，便执内我，惊畏生故。由此证知，俱生我见亦有次第增长：一者我相；二者我名；三者后起氏族名字代表我者。而氏族名字既起于我相我名上，复生一增益执。如有人名徐长卿，若于梦中闻呼徐长卿声，即易惊觉，非闻呼王不留行声，而易惊觉。若于觉时，闻说徐长卿声，即易审谛，非闻说王不留行声，而易审谛。然试取此徐长卿字一一剖析，于字体中，于音声中，于义理中，何处有我？何处得与我相相应？又试取彼王不留行字剖析如前，何处有他人之我？何处得与他人之我相相应？然而惊觉审谛，彼此有殊，虽仲尼、墨翟辈倡说无我，于此犹与常人不异。则知依他起之我，其难破为最甚矣。必依他起之我相，断灭无余，而圆成实自性赫然显现。当尔所时，始可说有无我之我。先师尝著此说于《显扬论·成空品》云：空性无有二相，一非有相，二我无故。（人我，法我。）二非无相，二无我有故。何以故？此二我无，即是二无我有；此二无我有，即是二我无故。（案：自来执着有无者，不出四句：一有句，二无句，三非有非无句，四亦有亦无句。惟此能远离四过。其句云何？曰无而有。）

余前作《建立宗教论》，内地同志或谓佛书梵语，暗昧难解，不甚适于众生。余复自检，梵语译音之字，大略无几。若阿赖耶之为藏，末那之为染污，奢摩他之为止，此略读书者所共晓，故下笔亦多随意，其余固汉语耳。古德译义，或有参差，悉以奘公为正。法相宗名词深细，固非人人尽晓，有时亦或加注。其可以通俗语相代者，随分增移，颇自矜慎。窃以报章之作，普示国民，震旦虽衰，硕学肤敏之士，犹不遽绝。一二名词，岂遂为其障碍？若欲取谐时俗，则非独内典为然，即他书亦多难解者。苟取便宜，失其本义，所不为也。（如日本村上专精欲改因明之喻体、喻依，为理喻、事喻，较诸原文，殊易了解。不知喻体本非是喻，今以理喻为名，翩其反矣。）至所以提倡佛学者，则自有说。民德衰颓，于今为甚，姬、孔遗言，无复挽回之力，即理学亦不足以持世。且学说日新，智慧增长，而主张竞争者，流入害为正法论，主张功利者，流入顺世外道论。恶慧既深，道德日败。矫弊者，乃憬然于宗教之不可泯绝。而崇拜天神，既近卑鄙；归依净土，亦非丈夫干志之事。（《十住毗婆沙论》既言之。）至欲步趋东土，使比丘纳妇食肉，戒行既亡，尚何足为轨范乎？自非法相之理，华严之行，必不能制恶见而清污俗。若夫《春秋》遗训，颜、戴绪言，于社会制裁则有力，以言道德，则才足以相辅。使无大乘以为维纲，则《春秋》亦《摩拏法典》，颜、戴亦顺世外道也。拳拳之心，独在此耳！至如谭氏《仁学》之说，拉杂失伦，有同梦呓，则非所敢闻矣。

（原载《民报》十一号（1907 年 1 月），选自《太炎文录初编》别录卷三）

答铁铮

昨睹尊论，以为佛家之学，非中国所常习，虽上智之士，犹穷年累月而不得，况于一般国民，处水深火热之中，乃望此迂缓之学，以收成效，何异待西江之水以救枯鱼？求仆解答。仆非敢以大将临河，讲诵《孝经》之术，退黄巾也。顾以为光复诸华，彼我势不相若，而优胜劣败之见，既深中于人心，非不顾利害、蹈死如饴者，则必不能以奋起；就起，亦不能持久。故治气定心之术，当素养也。明之末世，与满洲相抗、百折不回者，非耽悦禅观之士，即姚江学派之徒。日本维新，亦由王学为其先导。王学岂有他长？亦曰"自尊无畏"而已。其义理高远者，大抵本之佛乘，而普教国人，则不过斩截数语，此即禅宗之长技也。仆于佛学，岂无简择？盖以支那德教，虽各殊途，而根原所在，悉归于一，曰"依自不依他"耳。上自孔子，至于孟、荀，性善、性恶，互相阋讼。讫宋世，则有程、朱；与程、朱立异者，复有陆、王；与陆、王立异者，复有颜、李。虽虚实不同，拘通异状，而自贵其心，不以鬼神为奥主，一也。佛教行于中国，宗派十数，独禅宗为盛者，即以自贵其心，不援鬼神，与中国心理相合。故仆于佛教，独净土、秘密二宗有所不取。以其近于祈祷，猥自卑屈，与勇猛无畏之心相左耳。虽然，禅宗诚斩截矣，而末流沿袭，徒事机锋，其高者止于坚定无所依傍，顾于惟心胜义，或不了解，得其事而遗其理，是不能无缺憾者。是故推见本原，则以法相为其根核。法相、禅宗，本非异趣，达磨初至，即以《楞伽》传授，惜其后惟学《金刚般若》，而于法相渐疏，惟永明略有此意。今欲返古复始，则《楞伽》七卷，达磨只授四卷《楞伽》，同时流支复译十卷《楞伽》。四卷译文大拙，多诘诎不可解。十卷所定名词，亦有未审，故以实叉难陀所译七卷《楞伽》为定。正为二宗之通邮。然简机说法，亦自分途，其好湛思冥想者，则法相在所必用。若夫心乐总持，不喜繁碎之士，但以禅宗公案相示耳。法相或多迂缓，禅宗则自简易。至于自贵其心，不依他力，其术可用于艰难危急之时，则一也。明代气节之士，非能研精佛典，其所得者，无过语录简单之说，是岂今人所不能行乎？然仆所以独尊法相者，则自有说。盖近代学术，渐趋实事求是之途，自汉学诸公分条析理，远非明儒所能企及。逮科学萌芽，而用心益复缜密矣。是故法相之学，于明代则不宜，于近代则甚适，由学术所趋然也。若夫词章之士，多喜浮华，如曩日龚定庵辈，宗法天台，无过爱其词藻，于思想则不能如法相之精深，于行事则不能如禅宗之直截，乃谓佛教之亡，亡于禅学，至以师子身蛆相诮。夫禅宗末流，或有不识文字，不知经典者，佛教衰微，禅宗诚不能无咎。然欲研寻其理，则法相自为西来之正宗，必不得已，犹有般若，无取天台之杂糅涅槃、般若为也。涅槃立我，与《楞伽》、《密严瑜伽》立如来藏及阿陀那识者，或可相通，与般若真空相远。若夫直指一心，廓然皎悟，则天台之不逮禅宗远甚！执武夫以诮美玉，何其言之妄耶？故仆以为相宗、禅宗，其为惟心一也。学相宗者，自《成唯识论》入门，至乎《瑜伽摄论》、《密严楞伽》则止矣。学禅宗者，自唐代禅师诸语录①入门，渐及《坛经》，至乎《楞伽》则止矣。为繁为简，亦各因其所好，岂专以精密深细之科条，施之于一概乎？足下主张孔学，则禅宗与姚江一派，亦非不可融会，求其学术所自来者，姚江非特近于禅宗，亦窃取《密严》之意。《密严经》云：若法有自性，药无除病，能云何世人见服药病除愈，但是赖邪识变异而流转。此谓药石于人同是一体，姚江亦有是说。特其敷衍门面，犹不得不扬儒抑释。今人学姚江，但去其孔、佛门户之见，而以其直指一心者为法，虽未尽理，亦可以悍然独往矣。所惜戒律未严，自姚江再传而后，其弟子已倡狂自肆，声色利禄，无不点汙，故亭林斥之致无余地。亭林排王，与杨园、三鱼不同，纯以礼法相规，而不甚驳其学说。自非以佛学相参，或兼用蕺山之说，则必不足以持世矣。若夫孔氏旧章，其当考者，惟在历史，戎狄豺狼之说，管子业已明言。上自虞、夏，下讫南朝，守此者未尝逾越，特《春秋》明文，益当保重耳。虽然，徒知斯义，而历史传记一切不观，思古幽情，何由发越？故仆以为民族主义，如稼穑然，要以史籍所载人物制度、地理风俗之类，为之灌溉，则蔚然以兴矣。不然，徒知主义之可

---

① 《章太炎全集》（四）之《太炎文录初编》别录卷二校勘记：“语”下脱一“录”字。今依文义补。

贵，而不知民族之可爱，吾恐其渐就萎黄也。孔氏之教，本以历史为宗，宗孔氏者，当沙汰其干禄致用之术，惟取前王成迹可以感怀者，流连弗替。《春秋》而上，则有六经，固孔氏历史之学也。《春秋》而下，则有《史记》、《汉书》以至历代书志、纪传，亦孔氏历史之学也。若局于《公羊》取义之说，徒以三世、三统大言相扇，而视一切历史为刍狗，则违于孔氏远矣！今之夸者，或执斯宾塞尔邻家生猫之说，以讥史学。吾不知禹域以内，为邻家乎？抑为我寝食坐作之地乎？人物制度、地理风俗之类，为生猫乎？抑为饮食衣服之必需者乎？或又谓中国旧史，无过谱牒之流。夫其比属帝王，类辑世系，诚有近于谱牒者，然一代制度行于通国，切于民生，岂私家所专有？而风纪学术，亦能述其概略，以此为不足，而更求之他书，斯学者所有事，并此废之，其他之纷如散钱者，将何以得其统纪耶？且中国历史，自帝纪、年表而外，犹有书志、列传，所记事迹、论议、文学之属，粲然可观。而欧洲诸史，专述一国兴亡之迹者，乃往往与档案相似。今人不以彼为谱牒，而以此为谱牒，何其妄也！足下不言孔学则已，若言孔学，愿亟以提倡历史为职矣。至中国所以维持道德者，孔氏而前，或有尊天敬鬼之说。墨子虽生孔子后，其所守乃古道德。孔氏而后，儒、道、名、法，变易万端，原其根极，惟依自不依他一语。汉世儒术盛行，人多自好，本无待他方宗教为之补苴。魏、晋以后，风俗渐衰，不得不有资于佛说。然即莲社所谓净土者，亦多兼涉他宗，未尝专以念佛为事。三论继兴，禅宗、法相接踵而至，宗派虽异，要其依自则同。而沙门应机者，或取福田利益之说，以化颛愚，流而不返，遂为儒者所嗤。韩退之虽至短浅，犹且笑悼不已，况如程、朱之高材乎？退之喜大颠之能外形骸，伊川说《中庸》之前后际断，晦庵于十二缘生、三细六粗、十八界等，叹其精细，以为儒者弗及。然则其人其教，苟无涉乎依他之说者，虽支持门面之儒，犹不得不帖然诚服。盖好尚相同故也。昔无神之说，发于公孟；《墨子·公孟》篇，公孟子曰：无鬼神。是此说所起，非始晋代阮瞻。阮瞻但言无鬼，而公孟兼言无神，则识高于阮矣。排天之论，起于刘、柳。王仲任已有是说，然所排者惟苍苍之天而已，至刘、柳乃直拨天神为无。以此知汉族心理，不好依他，有此特长，故佛教得迎机而入，而推表元功，不得不归之孔子。世无孔子，即佛教亦不得盛行。仆尝以时绌时申、哗众取宠为孔子咎；至于破坏鬼神之说，则景仰孔子，当如岱宗北斗。凡人言行相殊，短长互见，固不容以一端相概也。或者谓孔子亦有天祝、天丧、天厌、获罪于天等语，似非拨无天神者。按孔子词气，每多优缓，而少急切之言，故于天神未尝明破。然其言曰：鬼神之为德，体物而不可遗。此明谓万物本体，即是鬼神，无有一物而非鬼神者，是即斯比诺沙泛神之说。泛神者，即无神之逊词耳。盖孔子学说，受自老聃，老子言象帝之先，既谓有先上帝而存者；庄生继之，则云道在蝼蚁、稊稗、瓦甓、屎溺，而终之以汝唯莫必，无乎逃物，则正所谓体物而不可遗者。无物非道，亦无物非鬼神，其义一致，此儒、老皆主泛神之说也。及其言天，则本诸往古沿袭之语，而非切指天神。且如印度婆罗门教建立大梵，梵当读钵，正言钵逻摩纳。佛教已拨去大梵，而犹有梵行之名词，盖旧语相沿，莫能遽易，然其义旨已非。孔子言天，亦若是耳。及公孟拨无鬼神，儒术由此成立，非孔子造端之力欤？儒者立说，但求心理之殊，不求形式之异。故孔子虽言鬼神体物，而仍言齐明盛服，以承祭祀。公孟虽拨无鬼神，而仍言祭祀之当有。然孔子言“如在”。如在者，明其本不在也。公孟于《墨子》无鱼作罟之说，亦无辩论。其意谓鱼虽无有，但顺世俗常仪而作罟可也。原中国言鬼者，本非直指幽灵，观《说文》鬼字从甶，甶为鬼头，与禺字从甶同意。禺本母猴，若鬼为幽灵无形之物，何以得象其头？何以母猴之头得与鬼头相似？是其初所谓鬼者，本即山都、野干之属，异物诡见，睹之惊遻，于是幽灵亦假此名，此言鬼者之缘起也。言天神者，则语或本于印度，古教梨俱吠陀所说最尊之神，有言丘者，为天上晴空之义，有言提婆者，即为天义，有言阿姞尼者，为光明火神，而与因陀罗即帝。合德之义，其语转变，流入中国，提婆二音，或译提桓，日本音作デグ，中国古音旧无麻部，故以歌、戈、元、寒等部之音代之。提桓合音则为天，由天而取其双声则谓之帝，由天而取其叠韵则谓之神。古音天神、同部。此自有形移于无形者。由天而取其双声，则对于天者，谓之地，此自有形移于有形者。由地而取其叠韵则谓之祇，此自有形移于无形者。然言神、言帝，有时或以天字代之，具体抽象，不甚分殊。而印度尊敬其人者，多谓之天。如阿阇世王称父为天，玄奘在印度被称为辩才天之类。中国古语，亦多同此。《庄子·在宥》篇载云将之语鸿蒙曰：“天忘朕耶？曰吾遇天难”。《知北游》篇载老龙吉死，神农曰：“天知予僻陋慢訑，故弃予而死”。是皆以天称其师长，则天语本于印度明矣。其言丘者，更可证明。《说文》：“丘，土之高也，非人所为也。从北从一。一，地也。人居在丘南，故从北，中邦之居在昆仑东南。”按昆仑发脉于叶尔羌，自南方视之，虽在西北，自燕代视之，反在西南。周、秦以上，诸华疆域，北方偏嬴，何有昆仑在北之说？若谓溯原于迦勒底，则昆仑反在其东，说皆不合。夫正直昆仑之南者，惟印度耳。然则丘在人北，必自印度传之。观其以阆风、玄圃为神仙群帝所居，是即以昆仑拟之天上，即印度所指天上为丘者。圜丘之祭，实象昆仑为之，以祀昊天上帝，而丘训为空，《广雅·释诂》。又合晴空之义。古音丘巨相通，故丘嫂亦作巨嫂，巨即渠魁之渠。《封禅书》有老父称武帝为巨公。巨公、渠魁，文字非二，以丘为尊神，而名其君长为丘，犹以帝为尊神，而名其君长为帝也。阿姑尼之为语，本自火教所传，其名起于印度、波斯未分之世。中国重黎司火，于火教本有因缘，郊之为祭，大报天而主日，此明以火为最上之神，而六天明号，见于《文燿钩》、《河图》各种纬书，其义多不可解。惟中央黄帝名含枢纽，含枢纽者，非阿姑尼之音转乎？《文燿钩》云："季夏六月，火受制，其名含枢纽"，《周礼·大宗伯疏》引。此非火神而与上帝合德之谓乎？此言天、言神、言帝之缘起也。其后展转荒谬，不可爬梳，《鸿范》言"帝乃震怒"，《大雅》言"帝谓文王"。则明视上帝为有人格矣。中国得孔子泛神之说，至公孟而拨除之，印度得数论无神之说，至释迦而昌大之。其转变亦有相似。自孔子、公孟而后，郊丘宗庙，不过虚文，或文人曼衍其辞，以为神话。如《九歌》、《天问》等。其实已无有尊信者，特愚民不学，犹眩惑于是耳。然所以维持道德者，纯在依自，不在依他，则已砉然可见。而今世宿德，愤于功利之谈，欲易之以净土，以此化诱贪夫，宁无小补？然勇猛无畏之气，必自此衰，转复陵夷，或与基督教祈祷天神相似。夫以来生之福田，易今生之快乐，所谓出之内藏，藏之外府者，其为利己则同。故索宾霍尔以是为伪道德，《道德学·大原论》。而中国依自不依他之说，远胜欧洲神教，亦见德人沙么逊《黄祸论》中。今乃弃此特长，以趋庳下，是仆所以无取也。往者作《无神论》，大为基督教人所反对，广州教会有《真光报》，以仆为狂悖至极。吾以理内之言相稽，而彼以理外之言相应，此固无庸置辨。今得足下所言，乃藉以吐吾肝鬲。要之，仆所奉持，以"依自不依他"为臬极。佛学、王学虽有殊形，若以楞伽、五乘分教之说约之，自可铸镕为一。王学深者，往往涉及大乘，岂特天人诸教而已；及其失也，或不免偏于我见。然所谓我见者，是自信，而非利己，宋儒皆同，不独王学。犹有厚自尊贵之风，尼采所谓超人，庶几相近。但不可取尼采贵族之说。排除生死，旁若无人，布衣麻鞵，径行独往，上无政党猥贱之操，下作懦夫奋矜之气，以此楬椠，庶于中国前途有益。乃若愚民妇子之间，崇拜鬼神，或多妖妄，幸其蒙昧寡知，道德亦未甚堕坏，死生利害之念，非若上流知学者之迫切也。若专为光复诸华计，或不必有所更张，而吾党亦有信基督教者，岂能要之使改，顾论理有相伐耳。至于社会相处之间，稍有信仰，犹愈于无执持。今之所志，但欲姬、汉遗民，趣于自觉，非高树宗教为旌旗，以相陵夺。况约楞伽、五乘之说，而基督教正在天、人二乘之间，是则即而用之，可矣。书此见志，愿足下审思之！章炳麟白。

（1907 年，选自《太炎文录初编》别录卷二）

四惑论

昔人以为神圣不可干者，曰名分。今人以为神圣不可干者，一曰公理，二曰进化，三曰惟物，四曰自然。有如其实而强施者，有非其实而谬托者。要之，皆眩惑失情，不由诚谛。章炳麟读《易传》曰：呜呼！伏曼容见之矣。《传》曰："蛊者，事也。"伏曼容曰："蛊，惑乱也。万事从惑而起，故以蛊为事。"二经十翼，可贵者此四字耳。呜呼！伏曼容见之矣。作《四惑论》。

背私谓之公，今以为众所同认之称；治玉谓之理，引伸为䚡理条理，今以为界域之称。公理者，犹云众所同认之界域。譬若棋枰方卦，行棋者所同认，则此界域为不可逾。然此理者，非有自性，非宇宙间独存之物，待人之原型观念应于事物而成。洛、闽诸儒，喜言天理。天非苍苍之体，特以众所同认，无有代表之辞，名言既极，不得不指天为喻。而其语有疵瑕，疑于本体自在。是故天理之名，不如公理，可以见其制之自人也。骤言公理，若无害矣。然宋世言天理，其极至于锢情灭性，烝民常业，几一切废弃之。而今之言公理者，于男女饮食之事，放任无遮，独此所以为异。若其以世界为本根，以陵借个人之自主，其束缚人亦与言天理者相若。彼其言曰：不与社会相扶助者，是违公理；隐遁者，是违公理；自裁者，是违公理。其所谓公，非以众所同认为公，而以己之学说所趋为公。然则天理之束缚人，甚于法律；而公理之束缚人，又几甚于天理矣。盖人者，委蜕遗形，倏然裸胸而出，要为生气所流，机械所制；非为世界而生，非为社会而生，非为国家而生，非互为他人而生。故人之对于世界、社会、国家，与其对于他人，本无责任。责任者，后起之事。必有所负于彼者，而后有所偿于彼者。若其可以无负，即不必有偿矣。然则人伦相处，以无害为其限界。过此以往，则巨人长德所为，不得责人以必应为此。长国家者，责其民以从军应役，乃至医方工技，悉为有司所材官。此承封建之余习则然，混一久者即异是。信神教者，以为天公巨灵，特生人类以蕃其种，以润色其世宙。故非独死生不能自主，屏居遁世，不与社会耦俱，则已背上神之命。此误认万物为有作者，从而演为法戒，以根本之谜谬，及其枝条。若夫独觉、声闻、数论、老庄之说，则异是也。即实而言，人本独生，非为他生。而造物无物，亦不得有其命令者。吾为他人尽力，利泽及彼，而不求圭撮之报酬。此自本吾隐爱之念以成，非有他律为之规定。吾与他人戮力，利泽相当，使人皆有余，而吾亦不忧乏匮，此自社会趋势迫胁以成，非先有自然法律为之规定。有人焉，于世无所逋负，采野稆而食之，编木堇而处之；或有愤世厌生，蹈清泠之渊以死，此固其人所得自主，非大群所当诃问也。当诃问者云何？曰：有害于己，无害于人者，不得诃问之；有益于己，无益于人者，不得诃问之；有害于人者，然后得诃问之。此谓齐物，与公理之见有殊。欧洲诸国，参半皆信神教，而去封建未远。深隐于人心者曰：人为社会生，非为己生，一切智能膂力，当悉索所有，以贡献于大群。因政教则成风俗，因风俗则成心理。虽瑰意琦行之士，鲜敢越其范围。有视国家与神教如虺蛇者，徒沾沾焉与其形式相攻，而因是所成之心理，已执藏于其髓海。如布鲁东氏之说，则曰："天下一事一物之微，皆将有而非现有，转变化成，体无固定。而百昌之在恒沙世界，节族自然，盘旋起舞，合于度曲，实最上极致之力使然。有此极致，故百昌皆乡此极致，进步无已，是虽必然，而亦自由。是故一切强权，无不合理。凡所以调和争竞者，实惟强权之力。"此以互相牵掣为自由，其说已暗昧难知矣。原其立论，实本于海格尔氏，以力代神，以论理代实在，采色有殊，而质地无改。既使万物皆归于力，故持论至极，必将尊奖强权。名为使人自由，其实一切不得自由。后此变其说者，不欲尊奖强权矣。然不以强者抑制弱者，而张大社会以抑制个人。仍使百姓千名，互相牵掣，亦由海格尔氏之学说使然。名为使人自由，其实亦一切不得自由也。今夫人不与社会相扶助者，是势所不能也。虑犹细胞血轮，互相集合以成人体。然细胞离于全体，则不独活。而以个人离于社会，则非不可以独活。衣皮茹草，随在皆足自存，顾人莫肯为耳。夫莫肯为，则资用繁多，不得不与社会相系。故曰，人不与社会相扶助者，是势所不能也。既已借力于人，即不得不以力酬人。有其借而无其酬，则谓之背于公理云尔。若诚肯为衣皮茹草之行者，既无所借，将安用酬？虽世不数见其人，而不得谓绝无其事，即不可以虚矫之公理齐之。非直此也，鸟之哺养其雏，人之乳食其子，特爱情流衍则然。诚有生子不举者，苟未至于戕杀侵陵之界，即不可以放弃责任相稽。所以者何？本未借力于此婴儿，则不必有其酬报，宁当以责任言之。律有不慈之刑，有子不收，法所不宥。此为国家待人而立，故开其蕃育之端，而重其弃遗之罚。名曰亲对于子之责任，实乃人民对于国家之责任。法律本浮栖之物，无可索其本根，类如是矣。若非强执国家万能之说，而问其所谓责任者，则绝无责任可言。必曰人类对于世界之责任，则人类本不为世界而生；必曰人类对于人类之责任，则人类亦非互为他人而生。徒曰公理当然，可乎？凡有害于人者，谓之恶人，凡有益于人者，谓之善人。人类不为相害而生，故恶非人所当为，则可以遮之使止；人类不为相助而生，故善亦非人之责任，则不得迫之使行。善与恶之间，必以“无记”为之平线，责人以“无记”以上，而谓之曰公理，则束缚人亦甚矣。今夫隐遁者，犹未至与社会相离也。一人之力，足以耕十亩，十亩之入，馕鬻有余，以其赢易麻枲竹木，足以御寒暑、庇风雨。复有他长，取以自乐，而不以是利人，斯谓隐遁之士。其不以是利人，诚凉薄寡恩矣，然而不得以背违公理责之。所以者何？人类非为世界而生，非为社会而生，非为国家而生，非互为他人而生，虽凉薄少恩，非他人所能干预也。若夫有机、无机二界，皆意志之表彰，而自迷其本体，则一切烦恼自此生。是故求清凉者，必在灭绝意志，而其道始于隐遁。若为灭绝意志而隐遁者，即不惮以道授人，亦不得不以道授人。何以故？隐匿良道，专以自利，则我痴我见，愈益炽然，必不能灭绝意志故。其次，或为深求学术，必避嚣尘而就闲旷，然后用意精专，所学既就，出则膏沐万方。是二者，辅益他人，为用至广，与专求自乐者异撰。然则尺蠖不屈则不伸，龙蛇不蛰则不现，无冥冥之志者，无昭昭之明，作止语默，其致一也。顾可以市阓期会相稽哉？自裁者，爱身之念，自我主之，不爱身之念，亦自我主之。我既绝对，非他人所得与其豪毛。昔希腊哲学家在那氏，尝躬蹈之矣。其他宗教哲学诸家，或有取舍，皆称心而为言。有神教者，以为人禀精灵于帝，躯命非我有也。故必恪恭将事，以待日月，无或自擅。无神教者，以为人类本由识根迷妄，流转生死之中，死固苦也，生亦不可谓非苦。徒绝其生，而他日之生卒不可断。故自裁者，与求长生者，其愚则同。德人庵卢知说之曰：“世界最污垢也。故有志于道德者，必先弃捐躯体。

弃捐躯体者，非就于自裁之途，勤修苦行，严持淫戒则可矣。若夫自裁而死者，能断生命，而不能断其求有生命之心。求有生命之心云何？即意志是。虽自裁而意志犹在，他日且复转生于世界中，独其郛廓异耳。是故欲免世界之苦者，不在形体根器之消亡，而在自断其意志。断意志者云何？日以求断生命之意志，与求有生命之意志，自相格斗而已。此二虽异，在人自择之。择之者，非如世俗所谓本心之自由，乃法界意志之自由。”此则反对自裁矣。然有人论撰法理，而曰：人果有自裁之权否？则庵卢知答之曰：“人身所有之权，与其身共归于消灭，复何问焉？”无神教中，亦言“杀自身无有罪。何以故？我身由我故。若身由我得罪果者，翦爪伤指便当得罪。何以故？自伤身故”（《文殊师利问经·杂问品》）。然则反对自裁者，就胜义而计之；认可自裁者，就恒情而计之。一于胜义，则自裁与求生皆非；一于恒情，则自裁与求生皆得。今之持公理者，本不越恒情界域，而汲汲与自裁以厉禁，何所执持而得有此无上高权耶？明其虽诋諆神教，而根柢实与神教同也。吾土有陈天华、姚宏业、陈天听者，以愤激怀沙死。彼则又诋之曰：自裁者，求生天宫与极乐国土耳。不为社会增进福祉，惟一身就乐之为，故可鄙也！不悟汉土之自裁者，自颠连无告而外，皆以谋画不行，民德堕丧，愤世伤人，以就死地，未有求生天宫、求趋极乐者。当其就死，实有所不忍见闻，亦冀友朋之一悟，风俗之一改也。而人亦高其风义，内省诸己，而知其过，负此志士，卒令发愤沈渊，则悔悟改良者众，其为益于社会亦巨矣！顾以兜率净土相嘲，何其反也？求生天者，固迷妄矣；求生极乐国土者，亦无过怯弱短气之士所为，泯绝死生，斯为至耳！是故庵卢知之说涅槃曰：“乔答摩氏以涅槃之名词，表示寂灭，可谓豁然确斯矣。涅槃者，纯无而不与少有相杂之谓，质言则世界消灭是也。既到涅槃境界，则世界意志复其本来，而表彰之物，无有纤悉存者，亦无一物可以形状涅槃。故托义于无，以示消极，无非断空，独与幻有相对而谓之无。”庵卢知者，非纯为佛学者也。犹知涅槃与极乐国土，判然殊绝。循是以观，果求涅槃，则必不徒消形体矣；果求极乐国土，亦必无弃现在之生、而望将来之愉快矣。彼以是诮汉土之自裁者，未达汉土人心本不尔也。藉令世有其人，亦彼自发愿耳。彼非世界之佣奴，而安得以公理检柙之？综此三者，所持公理，皆以己意律人，非人类所公认。人类所公认者，不可以个人故，陵轹社会；不可以社会故，陵轹个人。若如公理之说，无益于社会者，悉为背违公理。充其类例，则有法人之俗，虐老兽心，以为父既昏耄，不能饬力长财，为世补益，而空耗费衣食之需，不如其死，则自载其老父，沈之江水。是则持公理者，乃豺狼之不若，狸貀所不为耳。世之残贼，有数类焉。比校其力，则有微、甚之分。宁得十百言专制者，不愿有一人言天理者；宁得十百言天理者，不愿有一人言公理者。所以者何？专制者其力有限，而天理家之力，比于专制为多。言天理者，独于臣之事君，子之事父，操之过蹙，父之尽期，率先于子，而出身事君，亦得恣意去留。是故天理缚人，非终身不能解脱。言公理者，以社会常存之力抑制个人，则束缚无时而断。言天理者，谓臣子当受君父抑制，而不谓君父当抑制。君父以不道遇其臣子者，非独天理家非之，一切社会亦非之。故见屈于一人，而常受怜于万类，是尚有讼冤之地。言公理者，以社会抑制个人，则无所逃于宙合。然则以众暴寡，甚于以强陵弱。而公理之惨刻少恩，尤有过于天理。乃知庄周所谓"齐物者，非有正处、正味、正色之定程，而使万物各从所好"。其度越公理之说，诚非巧历所能计矣。若夫庄生之言曰："无物不然，无物不可。"与海格尔所谓"事事皆合理，物物皆善美"者，词义相同。然一以为人心不同，难为齐概；而一以为终局目的，借此为经历之途。则根柢又绝远矣。

进化者，以常识论之，必有所处，而后能进；若无所处，则必不能进。虽然，进者必动，而动与处相反。是故伊黎耶派哲学之言曰："空间者，自极小之尘点成；时间者，自极小之刹那成。所谓动者，曰于极小之时间，通过极小之空间耳。然当其通过空间也，不得不停顿于空间。第一刹那，停顿于空间也；第二刹那，亦停顿于空间也；第三刹那，犹之停顿于空间也。始终停顿，斯不得谓之为动。飞箭虽行，其实不行也。"（案：此与《庄子·天下篇》所引名家说同。）然则所谓进者，本由根识迷妄所成，而非实有此进。就据常识为言，一切物质，本自不增不减，有进于此，亦必有退于彼，何进化之足言！且有机物界，世见其进化之幻象也。而无机物界，并此幻象亦不可睹。借观地球，无时而不绕日，乃其所旋轨道，惟是循环周转，非有直进之途。譬若户枢常动，不能有分寸过于规外。夫既循环周转，则方见为进，即见其为退矣。又观月魄与海水者，终日折旋，而今月之明，不能加于古月，今潮之盛，不能过于古潮。安得所谓进化者？惟仅就有机物界以言进化，则幻象略可睹耳。虽然，进化者，由外缘牵引以成，而人心所向，不悉在是。幸福增进，一部人类所盲从也，他部人类，则或有反对此者。以善恶言，求增进幸福者，特贪冒之异名。所以者何？有所进者，不得不先有所处，而最初所处之点，惟是兽性。循其所处之点，日进不已，亦惟是扩张兽性。始之兽性，鼷鼠、陵鱼若耳；积久而扩张其兽性，乃若狻猊、白虎。兽性则同，而反愈加之厉。是则进化之恶，又甚于未进化也。以苦乐言，资生养形之事，必由操作致之。人人自宝爱其朽骨，无可奈何，而忍形以就苦，斯已勤矣。更求增进，则乐必不能与苦相偿。而不见之耕稼之骊牛乎？藜蒿布野，足以疗饥，横为人伦牵引，喘息流汗，以服劳于陇上，所得稻粱，不为牛啖。纵令牛自耕田，牛自啖之，牛之所需，本不在此。苦身以求稻粱之美，曷若自放而食藜蒿矣。人求进化，必事气机，欲事气机，必先穿求石炭，而人之所需，本不在此。与其自苦于地窟之中，以求后乐，曷若樵苏耕获，鼓腹而游矣。夫乐不与苦相偿，谁有白痴，甘为此者？若曰，以是利益后人，则无异牛之为人耕稼也。后人生计，自有后人任之，安用前人为之尽瘁于百年以上？或有出其余力，以扶病字孤者，此于道德为能然，非于责任为当然。独以人类同根，必不忍他人之冻饿，乃率由悲性以为之，而非他人所能强迫。若夫后人者，朕兆未形，意萌未现，则悲性无自而生，乃为之劳形自苦，不太多事耶？世有其人，计虑深远，以其所已见者，推之其所未见，鞅掌贤劳，为后昆谋安乐，固任侠事，而不可以是遍责恒民。若更有知幸福之妄者，则当为人类断其追求无已之心，使归安稳。而竭能尽智以谋形质者，其可以已矣。或曰：劳动者，人之天性，循其天性而谋进化，易若水之转轮。此亦不然。动者人之天性，劳者非人之天性。惟好动也，故其心掉举不安，乍动于此，辄弃而转动于彼，必无坚忍以就一事者。有之，则父师所督率，生计所驱使云尔。虽然，动至于劳，亦未有不思休息者。农者知不耕则不食，自节其性，以服先畴，此为形累，非其天性然也。虽自耘其陇亩者，一日得休，亦未尝不自欣幸。谁云劳为秉彝之好乎？若诸文艺技巧之事，劳与乐俱，则安肆而行之；以劳求福，则竭蹶而行之。劳与乐俱者，虽以黄屋之尊，有时厌弃万几，愿自侪于梓匠，若明熹宗之喜刻木，是也。此非好劳，顾行乐耳！以劳求福者，敦迫为之，犹必尔然疲役。今有二人，一事刻印，一事磨针，非由外铄，皆自勉以就功者。若其程功终日，刻印者犹自喻适志，而磨针者则呤呻欲卧矣。又有三人，一画花木，一操会计，一编谱表，终日程功，其劳相等，绘画者犹栩栩自得，操会计者，编谱表者，则遒然思欲脱离矣。是何也？一即劳以为乐，当其劳时，即其乐时；一行劳以求福，而见前所操之业，皆枯槁鲜味者，故其趣不同矣。且夫人心好动，以掉举之心为依，不以坚忍之心为依，故好动正与好劳相反。近世资生之计，农耕为急，渔猎则不足重轻也。然人有素未习耕，亦素未习猎者，与之出而驰骋射弋，虽不能，犹踊跃趋之；与之出而犁草搚土，则未有乐从者。借观贵游之子，以暇日钓鱼弹雀者多，有以暇日发土舂米者乎？夫乐于猎者，非为给鲜；不乐于农者，亦非为仓廪有余也。猎者作姿骏逸，本乎掉举之心；农者所事拙钝，本乎坚忍之心。人心依掉举而不依坚忍，故非饥寒所迫，则未有舍此就彼者。然则人之天性，以动为趣，不以劳为趣；以劳而现乐者为趣，不以劳而求福者为趣，章章矣。而求进化者，不在行乐之劳，而在求福之劳；不在掉举之动，而在坚忍之动。若人皆自私其产，斯亦可也。既和合众产以为一丸，而欲其忍性就劳，则势所不行，亦明甚。乃曰：劳动为人之天性，是则为诬天性者。余谓进化之说，就客观而言之也。若以进化为主义者，事非强制，即无以使人必行。彼既标举自由，而又预期进化，于是构造一说以诬人曰："劳动者人之天性。"若是者，正可名进化教耳。本与人性相戾，而强为训令以笼愚者曰："尔之天性然。"若是而主持强权者，亦可为训令以笼人曰："服从强权者，尔之天性然。"此与神教之说，相去几何？如上所说，皆就人之感性言也。若严密言之，明日有无，必非今日所能逆计。所以者何？未至明日，而言明日之有，即无证验。虽昨日之视今亦为明日，所更明日已多，而今日非昨日，则无比例。故明日尚不能知其必有，离于明日，何进化之可言？此则徒为戏论而已！

惟物者，自物而外，不得有他。应用科学者，非即科学自体；而科学之研究物质者，亦非真惟物论。是何也？言科学者，不能舍因果律。因果非物，乃原型观念之一端。既许因果，即于物外许有他矣。真持惟物论者，在印度有斫婆迦师，在欧洲有吼模耳。乃若《胜论》之言阿耨，伊壁钩卢之言阿屯，黎布尼之言毛奈陀，汉语译之，皆云原子。然彼实轶出经验以外，以求本根于无方分者。况其所谓原子，非独物有，亦许心有，则仍是心物二元也。斫婆迦说，以为现量诚谛，比量虚妄。此即断绝因果矣。又谓地水火风，任运流转，自斯而外，更无心量。即彼地水火风者，亦但有现行，初无种子。此又断绝本质矣。吼模之言曰："弄球者先转一球，进而击触他球，则他球亦转，其势流注相迁，而不可以先转为后转之因，后转为先转之果。诸言因者，非五根所能感触，得一现象，而归之于不可见之因，谬矣。因云，果云，此皆联想所成。联想云何？凡同一事而屡见者，即人心之习惯所由生。初见一事，前有此，后有彼；继见一事，前有此，后有彼。如是更十百次，皆前有此，后有彼，遂以此为彼因，彼为此果。其实非有素定也。且夫白日舒光，爟火发热，亦其现象则然。以为日必舒光，火必发热，则不可。惟根识所触证者，有日与火之现象，必有光与热之现象随之。以吾心之牵联，而谓物自牵联，乃豁然定为因果。若就物言，日自日耳，何与于光；火自火耳，岂关于热。安见有日必有光，有火必有热者？”余谓吼模之说，犹未究也。正感觉时，惟有光相热相，非有日相火相。日与火者，待意识取境分齐而为之名。故光与热为现象，光上之圆形锐形，亦为现象，而日与火为非现象。若专信感觉者，日、火尚不可得，况可言其舒光发热之功能哉？夫既遮拨因果，则科学所证明者，一切不得许为极成，非独遮拨因果而已。科学之说，既得现象，亦必求其本质。而吼模之说，惟许现象，不许本质，则原子之义自摧。由是观之，惟物论成，则科学不得不破。世人之矜言物质文明者，皆以科学揭橥，而妄托其名于惟物，何其远哉！斯宾塞尔著综合哲学，分可知、不可知为二篇。曰：时间空间不可知，力不可知，物质不可知，流转不可知。而又崇重科学，以为最上。然力与物质且不可知，则科学之根已绝。虽有所建立发明，如海市寻香城耳。物质既不可知，则惟求之现象。而现象与现象之因果，于此心界虽可知，于彼物界诚有此因果否，亦不可知。则名言堑绝，无可为趋入之途矣。即实而言，惟物之与惟心，其名义虽绝相反，而真惟物论，乃即真惟心论之一部。所以者何？不许因果，不许本质，惟以现所感触为征，此则所谓“现见别转，远离一切种类、名言、假立，无异诸门分别”者，是正惟心论之见量。吼模有言：“触寒而生寒觉，触热而生热觉，当是时，无寒热之名言也。名为寒热，必在感觉已灭之时。若充其例，当有寒觉与热觉时，惟于自体觉有寒热，未有寒热外来之想。更充其例，掷贝珠顼，以青色对向眼识，掷贝珠顼，眼识与青色俱生。是时分别未形，但觉眼之与青，泯合非二，未有青在眼外之想。”故专以感觉为征者，现象有对，且不得成，况物之本质哉？故曰：惟物论者，惟心论之一部也。或则变转其言曰：感觉本在神经，而神经亦为物质，以物知物，何系于心？是亦可曰：惟心论者，惟物论之一部也。应之曰：心量本非一端而罄。（凡言心者，正当言识，以心本义为心脏，引伸为识之代词，疑于物质也。然今亦随俗言之。正犹魂本是气，精本是液，而言魂、言精神者，亦得引伸为无形之名词耳。）今之言感觉者，以为内印神经；言忆念者，以为神经有遗印也。不悟显色形色，虽可以印象为缘，而数量即无印象。如人见三饭颗，若只缘印象者，感觉以后，当惟生饭颗、饭颗、饭颗之想，必不得生三饭颗之想。今有三饭颗之想者，非于尔所饭颗，各各取其印象；亦非以尔所饭颗，和合为一以成一种印象。必有原型观念，在其事前；必有综合作用，在其事后。安得云只以物质对取物质耶？虽然，此犹感觉以后事也。而当其初感觉时，亦有悟性为其助伴。如庵卢知之言曰："物映眼帘，其形皆倒，而视觉所取则非倒。明感觉亦以悟性为依。"若专就神经对印为言，即无解于倒见之疑矣。又若为印象者，一日接十印象，印已模糊，何以得了了而忆。故知现量感觉，一切惟心，而甄明科学者，必不许现量为究竟。此特相似之惟物论，其于真惟物论，翩其反矣！以物质文明求幸福者，不自量度，而妄尸惟物之名，斯亦厚颜之甚也！夫真惟物论者，既举本质而空之，惟以本质为心所妄念之名，是骎骎与惟心相接。然吼模复不许心有本质者，以心亦念念生灭，初无自性。惟无自性，故一切苦乐，心得感之。若心有自性者，即不为苦乐之境所变。然则求乐者，但求诸心，毋求诸物，亦可矣。若夫啜菽饮浆以愈饥渴，冬毳夏葛以避寒暑，上茨下借以庇雪霜，采艾储药以备疫疠，人之借资于外物者，诚不可乏。过此以往，则安必沾沾物质之务哉？人而执鞭为隶，其行至可羞也。含垢不辞，曰惟存身之故。既存身矣，而复以他种福祉之故，执鞭为隶，其猥贱则甚于向之为隶者矣。不执鞭为隶于人，而执鞭为隶于物，以斯求福，其猥贱又甚于向之为隶者矣。

自然者，物有自性，所谓求那；由自性而成作用，所谓羯磨。故合言之曰自然。知物无自性之说，则自然之说破。或有言本然者，与自然同趣而异其名。或有言法尔者，则以物无自性，一切为无常法所漂流。近人又言自然规则，乃合自然、法尔为一谈。言法尔者，本谓离心不得一法，即此法者，亦心之尔焰迷惑所成。言自然规则者，则胶于自性，不知万物皆展转缘生，即此展转缘生之法，亦由心量展转缘生。虽然，言此者固自托于惟物。若果惟物，此自然规则者，为在物中，为在物外？若在物外，既许物外更有他事，即不容妄托惟物之名；若在物中，有素定者，固得以自然规则名，无素定者，亦得以自然规则名。虽然，火之求那，自然而热；火之羯磨，自然而烧。而死灰沙砾有不可得烧者，则火之羯磨破。人之按火，未有不觉其热，而死灰沙砾，则无热觉。纵令火着死灰沙砾以后，人按之犹生热触，特未知火在死灰沙砾，果热否也？则火之求那亦破。若曰：于此而热，于此而烧，于彼则无热无烧，亦得名为自然规则。然则火但是火，而热与烧者，惟一部物质对火之名，即不得言火本有热、火本能烧矣。循是以推，所谓自然规则者，非彼自然，由五识感触而觉其然，由意识取像而命为然。是始终不离知识，即不得言本在物中也。今若有人问言：世间有法过自然否？则应之曰：知自然者，过于自然。夫就胜义言之，名、相二者，皆由分别妄念所成。若就俗谛言之，相则在物，可认为真；名乃在心，惟认为假。故纵不说物为心造，而不容不说自然等名为心造。物若非心造耶？知物者，或未能过物。自然之名，既为心造，则知自然者，必过于自然矣。故真惟物论者，亦不得不遮拨自然，而托之者至谬妄也。虽然，今亦且置斯事，就人间社会言之，凡所谓是非者，以侵越人为规则为非，不以侵越自然规则为非。人为规则，固反抗自然规则者也。昔希腊王子有别封于新头河者曰弥兰，问那伽犀那曰：智者作恶，愚者作恶，此两人殃咎谁多得者？那伽犀那曰：愚人作恶，得殃大；智人作恶，得殃小。王曰：不如那伽犀那言。我国治法，大臣有过，则罪之重；愚民有过，则罪之轻。是故智者作恶得殃大，愚者作恶得殃小。那伽犀那问王曰：譬如烧铁在地，一人知为烧铁，一人不知为烧铁，谁烂手大者耶？王曰：不知者烂手大。那伽犀那曰：愚者作恶，不知自悔. 故其殃大；智者作恶，知不当为而自悔过，故其殃小。盖弥兰所说者，人为之法，故知而触之者咎重，不知而触之者咎轻。那伽犀那所说者，自然之法，故知而触之者咎轻，不知而触之者咎重。就此问答，足以知二种规则之不同矣。且黠者之必能诈愚，勇者之必能陵弱，此自然规则也。循乎自然规则，则人道将穷。于是有人为规则以对治之，然后烝民有立。若别有自然规则，必不可抗，而人有恣意妄抗之者，此亦任其自为耳。蚊欲负山，蚷欲驰河，讥其不量力可也，责其不合义则不可也。夫阑入人之邸舍者有罪，而阑入大火聚中者无罪。谋斩关越塞者有罪，而谋超越星球者无罪。纵有非笑之者，惟得斥为顽愚，不得指为过恶。以自然规则本无与于人道，顺之非功，逆之非罪云尔。今夫进化者，亦自然规则也。虽然，视入火必热、入水必濡，则少异。盖于多数不得不然，非于个人不得不然。个人欲自遏其进化，势非不能。纵以个人之不进化，而风靡多数，使一切皆不进化，亦不得为个人咎。以进化者，本严饰地球之事，于人道初无与尔。然主持进化者，恶人异己，则以违背自然规则弹人。吾则诘之曰：人之有死，亦自然规则也。病革而求医药者，将以遮防其死，曷不以违背自然规则弹之耶？昔庄氏载子来有病，喘喘将死，曰，父母于子，东西南北，唯命之从；阴阳于人，不翅于父母，彼近吾死，而我不听，我则悍矣。郭象说之曰：“自古或有能违父母之命者，未有能违阴阳之变，而距昼夜之节者也。死生犹昼夜耳，时当死而横不听之，则适足捍逆于理。”此明以死为自然规则，不可旅距矣。而今之尊信自然规则者，一则废之，一则举之，自为矛盾而不悟。若曰：自然规则虽有死，而吾得暂缓其死，独不可曰，自然规则虽有进化，而吾得暂缓其进化乎？呜呼！昔之愚者，责人以不安命；今之妄者，责人以不求进化。二者行藏虽异，乃其根据则同。以命为当安者，谓命为自然规则，背之则非义故；以进化为当求者，亦谓进化为自然规则，背之则非义故。自我观之，承志顺则，自比于斯养之贱者，其始本以对越上神，神教衰而归敬于宿命，宿命衰而归敬于天钧，俞穴相通，源流不二。世有大雄无畏者，必不与竖子聚谈猥贱之事已！

（原载《民报》二十二号（1908年7月），
选自《太炎文录初编》别录卷三）

论教育的根本要从自国自心发出来

本国没有学说，自己没有心得，那种国，那种人，教育的方法，只得跟别人走。本国一向有学说，自己本来有心得，教育的路线自然不同。几位朋友，你看中国是属于那一项？中国现在的学者，又属于那一项呢？有人说，中国本来没有学说，那种话，前几篇已经驳过。还有人说，中国本来有学说，只恨现在的学者没有心得，这句话虽然不合事实，我倒愿学者用为药石之言。中国学说，历代也有盛衰，大势还是向前进步，不过有一点儿偏胜。只看周朝的时候，礼、乐、射、御、书、数，唤作六艺，懂得六艺的多。却是历史政事，民间能够理会的很少。哲理是更不消说得。后来老子、孔子出来，历史、政事、哲学三件，民间渐渐知道了。六艺倒渐渐荒疏。汉朝以后，懂六艺的人虽不少，总不如懂历史政事的多。汉朝人的懂六艺，比六国人要精许多。哲理又全然不讲。魏、晋、宋、齐、梁、陈这几代，讲哲理的，尽比得上六国。六艺里边的事，礼、乐、数是一日明白一日。书只有形体不正一点，声音训诂仍旧没有失去，历史政事自然是容易知道的，总算没有甚么偏胜。隋、唐时候，佛教的哲理，比前代要精审，却不过几个和尚。寻常士大夫家，儒道名法的哲理就没有。数学、礼学，唐初都也不坏，从中唐以后就衰了。只剩得历史、政事，算是唐人擅场。

宋朝人分做几派：一派是琐碎考据的人，像沈括、陆佃、吴曾、陆游、洪适、洪迈都是。王应麟算略略完全些，也不能见得大体。在六艺里面，不能成就得那一种；一派是好讲经世的人，像苏轼、王安石、陈亮、陈傅良、叶适、马端临都是。陈、马还算着实，其余不过长许多浮夸的习气，在历史既没有真见，在当时也没有实用；一派是专求心性的人，就是理学家了。比那两家，总算成就。除了邵雍的鬼话，其余比魏、晋、宋、齐、梁、陈的学者，也将就攀得上。历史只有司马光、范祖禹两家。司马光也还懂得书学。此外像贾昌朝、丁度、毛居正几个人，也是一路。像宋祁、刘攽、刘奉世、曾巩又是长于校勘，原是有津逮后学的功。但自己到底不能成就小学家。宋、元之间，几位算学先生出来，倒算是独开蹊径。大概宋朝人还算没有偏胜，只为不懂得礼，所以大体比不上魏、晋几朝。（中国有一件奇怪事，老子明说："礼者，忠信之薄"，却是最精于礼，孔子事事都要请教他。魏晋人最佩服老子，几个放荡的人，并且说："礼岂是为我辈设"，却是行一件事，都要考求典礼。晋朝末年，礼论有八百卷，到刘宋朝何承天，删并成三百卷；梁朝徐勉集五礼，共一千一百七十六卷；可见那时候的礼学，发达到十分。现在《通典》里头，有六十卷的礼，大半是从那边采取来，都是精审不磨，可惜比照原书，只存二十分之一了。那时候人，非但在学问一边讲礼，在行事一边，也都守礼。且看宋文帝已做帝王，在三年服里头生太子，还瞒着人不敢说，像后代的帝王，那里避这种嫌疑，可见当时守礼的多，就帝王也不敢公然逾越。更有怪的，远公原是个老和尚，本来游方以外，却又精于《丧服》。弟子雷次宗，也是一面清谈，一面说礼，这不是奇怪得很么？宋朝的理学先生，都说服膺儒术，规行矩步，到得说礼，不是胡涂，就是谬妄。也从不见有守礼的事。只是有一个杨简，（通称杨慈湖。）在温州做官，遇着钦差到温州来，就去和他行礼，主人升自阼阶，宾升自西阶，一件一件，都照着做，就算奇特非常，到底不会变通，也不算甚么高。照这样看来，理学先生，远不如清谈先生。）

明朝时候，一切学问，都昏天黑地，理学只袭宋儒的唾余，王守仁出来，略略改变些儿，不过是沟中没有蛟龙，鲵鳅来做雄长，连宋朝人的琐碎考据，字学校勘都没有了。典章制度，也不会考古，历史也是推开一卷。中间有几位高的，音韵算陈第，文字训诂算黄生，律吕算朱载堉，攻《伪古文尚书》算梅鷟，算学也有个徐光启，但是从别处译来，并不由自己思索出来，所以不数。到明末顾炎武，就渐渐成个气候。

近二百年来，勉强唤做清朝，书学、数学、礼学，昏黑了长久，忽然大放光明，历史学也比得上宋朝。像钱大昕、梁玉绳、邵晋涵、洪亮吉，都着实可以名家。讲政事的颇少，就有也不成大体。或者因为生非其时，不犯着讲政事给他人用，或者看穿讲政事的，总不过是浮夸大话，所以不愿去讲。至于哲理，宋、明的理学，已经搁起一边了，却想不出一种道理去代他。中间只有戴震，做几卷《孟子字义疏证》，自己以为比宋儒高，其实戴家的话，只好用在政事一边，别的道理，也并没得看见。宋儒在《孟子》里头翻来翻去，戴家也在《孟子》里头翻来翻去。宋儒还采得几句六朝话，（大概皇侃《论语疏》里头的话，宋儒采他的意颇多。）戴家只会墨守《孟子》。孟子一家的话，戴家所发明的，原比宋儒切实，不过哲理不能专据孟子。（阮元的《性命古训》，更不必评论了。）到底清朝的学说，也算十分发达了。只为没有讲得哲理，所以还算一方偏胜。若论进步，现在的书学、数学，比前代都进步。礼学虽比不上六朝，比唐、宋、明都进步。历史学里头，钩深致远，参伍比校，也比前代进步。经学还是历史学的一种，近代比前代进步。本国的学说，近来既然进步，就和一向没有学说的国，截然不同了。但问进步到这样就止么，也还不止。六书固然明了，转注、假借的真义，语言的缘起，文字的孳乳法，仍旧模糊，没有寻出线索，可不要向前去探索么！礼固然明了，在求是一边，这项礼为甚么缘故起来？在致用一边，这项礼近来应该怎样增损？可不要向前去考究么！历史固然明了，中国人的种类，从那一处发生？历代的器具，是怎么样改变？各处的文化，是那一方盛？那一方衰？盛衰又为甚么缘故？本国的政事，和别国比较，劣的在那一块？优的在那一块？又为甚么有这样政事？都没有十分明白，可不要向前去追寻么！算学本是参酌中外，似乎那边盛了。这边只要译他就够。但以前有徐光启采那边的，就有梅文鼎由本国寻出头路来；有江永采那边的，就有钱大昕、焦循由本国寻出头路来。直到罗士琳、徐有壬、李善兰，都有自己的精思妙语，不专去依傍他人。后来人可不要自勉么！近来推陈出新的学者，也尽有几个。若说现在学者没有心得，无论不能概全国的人，只兄弟自己看自己，心得的也很多。到底中国不是古来没有学问，也不是近来的学者没有心得，不过用偏心去看，就看不出来。怎么叫做偏心？只佩服别国的学说，对着本国的学说，不论精粗美恶，一概不采，这是第一种偏心。

在本国的学说里头，治了一项，其余各项，都以为无足重轻，并且还要诋毁。就像讲汉学的人，看见魏晋人讲的玄理，就说是空言，或说是异学；讲政事的人，看见专门求是，不求致用的学说，就说是废物，或说是假古玩；仿佛前人说的，一个人做弓，一个人做箭，做弓的说："只要有我的弓，就好射，不必用箭。"做箭的说："只要有我的箭，就好射，不必用弓。"这是第二种偏心。（这句话，并不是替许多学者做调人，一项学术里头，这个说的是，那个说的非，自然要辩论驳正，不可模棱了就算数。至于两项学术，就不该互相菲薄。）

这两项偏心去了，自然有头绪寻出来。但听了别国人说，本国的学说坏，依着他说坏，固然是错；就听了别国人说，本国的学说好，依着他说好，仍旧是错；为甚么缘故呢？别国人到底不明白我国的学问，就有几分涉猎，都是皮毛，凭他说好说坏，都不能当做定论。现在的教育界，第一种错，渐渐打消几分；第二种错，又是接踵而来。比如日本人说阳明学派，是最高的学派，中国人听了，也就去讲阳明学，且不论阳明学是优是劣，但日本人于阳明学，并没有甚么发明，不过偶然应用，立了几分功业，就说阳明学好。原来用学说去立功业，本来有应有不应，不是板定的。就像庄子说："能不龟手一也，或以侯，或不免于洴澼絖。"（不龟手，说手遇了冷不裂；洴澼絖，就是打绵。）本来只是凑机会儿，又应该把中国的历史翻一翻。明末东南的人，大半是讲阳明学派，如果阳明学一定可以立得功业，明朝就应该不亡。又看阳明未生以前，书生立功的也很不少，远的且不必说，像北宋种师道，是横渠的弟子，用种师道计，北宋可以不亡。南宋赵葵是晦庵的再传弟子，宋末保全淮蜀，都亏赵葵的力。明朝刘基，（就是人人称刘伯温的）是参取永嘉、金华学派的人，明太祖用刘基的策，就打破陈友谅。难道看了横渠、晦庵，和永嘉、金华学派的书，就可以立得功业么？原来运用之妙，存乎其人。庄子说得好："豕零桔梗，是时为帝。"（豕零，就是药品里头的猪苓，意思说贱药也有大用。）如果着实说去，学说是学说，功业是功业，不能为立了功业，就说这种学说好，也不能为不立功业，就说这种学说坏。（学说和致用的方术不同，致用的方术，有效就是好，无效就是不好；学说就不然，理论和事实合才算好，理论和事实不合就不好，不必问他有用没用。）现在看了日本人偶然的事，就说阳明学好，真是道听途说了。

又像一班人，先听见宋儒谤佛，后听见汉学人谤佛，最后又听见基督教人也谤佛，就说佛学不好；近来听见日本人最信佛，又听见欧洲人也颇有许多信佛，就说佛学好；也不论佛学是好是坏。但基督教人，本来有门户之见，并说不出自己的理论来；汉学人也并不看佛书，这种话本可以搁起一边；宋儒是看过佛书了，固然有许多人谤佛，也有许多人直用佛书的话，没有讳饰。本来宋儒的学说，是从禅宗脱化，几个直认不讳的。就是老实说直话，又有几个？里面用了佛说，外面排斥佛说，不过是装潢门面，难道有识的人，就被他瞒过么？日本人的佛学，原是从中国传去，有几种书，中国已经没有了，日本倒还有原版，固是可宝。但日本人自己的佛学，并不能比中国人深，那种华严教、天台教的话，不过把中国人旧疏敷衍成篇。他所特倡的日莲宗、真宗，全是宗教的见解，并没有关系学说的话。尽他说的好，也不足贵。欧洲人研究梵文，考据佛传，固然是好；但所见的佛书，只是小乘经论，大乘并没有几种。有意讲佛学的人，照着他的法子，考求言语历史，原是不错。（本来中国玄奘、义净这班人，原是注意在此，但宋朝以后就绝了。）若说欧洲人是文明人，他既学佛，我也依他学佛，这就是下劣的见解了。

胡乱跟人，非但无益，并且有害。这是甚么缘故？意中先看他是个靶子，一定连他的坏处也取了来。日本出家人都有妻，明明是不持戒律，既信日本，就与佛学的本旨相反。欧洲人都说大乘经论，不是释迦牟尼说的，（印度本来有这句话。）看不定的人，就说小乘好，大乘不好，那就弃菁华取糟粕了。佛经本和周公、孔子的经典不同：周、孔的经典，是历史，不是谈理的，所以真经典就是，伪经典就不是；佛经是谈理的，不是历史，只要问理的高下，何必问经是谁人所说？佛经又和基督教的经典不同：基督教是纯宗教，理的是非，并不以自己思量为准，只以上帝耶稣的所说为准；佛经不过夹杂几分宗教，理的是非，要以自己思量为准，不必以释迦牟尼所说为准。以前的人学佛，原是心里悦服，并不为看重印度国，推爱到佛经；现在人如果要讲佛学，也只该凭自己的心学去，又何必借重日本、欧洲呢？

又像一班无聊新党，本来看自国的人，是野蛮人；看自国的学问，是野蛮学问；近来听见德国人颇爱讲支那学，还说中国人民，〈是〉最自由的人民；中国政事，是最好的政事；回头一想，文明人也看得起我们野蛮人，文明人也看得起我们野蛮学问。大概我们不是野蛮人，中国的学问，不是野蛮学问了。在学校里边，恐怕该添课国学汉文。有这一种转念，原说他好，并不说他不好，但是爱教的人，本来胸中像一块白绢，惟有听受施教的话，施教的人却该自己有几分注意，不该听别人的话。何不想一想，本国的学问，本国人自然该学，就像自己家里的习惯，自己必定应该晓得，何必听他人的毁誉？别国有几个教士穴官，粗粗浅浅的人，到中国来，要知这一点儿中国学问，向下不过去问几个学究，向上不过去问几个斗方名士，本来那边学问很浅，对外人说的，又格外浅，外人看中国自然没有学问。古人说的，“以管窥天，以蠡测海。”（蠡本来应写蠃，俗写作螺。意思说用蠃壳去舀海水，不能晓得海的深浅。）一任他看成野蛮何妨。近来外人也渐渐明白了，德国人又专爱考究东方学问，也把经典史书略略翻去，但是翻书的人，能够把训诂文义真正明白么？那个口述的中国人，又能够把训诂文义真正明白么？你看日本人读中国书，约略已有一千多年，究竟训诂文义，不能明白。他们所称为大儒，这边看他的话，还是许多可笑。（像山井鼎、物观校勘经典，却也可取，因为只案字比较，并不多发议论。其余著作，不过看看当个玩具，并没有可采处。近来许多目录家，看得日本有几部旧书，就看重日本的汉学家，是大错了。皇侃《论语疏》、《玉烛宝典》、《群书治要》几部古书，不过借日本做个书簏子。）这个也难怪他们，因为古书的训诂文义，从中唐到明代，一代模糊一代，到近来才得真正明白。以前中国人自己尚不明白，怎么好责备别国人！后来日本人也看见近代学者的书，但是成见深了，又是发音极不正当，不晓得中国声音，怎么能晓得中国的训诂？既然不是从师讲授，仍旧不能冰释理解，所以日本人看段注《说文》、王氏《经传释词》，和《康熙字典》差不多。几个老博士，翻腾几句文章学说，不是支离，就是汗漫。日本人治中国学问，这样长久，成效不过如此，何况欧洲人只费短浅的光阴，怎么能够了解？

有说日本人欢喜附会，德国人倒不然，总该比日本人精审一点，这句话也有几分合理。日本人对着欧洲的学说，还不敢任意武断。对着中国的学说，只是乱说乱造，或者徐福东来，带了许多燕、齐怪迂之上〔士〕，这个遗传性，至今还在？欧洲人自然没有这种荒谬，到底时候太浅，又是没有师授，总是不解，既然不解，他就说是中国学问，比天还要高，中国人也不必引以为荣。古人说，“一经品题，声价十倍”，原是看品题人是甚么。若是没有品题的资格，一个门外汉，对着我极口称赞，又增甚么声价呢？听了门外汉的品题，当作自己的名誉，行到教育一边，也有许多毛病。往往这边学究的陋话，斗方名士的谬语，传到那边，那边附会了几句，又传到这边，这边就看作无价至宝；也有这边高深的话，传到那边，那边不能了解，任意胡猜，猜成了，又传到这边，这边又看作无价至宝，就把向来精深确实的话，改做一种浅陋荒唐的话。这个结果，使学问一天堕落一天。

几位朋友，要问这种凭据，兄弟可以随意举几件来。

（一）日本人读汉字，分为汉音、吴音、唐音各种。却是发音不准，并不是中国的汉音、唐音、吴音本来如此，不过日本人口舌崛强，学成这一种奇怪的音。现在日本人说，他所读的，倒是中国古来的正音，中国人也颇信这句话。我就对那个人说，中国的古音，也分二十几韵，哪里像日本发音这样简单？古音或者没有凭据，日本人所说的古音，大概就是隋唐时候的音。你看《广韵》现在，从《广韵》追到唐朝的《唐韵》、隋朝的《切韵》，并没有甚么大变动。照《广韵》的音切切出音来，可像日本人读汉字的声音么？那个人说，怎么知道《广韵》的声音不和日本声音一样？我说，一项是声组，（就是通称字母的。）两项是四声，从隋唐到现在，并没有什么大改，日本可有四声么？可有四十类细目么？至于分韵，元明以来的声音，比《广韵》减少，却比日本还多。日本人读汉字，可能像《广韵》分二百六韵么？你看从江苏沿海到广东，小贩做工的人，都会胡乱说几句英语，从来声音没有读准，假如几百年后，英国人说，"我们英国的旧音失去了，倒是中国沿海的人，发得出英国的旧音"，你想这句话，好笑不好笑？

（二）日本人常说："日本人读中国的古文就懂得，读中国的现行的文就不懂得，原来中国文体变了，日本人作的汉文，倒还是中国的古文。"这句话，也颇有人相信，我说：日本的文章，用助词非常的多，因为他说话里头助词多，所以文章用助词也多。中国文章最爱多用助词的，就是宋、元、明三朝，所以日本人拿去强拟，真正隋唐以前的文章，用助词并不多。日本可能懂得么？至于古人辞气，和近来不很相同，就中国人粗称能文的，还不能尽解，更何论日本人？自从王氏做《经传释词》，近来马建忠分为八品，做了一部《文通》，原是用法文比拟，却并没有牵强，大体虽不全备，中国的词，分起来，总有十几品，颇还与古人辞气相合，在中国文法书里边，也算铮铮佼佼了！可笑有个日本人儿岛献吉，又做一部《汉文典》，援引古书，也没有《文通》的完备，又拿日本诘诎聱牙的排列法去硬派中国文法，倒有许多人说儿岛的书，比马氏好得多，因为马氏不录宋文，儿岛兼录宋文。不晓中国的文法，在唐朝早已完备了，宋文本来没有特别的句调，录了有什么用？宋文也还可读，照着儿岛的排列法，语势蹇涩，反变成文理不通，比马氏的书，真是有霄壤之隔，近来中国反有人译他的书，唉！真是迷了。日本几个老汉学家，做来的文字，总有几句不通，何况这位儿岛学士。现在不用拿两部书比较，只要请儿岛做一篇一千字长的文章，看他语气顺不顺，句调拗不拗？再请儿岛点一篇《汉书》，看他点得断点不断？就可以试验得出来了！

（三）有一个英国人，说中国的言语，有许多从外边来，就像西瓜、芦菔、安石榴、蒲桃（俗写作葡萄）是希腊语，师子是波斯语，从那边传入中国。这句话，近来信的虽不多，将来恐怕又要风行。要晓这种话，也有几分近理。却是一是一非，要自己检点过。中国本来用单音语，鸟兽草木的名，却有许多是复音语。但凡有两字成一个名的，如果两字可以分解得开，各自有义，必不是从外国来。如果两字不能分解，或者是从外国来。蒲桃本不是中国土产，原是从西域取来，枝叶既不像蒲，果实也不像桃，唤做蒲桃，不合中国语的名义，自然是希腊语了。师子、安石榴，也是一样。像西瓜就不然，瓜是蓏物的通名，西瓜说是在西方的最好。两个都有义，或者由中国传到希腊去，必不由希腊传到中国来。芦菔也是中国土产，《说文》已经列在小篆，两个字虽则不能分解，鸟兽草木的名，本来复音语很多，也像从中国传入希腊，不像从希腊传入中国。至于彼此谈话，偶然一样，像父母的名，全地球没有大异。中国称兄做昆，转音为哥；鲜卑也称兄为阿干。中国称帝王为君，突厥也称帝王为可汗。中国人自称为我，拉丁人也自称为爱伽。中国吴语称我辈为阿旁，（《洛阳伽蓝记》，自称阿侬，语则阿旁。）梵语也称我辈为阿旁。中国称彼为他，梵语也称彼为多他。中国叹词有呜呼，梵语也是阿蒿。这种原是最简的语，随口而出，天籁相符，或者古来本是同种，后来分散，也未可知？必定说甲国的语，从乙国来；乙国的话，从甲国去，就是全无凭据的话了。（像日本许多名词，大半从中国去；蒙古的黄台吉，就是从中国的皇太子变来；满洲的福晋，就是从中国的夫人变来。这种都可以决定。因为这几国都近中国，中国文化先开，那边没有名词，不得不用中国的话，所以可下断语；若两国隔绝得很远的，或者相去虽近，文化差不多同时开的，就不能下这种断语。）有人说中国象形文字从埃及传来；也有说中国的干支二十二字，就是希腊二十二个字母，这种话全然不对。象形字就是画画，任凭怎么样草昧初开的人，两个人同对着一种物件，画出来总是一样。何必我传你，你传我？干支二十二字，甲、己、庚、癸是同纽，辛、戌是同纽，戊、卯、未，古音也是同纽，譬如干支就是字母，应该各字各纽，现在既有许多同纽的音，怎么可以当得字母？这种话应该推开。

（四）法国人有句话，说中国人种，原是从巴比伦来。又说中国地方，本来都是苗人，后来被汉人驱逐了。以前我也颇信这句话，近来细细考证，晓得实在不然。封禅七十二君，或者不纯是中国地方的土著人，巴比伦人或者也有几个。因为《穆天子传》里面谈的，颇有几分相近；但说中国人个个是从巴比伦来，到底不然。只看神农姜姓，姜就是羌，到周朝还有姜戎，晋朝青海有个酋长，名叫姜聪，看来姜是羌人的姓。神农大概是青海人；黄帝或者稍远一点，所以《山海经》说在身毒，（身毒就是印度）又往大夏去采竹，大夏就是唐代的睹货逻国，也在印度西北，或者黄帝是印度人。到底中国人种的来源，远不过印度、新疆，近就是西藏、青海，未必到巴比伦地方。至于现在的苗人，并不是古来的三苗；现在的黎人，并不是古来的九黎。三苗、九黎，也不是一类。三苗在南，所以说左洞庭，右彭蠡；九黎在北，所以《尚书》、《诗经》，都还说有个黎侯，黎侯就在山西。蚩尤是九黎的君，（汉朝马融说的）所以黄帝从西边来，蚩尤从东边走，赶到涿鹿，就是现在直隶宣化府地界，才决一大战。如果九黎、三苗，就是现在的黎人、苗人，应该在南方决战，为甚么到北方极边去，难道苗子与鞑子杂处？三苗是缙云氏的子孙（汉朝郑康成说的），也与苗子全不相干。近来的苗人、黎人，汉朝称为西南夷，苗字本来写髳字，黎字本来写俚字，所以从汉朝到唐初，只有髳俚的名，从无苗黎的名。后来人强去附会《尚书》，就成苗黎，别国人本来不晓得中国的历史，听中国人随便讲讲，就当认真。中国人自己讲错了，由别国去一翻，倒反信为确据，你说不要笑死了么？

（五）法国又有个人说，《易经》的卦名，就是字书，每爻所说的话都是由卦名的字，分出多少字来。这句话，颇像一百年前焦循所讲的话。有几个朋友也信他。我说，他举出来的字，许多小篆里头没有，岂可说文王作《周易》的时候，已经有这几个字？况且所举的字，音也并不甚合，在别国人想到这条路上，也算他巧思，但是在中国人只好把这种话做个谈柄，岂可当他实在？如果说他说的巧合，所以可信，我说明朝人也有一句话，比法国人更巧：他说《四书》本来是一部书，《论语》后边说，“不知命”，接下《中庸》，开口就说：“天命之谓性”；《中庸》后边说，“予怀明德”，接下《大学》，开口就说：“在明明德”；《大学》后边说：“不以利为义，以义为利也”，接下《孟子》开口就说：“王何必曰利，亦曰仁义而已矣。”这到是天然凑合，一点没有牵强。但是信得这句话么？明末人说了，就说他好笑，法国人说了，就说他有理，不是自相矛盾的么？

上面所举，不过几项，其余也举不尽。可见别国人的支那学，我们不能取来做准，就使是中国人不大深知中国的事，拿别国的事迹来比附，创一种新奇的说，也不能取来做准。强去取来做准，就在事实上生出多少支离，学理上生出多少谬妄，并且捏造事迹。（捏造事迹，中国向来没有的，因为历史昌明，不容他随意乱说；只有日本人，最爱变乱历史，并且拿小说的假话，当做实事。比如日本小说里头，说源义经到蒙古去，近来人竟说源义经化做成吉思汗，公然形之笔墨了。中国下等人，相信《三国志演义》里头许多怪怪奇奇的事，当做真实，但在略读书的人，不过付之一笑。日本人竟把小说的鬼话，踵事增华，当做真正事实，好笑极了。因为日本史学，本来不昌，就是他国正史，也大半从小说传闻的话翻来，所以前人假造一种小说，后来人竟当做真历史，这种笑柄，千万不要风行到中国才好！）舞弄条例，都可以随意行去，用这个做学说，自己变成一种庸妄子；用这个施教育，使后生个个变成庸妄子，就使没有这种弊端，听外国人说一句支那学好，施教育的跟着他的话施，受教育的跟着他的话受，也是不该！上边已经说了，门外汉极力赞扬，并没有增甚么声价，况且别国有这种风尚的时候，说支那学好；风尚退了，也可以说支那学不好。难道中国的教育家，也跟着他旅进旅退么？现在北京开经科大学，许欧洲人来游学，使中国的学说，外国人也知道一点儿，固然是好；但因此就觉得增了许多声价，却是错了见解了。大凡讲学问施教育的，不可像卖古玩一样，一时许多客人来看，就贵到非常的贵；一时没有客人来看，就贱到半文不值，自国的人，该讲自国的学问，施自国的教育，像水火柴米一个样儿，贵也是要用，贱也就要用，只问要用，不问外人贵贱的品评。后来水越治越清，火越治越明，柴越治越燥，米越治越熟，这样就是教育的成效了。至于别国所有中国所无的学说，在教育一边，本来应该取来补助，断不可学《格致古微》的口吻，说别国的好学说，中国古来都现成有的。要知道凡事不可弃己所长，也不可攘人之善。弃己所长，攘人之善，都是岛国人的陋见，我们泱泱大国，不该学他们小家模样！

（选自《教育今语杂识》第三期（1910年5月8日））

原　学

世之言学，有仪刑他国者，有因仍旧贯得之者。细征乎一人，其巨征乎邦域。荷兰人善行水，日本人善候地震，因也。山东多平原大坛，故驺鲁善颂礼，关中四塞便骑射，故秦陇多兵家；海上蜃气象城阙楼橹，怳荜变眩，故九州五胜怪迂之变在齐稷下；因也。地齐使然。周室坏，郑国乱，死人多而生人少，故列子一推分命，归于厌世，御风而行，以近神仙。族姓定，阶位成，贵人之子，以武健陵其下，故释迦令桑门去氏，比于四水，入海而咸淡无别。希腊之末，甘食好乐而俗淫湎，故史多揭家务为艰苦，作自裁论，冀脱离尘垢，死而宴乐其魂魄。此其政俗致之矣。虽一人亦有旧贯。传曰："良弓之子，必学为箕；良冶之子，必学为裘。"故浮屠之论人也，锻者鼓橐以吹炉炭，则教之调气；浣衣者刮摩垢秽，而谕之观腐骨；各从其习，使易就成，犹引茧以为丝也。然其材性发舒，亦往往有长短。短者执旧不能发牙角，长者以向之一得今之十。是故九流皆出王官，及其发舒，王官所不能与。官人守要，而九流究宣其义，是以滋长，短者即循循无所进取。通达之国，中国、印度、希腊，皆能自恢彍者也。其余因旧而益短拙，故走他国以求仪刑。仪刑之，与之为进，罗甸、日耳曼是矣。仪刑之，不能与之为进，大食、日本是矣。仪刑之，犹半不成，吐蕃、东胡是矣。夫为学者，非徒博识成法，挟前人所故有也。有所自得，古先正之所覭髳，贤圣所以发愤忘食，员舆之上，诸老先生所不能理，往释其惑，若端拜而议，是之谓学。亡自得者，足以为师保，不与之显学之名，视中国、印度、日本则可知已。日本者，故无文字，杂取晋世隶书章草为之，又稍省为假名，言与文缪，无文而言学，已恧矣。今庶艺皆刻画远西，什得三四，然博士终身为写官，更五六岁，其方尽，复往转贩。一事一义，无匈中之造，徒习口说而传师业者，王充拟之，犹邮人之过书，门者之传教。（《论衡·定贤篇》）古今书教工拙诚有异，邮与阍皆不与也。中国、印度自理其业，今虽衰，犹自恢彍，其高下可识矣。贷金尊于市，不如已之有苍璧小玑，况自有九曲珠，足以照夜。厥夸毗者，惟强大是信，苟言方略可也，何与于学？夫仪刑他国者，惟不能自恢彍，故老死不出译胥钞撮。能自恢彍，其不亟于仪刑，性也。然世所以侮易宗国者，诸子之书，不陈器数，非校官之业有司之守，不可按条牒而知，徒思犹无补益，要以身所涉历中失利害之端回顾则是矣。诸少年既不更世变，长老又浮夸少虑，方策虽具，不能与人事比合。夫言兵莫如《孙子》，经国莫如《齐物论》，皆五六千言耳，事未至固无以为侯，虽至非素练其情，涉历要害者，其效犹未易知也。是以文久而灭，节奏久而绝。（案：《孙子》十三篇，今日本治戎者，皆叹为至精。由其习于兵也。《庄子·齐物论》，则未有知为人事之枢者。由其理趣华深，未易比切。而横议之士，夸者之流，又心忌其害己，是以卒无知者。余向者诵其文辞，理其训诂，求其义旨，亦且二十余岁矣，卒如浮海不得祈向。涉历世变，乃始谍然理解，知其剀切物情。《老子》五千言，亦与是类，文义差明，不知者多以清谈忽之，或以权术摈之。有严复者，立说差异，而多附以功利之说，此徒以斯宾塞辈论议相校耳，亦非由涉历人事而得之也。）即有陈器数者，今则愈古。（谓历史、典章、训诂、音韵之属。）故书有谱录平议以察。今之良书，无谱录平议，不足以察，而游食交会者又邕之。游食交会，学术之帷盖也，外足以饰，内足以蔽人，使后生伥伥无所择。以是旁求显学，期于四裔。四裔诚可效，然不足一切䫇画以自轻鄙。何者？饴豉酒酪，其味不同，而皆可于口。今中国之不可委心远西，犹远西之不可委心中国也。校术诚有诎要之短长，足以相覆。今是天籁之论，远西执理之学弗能为也；遗世之行，远西务外之德弗能为也；十二律之管，吹之，捣衣舂米皆效情，远西履弦之技弗能为也；神输之针，灼艾之治，于足治头，于背治匈，远西刲割之医弗能为也；氏族之谱，纪年之书，世无失名，岁无失事，远西阔略之史弗能为也；不定一尊，故笑上帝，不迹封建，故轻贵族，不奖兼并，故弃代议，不诬烝民，故重灭国，不恣兽行，故别男女，政教之言，愈于彼又远。下及百工将作，筑桥者垒石以为空阅，旁无支柱，而千年不坏；织绮者应声以出章采，奇文异变，因感而作，犹自然之成形，阴阳之无穷；（傅子说马钧作绫机，其巧如此，然今织师往往能之。）割烹者斟酌百物以为和味，坚者使毳，淖者使清，泊者使腴，令菜茹之甘，美于刍豢；次有围棋柔道，其巧疑神，孰与木杠之窳，织成之拙，牛戴之哢，象戏之鄙，角抵之钝？又有言文歌诗，彼是不能相贸者矣。夫赡于己者，无轻效人。若有文木，不以青赤雕镂，惟散木为施镂。以是知仪刑者散，因任者文也。然世人大共僄弃，以不类远西为耻，余以不类方更为荣，非耻之分也。老子曰："天下皆谓我道大似不肖，夫惟大，故似不肖。若肖，久矣其细也夫。"此中国日本之校已。

（原载《国粹学报》庚戌年第四号（1910年5月），选自《国故论衡》卷下）

原　道

上

孔父受业于征藏史，韩非传其书。儒家、道家、法家异也，有其同。庄周述儒、墨、名、法之变，已与老聃分流。尽道家也，有其异。是樊然者，我乃知之矣。老聃据人事嬗变，议不逾方；庄周者，旁罗死生之变、神明之运；是以巨细有校。儒、法者流，削小老氏以为者，终之其殊在量，非在质也。然自伊尹、太公有拨乱之材，未尝不以道家言为急。（《汉艺文志》道家有《伊尹》五十一篇、《太公》二百三十七篇。）迹其行事，以闲谍欺诈取人，异于儒、法。今可见者，犹在《逸周书》。故周公诋齐国之政，而仲尼不称伊、吕。管子者，祖述太公，谓之“小器”，有由也。（《管子》八十六篇亦在道家。）老聃为周征藏史，多识故事，约《金版》、《六弢》之旨，箸〔著〕五千言以极其情，则伊、吕亡所用。亡所用，故归于朴。若墨翟守城矣，巧过于公输般，故能坏其攻具矣。

谈者多以老聃为任权数，其流为范蠡、张良。今以庄周《胠箧》、《马蹄》相角，深黜圣知，为其助大盗，岂遽与老聃异哉？老聃所以言术，将以擿前王之隐慝，取之玉版，布之短书，使人人户知其术，则术败。会前世简毕重滞，力不行远，故二三奸人得因自利。及今世有赫蹏雕镂之技，其书遍行，虽权数亦几无施矣。老聃称古之善为道者，非以明民，将以愚之。民之难治，以其智多。愚之何道哉？以其明之，所以愚之。今是驵侩则欺罔人，然不敢欺罔其同类，交知其术也，故耿介甚。以是知去民之诈，在使民户知诈。故曰：“以智治国国之贼，不以智治国国之福。知此两者亦稽式。”何谓稽式？谓人有发奸擿伏之具矣。粤无镈，燕无函，秦无庐，胡无弓车，夫人而能之，则工巧废矣。“常知稽式，是谓玄德。”玄德深远而与物反。伊尹、太公、管仲虽知道，其道盗也。得盗之情以网捕者，莫若老聃。故老聃反于王伯之辅，同于庄周，嬗及儒家，痟矣。若其开物成务以前民用，玄家弗能知，儒者扬雄之徒亦莫识也。知此者韩非最贤。（凡周、秦解故之书，今多亡佚，诸子尤寡。老子独有《解老》、《喻老》二篇。后有说老子者，宜据韩非为大传，而疏通证明之。其贤于王辅嗣远矣。韩非他篇亦多言术，由其所习不纯，然《解老》、《喻老》未尝杂以异说，盖其所得深矣。）非之言曰：“先物行、先理动之，谓前识。前识者，无缘而妄意度也。”以詹何之察，苦心伤神而后与五尺之愚童子同功。故曰：“前识者，道之华也。而愚之首也。”（《解老》）夫不事前识，则卜筮废，图谶断，建除堪舆相人之道黜矣。巫守既绝，智术穿凿亦因以废。其事尽于征表。此为道艺之根、政令之原。是故私智不效则问人，问人不效则求图书，图书不效则以身按验。故曰：“绝圣去智者，事有未来，物有未睹，不以小慧隐度也。”绝学无忧者，方策足以识梗概。古今异，方国异，详略异，则方策不独任也。“不上贤，使民不争”者，以事观功，将率必出于介胄，宰相必起于州部。不贵豪杰，不以流誉用人也。（按：不上贤之说，历世守此者寡。汉世选吏多出掾史，犹合斯义。及魏、晋间而专徇虚名矣。其后停年格兴，弊亦差少。选曹之官，即古司士，所不得废也。观远西立宪之政，至于朋党争权，树标搗鼓以求选任。处大官者，悉以苞苴酒食得之。然后知老子、韩非所规深远矣。顾炎武、黄宗羲皆自谓明习法制，而多扬破格用人之美，攻选曹拘牵之失。夫乌知法？）名其为简，繁则如牛毛。夫繁，故足以为简矣。剧，故足以为整暇矣。庄周因之以号齐物。齐物者，吹万不同，使其自已。官天下者以是为北斗招摇，不慕往古，不师异域，清问下民以制其中。故相地以衰征、因俗以定契自此始。韩非又重申束之曰：“凡物之有形者，易裁割也。何以论之？有形则有短长，有短长则有小大，有小大则有方圆，有方圆则有坚脆，有坚脆则有轻重，有轻重则有白黑。短长、小大、方圆、坚脆、轻重、白黑之谓理。理定而物易割。故议于大庭而后言，则立，权议之士知之矣。故欲成方圆而随其规矩，则万物之功形矣。万物莫不有规矩。议言之士，计会规矩也。圣人尽随于万物之规矩，故曰‘不敢为天下先’”（《解老》）。推此以观，其用至孅悉也。玄家或佚荡为简，犹高山之与深渊、黑漆之与白垩也。

玄家之为老，息废事服，吟啸以忘治乱。韩非论之曰：“随时以举事，因资而立功，用万物之能而获利其上，故曰‘不为而成’。”（《喻老》）明“不为”在于任官，非旷务也。又曰：“法令滋章，盗贼多有。”

玄家以为老聃无所事法。韩非论之曰：“一人之作，曰〔日〕亡半日，十日亡五人功。万人之作，日亡半日，十日亡五万人功矣。然则数变业者，其人弥众，其亏弥大。”（《解老》）明官府征令不可亟易，非废法也。综是数者，其要在废私智、绝县娭，不身质疑事，而因众以参伍。非出史官周于国闻者，谁与领此？然故去古之宥，成今之别，其名当，其辞辩，小家珍说无所容其廷。诸以伪抵谰者，无所阅其奸欺。老聃之言，则可以保傅人天矣。

大匠不斫，大庖不豆，故春秋宝书之文，任之孔左。断神事，而公孟言无鬼；尚裁制，而公孙论坚白；贵期验，而王充作《论衡》；明齐物，而儒、名、法不道天志。（按：儒家、法家皆出于道，道则非出于儒也。韩愈疑田子方为庄子师。按：庄子所称巨人明哲，非独一田子方。其题篇者，又有则阳、徐无鬼辈，将悉是庄子师耶？俗儒又云：“庄子述《天下篇》，首列六经，明其尊仰儒术。”六经者，周之史籍，道、墨亦诵习之，岂专儒家之业？）

老子之道，任于汉文。而太史公《儒林列传》言孝文帝本好刑名之言，是老氏固与名、法相倚也。然孝文假借便佞，令邓通铸钱布满天下，既悖刑名之术。信任爰盎，淮南之狱，不自责躬，而迁怒县传不发封者，枉杀不辜，戾法已甚，岂老氏所以莅政哉？盖公、汲黯以清净不扰为治，特其一端。世人云：“汉治本于黄、老。”然未足尽什一也。诸葛治蜀，庶有冥符，夫其开诚心、布公道，尽忠益时者虽雠必赏，犯法怠慢者虽亲必罚，服罪输情者虽重必释，游辞巧饰者虽轻必戮，庶事精练，物理其本，循名责实，虚伪不齿，声教遗言，经事综物，文采不艳，而过于丁宁周至，公诚之心，形于文墨。老氏所经，盖尽于此。（诸葛之缺，犹在上贤。刘巴方略未箸〔著〕，而云“运筹帷幄，吾不如子初远矣”。马谡言过其实，优于兵谋，非能亲莅行陈者也，而违众用之，以取覆败。盖汉末人士，务在崇奖虚名，诸葛亦未能自外尔。）汉世学者，数言救僿以忠，终其所尚，乃在正朔服色徽识之间。不悟礼为忠信之薄外，外炫仪容，适与忠反。不有诸葛，谁知其所底哉？杜预为黜陟课，云：“使名不越功而独美，功不后名而独隐。”亦有不上贤遗意。韩延寿治郡，谢安柄国，并得老氏绪言。而延寿以奢僭致戮，谢安不综名实，皆非其至。其在下者，谈、迁父子，其箸〔著〕也。道家出于史官，故史官亦贵道家。然太史持论，过在上贤，不察功实。李广数败而见称，鼌错立效而被黜，多与道家背驰。要其贵忠任质则是也。黄生以汤武弑君，此不明庄子意者。七国、齐、晋之主，多由强臣盗位，故庄生言之则为抗。汉世天位已定，君能恣行，故黄生言之则为谄。要与伊、吕殊旨。则犹老氏意也。杨王孙之流，徒有一节，未足多尚。晋世嵇康，愤世之流，近于庄氏。李充亦称老子，而好刑名之学，深抑虚浮之士。阮裕谓人不须广学，应以礼让为先，皆往往得其微旨。葛洪虽抵拒老、庄，然持论必与前识上贤相反，故其言曰："叔向之母、申氏之子，非不一得，然不能常也。陶唐稽古而失任，姬公钦明而谬授，尼父远得祟替于未兆，近失澹台于形骸，延州审清浊于千载之外，而蔽奇士于咫尺之内。知人之难，如此其甚。郭泰所论，皆为此人过上圣乎？但其所得者显而易识，其失者人不能纪。"（《抱朴子·清鉴篇》）是亦可谓祟实者矣。若夫扇虚言以流闻望，借玄辞以文膏粱，适与老子尚朴之义相戾。然则晋之乱端，远起汉末。林宗子将，实惟国蠹。祸始于前王，而衅彰于叔季。若厉上贤之戒，知前识之非，浮民夸士，何由至哉？王粹尝图庄周于室，欲令嵇含为赞，含援笔为吊文曰："帝婿王弘远，华池丰屋，广延贤彦，图庄生垂纶之象，记先达辞聘之事，画真人于刻桷之室，载退士于进趣之堂，可谓托非其所，可吊不可赞也。"（《晋书·嵇含传》）斯足以扬榷诚伪、平章白黑矣。

中

老聃不尚贤，墨家以尚贤为极，何其言之反也？循名异，审分同矣。老之言贤者，谓名誉、谈说、才气也。墨之言贤者，谓材力、技能、功伐也，不尚名誉，故无朋党；不尊谈说，故无游士；不贵才气，故无骤官；然则材力、技能、功伐举矣。墨者曰："以德就列，以官服事，以劳殿赏。"（《尚贤上篇》）世之言贤，侈大而不可斠试。朝市之地，菆井之间，扬徽题褚，以炫其名氏。选者尚曰任众，众之所与，不繇质情，徒一二人眩之也。会在战国，奸人又因缘外交，自暴其声，以舆马瑞节之间而得淫名者众。既不校练，功楛未可知，就有桢材，其能又不与官适。夫茹黄之骏而不可以负重，橐佗之强而不可以从猎，不检其材，猥以贤遍授之官，违分职之道，则管仲、乐毅交困。是故古之能官人者，不由令名，问其师学，试之以其事，事就则有劳，不就则无劳。举措之分以此，故韩非曰："视锻锡而察青黄，区冶不能以必剑；水击鹄雁，陆断驹马，则臧获不疑钝利。发齿吻形容，伯乐不能以必马；授车就驾而观其末涂，则臧获不疑驽良。观容服，听辞言，仲尼不能以必士。试之官职，课其功伐，则庸人不疑于愚智。"（《显学篇》）此夫所谓不尚贤者也。

尚贤者，非舍功实而用人。不尚贤者，非投钩而用人。其所谓贤不同，故其名异。不征其所谓而征其名，犹以鼠为璞矣。慎子蔽于势，故曰：“夫块不失遗，无用贤圣。”（《庄子·天下篇》）汲黯蔽于世卿，故愤用人如积薪，使后来者居上。诚若二子言，则是名宗大族世为政也。夫老聃曰：“三十辐共一毂，当其无有车之用。挺埴以为器，当其无有器之用。凿户牖以为室，当其无有室之用。”故有之以为利，无之以为用。今处中者已无能矣，其左右又益罢，是重尪也。重尪者，安赖有君吏？明其所以任使者，皆股肱毕强，技术辐凑。明刑辟而治官职者也。则此言不尚贤者，非慎、汲之所守也。

君之不能，势所踧矣。何者？辩自己成艺、自己出器、自己造之谓能，待群而成者非能。往古黔首僻陋侗愚，小慧之士得前民造作，是故庖牺作结绳，神农尝百药，黄帝制衣裳，少康为秫酒，皆以其能登用为长。后世官器既备，凡学道立方者，必有微妙之辩、巧竘之技，非绝人事、苦心焦形以就则不至。人君者，在黄屋羽葆之中，有料民听事之劳矣，心不两役，欲与畴人百工比巧，犹不得，况其至玨察者？君之能尽乎南面之术矣，其道简易。不名一器，下不比于瓦缶，上又不足当玉卮；又其成事皆待众人，故虽斥地万里，破敌巨亿，分之即一人斩一级矣；大施钩梯，凿山通道，分之即一人治一坺矣。其事至微浅，而筹策者犹在将吏，故夫处大官载神器者，佻人之功，则剽劫之类也。己无半技，则奄尹之伦也。然不竟废黜者，非谓天命所属与其祖宗之功足以垂远也。老子固曰：“无之以为用。”君人者既不觉悟，以是自庶侈，谓名实皆在己，为民主者又弥自憙。是故齐物之论作而达尊之位成。

一国之中，有力不辩官府，而俗以之功，民以之慧，国以之华者，其行高世，其学巨子，其艺大匠，其辞瑰称，有其一者，权藉虽薄也，其尊当拟人主而已矣。凡学术分科至博，而治官者多出于习政令。汉尝黜九流，独任吏，次即贤良文学。贤良文学既褊陋，而吏识王度通故事，又有八体之技能窥古始，自优于贤良文学也。今即习政令最易，其他皆刳心。习易者擅其威，习难者承流以仰咳唾，不平，是故名家有去尊。（见《原名篇》。）凡在官者名曰仆役，仆役则服囚徒之服。当其在官，不与齐民齿。

下

人君者，剽劫之类，奄尹之伦。老聃明君术，是同于剽劫、奄尹也。曰：异是。道者，内以尊生，外以极人事。箟析之以尽学术，非独君守矣。故韩非曰："道者，万物之所然，万理之所稽也。理者，成物之文。道者，万物之所以成。物有理不可以相薄，而道尽稽万物之理，故不得不化。不得不化，故无常操。无常操，是以死生气禀焉，万智斟酌焉，万事废兴焉。天得之以高，地得之以臧，维斗得之以成其威，日月得之以恒其光，五常得之以常其位，列星得之以端其行，四时得之以御其变气，轩辕得之以擅四方，赤松得之与天地统，圣人得之以成文章。道与尧、舜俱智，与接舆俱狂，与桀、纣俱灭，与汤、武俱昌。譬诸饮水，溺者多饮之即死，渴者适饮之即生。譬若剑戟，愚人以行忿则祸生，圣人以诛暴则福成。故得之以死，得之以生，得之以败，得之以成。"（《解老》）此其言道，犹浮屠之言"如"耶。（释皆作"真如"，然本但一"如"字。）有差别此谓理，无差别此谓道，死生成败皆道也。虽得之犹无所得，齐物之论由此作矣。韩非虽解老，然佗篇娓娓以临政为齐，反于政必黜，故有六反之训、五蠹之诟。夫曰："斩敌者受赏，而高慈惠之行；拔城者受爵禄，而信廉爱之说；坚甲厉兵以备难，而美荐绅之饰；富国以农，距敌恃卒，而贵文学之士；废敬上畏法之民，而养游侠私剑之属。举行如此，治强不可得也。"（《五蠹》）然不悟政之所行与俗之所贵，道固相乏。所赏者当在彼，所贵者当在此。今无慈惠廉爱，则民为虎狼也。无文学，则士为牛马也。有虎狼之民、牛马之士，国虽治，政虽理，其民不人。世之有人也，固先于国。且建国以为人乎？将人者为国之虚名役也。韩非有见于国，无见于人；有见于群，无见于孑。政之弊，以众暴寡，诛岩穴之士；法之弊，以愚割智，无书简之文。"以法为教，无先王之语，以吏为师。"（《五蠹》）"今是有形之类，大必起于小，行久之物，族必起于小。"（《喻老》）韩非之所知也，众所不类，其终足以立烝民。蓬艾之间，有陶铸尧、舜者，故众暴寡非也。其有回遹乱常与众不适者，法令所不能治，治之益甚，民以情伪相攻即自败。故老子曰："常有司杀者杀。"夫代司杀者杀，是谓代大匠斫。韩非虽贤，犹不悟。且韩非言大体，固曰"不引绳之外，不推绳之内，不急法之外，不缓法之内"矣。（《大体》）明行法不足，具得奸邪，贞廉之行可贱邪？"不逆天理．不伤情性。"（《大体》）人之求智慧辩察者，情性也，文学之业可绝邪？"荣辱之责，在于己，不在于人。"（《大体》）匹夫之行可抑邪？

庄周明老聃意，而和之以齐物，推万类之异情，以为无正味、正色，以其相伐，使并行而不害。其道在分异政俗，无令干位。故曰“得其环中以应无穷”者，各适其欲以流解说，各修其行以为工宰，各致其心以效微妙而已矣。政之所具，不过经令，法之所禁，不过奸害。能说诸心，能研诸虑，以成天下之亹亹者，非政之所与也。采药以为食，凿山以为宫，身无室家农圃之役，升斗之税不上于王府，虽不臣天子、不耦群众，非法之所禁。版法格令，不得剟一字也。操奇说者能非之，不以非之剟其法，不以尊法罪其非。君臣上下六亲之际，雅俗所守。治眇论者所驳也，守之者不为变驳之者无所刑。国有群职，王公以出治，师以式民，儒以通古今、会文理，百工以审曲、面势、立均、出度，其权异，其尊不异。地有九州，赋不齐上下，音不齐清浊，用不齐器械，居不齐宫室。其枢同，其取予不同，皆无使相干也。夫是之谓大清明。夫是之谓天下之至柔驰骋天下之至坚。

法家者，削小老氏以为省，能令其国称娖，而不能与之为人。党得庄生绪言以自饬省，赏罚不厌一，好恶不厌岐，一者以为群众，岐者以优匹士，因道全法，则君子乐而大奸止。其后独王弼能推庄生意，为《易略例》，明一以彖，曰：“自统而寻之，物虽众，则知可以执一御也。由本以观之，义虽博，则知可以一名举也。处旋机以观大运，则天地之动未足怪也。据会要以观方来，则六合辐凑未足多也。故举封之名，义有主矣。观其彖辞，则思过半矣。夫古今虽殊，军国异容，中之为用，故未可远也。品制万变，宗主存焉。”（《明彖》）明岐以爻，曰：“情伪之动，非数之所求也，故合散屈伸，与体相乖。形躁好静，其柔爱刚，体与情反，质与愿违，巧历不能定其算数，圣明不能为之典要，法制所不能齐，度量所不能均也。召云者龙，命吕者律，二女相违，而刚柔合体。隆坻永叹，远壑必盈。投戈散地，则六亲不能相保。同舟而济，则胡越何患乎异心？故苟识其情，不忧乖违；苟明其趣，不烦强武。”（《明爻通变》）推而极之，大象准诸此，宁独人事之云云哉？道若无岐，宇宙至今如抟炭，大地至今如执乳已。

（原载《国粹学报》庚戌年第五号（1910年6月），选自《国故论衡》卷下）

辨　性

上

万物皆无自性黄垆、大海、爟火、飘风，则心之荫影也。公孙尼子曰："心者，众智之要。物皆求于心。"(《意林》及《御览》三百七十六引。)其言有中。无形而见有形，志与形相有则为生。生者于此，生之体于彼。说缘生者，假设以为性。而儒者言性有五家：无善无不善，是告子也；善，是孟子也；恶，是孙卿也；善恶混，是杨子也；善恶以人异，殊上中下，是漆雕开、世硕、公孙尼、王充也。(此即韩愈三品之说所本。)五家皆有是，而身不自明其故，又不明人之故，务相斩伐，调之者又两可，独有控名责实，临观其上，以析其辞之所谓，然后两解。

人有八识，其宗曰如来藏。以如来藏无所对，奄忽不自知，视若胡越，则眩有万物，物各有其分职，是之谓阿罗耶。阿罗耶者，藏万有。既分，即以起末那。末那者，此言意根，意根常执阿罗耶以为我，二者若束芦，相依以立。我爱、我慢由之起。意根之动，谓之意识。物至而知接，谓之眼、耳、鼻、舌、身、识。彼六识者，或施或受，复归于阿罗耶。藏万有者，谓之初种；六识之所归者，谓之受熏之种。诸言性者，或以阿罗耶当之，或以受熏之种当之，或以意根当之。公孙龙曰："谓彼而彼不唯乎彼，则彼谓不行。谓此而此不唯乎此，则此谓不行。"(《名实论》)由是相伐。

孙卿曰："生之所以然者谓之性。"夫意根断，则阿罗耶不自执以我，复如来藏之本，若是即不死不生。生之所以然者，是意根也。孟子虽不言，固弗能异。意根当我爱、我慢，有我爱故贪无厌，有我慢故求必胜于人。贪即沮善，求必胜于人，是审恶也。孙卿曰："从人之性，顺人之情，必出于争夺合于犯分乱理而归于暴，斯之谓恶。”我见者，知人人皆有我。知之，故推我爱以爱他人。虽非始志哉，亦不待师法教化。孟子曰：“今人乍见孺子将入井，皆有怵惕恻隐之心。”是审善也。极我慢者，耻我不自胜，于我而分主客，以主我角客我。（我本无自性，故得如是。按《瑜伽师地论》十二云：“胜有五种：一、形夺卑下，故名为胜。谓如有一以己腠上工巧事形夺他人置下劣位。二、制伏羸劣，故名为胜。谓如有一以己强力摧诸劣者。三、能隐蔽他，故名为胜。谓瓶盆等能有覆障，或诸药草咒术神通有所隐蔽。四、厌坏所缘，故名为胜。谓厌坏境界，舍诸烦恼。五、自在回转，故名为胜。谓世君王随所欲为处分臣仆。按：第一、二、五种胜，皆以我慢慢人。第四种胜，是以我慢自克。厌坏所缘者，五识以五尘为所缘，意识以一切名相为所缘，意根则以我为所缘。）自以胜人，亦不自胜也。胜之则胜人之心解，孙卿谓之礼义（义即今仪字。）辞让，是无恶也。夫推之极之皆后起，弗可谓性。然而因性以为是，不离其朴。是故爱之量短而似金椎，慢之量缺而似金玦。熔之引之，不异金而可以为环。孟子以为能尽其材，斯之谓善，大共二家皆以意根为性。意根一实也，爱慢悉备，然其用之异形，一以为善，一以为恶，皆踶也。（我爱、我慢，可以为善，可以为恶，故唯识颂谓意根为无记。二家则分言之。）悲孺子者，阅人而皆是，能自胜者，率土而不闻，则孟、孙不相过。孟子以不善非才之罪，孙卿以性无善距孟子，又以治恶比于烝矫砻厉，悉蔽于一隅矣。（方苞举元凶劭柳璨临刑时语，以证人性本善，此不足证也。善与知善有异。人果受学，虽有恶性，亦知善恶之分。劭固好读史传，而璨且著《析微》以正《史通》，为时所称。宁当不明人伦之义忠孝之教，即当其弑父负国之时，已自知凶顽无比覆载不容矣，无待临刑也。知而为之，不足证其性善，但足证其智明耳。）告子亦言生之谓性。夫生之所以然者谓之性，是意根也。即生以为性，是阿罗耶识也。阿罗耶者，未始执我，未始执生。不执我，则我爱、我慢无所起。故曰“无善无不善”也。虽牛犬与人者，愚智有异，则种子之隐显殊耳。彼阿罗耶何以异？以匏瓜受水，实自匏瓜也。虽其受酒浆，非非匏瓜也。孟子不悟已之言性与告子之言性者异实，以盛气与之讼。告子亦无以自明，知其实，不能举其名，故辞为之诎矣。

杨子以阿罗耶识受熏之种为性。夫我爱、我慢者，此意根之所有。动而有所爱，有所慢，谓之意识。意识与意根应。爱、慢之见，熏其阿罗耶，阿罗耶即受藏其种。更迭死生，而种不焦敝。前有之种，为后有之增性，故曰“善恶混”也。夫指穷于为薪而火不知其尽，形气转续，变化相嬗，故有忽然为人。（忽然，犹言暂尔，非谓无因而至也。）亦有化为异物、轮转之说，庄生、贾谊已知之矣。杨子不悟阿罗耶恒转，徒以此生有善恶混，所以混者何故，又不能自知也。

漆雕诸家，亦以受熏之种为性。我爱、我慢。其在意根，分齐均也，而意识用之有偏胜。故受熏之种有强弱，复得后有即仁者、鄙者殊矣。虽然，人之生未有一用爱者，亦未有一用慢者。慢者不过欲尽制万物，物皆尽，则慢无所施，故虽慢犹不欲荡灭万物也。爱者不过能近取譬，人搤我咽，犹奋以解之，故虽爱犹不欲人之加我也。有偏胜则从所胜以为言，故曰“有上、中、下”也。夫尘埃掭覆，则昏不见泰山。建绛帛万端以围尺素，则白者若赤。物固有相夺者，然其质不可夺。漆雕之徒不悟。而偏执其一至。以为无余。亦过也。

问曰：“善恶之类众矣，今独以诚爱人为审善，我慢为审恶，何也?”答曰：审、谛、真，一实也。与伪反。伪善有数：利人者欲以纳交要誉，一也；欲以生天，二也；欲以就贤圣，三也；欲以尽义，四也。(尽义之说有二：出乎心所不能已者为真，以为道德当然而为之者为伪，此指后说。)此皆有为。韩非之《解老》曰：“义者，谓其宜也。宜而为之，故曰上义为之而有以为也。”夫三伪固下矣，虽以尽义，犹选择为之。计度而起，不任运而起，故曰伪。诚爱人者无所为，韩非之《解老》曰：“仁者，谓其中心欣然爱人也。其喜人之有福而恶人之有祸。生心之所不能已。非求其报。(不求报则异于前三伪，心所不能已，则异于后一伪。)故曰上仁为之而无以为也。”无以为者，任运而起，不计度而起，故谓之审。德意志人有箫宾霍尔者，盖知其端兆矣。知有伪善，顾不知有伪恶，其极且以恶不可治。夫有为而为善，谓之伪善。若则有为而为恶者，亦将谓之伪恶矣。今人何故为盗贼奸邪？是饥寒迫之也。何故为淫乱？是无所施写迫之也。何故为残杀？是以人之堕我声誉、权实迫之也。虽既足而为是者，以其志犹不足。志不足，故复自迫。此其为恶，皆有以为者。是故予之伪恶之名。(伪者，谓心与行非同事。虽心行皆非善，而意业与方便异，故曰伪。)然而一往胜人之心，不为声誉、权实起也。常人之弈棋者，趣以卒日，不求博进，又非以求善弈名也，当其举棋，攻劫放舍，则务于求胜。常人之谈说者，非欲以口舌得官及以就辩士之名也。其所谈说。又内无系于已，外不与于学术政教也，说而诎必辩，辩而不胜必争；人有猝然横逆我者，妄言骂詈，非有豪毛之痛也，又非以是丧声誉、权实，当其受詈，则忿心随之；此为一往胜人之心，无以为而为之，故予之审恶之名。审善恶者，浮屠以为用性作业。伪善恶者，浮屠以为用欲作业。（见《大智度论》八十八。）以审善恶遍施于伪善恶，以伪善恶持载审善恶，更为增上缘，则善恶愈长，而亦或以相消，精之醇之。审善、审恶，单微一往而不两者，于世且以为无记。是故父子相保，言者不当一匡之仁。局道相斫，见者不拟略人之恶。及为群众，其分又弥异。大上使民无主客尊卑，以聏合欢，以调海内。其次，善为国者，舒民之慢，无夺民之爱。舒慢，故尊君之义日去，其尊严国体亦愈甚，无夺爱，故不苛人之隐曲也。且国者本以慢生，故武健胜兵者为右，而常陵轹弱小，杀敌致果，易之则为戮。故审恶且为善，而审善又且为恶。诸自有国以后者，其言善恶，非善恶之数也。（凡善恶之名，因人而起者，分之则有真善恶、伪善恶。因国而起者，其善非善，其恶非恶，或且相背驰矣。有对于其国之所行，可称为善为恶者，则取人为单位，他不复计。）夫伪善恶易去，而审善恶不易去。人之相望，在其施伪善。群之苟安，待其去伪恶。彼审恶者。非善所能变也。（善兼审善、伪善言之。审善或与审恶相调，令审恶不易现行，如朋友相亲，则伏我慢也。伪善亦或与审恶相调，令审恶不易现行。如惧有死亡之祸，则不敢犯分陵人也。然审恶亦或能对治伪恶，如自贵其身，则不肯苟取臧私也。审善亦或能现起伪恶，如贫者养亲，则盗邻家之孰麦也。要之以审善伏审恶，其根不可拔。以审恶对治伪恶，以审善现起伪恶，则其流变无穷矣。）然而伪恶可以伪善去之。伪之与伪，其势足以相灭。今夫以影蔽形，形不亡，以形蔽形，形犹若不亡。以影蔽影，则影自亡。（如息树下者，以有树影，故无人影。非人影为树影所障，乃其时实无人影也。）伪与真不相尽，虽两真犹不相尽，而伪与伪相尽。且伪善者，谓其志与行不相应。行之习，能变其所志以应于行，又可以为审善，何者？以人性固可以爱利人，不习则不好，习焉而志或好之。若始学者，志以求衣食，习则自变其志以求真谛，以人性固憙知真谛。（此由我见所推而成。）故得其嗜味者，槁项食淡攻苦而不衰。是故持世之言，以伪善羑道人，虽浮屠犹不废。箫宾霍尔不悟，以为恶不可治，善不可勉以就，斯过矣。（善恶实无自性，故由伪善亦可以致审善？箫宾霍尔未悟斯义，遂局于自然之说。）恶之难治者，独有我慢。虽为台隶，擎跽曲拳以下长者，固暂诎耳。一日衣裘壮丽，则奋矜如故。人有恒言，以为善佞谀人者亦善陵人。亦有量人穷通调度高下者，为之而有以为，犹伪恶也。为之而无以为，横计胜劣，以施毁誉。（今远西多有此病，对于强者、富者、贵者，则誉不容口，对于弱者、贫者、贱者，则一切下视之。而己非必有求于所誉者也。其强、其富、其贵，或过于所誉者。故曰：为之而无以为。）即其恶与慢准，惟慢为能胜慢，何者？能胜万物而不能胜我，犹孟贲举九鼎，不自拔其身，力士耻之。

彼忧苦者，我也；淫湎者，我也；懈惰者，我也；矜夸者，我也；傲睨者，我也。而我弗能挫衄之。则慢未充，是故以我慢还灭我慢，谓之上礼。韩非之《解老》曰：“众人之为礼，以尊他人，故时劝时衰。君子为礼，以尊其身，故神之为上礼，上礼神而众人贰，（上礼者，不以尊卑贵贱异礼也，不可为国，故众人贰。）故不能相应。众人虽贰，圣人之复恭敬尽手足之礼也不衰，故曰‘攘臂而仍之’。”上礼与谄何异哉？假令平人相遇，无强弱贫富贵贱之校者，跪拜以送之，颂说以誉之，芬香以献之，鞠躬翼戴，比于臣仆，虽似谄则谓之长德也。谄者计胜劣，上礼者无胜劣之计，故正势而行谓之谄，正节而行谓之上礼。（《韩子·解老》。说上礼与礼异。凡君臣之礼，亦谄之类也。故曰：“礼者，忠信之薄而乱之首也。”上礼则异是。）上礼者，固以自为。惟孔子亦曰“克己复礼”，浮屠有“忍辱”，皆自胜也。（持戒精进亦由自胜生。持戒以胜淫湎，精进以胜懈惰。禅定亦由自胜生，以胜忧苦。）卒言其极，非得生空观慢不灭。善之不可灭者，独有诚爱人，虽食肉之兽不绝也。蟥而充之，又近伪善矣。知万物为一体，其充生于不能已者，善之至也。至于无生，而善复灭矣。

问者曰：“世之高士，不降其志，不辱其身。齐有饿人者，闻‘嗟来’则不食。鲁有臧坚者，刑人吊之，以杙抉其创死。此为以我慢伏我爱，未审善也，而前修以为卓行，今宜何论？”应之曰：高士者，亡贵其慢，贵其寡情欲。诸有我见者，即有我所有法，身亦我所有法也。摄受于身者，卒之摄受于我。以爱我，故爱我所有。淫声色，溽滋味，有之不肯去，无之而求给，则贼人所爱，慢又助之。歆色者且欲妻宓妃，歆声者欲使白虎鼓瑟、苍龙吹篪，虽不可得，犹有欲求也。几可以得之者，无挹损人。可得哉。治以工宰，工宰又愈贼人。（如因政府，又起赋税诸法其流无已。）彼高士者，以我慢伏我爱。我慢量少，伏我爱之量多，短长相覆。是故谓之卓行。大上有许由、务光之让王，其次不臣天子不友诸侯，内则胜贪，外之使人知工宰为世贼祸，足以仪法。其德辟恶，其业足以辟增上恶缘。世之言卓行，不惟审善，虽辟恶亦与焉。故阿魏非香也，臭之不可于鼻，用足以辟诸腐臭，故准之香。自由光而下者，虽有少慢，其辟恶固优矣。精洁如由光，又无慢者，非阿魏之比，而犀角之比。犀角食之无益人，不得与上药数，以其辟毒，则准之上药。是故诸辟恶者，不为审善，以伏审恶，则字之曰准善。饿人臧坚，视由光已末矣，其慢犹少，其伏我爱犹多，诚未清净，若白练有小点者。世无大士，则高士为其甲。若夫不忍货财妃匹之亡而自狸以为快者，其爱我所有法甚，其爱我亦愈甚。不遂，故自贼，犹以醒醉解忧也。故世亦莫之贵。

问者曰："意根有我爱，易知也，何故复有我慢？"应之曰：当其有阿罗耶识，即有意根矣，故曰束芦。意根者，生之所以然。有生不能无方分，方分者不交相涉以此方分格彼方分，此我慢所以成。非独生物也，蓬颗野马，常自以己之方分，距异物使不前。一玉屑、一芥子而不相受。假令无我慢者，则是无厚。无生者不自立，有生者无以为生，故我慢与我爱交相倚也。若宝剑之有文锐矣，如浮脂不可脱，如连珠不可掇。以为一邪，抗下异节；以为二邪，其荣满侧。及其用之，我慢足与他人竞，我爱足与他人和。其趣则异，是何也？自执有我，从是以执他人有我。慢之性使诸我相距，爱之性使诸我相调。调与距虽异，其趣则然。昔者项王意乌叱吒，千人俱废，然见人慈爱妪妪，人有疾痛，为之涕泣和药。今有大侠遇盗于涂，角力者杀之，乞命者即矜而活之。师子至暴也，一鹿之肉，给其日食有余。然独憙杀象者，以其力之多，见人蒲伏其前，则经过不搏。麒麟为仁矣，不杀虫蛾，遇师子即引足踶跂，令辟易数十丈死。是故爱慢异流而同其柢，然而爱不足以胜慢矣。惟慢胜慢，故上礼不以为情貌，以自攻拔其身。（此与孙卿矫饰之说不同。极我慢以治我慢，非由矫也，亦与康德所谓绝对之命令不同。彼谓知善故施此命令，此谓由我慢之念而极之。犹壮士求自举其身。）夫以我胜我，犹有我慢之见也。彼大士者，见我之相胜，以知我之本无。（若本有我，则我不为二。我不为二，则无以我胜我之理。）益为上礼，使慢与慢相尽，则审恶足以解。浮屠喻之"以梦渡河"。（谓如梦中见有大河，横距行径，即奋跃求越过，正奋跃时，其梦即寤，实无有河，亦无有奋跃事。然非奋跃，则梦亦不能寤。）然则孟子、孙卿言性也，而最上者言无我性，亲证其无我性。即审善、审恶犹幻化，而况其伪乎？

下

孔子曰："生而知之者上也，惟上智与下愚不移。"此亦计阿罗耶中受熏之种也。熏之者意识，其本即在意根。人心者，如大海，两白虹婴之，我见、我痴是也。两白蛟婴之，我爱、我慢是也。彼四德者，悉依隐意根。由我见，人有好真之性。（亦以我爱为增上缘，惟我见则无情好，真略分五：一曰实，二曰如，三曰成，四曰常，五曰明了。主观之念，适当客观，客观之境，适当主观，谓之如。好奇好巧，皆好如也。怀旧之念，由好如及好适中好同和合所成。意旧想复现者，由好和好明了和合而成。）由我爱，人有好适之性。（适分为四：一曰生，二曰安。安复分八，一亭隐，二饱，三润，四暖，五清凉，六动，七逸，八通利。好速之念，由好动好通利孳乳。三曰美，美复分七，一净，二丽，三韵，四旨，五芳，六柔，七法处所摄美。四曰同，此即合群之念所起。好善之念，亦由此孳乳。）由我慢，人有好胜之性。（好名之念，由好胜及好适中法处所摄美和合所成。如上三事，摄人生所好尽。昔希腊学者，分真、善、美三事。为人情所同好，此实短拙，故今分别如此，其详别见。此诸位者或互为助伴，亦互相折伏。由此人情好尚，种种不定。）责善恶者于爱、慢，责智愚者于见、痴。

我见者与我痴俱生。何谓我痴？根本无明则是。以无明不自识如来藏，执阿罗耶以为我，执此谓之见，不识彼谓之痴。二者一根。若修广同体而异其相，意识用之，由见即为智，由痴即为愚。智与愚者，非昼夜之校，而巨烛、温火之校。痴与见不相离，故愚与智亦不相离。上智无痴，必无我见也，非生而具之。下愚者，世所无有。诸有生者，未有冥顽如瓦砾者矣。（浮屠言一阐提者，亦谓其性最恶，非谓其性最愚。）尝试以都最计之，世方谓文教之国其人智，蠕生之岛其人愚，彼则习也，非性。就计所习，文教国固多智，以其智起愚，又愚于蠕生之人。何者？世之恒言，知相知名者为智，独知相者谓之愚。蠕生之人，五识于五尘犹是也，以不具名，故意识鲜通于法。然诸有文教者，则执名以起愚，彼蠕生者犹舍是。

一曰征神教。蠕生者事牛耿黾，以虺易为灵蛇，而文教者或事上帝。由慢计之，事上帝则优，事牛虺耿黾则劣。自见计之，上帝不可验，而牛虺耿黾可验。其言有神灵，皆过也，一事可验，一事不可验，则蠕生者犹少智。何以明之？今有二人，一谓牛角能言，一谓马角能言，其过则等。牛角虽不能言，固有牛角，其过一。马角者，非直不能言，又无马角，其过二。故以马角为能言者，视以牛角为能言者，其愚以倍。

二曰征学术。蠕生者之察万物，得其相，无由得其体。虽得之，不横以无体为体。有文教者得其体矣。太上有唯识论，其次有唯物论。识者以自证而知，物者以触、受而知，皆有现量，故可就成也。（凡非自证及直觉感觉所得者，皆是意识织妄所成。故不能真知唯识者，宁持唯物。唯物亦有高下二种，高者如吼模，但许感觉所得，不许论其因果，此即唯识家之现量也。其次虽许因果，尚少织妄，而世人不了唯识，有谓任意妄称，虽无亦可谓之有者。近日本有妄人筧克彦以此成其法理之学，重纰貤缪，不知其将何底也。）计唯物者，虽不知圆成实性，犹据依他起性。最下有唯理论师，以无体之名为实，独据遍计所执性，以为固然。无体之名，浮屠谓之不相应行，（非心非物，故曰不相应行。《成唯识》有不相应行二十四种，康德所说十二范畴，亦皆不相应行也。）意识用之以贯万物，犹依空以置器，而空不实有。海羯尔以有、无、成为万物本，笛佉尔以数名为实体，此皆无体之名。庄周曰："名者，实之宾。"（《消〔道〕遥游》）尹文曰："有形者必有名，有名者未必有形。"（《大道上》）今以有名无形者为实，此蠕生者所不执也。（浮屠言真如者，《成唯识论》云："真如即是唯识实性，以识之实性不可言状，故强名之曰如。若执识外别有真如者，即与计有无为实物者同过。"又此土学者，或立道，或立太极，或立天理，要之非指物即指心，或为综计心物之代语，故亦无害。若谓心物外别有道及太极、天理者，即是妄说。）

三曰征法论。蠕生者独以酋长为神，国皆酋长产也。虽粗有文教者，犹以君为国家。文教益盛，谓君长、人民、土地皆非国，而国有其本体。由爱计之，独主君则民病，以国为主而民少纾。夫论物者宜弃捐善恶利害之见，和精端容，实事以效是。然则病民与否，非其所宜计也。由见计之，君犹实有，而国家非实有，即钩校其诚者，国固无系君，顾一国人之总业耳。凡事有总业者，有别业者。别业者，以一人之力就之，农耕裨贩是也。总业者，集数人之力就之，家乎？市乎？乡曲乎？最大则为国，是故农贾非实有也。实之谓人，业之谓农、贾。（不了此义，故名家有杀盗非杀人之说，是以业为实也。）家、市、乡曲亦然。有土、有器、有法，土者人所依，器与法者人所制，故主之者曰人。今曰国家有自体，非君长、人民、土地。若则曰市非钱布化居、人民廛舍也，而自有市之体，其可乎？（近世法家妄立财团法人、社团法人之名，此皆妄为增语。虽然，名之曰法人，则本非实人也，此与果实名人何以异。）家、市、乡曲之与国，或以字养，或以贸迁，或以保任，或以布政用师，其业不同，校其实即同。所以殊名者，以业起，不以实起。不辨实、业之分，以业为体，犹舍心与形躯，而言人有荧魂。或曰："国者有作用，故谓之有。"是不然，以君长假国为号然后作，非国自能作。若巫师假鬼以为号，然后有祠堂崇禳，而巫师亦得糈。彼鬼者能自作乎？以国家有作用，而鬼亦有作用，因是以国家为实有，是鬼亦实有耶？或曰："凡人默自证，知我为是国人也，以自证故谓国有。"是不然。知为是国人者，非自证也。人自证有识者，不待告教。自知为是国人者，待告教然后辨，以其习闻之，遂有胜解。（胜解，谓决定不可转移之念。）而想滑易，则若自证。譬若人之有姓者，亦默自知之也，然不告教则不知。以国为实有者，彼姓亦实有耶？此又蠕生者所不执也。

四曰征位号。蠕生者无君臣吏民之号，有之亦亡重轻。有文教者，其位号滋多。今人言名者，或以名有虚实异。声誉之谓虚名，官位之谓实名。夫名则尽虚也，顾以为有实者，得官位足以饱暖，且役使人。得声誉不足以饱暖、役使人。此其业之异矣，于实则奚异？名且言实，则是以影为形也。今之法家，皆曰君位实有也。某甲南面者则表章之，即如是，弑某甲则不为大逆，与杀凡民均，是何也？则不能弑其君位也。然法律又异等。言法之理，与定法之条相反，岂不悖哉？且位者万物尽有之，亡独人君？以位为实，即以肥豕食客，是充牺位也。牺位实有，而豕表彰之，不知客所欲啖者，其豕耶，妄其欲啖牺位耶？从是以观，以甲飨乙，甲非主，乙非客，主位客位皆实有。而甲乙表彰之，凡夫妇、奴主皆准是。从是以推无生诸行，水之在壑，则渠位实有，而清水、浊水表彰之。火之在灶，则爨位实有，而桑柘之火、枣杏之火表彰之。然则名实交纽，为戏谑之论矣。此又蠕生者所不执也。

五曰征礼俗。蠕生者祭则就墓，无主祏之仪，觐则谒君，无画像之容。战则相识，无徽识之辨，皆就其体。颇有文教。立之主设之像矣，又有旌旗矣，主像者所以系心，不以君亲竟在是也。旌旗者所以分部曲，不以军府竟在是也。其转执者，或置其君之画像于横舍。莫夜火发。其师既跣足出，返复翼奉其君之像，若救其君之身者，竟以燔死。有两国相争者，状貌素异，虽拔其旗，弗能假以掩袭，然同伍死则不相救，军旗失则践积尸冒弹丸以救之，若救其军府。此又蠕生者所不执也。

六曰征书契。蠕生者或无文字，有之曰足以记姓名簿籍而已。有文教者，以文字足以识语言，故曰“名者圣人之符”。（《群书治要》引《申子》。）其转执者，或讳其君亲之名，或刻楮印布以为金币。夫以名为君亲之实，则是书君亲之名裂之，即支解君亲也。刻符可以为币，则是断并闾以为轮，揭巴蕉以为旗，杖白茅以为剑，亦可以为军实也。今是掷五木者，有卢有雉，卢不可奖以执留，雉不可烹以实鼎。即有用之者，人且以为大戆。今独以讳君亲用纸币为恒事，则何也？夫国有成俗，语言不可移，故文字不可移，然而文字不以为实。以文为实，此又蠕生者所不执也。

由是言之，见与痴固相依。其见愈长，故其痴亦愈长。而自以为智者，诚终身不灵哉。问者曰："人若无见，即如灰土矣。今见愈长而痴从以长，是终无正见之期也。"应之曰：人之见，自我见始。以见我，故谓生物皆有我，亦谓无生者有我。（我即自体。）由是求真，故问学、思虑应之起。其以为有我者，斥其实，不斥其德、业。故有一石焉，拊之即得坚，视之即得白，坚与白其德也，而终不曰坚白。必与之石之名者，其念局于有实也。故诸有相可取者，取相不足，必务求其体。从是有学术，而其智日益驰骋。从是不知止，又不知返，其愚亦益驰骋。何者？名起于想，所想有贞伪。以想如自证、触受之量为贞，以想不如自证、触受之量为伪。名之如量者，有若坚白，其不如量者有若石。又远曰此石彼石，又远曰石聚，又远则从其聚以为之号。明和合之为伪，假以通利虑宪，即无害。（所以必假伪名以助思虑者，以既在迷中，不由故道，则不得返。）

尝闻声论师波腻尼之言矣。诸名言自体为什匏吒，什匏吒应于青为青，应于赤为赤，应于然为然，应于否为否。彼特以自心相分为主，而不执所呼者有体，斯可也。然则名言之部，分实、德、业使不相越，以实、德、业为众同分。（众同分者，谓人所同然。实、德、业三，凡人思慧皆能别之，故曰众同分。）约定俗成，故不可陵乱。假以实、德、业论万物，而实不可为德、业，德、业亦不可为实。譬如建旗，假设朱雀、螣蛇、北斗、招摇之象，而不可以相贸，知其假设而随顺之，为正见，不知其假设而坚持之，谓之倒见。诚斯析之，以至无论，坚白可成，石犹不可成。何者？实不自表，待名以为表。德者无假于名，故视之而得白，拊之而得坚，虽喑者犹得其相。至于石非名不起也，执有体故有石之名，且假以省繁辞，是何故？以有坚白者不唯石，如是坚，如是白，其分齐不与佗坚白等。道其分齐，则百言不可尽，故命以石之名者，亦以止辞费。知之，虽言石，固无害。不知者执以为体。自心以外，万物固无真，骛以求真，必与其痴相应。故求真亦弥以获妄。虽然，唯物之论于世俗最无妄矣。执增语以为实，而妄益踊。是故老聃有言曰："始制有名。名之既有，夫亦将知止。"

（选自《国故论衡》卷下（1910年6月））

论佛法与宗教、哲学以及现实之关系

一、佛法果应认为宗教邪？抑认为哲学邪？

近代许多宗教，各有不同。依常论说来，佛法也是一种宗教。但问怎么样唤作宗教，不可不有个界说。假如说有所信仰，就称宗教，那么各种学问，除了怀疑论以外，没有一项不是宗教。就是法理学家信仰国家，也不得不给他一个宗教的名号，何但佛法呢？假如说崇拜鬼神，唤作宗教，像道教、基督教、回回教之类，都是崇拜鬼神。用宗教的名号，恰算正当。佛法中原说六亲不敬，鬼神不礼，何曾有崇拜鬼神的事实？明明说出“心、佛、众生，三无差别”，就便礼佛念佛等事，总是礼自己的心，念自己的心，并不在心外求佛。这一条界说，是不能引用了。惟有六趣升沉的道理，颇有宗教分子羼入在里头。究竟天宫地狱等语，原是《摩拿法典》流传下来。佛法既然离了常见断见，说明轮回的理，借用旧说证明，原是与自己宗旨无碍，所以没有明白破他。只像古代中国、希腊许多哲学家，孔子也不打破鬼，琐格拉底、柏拉图也不打破神。现在欧洲几个哲学家，如笛佉尔、康德那一班人，口头还说上帝，不去明破，无非是随顺世俗，不求立异的意思。到底与本宗真义，没有什么相干，总是哲学中间兼存宗教，并不是宗教中间含有哲学。照这样看来，佛法只与哲学家为同聚，不与宗教家为同聚。在他印度本土，与胜论数论为同聚，不与梵教为同聚。试看佛陀菩提这种名号，译来原是“觉”字。般若译来原是“智”字。一切大乘的目的，无非是“断而知障”、“成就一切智者”，分明是求智的意思，断不是要立一个宗教，劝人信仰。细想释迦牟尼的本意，只是求智，所以发明一种最高的哲理出来。发明以后，到底还要亲证，方才不是空言。像近人所说的物如、大我、意志，种种高谈，并不是比不上佛法，只为没有实证。所以比较形质上的学问，反有逊色。试想种种物理，无不是从实验上看出来，不是纯靠理论。哲学反纯靠理论，没有实验，这不是相差很远么？佛法的高处，一方在理论极成，一方在圣智内证。岂但不为宗教起见，也并不为解脱生死起见，不为提倡道德起见，只是发明真如的见解，必要实证真如。发明如来藏的见解，必要实证如来藏。与其称为宗教，不如称为“哲学之实证者”。至于布施、持戒、忍辱等法，不过为对治妄心。妄心不起，自然随顺真如。这原是几种方法，并不是他的指趣。又像发大悲心、普渡众生等语，一面看来，原是最高的道德。因为初发大心的时候，自己还是众生，自然有一种普渡众生的志愿；一面看来，凡人自己得着最美的境界，总要与人共乐。譬如游山听乐，非众不欢。释迦牟尼未成正觉以前，本来也和常人不异。见到这一处，自然要与人共见。证到这一处，自然要与人共证。若不是说法利生，总觉得自己心里不很畅快。所以据那面看是悲，据这面看是喜。若专用道德的眼光去看，虽是得了一面，却也失了一面。道德尚且不是佛的本旨，何况宗教呢？从来着了宗教的见解，总不免执守自宗，攻击异己。像印度的数论胜论，原有可采；中国的老子庄子，意趣更高。但把佛法看成宗教的人，不论他人说是说非，总要强下许多辩难。有时见他人立意本高，就去挑拨字句，吹毛求疵，不晓得字句失当的所在。佛法中也是不免。到了这边，又必要加许多弥缝，施许多辩护，真是目见千里，不见其睫。现在且举一例：且如老庄多说自然，佛家无不攻驳自然，说道本来没有自性，何况自然？那么，我请回敬佛家一句，佛法也有“法尔”两个字，本来没有法性，何况法尔？人本无我，没有自然；法本无我，连法性也不能成立了。这种话，只要以矛刺盾，自己无不陷入绝地。后来佛法分宗，也往往有这种弊病。本来专门讲学，原是要彼此辩论。但据着道理的辩，总是愈辩愈精；执着宗教的辩，反是愈辩愈劣。我想陈那菩萨作《理门论》，只用现量比量，不用圣教量，真是辩论的规矩。可惜亚东许多高僧，从没有在这边着想。这种病根，都为执着宗教的意见，不得脱离，竟把“佛法无诤”四个字忘了。若晓得佛法本来不是宗教，自然放大眼光，自由研究。纵使未能趣入实证一涂，在哲学的理论上，必定可以脱除障碍，获见光明。况且大乘的见解，本来“依义不依文，依法不依人”。可见第一义谛，不必都在悉檀，地上菩萨，不必专生印度。恐怕文殊弥勒，本来是外道宗师，大乘采他的话，就成一种最高的见解。何但文殊弥勒呢？西向希腊，东向支那，也可以寻得几个出来。虽然不在僧伽，他的话倒不失释迦牟尼的本意啊！

二、佛法亦有不圆满处，应待后人补苴。

佛法中原有真谛、俗谛二门。本来不能离开俗谛，去讲真谛。大乘发挥的道理，不过“万法唯心”四个字。因为心是人人所能自证，所以说来没有破绽。若俗谛中不可说心，也就不能成立这个真谛。但在真谛一边，到如来藏缘起宗、阿赖耶缘起宗，已占哲学上最高的地位。只在俗谛一边，却有许多不满。那不满在何处呢？佛法只许动物为有情，不许植物为有情，至于矿物，更不消说了。兄弟平日好读《瑜伽师地论》，却也见他许多未满。《瑜伽》六十五云：“离系［出家］外道，作如是说：一切树等，皆悉有命，见彼与内有命数法，同增长故。应告彼言：树等增长，为命为因？为更有余增长因耶？若彼唯用命为因者，彼未舍命，而于一时无有增长，不应道理。若更有余增长因者，彼虽无命，由自因缘，亦得增长，故不应理。又［应告彼，汝何所欲，诸］无命物无有增长，为有说因？为无说因？若有说因，此说因缘不可得故，不应道理。若无说因，无因而说而必尔者，不应道理。［……］又［应告彼，汝何所欲，］诸树等物与有命物，为一向相似？为不一向相似？若言一向相似者，诸树等物根下入地，上分增长，不能自然动摇其身，虽与语言而不报答，曾不见有善恶业转。断枝条已，余处更生，不应道理。若言一向不相似者，是则由相似故可有寿命，不相似故应无寿命，不应道理。”这许多话，不用多辩，只要说“寿、暖、识三，合为命根”。植物也有呼吸，不能说无寿；也有温度，不能说无暖；也有牝牡交合的情欲，卷虫食蝇的作用，不能说无识。依这三件，植物决定有命。至于根分入地不能动摇，这与蜗牛石蛙，有什么区别？语言不报，也与种种下等动物相似。断枝更生，也与蜥蜴续尾、青蛙续肢别无两样。惟有善恩业果一件，是人所不能证见，都无庸辩。种种不能成立。植物无命，费了许多辩论，到底无益。至于矿物，近人或有说他无知，或有说他有知。依唯心论，到底不能说矿物无知。为什么缘故呢？唯心论的话，简说成心有境无。请问触着墙壁，为什么不能过去？唯心论家，必定说身识未灭，所以触觉不灭。触觉未灭，所以不能透过障碍。竟究不是外界障碍，只是身识上的相分。若身识灭了，触角就灭。触角灭了，自然不觉障碍，可以透过。这几句话，原来不错，但又请问唯心论家：石块和石块相遇，金球和金球相遇，也一样不能透过。请问石块和金球，还是有身识呢，还是没有身识呢？若没有身识，为什么不能透过障碍？石块、金球可说没有身识，便是动物也可说成没有身识，这是依着什么论根？若说石块、金球也有身识，为什么佛法总说四大是“无情数”呢？问到这句，佛法中唯心论师，口就哑了。到底不说矿物有知，不能完成自己的唯心论。现在依《起信论》说，更有证成“矿物有知”的道理。原来阿赖耶识，含有三个：一是业识，二是转识，三是现识。业就是作用的别名，又有动的意思。矿物都有作用，风水等物，更能流动，可见矿物必有业识。转识就是能见的意思，质言就是能感触的作用。矿物既然能触，便是能感。可见矿物必有转识。现识就是境界现前的意思。矿物和异性矿物，既能亲和，也能抵抗，分明是有境界现前。可见矿物也有现识。若依《成唯识论》分配，业识便是作意，转识便是触，现识便是受，并与阿赖识相应，但没有想思二位。所以比较动植物的知识，就退在下劣的地位。况且矿物不但有阿赖耶识，兼有意根。何以见得呢？既有保存自体的作用，一定是有“我执”。若没有我执，断无保存自体的理。只是意根中“法执”有无，还没有明白证据，不容武断。矿物既有阿赖耶、意根二种，为什么缘故不见流转生死啊？因为流转生死，必要“感”、“业”二种为缘。矿物的感，只有“俱生我执”，没有分别我执。只有“显境名言”，没有“表义名言”。矿物的业，只有“无记性”，没有“善性”、“恶性”。流转生死的缘，阙了大半，所以没有流转生死的果。这也是容易说明的。但虽说矿物有知，依旧不容说矿物有质。只是矿物和矿物相遇，现起触觉，毕竟没有窒碍的本体。动物和矿物相遇，动物现起色觉、声觉、香觉、味觉、触觉，毕竟没有五尘的本质。五尘的幻觉，只为两种有意根的东西相遇而生，所以心有境无，依然成立。这植物有命、矿物有知的俗谛，佛法中不能说得圆满。我辈虽然浅陋，还可以补正得一点儿。还有一句话，是兄弟平日的意见。现在讲唯心论的，必要破唯物论。依兄弟者，唯心论不必破唯物论，反可以包容得唯物论，只要提出“三性”，就可以说明了。第一是据“依他起自性”。唯物论家为什么信唯物呢？除了感觉，本来无物可得。感觉所得，就是唯心论的“现量”。信唯物的，原是信自己的感觉，即便归入心上的现量了。第二是据遍计所执自性。有一类唯物论师，说感觉所得，不过现象，分析出来，只是色声香味触五种。此外还有物的本质，不是色声香味，也不是触，没有方分，没有延长，五感所不能到，就是真正的物质了。但五感所不能到，就在“现量”以外，又兼一切物质，界限最广，更没有什么“比量”。离了“现量”、“比量”，突然说有物质，那便非经验非推理的说话。这句话由那里起来，只为我的意根中间，原是有“法执”。依着“法执”做自己思想的靠傍，就说出“物必有质”的话来。那么，“物质”这一句话，就是唯心论中所说的“非量”。分明是句妄语。然而离了意根，再不能无端想成，这不是以心量为主，物质为从么？第三是据圆成实自性。动物植物也有知，矿物也有知，种种不过阿赖耶识所现的波浪。追寻原始，惟一真心。况且分析一物，到分子的境界，展转分成小分子、微分子的境界，总有度量可分，不能到最小最微的一点。所以《庄子·河伯篇》说：“物量无穷。”既是无穷，必不能说是实有。也像空间时间，没有边际，就不能说是实有。到底是心中幻象，就此可以证成“诸法不生”。矿物植物动物，同是不生，那就归入圆成实性，所以说不必破唯物论。尽容他的唯物论说到穷尽，不能不归入唯心。兄弟这一篇话，或者不为无见吧！

三、印度佛法、支那佛法，本自有异，不可强同，而亦有互相补助之处。

佛法在印度，小乘分为二十余部，大乘只分般若、法相二家。般若不立阿赖耶识，又说“心境皆空”，到底无心无境，不能成立一切缘起。但《中论》所说：“因缘所生法，我说即是空，亦名为假名，亦名为中道。”空便是遍计所执自性，假便是依他起自性，中便是圆成实自性。不过名目有点儿不同罢了。照这样看，般若宗的真义，还是唯心。般若所破的“心境”；即是法相的“见相”，也没有直破真心。法相宗提出阿赖耶识，本是补般若宗的不备。以前本有《起信论》，提出如来藏来。如来藏与阿赖耶识，《楞伽经》中本来不说分别。《密严经》也说：“佛说如来藏，以为阿赖耶。恶魔不能知，藏即赖耶识。”《起信论》里头，虽有分别，到底八识九识，可以随意开合，并不是根本的差违。法相说三性二无性，《楞伽经》也说三性三无性。大概《楞伽经》、《密严经》、《解深密经》，同是法相宗所依据。《起信》、《瑜伽》，也不过是同门异户。所以印度本土，除了般若、法相，并没有别的大乘。一到中国，却分出天台、华严二宗。天台所据的〈是〉《法华经》，华严所据的是《华严经》。这两部经典，意趣本来不甚明白。智者、贤首两公，只把自己的意见，随便附会，未必就是两经的本旨。其间暗取老庄旧说，以明佛法，其实不少，所以称为支那佛法。现在把两边的佛法，比较一回，到底互有长短。大概印度人思想精严，通大乘的，没有不通小乘；解佛法的，没有不晓因明，所以论证多有根据，也没有离了俗谛空说真谛的病。中国却不然，思想虽然高远，却没有精细的研求。许多不合论理、不通俗谛的话，随便可以掩饰过去。这就是印度所长，中国所短。且看华严宗立“无尽缘起说”，风靡天下，人人以为佛法了义，远在《起信》、《瑜伽》之上。依兄弟想，本来《庄子·寓言篇》曾经说过：“万物皆种也。以不同形相禅，始卒若环，莫得其伦。”这就是华严宗的“相入”说。《齐物论》也说：“万物与我为一。”这就是华严宗的“相即”说。贤首暗取庄子意思，来说佛法，原是成得一种理论。但如来藏缘起说、阿赖耶缘起说，都是以心为本因，无尽缘起说到底以什么为本因？还是无量物质互为缘起呢，还是无量心识互为缘起呢？或者无量物质、无量心识互为缘起呢？到底说来暗昧，没有根源。所立二喻，一是“十钱喻”，二是“椽舍喻”。十钱喻说，十个钱是一个钱所缘成，一个钱又是十个钱所缘成。究竟不过把算位进退。一的进位便是十，所以说十数是一数所缘成。一的退位，便是小数的一，所以说一数是十个小数的一所缘成。但在算位上可以这样讲去，在有形质的物件上，就不容易这样讲去。为什么呢？十个钱可说是一个钱所缘成，一个钱更无小数可分，将一个钱切做十分，早已不能唤他为钱，怎么可说一个钱是十个小数的一钱所缘成呢？椽舍喻说，椽便是舍，因为舍是椽所缘成，去了一椽，便是破舍。所以说椽即是舍。这一条喻，更加荒缪。舍是椽所缘成，便说椽即是舍。这个比例，与“泥中有瓶”一样，犯了“因中有果”的过。况且去了一椽，好舍虽变了破舍，不能不说是舍。去了一椽还是舍，怎么可说椽即是舍呢？照这个比例，也可说眉毛就是人。因为去了眉毛，便是丑怪的人。所以说眉毛就是人，这不是极荒唐的诡辩么？《庄子·天下篇》所载名家诡辩，说的是“郢有天下”。贤首这篇诡辩，与那句话正是同例。这般荒缪无根的论法，到底不会出在印度。这分明是支那佛法的短处。但有一端长处，也是印度人所不能想到的。就像《华严经》有“性起品”。华严宗取到“性起”两个字，犹有几分悟到。本来缘起这个名称，原有几分不足。缘十二缘生说，《大乘入楞伽经》已曾疑过：“大慧菩萨白佛言，外道说因不从缘生而有所生。世尊所说。果待于因，因复待因。如是展转成无穷过。”《庄子·齐物论》也说：“吾有待而然者邪，吾所待又有待而然者邪！”这种驳难，到底不能解答。因为第一因缘不能指定，所以虽说缘生，不过与泛泛无根一样。又像《楞伽》、《起信》，都把海喻真心，风喻无明，浪喻妄心。但风与海本是二物，照这个比例，无明与真心也是二物。海的外本来有一种风，照这个比例，心的外本来也有一种无明。这就与数论分神我、自性为二的见解，没有差别。唯有说成“性起”，便把种种疑难可以解决。因为真心绝对，本来不知有我。不知有我这一点，就是无明。因为不知有我，所以看成器界、情界。这个就是缘生的第一个主因，一句话就把许多疑团破了。这也是支那佛法所长，超过印度的一点。若是拘守宗法，必定说那一宗长，那一宗短，强分権教、实教、始教、终教许多名目，那就是拘墟之见，不是通方之论了。只要各取所长，互相补助，自然成一种圆满无缺的哲理。

四、佛法应务，即同老庄。

佛法本来称出世法，但到底不能离世间法。试看小乘律中，盗金钱五磨洒，便算重罪，也不过依着印度法律。大乘律脱离法律的见解，还有许多依着寻常道德。这且不论，但说三界以外，本来没有四界，虽说出世法，终究不离世间。精细论来，世间本来是幻，不过是处识种子所现（处识见《摄大乘论》）。有意要离脱世间，还是为处识幻相所蔽。所以断了所知障的人，证见世间是幻，就知道世间不待脱离。所以“不住生死，不住涅槃”两句话，是佛法中究竟的义谛。其中还有一类，《大乘入楞伽经》唤作菩萨一阐提，经中明说：“菩萨一阐提，知一切法本来涅槃，毕竟不入。”像印度的文殊、普贤、维摩诘，中国的老聃、庄周，无不是菩萨一阐提。这个菩萨一阐提发愿的总相，大概是同；发愿的别相，彼此有异。原来印度社会和平，政治简淡，所以维摩诘的话，不过是度险谷，设医药，救饥馑几种慈善事业。到东方就不然，社会相争，政治压制，非常的猛烈。所以老庄的话，大端注意在社会政治这边，不在专施小惠，振救贫穷。连兼爱偃兵几句大话，无不打破。为什么缘故呢？兼爱的话，这是强设一种兼爱的条例。像《墨子·天志篇》所说，可以知其大概。若有一人一国违了天志，这个人就该杀，这个国就该灭，依然不能纯用兼爱，又像那基督教也是以博爱为宗，但从前罗马教皇代天杀人，比政府的法律更是残酷。所以庄子见得兼爱就是大迂（《天道篇》），又说“为义偃兵”，就是“造兵之本”（《徐无鬼篇》），这真是看透世情，断不是煦煦为仁，孑孑为义的见解了。大概世间法中，不过平等二字。庄子就唤作“齐物”。并不是说人类平等、众生平等。要把善恶是非的见解，一切打破，才是平等。原来有了善恶是非的见，断断没有真平等的事实出来。要知发起善恶，不过是思业上的分位。庄严伦说的“许心似二现，如是似贪事，或似于信事，无别善染法”。至于善恶是非的名号，不是随顺感觉所得，不是随顺直觉所得，只是心上先有这种障碍，口里就随了障碍分别出来。世间最可畏的，并不在“相”，只是在“名”。《楞伽》、《般若》多说到字平等性、语平等性。老庄第一的高见，开宗明义，先破名言。名言破了，是非善恶就不能成立。《齐物论》说的：“未成乎心而有是非，是今日适越而昔至也，是以无有为有。”分明见得是非善恶等想，只是随顺妄心，本来不能说是实有。现在拿着善恶是非的话，去分别人事，真是荒唐缪妄到极处了。老子说的“常善救人，故无弃人。人之不善，何弃之有！”并不是说把不善的人，救成善人，只是本来没有善恶，所以不弃。但这句话，与近来无政府党的话，大有分别。老庄也不是纯然排斥礼法，打破政府。老子明明说的“辅万物之自然而不敢为”。又说：“圣人无常心，以百姓心为心。善者吾善之，不善者吾亦善之，德善。信者吾信之，不信者吾亦信之，德信。圣人在天下，歙歙为天下浑其心，圣人皆孩之。”意中说只要应合人情，自己没有善恶是非的成见。所以老子的话，一方是治天下，一方是无政府，只看当时人情所好，无论是专制，是立宪，是无政府，无不可为。仿佛佛法中有三乘的话，应机说法。老子在政治上也是三乘的话，并不执着一定的方针，强去配合。一方说：“以道莅天下，其鬼不神。”是打破宗教；一方又说：“人之所教，我亦教之。强梁者不得其死，吾将以为教父。”又是随顺宗教。所以说“不善者吾亦善之，不信者吾亦信之”，并不是权术话，只是随顺人情，使人人各如所愿罢了。再向下一层说，人心虽有是非善恶的妄见，惟有客观上的学理，可以说他有是有非；主观上的志愿，到底不能说他有是有非。惟有无所为的未长进，可以说是真善真恶；有所为的长进，善只可说为伪善，恶也只可说为伪恶。照这样分别，就有许多判断，绝许多争论，在人事上岂不增许多方便么？兄弟看近来世事纷纭，人民涂炭，不造出一种舆论，到底不能拯救世人。上边说的，已略有几分了。最得意的，是《齐物论》中“尧伐三子”一章：“昔者，尧问于舜曰：‘我欲伐宗、脍、胥敖，南面而不释然。何也?’舜曰：‘夫三子者，犹存乎蓬艾之间，若不释然，何哉?昔者，十日并出，万物皆照，而况德之进乎日者乎!”据郭象注，蓬艾就是至陋的意思。物之所安，没有陋与不陋的分别。现在想夺蓬艾的愿，伐使从己，于道就不弘了。庄子只一篇话，眼光注射，直看见万世的人情。大抵善恶是非的见，还容易消去。文明野蛮的见，最不容易消去。无论进化论政治家的话，都钻在这个洞窟子里，就是现在一派无政府党，还看得物质文明，是一件重要的事。何况世界许多野心家。所以一般舆论，不论东洋西洋，没有一个不把文明野蛮的见横在心里。学者著书，还要增长这种意见，以至怀着兽心的强国，有意要并吞弱国，不说贪他的土地，利他的物产，反说那国本来野蛮，我今灭了那国，正是使那国的人民获享文明幸福。这正是尧伐三子的口柄。不晓得文明野蛮的话，本来从心上幻想现来。只就事实上看，什么唤做文明，什么唤做野蛮，也没有一定的界限，而且彼此所见，还有相反之处。所以庄子又说没有正处，没有正味，没有正色。只看人情所安，就是正处、正味、正色。易地而施，却像使海鸟啖大牢，猿猴着礼服，何曾有什么幸福!所以第一要造成舆论，打破文明野蛮的见，使那些怀挟兽心的人，不能借口。任便说我爱杀人，我最贪利，所以要灭人的国，说出本心，到也罢了。文明野蛮的见解，既先打破，那边怀挟兽心的人，到底不得不把本心说出，自然没有人去从他。这是老庄的第一高见。就使维摩诘生在今日，必定也主张这种议论，发起这种志愿，断不是只说几句慈善事业的话，就以为够用了。若专用佛法去应世务，规画总有不周。若借用无政府党的话，理论既是偏于唯物，方法实在没有完成。唯有把佛与老庄和合，这才是“善权大士”，救时应务的第一良法。至于说到根本一边，总是不住涅槃，不住生死，不著名相，不生分别。像兄弟与诸位，虽然不曾证到那种境界，也不曾趣入“菩萨一阐提”的地位，但是“闻思所成”，未尝不可领会；“发心立愿”，未尝不可宣言。《维摩诘经》所说的“虽观诸法不生而入正位，虽摄一切众生而不爱著，虽乐远离而不依身心尽，虽行三界而不坏法界性”。难道我辈就终身绝望么?

（选自《中国哲学》1981年第6期。此文据章氏手稿整理，乃章氏于武昌起义前在日本的一次演讲内容，章氏生前并未发表）

驳建立孔教议

近世有倡孔教会者，余窃訾其怪妄。宗教至鄙，有太古愚民行之，而后终已不废者，徒以拂俗难行，非故葆爱严重之也。中土素无国教矣，舜敷五教，周布十有二教，皆掌之司徒。其事不在庠序，不与讲诵。是乃有司教令，亦杂与今世社会教育同类，非宗教之科。《易》称圣人以神道设教，斯即盥而不荐，禘之说也。禘之说孔子不知；号曰设教，其实不教也。观《周礼》神仕诸职，皆王官之一守，不以布于民常。逮及衰周，孔、老命世，老子称以道莅天下，其鬼不神；孔子亦不语神怪，未能事鬼。次有庄周、孟轲、孙卿、公孙龙、申不害、韩非之伦，浡尔俱作，皆辩析名理，察于人文，由是妖言止息，民以昭苏。自尔二千年，虽佛法旁入，黄巾接踵，有似于宗教者。佛典本不礼鬼神，其自宗乃以寂定智慧为主，胜义妙论，思入无间。适居印度，故杂以怪迂之谈，而非中土高材所留意。加其断绝婚姻，茹草衣褐，所行近于隐遁，非所以普教齐民。若黄巾道士者，符箓诡诞，左道惑人，明达之士，固不欲少游其藩。由斯以谈，佛非宗教，黄巾则犹日者、卜相之流，为人轻蔑，则中国果未有宗教也。盖自伏羲、炎、黄，事多隐怪，而偏为后世称颂者，无过田渔衣裳诸业。国民常性，所察在政事日用，所务在工商耕稼。志尽于有生，语绝于无验。人思自尊，而不欲守死事神，以为真宰，此华夏之民，所以为达。视彼佞谀上帝，拜谒法皇，举全国而宗事一尊，且著之典常者，其智愚相去远矣！即有疾疢死亡，祈呼灵保者，祈而不应，则信宿背之，屡转更易，至于十神，譬多张罝罗以待雉兔，尝试为之，无所坚信也。是故智者以达理而洒落，愚者以怀疑而依违，总举夏民，不崇一教。今人猥见耶苏、路德之法，渐入域中，乃欲建树孔教以相抗衡。是犹素无创痍，无故灼以成瘢，乃徒师其鄙劣，而未有以相君也。古者上丁释菜，止于陈设芬香。至唐世李林甫，始令全国悉以牲牢荐奠，刘禹锡蚩其不学。自尔乐备宫县，居模极殿，宛转近帝制矣。然庙堂寄于学官，对越不过儒士，有司才以岁时致祭，未尝普施闾阎，驰及谣俗。是则孔子者，学校诸生所尊礼，犹匠师之奉鲁班，缝人之奉轩辕，胥吏之奉萧何，各尊其师，思慕反本，本不以神祇灵鬼事之，其魂魄存亡亦不问，又非能遍于兆庶也。夫衣裳庐舍，生民之所以安止；律令文牍，国家不可一日废也。今以世人拜谒孔子，谓孔子为教主，是则轩辕、鲁班、萧何亦居然各为教主矣。若以服用世殊，今制异古，故三君不能擅宗教者，此则民国肇建，制异春秋，土俗习行，用非《士礼》。今且废齐斩之服，除内乱谓亲属相乱之诛，虽孔子且得名为今之教主乎？偭其侯度，而奉其仪容，则诳耀也；贵其一家，而忘其比类，则偏畸也。进退失据，挟左道，比神事，其不可以垂则甚明。盖尝论之：孔子之在周末，与夷、惠等夷耳。孟、荀之徒，曷尝不竭情称颂？然皆以为百世之英，人伦之杰，与尧、舜、文、武伯仲，未尝侪之圜丘、清庙之伦也。及燕、齐怪迂之士，兴于东海，说经者多以巫道相糅，故《洪范》，旧志之一篇耳，犹相与抵掌树颊，广为抽绎。伏生开其源，仲舒衍其流，是时适用少君、文成、五利之徒，而仲舒亦以推验火灾，救旱止雨，与之校胜。以经典为巫师豫记之流，而更曲傅《春秋》，云为汉氏制法，以媚人主，而棼政纪。昏主不达，以为孔子果玄帝之子，真人尸解之伦。谶纬蜂起，怪说布彰，曾不须臾，而巫蛊之祸作，则仲舒为之前导也。自尔或以天变灾异，宰相赐死，亲藩废黜，巫道乱法，鬼事干政，尽汉一代，其政事皆兼循神道。夫仲舒之托于孔子，犹宫崇、张道陵之托于老聃，今之倡孔教者，又规摹仲舒而为之矣。彼岂不曰：东鲁之圣，世有常尊，今而废之，则人理绝而纲纪斁耶？此但知孔子当尊，顾不悟其所尊之故，今不指陈，则无以餍人望。盖孔子所以为中国斗杓者，在制历史，布文籍，振学术，平阶级而已。往者《尚书》百篇，年月阔略，无过因事记录之书，其始末无以猝睹。自孔子作《春秋》，然后纪年有次，事尽首尾，丘明衍传，迁、固承流，史书始粲然大备，矩则相承，仍世似续，令晚世得以识古，后人因以知前。故虽戎羯荐臻，国步倾覆，其人民知怀旧常，得以幡然反正。此其有造于华夏者，功为第一。《周官》所定乡学，事尽六艺，然大礼犹不下庶人。当时政典，掌在天府，其事迹略具于《诗》、《书》，师氏以教国子，而齐民不与焉。是故编户小氓，欲观旧事，则固闭而无所从受。故《传》称“宦学事师”、“宦于大夫”。明不为贵臣仆隶，则无由识其绪余。自孔子观书柱下，述而不作，删定六书，布之民间，然后人知典常，家识图史。其功二也。九流之学，靡不出于王官。守其一术，而不遍览文籍，则学术无以大就。自孔子布文籍，又自赞《周易》，吐《论语》以寄深湛之思，于是大师接踵，宏儒郁兴。虽所见殊途，而提振之功在一。其功三也。春秋以往，官多世卿，其自渔钓、饭牛而兴者，乃适遇王伯之君，乘时间起，平世绝矣。斯岂草野之无贤才？由其不习政书，致远恐泥，不足与世卿竞爽。其一二登用者，率不过技艺之官，皂隶之事也。自孔子布文籍，又养徒三千，与之驰骋七十二国，辨其人民，知其土训，识其政宜．门人余裔，起而干摩，与执政争明。哲人既萎，曾未百年，六国兴而世卿废，民苟怀术，皆有卿相之资。由是阶级荡平，寒素上遂，至于今不废。其功四也。总是四者，孔子于中国，为保民开化之宗，不为教主。世无孔子，宪章不传，学术不振，则国沦戎狄而不复，民陷卑贱而不升，欲以名号加于宇内通达之国，难矣。今之不坏，繄先圣是赖！是乃其所以高于尧、舜、文、武而无算者也！若夫德行之教，仁义之端，《周官》已布之齐民，列国未尝坠其纲纪。故上有蘧瑗、史鳅之贤，下有沮、溺、荷蓧之德，风被土宇，不肃而成，固不悉自孔子授之。孔氏书亦时称祭典，以纂前志，虽审天鬼之诬，以不欲高世骇俗，则不暇一切粪除，亦犹近世欧洲诸哲，于神教尚有依违。故以德化，则非孔子所专；以宗教，则为孔子所弃。今忘其所以当尊，而以不当尊者奉之，适足以玷阙里之堂，污泰山之迹耳！谈者或曰：崇孔教者，所以旁慰沙门，使蒙古、西藏无携志。此尤诳世之言，二藩背诞，则强邻间之，给以中国废教，藉口其实，非宗教所能驯也。昔张居正之抚蒙古，攻讨惠绥，形格势禁，无所不用。势已宾服，然后以黄教固之耳。今不修攻守之具，而欲以虚言羁致，是犹欲讲《孝经》以服黄巾，必不得矣！就欲以佛法慰藉者，自可不毁兰阇，又非县设孔教以相笼罩也。孔教本非前世所有，则今者固无所废；莫之废，则亦无所建立矣。愚以为学校瞻礼，事在当行；树为宗教杜智慧之门，乱清宁之纪，其事不便！

（1913年，选自《太炎文录初编》文录卷二）

齐物论释定本·释篇题

齐物者，（齐物属读，旧训皆同，王安石、吕惠卿始以物论属读。不悟是篇先说丧我，终明物化，泯绝彼此，排遣是非，非专为统一异论而作也。应从旧读。因物付物，所以为齐，故与许行齐物不同。）一往平等之谈，详其实义，非独等视有情，无所优劣，盖离言说相，离名字相，离心缘相，毕竟平等，乃合《齐物》之义。次即《般若》所云，字平等性，语平等性也。其文既破名家之执，而即泯绝人法，兼空见相，如是乃得荡然无阂。若其情存彼此，智有是非，虽复泛爱兼利，人我毕足，封畛已分，乃奚齐之有哉。然则兼爱为大迂之谈，偃兵则造兵之本，岂虚言邪！夫托上神以为祢，顺帝则以游心，爱且暂兼，兵亦苟偃。然其绳墨所出，斠然有量，工宰之用，依乎巫师。苟人各有心，拂其条教，虽践尸蹀血，犹曰秉之天讨也。夫然，兼爱酷于仁义，仁义憯于法律，较然明矣。齐其不齐，下士之鄙执；不齐而齐，上哲之玄谈。自非涤除名相，其孰能与于此。老聃曰："偾骄而不可系者，其唯人心乎！"人心所起，无过相名分别三事，名映一切，执取转深。是故以名遣名，斯为至妙。《瑜伽师地论》三十六曰：云何名为四种寻思？一者名寻思，谓于名唯见名；二者事寻思，谓于事唯见事；三者自性假立寻思，谓于自性假立唯见自性假立；四者差别假立寻思，谓于差别假立唯见差别假立。"此诸菩萨，于彼名事，或离相观，或合相观，依止名事合相观故。通达二种自性假立差别假立。"云何名为四如实智？一者名寻思所引如实智，谓"于名寻思，唯有名已，即于此名，如实了知，谓如是名，为如是义，于事假立，为令世闲起想起见起言说故。若于一切色等想事不假建立色等名者，无有能于色等想事起色等想。若无有想，则无有能起增益执。若无有执，则无言说。若能如是，如实了知，是名名寻思所引如实智"。二者事寻思所引如实智，谓“于事寻思，唯有事已。观见一切色等想事，性离言说，不可，若能如是，如实了知，是名事寻思所引如实智”。三者自性假立寻思所引如实智，谓“于自性假立寻思，唯有自性假立已，如实通达了知色等想事中所有自性假立，非彼事自性而似彼事自性显现，又能了知彼事自性，犹如变化影像响应，光影水月焰火梦幻，相似显现而非彼体，若能如是，如实了知，最甚深义所行境界，是名自性假立寻思所引如实智”。四者差别假立寻思所引如实智，谓“于差别假立寻思，唯有差别假立已，如实通达了知色等想事中差别假立不二之义。谓彼诸事，非有性，非无性，可言说性不成实，故非有性，离言说性实成立，故非无性。如是，由胜义谛，故非有色，于中无有诸色法故。由世俗谛，故非无色，于中说有诸色法故。如有性无性，有色无色，如是有见无见等差别假立门，由如是道理一切皆应了知，若能如是，如实了知差别假立不二之义，是名差别假立寻思所引如实智”。此论言非吹也，言者有言，即于名唯见名也。以指喻指之非指，不若以非指喻指之非指也，以马喻马之非马，不若以非马喻马之非马也，即无执则无言说也。既已为一矣，且得有言乎，即于事唯见事，亦即性离言说也。随其成心而师之，谁独且无师乎，即于自性假立唯见自性假立也。未成乎心而有是非，是以无有为有，即彼事自性相似显现而非彼体也。有有也者，有无也者，有未始有无也者，有未始有夫未始有无也者，即于差别假立唯见差别假立也。俄而有无矣，而未知有无之果孰有孰无也，即可言说性非有，离言说性非无也。此徒举其一例，华文深指，契此者多，别于当句解说。夫以论摄论，即论非齐。所以者何？能总摄故。方谓之齐，已与齐反，所以者何？遣不齐故。是故《寓言篇》云：“不言则齐，齐与言不齐，言与齐不齐也。”《大般若经》四百七十八云：“若于是处，都无有性，亦无无性，亦不可说为平等性，如是乃名法平等性。当知法平等性既不可说，亦不可知。除平等性，无法可得。离一切法，无平等性。”又云：“非一切法平等性中有戏论，若离戏论，乃可名为法平等性。”此义正会《寓言》之旨。徒以迹存导化，非言不显，而言说有还灭性，故因言以寄实，即彼所云“言无言，终身言，未尝言：（宋椠成玄英疏本及纂图互注本，明世德堂本，皆作未尝不言。王夫之解本作未尝言。寻征文义，旧本皆误，今从王本。）终身不言，未尝不言”。《大乘入楞伽经》云：“我经中说，我与诸佛菩萨不说一字，不答一字。所以者何？一切诸法离文字故，非不随义而分别说。”是与《寓言》所说，亦如符契。夫能上悟唯识，广利有情，域中故籍，莫善于《齐物论》。《天下篇》云："内圣外王之道，郁而不发。"尔则庄生箸〔著〕书，非徒南面之术，盖名家出于礼官。而惠施去尊，道家本以宰世，而庄周残法，非与旧术相戾，故是舍局就通耳。老聃但说"民多利器，国家滋昏"，而犹未说圣人经国，复是天下利器，故国多利器，民亦滋昏也。老聃但说"人之所教，我亦教之，强梁者不得其死，吾将以为教父"。唯是政教分离之说，而犹未说"九洛之法，监照下土，此谓上皇"。其说出乎巫咸，乃因天运地处日月云雨之故，不可猝知，而起大禹、箕子之畴，则以之涂民耳目而取神器也。夫然，有君为不得已，故其极至于无王，有圣或以利盗，故廓然未尝立圣。（论中言圣人者，但是随俗之名。）终举世法差违，俗有都野，野者自安其陋，都者得意于娴，两不相伤，乃为平等。小智自私横欲，以己之娴，夺人之陋，杀人劫贿，行若封豨，而反崇饰徽音，辞有枝叶，斯所以设尧伐三子之问。下观晚世，如应斯言，使夫饕餮得以逞志者，非圣智尚文之辩，孰为之哉。渊哉若人，用心如砥，干虫德于上皇之年，杜莠言于千载之下，故曰道家者流，出于史官，其规摹闳远矣。能仁之书，译于东夏，园吏之籍，不至殊方。（近世虽见译述，然皆鄙生为之。）云行雨施，则大秦之豪丧其夸，拂菻之士忘其㬻，衣养万物，何远之有。旧师章句，分为七首，尧问一章，宜在最后，所以越在第三者，精入单微，还以致用，大人利见之致，其在于斯，宜依旧次，无取颠倒云尔。　　释篇题竟。

（1914 年，选自《齐物论释定本》）

礼隆杀论

礼者，法度之通名，大别则官制、刑法、仪式是也。周官三百七十有余品，约其文辞，其凡目在畴人世官。（畴人，谓世世相传者也。《史记·历书》："畴人子弟分散。"《汉书、律历志》亦用其语。集解引如淳曰："家业世世相传为畴。律，年二十三，傅之畴官，各从其父学。"义训甚明。《龟策列传》云："虽父子畴官，世世相传，其精徽渼妙，多所遗失。"是卜筮之官世居其职者，亦称畴官。余弟子朱希祖复举《文选》注引《补亡诗》序曰："皙与司业畴人，肄修乡饮之礼。然所咏之诗。或有义无辞，音乐取节，阙而不备。"《艺文类聚》引王粲《七释》曰："邯郸才女，三齐巧士，名唱秘舞，承闲并理；七盘陈于广庭，畴人俨其齐俟，揄皓袖以振策，竦并足而轩跱。"此二所说畴人，皆谓乐师。是乐师世居其职者，亦称畴人也。余案《汉书·宣帝纪》云："博陆侯功德茂盛，复其后世，畴其爵邑，世世毋有所与。"《张敞传》云："季友、赵衰、田完有功，皆畴其庸，延及子孙。"浙本作"畴其军邑"，邵本作"畴其官爵"。是爵邑世世相传，亦称畴也。而阮伯元误解《历书》之文，遂以明算治历者为《畴人传》。畴人既非算家专称，且今世明算治历者，亦岂世传其业邪？若如程大昌以畴人为筹人，益荒诬矣。）所谓官人守要、令赞大行之流，具在传记，犹不可胜数。《周书》有言：明堂所以明道，明道惟法，法人惟重老，重老惟宝。（《大匡解》。）幽厉乱而畴人亡，大典虽在，其委曲事条不具，是以周制不得不变。然其刑法仪式，大耑犹未失队，故《春秋传》数言"周有常刑"，其于威颂品节尤尽。案《礼器》云"经礼三百"，指谓冠、昏诸篇。（依臣瓒说。）《春官》五礼之别，三十有四，而又上下有等，事序有别；小者至于《投壶》、《奔丧》，尚特立为一篇。此则三百不为褒矣。曲礼三千，则其揖攘之节，俎豆之数，故出乎礼则入乎刑。《秋官》制刑二千五百，及穆王训夏赎刑为三千。《唐开元礼》大别百五十有二，视周四倍而赢，其律条唯有五百，又于周刑六分居一。何者？晚世礼书为空文，而李官之法必用空文，虽繁，素不肄习可也。切用者，不得不以师生相授，约之易理，广博则棼矣。生民躯体之重，诚不比于圜丘郊社徒为观美者，则礼可误，刑不可误。是为晚世知本，而隆周务末也。昔刘廙论先刑后礼，而陆逊非之者，谓宜遵仁义以彰德音，非尚其苛礼细节矣。且古者礼不下庶人，保氏虽以五礼遍教国子，大祭祀会同朝觐，大史“先与群执事读礼书而协事”，“祭之日，执书以次位常辨事者考焉”；“将币之日，执书以诏王”。夫以临时考读执诏，是庶尹诸节，固不豫习其文。保氏所授，亦直摹略而止矣。何者？登降之礼，趣翔之节，累世不能殚其学，当年不能究其礼，文直事核，逮事又可按牒行也。及为刑书，族师月吉属民读法，党正以四时孟月、州长以正月肄习，教戒若此其备也。由是观之，周道所重，亦与晚世不异。及孔氏授七十子《逸礼》，存者大共五十六篇，其记乃一百三十有一，军礼《司马法》一百五十五篇。游、夏之伦，相与诵习者多矣，而刑书不以半札相遗，岂将与周道反邪？诚以刑罚世殊，虽传习亡所用者。诸仪式固亦不可尽行于叔世，诚以婚姻丧纪诸式，后昆不能无沿袭者。刑之大齐亦然。案《吕刑》曰：“其刑上备，有并两刑。”备者，服也。（《春秋传》“备物典册”，备物即服物，是其例。）上服“有并两刑”者，《唐名例》所谓“罪法不等”者，即以重臧并满轻臧各倍论也。又曰：苗民杀戮无辜，“越兹丽刑，并制，罔差有辞”者，《唐名例》所谓“诸二罪以上俱发，以重者论”，等者从一，苗民乃二罪累科之也。此其法式训戒，意者李悝具律以降，传序相承，讫隋唐无异，延于后昆，其精缮何遽不如经礼？盖孔子曰：善人为邦百年，亦可以胜残去杀矣。三千皆肉刑，刻画肌肤，残夷支体久矣，其宜去也。使周刑不过流宥鞭扑者，宁得不与官制仪式并存邪！

《传》曰：“礼，经国家，定社稷，序民人，利后嗣。”此非独官制、刑法、仪式云云也。闾置善人，慎固封守，一切会归于礼。其在氓俗，大者务施报，次即尊贤敬耇。是之不务，而责青黄黼黻之闲，故老子云“礼者，忠信之薄，而乱之首”也。

然夫小国寡民依以为固者，犹赖婚姻丧纪未失其道，民俗不携。是故鲁地虽削，以秉周礼自存；孔鲋、两生，为陈涉、项王死节焉。江左之国，北不能逾淮、汉，人民未当汉一大郡，忞以隆礼，以树风操。（《颜氏家训·风操篇》所述，皆礼节之事。）其民自尊而不挠诎以保荆、杨者，几三百年。民俗轨物，贤于齐、魏、隋、唐之偷也。

今世阶位既已削夷，宫室裳服之用，弥远于古，跪拜则人之所倦厌，自非礼之原本，宜一切可以弃除。故苟由其道，白帢大缦，握手拱把，而足以为治。不由其道，虽黄收纯衣，彤车白马，犹曰桀之服也。

师旦为赞，子夏为相，而无解于倡优方士之名。何者？情素失矣。进经师老生而访其义，犹不如访诸市之裨贩、田野之鄙氓也。且今世人民，辩察徇通，非可以荣观威颂取也。尝禘郊社，尊无二上，徒可自欺，不足以谩群黎百姓，而去化道益远。

是故处弱国，抚矜人，其惟施报、尊贤、敬耈三者，为足以固。既厚民德，又不塞其慧智，隆礼者诣是止矣。

而诸经师老生，好言朝祭等制以为谄谀，内长忮娼，外增淫名：百僚师师，日修其貌，瑞命等位，日序其式；带裳幅舄，奇而不中度，长裾大袑，搫而不安形；楼阁轩辕，峻而不可入；驰道黄垆，秘而不可窥；以为尧之文章，奂乎复出于今也。苟欲以是临照百官，而更增其腹姗。上弥矜饰而无情朴，下愈侮笑而不宠神。故有宿戒而入，弁冕而祀，夕以颠倒，投其五木，宿乎女闾者矣。曾不觉悟，而忕其驵繁。夫醉而妄呼拔剑击柱者，此真田野诸将之风也。须其气衰，固自止，无待朝仪。然惟前世叔孙所以为此者，犹以救变一时。今为朝仪，而贵游叱咤甚于田野，弥益其骄。昔之奥主，今惟尚父也。曾是孺子而诟之寝门，送迎之闲，载其狂稚。人理几于灭绝，而礼何有焉？

故曰：忠信之人，可以学礼，“不能以礼让为国，如礼何！”

（1914 年，选自《检论》卷二）

《菿汉微言》一则

余自志学讫今，更事既多，观其会通，时有新意。思想迁变之迹，约略可言。少时治经，谨守朴学，所疏通证明者，在文字器数之间。虽尝博观诸子，略识微言，亦随顺旧义耳。遭世衰微，不忘经国，寻求政术，历览前史，独于荀卿、韩非所说，谓不可易。自余闳眇之旨，未暇深察。继阅佛臧，涉猎《华严》、《法华》、《涅槃》诸经，义解渐深，卒未窥其究竟。及囚系上海，三岁不觌，专修慈氏世亲之书。此一术也，以分析名相始，以排遣名相终，从入之涂，与平生朴学相似，易于契机，解此以还，乃达大乘深趣。私谓释迦玄言，出过晚周诸子不可计数；程、朱以下，尤不足论。既出狱，东走日本，尽瘁光复之业。鞅掌余闲，旁览彼土所译希腊、德意志哲人之书，时有概述邬波尼沙陀及吠檀多哲学者，言不能详，因从印度学士咨问。梵土大乘已亡，胜论、数论传习亦少；唯吠檀多哲学今所盛行，其所称述，多在常闻之外，以是数者，格以大乘，霍然察其利病，识其流变。而时诸生适请讲说许书，余于段、桂、严、王未能满志，因翻阅大徐本十数过，一旦解寤，昀然见语言文字本原，于是初为《文始》。而经典专崇古文，记传删定，大义往往可知，由是所见，与笺疏琐碎者殊矣。却后为诸生说《庄子》，间以郭义敷释，多不惬心，旦夕比度，遂有所得。端居深观，而释齐物，乃与《瑜伽》、《华严》相会，所谓摩尼见光，随见异色，因陀帝网，摄入无碍，独有庄生明之，而今始探其妙，千载之秘，睹于一曙。次及荀卿、墨翟，莫不抽其微言；以为仲尼之功，贤于尧舜，其玄远终不敢望老、庄矣。癸甲之际，厄于龙泉，始玩爻象，重籀《论语》，明作《易》之忧患，在于生生，生道济生，而生终不可济，饮食兴讼，旋复无穷。故唯文王为知忧患，唯孔子为知文王。《论语》所说，理关盛衰，赵普称半部治天下，非尽唐大无诠之谈。又以庄证孔，而耳顺、绝四之指，居然可明，知其阶位卓绝，诚非功济生民而已。至于程、朱、陆、王诸儒，终未足以厌望。顷来重绎庄书，眇览《齐物》，芒刃不顿，而节族有间。凡古近政俗之消息，社会都野之情状，华梵圣哲之义谛，东西学人之所说，拘者执箸〔著〕而鲜通，短者执中而居间，卒之鲁莽灭裂，而调和之效，终未可睹。譬彼侏儒，解遘于两大之间，无术甚矣。余则操齐物以解纷，明天倪以为量，割制大理，莫不孙顺①。程、朱、陆、王之俦，盖与王弼、蔡谟，孙绰、李充伯仲。今若窥其内心，通其名相，（宋儒言天理性命，诚有未谛，寻诸名言，要以表其所见，未可执箸〔著〕。且此土玄谈，多用假名，立破所持，或非一实。即《老》《易》诸书，尚当以此会之，所谓非常名也。）虽不见全象，而谓其所见之非象，则过矣。世故有疏通知远、好为玄谈者，亦有文理密察、实事求是者，及夫主静主敬，皆足澄心，欲当为理，宜于宰世，苟外能利物，内以遣忧，亦各从其志尔。汉宋争执，焉用调人，喻以四民，各勤其业，瑕衅何为而不息乎？下至天教，执邪和华为造物主，可谓迷妄，然格以天倪，所误特在体相，其由果寻因之念，固未误也。诸如此类，不可尽说。执箸〔著〕之见，不离天倪，和以天倪，则妄自破而纷亦解。所谓无物不然，无物不可，岂专为圆滑、无所裁量者乎？自揣平生学术，始则转俗成真，终乃回真向俗，世固有见谛转胜者邪！后生可畏，安敢质言？秦、汉以来，依违于彼是之间，局促于一曲之内，盖未尝睹是也。乃若昔人所诮“专志精微，反致陆沈，穷研训诂，遂成无用”者，余虽无腆，固足以雪斯耻。

（1915—1916 年，选自《菿汉微言》）

① 莫不孙顺，“孙”通假“逊”，“孙顺”即“逊顺”。

述史

尊　史

“重言十七，所以已言也。是为耆艾，年先矣。而无经纬本末以期年耆者，是非先也。”谓之“陈人”。《庄子·寓言篇》语。自唐而降，诸为史者，大氐陈人邪！纪传泛滥，书志则不能言物始，苟务编缀，而无所于期赴。何者？中夏之典，贵其记事，而文明史不详，故其实难理。韩非曰：“先王之言，有其所为小，而世意之大者；有其所为大，而世意之小者。”《外储说左上》。非通于物化，知万物之皆出于几，小大无章，则弗能为文明史。盖左丘明成《春秋》内外传，又有《世本》以为胠翼，近之矣。

《世本》者，不画以《春秋》，其言竟黄、项，将上攀《尚书》，下侪周典，广《春秋》于八代者也。杂而不越，转一机以持缕，为之于此，成文于彼，此其为有经纬本末，而征耆艾者哉！

生民之纪，必贞于一统，然后妖妄塞，地天绝。故《世本·帝系》、《氏姓》之录，贤于《中候》、《苗兴》无訾程计数矣。夫整齐世系，分北宗望，成而观之，无瑰特。察诸子所说，与箸〔著〕于《楚辞》、《山海经》者，后先凌杂，派别挠乱，然后知此其为绳矩也。

《山海经》记昐桑等十一姓，或出神圣之后，而入夷狄，宜足为《世本》增益旧闻。其他胄系名号，棼缪难理矣，及以《世本》为权度，而亦灼然昭彻。帝俊，一名也。帝俊生中容，则高阳也。帝俊生帝鸿，则少典也。帝俊生黑齿，姜姓，则神农也。帝俊妻娥皇，则虞舜也。帝俊生季釐、后稷，则高辛也。及言帝俊竹林与妃羲和、常羲者，其名实尚不可知。老童之子，寔曰吴回，斯祝融矣；今言炎帝之妻、赤水之子听訞生炎居，炎居三世而至祝融。驩兜放于崇山，与伯鲧比肩，今言鲧妻士敬，士敬二世而至驩头。微《世本》之为绳矩，眩者亦众矣。

今绳矩已具，与之博观于疑事，而新知又可得也。

古者王伯，显人之号，或仍世循用，不乃摭取先民，与今欧罗巴人亡异。

是故商帝称汤，其后亳王亦曰汤也。《史记·秦本纪》及集解、索隐。嬴氏祖曰秦仲，则二世亦号秦中。《郊祀志》："南山巫祠南山秦中；秦中者，二世皇帝也。"余谓秦中即秦仲；秦世称仲，犹仍世称叔，赵世称孟也。《传》说"帝鸿氏有不才子"，谓之浑敦。《西山经》言浑敦"实为帝江"。江者，鸿之省借。此则孙仍祖号。《山海经》既自箸〔著〕其律，凡仍世循用者，视此矣。

《世本》称：巫咸，尧臣也，以鸿术为帝尧之医。《御览》七百二十一引。而《书序》言伊陟赞于巫咸。其后郑有神巫曰季咸，与列御寇同时。《庄子·应帝王》。又巫咸祒者，《庄子·天运》。不知何世人也。夏后启者，禹之子，承父之道者也。禹济江，黄龙负舟，禹仰视曰："生，性也；死，命也；余何忧于龙焉！"其后邹有公子，亦曰夏后启，与白圭言"生不足以使之"，"死不足以禁之"。并见《吕氏春秋·知分》。羿杀凿齿，在喾、尧之代。其后有穷则有夷羿。《隋巢子》曰："幽、厉之时，奚禄山坏，天赐玉玦于羿，遂以残其身，以此为福而祸。"《御览》八百五引。即周时复有羿也。秦之孙阳，字伯乐。察《晋语》，言伯乐与尹铎有怨；伯乐则邮无正。韦解："伯乐，无正字。"即晋末复有伯乐也。是数名也，一曰明天道，一曰达性命，一曰善射，一曰工御，而同术者复茵席重荐之。固知其乐相慕用，故采以自号矣。若则汉祖之治法服，使赵尧举春，李舜举夏，儿汤举秋，贡禹举冬；与向栩弟子有颜渊、子贡、季路、冉有之辈，古今一量，曷足怪乎！凡摭取先民者，视此矣。

用是数者，知《山海经》所记，名不一主，号不一臣。传说者或传合之，即大绘鳌，不缘于绳墨。自《世本》取中以齐量，则诪张变眩，皆辐凑于一极。视其书不踰旁行邪上，及夫贯穿中外，骋骤古近，其微言宁不在札牒之表者乎？

又曰：左氏以《内传》为纪年，《外传》为国别，此与纪传异流而同用。《世本》非表，故其志也。后之史，独魏收能志《官氏》，顾媁述录索虏而已。其他族史，未有能为中夏考迹者也。欧阳修《宰相世系表》，甄综华胄，于单门寒庶则阙焉。斯门地之簿录，非氏族之典章也。故刘子玄讨论书志，尝发愤于斯。其言曰："自刘、曹受命，雍、豫为宅，世胄相承，子孙蕃衍。及永嘉东渡，流寓杨、越；代氏南迁，革夷从夏。于是中朝江左，南北混殽，华壤边民，虏汉相杂。隋有天下，文轨大同，江外山东，人物殷凑。其间高门素族，非复一家，郡正州曹，世掌其任。凡为国史者，宜各撰氏族志，列于百官之下。”案：甄别华夷之说，自金、元至今，尤为切要。氏族作志，非以品定清浊，乃以区分种类。斯固非流俗所能知也。后来作者，有述斯篇，其以补迁、固之阙遗焉。述《帝系》、《氏姓》二篇。

仲尼作《春秋》，而取于周室者，百二十国宝书。《公羊》卷一疏："案，闵因叙云：昔孔子受端门之命，制《春秋》之义，使子夏等十四人求周史记，得百二十国宝书，九月经立。”《感精符》、《考异邮》、《说题辞》具有其文，是也。宝书剂以百二十国也，何故？侯国之祝宗卜史，皆自天子赐之。本《左》定四年传。虽楚则有周大〔太〕史。《左》哀六年传。惟晋董氏，亦以辛有之二子出于成周。《左》昭十五年传。春官有御史，掌邦国都鄙及万民之治令，以赞冢宰。其史百二十人，盖乘轺而出，分趋于邦国，以书善败，归而臧诸册府，所谓周大〔太〕史也。此犹三监，本非侯国陪臣，然其国赖以作史。御史所不至者，其书不登。故宝书之数，视其员矣。然皆记述国政，下不通于地齐萌俗。

下通者，此谓之行。《管子》曰："《春秋》者，所以记成败也；行者，道民之利害也。”《山权数》。小行人以万民之利害为一书，名从其官。然则《世本·居篇》自此作。

夫古者有分土，无分民。曩令民皆州处，至于老死不相往来，按版而识姓，稽籍而辨族，百姓与能，则大司徒与行人不劳也。

丘壤世同，宾萌世异，而民始不袀壹。记曰：广谷大川异制，民生其间者异俗，刚柔、轻重、迟速异齐，五味异和，器械异制，衣服异宜，修其教不易其俗，齐其政不易其宜。自驺衍言裨海，独能道其人民禽兽莫能相通，如迁徙变革，盖阙如也。

及夫同在九土，时有动静，函其旧风，因其新俗，杂糅以成种性，则延陵季子之观乐，见微而知清浊。朱赣因之，以为条别。其说秦地，上道《车辚》、《四驖》、《小戎》之篇，而下道汉世新徙田、昭、屈、景诸家，五方杂厝，风俗不纯；其说韩地，先举颍川、南阳，本夏旧国，其俗朴鄙，后述秦徙天下不轨之民于南阳，则始夸奢，上气力，好商贾渔猎，臧匿而难制御。可谓昭识本末者矣。

夫《国风》者，见异风；《居篇》者，见异居。自《居篇》而后，惟《货殖列传》与《地理志》夫？斯学既丧，故殖民之地，以逋逃罪人弃之，以戎狄斥远之。述《居篇》。

洋洋乎九功之歌，以利用厚生者，岂不大哉！故曰："古曰在昔，昔曰先民，先民有作，有所作也。”《毛诗·商颂故训传》。《训方》以正岁观新物，而《考工》记三代异上，进化有形。其后史官乃不为工艺作志。君子以为，钟律量衡之设官，《律历志》述刘子骏说，述铜律则云“职在大乐”，述概量则云“职在大仓”，述权衡则云“职在大行”，是也。陶匠梓舆之相变，《史通·叙事篇》：“昔《礼记·檀弓》，工言物始。夫自我作故，首创新仪，前史所刊，后来取证。是以汉初立樻，子长所书；鲁始为髽，丘明是记。河桥可作，元凯取验于《毛诗》；男子有笄，伯支远征于《内则》；即其事也。”案，此虽非专指工艺，而萌俗尚器，必有最先，亦《考工》之意也。一切可以比类成籍。此作志者所宜更始乎？

今是世系之书，则以奠昭穆，丽派别，勿录其彝物章典。独《世本》有《作篇》，所道者不封于姬氏，奔轶泰古，上穷无始矣。

此其义何也？以为古者“烝民始生，未有形政，人人异义；父子兄弟离散，不能和合，天下之百姓皆以水火毒药相亏害。至有余力，不能以相劳；腐殄余财，不以相分；隐匿良道，不以相教”。《墨子·尚同上篇》语。作力剧而器用匮。民所歌吟，不怨王者，然尽《大东》、《北山》之辈也。今文、武既王，泽人足乎木，山人足乎鱼，农夫不斫削不陶冶而足械用，工贾不耕田而足菽粟。上观作者，皆弗知其权舆。故《作篇》者，所以统纪是也。

其言曰：“牟夷作矢，挥作弓。”一器相倚依以行，而作之者二人，故郭璞眩之。见《海内经》“少皞生般，般是始为弓矢”注。余读《胡非子》曰：“一人曰：‘吾弓良，无所用矢。’一人曰：‘吾矢善，无所用弓。’羿闻之曰：‘非弓何以往矢？非矢何以中的？’令合弓矢，而教之射。”《艺文志》墨家有《胡非子》三篇，《御览》三百四十七引此条。以此知古之初作弓者，以土丸注发；古之初作矢者，以徒手纵送。两者不合，器终不利。此所谓隐匿良道，不以相教，繇民不知群故也。夫民别而听之则愚，合而听之则圣。故羿合之而械用成矣。惠施有言：城者“或操大筑乎城上，或负畚而赴乎城下，或操表掇以善睎望”。《吕氏春秋·不屈》。三者亡一，城不可就。《作篇》明大上之弗能善群，故其说若踸踔不情，萌俗则亡所遁于其表。

自弓矢而外，犹有数事。

古者椎轮，《作篇》曰：“奚仲作车。”《海内经》曰：“番禺生奚仲，奚仲生吉光，吉光是始以木为车。”此则作车者，且非一人也。周人上舆，而其工聚：轮人为毂辐牙，舆人为轸，辀人为辕。各致其艺，然后成大路。始即为舆者，或以人舁；为轮者，或以臂挽尔。“相土作乘马，韩哀作御。”韩哀亦作寒哀。盖古有其人，非七国之韩哀侯也。数物咸具，而后驾被备也。

“胡曹作衣”，“黄帝作旃冕”，《御览》六百八十六引宋均注，通帛为旃。案：旃当为端之借，犹端蒙作旃蒙矣。“不则作履屝”。始即衣者或魁头，冕者或徒跣。三物咸具，而后采章备也。

“尧使禹作宫”，“高元作室”。“高元作室”，乃《吕氏春秋·勿躬篇》文，宜亦取于《世本》也。始即为宫者，直有垣墉，及高元乃备其栋宇。“鲧作城郭”，“祝融作市”，“伯夷作井”。五物咸具，而后居处邑里备也。

“容成作历，大挠作甲子，隶首作算数，羲和占日，常仪占月，臾区占星气，冷纶造律吕。”《大荒西经》：“下地是生噎，处于西极，以行日月星辰之行次。”《海内经》：“后土生噎鸣，噎鸣生岁十有二。”案：《大荒南经》“羲和生十日”，《大荒西经》“常羲生月十有二”，皆占日占月者。则此生岁十二，即占岁者。《吕氏春秋·勿躬》云：“后益作占岁”。益即噎，一声之转，非伯益也。始即占日者弗能定朔、望，占月者弗能步分、至，占星者弗能测景，作算者弗能偃矩。四物咸具，而后天官调历备也。

故挽近视以为一器一事者，皆数者相待以成。古者或不能给其相待，而匮乏已甚，虽一人之巧，什伯于倕，无益。繇是揖其民力，相更为师。苟史官之无《作篇》，而孰以知合群所自始乎？

抑吾闻之，耕稼始于神农，犁镈用矣；今曰“咎繇作耒耜”。鸾车造于有虞，和铃具矣；《世本》已言黄帝臣“胲作服牛”，是则黄帝时已有牛车。至鸾车，则始虞氏。今曰“奚仲始作车”。皮弁通于三王，綦会陈矣；今曰“鲁昭公作弁”。埙篪掌于笙师，陶竹鸣矣；今曰“苏成公作篪”，“暴新公作埙”。鼓延者，始为钟者也；《海内经》。今曰“垂作钟”。帝俊生晏龙。晏龙者，为琴瑟者也。引同上。今曰“伏羲作琴”，“神农作瑟”。淫梁生番禺。奚仲之父。番禺者，始为舟者也；引同上。今曰“共鼓、货狄作舟”。《初学记》二十五引此，云共鼓、货狄，黄帝二臣。黄帝者，始穿井者也；《御览》一百八十九引《周书》。今曰“伯夷作井”。且左氏为襄公传，自箸〔著〕季武子之有玺书；而今曰“鲁昭公作玺”。《小雅》之言发曲局而归沐，沐者生有颠顶则知之；晋竖有言，“沐则心覆”，亦其自记也；而今曰“秦穆公作沐”。繄岂澂而泰远，宕而失后者邪？夫古器纯朴，后制丽则，故有名物大同，形范改良者，一矣。若古自有笛，汉丘仲亦作笛，京房乃备五音也。礼极而褫，乐极而崩，遗器坠失，光复旧物者，二也。若前汉衮冕已亡，明帝始作。此既冠带，彼犹毛薪，则其闭门创造，眇与佗会者，三矣。泰古关梁不通。故合宫衢室，黄、唐辆备。及古公迁岐，犹陶复陶穴，未有家室。此见质文变革，远及千年，禹域一隅，自为胡、越。今时床几由来久矣，而席地之仪，犹在日本。古之九州，亦若神州、东国，进化异时，谅无多怪者也。三者非始作，然皆可以作者称之。左氏于开物成务之世，特为错互，或举其始，或扬其中，或述其季，所以见"东夏之命，古今之法，言异而典殊"。《吕氏春秋·察今》语。"偕、尧之时，混吾之美在下"；兴时化者，"莫善于侈靡"也。《管子·侈靡篇》语。然则天子为国，图具树物，以视天材异同，民用因革。赤刀夷玉，兑戈和弓，胤之舞衣，垂之竹矢，杂陈于路寝者，非直以是观美，其用则与今世博物院等。故亦素臣作书之志也。

世儒或憙言三世，以明进化。察《公羊》所说，则据乱、升平、大平，于一代而已矣。礼俗革变，械器迁讹，诚弗能于一代尽之。《公羊》三统指三代，三世指一代。三统文质迭变，如连环也。三世自乱进平，如发镞也。二者本异，妄人多掍为一。淮南书曰："周政至，注："至于道也"。殷政善，注："善施教，未至于道也。"夏政行，注："行尚麤也。"行政〈未必〉善，善〈政〉未必至也。至至之人，不慕乎行，不慚乎善。"《缪称训》。其夺文从《读书杂志》说补。道器自形以上下。道之行至，器亦从之。繇夏而往愈"行"，可知也。繇周而降愈"至"，可知也。独其殊方绝域，或后或先，以有行至，则不可知。如左氏《作篇》之学，乃足以远监宙合，存雄独照，不言金火之相革，而文化进退已明昭矣。斯亦所谓贯穿中外，骋骤古近，而微言见于札牒之表者也。述《作篇》。

中国通史略例

中国秦汉以降，史籍繁矣。纪传表志肇于史迁，编年建于荀悦，纪事本末作于袁枢，皆具体之记述，非抽象之原论。杜、马缀列典章，闿置方类，是近分析法矣。君卿评议简短，贵与持论鄙倍，二子优绌，诚巧历所不能计，然于演绎法，皆未尽也。衡阳之圣，读《通鉴》、《宋史》，而造论最为雅驯，其法亦近演绎；乃其文辩反覆，而辞无组织，譬诸织女，终日七襄，不成报章也。若至社会政法盛衰蕃变之所原，斯人暗焉不昭矣。王、钱诸彦，昧其本干，攻其条末，岂无识大，犹愧贤者。今修《中国通史》，约之百卷，镕冶哲理，以祛逐末之陋；钩汲眢沈，以振墨守之惑；庶几异夫策锋、计簿、相斫书之为者矣！

西方作史，多分时代；中国则惟书志为贵，分析事类，不以时代封画：二者亦互为经纬也。彪蒙之用，斯在扬搉大端，令知古今进化之轨而已。故分时者适于学校教科；至乃研精条列，各为科目，使一事之文野，一物之进退，皆可以比较得之，此分类者为成学讨论作也。亦犹志方舆者，或主郡国，则山水因以附见，其所起讫，无必致详；或主山川，记一山必尽其脉带，述一水必穷其出入，是宁能以郡国封限矣！昔渔仲贔觕，用意犹在诸《略》；今亦循其义法，改命曰《典》，盖华峤之故名也。

诸典所述，多近制度。及夫人事纷纭，非制度所能限，然其系于社会兴废，国力强弱，非眇末也。会稽章氏谓后人作史，常兼采《尚书》体例，《金縢》、《顾命》就一事以详始卒。机仲之《纪事本末》，可谓冥合自然，亦大势所趋，不得不尔也。故复略举人事，论撰十篇，命之曰《记》。

西方言社会学者，有静社会学、动社会学二种。静以臧往，动以知来。通史亦然，有典则人文略备，推迹古近，足以臧往矣；若其振厉士气，令人观感，不能无待纪传。今为《考纪》、《别录》数篇。非有关于政法、学术，种族、风教四端者，虽明若文、景，贤若房、魏，暴若胡亥，奸若林甫，一切不得入录，独列《帝王》、《师相》二表而已。昔承祚作《益部耆旧传》，胪举蜀才，不遗小大，及为《蜀志》，则列传亡几。盖史职所重，不在褒讥，苟以知来为职志，则如是足也。（案：大〔太〕史公引《禹本纪》、杨〔扬〕子云作《蜀王本纪》，皆帝者之上仪也。然汉《艺文志》儒家有《高祖传》十三篇，《孝文传》十一篇，而刘绍《圣贤本纪》亦列子产，见于《文选·王文宪集序》注所引，是知纪传本无定称。今亦聊法旧名，取孟坚《考纪》、子政《别录》，以为识别云尔。）

列表五篇：首以《帝王》，以省《考纪》；复表《师相》，以省《别录》。儒林文苑，悉数难尽，其撰述大端，已见于《文言》、《学术》二典，斯亦无待作传，故复列《文儒表》，略为第次，从其统系而已。方舆古今沿革，必为作典，则繁文难理；职官亦尔，孟坚《百官公卿》止于列表，一代尚然，况古今变革可胜书邪？故于《帝王表》后，即次《方舆》、《职官》二表，合后《师相》、《文儒》，为《表》凡五云。

史职范围，今昔各异，以是史体变迁，亦各殊状。上世瞽史巫祝，事守相近；保章、灵台，亦官联也，故作史必详神话。降及迁、固，斯道无改。魏、晋以来，神话绝少，律历、五行，特沿袭旧名，不欲变革，其义则既与迁、固绝异。然上比前哲，精采黯默，其高下相距则远。是繇一为文儒，一为专职尔。所谓史学进化者，非谓其霡清尘翳而已，已既能破，亦将能立。后世经说，古义既失其真，凡百典常莫知所始，徒欲屏绝神话，而无新理以彀彻之，宜矣！其肤末葺陋也。要其素知经术者，则作史为犹愈。允南《古史》，昔传过于子长，今不可见。颜、孔《隋书》，亦迁、固以后之惇史。君卿《通典》，事核辞练，绝异于贵与之伧陋者。故以数子皆知经训也。（近世如赵翼辈之治史，戋戋鄙言，弗能钩深致远，繇其所得素浅尔。）惜夫身通六艺之士，滞于礼卑而乏智崇之用，方之古人，亦犹倚相、射父而已。必以古经说为客体，新思想为主观，庶几无愧于作者。

今日治史，不专赖域中典籍。凡皇古异闻，种界实迹，见于洪积石层，足以补旧史所不逮者，外人言支那事，时一二称道之，虽谓之古史，无过也。亦有草昧初启，东西同状，文化既进，黄白殊形，必将比较同异，然后优劣自明，原委始见，是虽希腊、罗马、印度、西膜诸史，不得谓无与域中矣。若夫心理、社会、宗教各论，发明天则，烝人所同，于作史尤为要领。道家者流，出于史官，庄周、韩非，其非古之良史邪！

设局修史，始自唐代。繇宋逮明，监修分纂，汗漫无纪。《明史》虽秉成季野，较《宋》、《元》为少愈，亦集合数传以成一史云尔。发言盈廷，所见各异，虽有殊识，无繇独箸〔著〕。孟德斯鸠所谓“古事谈话”者，实近史之良箴矣。今修《通史》，旨在独裁，则详略自异。欲知其所未详，旧史具在，未妨参考。昔《春秋》作而百国宝书崩，《尚书》删而《三坟》、《穆传》轶，固缘古无雕版，传书不易，亦繇儒者党同就简，致其流亡。然子骏《七略》，《尚书》家犹录《周书》；《周官》而外，《周法》、《周政》，亦且傍见儒家；固非谓素王删定以后，自余古籍，悉比于吐果弃药也。《通史》之作，所以审端径隧，决导神思，其佗人事浩穰，乐胥好博之士，所欲知者何既，旧史具体，自不厌其刘览。苟谓新录既成，旧文可废，斯则拘虚笃时之见也已。

中国通史目录

表　帝王表　方舆表　职官表　师相表　文儒表

典　种族典　民宅典　浚筑典　工艺典　食货典　文言典
　宗教典　学术典　礼俗典　章服典　法令典　武备典

记　周服记　秦帝记　南胄记　唐藩记　党锢记　革命记
　陆交记　海交记　胡寇记　光复记

考纪　秦始皇考纪　汉武帝考纪　王莽考纪　宋武帝考纪
　唐太宗考纪　元太祖考纪　明太祖考纪　清三帝考纪
　洪秀全考纪

别录　管商萧葛别录　李斯别录　董公孙张别录　崔苏王别录　孔老墨韩别录　许二魏汤李别录　顾黄王颜别录　盖傅曾别录　王猛别录　辛张金别录　郑张别录　多尔衮别录　张鄂别录　曾李别录　杨颜钱别录　孔李别录　康有为别录　游侠别录　货殖别录　刺客别录　会党别录　逸民别录　方技别录　畴人别录　叙录

（1903年，选自《訄书重订本·哀清史附》）

征信论

上

古人运而往，其籍尚在；籍所不著，推校其疑事，足以中微。而世遂质言之，虽适，谓之诬。往者高祖困于平城，用陈平计，使阏氏，围得解。其计既秘，世以为工妙踔善，故匿藏不传。独桓谭揣其必言“汉有好女，今以围急，欲进之单于。内有娼者，则兵祸自沮”。其量度事情，诚以眇合。虽刘子骏亦称善。然皆以为揣得其状，非质言之，备故府藏录也。及应劭说《汉书》，遽驿然以为成事。故虑事一也，以辩议则适，以记注则诬。章学诚以《李陵答苏武书》，世疑其伪者，非也。必江左之士，降北失职，忧愤而为之。自谓其说踸踔，度越于守文者，而任大椿亦称其善。此即与桓、刘之事无异。中世秦宓、谯周，亦推经传言神怪者，傅之人事，其得情为多。卒以议无左验，不自言遂事也。此皆明哲已知之矣。或曰：淮南王推说禨祥，言相戏以刃，太祖轵其肘者，以为过失相伤，其患必大，无涉血之仇争忿斗，而以小事自内于刑戮，愚者所不知忌也。故因太祖以累其心，枕户橉而卧，鬼神履其首者，以为户牖者，风气之所从往来，而风气者，阴阳相捔者也。离者必病，故托鬼神以伸诫之也。此则可以质言乎？应之曰：凡事无期验，推校而得之者，习俗与事状异其职矣。彼习俗者，察之无色，把握之不得其体。推校而得，则无害于质言之。若淮南王所订，习俗也。而桓谭所订，事状也。事状者，上有册府，下有私录，殚求而不获，虽善推校，惩其质言矣。二者，立言之大齐，不以假借者也。世儒以后之所订，而责前之故然。虽皮傅妄言，踰世则浸以为典要。昔唐人言庄周之学本田子方，推其根于子夏。近世章学诚作《经解篇》取之，以庄子称田子方，则谓子方是庄子师。然其《让王》亦举曾参、原宪，其他若《则阳》、《徐无鬼》、《庚桑楚》，名在篇目，将一一是庄子师耶？宋人远迹子思之学，上隶曾参，寻《制言》、《天圆》诸篇，与子思所论述殊矣。《檀弓》篇记曾子呼伋。古者言质，长老呼后生，则斥其名。微生亩亦呼孔子曰丘，非师弟子之征也。《檀弓》复记子思所述。郑君曰：为曾子言难继，以礼抑之，足明其非弟子也。近世阮元为《子思子章句》，亦云："师曾迪孟。"（见其《自序》。）孟轲之受业，则太史公著其事矣。师曾者，何征而道是耶？释迦言空，不因于老、庄；景教事天，不本于墨子；远西之言历算者，不资于厉王丧乱，畴人在夷。世人取其近似言之，遂若典常，此三谬也。清代之遇属国，不大孰何，仍汉、唐、明之旧贯则然，非取法于罗马。戴氏作《原善》及《孟子字义疏证》，遂人情而不制以理。两本孟子、孙卿。王守仁以降，唐甄等已开其题端，至戴氏遂光大之，非取法于欧罗巴人言自由者。世人欲以一端傅会，忘其所自来。此二谬也。独汉人自西域来，说近情实。远之可傅身毒、大夏，而近犹在氐、羌。羌与髳狎，故亦有西南诸苗遗种。今之苗，古之髳也。与三苗处洞庭、彭蠡间者异实。而世以三苗为神州旧人，汉族攘其地有之，益失实状。汉族虽自西方来，传记所见，不及安息、条支沙碛之地。今人复因以傅会。此为陈平秘计之流，探啧索隐则无害，犹不予其质言也。不然者，世久而视听谶渍，率尔之言，将相保以为实录，其过宏矣！是以孙卿曰："言之信者，在乎区盖之间。"

下

《传》曰："圣有谟勋，明征定保。"故非独度事为然也，凡学皆然，其于抽史尤重。何者？诸学莫不始于期验，转求其原。视听所不能至，以名理刻之。独治史志者为异。始卒不逾期验之域，而名理却焉。今之散儒，曾不谕是也，故微言以致诬，玄议以成惑。昔者孙卿有言曰："五帝之外无传人，非无贤人也；五帝之中无传政，禹、汤有传政，而不若周之察。非无善政也，久故也。传者久则论略，近则论详，略则举大，详则举小。愚者闻其略而不知其详，闻其详而不知其大。是以文久而灭，节族久而绝。"（《非相》篇。）夫《尚书》者，不具之史，略引大体，文若铭诔，非质言以纪事，故流别异《春秋》。高贵乡公曰：仁者必有勇，诛暴必用武。少康、武烈之威，岂降于高祖哉？《夏书》沦亡，故勋美阙而罔载。唯有伍员粗述大略，其言复禹之绩，不失旧物，祖述圣业，旧章不愆。自非大雅兼才，孰能与于此？向令坟典具存，行事详备，则不得有异同之论也。高贵乡公可谓知往志者也。《春秋》已作，而纪传胪言，其道行事始悉。然犹多所残遗，远者庄跻取滇，秦开却胡，事大而文已约。及夫氐、羌僭制，政事尽文。（前代苻、姚，近世西夏之属。）群盗略地，兵事槃牙，而多奇计者，皆不如帝室详。下逮近世，韩、宋之兴，诸将若关先生、破头潘、芝麻李、大刀敖等，史传犹轶其名。关先生始起绛州，踰太行，转战出塞，毁上都而蔺高丽。其武略虽不逮明祖，视中山、开平犹近。《明史》则已失其《行军图法》。此则近犹论略，非独久也。学者宜以高贵乡公为法，知其有略，不敢妄意其事。妄意之，即与巫言等比。邻神仙之国，旧史盖岁有变更，国有贤豪，则为之生事，延缘巷市之语，以造奇辞。往者中土惟有猥语短书，今殆举于士大夫之口，兔丝缘木，虒揄缘墙，苟可以傅丽者，无所不莸。则是使张鲁撰记，而寇谦之为图也。昔者庄周有言曰："世之所贵道者书也，书不过语。语之所贵者意也，意有所随，不可以言传。而世因贵言传书，虽贵之，犹不足贵也。"（《天道》篇。）史官陈列往迹详矣。事有钜而因于细，是故吴、楚之战，咎始采桑；昭公之出，衅在斗鸡。其类非一也。五史或记其著，不能推本于其微者。桑、鸡之事，顾幸而党见尔。细亦因钜，是故陈平以太牢草具为端，足以间亚父；陆生大言汉皇帝贤，而可以臣南越。项王、尉佗虽戆，则必不以一言去就，固有钜者足以离合之，顾史官未尝言。故曰意有所随，其言不传久矣。愚者徼以为智，随成心以求其情，比于谣诼，是以君子多见阙殆。昔者韩非有言曰："听言之道，溶若甚醉。彼自离之，吾因以知之。参伍比物，事之形也。"（《扬搉》篇。）夫治史尽于有征，两征有异，犹两曹各举其契，此必一情一伪矣。往世诸子，竞于扬己，著书陈辩，败人则录之，己屈则不述也。转以九流相校，而更为雌雄者众。其有从横之士，短长之书，必不自言画策无效，或饕天功以为己力。是故鲁连不帝秦王，而言秦军却五十里。校以《平原君传》，却秦军者，李同敢死之士之功。贾诩以袁、刘父子答魏王，而言太子遂定。校以文帝、陈王纪、传，文帝以五官中郎将副丞相，而陈王才为平原小侯，魏王志定久矣。两国殊党，各为其尊亲讳，亦务进己而黜辱人。是故更始始于借交报仇，终于刮席；拓跋始为刘石附庸，终以言敌国，皆自离也。下及近世，《宋史》称岳飞破胡，兀术号慟大奔，《金史》阙如也。邵长蘅称阎应元守江阴，满洲名王三人，大将八人，皆授首城下，然清官书亦不言。不知胜者溢传之耶？其败者有所讳耶？（魏源驳长蘅说云：官书无三王八将名，且亦不见赠恤，断其为诬。案此未可断也，死难有恤，本汉土之制。阎应元守江阴时，满洲入中国二岁耳，未能悉谙中国典礼，降臣亦未必乐为文致。不得以赠恤不及，断其为诬。又其支属甚多，位号亦滥，虽官书不见，不得谓竟无其人。至于张克捷而讳挠败，又满洲之常度，观诸遗民记载，明师斩馘大捷者，非独郑成功、李定国三数事也。而满洲官书不述其事。直云王师失利而已。足知情存隐讳，不欲布之简书，江阴之役，纵毙三王八将，其文牍且或讳言，况史臣记载耶?）从是雠质，自离者诚有可知，亦或忽怳如不可知。抽史者若以法吏听两曹，辨其成狱，不敢质其疑事。愚者以事有两异，虽本无异辞者犹疑，此何但史传耶？曩夕之言，今日亦疑也；鸡鸣之事，日中可谰也。昔者老聃有言曰："天下有始，以为天下母。既得其母，以知其子，既如其子，复守其母，没身不殆。"（守者，《墨经》云："弥异所也。"古言守司者，犹言寻伺。）母子者，犹今所谓因果。因以求果，果以求因，辨异而不过，推类而不悖。是故邪说不能乱，百家无所窜，则终身免于疑殆，是抽文之枢要也。夫礼俗政教之变，可以母子更求者也。虽然，三统迭起，不能如循环；三世渐进，不能如推毂；心颂变异，诚有成型无有哉？世人欲以成型定之，此则古今之事，得以布算而知，虽燔炊史志犹可。且夫因果者，两端之论耳。无缘则因不能独生；因虽一，其缘众多。故有同因而异果者，有异因而同果者。愚者执其两端，忘其旁起，以断成事，因以起其类例。成事或与类例异，则颠倒而组裂之，是乃殆以终身，嫛之至也。凡物不欲绊，丝绊于金柅则不解，马绊于曼荆则不驰。夫言则亦有绊，绊于成型，以物曲视人事，其去经世之风亦远矣！（今世社会学者多此病。）昔者孙卿有言曰："《礼》、《乐》法而不说，《诗》、《书》故而不切，《春秋》约而不速。方其人之习君子之说，则尊以偏矣，周于世矣。"（《劝学》篇。）夫古今虽异能，相类似者不绝。故引史传以为端绪，其周用犹什三四，当其欲用，必骛于辩说者，犹赋《诗》有断章。愚者憙论史事为华，因以史尚平议，不尚记事。此其言，尽员舆成国之秀民若一概也。往者干宝始为《晋纪·总论》，其言挥绰，而还与事状应。然大端不过数首。及孙盛、袁宏、习凿齿、范晔之伦，吹毛索疵，事议而物辩之，固无当夫举措之异，利病之分。譬若弈棋，胜负者非一区之势也。疏附牵掣于旁者，其子固多。史之所记，尽于一区，其旁子不具见。（细碎冥昧之事，史官固不悉知，知之亦不可具载。）时既久远，而更欲求举措之意，利病之势，犹断棋一区以定弈法，唫口弊舌，犹将无益也。（近世鄙倍之说，谓史有平议者，合于科学，无平议者，不合科学。案史本错杂之书，事之因果，亦非尽随定则。纵多施平议，亦乌能合科学耶？若夫制度变迁，推其沿革；学术异化，求其本师；风俗殊尚，寻其作始。如班固、沈约、李淳风所志，亦可谓善于平议矣。而今世之平议者，其情异是。上者守社会学之说而不能变，下者犹近苏轼《志林》、吕祖谦《博议》之流，但词句有异尔。盖学校讲授，徒陈事状，则近于优戏。不得已乃多施平议，而己不能自知其故。藉科学之号以自尊，斯所谓大愚不灵者矣！又欲以是施之史官著作，不悟史官著书，师儒口说，本非同剂。惟有书志，当尽考索之功。其论一代政化，当引大体而已。若毛举行事，订其利病，是乃科举发策之流，违于作述之志远矣。彼所持论，非独阍于人事，亦不达文章之体。）章炳麟曰：是五志者，皆明德之远言，耆艾之高致也。智者用之以尽伦，愚者用之以绝理。苟非其人，道不虚行，岂谓是耶？言而有畛，连犿无伤者，则有矣。盖昔老聃良史之宗，定著八十一章，其终有乱。夫其“信言不美，美言不信”，吾以告今文五经之家；“知者不博，博者不知”，吾以告治晚书疑前史者；（颜师古注《汉书》，凡后出杂书，纬候异事，一切刊落，最为可法。）“善者不辩，辩者不善”，吾以告出入风议尚论古人之士。

（1901 年，选自《太炎文录初编》文录卷一）

信　史

上

儒有好今文者谓章炳麟曰：玄圣没矣，其意托之经。经不尽，故著微言于纬。不知纬，乃以经为记事。诚记事，迁、固优为之，安用玄圣？且夫识五帝之蛊事者，谁乎？骨骼腐于三泉，方策蚀于蟫蠹。就有遗绪，遭秦火又毁坏，存者缦不可理。别欲实事求是者，当桴视地藏，得其遗迹，谓之石史，又无以六籍为也。章炳麟曰：诸微言者，眇万物而为论，立意造端，异于恒众，非捶其文使不可句度，隐其词使不可解诂，若方士之为神符也。老、庄之书，此为微言矣，悉明白可籀读。今秘书完具者，莫如《易纬》，文不可理，自余类此者众。郑玄、宋均犹不能离其文曲也。有可解者，而皆傅会天官，旁摭形法，灵保之词，委巷之辩，又不足当微言。且经籍毁于秦，何故纬书不见燔爇？其传在汉，又近起哀、平间，无有授受，公执今文，以其有师法。今纬书者，诚田何、伏胜、申公、辕固、高堂生、胡毋子都所传耶？诚传其书，而迁、固皆不为录，蘖然独起于哀、平之间。公以孔子所著授之大师，其以为左验者云何？或曰：自周末已有秦谶。秦谶者，梦书之伦，本不傅六经。今之谶纬，即与秦谶异，实不可引援。假令纬书授之口耳，不在竹帛觚椠之间，故秦火弗能烧。夫可以诵习者，非固韵语，则必语近易知者矣。《诗》有韵，《礼记》、《春秋传》语近易知，故假唇舌以为书府，则积薪不能燎。《尚书》多三古旧言，而《礼经》节族繁碎，不为韵则诘诎而难诵，故残余者无几何。今图纬之难知，非直《尚书》也。其涉及星历者，节族繁碎，非直《礼经》也。安得在口耳间乎？方士之为道藏，旧无其书，而今著录，则曰自天府飞越以至。是故老、墨之书，尽于《诸子略》中，而汉、晋间方士，复传老子《玉策》、《左契》诸篇，及墨子《枕中五行记》。（皆见《抱朴子》。）公以老、墨微言在是耶？且固伪也？诚以《玉策》、《左契》、《枕中五行》为真，则纬书必自天府飞越以至矣。诚知《玉策》、《左契》、《枕中五行》之伪，顾且崇信纬书，斯可谓不知方类矣。公以经典非记事，又不记事以起义也，欲张其义，故假设事类应之。即如是，公言《周官经》、《左氏春秋》悉刘歆作伪者，乃不足以诮歆也。等之造事，焉知刘歆不假以张义？以孔子圣人故可，刘歆非圣人故不可，圣与非圣，我与公又不能质也。以知来物定圣名，颜回掇甑，宰予昼寝，犹弗能踊知之，况百岁以下乎？自《春秋》记护麟，而言经者多惑。挽世宋翔凤辈称述《论语》，各往往傅以奇邪，名字相似，不复理辞气。吾非不能，固知其违也。诚令傅会二十一篇致之内事，犹不必如翔凤破析文义。案《论语》言"有朋自远方来"。朋者，古文凤字，凤皇出于东方君子之国，翱翔四海之外，过昆仑，饮砥柱，濯羽弱水，暮宿风穴，故曰自远方来。子曰："凤鸟不至，河不出图，吾已矣夫！"推此以言，有凤自远方来，乐可知也。下学而上达，知我者其天乎？此则血书下鲁端门，为其明效，故人不知而不愠也。舞雩者祀赤帝，与曾点之风，善樊须之问，皆系舞雩。此不为汉家赤精发乎？韶者舜乐，陈氏受之，王莽之宗也。闻之三月不知肉味，此不为新室代汉发乎？周南、召南者，在南阳、南郡间，春陵及宛，至于新市、平林，则其地也。不诵其《诗》，犹正墙面而立。此不为伯升兄弟反正发乎？司马者，晋之氏也，忧无兄弟。此不为伦、冏、颖、乂戕贼宗室发乎？仲弓者，冉氏也，方以犁牛之子多其骍角，此不为冉、闵养于石氏发乎？可使南面，此不为冉、闵代石氏发乎？若然者，不诡章句而事义以就，犹愈翔凤诸家。然不以是更师说者，以圣人固不能测未来。《论语》口说，犹不可曲，况于六籍邦典，可得而迂诬哉？公以记事不足圣，羞称迁、固。近古惇史若迁、固者，其数几何？诚令公簪笔司载，犹俛仰弗能企。元好问、万斯同巧言戋戋，颜色不怍，其未可也，非独公矣！近古之载笔者，固未有若迁、固者矣。以公言为类例，经国致用，萧何、诸葛亮所能也。知天善验，管辂、郭璞所能也。修母致子，异物来崪，黄龙见，凤皇降，麒麟至，河出图，洛出书，汉之宣、章，魏之明帝所能也。顾安用玄圣耶？以经籍非记事，而古史不足征，欲穿地以求石史，斯又惑于西方之说也。碑版款识，足以参校近史，稍有补苴，然弗能得大体。厥诬妄者，汉世有四皓刻石，以东园公为惠帝司徒。徒乱事状，搢绅所不道。世人多以金石匡史传，苟无明识，只自罔耳！五帝以上，文字或不具，虽化肌骨为朐忍，日夜食息黄壤之间，且安所得？夫发地者，足以识山川故处，奇雀异兽之所生长，此为补地志，备博物，非能助人事记载也。往古或有械器遗物，其文字异形不可知。自管仲、孔子去古犹近，七十二家之书，犹弗能识什二。今人既不遍知文、武、周公时书，横欲寻求鸟迹，以窥帝制，岂可得哉？且汉碑隶书易知耳，释文者犹有异同。石鼓钟鼎，则十不能知七八，此犹可以今隶相似，形声相检也。五帝时器，缺泐且大半，其奇文诡形又众，虽张敞、扬雄犹之眩矣。远西学者，憙以旧器求古文字，异国四五千年之书，今人已弗能通，其能者以石刻有数国文字，用相参检。数国之文，语言不一，声音不同，虽假以为重译，得其意固弗能知其文。且远西文字可知者，纮域尽于希腊。先是虽有数国异书，史篇固绝，音义又亡矣。徒以匈臆訾度，得之固不审。不审于此，貤以检彼，则愈益为夸诬所传。埃及、补提佉尔特亚、巴比伦之事，自希腊前史有成文者，其余虚对冢墓，引不可知之书，以成事状，殆皆妄也。（此不得以汉世古文经典相拟，秦皇烧书，至汉纪元裁七年。汉初诸儒生长七国，固宜知其文字，七年不用，未至忘佚。且诸儒老寿者，或下逮景、武，转以相授。故柏寝铜器，汉武亦得案而知之。若近世远西人，去上古四五千年，则非其比。）中国往古名器，非有他国书，足以参伍，亦不遍刻古文篆隶，无校文之道，何由以知其意？往者红崖刻石，释者醒乱以定其文，夸士乐道，绝智者之口。就得古器，其释文复如此矣。或曰：以地质久近为征，斯尤惑。今之矿人，占形色而知咸淡，铅铁银镂，固易辨矣。然犹尚有差违，望之若有，而凿之俄空者，况于地质高下，仍岁淀淤，差之分刌，失之弥年，可信其谰言耶？且夫地质之论，察今者从同同，稽古乃往往殊异。或以遂古之初，氛雾轮囷，炽若烟炭，后稍凝聚，若牛羊乳汁者，以为大地。或言太初其热焦火，久之复寒如冰。甲言始有天地，至今二三十万岁矣。乙言且四五万岁矣。此皆学者拟度所成，非有明表。始纠其想以成其说，终介其说以断其事，此犹立朝夕于员钧之上，终古不定，辩人事者，且安取此？诸辩人事，当审谛如法吏，证不悉具，则不敢成狱。以地质征者，斯犹探汤而验虚实，刺血而质亲疏，愚者持以为证，非其证也。由是言之：今既无术足以遍知，欲知之，乃穿凿无验。然则主以六籍，参以诸子，得其辜较，而条品犹不章者，是固不可知也，非学者之耻也。及夫成周以降，事有左验，知不可求之堀穴瓦砾，因摭纬谶以改成事。下及魏、晋，纬谶又不足用，乃弃置不一道。且曰史官皆曲笔道谀。夫曲笔道谀则然矣，政有经制，国有大故，固弗能以意损益。今一切以为诬罔，其非诬罔者当云何？曲首又好举异域成事，转以比拟。情异即以为诬，情同即以为是。或云：太古二族交关，汉以来复受其化。盖昔慎到有言："治水者茨防决塞，虽在夷貉，相似如一，学之于水，不学之于禹也。"(《列子·汤问》篇张湛《注》引。)今徒见一事相类，则曰异域之人传相教授。或曰：固同种，斯已愚矣。乃若迥辟草昧，致之广明，地不一时，事不一法，犹稻熟有早晚，果实有甘酸也。以为一致，何其迂阔而远于物情耶？不稽他书，不详同异，猲猲以诬旧史，人之利晦昧而憎明察也，固如是哉！信神教之款言，疑五史之实录，贵不定之琦辞，贱可征之文献，闻一远人之言，则顿颡敛衽以受大命，后生不悟，从以驰骤，废阁旧籍，鬻为败纸。人之彦圣，而违之俾不通，以不能保我子孙黎民。枳句来巢，空穴来风，悲夫！昔者吾友，尝从事于斯矣。

下

昔之说三统者曰：夏之政忠，殷之政质，周之政文，三王之道若循环。近世金鹗非之，以为械器服用，代益雕丽，其势不由文反质。言进化者又曰：世皆自乱以趋治，言一治一乱者，非也；自质以趋文，言一质一文者，非也。章炳麟曰：治乱之迭相更，考见不虚。质文之变，过在托图纬，顾其所容至广。政化之端，固有自文反质者矣。昔者六国并立，游说者务为辩丽。穷阎著书之士，则有儒、墨、道、名四家，义至闳远。汉兴而反，萧、曹皆文法吏，一于敕谨无害。其他卿相，起自介胄，木强人也。卒汉之世，士大夫憙阴阳谶记，以傅经法，其情屈钝，求如六国诸子者几亡一二。相如，子云之赋丽矣，不辩也；王充之论辩矣，不能自名其家也。魏、晋以降，稍旁理诸子，玄言之士，次六国而起。讫隋、唐又反钝。转得两宋，经术衰，儒释相渐，分捭凑理，虽不逮魏、晋，亦足珍怪。然此数代，君臣之间，主文温厚，不戆直以相讦，其致一也。及明世学术坏烂，求欲如汉博士，且不可得。殿堂之上，君臣相诟，乃与妄呼击柱者等，斯亦文质往复之数矣。械器之端，古拙重而今便巧，非古者质、今者文也。登降舟旋，不及日中奏百，乃韩非固以知之矣。讫于今日，舳舻轺车，烟火万里，半日越两都，旬月挟九垓，虽冯夷、大丙之御弗与也。兵则鉴铁饼丸，弹射数里，人不及避，马不及驰，曲阓俾倪，应声崩阤，古之溪子、巨黍弗与也。（古无火器，短兵以外，所恃弓弩。弓所及者，亦才百步，而弩最为利器。苏秦言溪子、巨黍，射六百步外。则古之二里，今之一里有少半也。《会稽典录》：钟离牧谓朱育曰：大皇帝以中国多骑，欲以当之。然吴神锋弩射三里，贯洞三四马，骑敢近之乎？此汉之三里，今之二里七十步也。据唐李筌《太白阴经》：其时绞车弩射七百步，攻城拔垒用之，与神锋弩射远相等。又苏秦为连弩，一弩十矢俱发。诸葛亮亦依用之。所至不为不远，所入不为不深，所中不为不多。张弩颇迟，故不如火器也。然据《练兵实纪》，明时所用佛狼机炮，亦才中一里余。则神锋、绞车之弩，射远过佛狼机矣。）家人什器、门首洒潜之伦，势如转规，出如飞兔，古之桔皋、鹿卢弗与也。此皆便巧拙重之较，不与文质数。文质之数，独自草昧以逮周、秦，其器日丽，周、秦之间，而文事已毕矣。其后文质转化，代无定型。古之宫室，楼阙轩辕，尊严若神。《尚书大传》曰：天子堂广九雉，则二十一丈。（今十三丈余，五架屋也。）楚灵王为章华台，三休乃上。秦始皇为阿房宫，东西五百步，南北五十丈，上可坐万人，下可建五丈旗，今之宫殿无有也。古之兵车，六尺有六寸，而王城经涂九轨，小者至于郑国皇门之中，犹有逵路，逵广五丈九尺四寸，（今三丈六尺余。）今之市衢无有也。古之饮食，王日一太牢，酱用百有二十瓮，醯用百有二十品，下逮诸侯之士，祭祀犹以三鼎，今之饮食无有也。古之服物，千八百诸侯，皆执圭璧，县藜、结绿、垂棘、和氏，自天产良宝也。夏后氏之璜，鲁之璠与，则成于良栉良雕。小者至于纪、鄅，犹有玉甑玉磬。常赐则金百斤、珠二斗，而春申君之客，多蹑珠履。古之葬者，含珠鳞施，鳞施者，玉柙是也。汉世虽夫余王葬，犹付玄菟赐之，他属国宜准此，今之服物无有也。古之细布，幅广二尺二寸，（约今一尺四寸。）而三十升，升八十缕，则分几十一缕。（今一分则十七缕。）故麻冕之直，贵于纯丝，今之布无有也。然此皆道其庄丽，未及眇意妍技之事也。昔纣为旋室倾宫，魏世依之为陵云台，先平众木，轻重无锱铢相负，揭台高峻，常随风动摇，终无倾倒。（见《世说·巧艺》篇。）此匠人之精也。六国时，有为周君画荚者，筑十版之墙，凿八尺之牖，而以日始出时，加之其上，望见其状，尽成龙蛇禽兽车马，万物之状备具。（《韩子·外储说左上》。）此画人之精也。钟子期闻击磬，声甚悲，因得其母子入官事；蔡邕取炊薪以治琴，荀勖闻牛铎以定律。此乐人之精也。蜀蒲元为诸葛亮造刀三千口，以竹筒实铁珠，举刀断之，如薙生刍，命之曰屈耳环；北齐綦毋怀文为宿铁柔铤之刀，浴以五牲之溺，淬以五特之脂，斩甲至三十札。此冶人之精也。魏马钧为木人，能令跳丸掷剑，缘絙倒立，出入自在，此巧者所能也；使木人击鼓吹箫，吹箫虽巧者弗能为。（此见《魏志·杜夔传注》引《傅子》。事既众著，为傅玄所目睹，非若《列子》所称偃师幻人出于寓言也。）此梓人之精也。是诸良技微难之事，今皆无有；求之异域，亦有不可得者。辄云古不逮今，何言之唐大也？又诸言社会学者皆云：太古石器，其次骨器，其次铜器，其次铁器。吾常求域中书，肃慎氏则有楛矢石砮矣。《释器》曰：金族翦羽谓之鍭，骨族不翦羽谓之志矣。《越绝书》曰："轩辕、神农、赫胥之时，以石为兵；黄帝之时，以玉为兵；禹之时，以铜为兵；当今之时，作铁兵"矣。其言盖几密合，亦诚任信之也。伏枕仰宇察之，而得其谬数事。太古之民，非若匈奴、西羌也。匈奴、西羌虽畜牧，无冶铸，得因商贾，市诸中国、西域，故匈奴有剑，（《苏武传》有匈奴剑斩虞常事。）而西羌负铁铠。（《晋书·马隆传》：隆夹道累磁石，贼负铁铠，行不得前。隆卒悉被犀甲，无所留碍。）民之初生，东海、西海侗愚相若也，固无所购矣。百工始作，莫如陶，垆土所在而有，烧冶又易，不陶则炉捶不成，无以熔铸，故有陶然后有冶。不冶则耒耜不成，无以发土，神农之时，既有耕稼，必不以白棓朽株划地，则宜有金岐头，故有冶然后有耕。事业可叙者如此。石砮之用，古者主以肃慎，今辽东徼外犹时有得之者。或曰：木液入地所化，而《夏书》梁州亦贡砮。《华阳国志》说之曰："台登县山有砮石，火烧成铁，刚利。"此则砮本铁属，前世省之不孰，以为石耳！夫切磨石器，令锐细有锋芒，足以深入兽革。不以金器先之，非旬月固弗就。矢者往而不返，人之所施易，非若刀剑可以常御也。旬日治之，一瞚失之，射猎之民，当何所恃哉？矢无弧，则弗能以及远，弧之弦，非丝即牛马筋。太古未知蚕桑，独任筋为相应。金器刀翦不素具，则不制割，牛马革不解者筋不擢，虽欲得弦无由。将古之射猎者，皆以徒手发耶？则十发而不护一兽，空以浃旬治石，比猎，已顑颔而欲死矣。发又不中，是太古之民终无孑遗也。以刀铍戈戟皆用石耶？削石可以斫人，微金固不任，虽有金，亦弗能致之犀利。故以石器先铜器者，非愚则诬也！古之骨族，以为明器，示不可用，故送葬有志矢一乘。《夏官·司弓矢》曰："恒矢用诸散射"，谓礼射、习射也。推此以校域外，其情宜等。今发土得石骨器者，盖皆明器讲肄之具，非杖以射击者矣。且夫斩木为兵，剡竹为枪，（见《通俗文》。）此皆秦、汉之间，铜铁已备，犹有杖以自助者。徒以良兵空匮，仓卒莲乏，然亦素有锄櫌斧斤，以伐竹木，不徒手斩而刿也。纵太古用石兵，要以禅接金刃，为之扶左，其势不先有石兵。金器未作，桀石以投人所有矣，厉石以为兵所无矣。独古者兵用铜，春秋吴、越既盛，而兵以铁，为得其情。若然，必以古无铁器，复粗绪之论也！《禹贡》道九州贡品，而"梁州有镠铁、银镂、砮磬"。镂者刚铁，可以刻镂。员舆之上，产铁相属也，铜稍阔稀。《管子·地数》曰："出铜之山四百六十七，出铁之山三千六百九"。虽其大会则然，铁固视铜为盛。以冶铸有难易，故兵器多任铜，而什器多任铁。《管子·海王》道铁官之数曰："一女必有一针、一刀，耕者必有一耒、一耜、一铫，行服连轺辇者，必有一斤、一锯、一锥、一凿。不尔而成事者，天下无有其验也。"铜铁之齐，亦不足以类文野，是何故？曰：吴、越之国，古所谓蛮夷，兵器用铁，乃自吴、越始，中原徒帅行之。以中原文物视吴、越，则不可同日语矣。且泰始之得金者，岂有刃以穿地耶？葛卢之山，雍狐之山，水出而金从之，民以是得铤朴，种之不生，陶之薜暴，熔之涣若也。腼如液泽，民以是知辟炼。此皆逢遇得之，不豫校利钝而得之。社会学以辨文野，其说难任，其持之亦无故。乃若姓有兴废，政有盛衰，布于方策者，回复相易，亦不可以空言诬矣。或言往古小康，则有变复。今世远西之政，一往而不可乱，此宁有图书保任之耶？十世之事，谁可以匈臆度者？观其征兆，不列颠世已衰，法兰西则殆乎灭亡之域矣。后有起者，文理节族，果可以愈前日乎？则不能知也。其大齐可知者，惟独后生智巧，贤于前民。然非可征之数百年内也。上观皇汉，智慧已劣于晚周，比魏、晋乃稍复。远西中世，民之齐敏，愈不逮大秦。时越千载，然后反始。差校之节，亦甚远矣。徒局促于十世以内，以为后必愈前，亦短于视听者也！

（原载《学林》第一册（1910 年），选自《太炎文录初编》文录卷一）

《社会通诠》商兑

英人甄克思著《社会通诠》，侯官严复译述著录。其所言不尽关微旨，特分图腾社会、宗法社会、军国社会为三大形式而已。甄氏之意，在援据历史，得其指归。然所征乃止赤、黑野人之近事，与欧、美、亚西古今之成迹，其自天山以东，中国、日本、蒙古、满洲之法，不及致详，盖未尽经验之能事者。严氏皮傅其说，以民族主义与宗法社会比而同之。今之政客，疾首于神州之光复，则谓排满者亦宗法社会之事，于是非固无取，于利害则断其无幸。夫学者宁不知甄氏之书，卑无高论，未极考索之智，而又非能尽排比之愚，固不足以悬断齐州之事，如严氏者，又非察于人事者耶？人心所震矜者，往往以门户标榜为准，习闻其说以为神圣，而自蔽其智能，以世俗之顶礼严氏者多，故政客得利用其说以愚天下。抑天下固未知严氏之为人也，少游学于西方，震叠其种，而视黄人为猥贱，若汉、若满，则一丘之貉也！故革命、立宪，皆非其所措意者，天下有至乐，曰营菟裘以娱老耳。闻者不憭，以其邃通欧语，而中国文学湛深如此，益之以危言足以耸听，则相与尸祝社稷之也亦宜。就实论之，严氏固略知小学，而于周、秦、两汉、唐、宋儒先之文史，能得其句读矣。然相其文质，于声音节奏之间，犹未离于帖括。申夭之态，回复之词，载飞载鸣，情状可见。盖俯仰于桐城之道左，而未趋其庭庑者也。至于旧邦历史，特为疏略，辄以小说杂文之见，读故府之秘书。扬迁抑固，无过拾余沫于宋人，而自晋、宋以下，特取其一言一事之可喜者，默识不忘于其胸府，当时之风俗形势，则洎然置之。夫读史尽其文不尽其质，于藏往则已疏矣，而欲以此知来，妄其颜之过厚耶？观其所译泰西群籍，于中国事状有豪毛之合者，则矜喜而标识其下；乃若彼方孤证，于中土或有牴牾，则不敢容喙焉。夫不欲考迹异同则已矣，而复以甲之事蔽乙之事，历史成迹，合于彼之条例者则必实，异于彼之条例者则必虚；当来方略，合于彼之条例者则必成，异于彼之条例者则必败。抑不悟所谓条例者，就彼所涉历见闻而归纳之耳，浸假而复谛见亚东之事，则其条例又将有所更易矣。社会之学，与言质学者殊科，几何之方面，重力之形式，声光之激射，物质之化分，验于彼土者然，即验于此土者亦无不然。若夫心能流衍，人事万端，则不能据一方以为权概，断可知矣！且社会学之造端，实惟殑德，风流所播，不逾百年，故虽专事斯学者，亦以为未能究竟成就。盖比列往事，或有未尽，则条例必不极成。以条例之不极成，即无以推测来者。夫尽往事以测来者，犹未能得什之五也，而况其未尽耶？严氏笃信其说，又从而为之辞，并世之笃信严氏者，复冀为其后世，何其过也！今就《社会通诠》与中国事状计之，则甄氏固有未尽者；复有甄氏之所不说，而严氏附会以加断者；又有因严氏一二狂乱之辞，而政客为之变本加厉者。辩论如左：

今之非民族主义者，辄举宗法社会以相谯让。民族主义之与宗法社会，固非一事。（其辩在后。）则言宗法社会之得失，非吾所注意也。然今者重纰貤缪之说，实自此始。故先举甄氏所说之宗法社会，与中国固有之宗法社会，校其同异，而知甄氏所谓四端，于中国未必能合也。如甄氏云宗法社会，所与今之军国社会，异者有四：

一、重民而不地著　宗法社会之籍其民也，以人而不以地。何以言之？前谓近世社会所以系属其民在于军政，以军政系民者，以民之所居者有定地也。是以地著尚焉。甲国之民，其可居于乙国，固无疑。然乙国不以国民视之，于其国家之政，莫得与也。然使其人既受廛占籍而为民矣，则于其种族旧居，靡所问也。故《拿破仑法典》曰："生于法土者，为法人"。自其大较言之，则是法也，欧洲列邦之所同用也。乃宗法社会则不然，其别民也，问其种族而不问其所居，为其社会之民，必同种族者，不然虽终其身于其社会，乃至为之服劳，将为客而不为主。总一社会之民，有时可迁易其土居，其称某国自若。于避敌逐利时时为之，虽演进稍深之种人，亦有不尽然者。而上古之宗法社会，则莫不如此矣。

二、排外而锄非种　宗法社会欲其民庶，非十余年、数十年之生聚不能。而今之军国社会不然，其于民也，归斯受之而已矣。虽主客之争尚所时有，而自大较言之，则欧洲无排外之事也。盖今之为政者，莫不知必民众而后有富国强兵之效。古人以种杂为讳者，而今人则以儳合为进种最利之图，其时异情迁如此。是故近今各国，皆有徕民之部，主受廛入籍之众。使此而立于宗法社会时，其不骇怪而攻之者几何？盖宗法社会之视外人，理同寇盗，凡皆侵其刍牧，夺其田畴而已，于国教则为异端，于民族则为非种，其深恶痛绝之，宜也。故宗法社会无异民，有之，则奴虏耳！

三、统于所尊　天演极深、程度极高之社会，以一民之小己为本位者也。宗法社会以一族一家为本位者也。以一民之小己为本位者，民皆平等，以与其国之治权直接。虽国主之下，亦有官司，然皆奉至尊之名，为之分任其事，官司之一己，于义本无权贵也。至宗法社会不然，一民之身皆有所属，其身统于其家，其家统于其族，其族统于其宗，循条附枝，皦然不紊。故一民之行事，皆对于所属而有责任，若子侄、若妻妾、若奴婢，皆家长之所治也。家长受治于族正，族正受治于大宗，此其为制，关于群演者至深，当于后篇徐详之。

四、不为物竞　今夫收民群而遂生理者，宗法也；沮进化而致腐败者，亦宗法也。何则？宗法立则物竞不行故也。吾党居文明之社会，享自由之幸福，夫自由幸福非他，各竭其心思耳目之力，各从其意之所善而为之，是已。国有宪典，公立而明定之，使吾身不犯其所禁者，固可从吾之所欲。农之于田，以早播为利，虽违众而破块可也。工之于器，以用楔为坚，虽变法而置胶粘可也。卖浆者忽酒，种荈者忽烟，无涉于人，皆所自主。乃宗法之社会不然，偭高、曾之规矩，背时俗之途趋，其众视之，犹蛇蝎矣。夫然，故人率其先而无所用其智力，心思坐眢，而手足拘挛，一切皆守其祖法，违者若获罪于天然，此其俗之所以成也，然而腐败从其后矣。凡古社会莫不如此，此不可逭之灾也。虽然，如是之习，其始何以生？其终何以变？此治群学者所不可不讨论也。乃今所言，使学者知其有是，足矣。

以此四端，与中国固有之宗法相校，当略分时代后先，而为大别。春秋以往，以宗法系民生，而别子为祖，继别为宗，其法惟行于公子、大夫、元士之家。礼不下庶人，则民间固无宗法之可守。下自战国，至于近世，国家统一，而百姓不以阶级相丽，其宗法亦奄然荡没。然山谷阻深之地，往往自成村落，其民无虑千万，都为一族之民，则有祠堂以相系联，而决事听于族长。至于都会，地当孔道，则五方杂错，民族不纯，祠堂之制，视之蔑如也！其在中原，皖南北最重家庙，而徽、宁为高原之地，斗绝四方，则旁郡县之迁居者少，故视祠堂尤重。迤南至江西、闽、广间，则族长最尊宠，而数族常有械斗之事，此亦今之宗法已。古者宗法行于大夫、元士，不行于齐民；今者宗法行于村落索人，不行于都人士。古者宗法以世袭之，大宗为主，其贵在爵；今者宗法以及格之族长为主，其贵在昭穆年寿。此古今之所以为别。然与甄氏所述四端，则皆有不相契合者。一曰：怀土重迁之性，惟农民为最多，而宗法社会所凭依者，泰半不出耕稼，一去其乡，田土亦随之而失。是以盘庚迁殷，民胥咨怨，惟《诗》人亦以鸿雁哀鸣为失所，安在其不地著也？若其有迁移者，则占籍亦其常耳。《传》称有分土，无分民，此谓自甲国移于乙国者，即与乙国之民无异，而大宗不能加呵责。其在乙国，亦岂于种族旧居有所问者？土断之制，自古然矣。非特冠带之国，互相亲睦者然也。虽于夷狄亦然。春秋时，狐突、舅犯皆为犬戎之族，而著籍晋国，称为名臣，则因而晋人之矣。赵盾有言，微君姬氏，则臣狄人也。然则使赵盾不反晋国，则虽以赵衰之子，而不得不狄人视之，及其归晋，则因而晋人之矣。反之，吴出于周，越出于夏，皆帝王神圣之胄，而以远窜蛮方，世用夷俗，《春秋》之书夫差、句践也，曾不得比于士伍，削其人之称，而谓之吴与于越而已。若不以地著为重者，则惟当问其祖宗为何等？而安用是纷纷者为！逮及七国以后，则宗法已不同昔，而地著复较往日为彰明。近世迁徙之民，但令移居满二十年，而有田宅于迁所者，即许著籍。（惟东晋初年，侨置州郡不隶迁所，其后亦用土断之法。）其待外国之民也，则虽以南朝之矜重门地，而何妥以细脚胡人著籍郫县，亦未闻有摈斥之者。乃至代北之族，金、元之族，当中国自治时，亦一切以编氓相视，如何其不地著耶？若夫南洋、美洲之侨民，终身守其故籍，而未尝一入欧、美诸邦之版。然欧、美人之在中国者，亦或据田宅、长子孙矣。顾未有愿入中国之籍者，则未知中国人之重宗法欤？抑欧、美人之重宗法欤？要之，主宗法者，固不必与地著相违矣。（按：地著与土断，其义各异。地著谓城郭宫室之民，居有定地，异于游牧者。土断谓就地著籍耳。此甄氏所言地著，其义当为土断。或严氏译文未审。今姑仍之。至于游牧之民，虽不地著，而水草尚不可缺，水草在地，故游牧者虽时有迁徙，而未尝不爱其地。严氏于原书第一条下加案语曰：可以为前说之证者，莫明于犹太与古所称之行国。吾颇疑史迁《匈奴列传》冒顿曰：地者，国之本也，奈何予人？尽斩言予地东胡者，云云，为钓奇而非事实，此甚荒谬！夫匈奴游牧之民也，游牧恃水草，水草必生于地，失一地，即失一可供水草之牧场，宁能弃之无吝乎？所谓行国者，谓其随地迁移，而要必在一国范围之内。虽转徙无常，仍不能出于其域，况匈奴部落亦有分地，《传》称诸左方王将居东方，直上谷以往者，东接秽貉、朝鲜；右方王将居西方，直上郡以西，接月氏、氐羌，而单于之庭直代云中，是也。则迁移之地，亦仍在分地之中耳。如今内外蒙古，内则四十九旗，外则八十一部，亦各有其界限。若多得一地，即亦多一牧场，而失之，即牧场减少矣。谁谓冒顿之言，非当时事实乎？严氏所言，出于评选《史记菁华录》者，致为鄙陋！严氏以其与不地著之语相合，遂取之以疑《史记》。所谓历史成迹，合于彼之条例者则必实，异于彼之条例者则必虚，其证如是。）故甄氏第一条义，与中国固有之宗法不合也。二曰：中国宗法盛行之代，春秋以前，本无排外之事，而其时外人亦鲜内入。有内入者，若熏粥、姜戎之类，固非如今世欧、美诸邦以通商为名号，直钞盗边塞而处吾土耳。今也以宾旅入，而昔也以暴客入；今也以契约入，而昔也以戎马入。如是，则固侵其刍牧，夺其田畴也，有扞御之而已。虽今之军国社会而遇此者，能敛手不与校乎？若以单身为宾萌于中国，如前所谓狐突之徒，则中国未之排斥也。进观周穆王时，有西域化人谒王同游之迹，国人于此方胪句介绍之不暇，而何排斥之有？（此事载《列子》，其真否不可知。然列子处春秋之末，去古甚近，固按当时风俗而言之。）仲尼弟子有言偃者，本吴下之蛮夷耳，入宰武城，而未闻三桓之诛锄排斥也。自尔以来，至于宋、明，西南诸国与中国互市不绝，而葡萄牙之在濠镜时，以一旅入掠，则中国亦不得不命将誓师以与之搏。迨其帖服，则复交通如故。海外诸教，释氏先入于汉世矣，天方继入于唐世矣，基督晚入于明世矣。是时人民望此以为导师，欢喜踊跃，如大旱之见长蛛。特一二士人以其背弃儒法，而被以异端之名，非社会之总意然也。若曰距今五十年中，常有排教之事，则不知基督教之来也，常挟国权以俱来，而所至有陵轹细民之事。入其教者又借此以武断闾里之间，是所以促其反动，而非由宗法社会使然。宗法者，敬宗而严父，寝庙烝尝，以为大典，有背于其法者，则人人贱视之。然而佛教之入也，亦曰六亲不敬，鬼神不礼，而未闻传其教者之被菹醢。利玛窦、南怀仁辈以基督旧教，传播中国，且二百年。自海衅未启以前，谁以罗马教宗为悖德忘本，而反抗之者？若夫韩愈、杨光先辈，以其私意，抒之简毕，陈之庙堂，则于全体固无所与。且今世亦有以彼教为无君父，而视之如洪水猛兽者矣。然人民之偾起排教者，其意乃绝不在是，浸假而基督教人之在中国，循法蹈义，动无逾轨，则人民固不以异教而排斥之，亦不以异种而排斥之。其相遇也，与昔之天竺法师无异。虽以百千士人著书攻击，犹往日宋儒之辟佛而已，而人民不因是以起其敌忾之心也。至夫政府之排教，则有矣，然其意本不在异种异教，而惟集众倡乱之为惧。日本德川时代，尝杀基督旧教六万余人，即以是故。夫以其集众倡乱而排之，则不必于异种之教然也，虽同种之白莲、闻香亦然；不必于破坏宗法之教然也，虽儒流之党锢道学亦然。是故政府之排教也，以其合群而生变；人民之排教也，以其藉权而侮民。皆于宗法社会无所关系云尔。至谓宗法社会无异民，有之则奴虏者，则吾见南非之矿工，计佣受值，无所负于英人，而少有不率，则荆楚被于其背。以彼雇主而得治其佣人，于法则戾，于事实则中国之待佣人所未有。是何军国社会之人，待异民如奴虏，而宗法社会之人，犹无其横暴也？故甄氏第二条义，与中国固有之宗法不合也。三曰：宗法统于所尊，其制行于元士以上，族人财产有余，则归之宗，不足则资之宗，上至世卿，而宗子常执大政，所以拱柙其下者，恃有政权以行其刑赏耳。七国以后，执政者起于游说乞食之徒，而宗子降为皂隶，政柄既去，则不能号令其下，虽宗权亦因以俱去。挽近乃有祠堂之法，稍集一族之赢余，以奉园庙，则又系以义庄，主之者是为族长。土地财产之权所在，则宗权亦在，顽嚚不孝内乱之事，常得以众议治之。然而民之行事，对于祠堂则固无责任矣。祠堂所有，辄分之以恤孤寡、兴教育，足以膏沐族人，而族人则不必以其所有归之祠堂，去留惟所欲耳。惟岁时丘垅之祭，略有责任，亦以墓田所收入者酬之，其有远行服贾，不以儋石之利为得者，则墓祭亦任之旁族。若夫家人父子之间，其责任常不可弛，而父之对于其子，有出入顾复之责者，虽军国社会亦然。子长而复有扶老携衰之责任于其父，则施报之道然也。然未至于必待其子者，则父子常得私其所有。商君行法，家富子壮，则出分；家贫子壮，则出赘。至今父子异财之习，犹与秦人不异。综此数者，受治则稍稍见诸南方之民矣，而责任竟安在乎？然则古者之行宗法，以其事为天倪定分；今者之行宗法，以其事为补阙拾遗。若云当今之世，民不以一身为本位者，则吾所未见也。故甄氏第三条义，与中国固有之宗法，有合于古，不合于今也。四曰：《周礼》言以九职任万民。此宗法盛行时代之制也。至于业不得更，法不得变，则于古籍无文。夫农工诸业，固有受之鼻祖，传之子孙者矣。《史记》言畴人子弟，畴者，谓从其父学；而《考工》诸职，以氏称者，亦皆世习其艺者也。人情于见闻娴习之事，其为之必易于他术，故世业于古有征。虽然，此固顺其自然之习惯，而非谓少有变更即不容于社会也。农之子恒为农，工之子恒为工，商之子恒为商，此特管子治齐之法，岂他国民庶皆云尔乎？《记》云："良冶之子，必学为裘；良弓之子，必学为箕。”此可证业之有更矣。《世本·作篇》所记，常有其物已见于古初，而后人复为新作者，此可证法之有变矣。虽以一人而兼数业者，亦所在有之，世称舜耕历山，就时负夏，陶于河滨，渔于雷泽。此犹曰上古草昧之世，一人而万能也。韩子称市人有兼粥矛盾者。此犹曰宗法破散之后，得伺隙以求利也。然孔子固云“少贱多艺”；扁鹊亦以“馆舍之守，更事医术”。而未闻有遮禁之者。梓庆作鐻，公输削木，墨翟制辖，此皆变更旧则，而未有以奇技淫巧戮之者。然则谓宗法社会以不守祖法为咎者，其说荒矣！若自七国以至今兹，则变更固已数见，不劳持筹布策而陈其事。然而实业犹未能竞进者，则以人无学术，欲骤变而有不逮。古之长艺，又往往不著竹帛，故不得不归良工于张衡、马钧，归上农于氾胜之、赵过，而已惟相时徐进焉。文敝则然，于宗法何与？故甄氏第四条义，与中国固有之宗法，若古若今，都无所合也。夫甄氏以其所观察者而著之书，其说自不误耳。而世人以此附合于吾土，则其咎不在甄氏而在他人。若就此四条以与中国成事相稽，惟一事为合古，而其余皆无当于古。今则今宗法必有差愈于古宗法者，古宗法亦有差愈于甄氏所见之宗法者。要之，于民族主义皆不相及. 此其论则将及于严氏。

甄氏之言曰：宗法社会，以民族主义为合群者也。此未尝谓民族主义即宗法社会，而特宗法社会所待以合群者，亦藉此民族主义耳。然则民族主义之所成就者，不专于宗法社会而止，较然著矣。严氏之言则曰：中国社会，宗法而兼军国者也。故其言法也，亦以种不以国。观满人得国，几三百年，而满、汉种界厘然犹在。东西人之居吾土者，则听其有治外之法权，而寄籍外国之华人，则自为风气，而不与他种相入，可以见矣。故周、孔者，宗法社会之圣人也。其经法义言、所渐渍于民者久，其入于人心者亦最深。是以今日党派虽有新旧之殊，至于民族主义，则不谋而皆合。今日言合群，明日言排外，甚或言排满。至于言军国主义，期人人自立者，则几无人焉。盖民族主义，乃吾人种智之所固有者，而无待于外铄，特遇事而显耳。虽然，民族主义，将遂足以强吾种乎？愚有以决其必不能矣。斯言则诬谬之甚也！民族主义者，与政治相系而成此名，非脱离于政治之外，别有所谓民族主义者。然就严氏所译甄说，则民族主义，或为普遍之广名，如是则外延甚巨，而足以虚受三种形式，顾其所挟持以为用者，为何物耳？所挟持以为用者为此，则民族主义亦随形转变而为此，其为军国社会可也，其为宗法社会可也，其为图腾社会亦可也。譬之纯铁，可以为炮，可以为刀剑，可以为矢镞，其形式则不同，而其本为纯铁则不异。未有离于纯铁而可为此三者，亦未有离于民族主义而可为彼三者。使有民族主义者，而其操术不出于谱牒之文，享尝之制，收族聚宗之道，则宗法社会狭小之制以成。若其操术更短，惟虫鱼鸟兽百物之形是务，则民族主义亦即以成图腾社会。何者？蛇之图腾，燕之图腾，莲华之图腾，既各自为徽帜，而亦有辈行序次之可稽。则其有潜在之民族主义可知也。特其言语缺乏，而无族姓部落之云云，故托于有形以为表象，亦犹喑者之见国旗，未能言国，而惟知同隶一旗者之可亲也。今吾党所言民族主义，则操术非前二者亦明矣。所为排满洲者，岂徒曰子为爱新觉罗氏，吾为姬氏、姜氏，而惧子之淆乱我血胤耶？亦曰覆我国家，攘我主权而已。故所挟以相争者，惟日讨国人，使人人自竞为国御侮之术，此则以军国社会为利器，以此始也，亦必以终。其卒乃足以方行海表，岂沾沾焉维持祠堂族长之制，以陷吾民于大湫深谷中者？夫排外者，惟其少隘也，故于未灭我国家者则仇之，已灭我国家者则置之，铁道之争，华工之约，其利害岂不甚巨，顾其害尚有大于此者。虽然，彼所争者，亦国家一部之事耳。一华人入籍于英、美，一白人归嫁于神州，则固非彼所欲问者。若挟其宗法社会之见，则虽无能为利害者，而亦排之。今于欧洲仳猥之国不孰何也，此岂宗法社会之圣人所渐渍耶？又况吾党所志，乃在于复我民族之国家与主权者，若其克敌致果，而满洲之汗，大去宛平，以适黄龙之府，则固当与日本、暹罗同视，种人顺化，归斯受之而已矣。岂曰非我族类，必不与同活于衣冠之国，虽于主权之既复，而犹当剺面剚刃，寻仇无已，以效河湟羌族之所为乎？若是者，其非宗法社会亦明矣。且民族主义之见于国家者，自十九世纪以来，遗风留响，所被远矣。撮其大旨，数国同民族者则求合，一国异民族者则求分。故意大里收合余烬，而建王国；德意志纠合群辟，而为连邦。此同民族者之求合也。爱尔兰之于英伦，匈牙利之于奥大利，亟欲脱离，有荷戟入榛之象。此异民族者之求分也。其在他国，虑有不尽然者。至美利坚以新造之邦，地广人稀，不得不招来殊族，以谋生聚。然其翕合无间者，惟数种白人而止，当地之赤人，固不与共苦乐，而黑奴则惟有解放之名。伽得《社会之进化》有言曰："美人之于黑种，虽以平等叫号于市朝，名曰预选举参政权，其事实乃绝相反，徒以容貌之黑，遂沦落于社会之下层。其间有材质贤明、财产众多者，犹不得与白人同伍。所定区划，黑人逾之，则放逐于规外，斩杀唯命，而白人逾之则无罪，虽乞儿无赖，愚不知学者，一切视之同等。凡关于政治之事，则曰此吾白人所擅也。有于白人之主配权而不赞成者，不曰卖国奴，则曰国事犯罪者矣。其他列国殖民之地，亦多如是。”其言民族范围，虽较欧洲旧疆为稍广，要之，以白种为限界耳。社会主义者流，名曰以圆顶方趾尽为同胞者也。然欧洲一二学者，或云其利当只及白人，若黄人则不得与之同格。特以社会主义与民族主义名实背驰，不敢讼言以为号，其实岂无所异视耶？由是观之，人类同根，只涂饰观听之词耳。若吾党之言民族主义，所挟持者则异是。惟曰以异民族而覆我国家，攘我主权，则吾欲与之分，既分以往，其附于职方者，蒙古之为国仇，则已解于半千岁上，准回、青海，故无怨也。西藏则历世内属，而又于宗教得中国之尊封者也。浸假言语、风俗渐能通变，而以其族醇化于我，吾之视之，必非美国之视黑民。若纵令回部诸酋，以其恨于满洲者，刺骨而修怨及于汉人，奋欲自离以复突厥花门之迹，犹当降心以听，以为视我之于满洲，而回部之于我可知也。至不得已，而欲举敦煌以西之地，以断俄人之右臂者，则虽与为神圣同盟可也。若是，而曰此民族主义者，即是宗法社会，则何异见人之国旗商标，而曰此有徽章者，犹未离于图腾社会也。且今之民族主义，非直与宗法社会不相一致，而其力又有足以促宗法社会之熔解者。夫祠堂族长之制，今虽差愈于古，亦差愈于欧洲。要其仆遬之体，褊陋之见，有害于齐一亦明矣。人情习其故常，而无持更叫旦者于其左右，则梦寐为之不醒。今外有强敌以乘吾隙，思同德协力以格拒之，推其本原，则曰以四百兆人为一族，而无问其氏姓世系。为察其操术，则曰人人自竞，尽尔股肱之力，以与同族相系维。其支配者，其救援者，皆姬、汉旧邦之巨人，而不必以同庙之亲，相响相济。其竭力致死、见危授命者，所以尽责于吾民族之国家，身体发肤，受之父母，虽有毁伤而无所惜，曰务其大者远者耳！民知国族，其亦夫有奋心，谛观益习，以趋一致。如是，则向之隔阂者，为之瓦解，犹决泾流之细水，而放之天池也。人亦有言：“中夜失火，则姻戚不如比邻。”故内之以同国相维，外之以同患相救，当是时，则惟军国社会是务，而宗法社会弃之如脱屣耳矣。若以吾言非实者，则请以南北会党之事例之。会党发源，多在晚明之遗老，盖摄取国家观念于民族主义之中，而组织固犹未备者也。自有会党，而其人粮不宿舂，襆被远行，千里无饥寒之患；其在同党，虽无葭莩微末之亲，一见如故，班荆而与之食，宝刀可脱也，轻裘可共也，左骖可解也，斯无待祠堂义庄之补助，而宗法社会之观念自灭。视同姓之弟昆，常不如其同会，虽古之郑庄、剧孟，方之末矣！夫会党者，特民族主义之未有组织者也。戎昭果毅、蹀血而前者，是其所至乐也。而知识未充，训练未具，方略未周，犹未足以称军国社会，特其途径在是。其民族主义所挟持者亦在是。然已足以熔解宗法社会，使无复烟炭余滓之留，又况吾党所称之民族主义，所恃以沃灌而使之孳殖者，舍军国社会而外，无他法乎？当其萌芽，则固无宗法社会之迹矣。及其成就，则且定法以变祠堂族长之制，而尽破宗法社会之则矣。今若与之临睨旧乡，观其所为同异者，邑里细人，越陌度阡，则视以为殊气。乃至言地方自治者，亦或以省界、府界为枪累，不容以他人而参吾事。而吾党之言治者，与彼则正相反。村落陋见，犹当息之，何有于族？令以此系于政治之民族主义，而破宗法，犹秦皇之统一六合，以破封建之列侯。国犹是国也，惟帝制与七雄，其大小异，故其功能亦异。民族犹是民族也，惟军国与宗法，其大小异，故其成绩亦异。世之不怿于宗法社会者，则有矣。惧民族主义之行，而中国之衰微复如东周，其沦陷或同于罗马，危心疾首，鼻涕长一尺，以对吾说也则宜。反而观吾党所持者，非直与宗法无似，而其实且与之僢驰。同人，同人！为严氏所号啕久矣，其亦今而后笑欤？

严氏所说曰：民族主义，不足以遂强吾种耳。使空有民族主义之名，而无其具，则诚宜为严氏所讥，此吾党汉民所已言者。是亦非独民族主义然也，虽日言帝国主义、社会主义、人道主义，而无术以行之，则瓠落亦犹是也。今之政客，则以为虽有其具，其义必有非而无是，其势必有败而无成。此又于严氏所说，附之增语，其咎复不在严氏矣。是非之说，其本怀虑不在是，光复旧邦之为大义，被人征服之可鄙夷，此凡有人心者所共审。然明识利害，选择趋避之情，孔、老以来，以此习惯而成儒人之天性久矣。会功利说盛行，其义乃益自固，则成败之见，常足以挠是非，诐辞遁说，吾所不暇辩也。所辩者，成败之策耳。今有人曰：以宗法社会与军国社会抗衡，则必败。第弗论吾党所谓民族主义者，为宗法社会以否，就言宗法、军国胜败之故，岂非以一者为未进化，一者为已进化，故得以优劣定之耶？然则图腾社会，尚较宗法社会为下，而游牧之民，实自图腾初入宗法者耳。其与耕稼之民相抗，则劣者当在败亡之地。何南宋之卒亡于蒙古也？西罗马灭于峨特，东罗马灭于突厥，印度灭于莫卧尔，此皆以劣等社会战胜优等社会者也。是则国之兴废，非徒以社会文化高下为衡，顾民气材力何如耳。若复以文义相牵，而谓民族主义与宗法社会同者，征以文义，则不如征以实事。甄氏固言图腾社会传世以女，而不以男矣。而欧洲皇室，犹或以女主绍位，其贵族亦有效此者，二世之嗣皇，即承其母系耳。是虽谓欧洲之法，犹兼图腾社会可也。夫中国亦自有妇人封者，自齐侯赐辟司徒之妻始。汉高以许负为鸣雌亭侯，以奚涓之母为鲁侯，明帝亦封东海王强之女为小侯者四国，然不以子姓从其母族，父系之法，自古未有变也。非特中国为然，虽满洲亦无袭母系者，此皆纯无瑕衅之宗法，与图腾社会相校，宜无不斩馘克捷。然而中国与满洲，则既摧衄于泰西矣。社会相衡，其不足以定胜负之数如此。若曰欧洲图腾社会之法，惟在一端，不足以概其大体，则吾党之于宗法社会，并其一端而亦无之，以实相丽，犹有不可，况以名相丽乎？鼠之未腊者曰璞，玉之未理者曰璞，同璞相丽，犹有不可，况其名未及于璞乎？要之，今日固决死耳，岂曰无衣，与子同袍，修我戈矛，与子同仇。此民族主义所任用，而于宗法社会无忽微之相系也。若云以会盟驰说相励，无军事之实用者，此固吾党所当文莫。抑使今日而有雄杰材武之士，若洪秀全者出，吾知必无曾、胡之寇已。言谈虽虚，要以促社会之自觉，则岂独寸鳞一翮之助也欤？法之革命也，官军有利器足以摧坚入深，而革命党憔悴无军需，仓皇遇警，有持几案道具以相格者，此非必败之道耶？徒以大风所播，合军民为一心，而效死以藩王室者少，故民党得因之成业。夫战争之事，宁我薄人，而无恃他人之不吾薄，吾岂徒效法人所为，冀人之倒戈厥角以为恃？固曰鸠合骏雄，厚集群力，以成戎衣之烈，是所焦心茧足以求之者，顾岂非军国社会之事哉？而独政客所不快耳。虽然，今之政客，虑有二途：其一热中干禄，而以立宪望之满洲政府者，太史公云：在日月之际。此固不足与议。其一欲以国民自竞，奋起僵尸，竭其膂力，以倡国会于下，使政府震怖，而从吾之迫协者，其始固不得不以甲兵耀武，不幸而被诛夷，则与革命何择？幸而可以震慑之也，当是时，则固足以继濠州、金田之迹，而胡为局促于立宪之辕下者？苟以协迫清廷，与日本之要求立宪等易，则利害相反之故，固第二政客所深知矣。暴骨犹是，涂地犹是，势力犹是，安见此之可为，而彼之必不可为也。此吾所为辩其利害以相讽激，使无惑于严氏之莠言，纳约自牖，尽于斯耳。抑人之所志，固不当以成败为臬极，若所欲尽于功利，则欧洲学生固有言迎立东圣者，而一二杖节乘传于殊方，名为通达时务之士，亦欲得西方元首以莅吾土，迎立之欢，异于攻破，宜必展布四体以左百姓，而辅左多元老魁杰，亦能使庶事无堕其功实，或优于自为立宪百倍。（按此最为无耻之言，二种政客亦不肯为是说，然以之语严氏，则必以其言为有中矣。）而无若人之所致命遂志者，在欲得权藉何？夫既以权藉为期，则成败固不暇虑，而非排斥满洲，亦无以使其权尽复；纵得立宪，犹余一行政机关之首领，而相位亦或为汉人所绝分。（军机长官，旧以亲王任之，他日欲改此，必不可得。）宁为鸡口，毋为牛后，与使他人啖我而饱也，宁自啖而不足。权藉之于功利，诚有不相调适者。法人有言：所志不成，当尽法国而成蒿里，以营大冢于其上。士苟知此，彼天然淘汰、优胜劣败之说，诚何足以芥蒂乎？循四百兆人之所欲击，顺而用之，虽划类赤地，竟伸其志可也！今之所辩，以《社会通诠》为限，则其言如上而止。

（原载《民报》十二号（1907 年 3 月），选自《太炎文录初编》别录卷二）

原　经

古之为政者，必本于天。殽以降命。命降于社之谓殽地，降于祖庙之谓仁义，降于山川之谓兴作，降于五祀之谓制度。故诸教令符号谓之经。挽世有章学诚，以经皆官书，不宜以庶士僭拟。故深非扬雄、王通。案：《吴语》称“挟经秉枹”，兵书为经。《论衡·谢短》曰：“五经题篇，皆以事义别之，至礼与律独经也。”法律为经。《管子》书有经言、区言，教令为经。说为官书诚当，然《律历志》序庖牺以来帝王代禅，号曰《世经》。辨疆域者有《图经》，挚虞以作《畿服经》也。（见《隋书·经籍志》。）经之名广矣。仲尼作《孝经》，汉《七略》始傅六艺。其始则师友雠对之辞，不在邦典。《墨子》有《经》上、下。《贾谊书》有《容经》，《韩非》为《内储》、《外储》。先次凡目，亦楬署经名。老子书至汉世，邻氏复次为经传。孙卿引《道经》曰：“人心之危，道心之微。”《道经》亦不在六籍中。此则名实固有施易。世异变而人殊化，非徒方书称经云尔。

学诚以为“六经皆史”，史者固不可私作，然陈寿、习凿齿、臧荣绪、范晔诸家，名不在史官。或已去职，皆为前修作年历纪传。（陈寿在晋为著作郎，著作郎本史官，然成书在去官后，故寿卒后，乃就家写其书。又寿于《高贵乡公陈留王传》中三书“司马炎”，一书“抚军大将军新昌乡侯炎”，一书“晋太子炎”。武帝现在，而斥其名，岂官书之体也？寿又尝作《古国志》五十篇，《三国志》盖亦其类耳。）太史公虽废为埽除隶，《史记》未就，不以去官辍其述作。班固初草创《汉书》，未为兰台令史也。人告固私改作国史，有诏收固，弟超驰诣阙上书，乃召诣校书部，终成前所著书。令固无累绁之祸，成书家巷，可得议耶？且固本循父彪所述，彪为徐令病免，既篑后篇，不就而卒。假令彪书竟成，敷文华以纬国典，虽私作何所訾也？陆贾为《楚汉春秋》，名拟素王。新汲令王隆为《小学汉官篇》，依拟《周礼》，以知旧制仪品。孔衍又次《汉魏尚书》，世儒书仪家礼诸篇，亦悉规摹士礼，此皆不在官守，而著书与六艺同流，不为僭拟。诸妄称者，若《东观汉记》署太史官，虽奉诏犹当绝矣。(《文选·西征赋》注引："《东观汉记》太史官曰：票骇蓬转，因遇际会。"又："太史曰：忠臣毕力。"是其论赞亦称太史。然后汉太史已不主记载。《汉记》实非太史所为，署之为妄。)

且夫治历明时，羲和之官也。关石和钧，大师之所秉也。故周公作《周髀算经》，张苍以计相定章程，而次《九章算术》，然后人亦自为律历筹算之书，以讥王官失纪。明堂月令，授时之典，民无得奸焉，而崔实亦为《四民月令》。古之书名，掌之行人保氏，故史籀在官则为之，李斯、胡毋敬在官则为之。及汉有《凡将》和《训纂》，即非王官之职。许叔重论撰《说文解字》，自尔有吕忱、顾野王诸家，诗续不绝，世无咎其僭拟者。吴景帝唐天后位在考文，而造作异形，不合六书，适为世所鄙笑。今《康熙字典》依是也。古之姓氏，掌之司商，其后有《世本》，然今人亦自为谱录。林宝承诏作《元和姓纂》，言不雅驯，见驳于邓名世。以是比况，古之作者，刱制而已。后生依其式法条例则是，畔其式法条例则非，不在公私也。王通作《元经》，匡其简陋与逢迎索虏，斯傥已。谓不在史官不得作。陆贾为《楚汉春秋》，孙盛为《晋阳秋》，习凿齿为《汉晋春秋》，何因不在诛绝之科？学诚驳汪琬说，云"布衣得为人作传"，既自倍其官守之文，又甚裁抑王通，准其条法，仲尼则国老耳，已去司寇，出奔被征，非有一命之位，儋石之禄，其作《春秋》亦僭也。扬雄作《太玄》拟《易》，儒者比于吴楚僭王，谓其非圣人，不谓私作有诛也。雄复作《乐》四篇，(见《艺文志》。)是时阳成子长亦为《乐经》，(见《论衡·超奇篇》。)儒者不讥，独讥《太玄》，已过矣。

《易》之为书，广大悉备，然常用止于别蓍布卦。春官太卜掌三兆之法，一曰玉兆，二曰瓦兆，三曰原兆。其经兆之体，皆百有二十，其颂皆千有二百。掌三易之法，一曰《连山》，二曰《归藏》，三曰《周易》。其经卦皆八，其别皆六十有四。掌三梦之法，一曰致梦，二曰觭梦，三曰咸陟。其经运十，其别九十。仲尼赞《易》而《易》独贵，其在旧法世传之史，则筮书与卜梦等夷。《数术略》蓍龟家有龟书夏龟南龟书巨龟杂龟，杂占家有《黄帝长柳占梦》、《甘德长柳占梦》书皆别出，虽《易》亦然。是故六艺略有《易经》十二篇，数术略蓍龟家复有《周易》三十八卷，此为周世既有两《易》，犹《逸周书》七十一篇别在

《尚书》外也。(《左氏》说秦伯伐晋，筮卦遇蛊曰：“千乘三去，三去之余，获其雄狐。”成季将生，筮遇大有之乾，曰：“同复于父，敬如君所。”说者或云是《连山》、《归藏》，或云筮者之辞。寻《连山》、《归藏》卦名或异《周易》，筮者占卦，其语当指切事情，知皆非也。宜在三十八卷中。）盖《易》者，务以占事知来，惟变所适，不为典要。故周世既有二家驳文，韩宣子观书于太史氏，见《易象》与《鲁春秋》，曰：“周礼尽在鲁矣。”尚考九流之学，其根极悉在有司，而易亦掌之太卜，同为周礼，然非礼器、制度、符节、玺印、幡信之属不可刊者。故周时《易》有二种，与《连山》、《归藏》而四。及汉扬雄犹得摹略为之，是亦依则古初，不愆于素。学诚必以公私相格，是九流悉当燔烧，何独《太玄》也！《晋书·束皙传》言汲郡人不准盗发魏襄王墓，得《易经》二篇，与《周易》上、下经同。《易繇阴阳卦》二篇，与《周易》略同，繇辞则异《卦下经》一篇，似《说卦》而异。《易繇阴阳卦》者，亦三十八卷之伦。以是知姬姓未亡，玉步未改，而《周易》已分析为数种。桐城姚际恒不晓《周易》有异，乃云魏文侯最好古，魏冢无《十翼》，明《十翼》非仲尼作。然则《易繇阴阳卦》者，顾仲尼所为三绝韦编以求寡过者耶？凡说古艺文者，不观会通，不参始末，专以私意揣量，随情取舍，上者为章学诚，下者为姚际恒，疑误后生多矣。自《太玄》推而极之，至于他书，其类例悉准是。外有经方、相人、形法之属，至于释道，其题号皆曰经，学诚所不讥。诚格以官书之律，释者有修多罗，传自异域，与诸夏异统，不足论。道士者，亦中国之民，何遽自恣？而老子又非道士所从出也，本出史官，与儒者非异教，故其徒庄周犹儒服。(见《庄子·说剑篇》。）儒家称经即悖，而道家称经即无悖，(《墨子》、《韩子》准此。）何其自相伐也？

章炳麟曰：老聃、仲尼而上，学皆在官老聃、仲尼而下，学皆在家人。正今之世，封建已绝矣，周、秦之法已朽蠹矣，犹欲拘牵格令，以吏为师，以宦于大夫为学。一日欲修方志以接衣食，则言家传可作，援其律于东方、管辂诸传，其书乃远在扬雄后。旧目《七略》，令目《四部》，自为《校雠通义》，又与四库官书龃龉。既薄宋儒，又言诵六艺为遵王制，时制五经在学官者，《易》、《诗》、《书》皆取宋儒传注，则宋儒亦不可非。诸此条例，所谓作法自弊者也。

问者曰：“经不悉官书，今世说今文者，以六经为孔子作，岂不然哉？”应之曰：经不悉官书，官书亦不悉称经。(《史籀篇》、《世本》之属。）《易》、《诗》、《书》、《礼》、《乐》、《春秋》者，本官书，又得经名。孔子曰："述而不作，信而好古。"明其亡变改。其次《春秋》，以鲁史记为本，犹冯依左丘明。左丘明者，鲁太史。（见《艺文志》。）然则圣不空作，因当官之文。《春秋》、《孝经》，名实固殊焉。（《春秋》称经，从本名。《孝经》称经，从施易之名。）孟子曰："王者之迹息而《诗》亡，《诗》亡然后《春秋》作。"迹息者，谓《小雅》废。《诗》亡者，谓正雅正风不作。（见《说大匹小匹》。）《诗序》曰："文、武以《天保》以上治内，《采薇》以下治外。"《六月》者，宣王北伐。小雅之变，自此始也。其序通言正雅二十二篇废而道缺，终之曰："小雅尽废，则四夷交侵，中国微矣。"国史之有编年，宜自此始。故太史公录《十二诸侯年表》，始于共和，明前此无编年书。《墨子·明鬼篇》引周、燕、齐、宋四国春秋，三事皆在隐、桓以下。《周春秋》乃记杜伯射宣王事。宣王以上，欲明鬼，其征独有《诗》、《书》。明始作《春秋》者，为宣王太史。盖大篆布而《春秋》作。五十凡例，尹吉甫、史籀之成式，非周公著也。晋羊舌肸习于春秋则为《乘》，楚士亹教太子春秋则为《梼杌》。孟子曰："晋之《乘》、楚之《梼杌》、鲁之《春秋》，一也。"惑者不睹论篹之科，不铨主客。文辞义理，此也；典章行事，彼也。一得造，一不得造。今以仲尼受天命为素王，变易旧常，虚设事状，以为后世制法，且言左氏与迁、固皆史传，而《春秋》为经，经与史异。（刘逢禄、王闿运、皮锡瑞，皆同此说。）盖素王者，其名见于《庄子》。（《天下篇》。）责实有三：伊尹陈九主素王之法，守府者为素王；庄子道玄圣素王，无其位而德可比于王者；太史公为素王眇论，多道货殖，其货殖列传已著素封，无其位，有其富厚崇高，小者比封君，大者拟天子。此三素王之辨也。仲尼称素王者，自后生号之。王充以桓谭为素丞相，非谭生时以此题署。顾言"端门受命，为汉制法"，循是以言，桓谭之为《新论》，则为魏制法乎？《春秋》二百四十二年之事，不足尽人事蕃变，典章亦非具举之，即欲为汉制法，当自作一通书，若贾生之草具仪法者。（后世王冕、黄宗羲之徒亦尝为此。）今以不尽之事，寄不明之典，言事则害典，言典则害事，令人若射覆探钩，卒不得其翔实。故有公羊、穀梁、驺、夹之传，为说各异。是则为汉制惑，非制法也。言《春秋》者，载其行事，宪章文武，下遵时王，惩恶而劝善，有之矣。制法何与焉？

经与史自为部，始晋荀勖为《中经簿》，以甲、乙、丙、丁差次，非旧法。《七略》、《太史公书》在《春秋》家。其后东观、仁寿阁诸校书者，若班固、傅毅之伦，未有变革，讫汉世依以第录。虽今文诸大师，未有经史异部之录也。今以《春秋经》不为史，自俗儒言之即可，刘逢禄、王闿运、皮锡瑞之徒，方将规摹皇汉，高世比德于十四博士，而局促于荀勖之见。荀勖分四部，本已陵杂，丙部录《史记》，又以《皇览》与之同次，无友纪不足以法。后生如王俭，犹规其过。（据《隋书·经籍志》，王俭撰七志，一曰经典志，纪六艺小学史记杂传。二曰诸子志，纪今古诸子。三曰文翰志，纪诗赋。四曰军书志，纪兵书。五曰阴阳志，纪阴阳图纬。六曰术艺志，纪方技。七曰图谱志，纪地域及图书。其道佛附见。合九条。然则七志本同七略，但增图谱道佛耳。其以六艺小学史记杂传同名为经典志。而出图纬使入阴阳。卓哉二刘以后，一人而已。）今陈荀勖之法于石渠、白虎诸老之前，非直古文师诮之，唯今文师亦安得闻是语乎？今文家所贵者，家法也。博士固不知有经史之分，则分经史者与家法不相应。夫《春秋》之为志也，董仲舒说之。以为上明三王之道，下辩〔辨〕人事之纪，万物之散聚皆在《春秋》。然太史公自叙其书，亦曰“厥协六经异传，整齐百家异语，俟后世圣人君子”。班固亦云：“凡《汉书》，穷人理，该万方，纬六经，缀道纲，总百氏，赞篇章。”其自美何以异《春秋》？《春秋》有义例，其文微婉，迁、固亦非无义例也。迁、陈寿，微婉志晦之辞尤多。太山、梁父，崇卑虽异哉，其类一矣。

然《春秋》所以独贵者，自仲尼以上，《尚书》则阔略无年次，百国春秋之志，复散乱不循凡例，又亦藏之故府，不下庶人，国亡则人与事偕绝。太史公云：“史记独藏周室，以故灭。”此其效也。是故本之吉甫、史籀，纪岁时月日，以更《尚书》，传之其人，令与《诗》、《书》、《礼》、《乐》等治，以异百国春秋，然后东周之事，粲然著明。令仲尼不次《春秋》，今虽欲观定、哀之世，求五伯之迹，尚荒忽如草昧。夫发金匮之藏，被之萌庶，令人人不忘前王，自仲尼、左丘明始。且苍颉徒造字耳，百官以治，万民以察，后嗣犹蒙其泽。况于年历晻昧，行事不彰，独有一人抽而示之，以诒后嗣，令迁、固得持续其迹，讫于今兹。则耳孙小子，耿耿不能忘先代，然后民无携志，国有与立，实仲尼、左丘明之赐。故《春秋》者，可以封岱宗配无极。今异《春秋》于史，是犹异苍颉于史籀、李斯，只见惑也。盖生放勋、重华之世者，不知帝力所以厚；生而策肥马、乘坚车者，亦不识先人作苦。今中国史传连菀，百姓与知，以为记事不足重轻，为是没丘明之劳，谓仲尼不专记录。借令生印度、波斯之原，自知建国长久，文教浸淫，而故记不传，无以褒大前哲，然后发愤于宝书，哀思于国命矣。（余数见印度人，言其旧无国史，今欲搜集为书，求杂史短书以为之质，亦不可得。语辄扼腕。彼今文家特未见此尔。）汉世五经家既不逆睹，欲以经术干禄，故言“为汉制法”。卒其官号、郡县、刑辟之制，本之秦氏。为汉制法者，李斯也，非孔子甚明。近世缀学之士，又推孔子制法讫于百世。法度者，与民变革，古今异宜，虽圣人安得豫制之？《春秋》言治乱虽繁，识治之原，上不如老聃、韩非，下犹不逮仲长统。故曰：“《春秋》经世先王之志，圣人议而不辩。”（《庄子·齐物论》语。经，犹纪也。三十年为一世。经世犹纪年耳。志即史志之志。世多误解。）明其藏往，不亟为后王仪法。左氏有议，至于公羊而辩。（范武子云：“公羊辩而裁。”）持《繁露》之法以谒韩非、仲长统，必为二子笑矣。夫制法以为汉则隘，以为百世则夸。

世欲奇伟尊严孔子，顾不知所以奇伟尊严之者。章炳麟曰：国之有史久远，则亡灭之难。自秦氏以讫今兹，四夷交侵，王道中绝者数矣，然搰者不敢毁弃旧章，反正又易。借不获济，而愤心时时见于行事，足以待后。故令国性不堕，民自知贵于戎、狄，非《春秋》孰维纲是？《春秋》之绩，其什佰于禹耶！禹不治洚水，民则溺。民尽溺，即无苗裔，亦无与俱溺者。孔子不布《春秋》，前人往，不能语后人，后人亦无以识前，乍被侵略，则相安于舆台之分。《诗》云：“宛其死矣，他人是偷。”此可为流涕长潸者也。然则继魏而后，民且世世左衽，而为羯胡鞭挞，其憯甚于一朝之溺。《春秋》之况烝民，比之天地，亡不帱持，岂虚誉哉？何取神怪之说、不征之辞，云为百世制法乎？

又其诬者，或言孔子以上，世顽顽无文教，故六经皆孔子臆作，不竟有其事也。即如是，墨翟与孔子异流，时有姗刺，今亦上道尧、舜，称诵《诗》、《书》，何哉？三代以往，人事未极，民不知变诈之端，故帝王或以权数罔下。若其节族著于官府，礼俗通于烝民者，则吏职固有常矣，书契固有行矣，四民固有列矣，宫室固有等矣，械器固有度矣，历数固有法矣，刑罚固有服矣，约剂固有文矣，学校固有师矣，歌舞固有节矣。彼以远西质文之世相拟。远西自希腊始有文教，其萌芽在幽、平间，因推成周以上，中国亦朴陋如麋鹿。（此类缪见，自江慎修已然。自有天地以至今日，年历长短，本无可校。而慎修独信彼教纪年，谓去今财五六千岁。因谓唐、虞之视开辟，亦如今日之视秦、汉。假令彼中记载，录自史官，自相传授，犹或可信。今则录在神教之书，而或上稽他国。他国之数。岂无彼教所未闻，安知不有远在其前者？神教之言，本多诬妄。然则管仲所谓七十二君，虽非经典所载，不视神教犹可信乎？）夫文教之先后，国异世，州殊岁，不得一剂。若夫印度文教之端，始自吠陀，距今亦四千年，不与希腊同流化。（巴比伦、埃及、补多之属，琐琐夭爱，不足齿录。）必欲使一剂者，大食自隋世始有文教，推此以方中国，复可云八代行事，自王劭、牛弘臆为之也。

问者曰：孔子诚不制法《王制》诸篇，何故与《周礼》异？应之曰：《周礼》者，成周之典。周世最长，事异则法度变。重以厉王板荡，纲纪大乱，畴人子弟分散。（见《历书》。畴人者，世其父业。汉世谓之畴官，非专谓治历者。）《周礼》虽有凡要，其孅悉在畴人，畴人亡则不能举其事，虽欲不变无由。故《左氏》言春秋时制，既不悉应《周官》。其后天下争于战国，周道益衰，礼家横见当时之法以为本制。若《王度记》言天子驾六，则见当时六骥之制也。（按：孙卿言六骥，又言六马仰秣，是当时固有驾六之法。然此事盖起春秋之末。故《说苑·正谏篇》云："景公正昼，被发，乘六马，御妇人，以出正闺。"）《祭法》言七祀、五祀，则见楚有国殇司命之祭也。（别有说。）又以儒书所说夏、殷故事转相傅丽。讫秦用驺子五胜，命官立度，皆往往取符应。汉初古文家如张苍，犹不能脱，况濡于口说者！（汉世古文家，惟《周礼》杜、郑，《诗》毛公契合法制，又无神怪之说。郑君笺注，则已凌杂纬候。《春秋》、《左氏》、《易》费氏，本无奇邪，而北平侯已谱五德，贾侍中亦傅会公羊，并宜去短取长者也。荀、郑之《易》，则与引《十翼》以解经者大异，犹赖王弼匡正其违。《书》孔氏说已不传。太史公、班孟坚书，时见大略，说皆平易。《五行志》中，不见古支《尚书》家灾异之说，然其他无以明焉。《洪范》左氏时兼天道，然就之疏通以见当时巫史之说可也，不得以为全经大义所在。刘子骏推左氏日食变怪之事，傅之五行，则后生所不当道也。大氐古文家借今文以成说者，并宜简汰去之以复其真。其在今文，《易》京氏、《书》大小夏侯、《诗》辕固。《春秋》公羊氏，妖妄之说最多。鲁诗、韩诗，虽无其迹，然异义言诗。齐、鲁、韩，皆谓圣人感天而生，则亦有瑕疵者也。毛公于"履帝武敏"，不取释训敏拇之解，于"上帝是依"，则云依其子孙，斯其所以独异。《尔雅》本有叔孙通梁文所增，或毛公所见，尚无此说，亦未可知。而郑君乃云"天命玄鸟，降而生商"，是感天而生之明文。不悟诗非叙事之书，辞气本多增饰。即如郑言"惟岳降神，生甫及申"，亦为感岳而生耶？《周语》亦云"房后有爽德，丹朱冯身以仪之，生穆王"，此即医家所云梦与鬼交者。适生穆王，当时遂有异语。岂真谓穆王是丹朱子耶？《春秋》谷梁氏最雅驯，独惜于礼未善。《王制》之伦，亦其次也。惟《士礼》则古今文无大差异。今世言今文者，独不敢说《士礼》，盖条例精密，文皆质言，不容以夸言傅会，亦无通经致用之事，故相与置之矣。）故《王制》不应《周礼》，而《繁露》、《白虎通义》之伦，复以五行相次，其始由闻见僻陋，其终染于阴阳家言而不能骋。假令《王制》为孔子作者，何缘复有周尺东田之文？若为汉制法耶，爵当有王侯，何故列五等？地当南尽九真，北极朔方，何故局促于三千里？西域已宾，而不为置都护；匈奴可臣，而不为建朝仪。以此知其妄矣。《繁露》诸书，以天道极人事，又下《王制》数等。卒之令人拘牵数术不尽物宜，营于禨祥，恐将泥夫大道。

言六经皆史者，贤于《春秋》制作之论，巧历所不能计也。虽然，史之所记，大者为《春秋》，细者为小说。故《青史子》五十七篇，本古史官记事，贾生引其胎教之道。王后有身，则太师持铜而御户左，太宰持斗而御户右，太卜持蓍龟而御堂下，诸官各以其职御于门内。太子生而泣，则曰"声中某律"。滋味上某，命云某，然后县弧。然后卜王太子名。是礼之别记也，而录在小说家。《周考》、《周纪》、《周说》亦次焉。《周说》者，武帝时方士虞初以侍郎为黄车使者采闾里得之，今之方志，其族也。《周官》诵训，掌道方志以诏观事，道方慝以诏辟忌，以知地俗。训方氏，掌道四方之政事与其上下之志，诵四方之传道而观新物。唐世次《隋经籍志》者，以是为小说根本，区以为事。南州异物，南方草木，则辨其产。《荆楚岁时》，《洛阳伽蓝》，则道其俗。《陈留耆旧》，《汝南先贤》，则表其人。合以为志。《周纪》之属以方名，故诸杂传地理之记，宜在小说。仪注者，又《青史氏》之流。今世所录史部，宜出傅小说者众矣。《周纪》诸书，据偏国行事，不与《国语》同录于春秋家者，其事丛碎，非朝廷之务也。且古者封建，王道衰，故方伯自制其区宇。《国语》录周以下，齐、晋、楚、吴、越，皆秉方岳之威，制似共主。郑故寰内诸侯，鲁亦旧为州牧，而僭礼逾等之事多矣。故国别以为史，异于猥蕞小侯。自秦以降，以郡县治民，守令之职，不与王者分重。独如《华阳国志》，录公孙述、刘备、李势之流自治一方者，宜在《春秋》，（今所谓史部。）其他方志小说之伦，不得以《国语》比。宋世范成大志吴郡，犹知流别。挽世章学诚、洪亮吉之徒，欲以迁、固之书相拟，既为表志列传，又且作纪以录王者诏书，盖不知类。且刘condensed为《圣贤本纪》，而子产在其录。本纪非帝者上仪，即府县志宜以长官列纪，何故又推次制诏？一前一却，斯所谓失据者哉。

世人又曰：志者在官之书，府县皆宜用今名。然今府县之志，不上户部，非官书。虽为官书，虞初奉使以采周俗，何故称《周说》，不称河南说邪？盖方志与传状异事。传状者，记今人，其里居官位宜从今。方志者，始自商、周建国及秦、汉分郡县以逮近世，二三千年之事，皆在其中，即不可以今名限齐。传曰："疆易之事，一彼一此，何常之有？"今之府县，因古旧治而疆域迫陕者多矣，然其士女一端可称，虽分在他府县，犹入录。若范成大志吴郡，阖闾、夫差之臣及孙氏时为吴郡人者，皆比次入其籍。阖闾、夫差所部，远及江淮，其地不专宋之平江，其臣佐出何乡邑不可校，以系吴故志之。孙氏之臣韦昭，本云阳人，云阳于宋不属平江，以系吴郡故志之。若署为平江志者，宜简韦昭之徒使不得与。为是斟酌古今，以吴郡为之号，然后其无旁溢也。今为府县志者，不旁溢则宜予今名，旁溢则宜予旧名。多爱不忍，士女之籍，从古郡县所部，而题名专系于今，甚无谓也。独旧郡过宽者，名不可用。汉世豫章，包今江西之域。而会稽笼有浙江、福建，延及江南，今为南昌绍兴志，宜有省耳。格以官书，谓之《周语》、《国志》之伦，其言无状。秋官小行人自万民之利害而下，物为一书，每国辨异之，以五物反命于王，以周知天下之故。《管子》曰："《春秋》者，所以记成败也。行者。道民之利害也。"（《山权数篇》。）以其掌之行人，故谓之行。（犹《太史公书》称太史公。）明与《春秋》异流。世人不知其为小说，而以纪传之法相牵，斯已过矣。庄周曰："饰小说以干县令。"（《外物》。）今之为方志者，名曰继诵训，其实干县令也。而多自拟以太史天官，何其忘廉耻之分邪？仪注之书，《礼记》引赞大行（《杂记》），行人所书为小说，即赞大行亦在小说可知。且诸跪拜禁忌之节，阅岁而或殊尚，又不尽制度挈定。若《汉旧仪官仪》所录，八坐丞郎，有交礼解交之节，郎又含鸡舌香，而女侍二人执香炉从之，斯皆繁登降之节，效佞幸之仪，习为恒俗，非礼律所制，然犹以为仪注，斯固不隶礼经，而青史、小说之流也。

（原载《国粹学报》己酉年第十号（1909年11月2日），选自《国故论衡》卷中）

原　儒

儒有三科，关达、类、私之名，达名为儒，儒者，术士也。（《说文》。）太史公《儒林列传》曰；秦之季世坑术士，而世谓之坑儒。司马相如言：列仙之儒，居山泽间，形容甚臞。（《汉书·司马相如传》语，《史记》儒作传误。）赵太子悝亦语庄子曰：夫子必儒服而见王，事必大逆。（见《庄子·说剑篇》。）此虽道家方士言儒也。《盐铁论》曰：齐宣王褒儒尊学，孟轲、淳于髡之徒，受上大夫之禄，不任职而论国事。盖齐稷下先生千有余人，湣王矜功不休，诸儒谏不从，各分散，慎到、捷子亡去，田骈如薛，而孙卿适楚。（《论儒》。）王充作《儒增》、《道虚》、《谈天》、《说日》是应，举儒书所称者，有鲁般刻鸢，由基中杨，女娲炼石，共工触柱，觟鯱治狱，屈轶指佞，黄帝骑龙，淮南王犬吠天上，鸡鸣云中，李广射寝石、矢没羽，荆轲以匕首擿秦王，中铜柱入尺。① 日中有三足乌，月中有兔蟾蜍。是诸名籍，道、墨、名、法、阴阳、神仙之伦，旁有杂家所记，列传所录，一谓之儒，明其皆公族。

太古始有儒，儒之名盖出于需。需者，云上于天，而儒亦知天文、识旱潦，何以明之？乌知天将雨者曰鹬，（《说文》。）舞旱暵者以为衣冠，（《释鸟》，翠鹬，是鹬即翠。《地官》舞师，教皇舞帅而舞旱暵之事。《春官》乐师，有皇舞，故书皇皆作“翌”。郑司农云：翌舞者，以羽覆冒头上，衣饰翡翠之羽，寻旱翌求雨而服翡翠者，以翠为知雨之鸟故。）鹬冠者，亦曰术氏冠，（《汉·五行志》注引《礼图》。）又曰圜冠。庄周言，儒者冠圜冠者知天时，履句屦者知地形，缓佩玦者事至而断，（《田子方篇》文，《五行志》注引《逸周书》

① 《国故论衡》作：“有鲁般刻鸢，由基中杨，李广射寝石、矢没羽，荆轲以匕首擿秦王，中铜柱入尺。女娲销石，共工触柱，觟鯱治狱，屈轶指佞，黄帝骑龙，淮南王犬吠天上，鸡鸣云中。”下接“日中有三足乌”。

文同。《庄子》圜字作鹬，《续汉书·舆服志》云：鹬冠前圜。）明灵星舞子吁嗟以求雨者谓之儒，故曾皙之狂而志舞雩，原宪之狷而服华冠，（华冠，亦名建华冠。《晋书·舆服志》以为即鹬冠，华皇亦一声之转。）皆抗节不耦于同世辟儒，愿一返太古，忿世为巫，辟易放志于鬼道。（阳狂为巫，古所恒有，曾、原二生之志，岂以灵保自居哉，亦以是通其狂惑而已。董仲舒不喻斯旨，而崇饰土龙，乞效虾蟆，燔豭荐脯，以事求雨，其愚亦甚。然则上古之儒固然，非后世所宜效也。）古之儒知天文占候，谓其多技，其后施易，故号遍施于九流，诸有术者，悉晐之矣。

类名为儒，儒者，知礼乐射御书数。《天官》曰：儒以道得民。说曰：儒，诸侯保氏，有六艺以教民者。《地官》曰：联师儒。说曰：师儒，乡里教以道艺者。此则躬备德行为师，效其材艺为儒。养由基射白猿，应矢而下；尹儒学御三年，受秋驾。《吕氏》曰：皆六艺之人也。（《吕氏春秋·博志篇》。）明二子皆儒者，儒者则足以为桢干矣。私名为儒。《七略》曰：儒家者流，盖出于司徒之官，助人君顺阴阳明教化者也。游文于六经之中，留意于仁义之际，祖述尧、舜，宪章文、武，宗师仲尼，以重其言，于道为最高。周之衰，保氏失其守，史籀之书，商高之算，蜂门之射，范氏之御，皆不自儒者传。故孔子曰：吾犹及史之阙文也，有马者借人乘之，今亡矣夫。盖名契乱，执辔调御之术，亦浸不正，自诡鄙事，言君子不多能，为当世名士显人隐讳，及《儒行》称十五儒，《七略》疏晏子以下五十二家，皆粗明德行政教之趣而已，未及六艺也。其科于《周官》为师，儒绝而师假摄其名。然自孟子、孙卿，多自拟以天子三公。智效一官，奔走御侮则劣矣。而末流亦弥以哗世取宠。及郦生、陆贾、平原君之徒，铺歠不廉，德行亦败，乃不如刀笔吏。是三科者，皆不见五经家。（汉世称今文家为五经家，其古文家则不用是称，见《后汉书·贾逵传》。）往者，商瞿、伏胜、穀梁赤、公羊高、高堂生诸老，《七略》格之，名不登于儒籍。（若孙卿书叙录云：韩非号韩士，又浮丘伯皆受业为名儒，此则韩非，浮丘并得名儒之号，乃达名矣。《盐铁论·毁学篇》云：包丘子修道白屋之下，乐其志，或非专治经者。）儒者游文，而五经家专致，五经家骨鲠守节过儒者，其辩智弗如。（传经之士，古文家吴起、李克、虞卿、孙卿而外，知名于七国者寡。儒家则孟子、孙卿、鲁连、宁越皆有显闻。盖五经家不务游说，其才亦未逮也。至汉则五经家复以其术取宠，本末兼陨，然古文家独异是。古文家务求是，儒家务致用，亦各有适，兼之者李克、孙卿数子而已。五经家两无所当，顾欲两据其长，《春秋》断狱之言，遂为厉于天下。）此其所以为异。自太史公始以儒林题齐、鲁诸生，徒以润色孔氏遗业，又尚习礼乐弦歌之音，乡饮大射，事不违艺，故比而次之。及汉有董仲舒、夏侯始昌、京房、翼奉之流，多推五胜，又占天官风角，与鹬冠同流。草窃三科之间，往往相乱。晚有古文家出，实事求是，征于文不征于献，诸在口说，虽游、夏犹黜之，斯盖史官支流，与儒家益绝矣。

冒之达名，道、墨、名、法、阴阳、小说、诗赋、经方、本草、蓍龟、形法，此皆术士，何遽不言儒。局之类名，蹴鞠弋道近射，历谱近数，调律近乐，犹虎门之儒所事也。（若以类名之儒言之，赵爽、刘徽、祖暅之明算，杜夔、阮咸、万宝常之知乐，悉成周之真儒矣。）今独以传经为儒，以私名则异，以达名类名则偏，要之题号由古今异。儒犹道矣，儒之名于古〈通〉为术士，于今专为师氏之守；道之名于古通为德行道艺，于今专为老聃之徒。道家之名，不以题诸方技者，嫌与老氏掍也。传经者复称儒，即与私名之儒淆乱。（《论衡·书解篇》曰：著作者乃文儒，说经者为世儒。世儒业易为，文儒之业，卓绝不循。彼虚说，此实篇。案所谓文儒者，九流六艺太史之属；所谓世儒者，即今文家。以此为别，似可就部，然世儒之名，又不可施诸刘歆、许慎也。）孔子曰：今世命儒亡常，以儒相诟病，谓自师氏之守以外，皆宜去儒名便，非独经师也。以三科悉称儒，名实不足以相检，则儒常相伐，故有理情性陈王道，而不丽保氏，身不跨马，射不穿札，即与驳者，则以呰窳诟之，以多艺匡之，是以类名宰私名也。有审方圆正书名，而不经品庶，不念蒸民疾疢，即与驳者，则以他技诟之，以致远匡之，是以私名宰类名也。有综九流齑万物，而不一孔父，不蹩躠为仁义，即与驳者，则以左道诟之，以尊师匡之，是以私名宰达名也。今令辩士艺人闳眇之学，皆弃捐儒名，避师氏贤者路，名喻则争自息。不然，儒家称师，艺人称儒，其余各名其家，泛言曰学者，旁及诗赋，而泛言曰文学。（文学名，见《韩子》，亦七国时泛称也。）亦可以无相鏖矣。礼乐世变易，射御于今粗粗，无参连白矢交衢和鸾之技，独书数仍世益精博。凡为学者，未有能舍是者也。三科虽殊，要之以书数为本。

（选自《国粹学报》己酉年第十号（1909年11月2日））

诸子学略说

所谓诸子学者，非专限于周秦，后代诸家，亦得列入，而必以周秦为主。盖中国学说，其病多在汗漫。春秋以上，学说未兴，汉武以后，定一尊于孔子，虽欲放言高论，犹必以无碍孔氏为宗。强相援引，妄为皮傅，愈调和者愈失其本真，愈附会者愈违其解故。故中国之学，其失不在支离，而在汗漫。自宋以后，理学肇兴。明世推崇朱氏，过于素王。阳明起而相抗，其言致良知也，犹云朱子晚年定论。孙奇逢辈遂以调和朱、陆为能，此皆汗漫之失也。

惟周秦诸子，推迹古初，承受师法，各为独立，无援引攀附之事，虽同在一家者，犹且矜己自贵，不相通融。故荀子非十二子，子思、孟轲亦在其列。或云子张氏之贱儒，子游氏之贱儒，子夏氏之贱儒，诟詈嘲弄，无所假借。《韩非子・显学篇》云：世之显学，儒墨也，儒之所至，孔丘也，墨之所至，墨翟也。自孔子之死也，有子张之儒，有子思之儒，有颜氏之儒，有孟氏之儒，有漆雕氏之儒，有仲良氏之儒，有孙氏之儒，有乐正氏之儒。自墨子之死也，有相里氏之墨，有相夫氏之墨，有邓陵氏之墨。故孔、墨之后，儒分为八，墨离为三，取舍相反不同，而皆自谓真孔、墨，孔、墨不可复生，谁使定世之学乎！此可见当时学者，惟以师说为宗，小有异同，便不相附，非如后人之忌狭隘、喜宽容、恶门户、矜旷观也。盖观调和独立之殊，而知古今学者远不相及。佛家有言，何等名为所熏，若法平等，无所违逆，能容习气，乃是所熏。此遮善染，势力强盛，无所容纳，故非所熏。若法自在性，非坚密能受习气，乃是所熏。此遮心所。及无为法，依他坚密，故非所熏。（见《成唯识论》。）此可见古学之独立者，由其持论强盛，义证坚密，故不受外熏也。

或曰：党同门而妒道真者，刘子骏之所恶，以此相责，得无失言。答曰：此说经与诸子之异也。说经之学，所谓疏证，惟是考其典章制度与其事迹而已。其是非且勿论也。欲考索者，则不得不博览传记，而汉世太常诸生，唯守一家之说，不知今之经典，古之官书，其用在考迹异同，而不在寻求义理。故孔子删定六经，与太史公、班孟坚辈，初无高下，其书既为记事之书，其学惟为客观之学，党同妒真，则客观之学，必不能就，此刘子骏所以移书匡正也。若诸子则不然。彼所学者，主观之学，要在寻求义理，不在考迹异同。既立一宗，则必自坚其说，一切载籍，可以供我之用，非束书不观也。虽异己者，亦必睹其籍，知其义趣，惟往复辩论，不稍假借而已。是故言诸子，必以周秦为主。

古之学者，多出王官世卿用事之时，百姓当家，则务农商畜牧，无所谓学问也。其欲学者，不得不给事官府为之胥徒，或乃供洒扫为仆役焉。故《曲礼》云：宦学事师。学字本或作御。所谓宦者，谓为其宦寺也；所谓御者，谓为其仆御也。故事师者，以洒扫进退为职，而后车从者，才比于执鞭拊马之徒。观春秋时，世卿皆称夫子。夫子者，犹今言老爷耳。孔子为鲁大夫，故其徒尊曰夫子，犹是主仆相对之称也。《说文》云："仕，学也。"仕何以得训为学？所谓宦于大夫，犹今之学习行走尔。是故非仕无学，非学无仕，二者是一而非二也。（学优则仕之言，出于子夏。子夏为魏文侯师。当战国时，仕学分途久矣，非古义也。）秦丞相李斯议曰："若欲有学法令，以吏为师。"亦犹行古之道也。惟其学在王官，官宿其业，传之子孙，故谓之畴人子弟。（见《史记·历书》。）畴者，类也。汉律，年二十三傅之畴官，各从其父学，此之谓也。（近世阮元作《畴人传》，以畴人为明算之称，非是。）其后有儒家、墨家诸称，《荀子·大略篇》云：此家言邪学，所以恶儒者。当时学术相传，在其子弟，而犹称为家者，亦仍古者畴官世业之名耳。《史记》称老聃为柱下史，庄子称老聃为征藏史，道家固出于史官矣。孔子问礼老聃，卒以删定六艺，而儒家亦自此萌芽。墨家先有史佚，为成王师，其后墨翟亦受学于史角。阴阳家者，其所掌为文史星历之事，则《左氏》所载瞽史之徒，能知天道者是也。其他虽无征验，而大抵出于王官。是故《汉·艺文志》论之曰：

> 儒家者流，盖出于司徒之官。道家者流，盖出于史官。阴阳家者流，盖出于羲和之官。法家者流，盖出于理官。名家者流，盖出于礼官。墨家者流，盖出于清庙之守。纵横家者流，盖出于行人之

官。杂家者流，盖出于议官。农家者流，益出于农稷之官。小说家者流，盖出于稗官。

此诸子出于王官之证。惟其各为一官，守法奉职，故彼此不必相通。《庄子·天下篇》云：譬如耳目鼻口，皆有所明，不能相通，是也。亦有兼学二术者，如儒家多兼纵横，法家多兼名，此表里一体，互为经纬者也。若告子之兼学儒、墨，则见讥于孟氏，而墨子亦谓告子为仁，譬犹跂以为长，隐以为广，其弟子请墨子弃之。（见《墨子·公孟篇》。）进退失据，两无所容，此可谓调和者之戒矣。

今略论各家如左：

一论儒家。《周礼·太宰》言儒以道得民，是儒之得称久矣。司徒之官，专主教化，所谓三物化名。三物者，六德、六行、六艺之谓。是故孔子博学多能，而教人以忠恕。虽然，有商订历史之孔子，则删定《六经》是也；有从事教育之孔子，则《论语》、《孝经》是也。由前之道，其流为经师；由后之道，其流为儒家。《汉书》以周秦、汉初诸经学家录入《儒林传》中，以《论语》、《孝经》诸书录入《六艺略》中，此由汉世专重经术，而儒家之荀卿，又为《左氏》、《穀梁》、《毛诗》之祖，此所以不别经、儒也。若在周秦，则固有别。且如儒家巨子，李克、宁越、孟子、荀卿、鲁仲连辈，皆为当世显人，而《儒林传》所述传经之士，大都载籍无闻，莫详行事。盖儒生以致用为功，经师以求是为职。虽今文古文，所持有异，而在周秦之际，通经致用之说未兴，惟欲保残守缺，以贻子孙，顾于世事无与。故荀卿讥之曰：鄙夫好其实，不恤其文，是以终身不免埤污庸俗。故《易》曰：括囊，无咎无誉。腐儒之谓也。（见《非相篇》。）此云腐儒，即指当时之经师也。由今论之，则犹愈于汉世经师，言取青紫如拾芥，较之战国儒家亦为少愈，以其淡于荣利云尔。

儒家之病，在以富贵利禄为心。盖孔子当春秋之季，世卿秉政，贤路壅塞，故其作《春秋》也，以非世卿见志，（公羊家及左氏家张敞皆有其说。）其教弟子也，惟欲成就吏材，可使从政。而世卿既难猝去，故但欲假借事权，便其行事。是故终身志望，不敢妄希帝王，惟以王佐自拟。观荀卿《儒效篇》云：大儒者，天子三公也。（杨注，其才堪王者之佐也。）小儒者，诸侯大夫士也。众人者，工农商贾也。是则大儒之用，无过三公，其志亦云卑矣。孔子之讥丈人，谓之不仕无义。孟子、荀卿皆讥陈仲，一则以为无亲戚君臣上下，一则以为盗名不如盗货。（见《荀子·不苟篇》。）而荀子复述太公诛华仕事。（见《宥坐篇》。）由其不臣天子，不友诸侯，（见《韩非子·外储说》右上。）是儒家之湛心荣利，较然可知。所以者何？苦心力学，约处穷身，必求得雠，而后意歉，故曰："沽之哉！沽之哉！"不沽则吾道穷矣。

《艺文志》说儒家云，辟者随时抑扬，违离道本，苟以哗众取宠。不知哗众取宠，非始辟儒，即孔子固已如是。庄周述盗跖之言曰："鲁国巧伪人孔丘，不耕而食，不织而衣，摇唇鼓吞，擅生是非，以迷天下之主。使天下学士，不反其本，妄作孝弟，而侥幸于封侯富贵者也。"此犹曰道家诋毁之言也，而微生亩与孔子同时，已讥其佞，则儒家之真可见矣。孔子干七十二君，已开游说之端，其后儒家率多兼纵横者。（见下。）其自为说曰："无可无不可。"又曰："可与立，未可与权。"又曰："君子之中庸也，君子而时中。"孟子曰："孔子，圣之时者也。"荀子曰："君子时绌则绌，时伸而伸也。"（见《仲尼篇》。）然则孔子之教，惟在趋时，其行义从事而变，故曰"言不必信，行不必果"，如《墨子·非儒》下篇讥孔子曰：

> 孔子穷于陈、蔡之间，藜羹不糂十日，子路为烹豚，孔丘不问肉之所由来而食。褫人衣以酤酒，孔丘不问酒之所由来而饮。哀公迎孔丘，席不端弗坐，割不正弗食，子路进请曰："何其与陈、蔡反也？"孔丘曰："来！吾语汝！曩与汝为苟生，今与汝为苟义。"夫饥约，则不辞妄取以活身；赢饱，则伪行以自饰。污邪诈伪，孰大于此。

其诈伪既如此。及其对微生亩也，则又以疾固自文，此犹叔孙通对鲁两生曰："若真鄙儒不知时变也。"所谓中庸，实无异于乡愿。彼以乡愿为贼而讥之。夫一乡皆称愿人，此犹没身里巷、不求仕宦者也。若夫逢衣浅带，矫言伪行，以迷惑天下之主，则一国皆称愿人。所谓中庸者，是国愿也，有甚于乡愿者也。孔子讥乡愿，而不讥国愿，其湛心利禄又可知也。

君子时中，时伸时绌，故道德不必求其是，理想亦不必求其是，惟期便于行事则可矣。用儒家之道德，故艰苦卓厉者绝无，而冒没奔竞者皆是。俗谚有云："书中自有千钟粟。"此儒家必至之弊。贯于征辟、科举、学校之世，而无乎不遍者也。用儒家之理想，故宗旨多在可否之间，论议止于函胡之地。彼耶稣教、天方教，崇奉一尊，其害在堵塞人之思想，而儒术之害，则在淆乱人之思想，此程、朱、陆、王诸家所以有权而无实也。虽然，孔氏之功则有矣，变禨祥神怪之说而务人事，变畴人世官之学而及平民，此其功亦敻绝千古。二千年来，此事已属过去，独其热中竞进在耳。

次论道家。道家老子，本是史官，知成败祸福之事，悉在人谋，故能排斥鬼神，为儒家之先导。（道家如老、庄辈，皆无崇信鬼神之事，列子稍近神仙，亦非如汉世方士所为也。）《老子》“谷神不死，是谓玄牝”等语，未知何指。道士依傍其说，推为教祖，实于老子无与，亦以怵于利害，胆为之怯，故事事以卑弱自持。所云无为权首，将受其咎，人皆取先，己独取后者，实以表其胆怯之征。盖前世伊尹、太公之属，（《汉·艺文志》道家有《伊尹》五十一篇、《太公》二百三十七篇。）皆为辅佐，不为帝王。学老氏之术者，周时有范蠡，汉初有张良，其位置亦相类，皆惕然于权首之戒者也。孔子受学老聃，故儒家所希，只在王佐，可谓不背其师说矣。

老子非特不敢为帝王，亦不敢为教主。故云强梁者不得其死，吾将以为教父。大抵为教主者，无不强梁，如释迦以勇猛无畏为宗，尊曰大雄，亦曰调御，而耶稣、穆罕默德辈，或称帝子，或言天使，遇事奋迅，有愍不畏死之风，此皆强梁之最也。老子胆怯，自知不堪此任，故云“人之所教，我亦教之”，如是而已。然天下惟胆怯者权术亦多，盖力不能取，而以智取，此事势之必然也。老子云：“道法自然。”太史论老、庄诸子，以为归于自然。自然者，道家之第一义谛，由其博览史事，而知生存竞争，自然进化，故一切以放任为主。虽然，亦知放任之不可久也。群龙无首，必有以提倡之，又不敢以权首自居。是故去力任智，以诈取人，使彼乐于从我，故曰：善为道者，非以明民，将以愚之。弱之胜强，柔之胜刚，天下莫不知。老氏学术，尽于此矣。

虽然，老子以其权术授之孔子，而征藏故书，亦悉为孔子诈取。孔子之权术，乃有过于老子者。孔学本出于老，以儒道之形式有异，不欲崇奉以为本师，（亦如二程子之学本出濂溪，其后反对佛老，故不称周先生，直称周茂叔而已，东原之学，本出婺原，其后反对朱子，故不称江先生，直称吾郡老儒江慎修而已。）而惧老子发其覆也，于是说老子曰：乌鹊孺，鱼傅沫，细要者化，有弟而兄啼。（见《庄子·天运篇》。意谓己述六经，学皆出于老子，吾书先成，子名将夺，无可如何也。）老子胆怯，不得不曲从其请。逢蒙杀羿之事，又其素所怵惕也。胸有不平，欲一举发，而孔氏之徒，遍布东夏，吾言朝出，首领可以夕断，于是西出函谷，知秦地之无儒，而孔氏之无如我何，则始著《道德经》以发其覆。借令其书早出，则老子必不免于杀身，如少正卯在鲁，与孔子并，孔子之门，三盈三虚，（见《论衡·讲瑞篇》。）犹以争名致戮，而况老子之陵驾其上者乎！呜呼！观其师徒之际，忌刻如此，则其心术可知，其流毒之中人，亦可知已。

庄子晚出，其气独高，不惮抨弹前哲，愤奔走游说之风，故作《让王》以正之；恶智力取攻之事，故作《胠箧》以绝之。其术似与老子相同，其说乃与老子绝异，故《天下篇》历叙诸家，已与关尹、老聃裂分为二。其褒之以至极，尊之以博大真人者，以其自然之说，为己所取法也。其裂分为二者，不欲以老子之权术自污也。或谓子夏传田子方，田子方传庄氏，是故庄子之学，本出儒家，其说非是。庄子所述，如庚桑楚、徐无鬼、则阳之徒多矣，岂独一田子方耶！以其推重子方，遂谓其学所出必在于是，则徐无鬼亦庄子之师耶？南郭子綦之说，为庄子所亟称，彼亦庄子师耶？

次论墨家。墨家者，古宗教家，与孔、老绝殊者也。儒家公孟言无鬼神。（见《墨子·公孟篇》。）道家老子言以道莅天下，其鬼不神，是故儒、道皆无宗教。儒家后有董仲舒，明求雨禳灾之术，似为宗教。道家则由方士妄托，为近世之道教，皆非其本旨也。惟墨家出于清庙之守，故有《明鬼》三篇，而论道必归于天志，此乃所谓宗教矣。兼爱、尚同之说，为孟子所非；非乐、节葬之义，为荀卿所驳。其实墨之异儒者，并不止此。盖非命之说，为墨家所独胜。儒家、道家，皆言有命，其善于持论者，神怪妖诬之事，一切可以摧陷廓清，惟命则不能破，如《论衡》有《命禄》、《气寿》、《幸遇》、《命义》等篇是也。其《命义篇》举儒、墨对辩之言曰：

> 墨家之论，以为人死无命。儒家之议，以为人死有命。言有命者，见子夏言“死生有命，富贵在天”。言无命者，闻历阳之都，一宿沉而为湖。秦将白起，坑赵降卒于长平之下四十万众，同时皆死。春秋之时，败绩之事，死者数万，尸且万数，饥馑之岁，饿者满道，温气疫疠，千户灭门，如必有命，何其秦、齐同也？言有命者曰：夫天下之大，人民之众，一历阳之都，一长平之坑，同命俱死，未可怪也。命当溺死，故相聚于历阳；命当压死，故相积于长平。犹高祖初起，相工入丰、沛之邦，多封侯之人矣，未必老少男女俱贵而有相也。卓跞时见，往往皆然，而历阳之都，男女俱没，长平之坑，老少并陷，万数之中，必有长命未当死之人，遭时衰

> 微，兵革并起，不得终其寿。人命有长短，时有盛衰，衰则疾病被灾蒙祸之验也。宋、卫、陈、郑，同日并灾，四国之人，必有禄盛未当衰之人，然而俱灾，国祸临之也。故国命胜人命，寿命胜禄命。

凡言禄命而能成理者，以此为胜。

虽然，命者孰为之乎？命字之本，固谓天命。儒者既斥鬼神，则天命亦无可立。若谓自然之数，数由谁设，更不得其征矣。然墨子之非命，亦仅持之有故，未能言之成理也。特以有命之说，使其偷惰，故欲绝其端耳。其《非命》下篇云：今天下之君子之为文学出言谈也，非将勤能其颊舌而利其唇吻也，中实将欲其国家邑里万民刑政者也。今王公大臣，若信有命而致行之，则必怠乎听狱治政矣，卿大夫必怠乎治官府矣，农夫必怠乎耕稼树艺矣，妇人必怠乎纺绩织纴矣。是故非命者，不必求其原理，特谓于事有害而已。

夫儒家不信鬼神而言有命，墨家尊信鬼神而言无命，此似自相刺缪者。不知墨子之非命，正以成立宗教，彼之尊天右鬼者，谓其能福善祸淫耳。若言有命，则天鬼为无权矣。卒之盗跖寿终，伯夷饿夭，墨子之说，其不应者甚多，此其宗教所以不能传久也。又凡建立宗教者，必以音乐庄严之具感触人心，使之不厌。而墨子贵俭非乐，故其教不能逾二百岁。（秦汉已无墨者。）虽然，墨子之学，诚有不逮孔、老者，其道德则非孔、老所敢窥视也。

次论阴阳家。阴阳家亦属宗教，而与墨子有殊观。《墨子·贵义篇》云：子墨子北之齐，遇日者。日者曰："帝以今日杀黑龙于北方，而先生之色黑，不可以北。"子墨子不听，遂北至淄水，不遂而返焉。日者曰："我谓先生不可以北。"子墨子曰："南人不得北，北人不得南，其色有黑者，有白者，何故皆不遂也。且帝以甲乙杀青龙于东方，以丙丁杀赤龙于南方，以庚辛杀白龙于西方，以壬癸杀黑龙于北方，以戊己杀黄龙于中方。若用子之言，则是禁天下之行者也。"盖墨家言宗教，以善恶为祸福之标准，阴阳家言宗教，以趋避为祸福之标准，此其所以异也。或疑《七略》以阴阳家录入诸子，而《数术》自为一略，二者何以相异？答曰：以今论之，实无所异，但其理有浅深耳。盖数术诸家，皆繁碎占验之辞，而阴阳家则自有理论，如《邹子》四十九篇、《邹子终始》五十六篇、《邹奭子》十二篇，观《史记·孟荀列传》所述，邹衍之说，穷高极深，非专术家之事矣。《南公》三十六篇，即言"楚虽三户，亡秦必楚”者，是为预言之图谶，亦与常占有异。如杨〔扬〕雄之《太玄》、司马光之《潜虚》、邵雍之《皇极经世》、黄道周之《三易洞玑》，皆应在阴阳家，而不应在儒家六艺家，此与蓍龟形法之属，高下固殊绝矣。

次论纵横家。纵横家之得名，因于从人横人，以六国抗秦为从，以秦制六国为横，其名实不通于异时异处。《汉志》所录，汉有《蒯子》五篇、《邹阳》七篇。蒯劝韩信以三分天子鼎足而居，邹阳仕梁，值吴、楚昌狂之世，其书入于纵横家，亦其所也。其他秦《零陵令信》一篇、《主父偃》二十八篇、《徐乐》一篇、《庄安》一篇、《待诏金马聊苍》一篇，身仕王朝，复何纵横之有。然则纵横者，游说之异名，非独外交颛对之事也。

儒家者流，热中趋利，故未有不兼纵横者，如《墨子·非儒》下篇记孔子事，足以明之：

> 孔丘之齐，见景公，景公欲封之以尼溪。晏子曰：“不可。”于是厚其礼，留其封，数见而不问其道，孔乃恚怒于景公与晏子，乃树鸱夷子皮于田常之门，告南郭惠子以所欲焉。归于鲁。有顷间，齐将伐鲁，告子贡曰：“赐乎，举大事于今之时矣。”乃遣子贡之齐，因南郭惠子以见田常，劝之伐吴，以教高、国、鲍、晏，使毋得害田常之乱。

《越绝书》内传《陈成恒篇》亦记此事云：子贡一出，存鲁、乱齐、破吴、强晋、霸越。是则田常弑君，实孔子为之主谋，沐浴请讨之事，明知哀公不听，特借此以自文。此为诈谖之尤矣。便辞利口，覆邦乱家，非孔子、子贡为之倡耶？《庄子·胠箧》云：田成子一旦杀齐君而盗其国，所盗者岂独其国耶？并举其圣知之法而盗之，故窃钩者死，窃国者为诸侯，诸侯之门，而仁义存焉。此即切齿腐心于孔子之事也。

自尔以来，儒家不兼纵横，则不能取富贵。余观《汉志》儒家所列，有《鲁仲连子》十四篇、《平原老》七篇、《陆贾》二十三篇、《刘敬》三篇、《终军》八篇、《吾丘寿王》六篇、《庄助》四篇。此外，则有郦生，汉初谒者，称为大儒。而其人皆善纵横之术。其关于外交者，则鲁仲连说辛垣衍，郦生说田横，陆贾、终军、严助谕南越是也。其关于内事者，则刘敬请都关中是也。吾丘寿王在武帝前，智略辐辏，传中不言其事，寿王既与主父偃、徐乐、庄助同传，其行事宜相似。而平原老朱建者，则为辟阳侯审食其事，游说嬖人，其所为愈卑鄙矣。

纵横之术，不用于国家，则用于私人，而持书求荐者，又其末流。曹丘通谒于季布，楼护传食于五侯。降及唐世，韩愈以儒者得名，亦数数腾言当道，求为援手。乃知儒与纵横，相为表里，犹手足之相支、皮革之相附也。宋儒稍能自重。降及晚明，何心隐辈又以此术自豪。及满洲而称理学者，无不习捭阖，知避就矣。孔子称达者察言观色，虑以下人，闻者色取行违，居之不疑。由今观之，则闻者与纵横稍远，而达者与纵横最近，达固无以愈于闻也。程、朱末流，惟是闻者；陆、王末流，惟是达者。至于今日，所谓名臣大儒，则闻达兼之矣。若夫纵人横人之事，则秦皇一统而后，业已灭绝，故《隋书·经籍志》中，惟存《鬼谷》三卷，而梁元帝所著《补阙子》与《湘东鸿烈》二书，不知其何所指也。

次论法家。法家者，略有二种，其一为术，其一为法。《韩非子·定法篇》曰：申不害言术，而公孙鞅为法。术者，因任而授官，循名而责实，操杀生之柄，课群臣之能者也。此人主之所执也。法者，宪令著于官府，刑罚必于民心，赏存乎慎法，而罚加乎奸令者也，此臣之所师也。然为术者，则与道家相近；为法者，则与道家相反。《庄子·天下篇》说慎到之术曰：椎拍輐断，与物宛转，推而后行，曳而后往，若飘风之还，若羽之旋，若磨石之隧，全而无非，动静无过，未尝有罪。此老子所谓圣人无常心，以百姓为心也。此为术者与道家相近也。老子言民不畏死，奈何以死惧之。太史公《酷吏列传》亦引法令滋章、盗贼多有之说，而云法令者，治之具，而非制治清浊之源，此为法者与道家相反也。亦有兼任术法者，则管子、韩非是也。《汉志》，《管子》列于道家，其《心术》、《白心》、《内业》诸篇，皆其术也，《任法》、《法禁》、《重令》诸篇，皆其法也。韩非亦然，《解老》、《喻老》，本为道家学说。少尝学于荀卿，荀卿隆礼义而杀诗书，经礼三百，固周之大法也。韩非合此二家，以成一家之说，亦与管子相类。（惟《管子·幼官》诸篇，尚兼阴阳，而韩非无此者，则以时代不同也。）后此者惟诸葛亮专任法律，与商君为同类。故先主遗诏，令其子读《商君书》，（见裴松之《三国志注》引《诸葛亮集》。）知其君臣相合也。其后周之苏绰、唐之宋璟，庶几承其风烈。

然凡法家必与儒家、纵横家反对，惟荀卿以儒家大师，而法家韩、李为其弟子，则以荀卿本意在杀诗书，固与他儒有别。韩非以法家而作《说难》，由其急于存韩，故不得不兼纵横耳。其他则与儒家、纵横家未有不反唇相稽者。《商君·外内篇》曰：奚为淫道，为辩知者贵，游宦者任，文学私名显之谓也。此兼拒儒与纵横之说也。《靳令篇》曰：六虱：曰礼乐，曰诗书，曰修善，曰孝弟，曰诚信，曰贞廉，曰仁义，曰非兵，曰羞战。此专拒儒者之说也。《韩非·诡使篇》曰：守度奉量之士欲以忠婴上而不得见，巧言利辞，行奸轨以幸偷世者数御。《六反篇》曰：游居厚养，牟食之民也，而世尊之曰“有能之士”。曲语牟知，伪诈之民也，而世尊之曰“辩智之士”。此拒纵横家之说也。《五蠹篇》曰：儒以文乱法，侠以武犯禁。《显学篇》曰：藏书策，习谈论，聚徒役，服文学而议说，世主必从而礼之。国平则养儒侠，难至则用介士，所养者非所用，所用者非所养，此所以乱也。此拒儒家之说也。《五蠹篇》曰：明主之国，无书简之文，以法为教；无先王之语，以吏为师。此拒一切学者之说也。至汉公孙弘、董仲舒辈，本是经师。其时经师与儒已无分别。弘习文法吏事，而缘饰以儒术；仲舒为《春秋决狱》二百三十二事，以应廷尉张汤之问，儒家、法家，于此稍合。自是以后，则法家专与纵横家为敌，严助、伍被，皆纵横家，汉武欲薄其罪，张汤争而诛之。主父偃亦纵横家，汉武欲勿诛，公孙弘争而诛之。而边通学短长之术，亦卒谮杀张汤。诸葛治蜀，赏信必罚，彭羕、李严，皆纵横之魁杰，故羕诛而严流。其于儒者，则稍稍优容之。盖时诎则诎，能俯首帖耳于法家之下也。然儒家、法家、纵横家，皆以仕宦荣利为心，惟法家执守稍严，临事有效。儒家于招选茂异之世，则习为纵横；于综核名实之世，则毗于法律。纵横是其本真，法律非所素学。由是儒者自耻无用，则援引法家以为己有。南宋以后，尊诸葛为圣贤，亦可闵已。然至今日，则儒、法、纵横，殆将合而为一也。

次论名家。名家之说，关于礼制者，则所谓“刑名从商，爵名从周，文名从礼”也。关于人事百物者，则所谓“散名之加于万物者，则从诸夏之成俗曲期”也。《庄子·天下篇》云：《春秋》以道名分，非特褒贬损益而已。《穀梁传》曰：陨石于宋五，先陨而后石何也，陨而后石也。于宋四竟之内曰宋。后数，散辞也，耳治也。六鹢退飞过宋都。先数，聚辞也，目治也。石、鹢且犹尽其辞，而况于人乎说曰：陨石，记闻也，闻其磌然，视之则石，察之则五。六鹢退飞，记见也，视之则六，察之则鹢，徐而察之则退飞，是关于散名者也。凡正名者，亦非一家之术，儒、道、墨、法，必兼是学，然后能立能破，故儒有荀子《正名》，墨有《经说》上、下，皆名家之真谛，散在余子者也。若惠施、公孙龙辈，专以名家著闻，而苟为钘析者多，其术反同诡辩。故先举儒家荀子《正名》之说，以征名号。其说曰：

何缘而以同异？曰：缘天官。凡同类同情者，其天官之意物也同；故比方之疑似而通。是所以共其约名以相期也。形体色理，以目异；声音清浊、调竽奇声，以耳异；甘、苦、咸、淡、辛、酸、奇味，以口异；香、臭、芬、郁、腥、臊、洒、酸、奇臭，以鼻异；疾、养、冷、热、滑、铍、轻、重，以形体异。说、故、喜、怒、哀、乐、爱、恶、欲，以心异。心有征知。征知，则缘耳而知声可也，缘目而知形可也，然而征知必将待天官之当簿其类然后可也。五官簿之而不知，心征之而无说，则人莫不然谓之不知，此所缘而以同异也。

然后随而命之，同则同之，异则异之；单足以喻则单；单不足以喻则兼；单与兼无所相避则共，虽共，不为害矣。故万物虽众，有时而欲遍举之，故谓之物。物也者，大共名也。推而共之，共则又共，至于无共然后止。有时而欲遍举之，故谓之鸟兽。鸟兽者，大别名也。推而别之，别则又别，至于无别然后止。物有同状而异所者，有异状而同所者，可别也。状同而为异所者，虽可合，谓之二实。状变而实无别而为异者，谓之化；有化而无别，谓之一实。此事之所以稽实定数也。此制名之枢要也。

按此说同异何缘，曰缘天官。中土书籍少言缘者，故当征之佛书。大凡一念所起，必有四缘：一曰因缘，识种是也；二曰所缘缘，尘境是也；三曰增上缘，助伴是也；四曰等无间缘，前念是也。缘者是攀附义。此云缘天官者，五官缘境，彼境是所缘缘，心缘五官见分，五官见分是增上缘，故曰缘耳而知声可也，缘目而知形可也。五官非心不能感境，故同时有五，俱意识为五官，作增土缘。心非五官不能征知，故复借五官见分为心作增上缘。五官感觉，惟是现量，故曰五官簿之而不知。心能知觉，兼有非量、比量，初知觉时，犹未安立名言，故曰心征之而无说。征而无说，人谓其不知，于是名字生焉。

大抵起心分位，必更五级：其一曰作意，此能警心令起；二曰触，此能令根（即五官），境识三和合为一；三曰受，此能领纳顺违俱非境相；四曰想，此能取境分齐；五曰思，此能取境本因。作意与触，今称动向，受者今称感觉，想者今称知觉，思者今称考察。初起名字，惟由想成，所谓口呼意呼者也。继起名字，多由思成，所谓考呼者也。凡诸别名，起于取像，故由想位口呼而成。凡诸共名，起于概念，故由思位考呼而成。同状异所，如两马同状，而所据方分各异；异状同所，如壮老异状，而所据方分是同。不能以同状异所者，谓为一物；亦不能以异状同所者，谓为二物。然佛家说六种言论，有云众法聚集言论者，谓于色、香、味、触等事和合差别，建立宅舍，瓶衣车乘军林树等种种言论，有云非常言论者，或由加行谓于金段等起，诸加行造环钏等异，庄严具，金段言舍，环钏言生。或由转变，谓饮食等于转变时，饮食言舍便秽言生。（见《瑜伽师地论》。）然则同状异所者，物虽异而名可同，聚集万人，则谓之师矣。异状同所者，物虽同而名可异，如卵变为鸡，则谓之鸡矣。荀子未言及此，亦其鉴有未周也。

次举《墨经》以解因明。其说曰：

> 故所得而后成也。（《经上》。）小故有之不必然，无之必不然，体也若有端。大故有之必无然，若见之成见也。体若二之一，尺之端也。（《经说上》。）

荀子惟能制名，不及因名之术，要待墨子而后明之。何谓因明？谓以此因明彼宗旨。佛家因明之法，宗因喻三分为三支，于喻之中，又有同喻异喻。同喻异喻之上，各有合离之言词，名曰喻体，即此喻语，名曰喻依，如云声是无常，（宗。）所作性故，（因。）凡所作者，皆是无常，同喻如瓶。凡非无常者，皆非所作。异喻如太空。（喻。）墨子之“故”，即彼之“因”，必得此因，而后成宗，故曰“故所得而后成也”。小故大故，皆简因喻过误之言，云何小故，谓以此大为小之因。盖凡“因”较宗之“后陈”，其量必减，如以所作成无常，而无常之中，有多分非所作者，若海市电光，无常起灭，岂必皆是所作。然凡所作者，则无一不是无常。是故无常量宽，所作量狭，今此同喻合词。若云凡无常者，皆是所作，则有“倒合”之过，故曰“有之不必然”。谓有无常者，不必皆是所作也。然于异喻离词，若云凡非无常者，皆非所作，则为无过，故曰“无之必不然”。谓无无常者，必不是所作也。以体喻宽量，以端喻狭量，故云“体也若有端”。云何大故？谓以此大为彼大之因。如云声是无常不遍性，故不遍之与无常，了不相关，其量亦无宽狭。既不相关，必不能以不遍之因，成无常之宗，故曰“有之必无然”。二者同量，若见与见，若尺之前端后端，故曰“若见之成见也，体若二之一，尺之端也”。

近人或谓印度三支，即是欧洲三段。所云宗者，当彼断按；所云因者，当彼小前提；所云同喻之喻体者，当彼大前提。特其排列逆顺，彼此相反，则由自悟悟他之不同耳。然欧洲无异喻，而印度有异喻者，则以防其倒合，倒合则有减量换位之失。是故示以离法，而此弊为之消弭。村上专精据此以为因明法式长于欧洲。乃墨子于小故一条已能如此，是亦难能可贵矣。若鸡三足、狗非犬之类，诡辩繁辞，今姑勿论。

次论杂家。杂家者，兼儒、墨，合名、法，见王治之无不贯，此本出于议官。彼此异论，非以调和为能事也。《吕氏春秋》、《淮南》内篇，由数人集合而成，言各异指，固无所害，及以一人为之，则漫羡无所归心，此《汉志》所以讥为荡者也。《韩非子·显学篇》曰：墨者之葬也，冬日冬服，夏日夏服，桐棺三寸，服丧三月，世以为俭而礼之。儒者破家而葬，服丧三年，大毁扶杖，世以为孝而礼之。夫是墨子之俭，将非孔子之侈也；是孔子之孝，将非墨子之戾也。今孝、戾、俭、侈，俱在儒、墨，而上兼礼之。漆雕之议，不色挠，不目逃，行曲则违于臧获，行直则怒于诸侯，世主以为廉而礼之。宋荣子之议，设不斗争，取不随仇，不羞囹圄，见侮不辱，世主以为宽而礼之。夫是漆雕之廉，将非宋荣之恕也；是宋荣之宽，将非漆雕之暴也。今宽、廉、恕、暴，俱在二子，人主兼而礼之。自愚诬之学、杂反之辞争而人主俱听之；故海内之士，言无定术，行无常议。夫冰炭不同器而久，寒暑不兼时而至，杂反之学不两立而治。今兼听杂学缪行同异之举，安得无乱乎？韩非说虽如是，然欲一国议论如合符节，此固必不可得者。学术进行，亦借互相驳难，又不必偏废也。至以一人之言而矛盾自陷，俯仰异趋，则学术自此衰矣。东汉以来，此风最盛，章氏《文史通义》谓近人著作，无专门可归者，率以儒家、杂家为蛇龙之菹，信不诬也。

次论农家。农家诸书，世无传者，《氾胜之书》，时见他书征引，与贾思勰之《齐民要术》、王桢之《农书》义趣不异。若农家止于如此，则不妨归之方技，与医经经方同列。然观《志》所述云："鄙者为之，以为无所事圣王，欲使君臣并耕，悖上下之序。"则许行所谓神农之言犹有存者。《韩非·显学篇》云：今世之学士语治者，多曰："与贫穷地，以实无资。"是即近世均地主义，斯所以自成一家欤？

次论小说家。周秦、西汉之小说，似与近世不同。如《周考》七十六篇、《青史子》五十七篇、《臣寿周纪》七篇、《虞初周说》九百四十三篇，与近世杂史相类，比于《西京杂记》、《四朝闻见录》等，盖差胜矣。贾谊尝引《青史》，必非谬悠之说可知。如《伊尹说》二十七篇、《鬻子说》十九篇、《宋子》十八篇、《待诏臣安成未央术》一篇，则其言又兼黄老。《庄子·天下篇》举宋钘、尹文之术，列为一家，荀卿亦与宋子相难。今尹文入名家，而宋子只入小说，此又不可解者。以意揣之，宋子上说下教，强聒不舍，（见《庄子·天下篇》。）盖有意于社会道德者。所列黄老诸家，宜亦同此。街谈巷议，所以有益于民俗也。《笑林》以后，此指渐衰，非刍荛之议矣。

上来所述诸子，凡得十家，而《汉志》称九流者，彼云九家可观，盖小说特为附录而已。就此十家论之，儒、道本同源而异流，与杂家、纵横家合为一类，墨家、阴阳家为一类，农家、小说家为一类，法家、名家各自独立，特有其相通者。

（选自《国粹学报》丙午年第八、第九号（1906年9月8日、10月7日））

尊 荀

使文质兴废，若画丹之与墨，若大山之与深壑，虽骤变可矣。变不斗绝，故与之莎随以道古。荀子之道古：声，则凡非雅声者举废；色，则凡非旧文者举息；械用，则凡非旧器者举毁。以是不过三代，不贰后王。法后王矣，何古之足道？曰：近古曰古，大古曰新。綦文理于新，不能无因近古。曰后王。所谓后王者，上非文武，下非始皇帝。何者？一栖七雄，共和之令废。秦虽得陈宝，六国未一拱揂，未斠郊号，未称帝，彼天下之君安在？仲尼有言：夏道不亡，商德不作；商德不亡，周德不作；周德不亡，《春秋》不作。《春秋》之作，以黑绿不足代苍黄，故反夏政于鲁，为新王制，非为汉制也。其所规摹，则政令粲然示于禘矣。故荀子所谓后王者，则素王是；所谓法后王者，则法《春秋》是。《春秋》作新法，而讥上变古易常。

使文质兴废，若画丹之与墨，若大山之与深壑，虽骤变可矣。变不斗绝，故与之莎随以道古。古也者，近古也，可因者也。汉因于秦，唐因于周、隋，宋因于周，因之日以其法为金锡，而己形范之，或益而宜，或损而宜。损益曰变，因之曰不变。仲尼、荀卿之于周法，视此矣。其傃古也，禔以便新也。

自东周之季以至禹，《连山》息，《汨作》废，《九共》绝。绝政虽在，不能无小齵。节奏无齵，惟近古之周。荀作新法而弃近古，钊以夏为萬。夏，大古之属也，名不尔雅，政不乐易，其所谓新者，民无与为新矣。墨翟眩于是，故师禹暂。李斯眩于是，涤荡周旧，而一从秦制，厉其唇吻，以为法泰皇。夫泰皇诚古也，畔周世之随俗雅化，而以殊瑰临民；其傃古也，其傃新也。其傃新也，禔以害新也。

是以君子行政若竘匠然：镕冶自京室，而井埴自胜国。由是则治，不由是则乱。后有改作者，虽百世可知也。

（选自《訄书》初刻本（1900年））

秦献记

秦博士七十人，掌通古今。《百官公卿表》。识于太史公书者，叔孙通、伏生最著。仆射周青臣用面谀显，淳于越相与牴牾，衅成而秦燔书。其他《说苑》有鲍白令之，斥始皇行桀纣之道，乃欲为禅让，比于五帝。《至公》篇。其骨鲠次淳于。《汉艺文志》儒家有《羊子》四篇，凡书百章；名家四篇则《黄公》，黄公名疵，复作《秦歌诗》。二子皆秦博士也。京房称赵高用事，有正先，用非刺高死。孟康曰：姓正名先，秦博士也。取在古传纪，略得八人，于七十员者九一耳。青臣朴樕不足齿，其七人或直言无挠辞，不即能制作，造为琦辞，遗令闻于来叶。其穷而在蒿艾，与外吏无朝籍，烂然有文采论篹者，三川有成公生，与黄公同时。当李斯子由为三川守，而成公生游谈不仕，著书三篇，在名家。从横家有《零陵令信》一篇，难丞相李斯。皆见《艺文志》。秦虽钳语，烧《诗》、《书》，然自内外荐绅之士，与褐衣游公卿者，皆抵禁无所惧，是岂无说哉？或曰：秦焚《诗》、《书》、百家语在人间者，独博士如故。将私其方术于己以愚黔首。故叔孙通以文学征待诏博士，而陈胜之起，诸生三十余人，得引《公羊》“人臣无将”以对。郑樵、马端临说，实本《论衡》。《论衡·正说》篇曰：令史官尽烧五经，有敢藏《诗》、《书》、百家语者刑，惟博士乃得有之。近人多从其说。或曰：秦火及六籍，不燔诸子。诸子尺书、文篇具在可观。见《论衡·书解》篇。孟子徒党虽尽，其篇籍得不泯绝。《孟子题辞》。夫李斯以淳于越之议，夸主异取，故请杂烧以绝其原。越固博士也。商君以《诗》、《书》、《礼》、《乐》为六虱，《靳令》篇。尽划灭之，而以法家相秦者宗其术。然则秦不以六艺为良书，虽良书亦不欲私之于博士。其云非博士官所职，天下敢有藏《诗》、《书》、百家语者，倒言之，即是天下敢有藏《诗》、《书》、百家语，非博士官所职者。自仲任误解，乃谓博士独有其书。郑、马之徒，沿袭斯论，遂为今日争端。即前议非矣。斯以诸侯并争，厚招游学为祸始。故夫滑稽便辞而不可轨法者，则六国诸子是也。不燔六艺，不足以尊新王。诸子之术，分流至于九家，游说乞贷，人善其私，其相攻甚于六艺。今即弗焚，则恣其曼衍乎？诸子与百家语，名实一也。不焚诸子，其所议者云何？诸子所以完具者，其书多空言，不载行事，又其时语易晓，而口耳相传者众。自三十四年焚书，讫于张楚之兴，首尾五年，记诵未衰，故著帛为具。验之他书，诸侯《史记》与《礼》、《乐》诸经，多载行事法式，不便谙诵，而《尚书》尤难读，故往往残破。《诗》有音均则不灭，亦其征也。此则后议复非矣。余以为著于法令者，自《秦纪》、《史篇》、秦八体有大篆，不焚《史篇》。医药、卜筮、种树而外，秘书私箧，无所不烧，方策述作，无所不禁。然而文学辩慧，酖于人心，上下所周好，虽著令，弗能夺也。烧书者，本秦旧制，不始李斯，自斯始旁及因国耳。韩非言“商鞅焚《诗》、《书》，明法令，塞私门之请，以遂公家之劳；禁游宦之民，以显耕战之士”。《和氏》篇。其验也。商君既诛，契令犹在，遗法余教未替。然张仪、范雎、蔡泽之伦，结轶叩关，游谈不绝，亦数称六艺成事。及不韦著书，以县国门，秦之法令，弗能绝也。后李斯者，汉初挟书之令未刬，然娄敬以戍卒輓辂，上谒高帝，亦引《太誓》为征，汉之法令，弗能绝也。夫高祖则溺儒冠，秦之诸王，非能如李斯知六艺之归也。然其律令在官，空为文具，终不钩考，以致其诚。今始皇不起白屋，而斯受学孙卿，好文过于余主，此则令之之速，零陵之难，成公之说，一切无所穷治，自其分也。又况票票羊、黄之徒乎？以斯骫于用法，顾使秦之黎献，因是得优游论著，亦斯赞之矣！若其咸阳之坑，死者四百六十人，是特以卢生故，恶其诽谤，令诸生传相告引，亦犹汉世党锢之狱，兴于一时，非其法令必以文学为戮。数公者，诚不以抵禁幸脱云。

（1901年，选自《太炎文录初编》文录卷一）

商鞅

商鞅之中于谗诽也二千年，而今世为尤甚。其说以为，自汉以降，抑夺民权，使人君纵恣者，皆商鞅法家之说为之倡。乌乎！是惑于淫说也甚矣。

法者，制度之大名。周之六官，官别其守，而陈其典，以扰从天下，是之谓法。故法家者流，则犹西方所谓政治家也，非胶于刑律而已。

后世之有律，自萧何作《九章》始，汉《地理志》：箕子作“乐浪朝鲜民犯禁八条”。李悝、高祖皆尝有作。然或行于小国，或草创未定之制。若汉唐及今变本加厉之法，则皆萌芽于何。远不本鞅，而近不本李斯。张汤、赵禹之徒起，踵武何说而文饰之，以媚人主，以震百辟，以束下民，于是乎废《小雅》。此其罪则公孙弘为之魁，而汤为之辅，于商鞅乎何与？

鞅之作法也，尽九变以笼五官，核其宪度而为治本。民有不率，计画至无俚，则始济之以攫杀援噬。此以刑维其法，而非以刑为法之本也。故大〔太〕史公称之曰：“行法十年，秦民大说，道不拾遗，山无盗贼，家给人足。”今夫家给人足，而出于虔刘之政乎？功坚其心，纠其民于农牧，使向之游惰无所业者，转而傅井亩。是故盖臧有余，而赋税亦不至于缺乏。其始也觳，其终也交足，异乎其厉民以鞭箠而务充君之左臧者也。

及夫张汤，则专以见知、腹诽之法，震怖臣下，诛锄谏士，艾杀豪杰，以称天子专制之意。此其鹄惟在于刑，其刑惟在于簿书筐箧，而五官之大法勿与焉，任天子之重征敛、恣调发而已矣！有拂天子意者，则已为天子深文治之，并非能自持其刑也。是故商鞅行法而秦日富，张汤行法而汉日贫，观于汲黯之所讥，则可知矣。繇汤之法，终于盗贼满山，直指四出，上下相蒙，以空文为治。何其与鞅反也？则鞅知有大法，而汤徒知有狴狱之制耳。法家与刀笔吏，其优绌诚不可较哉！

且非特效之优绌而已，其心术亦殊绝矣。迹鞅之进身与处交游，诚多可议者，独其当官，则正如檄榜而不可紾。方孝公以国事属鞅，鞅自是得行其意，政令出内，虽乘舆亦不得违法而任喜怒。其贤于汤之窥人主意以为高下者，亦远矣。辱大子，刑公子虔，知后有新主能为祸福，而不欲屈法以求容阅。乌乎！其魁垒而骨鲠也。庸渠若弘、汤之徒，专乞哀于人主，藉其苛细以行佞媚之术者乎？

夫鞅之一日刑七百人以赤渭水，其酷烈或过于汤，而苛细则未有也。观其定令，如列传所言，略已具矣。吾以为酷烈与苛细者，则治乱之殊，直佞之所繇分也。何者？诛意之律，反唇之刑，非有所受也。汤以为不如是不足以媚人主，故瘁心力而裁制之，若鞅则无事此矣。周兴、来俊臣之酷烈也，又过于鞅，然割剥之憯乱越无条理。且其意亦以行媚，而非以佐治，则鞅于此又不屑焉。嗟乎！牛羊之以族蠡传者，虑其败群，牧人去之而无所遴。刑七百人，盖所以止刑也。俄而家给人足、道不拾遗矣！虽不刑措，其势将偃齐斧以攻榱桷。世徒见鞅初政之酷烈，而不考其后之成效，若鞅之为人，终日持鼎镬以宰割其民者，岂不缪哉！余观汉氏以降，刀笔吏之说，多传《春秋》。其义恣君抑臣，流貤而及于民。汤之用“决事比”，其最俶矣。自是可称道者，特旌旗之以文无害之名，而不能谓之有益于百姓。是其于法家，则犹大岩之与壑也。今缀学者不能持其故，而以“抑民恣君”蔽罪于商鞅。乌乎！其远于事情哉。且亦未论鞅之世矣。

夫使民有权者，必其辩慧之士可与议令者也。今秦自三良之死，后嗣无法，民无所败效，至鞅之世，而冥顽固以甚矣。后百余岁，荀子犹曰“秦无儒”，此其蠢愚无知之效也。以蠢愚无知之民，起而议政令，则不足以广益，而只以殽乱是非。非禁之，将何道哉？后世有秀民矣，而上必强阏之，使不得与议令。故人君尊严若九天之上，萌庶缩朒若九地之下。此诚昉于弘、汤之求媚，而非其取法于鞅也。

藉弟令效鞅，鞅固救时之相而已。其法取足以济一时，其书取足以明其所行之法，非若儒墨之箸〔著〕书，欲行其说于后世者也。后世不察鞅之用意，而强以其物色效之，如孙复、胡安国者，则谓之愚之尤；如公孙弘、张汤者，则谓之佞之尤。此其咎皆基于自取，而鞅奚罪焉？

吾所为濊鞅者，则在于毁孝弟、败天性而已。有知其毒之酋腊而制之，其勿害一也。昔者蜀相行鞅术，至德要道弗踣焉。贾生亦好法矣，而非其遗礼义、弃仁恩。乃若夫挽近之言新法者，以父子异财为宪典，是则法乎鞅之秕稗者也。宝其秕稗而于其善政则放绝之，人言之戾也，一至是哉！

夫民权者，文祖五府之法，上圣之所以成《既济》也。有其法矣，而无其人，有其人矣，而无其时，则三统之王者起而治之。降而无王，则天下荡荡无文章纲纪，国政陵夷，民生困敝，其危不可以终一铺。当是时，民不患其作乱，而患其骀荡姚易，以大亡其身。于此有法家焉，虽小器也，能综核名实，而使上下交蒙其利，不犹瘉于荡乎？苟曰“吾宁国政之不理，民生之不遂，而必不欲使法家者整齐而撙绌之”，是则救饥之必待于侊饭，而诫食壶飧者以宁为道殣也。

悲夫！以法家之鸷，终使民生；以法家之刻，终使民膏泽。而世之仁人流涕洟以忧天下者，猥以法家与刀笔吏同类而丑娸之，使九流之善，遂丧其一，而莫不府罪于商鞅。嗟乎！鞅既以刑公子虔故，蒙恶名于秦，而今又蒙恶名于后世。此骨骾之臣所以不可为，而公孙弘、张汤之徒，宁以佞媚持其禄位者也。

（选自《訄书》重订本（1904年））

学　变

汉晋间，学术则五变。

董仲舒以阴阳定法令，垂则博士，教皇也。使学者人人碎义逃难，苟得利禄，而不识远略。故杨〔扬〕雄变之以《法言》。

《法言》持论至剀易，在诸生间，陵矣。王逸因之为《正部论》，以《法言》杂错无主，然已亦无高论。（《正部论》元书已亡，诸书援引犹见大略，下论亡书准此。）顾猥曰：颜渊之箪瓢，则胜庆封之玉杯。（《艺文类聚》七十三，《御览》七百五十九引。）欲以何明，而比儗违其伦类？盖忿狷之亢辞也。

华言积而不足以昭事理，故王充始变其术，曰："夫笔箸者，欲其易晓而难为，不贵难知而易造；口论，务解分而可听，不务深迂而难睹也。"作为《论衡》，趣以正虚妄，审乡背。怀疑之论，分析百端。有所发擿，不避孔氏。汉得一人焉，足以振耻。至于今，亦未有能逮者也。然善为蜂芒摧陷，而无枢要足以持守，斯所谓烦琐哲学者。惟内心之不充颎，故言辩而无继。充称桓君山素丞相之迹，存于《新论》。（《定贤篇》。）《新论》今亡，则桓、王之学亦绝。或曰：今之汉学，论在名物，不充其文辩，其正虚妄，审乡背，近之矣。

东京之衰，刑赏无章也。儒不可任，而发愤者变之以法家。王符之为《潜夫论》也，仲长统之造《昌言》也，崔寔之述《政论》也，皆辨章功实，而深嫉浮淫靡靡，比于"五蠹"；又恶夫以宽缓之政，治衰敝之俗。《昌言》最恢广。上视杨〔扬〕雄诸家，牵制儒术，奢阔无施，而三子闳达矣。法家之教，任贤考功，期于九列皆得其人，人有其第，官有其伍，故姚信《士纬》作焉。乱国学者，盛容服而饰辩说，以二人主之心，"修誉不诛，害在词主"。（二语即《阮子正论》之言，见《意林》四引。）故阮武《正论》作焉。自汉季以至吴、魏，法家大行，而钟繇、陈群、诸葛亮之伦，皆以其道见诸行事，治法为章。然阔疏者苟务修古，亦欲以是快其佚荡。故魏衰而说变。

当魏武任法时，孔融已不平于酒儿，又箸〔著〕论驳肉刑。及魏，杜恕倜傥任意，盖孟轲之徒也。凡法家，以为人性忮骍，难与为善，并制之以礼，威之以刑，不肃。故魏世议者言："凡人天性多不善，不当待以善意，更堕其调中。"惟杜恕甚闻之，而云：已得此辈，当乘桴蹈仓海，"不能自谐在其间也。"（《魏志·杜恕传》注引《杜恕新书》。）恕为《兴性论》，其书不传。推校之，则为主性善者。其作《体论》，自谓疏惰饱食，"父忧行丧，在礼多愆，孝声不闻。"（引见《意林》五。）荀卿所谓顺情性而不事礼义积伪者也。盖自魏武审正名法，钟、陈辅之，操下至严。文、明以降，中州士大夫厌检括苛碎久矣。势激而迁，终以循天性、简小节相上，固其道也。会在易代兴废之间，高朗而不降志者，皆阳狂远人。礼法浸微，则持论又变其始。嵇康、阮籍之伦，极于非尧、舜，薄汤、武，载其厌世，至导引求神仙，而皆崇法老庄，玄言自此作矣。（魏晋间言神仙者，皆出于厌世观念，故多藉老庄抒其愤激。独葛洪笃信丹药，而深疾老庄，恶放弃礼法者如仇雠。观《抱朴》外篇《疾谬》、《诘鲍》，其大旨在是矣。盖吴士未遭禅让，无所忿恚，故论多守文。及其惑于仙道，根诸天性，亦视愤世长往者为甚也。）

凡此五变，各从其世。云起海水，一东一西，一南一北，触高罔，象林木，而化。初世雄逸，化成于草昧，而最下矣。

然箸〔著〕书莫易以杂说援比诸家。故季汉而降，其流不绝。汉时周生烈已为《要论》。其后蒋济作《万机论》，谯周作《法训》，顾谭作《新语》，陆景作《典语》，杜夷作《幽求新书》，杨泉作《物理论》。秦菁、唐滂之徒，皆有论箸〔著〕，或称杂家，或缘儒老。上者稍见行事兴坏，其次乃以华言相耀。惟荀悦、徐幹为愈。《申鉴》温温，怀宝自珍。《中论》朴质理达矣。殷基曰："质胜文，石建；文胜质，蔡邕；文质彬彬，徐幹庶几也。"

（选自《訄书》重订本（1904 年））

清　儒

古之言虚，以为两纑之间，当其无纑。（本《墨子·经上》。纑即栌，柱上小方木也。）六艺者，（凡言六艺，在周为礼、乐，射、御、书，数，在汉为六经。此自古今异语，各不相因，言者各就便宜，无为甘辛互忌。）古《诗》积三千余篇，其他益繁，觚触无协；仲尼剟其什九，而弗能贯之以纑间。故曰：达于九流，非儒家擅之也。

六艺，史也。上古以史为天官，其记录有近于神话，（《宗教学概论》曰："古者祭司皆僧侣。其祭祀率有定时，故因岁时之计算，而兴天文之观测；至于法律组织，亦因测定岁时，以施命令。是在僧侣，则为历算之根本教权；因掌历数，于是掌纪年、历史记录之属。如犹太《列王纪略》、《民数纪略》并列入圣书中。日本忌部氏亦掌古记录。印度之《富兰那》，即纪年书也。且僧侣兼司教育，故学术多出其口，或称神造，则以研究天然为天然科学所自始；或因神祇以立传记，或说宇宙始终以定教旨。斯其流浸繁矣。"案：此则古史多出神官，中外一也。人言六经皆史，未知古史皆经也。）学说则驳。

《易》之为道：披佗告拉斯家（希腊学派。）以为，凡百事物，皆模效肤理，其性质有相为正乏者十种：一曰有限无限，二曰奇耦，三曰一多，四曰左右，五曰牝牡，六曰静动，七曰直线曲线，八曰昏明，九曰善恶，十曰平方直角。天地不率其秩序，不能以成万物，尽之矣。（案：是说所谓十性，其八皆《周易》中恒义。惟直线曲线、平方直角二性。《易》无明文。庄中白棫《周易通义》曰：曲成万物，在《周髀》为句股弦，引伸之为和为较，言得一角则诸角可以推也。《易》不言句股弦，而言曲成，何也？句股弦不能尽万物，故一言"曲成万物"，又言"不遗"也。天之运行十二辰，曲成也。地之山川溪涧，曲成也；人物之筋脉转动，曲成也。故言"曲成"可以该《周髀》，言《周髀》不可以该"曲成"也。）

《诗》若《薄伽梵歌》，《书》若《富兰那》神话，下取民义，而上与九天出王。惟《乐》，犹《佉马》(吠陀歌诗。)、《黑邪柔》(吠陀赞诵祝词及诸密语，有黑白二邪柔。)矣，鸟兽将将，天翟率舞，观其征召，而怪迂侏大可知也。

《礼》、《春秋》者，其言雅驯近人世，故荀子为之隆礼义，杀《诗》、《书》。礼义隆，则《士礼》、《周官》与夫公冠、奔丧之典，杂沓并出而偕列于经。《诗》、《书》杀，则伏生删百篇而为二十九。(《尚书大传》明言"六誓"、"五诰"，其篇具在伏书。伏书所无，如《汤诰》者，虽序在百篇，而"五诰"不与焉。以是知二十九篇伏生自定，其目乃就百篇杀之，特托其辞于孔子耳。谓授读未卒遽死者，非也。知杀《诗》、《书》之说，则近儒谓孔子本无百篇，壁中之书，皆歆、莽驾言伪撰者，亦非也。)《齐诗》之说五际，六情，庋《颂》与《国风》，而举二《雅》。(迮鹤寿曰："十五《国风》，诸侯之风也；三《颂》，宗庙之乐也；唯二《雅》述王者政教，故四始、五际专用二《雅》，不用《风》、《颂》。"案：刘子骏《移大常博士》曰："一人不能独尽其经，或为《雅》，或为《颂》，相合而成。"盖过矣。三家《诗》皆杀本经，而专取其一帙；今可见者，独《齐诗》。《齐诗》怪诞，诚不可为典要，以证荀说行于汉儒尔。)虽然，治经恒以诵法讨论为剂。诵法者，以其义束身，而有隆杀；讨论者，以其事观世，有其隆之，无或杀也。西京之儒，其诵法既狭隘，事不周浃而比次之，是故齵差失实，犹以师说效用于王官，制法决事，兹益害也。

杜、贾、马、郑之伦作，即知"抟国不在敦古"，博其别记，稽其法度，核其名实，论其社会以观世，而"六艺"复返于史。神话之病，不渍于今，其源流清浊之所处，风化芳臭气泽之所及，则昭然察矣。乱于魏晋，及宋明益荡。继汉有作，而次清儒。

清世理学之言，竭而无余华；多忌，故歌诗文史楛；愚民，故经世先王之志衰。(三事皆有作者，然其弗逮宋、明远甚。)家有智慧，大凑于说经，亦以纾死，而其术近工眇踔善矣。

始故明职方郎昆山顾炎武，为《唐韵正》、《易诗本音》，古韵始明，其后言声音训诂者禀焉。大〔太〕原阎若璩撰《古文尚书疏证》，定东晋晚书为作伪，学者宗之；济阳张尔岐始明《仪礼》；而德清胡渭审察地望，系之《禹贡》：皆为硕儒。然草创未精博，时糅杂宋明谰言。其成学箸〔著〕系统者，自乾隆朝始。一自吴，一自皖南。

吴始惠栋，其学好博而尊闻。皖南始戴震，综形名，任裁断。此其所异也。

先栋时有何焯，陈景云，沈德潜，皆尚洽通，杂治经史文辞。至栋，承其父士奇学，揖志经术，撰《九经古义》、《周易述》、《明堂大道录》、《古文尚书考》、《左传补注》，始精眇，不惑于谀闻；然亦泛滥百家，尝注《后汉书》及王士祯诗，其余笔语尤众。栋弟子有江声，余萧客。声为《尚书集注音疏》，萧客为《古经解钩沉》，大共笃于尊信，缀次古义，鲜下己见。而王鸣盛、钱大昕亦被其风，稍益发舒。教于扬州，则汪中、刘台拱、李惇、贾田祖，以次兴起。萧客弟子甘泉江藩，复缵续《同易述》。皆陈义尔雅，渊乎古训是则者也。

震生休宁，受学婺源江永。治小学、礼经、算术、舆地，皆深通。其乡里同学，有金榜、程瑶田，后有凌廷堪、三胡。三胡者，匡衷、承珙、培翚也，皆善治《礼》。而瑶田兼通水地、声律、工艺、谷食之学。震又教于京师。任大椿、卢文弨、孔广森，皆从问业。弟子最知名者，金坛段玉裁，高邮王念孙。玉裁为《六书音韵表》以解《说文》，《说文》明。念孙疏《广雅》，以经传诸子转相证明，诸古书文义诘诎者皆理解。授子引之，为《经传释词》，明三古辞气，汉儒所不能理绎。其小学训诂，自魏以来，未尝有也。（王引之尝被诏修《字典》，今《字典》缪妄如故，岂虚署其名邪？抑朽蠹之质不足刻雕也？）近世德清俞樾、瑞安孙诒让，皆承念孙之学。樾为《古书疑义举例》，辨古人称名牴牾者，各从条列，使人无所疑眩，尤微至。世多以段、王、俞、孙为经儒，卒最精者乃在小学，往往近名家者流，非汉世《凡将》、《急就》之侪也。凡戴学数家，分析条理，皆参密严瑮，上溯古义，而断以己之律令，与苏州诸学殊矣。

然自明末有浙东之学，万斯大、斯同兄弟，皆鄞人，师事余姚黄宗羲，称说《礼经》，杂陈汉、宋，而斯同独尊史法。其后余姚邵晋涵、鄞全祖望继之，尤善言明末遗事。会稽章学诚为《文史》、《校雠》诸通义，以复歆、固之学，其卓约过《史通》。而说《礼》者羁縻不绝。定海黄式三传浙东学，始与皖南交通。其子以周作《礼书通故》，三代度制大定。唯浙江上下诸学说，亦至是完集云。

初，大〔太〕湖之滨，苏、常、松江、大〔太〕仓诸邑，其民佚丽。自晚明以来，憙为文辞比兴，饮食会同，以博依相问难，故好浏览而无纪纲，其流风遍江之南北。惠栋兴，犹尚该洽百氏，乐文采者相与依违之。及戴震起休宁，休宁于江南为高原，其民勤苦善治生，故求学深邃，言直核而无温藉，不便文士。震始入四库馆，诸儒皆震竦之，愿敛衽为弟子。天下视文士渐轻。文士与经儒始交恶。而江淮间治文辞者，故有方苞、姚范、刘大櫆，皆产桐城，以效法曾巩、归有光相高，亦愿尸程朱为后世，谓之桐城义法。震为《孟子字义疏证》，以明材性，学者自是薄程朱。桐城诸家，本未得程朱要领，徒援引肤末，大言自壮。（案：方苞出自寒素，虽未识程朱深旨，其孝友严整躬行足多矣。诸姚生于纨绔绮襦之间，特稍恬惔自持，席富厚者自易为之，其他躬行，未有闻者。既非诚求宋学，委蛇宁靖，亦不足称实践，斯愈庳也。）故尤被轻蔑。范从子姚鼐，欲从震学；震谢之，犹亟以微言匡饬。鼐不平，数持论诋朴学残碎。其后方东树为《汉学商兑》，徽章益分。阳湖恽敬、陆继辂，亦阴自桐城受义法。其余为俪辞者众，或阳奉戴氏，实不与其学相容。（俪辞诸家，独汪中称颂戴氏，学已不类。其他率多辞人，或略近惠氏，戴则绝远。）夫经说尚朴质，而文辞贵优衍；其分涂自然也。

文士既已熙荡自喜，又耻不习经典，于是有常州今文之学，务为瑰意眇辞，以便文士。今文者：《春秋》，公羊；《诗》，齐；《尚书》，伏生；而排斥《周官》，《左氏春秋》，《毛诗》，马、郑《尚书》。然皆以公羊为宗。始，武进庄存与与戴震同时，独憙治公羊氏，作《春秋正辞》，犹称说《周官》。其徒阳湖刘逢禄，始专主董生、李育，为《公羊释例》，属辞比事，类列彰较，亦不欲苟为恢诡。然其辞义温厚，能使览者说绎。及长洲宋翔凤，最善傅会，牵引饰说，或采翼奉诸家，而杂以谶纬神秘之辞。翔凤尝语人曰："《说文》始一而终亥，即古之《归藏》也。"其义瑰玮，而文特华妙，与治朴学者异术，故文士尤利之。

道光末，邵阳魏源，夸诞好言经世，尝以术奸说贵人，不遇；晚官高邮知州，益牢落，乃思治今文为名高；然素不知师法略例，又不识字，作《诗、书古微》。凡《诗》今文有齐、鲁、韩，《书》今文有欧阳、大小夏侯，故不一致。而齐、鲁、大小夏侯，尤相攻击如仇雠。源一切掍合之，所不能通，即归之古文，尤乱越无条理。仁和龚自珍，段玉裁外孙也，稍知书，亦治《公羊》，与魏源相称誉。而仁和邵懿辰为《尚书通义》、《礼经通论》，指《逸书》十六篇、《逸礼》三十九篇为刘歆矫造，顾反信东晋古文，称诵不衰，斯所谓倒植者。要之，三子皆好为姚易卓荦之辞，欲以前汉经术助其文采，不素习绳墨，故所论支离自陷，乃往往如评语。惟德清戴望述《公羊》以赞《论语》，为有师法。而湘潭王闿运并注五经。闿运弟子，有井研廖平传其学，时有新义，以庄周为儒术，说虽不根，然犹愈魏源辈绝无伦类者。

大氐清世经儒，自今文而外，大体与汉儒绝异。不以经术明治乱，故短于风议；不以阴阳断人事，故长于求是。短长虽异，要之皆征其文明。何者？传记通论，阔远难用，固不周于治乱。建议而不雠，夸诬何益？鬻鬼、象纬、五行、占卦之术，以宗教蔽六艺，怪妄、孰与断之人道，夷六艺于古史，徒料简事类，不曰吐言为律，则上世社会汙隆之迹，犹大略可知。以此综贯，则可以明进化；以此裂分，则可以审因革。故惟惠栋、张惠言诸家，其治《周易》，不能无捃摭阴阳，其他几于屏阁。虽或琐碎识小，庶将远于巫祝者矣。

晚有番禺陈沣，当惠、戴学衰，今文家又守章句，不调洽于他书，始匄合汉宋，为诸《通义》及《读书记》，以郑玄、朱熹遗说最多，故弃其大体绝异者，独取小小翕盍，以为比类。此犹揃豪于千马，必有其分刌色理同者。沣既善傅会，诸显贵务名者多张之。弟子稍尚记诵，以言谈剿说取人。仲长子曰："天下学士有三奸焉。实不知，详不言，一也；窃他人之说，以成己说，二也；受无名者，移知者，三也。"（见《意林》五引《昌言》。）

自古今文师法散绝，则唐有《五经》、《周礼》、《仪礼》诸疏，宋人继之，命曰《十三经注疏》。然《易》用王弼，《书》用枚颐，《左氏春秋》用杜预，《孝经》用唐玄宗，皆不厌人望。枚颐伪为古文，仍世以为壁藏于宣父，其当刊正久矣。毛、郑传注无间也，疏人或未通故言，多违其本。

至清世为疏者，《易》有惠栋《述》，江藩、李林松《述补》，（用荀、虞二家为主，兼采汉儒各家及《乾凿度》诸纬书。）张惠言《虞氏义》。《书》有江声《集注音疏》，孙星衍《古今文注疏》。（皆削伪古文。其注，孙用《大传》、《史记》，马、郑为主。江间入己说。然皆来自古书，未有以意鉥析者。）《诗》有陈奂《传疏》。（用毛《传》，弃郑《笺》。）《周礼》有孙诒让《正义》。《仪礼》有胡培翚《正义》。《春秋左传》有刘文淇《正义》。（用贾、服注；不具，则兼采杜解。）《公羊传》有陈立《义疏》。《论语》有刘宝楠《正义》。《孝经》有皮锡瑞《郑注疏》。《尔雅》有邵晋涵《正义》，郝懿行《义疏》。《孟子》有焦循《正义》。《诗》疏稍胶，其他皆过旧释。用物精多，时使之也。惟《礼记》、《穀梁传》独阙。将孔疏翔实，后儒弗能加，而穀梁氏淡泊鲜味，治之者稀，前无所袭，非一人所能就故。

他《易》有姚配中（箸〔著〕《周易姚氏学》。），《书》有刘逢禄（箸

〔著〕《书序述闻》、《尚书今古文集解》。)，《诗》有马瑞辰（箸〔著〕《毛诗传笺通释》。)、胡承珙（箸〔著〕《毛诗后笺》。)，探啧达旨，或高出新疏上。若惠士奇、段玉裁之于《周礼》（惠有《礼说》，段有《汉读考》。)，段玉裁、王鸣盛之于《尚书》（段有《古文尚书撰异》，王有《尚书后案》。)，刘逢禄、凌曙、包慎言之于《公羊》（刘有《公羊何氏释例》及《解诂笺》，凌有《公羊礼疏》，包有《公羊历谱》。)，惠栋之于左氏（有《补注》。)，皆新疏所本也。焦循为《易通释》，取诸卦爻中文字声类相比者，从其方部，触类而长，所到冰释。或以"天元一"术通之，虽陈义屈奇，诡更师法，亦足以名其家。黄式三为《论语后案》，时有善言，异于先师，信美而不离其枢者也。《穀梁传》惟侯康为可观（著〔著〕《穀梁礼证》。)，其余大氐疏阔。《礼记》在三《礼》间，故无专书训说。陈乔枞、俞樾并为《郑读考》，江永有《训义择言》，皆短促不能具大体。其他《礼经纲目》（江永箸〔著〕。)、《五礼通考》（秦蕙田箸〔著〕。)、《礼笺》（金榜箸〔著〕。)、《礼说》（金鹗箸〔著〕。)、《礼书通故》（黄以周箸〔著〕。）诸书，博综三《礼》，则四十九篇在其中矣。

然流俗言"十三经"。《孟子》故儒家，宜出。唯《孝经》、《论语》，《七略》入之六艺，使专为一种，亦以尊圣泰甚，徇其时俗。六艺者，官书，异于口说。礼堂六经之策，皆长二尺四寸。(《盐铁论·诏圣篇》，二尺四寸之律，古今一也。《后汉书·曹褒传》：《新礼》写以二尺四寸简。是官书之长，周、汉不异。)《孝经》谦半之。《论语》八寸策者，三分居一，又谦焉。(本《钩命决》及郑《论语序》。) 以是知二书故不为经，宜隶《论语》儒家，出《孝经》使傅《礼记》通论。(凡名经者，不皆正经，贾子《容经》，亦《礼》之传记也。) 即十三经者当财减也。

至于古之六艺，唐宋注疏所不存者，《逸周书》则校释于朱右曾；《尚书》欧阳、夏侯遗说，则考于陈乔枞；三家《诗》遗说，考于陈乔枞；《齐诗》翼氏学，疏证于陈乔枞；《大戴礼记》，补注于孔广森；《国语》，疏于龚丽正、董增龄。其扶微辅弱，亦足多云。及夫单篇通论，醇美塙固者，不可胜数。一言一事，必求其征，虽时有穿凿，弗能越其绳尺，宁若计簿善承䀠视而不惟其道，以俟后之咨于故实而考迹上世社会者，举而措之，则质文蕃变，较然如丹墨可别也。然故明故训者，多说诸子，唯古史亦以度制事状征验。其务观世知化，不欲以经术致用，灼然矣。

若康熙、雍正、乾隆三世，撰修七经，辞义往往鄙倍，虽蔡沈、陈澔为之臣仆而不敢辞；时援古义，又椎钝弗能理解，譬如薰粪杂糅，徒睹其汗点耳。而徇俗贱儒，如朱彝尊、顾栋高、任启运之徒，瞢学冥行，奋笔无作，所谓乡曲之学，深可忿疾，譬之斗筲，何足选也！

（选自《訄书》重订本（1904年））

订 孔

远藤隆吉曰："孔子之出于支那，实支那之祸本也。夫差第《韶》、《武》，制为邦者四代，非守旧也。处于人表，至岩高，后生自以瞻望弗及，神葆其言，革一义，若有刑戮，则守旧自此始。故更八十世而无进取者，咎亡于孔氏。祸本成，其胙尽矣。"（远藤氏《支那哲学史》。）

章炳麟曰：凡说人事，固不当以禄胙应塞。惟孔氏闻望之过情有故。曰：六艺者，道、墨所周闻。故墨子称《诗》、《书》、《春秋》，多太史中秘书。女商事魏君也，衡说之以《诗》、《书》、《礼》、《乐》，从说之以《金版》、《六弢》。（《金版》、《六弢》，道家大公书也，故知女商为道家。）异时老、墨诸公，不降志于删定六艺，而孔氏擅其威。遭焚散复出，则关轴自持于孔氏，诸子欲走，职矣。

《论语》者晻昧，《三朝记》与诸告饬、通论，多自触击也。下比孟轲，博习故事则贤，而知德少歉矣。

荀卿以积伪俟化治身，以隆礼合群治天下。不过三代，以绝殊瑰；不二后王，以綦文理。百物以礼穿敹：故科条皆务进取而无自戾。（《荀子·王制》上言："道不过三代，法不二后王。"下言："声，则凡非雅声者举废；色，则凡非旧文者举息；械用，则凡非旧器者举毁；夫是之谓复古。"二义亦非自反。雅声、旧文、旧器，三代所用，人间习识。若有用五帝之音乐、服器于今，以为新异者，则必毁废。故倞注曰："复三代故事，则是复古不必远举也。"）其正名也，世方诸仞识论之名学，而以为在琐格拉底、亚历斯大德间。桑木严翼说。由斯道也，虽百里而民献比肩可也。其视孔氏，长幼断可识矣。

夫孟、荀道术皆踊绝孔氏，惟才美弗能与等比，故终身无鲁相之政，三千之化。才与道术，本各异出，而流俗多视是崇堕之。近世王守仁之名其学，亦席功伐已。曾国藩至微末，以横行为戎首，故士大夫信任其言，贵于符节章玺。况于孔氏尚有踊者！孟轲则踬矣，虽荀卿却走，亦职也。（荀卿学过孔子，尚称颂以为本师。此则如释迦初教本近灰灭，及马鸣、龙树特弘大乘之风，而犹以释迦为本师也。）

夫自东周之季，以至禹，《连山》息，《汩作》废，《九共》绝，墨子支之，祇以自陨。老聃丧其征藏，而法守亡，五曹无施。惟荀卿奄于先师，不用。名辩坏，故言殽；进取失，故业堕；则其虚誉夺实以至是也。

虽然，孔氏，古良史也。辅以丘明而次《春秋》，料比百家，若旋机玉斗矣。谈、迁嗣之，后有《七略》。孔子死，名实足以伉者，汉之刘歆。

白河次郎曰："从横家持君主政体，所谓压制主义也。老庄派持民主政体，所谓自由主义也。孔氏旁皇二者间，以合意干系为名，以权力干系为实，此儒术所以能为奸雄利器。使百姓日用而不知，则又不如从横家明言压制也。"案：所谓旁皇二者间者，本老氏之术，儒者效之，犹不若范蠡、张良为甚。庄周则于《马蹄》、《胠箧》诸论，特发老氏之覆。老、庄之为一家，亦犹输、墨皆为艺士，其攻守则正相反，二子亦不可并论也。故今不以利器之说归曲孔氏。余见《儒道》篇。

（选自《訄书》重订本（1904年））

秦政记

人主独贵者，其政平，不独贵，则阶级起。唐、宋虽理，法度不如汉、明平也。亦有踦偶，非斠然一概者。明制贵其宗室，孽子诸王，虽不与政柄，而公卿为伏谒；耳孙疏属，皆气禀于县官。非直异汉，唐、宋犹无是也。汉世游侠兼并，养威于下，而上不限名田，以成其厚。武帝以降，国之辅拂，不任二府，而外戚窃其柄。非直异明，唐、宋亦绝矣。要以著之图法者，庆赏不遗匹夫，诛罚不避肺府，斯为直耳。古先民平其政者，莫遂于秦。秦皇负扆以断天下，而子弟为庶人。所任将相，李斯、蒙恬，皆功臣良吏也。后宫之属，椒房之嬖，未有一人得自遂者。富人如巴寡妇，筑台怀清，然亦诛灭名族，不使并兼。嗟乎！韩非道《八奸》：同床、在旁、父兄皆与焉。世之议政者，徒议同床、在旁，而父兄脱然也。秦皇以贱其公子、侧室，高于世主。夫其卓绝在上，不与士民等夷者，独天子一人耳。天子以秉政劳民贵，帝族无功，何以得有位号？授之以政而不达，与之以爵而不衡，诚宜下替，与布衣黔首等。夫贵擅于一人，故百姓病之者寡。其余荡荡，平于浣准矣。藉令秦皇长世，易代以后，扶苏嗣之，虽四三皇、六五帝，曾不足比隆也，何有后世繁文饰礼之政乎？且本所以贵者在守府，守府故亦持法。末俗以秦皇方汉孝武；至于孝文，云有高山大湫之异。自法家论之，秦皇为有守。非独刑罚依科也，用人亦然。韩非有之曰："明王之吏，宰相必起于州部，猛将必发于卒伍。夫有功者必赏，则爵禄厚而愈劝；迁官袭级，则官职大而愈治。"《显学》篇。汉武之世，女富溢尤，宠霍光以辅幼主。平生命将，尽其嬖幸卫、霍、贰师之伦。宿将爪牙，若李广、程不识者，非摧抑，乃废不用。秦皇则一任李斯、王翦、蒙恬而已矣。岂无便僻之使，燕昵之谒耶？抱一司契，自胜而不为也。孝武一怒，则大臣莫保其性，其自太守以下，虽直指得擅杀之。文帝为贤矣，淮南之狱，案诛长吏不发封者数人，迁怒无罪，以饰己名。世以秦皇为严，而不妄诛一吏也。由是言之，秦皇之与孝武，则犹高山之与大湫也。其视孝文，秦皇犹贤也。尝试计之，人主独贵者，政亦独制。虽独制，必以持法为齐。释法而任神明，人主虽圣，未无不知也。惑于左右，随于文辩，己之措置，方制于人，何以为独制？自汉、唐以下者，能既其名，顾不能既其实，则何也？建国之主，非起于草茅，必拔于搢绅也。拔于搢绅者，贵族姓而好等制；起于草茅者，其法无等，然身好踢跌，而不能守绳墨，独秦制本商鞅，其君亦世守法。韩非道“昭王有病，百姓里买牛而家为王祷。王曰：非令而擅祷，是爱寡人也。夫爱寡人，寡人亦且改法，而心与之相循者，是法不立，法不立，乱亡之道也！不如人罚二甲，而与为治。秦大饥，应侯请发五苑以活民。昭襄王曰：秦法，使民有功而受赏。今发五苑之蔬草者，使民有功与无功俱赏也。夫发五苑而乱，不如弃枣蔬而治”。要其用意，使君民不相爱，块然循于法律之中。秦皇固世受其术，其守法则非草茅、搢绅所能拟已。秦政如是，然而卒亡其国者，非法之罪也。六国公族散处闾巷之间，秦以守法，不假以虚惠结人，公族之欲复其宗庙，情也。且六国失道，不逮王纣，战胜而有其地，非其民倒戈也审。武王既殁，成王幼弱，犹有商、奄之变。周继世而得胡亥者，国亦亡；秦继世而得成王者，六国亦何以仆之乎？如贾生之过秦，则可谓短识矣。秦皇微点，独在起阿房，及以童男女三千人资徐福；诸巫食言，乃坑术士，以说百姓。其他无过！

（1910 年，选自《太炎文录初编》文录卷一）

五朝学

俗士皆曰：秦、汉之政，踔踔异晚周，六叔之俗，孑尔殊于汉之东都。（六叔，指魏、晋、宋、齐、梁、陈。）其言虽有类似，魏晋者，俗本之汉，陂陀从迹以至，非能骤溃。济江而东，民有甘节，清劭中伦，无曩时中原偷薄之德，乃度越汉时也。言魏、晋俗敝者，始干宝《晋纪》，葛洪又胪言之。观洪《汉过》、《刺骄》二篇，汉俗又无以愈魏、晋。（《抱朴子·外篇·汉过篇》曰：历览前载，逮乎近代，道微俗敝，莫剧汉末也。此虽多斥阉尹，然又云：懒看文书、望空下名者，谓之业大志高。结党合誉、行与口违者，谓之以文会友。斯则党锢诸公，皆在所讥矣。《刺骄篇》曰：余观怀、愍之世，俗尚骄亵，夷虏自遇。然又云：闻之汉末，诸无行自相品藻次第，群骄慢傲不入道检者，为都魁雄伯。四通八达，皆背叛礼教，而从肆邪僻，讪毁真正，中伤非党，口习丑言，身行敝事。凡所云为，使人不忍论也。此则汉末风纪已坏，非起晋也。）王符作《潜夫论》，迹盛衰，讥汉俗最甚。道“今人奢衣服，侈饮食，事口舌而习调欺。丁男不扶犁锄，怀丸挟弹，携手上山；妇人不修中馈，休其蚕织，而起学巫祝鼓舞事神。京师贵戚，衣服、饮食、车舆、庐第，奢过王制。嫁娶者车骈数里，缇帷竟道，骑奴侍童，夹毂并引。富者竞欲相过，贫者耻其不逮。一飨所费，破终身之业”（《潜夫论·浮侈篇》）。傅玄亦曰：“汉末一笔之柙，雕以黄金，饰以和璧，缀以随珠，发以翠羽。公卿大夫刻石为碑，镌石为虎，碑虎崇伪，陈于三衢。妨功丧德，异端并起，众邪之乱正若此，岂不哀哉！”（《群书治要》引《傅子》。）此皆道其奢侈逾分，虽干宝论晋弗能过。（《晋纪·总论》曰：朝寡纯德之人，乡乏不贰之老。又曰：其妇女庄栉织纴．皆取成于婢仆，未尝知女工丝枲之业，中馈酒食之事也。先时而婚，任情而动，故皆不耻淫佚之过，不拘妒忌之恶。此与王符所说相似。）然犹未及甘陵之诈，汝南之伪也。（按《抱朴子·名实篇》曰：闻汉末之世，灵献之时，品藻乖滥。英逸穷滞，饕餮得志，名不准实，贾不本物，以其通者为贤，塞者为愚。则知党人之口，变乱黑白，甚于青蝇。其视阉尹，亦齐、楚伯仲之间耳。党锢以窦武、刘淑、陈蕃为三君。《武传》称妻子衣食裁充足。《蕃传》则述王甫让蕃曰：窦武何功？兄弟父子一门三侯。又多取掖庭宫人，作乐饮宴，旬月之间，赀财亿计。大臣若此，是为道耶？公为栋梁，枉桡阿党，复焉求贼？是则《武传》所述，竟为虚言。大抵党锢不尽端人，徒以天下善士，滥入党录，谈者不求其本，即以党锢悉为善士，斯亦谬矣！许劭与从兄靖，私情不协，排靖不得齿叙，致靖以马磨自给，此尤倾险之士也。）上及朝贵，魏、晋间淫僻者，有贾充、何曾、石崇、王恺，而汉亦有诸马、诸窦、诸梁、诸袁。晋之谀臣若荀勖，汉亦有胡广、赵戒。汉骨鲠者，有李膺、杜密，惟晋亦有刘毅、傅咸、刘颂之伦，美恶相覆，竟无以逾越也。闾巷之间，据道推方嶷然不群者，梁鸿、韩康、徐稚、郑玄、申屠蟠，在汉世。惟魏亦有管宁、胡昭、焦先。晋而有董京、夏统、朱冲、郭文、孟陋、戴逵，又不相过。尝试论之：汉之纯德，在下吏诸生间，虽魏、晋不独失也。魏、晋之侈德，下在都市，上即王侯贵人，虽汉不独亡也。傅玄、葛洪去汉近，推迹魏、晋之失，自汉渐染，其言公。范晔离于全汉，固已远矣，徒道其美，不深迹其瑕眚。诸子非人所时窥，而范氏书日在细旃指爪之间，近习之地。是以责盈于后，而网漏于前也。粤晋之东，下讫陈尽，五朝三百年，往恶日湔，而纯美不忒。此为江左有愈于汉。徒以江左劣弱，言治者必暴摧折之。不得其征，即以清言为状，又往往訾以名士，云尚辞不责实。汉世朴学，至是委废而为土梗。且夫鸣琴之政，醇酒之治，所从来非一世也。汉季张邈从政，号为坐不窥堂，孔伷亦清谈耳。孔融刺青州，为袁谭所攻，流矢雨集，犹隐几读书，谈笑自若，城陷而奔。阮简为开封令，有劫贼，外白甚急，简方围棋，长啸曰：局上有劫，甚急！（《御览》一百五十八引《陈留风俗传》。据《隋书·经籍志》地理篇：《陈留风俗传》三卷，汉议郎圈称撰。）斯数子者，盖王导、谢安所从受法。及夫蓬发亵服，嘲弄蚩妍，反经诡圣，顺非而博，在汉已然。（亦见《抱朴子·汉过篇》。此类事状，范氏《后汉书》多不载。惜乎谢承、华峤之书，今不可见尔。）魏、晋因之，犹时有乐广、嵇绍之伦。广以风流辅名教，绍不肯以朝服执泠人之业。其余任达者虽众，渡江而稍绝矣。然名荡佚者，多归之魏、晋。贴及江左，不考其末，不推其造端，偏听生奸，君子以为耻。且夫曩世言名士者，与今异充。魏明帝曰："名如画地作饼，不可啖。"卢毓曰："常士畏教慕善，然后有名，非所当疾也。"斯固与落枭无检者反。江左之士，蠢迪检柙，丧纪、祭祀、婚姻之式，少有疑殆。虽文士沙门犹质之，载在《通典》，岂可诬哉？（据《南史·何承天传》：先是《礼论》有八百卷，承天删减并，各以类相从，凡为三百卷。又《徐勉传》：受昭知撰《五礼》，大凡一百二十帙，一千一百七十六卷，八千二十九条。然则《通典》所载，二十分之一耳。）夫驰说者，不务综终始，苟以玄学为诟。其惟大雅，推见至隐，知风之自。玄学者，固不与艺术文行牾，且翼扶之。昔者阮咸任达不拘，荀勖与论音律，自以弗逮。宗少文达死生分，然能为金石弄。戴颙述庄周大旨，而制新弄十五部，合何尝、白鹄二声以为一调。殷仲堪能清言，善属文，医术亦究眇微。雷次宗、周续之，皆事沙门慧远，尤明三礼。关康之散发，被黄巾，申王弼《易》，而就沙门支僧纳学算，眇尽其能，又造《礼论》十卷。下逮文儒祖冲之，始定圜率，至今为绳墨。其缀术文最深，而史在《文学传》。（《南史》。）谢庄善辞赋，顾尝制木方文，图山川土地，各有分理，离之则州郡殊，合之则宇内一。徐陵虽华，犹能草《陈律》，非专为美言也。夫经莫穹乎《礼》、《乐》，政莫要乎律令，技莫微乎算术，形莫急乎药石。五朝诸名士皆综之。其言循虚，其艺控实，故可贵也。凡为玄学，必要之以名，格之以分，而六艺方技者，亦要之以名，格之以分。治算，审形，度声则然矣。服有衰次，刑有加减。《传》曰："刑名从商，文名从礼。"故玄学常与礼律相扶。自唐以降，玄学绝，六艺方技亦衰。（唐初犹守六代风，颜、孔、陆、贾之说经，李淳风、祖孝孙之明算，孙思邈、张文仲之习医，皆本六代。贾公彦子大隐，本以传礼得名，而作《老子述义》十卷，注《公孙龙子》一卷，则经师犹审形名也。中唐以降，斯风绝矣。）宋、元憙言性，惟算术亦巧善，今益以礼、医与律，犹弗逮兼。古之乡三物，明于本数，系于末度，齑万物而不为戾，刻雕众形而不为巧。咨惟五朝之贤耶？且夫膏粱之性，难正也。终日湛于狗马曲旃之间，不易以玄远，虽日陈礼法，正复为奇，善复为妖也，其侈弥长。（晋初，何曾自谓守礼法，然日食万钱，犹曰无下箸处。夏侯湛作《昆弟诰》，假托孝友之言，而侯服玉食，穷滋极侈。则知徒陈礼教，不足以戒奢惩贪也。）栖山泽，厌韭葱葵蓼者，非有玄学，不足以自尉荐。将歆荣华、干酒肉之味，其操不终。五朝有玄学，知与恬交相养，而和理出其性。故骄淫息乎上，躁竞弭乎下。及唐，名理荡荡，（唐时虽有佛学，研精者惟沙门，士大夫则揽其枝叶耳。）夸奢复起，形于文辞，播于小说者，参而伍之，则居可知矣。（案：世人谓清谈废事，必忘大节，此实不然。乐广、卫玠，清言之令。然愍、怀之废，故臣冒禁拜辞，为司隶所收缚，广即解遣之。卫玠于永嘉四年，南至江夏，与兄别于梁里涧，语曰：在三之义，人之所重，今日忠臣致身之道，可不勉乎？不得谓忘大节也。又世谓南朝人专务声色，然求之史传，竟无其征。就有一二，又非历朝所无也。唐人荒淫，累代独绝，播在记载，文不可诬。又其浮竞慕势，尤南朝所未有。南朝疵点，专在帝室，唐乃延段士民。就其细者观之，《太平广记》所引《南朝小说》，奇而近雅，怪不至缪，又无淫侈之言。独《拾遗记》为不类。然本亦兴于北土。《隋经籍志·杂史》篇，有《拾遗录》二卷，题伪秦姚苌、方士王子年撰。又《王子年拾遗记》十卷，题萧绮撰。是绮特集录其书，竟于南朝无与也。唐人小说，半皆妖蛊，文既无法，歆羡荣遇之情，骄淫矜夸之态，溢于楮墨。人心险薄，从是可知。世人以东汉贤于南朝，犹失其实。至乃尊唐而贱江左，直以国势盛衰，虵论民德，是非淆乱，一至是乎？）世人见五朝在帝位日浅，国又削弱，因遗其学术行义弗道。五朝所以不竞，由任世贵，又以言貌举人，（世贵亦本于汉。袁、杨二族，皆世为三公，门生故吏，遍在天下。《抱朴子·正郭篇》云：废职待客者，则比之周公；养徒避役者，则拟之仲尼；弃亲依豪者，则同之游、夏。魏、晋以来，悉被斯化。作法于凉，实由汉始。汝南甘陵，朋党日竞，以言取人，又自此出。然世贵用事，未有不务姿容者。《墨子·尚贤下》云：今王公大人，其所富、其所贵，皆王公大人骨肉之亲，无故富贵面目美好者也。晋世评人，不专以局量才识。评王衍者则曰：夷甫处众中，如珠玉在瓦石间。评王戎者则曰：目烂烂如岩下电。评卫玠者则曰：与玠同游，冏若明珠之在侧，朗然照人。评裴楷者则曰：见裴叔则如近玉山，照映人，无不兼貌取者。而《抱朴子·汉过篇》已云：令色警慧，有貌无心者，谓之机神朗彻；猝突萍莺，骄矜轻侻者，谓之巍峨瑰杰。是亦始于汉季。渡江而后，貌取稍杀，言取犹未绝也。）不在玄学。顾炎武粗识五朝遗绪，以矜流品为善，即又过差。五朝士大夫，孝友醇素，隐不以求公车征聘，仕不以名势相援为朋党，贤于季汉，过唐、宋，明益无訾。其矜流品，成于贵贱有等，乃其短也。（如刘惔既贵，不受旧识小人馈赠。殷仲堪为给使之母治病，即焚经方。此其矜慎流品，乃使人道大觳。顾氏反以为善，真倒见矣！）独有刘驎之以冠冕之族，被褐条桑，信义著于群小，厮伍之家，婚娶葬送，皆躬自造。阮孝绪姊为鄱阳王妃，凿垣逃王，终身与诸甥不相见，鄙外兄王晏，避其笳管，至于覆酱，有陈仲之操。介如任昉，犹不敢望其门。斯二子者，足以阙世贵之流矣！

（原载《学林》第一册（1910 年），选自《太炎文录初编》文录卷一）

通　法

帝王之政，不期于纯法八代。其次箸〔著〕法，维清缉熙，合符节于后王，足以变制者，则美矣。周之克商，矢珪矢宪，与九鼎比尊。宪者，前代之图法，今以因革者也。明昭有刘，施于朱氏。

汉之政，可法有二焉。

天子曰县官，亦曰国家。汉马第伯《封禅仪记》："国家御首輂，人挽升山。"又云："国家台上北面。"是称天子为国家也。法王路易十四曰"朕即国家"，中国固用此义。此其过制淫名。以土之毛，当会敛于己。然其名实自违，卒有私财，足以增修宫馆，得无亏大农经费。《新论》有曰："汉定以来，百姓赋敛，一岁为四十余万万。吏奉用其半，余二十万万臧于都内，为禁钱。少府所领园地作务，八十三万万，以给宫室供养诸赏赐。"《御览》六百二十七引桓谭《新论》。案：少府所入，不应倍于赋敛。盖是积岁羡余，非一年收入如此。然不审所据为何年，要指其著书时也。此为少府与主赋敛者分。帝有私产，不异编户，后王以皇室典范所录别于赋税者也。

景、武集权于中央，其郡县犹得自治。古之王度，方伯之国则有三监。大国相也，其命曰"守"。故管仲言"有天子之二守"，《左》僖十二年传。栾盈亦以士匄为"王守臣"。《左》襄二十一年传。小国相也，其命曰"令"。故楚以子男，令尹辅之。及秦罢侯，而闿置其孤卿；郡则御史监之，其主者言"守"，其下县道言"令"，皆因前世建国之差率以为比。晋侯问原守，史起为邺令。先秦之世，以方部大吏为守令，业有萌芽。要本被以相国之号，以为尊荣，亦犹后世藩镇之带京衔也。集成箸〔著〕法，则自秦始。是故郡县之始，亡大异封建。汉氏因之，大守上与天子剖符，而下得刑赏辟除。一郡之吏，无虑千人，皆承流修职，故举事易而循吏多。成哀之末，纲纪败于朝，吏理整于府。至于元始，户口最盛矣。

其县邑犹有议院。《稿长蔡湛碑》阴曰“贱民、议民”，与“三老、故吏、处士、义民”异列。议民者，西方以为议员，良奥通达之士，以公民参知县政者也。贱民者，西方以为私人厮役扈养，不及以政，不得选人，亦不得被选者也。此其名号炳然。国命不出于议郎，而县顾独与议民图事，与今俄罗斯相类。凡汉世道路河渠之役，今难其费，彼举之径易者，无虑议院之效。后王觖望于斯制，如其初政，则因是也。

新与晋、魏、隋、唐之政，可法有一焉。

汉承秦敝，尊奖兼并。上家累巨亿，斥地侔封君，行苞苴以乱执政，养剑客以威黔首；专杀不辜，号无市死之子；生死之奉，多拟人主。故下户踦跂无所跱足，乃父子氐首奴事富人，躬率妻帑为之服役。故富者席余而日炽，贫者蹑短而岁跛，历代为虏，犹不赡于衣食；岁小不登，流离沟壑，嫁妻卖子，伤心腐臧，不可胜陈。《通典》一引崔寔《政论》语如此。

新帝复千载绝迹，更制“王田”，男不盈八，田不得过一井。此于古制少奢。荀悦以为废之于寡，立之于众，土田布列在豪强，卒而革之，并有怨心，则生纷乱。此其所以败也。然分田劫假之害，自是少息。讫建武以后，乡曲之豪，无有兼田数郡，为盗跖于民间，如隆汉者矣。大功之成亏，亦不于一世也。

晋之平吴，制：“男子一人占田七十亩，女子三十亩。其丁男课田五十亩，丁女二十亩；次丁男半之，女则不课。”然仕者犹差第官品，以得荫客。

及元魏，制均田：“诸男夫十五以上，受露田四十亩，妇人二十亩。奴婢依良。丁牛一头受田三十亩，限四牛。所授之田率倍之，三易之田再倍之。”“民年及课则受田，老免及身没则还田，奴婢、牛随有无以还受。诸桑田不在还受之限。”“初受田者，男夫一人给田二十亩，课莳，余种桑五十树，枣五株，榆三根。非桑之土，夫给一亩，依法课莳榆枣。”“诸麻布之土，男夫及课，别给麻田十亩，妇人五亩。奴婢依良。皆从还受之法。”“诸人有新居者，三口给地一亩，以为居室。奴婢五口给一亩。”

北齐之授露田，夫妇丁牛皆倍魏制，亦每丁给永业二十亩，以为桑田。

周制：“有室者田百四十亩，丁者田百亩。”“口十以上，宅五亩；

口七以上，宅四亩；口五以下，宅三亩。”

隋居宅从魏，永业、露田从齐，而陿乡每丁财二十亩。唐：男子丁、中者，给永业田二十亩，口分田八十亩。老男、疾废，口分半之。寡妻妾，口分田三十亩。先永业者，通充口分之数。黄、小、中、丁男子及老男、疾废、寡妻妾当户者，各给永业田二十亩，口分田二十亩。陿乡所受，口分视宽乡而半，易田倍给。

大氐先后所制，丁男受田，最多百亩，少不损六十亩。亩以二百四十步为剂，视古百步则赢。民无偏幸，故魏、齐兵而不殣，隋世暴而不贫。讫于贞观、开元，治过文、景。识均田之为效，而新室其权首也。夫农耕者，因壤而获，巧拙同利。一国之壤，其谷果桑榆有数，虽开草辟土，势不倍增。而商工百技，各自以材能致利多寡，其业不形。是故有均田，无均富；有均地箸〔著〕，无均智慧。今夏民并兼，视他国为最杀，又以商工百技方兴，因势调度，其均则易。后王以是正社会主义者也。

朱梁之政，可法有一焉。

奄寺，周而有之，至汉转盛；江左晋、宋几绝，而不能瀸尽也。案晋、宋二志，惟大后三卿，似为奄官，其余未见有位者。西晋贾后时，有宦者董猛，稍稍用事。东晋及宋，史传虽间见奄儿，然其箸〔著〕者极鲜。固繇矜重流品，不使刑人干位。又元帝以相王草创，宋武素不好弄，故裁减奄官，几于尽绝也。唐法魏、周，中官复贵。此非独以分权陵主当去，无罪而宫人，固无说焉。梁大〔太〕祖龚行其罚，践位以后，切齿于薰椓，改枢密院曰崇政院，以敬翔为院使，不任中人，虽趋走禁掖者亦绝。及李氏破汳，诏天下求故唐宦者悉送京师。此梁无奄寺之征也。

嗟乎！淫昏不道之君，作法于齐，犹高世主。生民载祀四千，而间十七，文德之流，轶于汤、武矣。后王欲循理饬俗，观视四夷，可无鉴是邪？

明之政，可法有一焉。

初罢行省，主疆域者曰布政使，凡理财、长民、课吏皆责之，西方之知事是也。按察使，掌刑名廉劾之事，西方诸裁判所是也。都指挥使，秩正二品，与当时布政使同秩。掌治军政，率其卫所以隶于五府，而听于兵部，西方之师团是也。三司同位，不相长弟，贤于后嗣常设督抚。后王式之，按察与布政分，则司法、行政异官之隧也；都指挥与布政分，则治戎、佐民异官之剂也。

哀乎！中夏之统一，二千年矣。量其善政，不过于五，然世犹希道之，斯足为摧心失气者也。及夫东晋之世，君臣有礼，而唐陈诗不讳，得尽见朝政得失、民间疾苦，此亦其可法者。然当时自以习贯率行，将法典之非成文者，故不陈于大禘也。

（选自《訄书》重订本（1904 年））

官　统

官统上第三十二

“天不一时，地不一利，人不一事，是以箸〔著〕业不得不多，人之名位不得不殊。方明者察于事，故不官于物而旁通于道。”《管子·宙合篇》语。

盖先圣刘歆有言：“《书》曰：‘先其算命。’本起于黄钟之数，始于一而三之，三三积之，历十二辰之数，十有七万七千一百四十七，而五数备矣。”“大〔太〕极元气，函三为一。极，中也。元，始也。行于十二辰，始动于子。参之于丑，得三。又参之于寅，得九。又参之于卯，得二十七。又参之于辰，得八十一。又参之于巳，得二百四十三。又参之于午，得七百二十九。又参之于未，得二千一百八十七。又参之于申，得六千五百六十一。又参之于酉，得万九千六百八十三。又参之于戌，得五万九千四十九。又参之于亥，得十七万七千一百四十七。此阴阳合德，气钟于子，化生万物者也。”《律历志》说。本《史记·律书》，而去其余分。

自子至亥，数以三积。《易》曰“亥子之明夷”，《易》“箕子之明夷”，赵宾作“荄兹”，云“万物方荄兹”也。惠定宇以为“亥子”虽非其本文，而训读则极当。《律历志》云“该阂于亥”，“孳萌于子”，是其义也。算命所取法，则在于是。彼明夷者，箕子、文王所公也。然阴阳气无箕子。箕子言五行，出于《雒书》；文王言八卦，《河图》也。是故言“元年”者，以“王”为文王，而摈箕子于海外营部之域，使无乱统。

如彼积数至于十七万七千一百四十七者，是安用邪？

章炳麟曰：此谓官制之大数，在察玉衡，箸〔著〕于方明者也。

凡官，皆以一统三。昔者管仲之治齐也，曰："参国起案，以为三官，臣立三宰，工立三族，市立三乡，泽立三虞，山立三衡。"《齐语》。而临下相统，亦往往以三三积之。文王之立政也，"罔攸兼于庶言、庶狱、庶慎"。"庶慎"者，何也？公羊董仲舒《官制象天》曰："三臣而成一慎，故八十一元士，为二十七慎，以持二十七大夫；二十七大夫为九慎，以持九卿；九卿为三慎，以持三公；三公为一慎，以持天子。天子积四十慎，以为四选。选一慎三臣，皆天数也。"然则"慎"者，三之别称。《秦风·小戎》传曰："胁驱，慎驾具，所以止入也。"此因止骖马之入以为名。"慎驾具"者，若言"三马之驾具"矣。乘马实有驷牡。然骖之命名，实因驾三而起。盖一服两骖，非骖服皆两也。慎驾具亦本此为名。而驷马之两骖驾具，即因名于是。厥以慎名官者。《汉书·高惠高后文功臣表》：厌次侯爰类，"以慎将，元年从起留"。慎将，为楚汉时官号，犹明之参将也。明《职官志》：总兵官，副总兵，参将，无品级，无定员。此参将与总兵、副总兵为三，慎将之名犹此矣。师古言"以谨慎为将"，义甚迂曲。汉初厩将、弩将、刺客将等，命名皆从其职，无以空言立号者。以慎为三，周、秦、汉之通言，故董氏用之。夫慎者，三物之称；自上以下，积乘以三，故曰"庶慎"；僚佐辅殷，置自上官，故文王罔兼。此则官以三乘之义，明矣。

先圣荀卿曰：后王之成名，"爵名从周"。《正名》。明三百六十官者，其法为春秋所因。及夫三公、九卿、二十七大夫、八十一元士，以成百二十官，如不契合。然百二十官，未及中下士也；三百六十官者，下逮是矣。因元士八十一而参之，则二百四十三为中下士数，以增百二十官，则为三百六十有三。故董氏《爵国篇》曰："八十一元士，二百四十三下士。"又曰："天子分左右五等，三百六十三人。"而谓之"周制"，夫何不合之有乎？案：二十七大夫，八十一元士，二百四十三中下士，皆谓其职名，非谓其员数也。如言以大夫为长官者，有二十七职；以元士为长官者，有八十一职。非谓大夫只有二十七人，元士只有八十一人也。《周礼》一官而有数大夫、数士者不少，然其官只三百六十耳。况乡遂都鄙之正长，同此一官，而其员以千百计，虽尽中下士之数，犹不足充乎！又案：三公、九卿、二十七大夫、八十一元士之说，《王制》及《尚书大传》皆同。郑君注《大传》曰："自三公至元士，凡百二十，此夏时之官也。周之官三百六十。《礼志》曰：有虞氏官五十，夏后百，殷二百，周三百。近之，未得其实也。据夏、周推其差，则有虞之官六十，夏后氏百二十，殷二百四十，周三百六十，为有所法。"鄙意《明堂位》说似与此不相涉。《大传》又言："舜摄时，三公、九卿、百执事，此尧之官也。故使百官事舜。"则又谓尧舜时已有百二十官，亦与《明堂位》官五十相戾。窃谓古制芒昧，学者多以周制说虞夏，或以虞夏制说周，纷如纠缠，今从《考工记》“外有九室九卿朝焉”之文，定为周制。至所谓九卿者，即六卿与三孤，而三孤亦必兼六卿所属之官。如师氏、保氏，或言即是师保，殆其然欤？

自午以下，至亥六等，其数至于十七万七千一百四十七，是为胥史陪属，递统而相增。六等者，何也？士之所臣曰早，早臣舆，舆臣隶，隶臣僚，僚臣仆，仆臣台也。是在《春秋传》则比十日，今乃比于十二辰者，《传》有王、公、大夫、士，而大夫弗别于卿、士，又弗别元与中、下，是以为十；别之是以为十二，非其相舛戾也。《周官》府史胥徒之制，不皆以三相乘，虽其上亦然。如大夫，亦不止二十七职也。要之，道其较略而已。千里之路，不可扶以绳；万家之都，不可平以准。苟大意得，不以小缺为伤。必若引绳切墨，而以三制之者，虽倕、商高为政，固勿能也。且夫爵名则因于周，若春秋所为斟酌损益者，亿甚众矣。是故荀子有《序官》，《王制》。其名或异《周礼》，然犹十取其七八，故曰文王之法云尔。

及夫箕子所飏言，则以五行为臬機，斯大〔太〕古夏殷之成宪，而周时毁弃久矣。荀子道桀纣之世曰：古者天子千官，诸侯百官。以是千官，令行于诸夏之国，谓之王；以是百官，令行于竟内，谓之君。《正论》。夫其千官者，则《郑语》言“合十数以训百体，出千品，具万方”，《楚语》言“百姓，千品，万官，亿丑”是也。是皆以十相乘，然其本则在“以土与金木水火杂，以成百物”。《郑语》。所谓五物之官，则《传》言“物有其官”，“故有五行之官”，“列受氏姓”，是已。《左》昭二十九年传。

古者计官，自士而止，不及早舆陪属。故以三乘者，其下虽尚有六等，而曰三百六十矣；以十乘者，其下虽有万官亿丑，而曰千官矣。千官之法，本于五行，是则皞、顼、夏、商所闿置，金氏《求古录》谓“周以前，皆五官。《甘誓》召六卿，郑谓即周之六卿。不知《周官》所云‘军将皆命卿’者，谓选将而命之为卿，必非使大宰、司徒等六卿将之也。不可据此谓夏有六官”。其说最塙。下《曲礼》：“天子建六官，先六大，曰大宰、大宗、大史、大祝、大士、大卜，典司六典。天子之五官，曰司徒、司马、司空、司士、司寇，典司五众。天子之六府，曰司土、司木、司水、司草、司器、司货，典司六职。天子之六工，曰土工、金工、石工、木工、兽工、草工，典制六材。”郑曰：“此盖殷时制也。周则大宰为天官，大宗曰宗伯。宗伯为春官，大史以下属焉。”“司士属司马。”府则“皆属司徒”，工则“皆属司空”。案：此为殷时五官之明证。周时始立六官，

《通典》二十三云：“自宋、齐以来，多定为六曹，稍似《周礼》。至隋六部，其制益明。大唐武大后，遂以六部为天、地、春、夏、秋、冬六官。若参详古今，征考职任，则天官大宰当为尚书令，非吏部之任。今吏部之始，宜出夏官之司士。”杜君此说，精审绝伦。周代冢宰，实为三公之副，若汉时以御史大夫副丞相矣。故小宰注谓“若今御史中丞”。明大宰若御史大夫也。后汉以御史大夫为司空，则为论道之职，而众务悉归尚书，故冢宰又若后汉以来之尚书令也。杜君又谓算计之任，本出于天官之司会。案近世普鲁士有会计检察院，直隶国王，为特立官。古者则以直隶宰臣。汉初张苍善算，以列侯主计，居相府，领郡国上计者，谓之计相。然则司会属于天官，犹计相居于相府，益明大宰是副相矣。又，世人多怪禁掖冗官，隶于大宰。不知大宰实兼统五官，而官于禁掖者，于五官并无所归，故直隶大宰耳。其与五官同列为六者，犹后汉至唐，以令仆与诸曹尚书同为八坐也。而六官取法，则与夏商以前取法五行者大异，盖神权始衰矣。又寻夏官司士，掌群臣之版，岁登下其损益之数，以德诏爵，以功诏禄，以能诏事，以久奠食。司士仅下大夫，则进退百僚，非其所任。盖官吏名籍，集于司士，所谓德、功、能、久者，自据其长官所考以诏王，非自任铨选也。此与汉世选部略似，而权尚不逮。若殷置司士，乃为五官之一，则与晋后之吏部一致，进退黜陟，专制于一人矣。上选卿尹，则非敬忌择人之道；下选榦佐，则非庶慎罔知之义。此魏、晋以来之积弊，而殷法已为其前导。故文王立政，大革斯制。然则以大宰为神官，以司士执铨柄，皆殷法之乖缪者，是以爵名从周也。而箕子以为王府之葆臧者。《隋书·倭国传》，其内官有十二等：一曰大德，次小德，次大仁，次小仁，次大义，次小义，次大礼，次小礼，次大智，次小智，次大信，次小信。夫以五官分职，实始五行之官。日本文教，受自百济王仁。隋《百济传》固言百济之先，出自高丽。则知以五德命官，必出于箕子也。

当殷之衰，“昊天不飨者六十年，麋鹿在牧，蜚鸿满野。厥登名民三百六十夫，故能不显，亦不宾灭。”《逸周书·度邑篇》。以是知文王之为方伯，既尝改官，即每职举其一人以上殷室。故《周官》非肇制于公旦。父子积思，以成斯业，信其精勤矣。

自周而下，设官在乎理财正辞，禁民为非，而司天属神之职，有所勿尚。象物以五者，特兵事之斥候旌旃耳。儒有一孔，不法后王，而眩于神运。故荀子之讥子思、孟轲曰：“案往旧造说，谓之五行。”《非十二子》。则箕子之法，必不行于域中，而文王得持其元，故曰大一统也。《春秋传》于昭之五年，箸〔著〕叔孙氏筮得《明夷》事，则曰：“《明夷》，日也。日之数十，故有十时，亦当十位。自王以下，其二为公，其三为卿。日上其中，食日为二，旦日为三。”亦以见《明夷》之以日定位，久矣。而其言“亥子”者，则周室取之，以为官成之大齐者也。

问曰：斥候旌旃，象物以五，何事也？

应之曰：《春秋传》曰“明其五候”。贾逵曰：“五候，五方之候，敬授民时，四方中央也”。昭二十三年。其后军候亦如之，故曰：“军行，右辕，左追蓐，前茅虑无，中权，后劲，百官象物而动，军政不戒而备。”宣十二年传。物者，旗物也。上《曲礼》曰：“行，前朱雀而后玄武，雀，今本误鸟。左青龙而右白虎。招摇在上，急缮其怒。”则辕者，雚也。雚，从萑声。《说文》：“萑，读若和”。《大司马》：“以旌为左右和之门”。注：“军门曰和”。《穀梁》昭八年传：“置旃以为辕门。”是辕门即和门。辕、雚音皆近和，故可通借。《考工》鲍人言，“欲其荼白”，荼者，雚苕。《诗》传。右雚，即右白矣。蓐者，鹿蓐草也，《释草》所谓“菉王刍”者，某氏注谓“鹿蓐”，孙炎注谓“蓐草”，郭注亦同。其色绿，《小雅》“终朝采绿”，则是矣。追，画也。《诗》“追琢其章”，传：“追，雕也。”《广雅·释诂》：“彫，画也。”又“弴弓”，《公羊解诂》作“雕弓”。《说文》：“弴，画弓也。”是彫本有画义。追则与彫双声通借。“左追蓐”，即“左画青”也。茅虑无者，茅虑，则《释草》所谓“茹藘茅蒐”也，“无”其余声。茅蒐可以染绛，其声合则为韎。“前茅虑”而“前朱”，明矣。权者，《释草》曰“黄华”，《释木》曰“黄英”，郭璞曰“牛芸草也”。《小雅》“芸其黄矣”，传亦云“芸，黄盛也”。故“中权”者，中央用黄色也。劲者，《释草》曰“葝，鼠尾”，孙炎以为“可染皁”。“后劲”，“后玄”也。凡七入之缁，六入之玄，皆得以皁通称。《曲礼》独以军行载旗为义，传即旁及斥候。旧解传者，皆支离。今考正如此。军中以徽识物色教目依于五方，非以为神怪。及其末流，而有《卫侯官》十二篇，入阴阳家。《汉·艺文志》。侯官者，候官也。

官统中第三十三

七十一圣之官，命禄尽于今，陈诸东序，不为下国缀游。然其称号磨灭，或傥见于四裔与后嗣王所布法，而幽隐不箸〔著〕者，第而录之。非苟为采获异闻，凡近世鸿胪、中允即中盾。诸职，因名于古，而十世以后称其卓诡考迹者，犹吾世也。

《虞书·尧典》称“内于大麓”。郑君说《大传》曰：“麓者，录也。”《新论》亦云：“昔尧试于大麓者，领录天子事，如今尚书官矣。”刘昭《百官志注》引。《论衡·正说》曰：“言大麓，三公之位也。居一公位，大总录二公事。”其说虽异古文以为“山足”，要之言相位者，必有所从受。及拟以录尚书事，则诬也。

繇汉而上，官号多难知，若长秋、光禄勋，其解诂犹近钩釽，宁独上世？余读《汉书·乌孙传》，说其国官制曰：“相大禄，左右大将二人，候三人，大将、都尉各一人，大监二人，大吏一人，舍中大吏二人，骑君一人。”自左右大将以下，皆汉语译录，独“大禄”非汉称。传又言：“昆莫有十余子，中子大禄强，善将；大子有子曰岑陬。”其下言：“岑陬者，官号也。”此则乌孙自以官称其人，即大禄为乌孙语，明矣。相大禄者，一官。大禄从主人，相从中国。史官所记，音义偕箸〔著〕之也。都护韩宣奏“乌孙大吏、大禄、大监，皆可赐金印紫绶，以尊辅大昆弥”，明“大禄”为股肱贵臣，而与“大麓”译音正同，则《虞书》据说为相位，乌孙取于古官旧号，豁然矣！

乌孙故在祁连、敦煌间，后乃他徙，见《张骞传》。与瓜州允姓故邻壤，当舜时则邶成地也。隋《西域传》言高昌王坐室，画鲁哀公问政孔子像，其官曰“令尹”，曰“公”，多取周、秦以上。高昌于汉，则车师前王庭，今为土鲁番、辟展二城；当中世声教殊绝，犹上法《周官》，以为光宠，况于舜世，东西固未鬲也？故孔子称“天子失官，学在四夷”，而杨〔扬〕子云喜识绝代方言，信其有征哉！

“羲和作占日，尚仪作占月。”《世本》及《吕氏春秋·勿躬》文。羲、和分，而皆有仲叔。及王莽，则合羲和为一官，亦犹秦之合仆射也。上《檀弓》：“扶君，卜人师扶右，射人师扶左。”注：“卜当为仆，声之误也。仆人、射人，皆平生时赞正君服位者。”故秦置谒者、侍中、尚书，皆有仆射，并仆人、射人为号。谒者辈皆近臣也。其后遂泛及他官，取其领事之号。《百官公卿表》谓古者重武官，有主射以督课之。非其实也。综校其实，既远起东周矣。

《文侯之命》言“父义和”者，郑以为晋仇其字义和，固无征也。马从孔安国故，以为晋重耳，其云“父能以义和我诸侯”，亦愈曼衍矣。义和者，羲和也；赐弓矢秬鬯以为侯伯，比于唐官分宅四方者。故取其尊号，而曰羲和。

羲、和故分，尚仪亦非一名。《大传》曰：“仪伯之乐舞，鼚哉！”此其仪也，《大传》注：“仪当为羲，羲仲之后也。”案，下又有“羲伯之乐舞将阳”，则此非“羲”之误。郑以下言羲伯为羲叔之后，此为羲仲之后。然同言羲伯，不应如此无辨。故知此仪伯，为“尚仪”之“仪”，非羲伯也。周世法之。《大雅》有“维师尚父”，《故训传》以为“可尚可父”，惟《别录》亦言“师之、尚之、父之”。此皆近望文生义。师者，大师；尚父者，尚也。

大公之赐履而征五侯，其职侪于仪伯，故曰“尚父”。

周之爵号，秘逸者多矣。三晋之世，天子赏魏文侯以“上闻”。见《吕氏春秋·下贤》。旧作“上卿”。《汉书·樊哙传》如淳注引作“上闻”。若羲和、尚父者，宁一事邪？

周之六典，亡三老、五更。三老，公也。五更者，世疑其出于秦官。秦爵：十二左更，十三中更，十四右更。皆以主领更卒，部其役使。凡将军，有前、后、左、右，《百官公卿表》。而大将军居中，而主莫府。故主领更卒者五人。

章炳麟曰：秦无儒，袒而割牲，执酱而馈，执爵而酳，尚首虏之国不有也。夫庶长、不更之号，夙箸〔著〕于《春秋》纬书。《文燿钩》曰：“成周改号，苌弘分官。”《续汉书·律历志》虞恭、宗䜣等引。弘其取于秦官而建五更矣。今叔旦所制，既出山岩屋壁，独苌弘后定者不传。然其足以拨乱反正，宁不得与于苍姬之典乎？

屈原称其君曰“灵修”，此非诡辞也。古铜器以“灵终”为“令终”。而《楚辞》传自淮南，《楚辞》传本非一，然淮南王安为《离骚传》，则知定本出于淮南。以父讳更“长”曰“修”，其本令长也。秦之县，万户以上为令，减万户为长。此其名本诸近古。楚相曰“令尹”，上比国君；尹即古君字。故《左氏春秋》“君氏”，《公羊》作“尹氏”。上世家族政体，君父同尊。父从又持杖，尹亦从又持杖。《丧服传》曰：“杖者，爵也。”其君曰“令长”，下比百僚。楚官有“莫敖”，其君早殇及弑者亦曰“某敖”。敖本酋豪字，犹西旅献豪，今作“獒”也。此亦君号同臣之一事。南国之法章，君臣犹以官位辨高下，故参用亲羁而无世卿。夫“万物尊天而贵风雨”者，为其“不私昵近，不孽疏远”也。《管子·版法解》语。

官统下第三十四

后王择一相，大吏自相任，守令自司授，辅殷自府辟。如是，则教令壹，吏部废，世胥散矣。

章炳麟曰：大武三曾而偃武与力，大文三曾而贵义与德。建官之法，中今之卒病，犹有六术焉。

捐纳则废，年资则废，科举则废，将论官者必于大学。求材于学，治定之制也。今后王暴兴而置学堂，待其毕业，犹十有八岁，将空位不可以待矣。梅福有言，不循伯者之道，“欲以三代选举之法，取当时之士，犹察伯乐之图，求骐骥于市”也；“以承平之法，治暴秦之绪，犹以乡饮酒之礼，理军市也”。夫遭时阽危，则薮泽之才者，必盛于平世；敷心优贤，不在校官矣。明大〔太〕祖令中外诸臣，下至仓库杂流皆得举士，传相引擢。是时山林穷居皆得自达。故草昧一切之政，不举于学校，而举于荐引。一术。

议院者，别于科道，治定之制也。上书者，别于通政司之守，定与未定之通制也。当其未定，语无取翔博，言无取成文典。苟便于事，跖之黏牡，越人之不龟手，方伛偻以承之；若其勿便，虽不愆于旧章，蜚蓬之问，三王所不宾。虽然，上书则新旧杂糅，而持新者制之；群议则新旧杂糅，而持旧者制之。故据乱则通封事，乱已定则置议院。二术。

稷之善农，大费之善虞，咎繇之善李法，虽贤圣勿能以代官。因国之关道出乎总理，按察使出乎刑部，向犹以为事守，而久更慢弛。其他之凌乱则旧矣！是故革故之政，相材而授之职。自治官、法吏、军帅，专对之使，帑臧之守，起自卒史，上至乎上卿，终身不出其曹。虽有大勋，止乎赐爵矣。三术。

处战国者，以军队为国之大郛，其势则不得不右武。兵法既异，因国之文臣，虽握神雀刀，持遏必隆之匕首，不足以统驭士卒。八国比合，以陷宛平，其主跳走，督抚则先与密为誓盟。夫以疆圉抗诏，叛也；又逡遁多畏，而弗能自立为小国，虚设节镇也；孰用？后王废督抚而建师团，内受命于本兵，外有承宣布政使以长一部。四术。

明制，监司长吏以下，皆避本省。宋政和制，则授官无过三十驿。议者善宋，以朱买臣、毕安敬、张汉周、范仲淹之守本郡为故。之二议者，其失则均也。必不用乡人，则瞢于风土，其举戾民；必专用邻比，而勿远取，僻陋之地风俗弗革，其民将老死不相往来。夫豪俊虽超轶于里闬之士，其材性则大氐不出其里闬。东方日本，有少连焉，《礼记·杂记下》孔子曰：“少连、大连，善居丧，三日不怠，三月不解，期悲哀，三年忧，东夷之子也。”案：日本自神武天皇班功建德，胙土赐姓，于是有国造、县主之号。尔后氏族繁膴，贵贱掍殽。逮天武天皇十三年，诏定八等之姓，曰真人，曰朝臣，曰宿祢，曰忌寸，曰道师，曰臣，曰连，曰稻置，以牢笼天下之姓氏。然则以官定姓，虽自天武始赐，实昉于神武也。仲哀天皇，当汉献帝初平、兴平、建安间，始置大连之官，亦因于古。盖是等官族，皆自神武建德赐姓始。神武元年，当周惠王十七年。少连、大连，盖即其时人。故孔子得称之。《论语》少连与柳下惠并称，向不知其何时何国？今观《杂记》“东夷之子”一语，又证以东方氏族，而知少连、大连之称，犹汉世大小夏侯、大小戴等以氏族箸〔著〕者，乃始豁然确斯云。其民蹲夷不恭，故贤者犹侏张。西方秦，有子桑焉，《论语》“子桑伯子”，正义曰：“郑以《左传》秦有公孙枝，字子桑，则以此为秦大夫。”案，郑盖以子桑、伯子为二人，与包氏异也。其民好稼穑，务本业，汉《地理志》说秦俗如此。故贤者犹大简，不足以自拔也。今是秦、赵、燕、代、荆、楚、滇、蜀，陆行几万里。铁道未布，游者未能以遍至，赖远宦互革其俗，互增其见闻。必杜绝之，则民死其乡，吏死其牖下，川谷郡县鬲越而不达，风俗臭味窒阂而不流。若是，则其害于文明也最甚。故除吏者，无避本省，亦无迥远；人情有不通，则辅以三老、亭长。五术。

贵贱之情，视其权不视其位；轻重之情，视其禄不视其阶。有位而无权，有阶而无禄，则将军之策命，或廑足以易觞豆。往者有理藩院，则鸿胪寺替矣；有总理通商之臣，则理藩院轻矣。大学士，宰臣也；提督，持斧之帅也。自军机处之设，则内阁无政；自金陵之陷，则提镇为仆妾。至于郎曹观政之士，而不肯与均茵伏，名违其实，权舛其秩，故赏不劝而黜不创。必核其权实，而升降其阶位。其尤冗散无事者，则废。六术。

以是六术，规蒦其建置。若夫增损财益之凡目，则以时定也。

章炳麟曰：若古官方之乱，莫泰元魏。县置三令长，郡置三大守，州置三刺史。刺史则皇室一人，异姓二人。守其泯棼，宜勿可以终一衅，然而犹曰“升平之世”，何也？其端未见也。见端而革，以其六典，上诸大旅，震来虩虩，无丧翼鬲，敷天之下，裒时之对，时周之命。

（选自《訄书》重订本（1904 年））

官制索隐

九服崩离，天地既闭，吾乃感前王之成迹，而为《官制索隐》四篇。盖古今言是者多矣，高者比次典章，然弗能推既见以至微隐。其次期于致用，一切点污之迹，故非所晓，虽晓亦不欲说。吾今为此，独奇觚与众异，其趣在实事求是，非致用之术。乃亦不待排比，推迹经脉，尽于孙络，相其阴阳，尝其臭味，其作始至微眇，而终甚巨，为佣众所弗能理者，乃著之于篇。其微旨，在使人周知古始，以兴感慕，耿然识旃裘引弓之非吾族。思古人也，而非期于取法，故不欲掩其点污。与胡伯始、杜君卿诸公，尚殊其意，况若端临之儳儳者乎？或曰：凡事之使人兴慕者，在其可崇可贵。今子为《天子居山》、《宰相用奴》诸《说》，适足酿嘲，而起鄙夷宗国之念，毋乃其自刺〔刺〕谬耶？曰：吾曩者尝言之，以为祖宗手泽，虽至佇拙，其后昆犹宝贵之。若曰尽善，则非也。昔顾宁人丁明绝胙，发愤考帝王陵寝，彼蒿里中陈死人，岂有豪末足用于当世？然识其兆域，则使人感怀不忘。且今之观优者，求其事迹，盖负惭德而奸恶可基者众矣。优人固未尝为掩讳，且暴露愈甚，则观者愈益奋兴。岂非以汉官威仪，于此得其放物，故弗计事状之淑慝耶？若徒就官制言，吾中国专制之世，宰相则用近臣，其乐为近臣者诚丑。然欧、美君主共和之政，抑岂有以愈是乎？凡为代议士者，营求入选，所费金无虑巨万，斯与行贿得官何异？民主立宪，世人矜美、法二国以为美谈。今法之政治，以贿赂成，而美人亦多以苞苴致贵显。夫佞悦众人，与佞悦一君者，其细大虽有异，要之，猥贱则同也。然则承天下之下流者，莫政府与官吏议士若。行谊不修，赇赂公行，斯为官吏议士，而总其维纲者为政府。政府之可鄙厌，宁独专制？虽民主立宪，犹将拨而去之。藉令死者有知，当操金椎以趋冢墓，下见拿破仑、华盛顿，则敲其头矣。凡政体稍优者，特能拥护吏民，为之兴利，愈于专制所为耳。然其官僚，犹顽顿无廉耻，非是，则弗能被任用。故尝论政府之于生民，其犹干矢鸟粪之孳殖百谷耶？百谷无干矢鸟粪不得孳殖，然其秽恶固自若。求无政府而自治者，犹去干矢鸟粪而望百谷之自长。以生民之待政府而颂美之者，犹见百谷之孳殖，而并以干矢鸟粪为馨香也。吾侪所志，在光复中国而已。光复者，义所任、情所迫也。光复以后，复设共和政府，则不得已而为之也，非义所任、情所迫也。以是反观，则无欣厌于甘辛黑白矣。

神权时代天子居山说。惠定宇作《明堂大道录》，考明堂者，经师所有事，其言大道则夸也。明堂、清庙、辟雍之制，古今兴废虽不同，然丽王公奠天位者，其实、其名，大抵不出山麓。古之王者，以神道设教，草昧之世，神、人未分，而天子为代天之官，因高就丘，为其近于穹苍。是故封泰山、禅梁父，后代以为旷典，然上古视之至恒也。《山海经》云："鼓钟之山，帝台之所以觞百神也。"又云："帝尧台、帝喾台、帝丹朱台、帝舜台，各二台，台四方，在昆仑东北。西王母之山，有轩辕之台。系昆之山，有共工之台。"盖人君恒居山上，虽宫室既备，犹必放而为之。有时亦直营冈阜，以为中都。《说文》云："京，人所为绝高丘也。"《诗》称公刘："乃陟南冈，乃觏于京，京师之野，于时处处，于时庐旅"。此盖在夏衰，戎狄杂居之世。其后则《春秋》以天子所居为京师，亦放物其意而名之。《尔雅·释诂》曰："林、烝，君也。"林为山林，烝即薪蒸。是天子在山林中明甚。后代此制既绝，而古语流传，其迹尚在。故秦、汉谓天子所居为禁中。禁从林声，禁者，林也。言禁、言籞，皆山林之储胥也。亡友陈镜泉说。《五经异义》郑君驳云："《礼记·王制》：天子命之教，然后为学。小学在公宫之左，大学在郊。天子曰辟雍，诸侯曰泮宫。天子将出征，受命于祖，受成于学。出征执有罪反，释奠于学，以讯馘告。"然则大学即辟雍也。《诗·颂·泮水》云："既作泮宫，淮夷攸服，矫矫虎臣，在泮献馘。"此复与辟雍同义之证也。《大雅·灵台》一篇之诗，有灵台，有灵囿，有灵沼，有辟雍，其如是也，则辟雍及三灵，皆同处在郊矣。囿也、沼也，同言灵，于台下为囿、为沼可知。众家之说，各不昭晢。虽然，于郊差近之耳，在庙则远矣。郑说虽是，然不悟庙亦在郊。《书说》云：明堂在近郊，近郊，三十里。讲学大夫淳于登说，明堂在国之阳，丙巳之地，三里之外，七里之内。二说远近虽小殊，然同在近郊，则一。明堂宗祀，所以严父配天，古之庙止此而已。其在三代之礼，五庙与明堂各异，则不可以概太古。三灵、辟雍与明堂同处，亦得言庙。在《周礼》言之，则非也，在太古言之，则是也。明堂在郊，郊字古借用蒿，《周礼·载师注》：故书郊或为蒿。故郊宫或作蒿宫。然自《大戴礼·盛德》篇，已不识蒿、郊同字，乃曰：周时德泽洽和，蒿茂大以为宫柱，名为蒿宫。诡诞之言，不可为典要矣。虽然，明堂在郊，亦只就三代言也。其在上古，则圜丘正为王宫之地，故附于郊丘者，有王宫祭日之典。《祭法》。祭日之坛，而命之曰王宫，明王宫与日坛同处。朝觐于是，祭享于是，治事于是，授学于是。后世既不能继，故犹放物其意，而建明堂、辟雍、三灵于郊野。灵台者，其所以拟群帝之台耶？又寻山字之声类考之，则《说文》云："山，宣也。"以声为训，明古音山、宣不殊，而宣为天子正居。周有宣谢，汉有宣室，此皆因仍古语。彼天子正居，所以名宣者，正以其在山耳。周之宣谢，《汉五行志》以为"讲武之坐屋"。此固未备。据《顾命》路寝所设，大训、天球、河图皆在焉；而鼖鼓、赤刀、兑之戈、和之弓、垂之竹矢，则讲武之具也。蔡邕云："古言天者三家：一曰盖天，二曰宣夜，三曰浑天。"寻谢字古但作射，而射与夜相通。《左氏·文六年经》：狐射姑，《穀梁》作狐夜姑。又《左氏·昭二十五年传》：申夜姑，《释文》云：夜，本或作射。是宣夜即宣射。天子正室，有观天之器，其在后世，始分观天之处于灵台。然太古灵台、宣室，未始有异，皆在山颠而已。复观《祭法》：夜明为祭月之坛，与日坛称王宫者密迩。至于汉世，而宣夜、夜明之语，转为掖庭。掖也、夜也、射也、谢也、榭也、豫也、序也，此七字皆同音，而义相联者也。又寻《尚书》有纳于大麓之文，古文家太史公说曰："尧使舜入山林川泽。"此读麓为本字，所谓林属于山为麓也。今文家欧阳夏侯说曰："昔尧试于大麓者，领录天子事，如今尚书官矣"。刘昭注《续汉书·百官志》引《新论》如此。又曰："入于大麓。言大麓三公之位也，居一公之位，大总录二公之事"。《论衡·正说》篇。古文于字义为得，顾于官制失之；今文得其官制，其字义又不合。即实言之，则天子居山，三公居麓。麓在山外，所以卫山也。尧时君相已居栋宇，而犹当纳于大麓者，洪水方滔，去古未远，其故事尚在礼官。初拜三公，当准则典礼而为之，则必入大麓，以为赴官践事之明征。《左传》曰："山林之木，衡鹿守之。"鹿即麓也。衡麓在后世，只为虞衡之官，而古代正为宰相。如伊尹官阿衡，亦名曰保衡，犹是衡麓之故名也。说者以为阿，倚；衡，平。则望文生训也。至汉时有光禄勋，为天子门卫。勋者，阍也。胡广已言之。独光禄之义，至今未有塙解。其实光禄即是衡麓，衡、横古通。又《尚书》今文“横被四表”，古文作“光被四表”。是衡、横、光三字为一也。古音同在阳部。汉时为天子主门者，又有黄门。黄门复即横门、衡门。在水之衡，则曰水衡，系于天象，则有五潢。《天官书》曰：“咸池曰天五潢。”《叶图征》曰：“咸池五车，天关也。”《合诚图》曰：“天潢主河梁。”是潢亦关梁之属，与衡音义皆同。故主门闼者曰黄门，即横字，又即潢字。衡、光一也。董巴曰：“禁门曰黄闼，以中人主之，号曰黄门令。”此望文生义。然则古天子居于山林，而卫门者名为衡鹿，亦即宰相。宰相以近臣为之。见下篇。至汉时天子虽居宫室，然为之守卫者，犹曰衡鹿，此亦因于古名。后人不解，随文作训。应劭乃曰：光者，明也；禄者，爵也。劭生汉末，去武帝才三百岁，而已不知其义矣。汉武时去古甚近，其名号多有取法。《史记·乐书》云：“今上即位，作十九章。通一经之士，不能独知其辞，皆集会五经家，相与共讲习，读之乃能通知其意，多尔雅之文。”是汉武时所用古名古训，当时经师已不能解，无论东汉以后矣。然证之以郎官，郎者，光禄勋之属，亦天子守门之官也。《汉书·杨恽传》云：“郎官故事，令郎出钱市财用，给文书，迺得出，名曰山郎。”张晏曰：“山，财之所出，故取名焉。”此未必得其本义也。大抵古天子端居冈阜，而从官以射猎为事，多得其饶，故汉世因之，犹名财之所出为山郎。斯语虽见于汉，然自殷、周时已有此意。《周语》曰：“夫周，高山广川大薮也，而幽王荡以为魁陵，粪土沟渎，其有悛乎？”又曰：“夫旱麓之榛楛殖，故君子得以易乐干禄焉。若夫山林匮竭，林麓散亡，薮泽肆既，民力雕尽，田畴荒芜，资用乏匮，君子将险哀之不暇，而何易乐之有焉？”是则天子在山，取其饶用，从官得以干禄。至殷、周虽已居城郭，犹必宅于高山旱麓之地。汉代因之，遂有山郎之名，其所从来远矣。综考古之帝都，则颛顼所居曰帝丘，虞舜所居曰蒲阪，夏禹所居曰嵩山。夏都阳城，阳城即嵩山所在。古无嵩字，但以崇字为之。故《周语》称鲧为崇伯鲧。《逸周书》称禹为崇禹。商之先，相土居商丘。其后又有适山之文。《盘庚》曰：“古我先王将多于前功，适于山。”周之先，公刘居京，其后又处旱麓之地。夫曰山、曰丘、曰阪、曰京，皆实地而非虚号。上古橧巢，后王宫室，其质文虽世异，而据山立邑则同。《左氏》言“三坟、九丘”，贾侍中云：“三坟，三皇之书；九丘，九州亡国之戒。”言坟、言丘，并以都山为义。及其亡灭，宫室邑里，皆已泯绝，惟丘陵之形独存。甚者或夷为汙泽。故伍员哀吴之亡，则言吴其为沼。而屠灭者，至于潴其宫室。盖以为高丘者，君上之所居，通于神明；洿泽者，亡虏之所处，沦于幽谷也。然则天子居山，其意在尊严神秘，而设险守固之义，特其后起者也。

专制时代宰相用奴说。《尚书》载唐、虞之世，与天子议大事者，为四岳贵族世侯，去共主不过咫尺，议有怫忤，亦无以面折廷争为也。直持之使不得遂其行耳。小者卿尹之属，虽贵不及岳牧，其势常足以自植。于是专制之君厌之，则为己心腹者，惟奴仆与近侍，此义至易明。观今时州县，不任佐贰吏员，而独任己之阍人。以佐贰有官位，吏员有世及，皆不能曲从己意，故惟阍人为可恃。昔之人主，其心岂异是耶？盖伊尹尝为阿衡，《商颂》。亦为保衡。《书·君奭》。衡之义前已发之，所谓衡鹿，即光禄也。而阿保为女师之称。《后汉书·崔寔传》："或因常侍阿保，别自通达。"《注》："阿保，谓傅母。"阿之为名，见于《礼记》，称为"可者"，《说文》阿字作妿。然则《吕览·本味》篇，称"有姺氏以伊尹媵女"，斯不诬矣。孰谓其躬耕乐道耶？汤既引伊尹为腹心，而阿保之名无改，其后相袭，遂以阿保为三公。周有太保，王莽置太阿、少阿，皆自此出。而说者以为阿，倚；衡，平。则不寻其本柢矣。又《本味》篇云："伊尹说汤以至味。"然则割烹要汤之说，亦不诬也。《曲礼》述夏、商之制，太宰尚卑，是其职本在治膳。然自伊尹任政，而冢宰之望始隆。孔子言高宗以前，"君薨，则百官总己，以听冢宰"。明冢宰之贵，商时已然。至《周礼·天官》，太宰遂正位为五官长。然其所属冗官，犹是宫中治膳之职。若膳夫、庖人、内饔、外饔、亨人、兽人、渔人、鳖人、腊人、酒正、酒人、浆人、笾人、醢人、醯人、盐人，皆治庖宰之事者也。又伊尹能治汤液，故《周礼》沿之，医师、食医、疾医、疡医、兽医等官，亦隶太宰。伊尹本为女师，故《周礼》沿之，使小宰治王宫之政令，而宫正、宫伯、宫人、内小臣、阍人、寺人、内竖皆属之；以至九嫔、世妇、女御之属，皆以太宰为其长官。后儒不审沿革，谓特使宫掖冗官，隶于冢宰，使不得阻挠外政，所谓宫中府中，皆为一体者。不知周制实由沿袭而成，非别有深意也。宰夫之官，于《周礼》为左右太宰者，掌治朝之法，群吏之治，百官府之征令，以治法考百官府、群都县鄙之治，乘其财用之出入，其职崇矣。然见于《春秋传》者，则列国之宰夫，犹是庖人。而汉世奉常属官有雍太宰，专主熟食。由夏、商本是一官，其后分之，或从本职，则为庖人；或从差遣，则为执政。相沿有宰相之名，其源委至暧昧也。相之为名，本瞽师之扶掖者耳。稍进而赞揖让、槃辟之礼者，亦名为相，其本皆至贱矣。然自尧时举十六相，已渐崇贵。仲虺为汤左相，召公为周伯相，遂以其名被之执政。即观孔子之在夹谷，本赞正服位之相耳，而《史记》言由大司寇行摄相事，则以执政归之。盖昵近之臣，易得君旨，故二者往往相兼。此又相国、丞相之名所由起矣。御之为名，《诗》言“亵御”，是也。周之御史，本居柱下，乃亦出巡邦国。至秦世遂以御史监郡。盖其始，本以天子近臣，刺探邦国密事，犹后世以中贵人衔命也。秦之御史，已较周时为贵，其长官御史大夫，则遂在三公之列。按《大雅·崧高》篇：“王命傅御，迁其私人。”郑云：“傅御者，贰王治事，谓冢宰也。”是周世宰相，既以御名，而秦特沿袭其制耳。仆射者，亦贱官之名也。《礼记·檀弓》言：“君疾，仆人师扶右，射人师扶左。”此近臣最微末者。自春秋时，以仆人通书札，《左传》言魏绛授仆人书，此犹近世投刺者，必由阍人传入耳。秦时，谒者掌宾赞受事；尚书，属少府；博士，通古今；与侍中皆天子近臣，而皆有仆射以领之。由是仆人、射人之名，始合为一，其被名非无故也。《汉书·百官公卿表》言：“古者重武，有主射以督课之。”其说不合。近孙仲容始以仆人、射人之说正之。汉时有尚书令一人，承秦所置。武帝初用宦者，其后更为中书，司马迁尝为之。后汉有尚书令、尚书仆射①，为国政之大凑，三公备位而已。至汉以后，中书又任朝政。及唐则尚书令、尚书仆射、中书令，皆为真宰相。奄竖之称，施于执政，而世不以为耻者，由其习惯然矣。侍中者，又贱官之名也。汉初侍中，非奉唾壶，即执虎子。至东汉，则侍中比二千石。元魏以降，渐益显著。唐时亦以侍中为真宰相。然其所居犹曰门下，斯与阍椓之徒何异？形迹之不可掩如此。综此数者，则知古之宰相，皆以仆从小臣，得人主之信任。其始权藉虽崇，阶位犹下，最后乃直取其名以号公辅。然至于正位之后，而人主所信任者，又在彼不在此。汉之丞相、御史，权位皆至重也。东汉谓之司徒、司空，而国政已移于尚书矣。唐之尚书令、仆射、中书令、侍中，权位皆至重也。其后只为虚衔，而谋议国事者曰平章矣。明初，亦置中书省左右丞相，自胡维庸谋反以后，禁不得设，而天子所与论道者，归之内阁矣。明之大学士，秩不过正五品，至满洲乃以此为公辅之正名，而政权复移于军机处矣。是知正位居体之臣，为人君所特恶，必以近幸参之，或以差委易

---

① 《章太炎全集》（四）之《太炎文录初编》文录卷一校勘记：“尚书仆射”下，原脱三十二字。据坊间石印本《章太炎文钞》增补。

之，然后能得其欢心，知其要领。彼与奄人柄政，固未有以大殊也。其他古之言寺者，本为寺人。至汉而百官治所，皆称为寺。近人或谓寺人本当作侍，此拘泥《说文》之过。古之言官者，本即馆字。《周礼·遗人》言“候馆有积”，《诗》言“适子之馆，授子之粲”，《孟子》言“帝馆甥于贰室，亦飨舜”。此馆字所以从食，至今犹谓卖酒食家为馆子，其义取此。乃汉时有太官令丞，主治膳食。足明官、馆同字。《周易》：“官有渝”，蜀才官作馆，亦其证。官本食舍，引伸之则以官为版图文书之处。《曲礼》在官言官《注》。而《礼记》言官师，《荀子》言官人失要，犹为府史之称。最后引伸乃为吏事君者。古之言臣者，《书》言“臣妾逋逃”，《说文》谓“臣象屈服之形”。卧字从臣，正象其伏。臧获之臧，亦从臣字。《说文》训臧为善，非本义。最后引伸乃训为事君者。观于寺字、官字、臣字之得名，而知古代所贵，唯天子与封君，其非有土子民之臣僚，则皆等于奴隶陪属。观于太阿、太保、冢宰、丞相、御史、仆射、侍中之得名，而知侍帷幄、参密议者，名为帝师，或曰王佐，其实乃佞幸之尤。世之乘时窃权，而以致君尧舜自伐者，可无愧耶？

古官制发原于法吏说　上述神权专制之世，所以藩王室、建公辅者，梗概略具。乃夫卿尹百司，非以阍奴备位，其始作者为谁耶？曰：本于法吏。自三苗作五虐之刑，而皇帝哀矜庶戮，其时法吏已贵矣。余寻古之言士者，《说文》云：“士，事也。”是士、事本为一字。事字，从史，之声。事、史本亦同部。是其声义相禅，原一而流殊。史官之文，或借里字为之，则《左传》史克，《鲁语》作里革，是也。或借李字为之，则老聃为征藏史，称为李耳，是也。按李耳之李，本借为史。春秋史官，皆以史为氏。而刑官名士师，亦或名理。《月令》：命理瞻伤。郑云：治狱官，有虞氏曰士，夏曰大理，是也。士、理同部，以声相通。《晋语》曰：昔隰叔子违周难于晋国，生子舆为理。韦昭曰：子舆，士蒍字，理，士官也。士蒍既以官为氏，则知士、理。不殊。理官亦借李字为之，《管子》云：皋陶为李。《法法》篇。《汉书·胡建传》引黄帝《李法》。此皆假借之字也。而吏从史声，使又复从吏声，行人之官，其名曰使，亦或借理为之。《周语》云：行理以节逆之，是也。亦或借李为之，《左氏》云：“行李之往来”，是也。理官受罪人之语，则谓之辞。《书》称“狱之两辞”，是也。籀文辞字从司，《说文》：“司，臣司事于外者。”又吏，亦从史声，为百官之通号。吏、事或有相通，则《诗》言三事大夫，《左氏》言王使委于三吏。三事、三吏，并即三公。是吏、事为一也。大凡士、事、史、吏、使、李、理、辞、司九字，古本一言，声义无二。是故观其会通，则有密移之迹。盖太古治民之官，独有士师而已。士任其职，斯之谓事；士听其讼，斯之谓辞。讼辞繁而不杀，不得徒以结绳为断，于是初造书契，百官以治，万民以察。而记录讼辞者谓之史。邦国有狱，士师遣其属官就地听之，亦时有密行以诇察者，谓之行理、行李。而变其文谓之使。观《周礼》大行人之官，属于司寇，其贰有小行人，复书邦国之犯令作慝为一书。斯又史官之职与御史为官联者。由是而泛记国事者，皆以史名；由是而泛通聘问者，皆以使及行李名。由士师而分其权，凡长民者皆谓之吏，凡治事者皆谓之司。而群吏之长谓之三吏、三事，稍次者谓之卿士。夫史以载籍，吏以长民，使以宣情，而原皆出于士师者，何也？曰：法吏未置以前，已先有战争矣。军容、国容，既不理析，则以将校分部其民。其遗迹存于周世者，《传》曰："官之师旅。"又曰："师不陵正，旅不逼师。"是官秩之崇卑，因部曲以为号也。将校自马上得之，本无待文史册籍之纷纷者。然自黄帝既有《李法》，申明纪律，执讯丑虏，不得无刑狱事，而听辩受辞，必有待于书契。其事繁碎，非躬擐甲胄者所能兼辨，于是乎有军正、元尉，以司刑法。及军事既解，将校各归其部，而法吏独不废，名曰士师。征之《春秋》，凡言尉者，皆军官也。及秦，而国家司法之吏，亦曰廷尉。此因军尉而移之国中者也。况上古官制未备，宁得不转相推移耶？士师者，所谓刀笔吏也，其务在簿书期会。于是分裂，而史职始兴。借观秦世，程邈之造隶书，本为吏事作也。汉初，萧何自主吏起，而独留意图书之事，时大篆已不行，萧何独明习之，以题未央前殿。故知书契文史，本法吏所有事。其分而为史官者，用在是也。士师既建，其属吏遍布寰内矣。然所掌止于两家讦讼，其无主名控告者，则士师所不与闻。必将有发奸摘伏之吏，以弥其阙。于是乎置小行人，于是乎置御史，既掌刺探，亦兼记录，且其人又必明习文字者也。故属瞽史谕书名，则行人职之。既而邦国相联，互有聘问，言之无文，行而不远，则惟辞令之务。有草创者，有讨论者，有修饰者，有润色者，此又非法吏不能为也。是故行李交驰，结轨千里，亦不得不由法吏分裂而成也。治民之官，其始独有法吏，以主讼狱。自余赋税繇役，人自供给而已。及夫奸伪萌兴，自占不实，则经界版籍之事兴，而是非法吏莫能为。于法吏中，又非小行人莫能为。必身历其坏，手写其图，持筹以计之，著籍以定之，上之长官，以知地域广轮、户口多少之数。于是分裂其职，而始有邦国都鄙之官也。是故司徒、司空之职，亦不得不由士师分裂而成也。夫法字从廌，谓讼有不直者，则神羊触之。斯固古之神话，然以斯知法字本义，独限于刑律而已。乃其后一切制度，皆得称法，此非官制起于士师之明证乎？铺观载籍，以法律为《诗》、《书》者，其治必盛；而反是者，其治必衰。且民所望于国家者，不在经国远猷，为民兴利，特欲综核名实，略得其平耳。是故韩、范、三杨为世名臣，民无德而称焉。而宋之包拯、明之况钟、近代之施闰章，稍能慎守法律，为民理冤，则传之歌谣，著之戏剧，名声吟口，逾于日月，虽妇孺皆知敬礼者，岂非人心所尚，历五千岁而不变耶？

古今官名略例　从一官言者用定名，从数官之相联相属言者用假名。从职守言者用定名，从阶位言者用假名。从经制之实职言者用定名，从特殊之差遣言者用假名。此古今所不能外。今时司法者，有刑部都察院、大理寺、按察司；行政者，有布政司、知府、知州、知县。此一官而用定名者也。然自其相联相属言之，则前者皆可云风宪官，后者皆可云地方官。此用假名者也。今时碑版，皆书死者所官，此职守而用定名者也。然自其阶位言之，则三品以上，虚拟以古之三公，而称为公；三品以下，虚拟以古之封君，而称为君。此用假名者也。明时兵部侍郎、副都御史、佥都御史之属，此实职而用定名者也。然自其特殊差遣言之，则治军、治漕、治河者，亦可直称为总督、巡抚、总漕、总河。此用假名者也。不明斯旨，则说古者，或多陵乱，而滋疑殆。《立政》有常伯、常任、准人，此皆《周礼》所无，说者遂以是疑《周礼》。不知《周礼》自一官言，从其定名。《立政》自数官之相联相属言，从其假名也。《史记·十二诸侯年表》言“上大夫董仲舒”，《佞幸传》言“邓通官至上大夫”。按《百官公卿表》，但有大中大夫、中大夫、谏大夫诸官，无所谓上大夫者，说者遂以是疑《汉表》。不知《汉表》自职守言，从其定名。《史记》自阶位言，从其假名也。商、周有冢宰而无相，春秋时以卿将中军、上军、下军，而无将军，《顾命》称召公为伯相，《左氏》称仲虺为汤左相，《老子》言偏将军、上将军，《左氏》言魏舒为将军。说者遂以是疑《顾命》、《老子》、《左氏》。不知宰云、卿云，自实职言，从其定名。相云、将军云，自差遣言，从其假名也。夫数官之相联相属，与夫阶位，易明也。其特殊之差遣者，则古今尤多变乱。大率官制以实职为定者，前有《周礼》、《汉官》，后有明制而已。而春秋、六代、唐、宋之世，则差遣著而实职微。宋时官名，几无实职可道，此稍习历史者所周知。然历代相沿之制，往往于前代则为差遣，易世而后，则就其差遣以为实职之名。如明代总督、巡抚，皆差遣也，而满洲以为实职。明代总兵、副参将、游击守备、千总，皆差遣也，而满洲以为实职。武员之沿明实职者，独有都司，而权藉官位，已大殊绝。彼与布政、按察二司，参列而居，一省戎事，靡不统之。而此特为微末小校，斯名存而实殊矣。若夫明代所谓道者，其官为参议佥事，而非直以道为官名。至清中叶，乃直名之为道，此于名义皆不可通。虽然，尚论古初，亦非绝无其例。盖有以官名号其地者，若汉之京兆尹、左冯翊、右扶风、司隶校尉、河南尹，是也。明时称某省为某布政司，亦同此。有以国名号其君者，《管子》言斩孤竹，《大匡》篇。《左氏》言杀斟灌，及后汉人以青州、豫州、荆州等名，称其刺史，是也。有以治所号其官者，《史记·酷吏传》言："小吏畏诛，虽有盗不敢发，恐不能得，坐课累府，府亦使其不言。"直称太守为府。又卫候天子廊屋之官，直称为郎，是也。有以疆域号其君者，如汉世称天子为县官，县即寰字，所谓天子之县内也。是也。有以古人姓名号其官者，如王莽置羲和，本于古占日者羲和；周初置师尚父，本于古占月者尚仪；汉置佽飞，本于古善射者佽飞，是也。有合古之二官以号一官者，如周时仆人、射人本二官，秦合仆射为一；楚国连尹、莫敖本二官，项楚合连敖为一，是也。有取于古之典礼以号其爵者，如《周礼》公侯执圭，孤卿执币；战国、项楚则有执圭执帛之爵，是也。综此七例，而名号展转变迁者，略具于斯。今之称参议佥事为道，则从第三、第四之例也。抑余谓实职、差遣转相禅者，三代、秦、汉，其制相因。魏、晋、唐初，又因秦、汉。中唐变制，宋世因之。明室创制，满洲因之。盲儒不察，辄于三代、秦、汉间，画分畛域。因封建一统之制有异，而谓百度皆殊，转以唐、宋至今，上同秦、汉。斯诬妄之甚者也！秦、汉官名，多循周制。若内史、太史、御史、太仆、大行、司隶、中大夫，同为实职，固勿论已。其有职掌稍殊者，若衡鹿转为光禄，与周时侯国之法少殊，而转近唐、虞帝制。十亭一乡，置啬夫，以理讼狱，与《左氏》言掌币者有殊，而合于《管子》之人啬夫、吏啬夫。此非无所受也。外吏建置，天子使其大夫监于方伯之国，国三人，谓之三监。此差遣也。其君亦得称监，《天官·太宰》云：乃施典于邦国，而建其牧，立其监。郑云：监谓公、侯、伯、子、男，各监一国。此假名也。秦因之以御史监郡，《汉书》直称平为泗川监，则差遣而为直称矣。周名大国之相为守，故管仲称高、国为天子二守；栾盈称士匄为王之守臣。此差遣也。大国之卿，命于天子。与汉时王国傅相同，故言差遣。其君亦得称守，故诸侯对天子，称其祖父为先守某公。《左·襄十二年传》。此假名也。至晋文置原守，魏时吴起为西河守。及秦、汉，治郡者皆以守名，则因差遣而为实职矣。周名小国之相为令，故楚以子男之国而置令尹。此实职也。其君亦得称令，故屈原称其君为灵修，即是令长。长字避淮南讳作修，非其本文。长亦周时旧名。《天官·太宰》云：乃施则于都鄙，而建其长。郑云：长谓食采邑者。此假名也。至魏西门豹为邺令，及秦、汉，治县者皆以令名，或以长名，则因假名而为定名矣。由是言之，见六国、秦、汉之有监、守、令、长，而谓周时未有监、守、令、长，必不可也。彼相与将军者，亦何以异此乎？复以他事例之：元帅之官，秦、汉且未尝置，唐时方显著耳。《春秋》言某某帅师，亦只为差遣，非实职也。然《左氏》已有"子为元帅"之语。政府之官，古今所未尝设，特其语已早著，至今亦尚为通称。其真以政府为法定之名者，独李自成而已。李自成改六部为六政府。然前此固亦有政府之语。今见秦有相国，六国以来有将军，而谓古所未有，何异见唐时之设元帅，李自成之置政府，而谓古之言元帅、政府者，皆唐人及李自成所改窜耶？是故不辨定名、假名之异，而强以实职相稽，则疑古者自此始。得其会通，能无爽然自失耶？余每恨王伯厚作《汉制考》，徒能比附事状，而沟通古制者希。近世经师，又鲜以秦、汉事通之六艺。夫胡广解《汉官》，多原周制；康成说《周礼》，又附汉仪。明其俞脉相通，非苟为皮附而已。近人陈澧亦教人观《历代职官表》。《历代职官表》之为书，固差可推见沿革，然其学识肤浅，未知贯穿之法。乃如《周官》冢宰，于汉、唐为尚书令，而今之吏部，在《周礼》特为司士之官，此则杜君卿已明言之。然自唐至今，皆以吏部上比冢宰，作《表》者亦未能是正。异者则强为同，同者则见为异，其不可为典要亦明矣。因论假名、定名之事，而类及之。

（1907年，选自《太炎文录初编》文录卷一）

五朝法律索隐

挽世士大夫憙言法律。法律者，模略格令仪注而为言。此则六典、通礼之流悉包之矣。出于礼则入于刑，空为仪式者，令不必行，诫不必止，故中国重刑。荀子曰："刑名从商，爵名从周，文名从礼。散名之加于万物者，则从诸夏之成俗曲期。"顾其所第次者，独有散名。爵名，大较见《周礼》，刑名则阙。独李悝著《法经》，有《具律》一篇，后代因之为名律。魏司空陈群作《魏法》，其序略曰："旧律因秦《法经》，就增三篇，而《具律》不移，因在第六，罪条例既不在始，又不在终，非篇章之义，故集罪例以为刑名，冠于律首。"杜预在晋，亦作《刑名法例》。张裴说之曰："刑名，所以经略罪法之轻重，正加减之等差，明发众篇之多义，补其章条之不足。其知而犯之谓之故，意以为然谓之失，违忠欺上谓之谩，背信藏巧谓之诈，亏礼废节谓之不敬，两讼相趣谓之斗，两和相害谓之戏，无变斩击谓之贼，不意误犯谓之过失，逆节绝理谓之不道，陵上僭贵谓之恶逆，将害未发谓之戕，倡首先言谓之造意，二人对议谓之谋，制众建计谓之率，不和谓之强，攻恶谓之略，三人谓之群，取非其物谓之盗，货财之利谓之赃。凡二十者，律义之较名也。"商法既亡，刑名则当从晋，唐之八字，陋不僩矣。季世士人，虚张法理，不属意旧律，以欧、美有法令，可因儴之也。虏廷设律例馆，亦汲汲欲改刑法，比迹西方。其意非为明罚饬法，以全民命，惩奸宄，徒欲杜塞领事法权，则一切不问是非，惟效法泰西是急。法律者，因其俗而为之约定俗成，案始有是非之剂。故作法者当问是非，不当问利害，今以改律为外交之币，其律尚可说哉！虏廷亵御无足道，诸士人瞀湎于西方法令者，非直不问是非，又不暇问利害，直以殉时诡遇，又愈在虏廷亵御下矣。富平张鹏一杂集《汉律》为一篇，可谓知其意者，而多附以欧洲近制，事若冰炭。又以私意增剟文字，愈亡赖。余观汉世法律贼深，张汤、仲舒之徒，益以《春秋》诛心之法，又多为《决事比》，转相贸乱，不可依准。其次文帙完具者，独有《唐律》，乃近本齐、隋，北齐始制重罪十条，犯此者不在八议之列。隋氏以降，入叛，貤益不睦一条，始称十恶，唐世亦依其法，至今承用，此魏、晋、江左所不有也。《汉律》无十恶名，大不敬罪辄逾等。故汉、唐二律皆刻深，不可施行。求宽平无害者，上至魏，下讫梁，五朝之法而已。汉世过重农事，杀牛与杀人同罪。《魏志·陈矫传》：曲周民父病，以牛祷，县结正弃市。矫曰：孝子也。表赦之。矫时尚在汉世，亦未知魏世减杀牛之罪否？其篇籍虽放失，因事钩求，犹可得其放物。有可傅以西方之制者，有孑杰于汉土者；有可拟以近世之制者，有孑杰于前代者。驰说者不暇钩校，而空尊尚西方，或沾沾欲复《唐律》，此皆目录辜较之学，加以耳食，未尝问其甘苦云尔。五朝之法，信美者有数端：一曰重生命，二曰恤无告，三曰平吏民，四曰抑富人。余为捃摭其文，附以说解，令吏士有所取法焉。

重生命之法有二：

一、父母杀子者，同凡论。《南史·徐羡之传》："义熙十四年，军人朱兴妻周，生子道扶，年三岁，先得痫病。周因其病发，掘地生埋之。为道扶姑双女所告。周弃市。羡之议曰：自然之爱，豺狼犹仁，周之凶忍，宜加显戮！臣以为法律之外，尚弘通理，母之即刑，由子明法，为子之道，焉有自容之地？愚谓可特申之遐裔。从之。"据此，是《晋律》父母杀子，并附死刑。上观汉法，《白虎通德论》亦同斯说。羡之不学，特议宥恕，夫子既生埋，长冥不视，而云焉有自容之地，宁当与朽骨论孝慈耶？藉如其议，翁奸子妇者，律亦殊死，复当为其子求自容之地乎？然羡之议虽暂行一时，不著为令。近世父母杀子者，皆从轻比，南朝固无此律。后魏法，诸祖父、父母忿怒，以兵刃杀子孙者，五岁刑。殴杀及爱憎而故杀者，减一等。是知鲜卑乱制，至今为梗，甚乎始造桐人以葬者！

二、走马城市杀人者，不得以过失杀人论。张裴《晋律序》曰：都城人众中走马杀人当为贼，贼之似也。余寻李悝《法经》，本有《轻狡》之篇，秦、汉因之。盖上世少单骑，车行有节，野外之驰，日不过五十里，国中不驰。郑君以为驰善蔺人，是故以策彗恤勿驱，尘不出轨。古者一尺，当今六寸，五十里则今三十里也。昧爽而驾，日入而说，除去饮食宿留，日加时五，行三十里，加时一，行六里，当今之缓步。国中又愈舒迟，斯无轹人之事。六国以降，单骑郁兴，驰骤往来，易伤行者，由是有《轻狡》律。《晋律》：“众中走马者，二岁刑。”见《御览》六百四十二引。因而杀人者，死。近世城市仟佰之间，官吏亦以条教禁人走马，然治走马杀人者已轻矣。夫都会殷赈，行人股脚肩背相摩，走马者亦自知易伤人，然犹偒侠自喜，不少陵谨，此明当附贼杀之律，与过杀、戏杀殊矣。藉令车骑在中，人行左右，横度者犹时不绝。若无走马杀人之诛，则是以都市坑阱人也。自电车之作，往来迅轶，速于飞矢，仓卒相逢，不及回顾，有受车轹之刑而已。观日本一岁死电车道上者，几二三千人。将车者才罚金，不大诃谴。汉土租界，主自白人，欲科以罚金且不得。夫电车只为商人增利，于民事无益豪毛，以为利贼杀人，视以轻狡贼杀人，其情罪当倍蓰。如何长国家者，惟欲交欢富人，诡称公益，弛其刑诛，立宪之国，亮无足赦耳矣。汉土法律虽敝，自昔未有尊宠富人者。租界虺蛇之地，法不得行，固也。异时复有于内地行电车者，诸新生且将因缘成事，宥其杀人之罪。余以造用电车者，当比走马众中，与二岁刑；因而杀人者，比走马众中杀人，商主及御夫皆殊死。秉《晋律》以全横目，汉土旧法，贤于拜金之国远矣！

恤无告之法有一事：

诸子姓复仇者，勿论。魏陈群定律：“贼斗杀人，以劾而亡，许依古义，听子弟得追杀之。会赦，及过误相杀，不得相仇。”据《后汉书·桓谭传》曰：“今人相杀伤，虽已伏法，而私结怨仇，子孙相报，后忿深前，至于灭户殄业，而俗称豪健。今宜申明旧令，若已伏官诛，而私相伤杀者，虽一身逃亡，皆徙家属于边。其相伤者，加常二等，不得雇山赎罪。”准此，是汉、魏旧法，谋杀、故杀、贼杀诸科，官未能理者，听其子姓复仇。何者？法吏断狱，必依左证报当。左证不具，虽众口所欲杀，不得施。如是，狡诈者愈以得志，而死者无有可申之地。且受赇枉法，犹可治也。姻族相私，犹可使回避也。若法吏与囚人故交友，或以他事而相朋比，罪在疑似，非有极成左证者，则藉法令以省释之，谁能问者？及夫被劾逃亡，其成事尤亟见。前代听子姓复仇者，审法令有疐跋，不足以尽得罪人，故任其自相捕戮，且不以国家之名分制一人也。乃如《礼注》所言：“父母兄弟师长尝辱焉，而杀之者，为得其宜。”此盖康成私意，非律之明文。律所许者，止于报杀。被辱非切肤之痛，辱人者亦故不在死罪之条，而令其子弟得公修怨，是特汉末任侠所以为荣，非法律所许也。复仇止于子姓，则屯聚相杀者，不用此律。

平吏民之法有二事：

一、部民杀长吏者，同凡论。《通典·刑制中》：“刘秀之为尚书右仆射，请改定制令，疑部人杀长吏科。议者谓值赦宜加徙送。秀之以为律文虽不明部人杀官长之旨，若值赦但止徙送，便与悠悠杀人，曾无一异。人敬官长，比之父母。行害之身，虽遇赦，宜付尚方穷其天命，家口令补兵。从之。”据此，是魏、晋相承之律，部民杀长吏者，亦同凡论。盖法律者，左以庇民，右以持国。国之所以立者，在其秩分，秩分在其官府，不在其任持官府者。故谋反与攻盗库兵，自昔皆深其罪。及夫私人相杀，虽部民、长吏何择焉？秀之以官长比父母，荐绅自卫者为此言，无所依据。汉世，孝廉曹吏为其州郡将持服，率比父母三年。是由近承封建，民心隆于感恩，顾法律未尝制是。其部民杀长吏者，《汉律》亦不见有殊科也。秀之一言不善，著为定令，诒祸至今。虽然，是特曰部民杀长吏，非曰齐民杀官吏者，皆用此令也。今则此省此道之民，杀彼省彼道之吏，亦与部民杀长吏同科。兹又秀之所不敢言矣。若夫王室懿亲，非有土长民之吏，《周礼》曰：“杀王之亲者辜之。”特与齐民相杀异律。盖上代政在贵族，王之亲即与王等。余尝闻云南土司言：民之视余弟，与余等。此可得其比例。自秦皇一统以来，其制已替，犹存于蓬岛耳。他时满洲客帝，亦将藉此保其同气，兹又秀之所不敢言也。方今狡虏盗华，事固无可言者。异日诸华独立，若民主也，长吏部民之秩级固废矣。若君主也，部民杀长吏，亦当取魏、晋旧律，悉同凡论。而齐民之杀官吏，与杀王之亲者，可知也。

二、官吏犯杖刑者，论如律。《隋志》述《梁律》，有“免官加杖督一百，夺劳百日杖督一百”二条。免官，则已去位矣，夺劳者，犹未去官，即亦如法杖督，明收赎之法，不及官吏也。汉时官吏，有耐为隶臣者，杖笞诸刑，复何论？《魏略》载：“韩宣为尚书郎，尝以职事当受罚于殿前，已缚束，杖未行，文帝特原之，遂解其缚。时天大寒，宣以当受杖，豫脱绔，缠裈面缚；及其原，裈腰不下，乃趋而去。”《魏志·裴潜传注》引佐史受杖不悉著。是尚书郎在官亦受杖。至唐世独以惩赃吏。太极元年，制官典，主司枉法，赃一匹以上，并先决一百。其重者多于朝堂杖杀。杖之刑，徒加于赃吏；无赃，虽有罪亦贷之，刑已弛矣。朝堂杖杀，非法律明文。律已有斩绞，何帛杖杀？然犹藉此稍存旧制。宋世虽优遇士大夫，赃吏犹杖脊，黥配海岛。议者乃曰：刑不上大夫，是制宜废。夫刑不上大夫者，封建之政也。虽然，鞭扑，于古不在五刑数。《尧典》曰："鞭作官刑。"《秋官·条狼氏》誓大夫曰："敢不关，鞭五百。"顾第无肉刑耳。以此自宠，而礼亦不下庶人。自秦皇一统以后，民无贵贱矣。近世齐斩之服，冠昏之制，其梗概亦下庶人。礼可下庶人，独刑不可上大夫乎？夫苟废笞杖之刑，即吏与民两不施用可也。笞杖之制犹在，独用于民，不用于吏，何其鲑也！世人徒见明时廷杖，骀藉荐绅，以为奇刑宜废。抑廷杖者，非于律有明文，特人主以喜怒行之，故可惎也。藉令著于法律曰：某罪应杖几何，某罪应笞几何，虽官吏亦论决。不得以罚奉贬官相代，谁得以为憯乎？《晋律》以免官比三岁刑。明以来，亦以免官比满杖。晋之制似稍弛矣。然有犯五岁四岁刑者，免官以后，犹不省释余辜。据《晋律》云："髡钳，五岁刑，笞二百，则将吏越武库垣，在其科。四岁刑，则上阑沃殿，及露泄选举事，在其科。"以上见《御览》六百四十二引。此皆特为吏人制法，非齐民得有此罪也。以免官当三岁刑，其后一年二年为徒，去发箸〔著〕钛，伏地受笞，犹不免焉。以此知其为允。今有同时得两满杖罪者，虽已免官，犹不闻决其一事。昔秣陵老人遮梁武帝曰："陛下为法，急于黎庶，缓于权贵，非长久之术。诚能反是，天下幸甚！"然则刑不上大夫者，特肉食者所以自谋，民心弗扰亦明矣。梁时，官吏杖督之法犹在，老人已觖望。今又剟去此律，故知古之为法，急于佐百姓；今之为法，急于优全士大夫。托其名曰重廉耻，尊其文曰存纪纲。不悟廉耻方颓于此，纪纲亦坏于此。明世，虽举贡诸生，亦免笞杖，此与印度四姓阶级之制何异？乃思李悝、萧何、陈群、杜预诸贤，其用心至无偏党也！

抑富人之法有二事：

一、商贾皆殊其服。《晋令》曰："侩卖者皆当箸〔著〕巾，白帖额，言所侩卖及姓名，一足白履，一足黑履。"《广韵》引。此亦本诸汉制。《平准书》曰："高祖令贾人不得衣丝乘车。"孝惠高后时，复弛商贾之律。然市井之子孙，亦不得仕宦为吏。汉令诚过蹙，吏道所以不坏，在廉。商贾惟积贮掊克是务，虽已入官，不能禁其贪冒。令身为商贾者，不得仕宦为吏，已厌饇矣。其子孙故与齐民无异。又因其族世锢之，斯过制也。若夫殊其章服，以为表旗，令兼并者，不得出位而干政治；在官者，亦羞与商人伍，则今世行之便。或曰：帖额白巾，两足异履，其形谲怪，将为国家文明之辱。余以为求治者，尚其实，不尚其华。纵辱文明，则奸政役贫之渐自此塞，岂惮辱之？且商人、工人，虑非有高下也。今观日本诸庸作者，织布为裋，大书题号其上，背负雕文，若神龟毒冒焉。工人如是，未有以为谲怪者，顾独不可施诸商人耶？崇实业者，皆尊奖商人为国宝，闻以法令抑之，将涕泣为讼辩。抑国所与立者，商尔、工尔、农尔，谁得废其一者？沾体以兹稻粱，重趼以凿石炭者，不被尊显，而尊此受成者乎？汉土之民，孳生亟而酌孔掫，一有不给，千里转尸，故自昔以劭农为国。非好迂阔，以情势异于诸方也。商益恣，工益繁，农益减，旷土罢犁，稔岁已趣趣忧不饱。猝遇虫蝗旱潦之灾，拙者饿死，雄桀转徙他方为寇盗。忿戾者揭竿噪讙，乃发兵捕治之。此其咎虽在政府，要之，尊奖商人，其末流，亡有能避是也。商人以己意废著，已不可治，况以政府厉奖之为？盖贵均平、恶专利、重道艺、轻贪冒者，汉人之国性也。其在上古，虑有以多金为誉者。故贤本训多财，引伸为贤人。良，从畐。畐者，富也。《礼注》有“良奥之家”，常言亦以良、贱相对，而引伸为善良。臧者，男而婿婢。奴与帑一也。故引伸为府臧，得赇赂亦为臧。以臧为财，而引伸亦训善。其他言殷实、言无赖者，本以称富贫，继以称贤不肖。要之，古语腾传则尔。自秦皇一统以后，斯义渐微。民贱商贾若倡优，历岁二千，旧念涤除，新念则已沦髓髓。距之满洲，始稍稍崇商贾者，非直因以为市，彼商人固嗜利，而帝王与官吏亦嗜利。商人犹不以无道取，帝王官吏乃悉以无道取。若则帝王官吏，又不商人若也。既不若，又抑挫之，则不恕矣。其尊奖商人也则宜。易世而后，莫如行《晋令》便。荐绅之称，对于介胄，本随其章服为名，以称学者。明世移以称废官，今乃移以被商贾。异时绅士之号既废，宜称曰白帖额人也。

二、常人有罪不得赎。《晋律》曰：“年老小，笃癃病，及女徒，皆收赎。赎死，金二斤也。五岁刑以下，诸应收赎者，皆月入中绢一匹。老小女人半之。”据此，收赎之文，不及官吏，亦不及常人。盖惧贫民独死，而富人独生也。张裴《晋律序》曰：八十，非杀伤人，他皆弗论。明老者，独八十以上尔。老小、女人及癃病者，亦贫富异，然无患其偏颇者。此之赎论，非视其力定之，既在是人，即无有不当赎者。黄金二斤，与月入中绢一匹，自今日絫量之，犹患重。故今世赎罪，其数至省，令人人可以自尽。是则贤于旧制者。因又滥及官吏，则不如旧律便。要之，纳赎之率当从今，得赎之人当从旧。

夫訾议法律者，曰：法律所以拥护政府与货殖民。余省汉土诸律，徒有拥护政府者，未有拥护货殖民者。数朝所定，虽良楛殊，幸无拜金之辱。独拥护政府过竺，且集于王者一人。然自《晋律》以下，虽有不敬之条，要以亏礼废节为限。如上阑沃殿者，得四岁刑；谤上者，得三岁刑。此并属不敬科。视《汉律》指斥乘舆枭首腰斩之法，其宽猛相去远矣！又虽有恶逆条，以陵上僭贵为限。伪造官印者，亦仅得三岁刑。有挟天文图谶者，才二岁刑。周道如砥，其直如矢，恢卓乐易之至也！鲜卑僭盗，始有十恶之刑。十恶不尽对政府，其反叛、恶逆、不敬诸条，则随事可以比传。明以法律拥护政府，且重于拥护后王者。自汉之亡，其风渐息，昌之者则鲜卑也。今魏、晋、南朝诸律，虽已残缺，举其封略，则有损上益下之美；抽其条目，则有抑强辅微之心。后有作者，因而为之节文，参以今制，复略采他方诸律，温故知新，亦可以弗畔矣夫！

（1908年，选自《太炎文录初编》文录卷一）

中国文化的根源和近代学问的发达

六百年前，宋朝有个文天祥说的："一部十七史，从何处说起？"十七史尚且无从说起，何况中国全部的学问，比十七史更广。但教育的事，和博览不同，更没有到讲学的地位，只是看人的浅深，简〔见〕机说法，也就罢了。现在把中国开化的根苗，和近代学问发达的事迹，对几位朋友讲讲，就可以晓得施教的方法，也使那边父兄子弟，晓得受教的门径。

中国第一个开化的人，不是五千年前的老伏羲么？第一个造文字的人，不是四千年前的老苍颉么？第一个宣布历史的人，不是二千四百年前的孔子么？第一个发明哲理的人，不是二千四百年前的老子么？伏羲的事，并不能实在明白，现存的只有八卦，也难得去理会他。其余三位，开了一个法门，倒使后来不能改变。并不是中国人顽固，其实也没有改变的法子。

苍颉造字，当初只有"指事"、"象形"两件条例。甚么叫做指事？就像"上、下"两个字，古篆只作丄、丅，不过是指个方向。其余数目字，像一、二、三、四、五、六、七、八、九、十，都也叫做指事，和号马〔码〕也差不多。甚么叫做象形？就像古篆日字作⊙，月字作☽，水字作，火字作，是像他的形势，所以叫做象形。

当初苍颉造字的时候，只有这两种例，字都是独体的。苍颉以后，就渐渐把两个字和合起来，变了合体的字，所以又有"形声"、"会意"两件条例。甚么叫做形声？一傍是字的形，一傍是字的声，所以叫做形声。譬如水有各项，不能统统都叫做水，自然别有一句话，要写这个字出来，若照着象形的例，仍还是个字，不能分别，所以在水字傍又加一个声音，去指定他，譬如江字水傍加个"工"，河字水傍加个"可"，水就是形，工和可就是声。甚么叫做会意？把两个字的意和合起来成一个意，这就叫做会意。譬如人傍加个言字，就是信字，见得不信就不算人的话，只是狗吠鸡鸣一样。止上加个戈字，就是𢦏字，案：楷书写成“武”。见得别人举动干戈，我能去止住他，就是𢦏。这个“指事”、“象形”、“形声”、“会意”四件条例，造字的法子略备了。

但是中国有一千六百万方里的地面，中国的本部，从黄帝到现在，有四千年，没有甚么大加减。同是一句话，各处的声气自然不能一样，所以后来又添出“转注”一件条例来。甚么叫做转注？这一瓶水，展转注向那一瓶去，水是一样，瓶是两个。把这个意思来比喻，话是一样，声音是两种，所以叫做转注。譬如有个老字，换了一块地方，声音有点儿不同，又再造个考字。有了这一条例，字就多了。但是人的思想，万变不穷，说话也万变不穷，却往往就这个意思移做别个意思。所以一个字往往包容得三四个意思，又添出“假借”一件条例来。譬如令字，本来是号令，后来发号令的人，也就叫做令，不必别造一个令字。长字本来是长短的长，后来看成年的人，比小孩儿身体长些，也就叫做长，年纪老的也叫做长，做了官，在百姓的上，也就叫做长。有了这一件条例，字就省造许多。这个“指事”、“象形”、“形声”、“会意”、“转注”、“假借”六件条例，并起来叫做六书。二千九百年前周公做《周礼》的时候，就有六书的名目。不过苍颉造字以后，谁人把独体的字，合做合体的字？这个却没有明据。苍颉造的字，叫做古文，后来合体的字，也叫做古文。到二千七百年前，周朝有个史籀，又把古文整理一番，改了许多新形，叫做“籀文”，也叫“大篆”。到二千一百年前，秦朝有个李斯，又把大篆减省些，叫做“小篆”。那古文、大篆、小篆三项，虽有不同，只是略略改变。秦朝又把小篆减省，叫做“隶书”，现在通行的“楷书”，也还就是隶书。汉朝又把隶书减省，叫做“草书”，现在也是通行。当初用隶书、草书的人，不过为写字烦难，想个方便法门，不晓得通行以后，写字就快，识字就难了。识字为甚么难呢？隶书形体方整，象形字都不象了，况且处处省笔，连这两个字是那两个字合起来的，都看不出，一点一画，觉得没有甚么意思。小孩子识字的时候，不得不用强记，所以识字就难。有说中国字何不改成拼音？我说这个是全不合情理的话。欧洲各国，本来地方不大，蒙古、满洲，地方虽大，人数极少，合起来不过中国十六七县的人口，一国的说话，声气自然一样，所以可用拼音。那个印度就不然，地方和中国本部差不多大，说话分做七十余种，却还要用拼音字，这一处的话，写成了字，到那一处就不懂了。照这样看来，地方小的，可以用拼音字，地方大的，断不能用拼音字。中国不用拼音字，所以北到辽东，南到广东，声气虽然各样，写一张字，就彼此都懂得。若换了拼音，莫说辽东人不董〔懂〕广东字，广东人不董〔懂〕辽东字，出了一省，恐怕也就不能通行得去，岂不是令中国分为几十国么？况且古今声气，略有改变，声气换了，字不换，还可以懂得古人的文理；声气换了，连字也换，就不能懂得古人的文理。且看英国人读他本国三百年前的文章，就说是古文，难得了解，中国就不然，若看文章，八百年前宋朝欧阳修、王安石的文章，仍是和现在一样。懂得现在的文章，也就懂得宋朝的文章。若看白话，四百年前明朝人做的《水浒传》，现在也都懂得，就是八百年前宋朝人的《语录》，也没有甚么难解。若用了拼音字，连《水浒传》也看不成，何况别的文章。所以为久远计，拼音字也是不可用的。有说拼音字写起来容易，合体字写起来难。这个也不然，中国的单音语，一字只有一音，就多也不过二三十笔，外国的复音语，几个音拼成一音，几个音连成一字，笔画也狠〔很〕不少。中国人若是兼学草书，写起来只有比拼音字快，没有慢的。有说拼音字容易识，合体字难识，这个也不然。拼音字只容易识他的音，并不容易识他的义。合体字是难识他的音，却是看见鱼傍的字，不是鱼的名，就是鱼的事；看见鸟傍的字，不是鸟的名，就是鸟的事，识义倒反容易一点。两边的长短相校，也是一样。原来六书的条例，最是精密，断不是和埃及人只有几个象形字一样。若说小孩子识字烦难，也有一个方便法门，叫他易识。第一，要把《说文》五百四十个部首，使他识得，就晓得造字的例，不是随意凑成的，领会得一点，就不用专靠强记。第二，要懂得反切的道理，反切也是和拼音相近，但拼音只把这个音当这个字，反切却是把音注在字傍，叫他容易唤出音来，并不是就把这个音去代那个字，所以反切与拼音，用法不同。但前人做反切，随便把字取来使用，那个能反切的字，尚且读不准音，何况所反切的字，怎么读得准音呢？现前只照三十六字母，改换三十六个笔画最少的字，又照《广韵》二百六韵，约做二十二韵，改换二十二个笔画最少的字，上字是纽，就是别国人唤做子音的。下字是韵，就是别国人唤做母音的。两字一拼，成了反切，注在本字傍边。大凡小孩子们识了五十八个字，就个个字都反切得出来了，但声音要照《广韵》读，果然不可用土音，也不可用北京音。土音果是各处不同，北京音也不算正音，都用不着。我以前曾将五十八个字写出，将来就可以用得哩。第三，要兼学草书，为临时快写的方便，但不可专用草书，不写正字，草书不过是补助的东西罢了。至于当教习的朋友，总要备《段注说文》一部，《广韵》一部，《四声切韵表》一部，《书谱》一部，非但要临时查检，平日也要用心看看。最小的书，像《文字蒙求》，山东人王筠做的，只有薄薄一本。也好给学生讲讲，就晓得文字的妙处了。以上是论教文字的法子。

再说历史，为甚么说孔子宣布历史呢？以前中国的历史，只有《尚书》，叙事不大周详，年代也不明白，又还只是贵族政体的时代，民间只识得字，通得文理，并没有历史读，历史只是给贵族读的。孔子以前三百年的时候，才得有《春秋》出来，用编年的体例，叙事都也周详，却还只许贵族读的。孔子以前一百多年，山东有一个齐国，宰相叫做管仲，颇要民间看看历史，也只为替他政府办事，没有别的好心肠。但那个时候，民间看见《春秋》的是少得狠〔很〕。管仲想个法也，凡有读得《春秋》的，给他值二十两黄金的衣服，五方里的田，看他的赏这样重，就晓得读《春秋》的少了。孔子也是由百姓起家，狠〔很〕不愿意贵族政体，所以去寻着一个史官，叫做老子，拜了他做先生，老子就把史书都给他看；又去寻着一个史官，叫做左丘明，两个人把《春秋》修改完全，宣布出来，传给弟子，从此民间就晓得历史了。以前民间没有历史，历史都藏在政府所管的图书馆，政府倒了，历史也就失去。自从孔子宣布到民间来，政府虽倒，历史却不会亡失，所以今日还晓得二三千年以前的事。这都是孔子赐的了。孔子以后三百多年，汉朝有一个史官，叫做司马迁，又做成一部《史记》。又过了一百多年，又有一个史官，叫做班固，又做成一部《汉书》，那个体裁是纪传体，虽和《春秋》不同，但总是看个榜样，摹拟几分。所以《史记》、《汉书》的事，仍复可以编排年月。后来人又照着《史记》、《汉书》的体做去，一代有一代的史，到如今有二十四史。假如没有孔子，后来就有司马迁、班固，也不能作史。没有司马迁、班固的史，也就没有后来二十二部史，那么中国真是昏天黑地了。二十四史，现在称为正史。此外编年的史，一千六百年前，汉朝有一个荀悦，做一部《汉纪》。一千四百年前，晋朝有一个袁宏，做一部《后汉纪》。九百年前，宋朝有一个司马光，做一部《资治通鉴》，就是从春秋以后到宋朝以前为止，历代的事都有了。一百年前，有一个邵晋涵，替毕沅做一部《宋元通鉴》，这种都是编年的书，比看正史略为简便，但是典章文物，不如正史详明。此外还有纪事本末体，是七百年前宋朝袁枢开头，摹仿《尚书》。近来有七种纪事本末，比看编年体更简便，只是要紧的事，并不在事体大小。纪事本末，只有大事，没有小事，就差了。至于典章制度的书，是仿《周礼》、《仪礼》、《礼记》做的。一千一百年前，唐朝有个杜佑，做了一部《通典》，算第一美备。后来还有《通志》、《通考》，比《通典》万万不如，合起叫做《三通》。还有《续三通》，到清朝的三通，合起叫做九通。这四种书都是最大的历史。论开头的，只是孔子一人。所以孔子是史学的宗师，并不是甚么教主。史学讲人话，教主讲鬼话，鬼话是要人愚，人话是要人智，心思是迥然不同的。中国人留心历史的多，后来却落个守旧的名目。不晓得历史的用处，不专在乎办事，只是看了历史，就发出许多爱国心来，是最大用处。至于办事，原是看形势变迁，想个补救的法子，历史不过做个参考，原不是照着他做。却是中国历史上的美事，现在人都不经意，不过看了些奇功伟业，以为办事可以顷刻而成，这真是颠倒的见了。还有人说，中国的历史，只是家谱一样，没有精采；又说，只载了许多战争的事，道理狠〔很〕不够。这种话真是可笑极了，中国并没有鬼话的宗教，历史自然依帝王朝代排次，不用教主生年排次，就是看成家谱，总要胜那个鬼谱。以前最好的历史，像《春秋》、《史记》、《汉书》，学术、文章、风俗、政治，都可考见，又岂是家谱呢？后来历史虽是渐渐差了，但所载总不止战争一项，毕竟说政治的得失，论人物的高下，占了大半，讲战争的能有多少呢？可笑那班无识的人，引了一个英国斯宾塞的乱话，说历史载的，都是已过的事，譬如邻家生了一只小猫，问他做甚么，不晓自己本国的历史，就是自己家里，并不是邻家，邻家就是外国，外国史也略要看看，何况本国史呢？过去的事，看来像没有甚么关痛痒，但是现在的情形，都是从过去渐渐变来。凡事看了现在的果，必定要求过去的因，怎么可以置之不论呢！至于别国人讲的社会学，虽则也见得几分因果，只是他这个理，总合不上中国的事，又岂可任他谩过么？又有人说，中国的历史，不合科学。这种话更是好笑。也不晓他们所说的科学，是怎么样？若是开卷说几句“历史的统系，历史的性质，历史的范围”，就叫做科学，那种油腔滑调，彷佛是填册一样，又谁人不会说呢？历史本来是繁杂的，不容易整理，况且体裁又多，自然难得分析。别国的历史，只有纪事本末一体，中国却有纪传、编年、纪事本末、典章制度四大体，此外小小的体，更有无数。科条本来繁复，所以难得清理。但是一千二百年前，唐朝刘知几做的《史通》，科判各史，极其精密，断非那几句油腔滑调去填的可比。要问谁算科学？谁不算科学呢？至于学堂教科所用，只要简约，但不能说教科适宜的，就是科学。这个也容易了解，若说合科学的历史，只在简约，那么合了科学，倒不得不"削趾适屦"，却不如不合科学的好。试看别国没有编年的史，能够把希腊以来，一年一年的事，排比得清楚么。没有纪传的史，能够把不关政治的人，详载在史中么。至于别国的哲学史，就像中国学案一样，别国的文学史，就像中国文士传一样，那又别是一种。不能说有了这种书，正史上就可不载。这样看来，中国历史的发达，原是世界第一，岂是他国所能及的。但是一千年来的正史，却有过于繁碎的病，所以人说看《宋史》、《元史》，不如看《宋元通鉴》，也有一理。现在为教育起见，原是要编一种简约的书，这个本来不是历史，只是历史教科书。所以说教育的事，不能比讲学的事，教科的书，不能比著作的书。历史教科书，固然没有好的，初学的也将就可用。凡是当教习的朋友，总要自己的知识，十倍于教科书，才可以补书上的不及。大概《通鉴辑览》必是看过，最吃紧的是四史，必是要看。此外《日知录》也是有用，有这种知识，就可以讲历史。将来的结果，到学生能看这几部书，就很好了。以上是论教历史的法子。

至于哲理，那就深了一层，但书没有历史的繁，这倒是简〔简〕易一点。中国头一个发明哲理的，算是老子。老子的学问，《汉书·艺文志》说："道出于史官"，原来老子在周朝，本是做征藏史，所以人事变迁，看得分明。老子这一派，叫做道家。三千五百年前，商朝的伊尹；二千九百年前，周朝的太公；二千五百年前，周朝的管仲，本来都是道家。伊尹、太公的书，现在没了，管仲还有部《管子》留到如今，但管仲兼杂阴阳一派，有许多鬼话。老子出来，就大翻了，并不相信天帝鬼神和占验的话。孔子也受了老子的学说，所以不相信鬼，只不敢打扫干净，老子就打扫干净。老子以后，有二百年，庄子出来，就越发骏逸不群了。以前论理论事，都不大质验，老子是史官出身，所以专讲质验。以前看古来的帝王，都是圣人，老子看得穿他有私心。以前看万物都有个统系，老子看得万物没有统系。及到庄子《齐物论》出来，真是件件看成平等，照这个法子做去，就世界万物各得自在。不晓怎么昏愚的道士，反用老子做把柄，老子的书现在再也不能附会上去。还有人说老子好讲权术，也是错了。以前伊尹、太公、管仲，都有权术，老子看破他们的权术，所以把那些用权术的道理，一概揭穿，使后人不受他的欺罔。老子明明说的："正言若反"，后来人却不懂老子用意，若人人都解得老子的意，又把现在的人情参看参看，凭你盖世的英雄，都不能牢笼得人。惟有平凡人倒可以成就一点事业，这就是世界公理大明的时候了。解老子的，第一是韩非子，在老子后有三百年光景。《解老》、《喻老》两篇，说得最好。后来还算王弼，在一千五百年前三国魏朝，河上公的注，原是假托，傅奕的注，在一千二百年前唐朝时候，更不必说。老子传到孔子，称为儒家，大意也差不多，不过拘守绳墨，眼孔比老子要小得多。孔子以后一百多年有孟子。孟子以后五六十年有荀子。孟子放任一点儿，学问上却少经验。荀子比孟子严整得多，学问上又多经验，说话又多条理。荀子的见解，和庄子纯然相反，但是《正名》、《解蔽》两篇，是荀子学问最深的所在。后来人也都不解，老子不看重豪杰，只要"以正治国"。"正"是甚么？就是法律。这一点，荀子却相近些。后来变出一种法家，像韩非子，本来是荀子的门徒，又是深于老子的，可惜一味严厉。所以《史记》上说："老子深远"，见得韩非也不及了。儒家从孔子以后，又流出一派名家，有个公孙龙，原是孔子的弟子，就是名家的开宗。此外墨子称为墨家，在孔子后几十年，意思全与儒家反对。《经上》、《经下》两篇，也是名家的说，名家就是现在的论理学家。不过墨子、荀子，讲得最好，公孙龙就有几分诡辩。墨子的书，除去《经上》、《经下》，其余所说，兼爱的道理，也是不错。只是尊天敬鬼，走入宗教一路，就不足论了。还有农家主张并耕，也是从老子来的。小说家主张不斗，和道家、儒家、墨家都有关系。这七家都是有理的，居间调和的就是杂家。此外有纵横家，专是外交的口辩。阴阳家，就是鬼话，文章都好，哲理是一点不相干的。这十家古来通称九流。大概没有老子，书不能传到民间，民间没有书，怎么得成九流？所以开创学术，又是老子的首功。九流行了不过二百年，就被秦始皇把他的书烧了。秦始皇在二千一百年前。到了汉朝，九流都没有人，儒家只会讲几句腐话，道家只会讲几句不管事的话，农家只会讲几句垦田的话，还算农家实在些。小说家只会讲几句传闻的话，名家、法家、墨家都绝了。杂家虽永远不坏，却没有别人的说话可以采取。倒是阴阳家最盛行，所以汉朝四百年，凡事都带一点儿宗教的意味。到三国以后，渐渐复原，当时佛法也进中国来。佛法原是讲哲理的，本来不崇拜鬼神，不是宗教，但是天宫地狱的话，带些杂质在里面，也是印度原有这些话，所以佛法也不把他打破。

若在中国，就不说了。所以深解佛学的人，只是求他的哲理，不讲甚么天宫地狱。论到哲理，自然高出老庄。却是治世的方法，倒要老庄补他的空儿。后来到宋朝时候，湖南出了一个人叫做周茂叔，名是周敦颐，要想把佛学儒学调和。有一个鹤林寺的和尚，叫做寿涯，对他说："你只要改头换面!"周茂叔果然照他的话做去，可惜还参些道士的话。传到弟子河南程明道，名是程颢，他兄弟程伊川，名是程颐，周、程都是八百年前的人。就把道士话打扫净了，开了一种理学的宗派，里面也取佛法，外面却攻佛法。那时候陕西还有个张横渠，名是张载，说话几分和二程不同，带几分墨子兼爱的意思。程伊川的学派，传到几代以后，福建有个朱晦庵，名是朱熹。朱熹在七百年前。周、程、张、朱几个人，后来将他住址出名唤做濂、洛、关、闽。朱晦庵同时，还有个江西陆子静，名是陆九渊，和晦庵不对。陆子静只是粗豪，也取几分佛法。到明朝有个浙江王阳明，名是王守仁，传陆子静的派。世人都把程、朱、陆、王，当做反对的话，其实陆、王，反对朱晦庵，也反对程伊川，到底不能反对程明道。陆、王比伊川、晦庵虽是各有所长，若比明道，是远远比不上。要把理学去比佛学，哲理是远不如，却是持〔治〕世胜些；若比九流，哲理也不能比得老庄；论理学也不能比得墨子荀子，只没有墨子许多尊天敬鬼的话。至于治世，就不能并论了。大概中国几家讲哲理的，意见虽各有不同，总是和宗教相远，就有几家近宗教的，后来也必定把宗教话打洗净了，总不出老子划定的圈子。这个原是要使民智，不是要使民愚。但最要紧的是名家，没有名家，一切哲理都难得发挥尽致。现在和子弟讲，原不能说到深处，只是大概说说。几位当教习的朋友，要先把庄子《天下篇》，荀子《非十二子篇》，淮南子《要略训》，《史记·老、庄、申、韩列传》，《孟子荀卿列传》，《太史公自序》，《汉书·艺文志》，《近思录》，《明儒学案》，讲一段目录提要的话与学生，再就本书略讲些。没有本书，《东塾读书记》也可以取材。这件事本是专门的学问，不能够人人领会，不过学案要明白得一点。以上是教哲理的法子。这三件事，我本来也有些著作，将来或者送给几位朋友看看，不过今日讲的白话教育，还说不到这步田地。

（载《教育今语杂识》第一册，1910 年 3 月 10 日印行，后刊于四川《章太炎白话文》）

救学弊论

士先志，不足以启其志者，勿教焉可也。尊其所闻则高明，行其所知则光大，不足以致高明光大者，勿学焉可也。末世缀学，不能使人人有志，然犹什而得一，及今则亡。诸学子之躁动者，以他人主使故然，非有特立独行如陈东、欧阳澈者也。且学者皆趣侧诡之道，内不充实，而外颇有谀闻，求其以序进者则无有，所谓高明光大者，亦殆于绝迹矣。

凡学先以识字，次以记诵，终以考辨，其步骤然也。今之学者能考辨者不皆能记诵，能记诵者不皆能识字，所谓无源之水，得盛雨为潢潦，其不可恃甚明。然亦不能尽责也。识字者古之小学，晚世虽大学或不知，此在宋时已然。以三代之学明人伦，则谓教字从孝，以《易》之四德元合于仁，则谓元亦从人从二，此又何责于今之人邪？若夫记诵之衰，仍世而益甚，则趣捷欲速为之。盖学问不期于广博，要以能读常见书为务。宋人为学，自少习群经外，即诵荀、扬、老、庄之书。自明至清初，虽盛称理学经学者，或于此未悉矣。

明徐阶为聂豹弟子，自以为文成再传，亦读书为古文辞，非拘于王学者。然陈继儒《见闻录》载其事，曰：吾乡徐文贞督学浙中，有秀才结题用颜苦孔之卓语。徐公批云杜撰，后散卷时，秀才前对曰：此句出扬子《法言》。公即于台上应声云：本道不幸科第早，未曾读得书。是明之大儒未涉《法言》也。清胡渭与阎若璩齐名，于易知河洛先天之妄，于书明辨古今水道，卓然成家。然《尚书》蔡沈传有云陟方乃死，犹言殂落而死。胡氏以为文义不通，不悟殂落而死语亦见《法言》。且扬子于《元后诔》亦云殂落而崩，以此知法言非有误字，必以文义不通为诟，咎亦在扬子，不在蔡沈矣。是清初大儒未涉《法言》也。夫以宋世占毕之士所知，而明清大儒或不识，此可谓不读常见书矣。自惠戴而下，诵览始精，有不记必审求之，然后诸考辨者无记诵脱失之过。顾自诸朴学外，粗略者尚时有。章学诚标举《文史》、《校雠》诸义，陵厉无前，然于汉《艺文志》儒家所列平原老七篇者误仞为赵公子胜，于是发抒狂语，谓游食者依附为之，乃不悟班氏自注明云朱建，疏略至是，亦何以为校雠之学邪？是亦可谓不读常见书者矣。如右所列，皆废其坦途，不以序进，失高明光大之道。然今之学者又不必以是责也。

吾尝在京师，闻高等师范有地理师，见日本人书严州宋名睦州，因记方腊作乱事，其人误以方腊为地名，遂比附希腊焉。而大学诸生有问朱元晦是否广东人者，有问《段氏说文注》是否段祺瑞作者，此皆七八年前事，不知今日当稍进邪？抑转劣于前邪？近在上海闻有中学教员问其弟子者，初云孟子何代人，答言汉人，或言唐宋明清人者殆半。次问何谓五常，又次问何谓五谷，则不能得者三分居二。中学弟子既然，惧大学过此亦无几矣。

然余观大学诸师，学问往往有成就者，其弟子高材勤业亦或能传其学，顾以不及格者为众，斯乃恶制陋习使然。制之恶者，期人速悟，而不寻其根柢，专重耳学，遗弃眼学，卒令学者所知，不能出于讲义。习之陋者，积年既满，无不与以卒业证书，与往时岁贡生等。故学者虽惰废，不以试不中程为患。学则如此，虽仲尼、子舆为之师，亦不能使其博学详说也。夫学之弇鄙，无害于心术，且陋者亦可转为娴也。适有佻巧之师，妄论诸子，冀以奇胜其侪偶，学者波靡，舍难而就易，持奇诡以文浅陋，于是图书虽备，视若废纸，而反以辨丽有称于时。师以是授弟子，是谓诬徒，弟子以是为学，是谓欺世，斯去高明光大之风远矣。其下者或以小说传奇为教，导人以淫僻，诱人以倾险，犹曰足以改良社会，乃适得其反耳。苟征之以实，校之以所知之多寡，有能读《三字经》者，必堪为文学士，有能记鲍东里《史鉴节要便读》者，则比于景星出黄河清矣。

老氏云：大道甚夷而民好径。夫学者之循大道亦易矣，始驱之于侧诡之径者，其翁同和、潘祖荫邪？二子以膏粱余荫，入翰林为达官，其中实无有。翁喜谈《公羊》，而忘其他经史。潘好铜器款识，而排《说文》，盖经史当博习，而《说文》有检柙，不可以虚言伪辞说也。以二子当路，能富贵人，新进附之如蚁，遂悍然自名为汉学宗。其流渐盛。康有为起，又益加厉。谓群经皆新莽妄改，谓诸史为二十四部家谱。既而改设学校，经史于是乎为废书，转益无赖，乃以《墨子·经说》欺人，后之为是，亦诚翁潘所不意，要之始祸者必翁潘也。

他且勿问，正以汉学言之。汉人不尽能博习，然约之则以《论语》、《孝经》为主，未闻以《公羊》为主也。始教儿童皆用《仓颉篇》，其后虽废，亦习当时隶书，如近代之诵《千字文》然，未闻以铜器款识为教也。盖为约之道，期于平易近人，不期于吊诡远人。今既不能淹贯群籍，而又以《论语》、《孝经》、《千字文》为尽人所知，不足以为名高，于是务为恢诡，居之不疑，异乎吾所闻之汉学也。子夏曰："贤贤易色，事父母能竭其力，事君能致其身，与朋友交言而有信，虽曰未学，吾必谓之学矣。"子夏为文学之宗，患人不能博习群经，或博习而不能见诸躬行，于是专取四事为主。汉世盖犹用其术。降及明代，王汝止为王门高弟，常称见龙在田，其实于诸经未尝窥也。然其所务在于躬行，其言学是学此乐，乐是乐此学者，为能上窥孔颜微旨。借使其人获用，亦足以开物成务，不必由讲习得之。所谓操之至约，其用至博也。诚能如是，虽无识字、记诵、考辨之功何害？是故汉宋虽异门，以汉人之专习《孝经》、《论语》者与王氏之学相校，则亦非有殊趣也。

徐阶政事才虽高，躬行不逮王门耆旧远甚，即不敢以王学文其弇陋之过。且其职在督学，督学之教人，正应使人读常见书，己不能读而诸生知之，于是痛自克责，是亦不失为高明光大也。若翁潘之守《公羊》执铜器，其于躬行何如？今之束书不观，而以哲学墨辨相尚者，其于躬行复何如？前者既不得以汉学自饰，后者亦不得以王学自文，则谓之诳世盗名之术而已矣。是故高明光大之风，由翁、潘始绝之也。

夫翁、潘以奇诡眇小为学，其弊也先使人狂，后使人陋。尽天下为陋儒，亦犹尽天下为帖括之士，而其害视帖括转甚。则帖括之士不敢自矜，翁、潘之末流敢自矜也。张之洞之持论，蹈乎大方，与翁、潘不相中，然终之不能使人无陋，而又使人失其志，则何也？凡学者贵其攻苦食淡，然后能任艰难之事，而德操亦固，汉宋之学者皆然。明虽少异，然涉艰处困之事，文儒能坦然任之。其在官也，虽智略绝人，退则家无余财，行其素而不以钓名，见于史传者多矣。

张之洞少而骄蹇，弱冠为胜保客，习其汰肆，故在官喜自尊，而亦务为豪举。以其豪举施于学子，必优其居处，厚其资用，其志固以劝人入学，不知适足以为病也。自湖北始设学校，其后他省效之，讲堂斋庑备极严丽，若前世之崇建佛寺然，学子家居无是也。仆从周备，起居便安，学子家居无是也。久之政府不能任其费，而更使其家任之，学子既以纷华变其血气，又求报偿，如商人之责子母者，则趣于营利转甚。其后学者益崇远西之学，其师或自远西归，称其宫室舆马衣食之美，以导诱学子。学子慕之，惟恐不得当，则益与之俱化。以是为学，虽学术有造，欲其归处田野，则不能一日安已。自是惰游之士遍于都邑，唯禄利是务，恶衣恶食是耻，微特遗大投艰有所不可，即其稠处恒人之间，与齐民已截然成阶级矣。向之父母妻子，犹是里巷翁媪与作苦之妇也。自以阶级与之殊绝，则遗其尊亲，弃其伉俪者，所在皆是。人纪之薄，实以学校居养移其气体使然。

观今学者竞言优秀，优秀者何？则失其勇气，离其淳朴是已。虽然，吾所忧者不止于庸行，惧国性亦自此灭也。夫国无论文野，要能守其国性，则可以不殆。金与清皆自塞外胜中国者也，以好慕中国文化，失其朴劲风，比及国亡，求遗种而不得焉。上溯元魏，其致亡之道亦然。蒙古起于沙漠，入主中夏，不便安其俗，言辞了戾，不能成汉语，（观元时诏书令旨可知。）起居亦不与汉同化，其君每岁必出居上都，及为明所覆，犹能还其沙漠，与明相争且三百年。清时蒙古已弱，而今喀尔喀犹独立也。匈奴与中国并起，中行说告以勿慕汉俗，是故匈奴虽为窦宪所逐，其遗种存者犹有突厥、回纥横于隋唐之间，其迁居秦海者，则匈牙利至今不亡。若是者何也？元魏、金、清习于汉化，以其昔之人为无闻知，后虽欲退处不毛，有所不能。匈奴蒙古则安其士俗自若也。夫此数者悉野而少文，保其野则犹不灭，失其野则无噍类，是即中国之鉴矣。

中国人治之节，吾所固有者已至交，物用则比于远西为野。吾守其国性，可不毙也。今之学子慕远西物用之美，太半已不能处田野。计中国之地，则田野多而都会少也。能处都会不能处田野，是学子已离于中国大部，以都会为不足，又必实见远西之俗行于中国然后快。此与元魏、金、清失其国性何异？天诱其衷，使远西自相争，疮痍未起，置中国于度外耳。一日有事，则抗节死难之士必非学子可知也。且夫儒者柔也，上世人民刚戾，始化以宗教，渐又化以学术。然后杀伐之气始调。然其末至于柔弱，是何也？智识愈高，则志趣愈下，其消息必至于是也。善教者使智识与志趣相均，故不亟以增其智识为务，中土诸书皆是也。今之教者唯务扬其智识，而志趣则愈抑以使下，又重以歆慕远西，堕其国性，与啖人以罂粟膏，醉人以哥罗方，无以异矣。推学者丧志之因，则张之洞优养士类为之也。

吾论今之学校先宜改制，且择其学风最劣者悉予罢遣，闭门五年然后启，冀旧染污俗悉已湔除，于是后来者始可教也。教之之道，为物质之学者，听参用远西书籍，唯不通汉文者不得入。法科有治国际法者，亦任参以远西书籍授之。若夫政治经济，则无以是为也。然今诸科之中，唯文科最为猖披，非痛革旧制不可治。微特远西之文徒以绣其鞶帨，不足任用而已，虽所谓国学者，亦当有所决择焉。夫文辞华而鲜实，非贾傅、陆公致远之言。哲学精而无用，非明道定性象山立大之术。欲骤变之，则无其师，固不如已也。说经尚矣，然夫穷研训故，推考度制，非十年不能就。虽就或不能成德行，不足以发越志趣。必求如杜林、卢植者以为师，则又不可期于今之教员也。此则明练经文，粗习注义，若颜之推所为者，亦可以止矣。欲省功而易进，多识而发志者，其唯史乎？其书虽广，而文易知，其事虽烦，而贤人君子之事与夫得失之故悉有之。其经典明白者，若《周礼》、《左氏内外传》，又可移冠史部，以见大原，（昔段若膺欲移《史记》、《汉书》、《通鉴》为经，今移周礼左氏为史，其义一也。）其所从入之途，则务于眼学，不务耳学。为师者亦得以余暇考其深浅也。如此则诡诞者不能假，慕外者无所附，顽懦之夫亦渐可以兴矣。厥有废业不治，积分不足者，必不与之卒业证书。其格宜严而不可使滥，则虽诱以罢课，必不听矣。

然今之文科，未尝无历史，以他务分之，以耳学圉之，故其弊有五：一曰尚文辞而忽事实。盖太史兰台之书，其文信美，其用则归于实录，此以文发其事，非以事发其文，继二公为之者，文或不逮，其事固粲然。今尚其辞而忽其事，是犹买珠者好其椟也。二曰因疏陋而疑伪造。盖以一人贯串数百年事，或以群材辑治，不能相顾，其舛漏宜然，及故为回隐者，则多于革除之际见之，非全书悉然也。《史通》曲笔之篇，《通鉴》考异之作，已往往有所别裁。近代为诸史考异者，又复多端，其略亦可见矣。今以一端小过，悉疑其伪，然则耳目所不接者，孰有可信者乎？百年以上之人，三里以外之事，吾皆可疑为伪也。三曰详远古而略近代。夫羲农以上，事不可知，若言燧人治火，有巢居橧，存而不论可也。《尚书》上起唐虞，下讫周世。然言其世次疏阔，年月较略，或不可以质言。是故孔子序《甘誓》以为启事，墨子说《甘誓》以为禹事，伏生太史公说《金縢》风雷之变为周公薨后事，郑康成说此为周公居东事，如此之类，虽闭门思之十年，犹不能决也。降及春秋，世次年月，始克彰著。而迁固以下因之，虽有异说，必不容绝经如此矣。好其多异说者，而恶其少异说者，是所谓好画鬼魅，恶图犬马也。不法后王而盛道久远之事，又非所以致用也。四曰审边塞而遗内治。盖中国之史自为中国作，非泛为大地作。域外诸国与吾有和战之事，则详记之，偶通朝贡则略记之，其他固不记也。今言汉史者喜说条支、安息，言元史者喜详鄂罗斯、印度，此皆往日所通，而今日所不能致。且观其政治风教，虽往日亦隔绝焉。以余暇考此固无害，若徒审其踪迹所至，而不察其内政军谋何以致此。此外国之人之读中国史，非中国人之自读其史也。五曰重文学而轻政事。夫文章与风俗相系，固也。然寻其根株，是皆政事隆污所致，怀王不信谗，则《离骚》不作，汉武不求仙，则《大人赋》不献。彼重文而轻政者，所谓不揣其本，求之于末已。且清谈盛时，犹多礼法之士。诗歌盛时，犹有经术之儒。其人虽不自襮于世，而当世必取则焉。故能持其风教，调之适中。今徒标揭三数文士，以为一时士俗，皆由此数人持之，又举一而废百也。扬榷五弊，则知昔人治史，寻其根株。今人治史，摭其枝叶。其所以致此者，以学校务于耳学，为师者不可直说事状以告人，是以遁而为此。能除耳学之制，则五弊可息，而史可兴也。

吾所以致人于高明光大之域，使日进而有志者，不出此道。史学既通，即有高材确士欲大治经术，与明诸子精理之学者，则以别馆处之。诚得其师，虽一二弟子亦为设教。其有豪杰间出，怀德葆真，与宋明诸儒之道相接者，亦得令弟子赴其学会。此则以待殊特之士，而非常教所与也。能行吾之说，百蠹千穿，悉可以使之完善。不能行吾之说，则不如效汉世之直授《论语》、《孝经》，与近代之直授《三字经》、《史鉴节要便读》者，犹愈于今之教也。

(选自《华国月刊》第一卷第十二期（1924年8月））

略论读史之法

读史之法，一时言之不尽。今略论其大概，分三层言之。先明史之大体；次论史之优劣；三示读史之宜忌。

一、史之大体。自古相传，动则左史书之，言则右史书之。言为《尚书》，事为《春秋》。其实不然。《春秋经》文固是纪事，《尚书》则不专纪言，纪事之处亦多，特是未成之史。所谓史料者尔。《尚书》之外有《逸周书》，与《尚书》性质相同，纪事亦纪言，要皆未经编次之史料也。《春秋》与《左传》为表里。《左传》兼备事言，是故拘于事言之分，正未必然。后人论史，以纪传为正史，编年之体为古史。论其性质，则本纪仍为编年，惟与《春秋》不甚同耳。无本纪，编年不能成。史公作本纪，复作表以辅之，年经月纬，较《春秋》为详。纪表之外，有世家，有列传。世家惟《史记》可有之，后不当有。列传变《春秋》之体，《春秋》以事为主，列传以人为主也。《史记》之八书与他史之志，《职官》等于《周礼》；《礼志》等于《仪礼》；《天官》、《地理》古所未有。《禹贡》虽略载山川，而不详郡国。《乐志》详载《郊祀歌》，体类《诗经》。盖马、班之意，在隐括六经之旨而成文。故于《书》、《诗》、《礼》、《乐》无所不该。论其大体，则主于《春秋》也。后人以为纪、传之体不主于事，而主于人，于是有繁省不明之弊。如语在《项籍传》，语在《高祖纪》。参差回互，缴绕不清。故荀悦、袁宏仍有编年之作。编年之史，在昔只有《春秋》而已。刘知几谓凡纪言之文，应别立一种。然不善编排，史籍将变为文集。章实斋以之修志，此为好奇，未可法也。世家之体，原为封建。封建既废，即无所谓世家。载记之名，较世家为妥，始于《东观汉记》，记光武初群雄并起之事。当时群雄皆各称帝以号召，故不应称曰世家。然陈涉之事，及身而止，亦不应称世家。如称载记，与晋十七国之事相同，即无可非议。《史记》无载记之名，欧阳修重作《五代史》，壹以史公为法，于南唐、前后蜀、南东汉、楚闽、吴越均称世家，其实不合。当时仅吴越钱氏、荆南高氏服从中央，其余则否，安得皆称世家哉？欧阳之意，一则刻意摹古，再则《旧五代史》荒谬泰甚，凡服从中央者称“世袭列传”，不服从者称“僭伪列传”。五代纷争，僭与不僭，何从定之？欧阳所以悉改为世家，不知称载记即无病，称世家犹未当也。又如《明史》有《流寇列传》。李自成转徙不常，自为流寇，名实未背；张献忠定都四川，则不得以流寇目之。《清史稿》记郑成功、洪秀全别为一类。郑有帝号，洪称天王，不能以诸疾〔侯〕之礼待之。如曰载记，即名实相副矣。此外非史公所有，而后人有一得可采者，世纪是也。阿骨打未起以前，其祖已为酋长，统率数千人矣。托克托等修《金史》，于本纪之前别列世纪，其意与《始皇本纪》之前有《秦本纪》相同。魏收作《魏书》，拓跋珪前二十七代均入帝纪，不合史法，识者所笑。列为世纪，则无可訾矣。清之初起，世受明封，非草泽英雄可比。《清史稿》不列世纪，直以本纪发端，载清太宗事如草泽英雄，亦无当于史法也。载记《史》、《汉》所无，世纪史公有其义而无其名，虽出后人，实为史中要目。

他如列传之标题，《史》、《汉》尚少，后出愈多，史公列日者、龟策，已甚无谓。刺客后不常有。滑稽亦无须标目。独货殖为重要。民间营利之事，非食货志所载者，固当详为纪述。至儒林、文苑之分，出于不得已，未可厚非。叛逆之名，《新唐书》始有之，前此唐修《晋书》，王敦、桓温并未别立叛逆之号。余谓列传标目与否，当以人数为断。多则宜标，少则宜省。儒林、循吏人非少数，固当标出。至于叛臣，人数实少，何必标也。《奸臣传》之名亦后起，奸臣与佞臣有别，若董贤为祸之大，但入佞幸传。奸臣当谓能害人者，不能害人，不得称奸臣也。唐有《奸臣传》，清史无之，若和珅辈只可称佞臣耳。《晋书》始有《忠义传》，其后凡一战而死者，皆入《忠义传》，然则昭忠祠血食之士，无虑千万，皆可列入耶？方望溪、全谢山迂腐之见，以《史》、《汉》无忠义传为憾，不知其人果卓然有所表见，入列传可矣，何必标忠义之名哉？《宋史》于儒林之外，别立《道学传》。后之论者，谓宋人重道学而轻儒林。然史公于《儒林传》列说经之士，孟、荀大儒则特立一传，附以九流。由此知后世儒林、道学之分亦非无见，惟孟、荀仅二人，故不别为标题耳。钱竹汀谓宋世表章道学，程、朱诸贤应特立传，不必列入道学传，斯言得之。《列女传》起于《后汉书》，刘向别为《列女传》。有事即书，不别贤否，如蔡文姬节义有亏，而《后汉书》亦传之。其后变列女为烈女，稍有失德，即遭贬弃，自唐以来皆然，此失古人之意者也。

二、史之优劣。一部《二十四史》，人皆以太史公书第一。宋人乃欧阳《五代史》比《史记》。其实何可比也？非徒文章不可比，即事迹亦不可比。《史》、《汉》本并称，六朝、隋、唐已有《史》、《汉》优劣之论。方望溪必欲推尊《史记》，压倒《汉书》，实非通论。要知《史》、《汉》各有优劣。史公《乐书》全采《乐记》，优于何有？《汉书·礼乐志》，乐不过郊庙之礼，礼是空论。至若叔孙通之《朝仪》，应入礼书，而二家皆不载。至今一无可考，史公、孟坚皆不能辞其咎也。

有古史如此作而后人不应如此作者，如《天文志》。古代史官，兼掌天文，《史记》有《天官书》，《汉书》亦有《天文志》。测天之法不同，应著《天官书》以明之。若仅采获陈文，指明星座，则陈陈相因，何所用之？地理本史家之要，而《史记》不志。《五行志》亦《史记》所无，而《汉书》有之。其实董仲舒辈所言，于今观之，不值一笑。其后符瑞志更无谓矣。《明史·五行志》，载牛生马、角生背、人有两头诸怪事，不载应验之言，似已明悟。实则《五行志》载生物之变异，可为生物学之参考，要亦无大用处。又史公重视游侠，其所描写，皆虎虎有生气。班氏反之，谓之“乱世之奸雄”，其言实亦有理。是故《史》、《汉》之优劣，未可轻易下断语也。

《史》、《汉》之后，首推《后汉书》。刘知几作《史通》，不云《后汉书》有曲笔，于《史》、《汉》却有微词。实则范蔚宗之修《后汉书》，时隔数代，直笔无妨。且蔚宗于史有特识，不仅直笔可贵，如伴食宰相，仅载本纪，不特立传；在野有名之士，王符、仲长统之流，皆为立传，其他官位卑微而入传甚者多。朱文公作《纲目》，即采范书所载，如曹操自立为丞相，曹操自立为魏公，加九锡，曹操进号魏王，皆采自《后汉书·献帝纪》。华峤《后汉书》今不可见，疑峤书本善，而范书袭之。观蔚宗自序，称诸序论笔势纵放，实天下之奇作，其中合者往往不减《过秦篇》，尝共比方班氏所作，非但愧之而已。不称叙事之善，而云议论之美，恐叙事直笔，华峤已然，故但称己之序论而已。惟华歆破壁牵伏后，华峤必不肯载。孔融临死，二子围棋，此事出吴人《曹瞒传》耳。

陈承祚《三国志》，前人讥之，谓不应以魏为正统，清人为之回护。余不谓然。桓灵之恶，甚于桀纣，曹操代汉，政治修明，虽其初起时，孔融之徒有不满之意，谓之正统，亦何不可。然司马温公谓刘备出于中山靖王后者，实亦如南唐之自称出于吴王恪，则未必然。刘备之自称宗室，若为诡说，曹氏应加反驳，曹氏不反驳，其为公认无疑。此盖与光武为长沙靖王之后相同。惟光武世系明晰，中山靖王至刘备则不能数耳。然必云正统，义有未安。桓、灵之当认为帝王与否？实为问题。而刘备之兴，又与光武不同。光武名号官制，必复汉家之旧，谓之正统可也。刘备何尝如此？故陈书三国鼎立，立意未尝不公。然于吴、蜀尚有分别，称蜀主死曰"殂"，称吴大帝死曰"薨"。吴夫人立为皇后，而称之曰"夫人"，于蜀则称曰"后"，此实不合史法。使后人为之，即成笑柄矣。

四史之后，人以南、北史最佳，宋、齐、梁、陈诸史繁简不当，《魏书》又有秽史之目，惟《北史》是非最为公正。唐人心理，以北朝为正统，以唐承隋，隋承周故。然南、北史并立，南方帝王死，《北史》书之曰"殂"；北方帝王死，《南史》书之曰"崩"，此其病也。

唐人所修，前有《晋书》，后有《隋书》，其他尚有《梁书》、《陈书》等。《隋书》以志见称，以其皆为专家所作也。《史通》云：撰纪传者颜师古、孔颖达；撰志者于志宁、李淳风、韦安仁、李延寿、令狐德棻，皆一时之选也。《晋书》专纪逸闻，体近小说，然后人亦有称之者。盖自《史》、《汉》以下，可于列传之中看出其人性质产地者，首推《晋书》。观《史记·司马相如传》，可知其为四川人。观《屈原传》，可知其为两湖人。至于《晋书》列传各人之性质风度，无不栩栩欲活，安得以轻薄而少之？

《旧唐书》、《旧五代史》体例本不甚佳，刘煦、薛居正伴食宰相耳，与雅擅文名之欧阳永叔、宋子京相较，宁止天渊？然吴缜作《新唐书》纠谬，驳正四百余事，真所谓百孔千疮矣。案子京《新唐书》文省于前，事增于后。唐人小说悉以为载笔之资，实则小说悠谬之词，何足信赖。何如《旧唐书》之一依官书为可信哉？是以司马温公修《通鉴》采《旧唐书》多，采《新唐书》少，于《五代史》亦然。夫历代史籍皆由官修，独《新五代史》为私家著作，私家采访，必不能普及，故至于清代，两旧史仍列入正史。《新唐书》竭力摹拟昌黎；《新五代史》竭力摹拟《史记》、《春秋》，目标愈高，笔力愈不易到。论其事实，旧史实胜于新史。即以《新五代史》职方考、司天考而论，当十国错乱之际，职方固甚重要，司天亦何用哉？

其后《金史》有元遗山手稿，尚足称道。《宋史》繁琐，凡宰相必列传，官位稍高亦无不列传，甚至一人两传，何其芜杂也。《元史》仅修一年，蒙古人名氏易混，一人两传，尚不足怪。短中取长，惟《辽史》耳。

《明史》大半取诸万季野《明史稿》。今万氏原稿不可见，闻但有列传，而无表志。近朱逖先买得原稿，其为真伪不可知，惟列传多于今之《明史》。又王鸿绪《明史稿》传后无赞，今通行本每一传后有赞，事实与原本无异，恐亦如范蔚宗之书原本于华峤也。《明史稿》所以优于《明史》者，福王、唐王、桂王事为之特叙。《明史》则附于《三王宗室传》中，先后倒置，眉目不清，此其一也。《明史稿》于府县设置之沿革，备著年月，甚见清楚。重修《明史》皆删去之，此其二也。

今之《清史》，袁金铠、金梁等不知而妄作，更多著无关重要之事，体例至不纯粹。且清室遗老秉笔修史，是非必不公允。即如皇太后下嫁一事，证据确凿，无可讳饰，今一概抹杀，何以传信？最大之病在不列世纪。纪清太祖之初起，壹似草泽英雄，有乖实录甚矣。然则清史非重修不可。今以《清史稿》开罪闻人，禁不发行，不知史之错误有二。小节出入，错误之微末者也，不难加以修正；大体乖违，则错误之深重者也，非更张不可。如努尔哈赤写作草泽英雄，焉可以信今而传后哉？要之《清史》较《宋史》、《元史》稍优，不致有一人两传之误，然比《明史》尚不逮。余谓今人修史，如文章欲力追秦汉，则古今人不相及。无论《史》、《汉》，即范、陈亦不易及。前人称《南北史》为优，其实《隋书》、《明史》亦尚可观。如能与方驾，已为上乘。读史不必问文章之优劣，但须问事实之确否。至于议论，各人有其特见，正不必以人之议论为己之议论也。

三、读史之宜忌。读史之士学力不同，识见亦异。高者知社会之变迁，方略之当否，如观棋谱，知其运用，读史之效可施于政治，此其上也。其次考制度，明沿革，备行政之采择。正史所载，未必完备，典章制度，不得不参考《通典》、《通考》诸书。譬如地理、职官二门，职官须明权限之异同，不得但据其名；地理应知交争之形势，道里之远近，要知历史上之地理，不与今之地质学、地文学相同。今人讲地理，建置沿革尚能通晓，惟有一说疑不能明。《汉书》述诸夏区域东西一万三千余里，南北九千余里，历代相沿此说不变。宋土逼窄，犹作此语。汉尺短，用清营造尺比汉尺，则汉一尺得清营造尺七寸四分。汉一万里为清七千四百里。今自蒙古至琼州只六千里，焉得有九千里。明尺即今木尺，一尺等于营造尺九寸，则万里相当有九千里，数亦与今不符。汉人之言，犹可诿之测量未精，故有是误。晋裴秀为司空，作《禹贡地域图》十八篇，已知测量之法矣。六朝时遵用之，唐贾耽则有《禹迹图》、《华夷图》，刘豫刻之西安，今存西安府学，观其里数亦觉过大。盖当时虽知测量，仍不知北极测地之法也。《周礼》职方氏所云九州之内东南西北相去七千里，其外相去一万里。以汉尺七四计，尚得五千一百八十里。本部南北相去断无此远，古今人皆以为疑。近人廖季平乃谓职方氏是指全地球而言。实则自汉至明，里数总不确实，凡为测量未精不知北极测地之法故也。

职官之学有职官沿革表可供参考，然有名同而实异者，不可不加审辨。如唐之六部与《周礼》六官不同，此前人已知之。《周官》冢宰乃唐之尚书令，非唐之六部也。《周礼》天官，大宗伯在汉为九卿，至清大理、太常、太仆则虚名耳。明太仆寺尚须养马，清则无其事矣。光禄寺不知起于何时，清光禄勋本郎官，不知何以变为庖厨之职？汉之鸿胪如后之理藩院，此皆名同而实不同者。古今职官名实相同者仅有县令，清之知县犹是汉之县令也。以知府比太守，即已不符。顾亭林谓太守如督抚，此语良然，以其有兵权也。日本人译西洋官制之名，于台湾、朝鲜则曰总督，称印度、香港之最高长官即曰太守，不知是否西洋文之本意如此？抑故意作此译名也。实则守之大小，本无规定。明代总兵镇守边陲，亦称曰守。以故印度总督可比太守，香港只可比巡检司而已。汉之太守与后之知府，不但名不同，实亦不同。研究职官故不应但取其名，务须稽核其实。古今官制，屡改不一改矣，决非但见其名相同即可谓是同一职〈掌〉也。

他如古今度量衝〔衡〕之变迁沿革，亦不易知。要之考制度以裨有政，乃读史第二等事，其效已次于识方略知运用也。

读史所最忌者，妄论古人之是非是已。宋人往往好以当时之是非衡量古人，实则古人之安危利害，不应以后人之目光判断之。后人所应纠正古人者，乃如华歆，魏、晋人均赞扬之，魏之代汉，歆颜色不悦，曰：我本汉臣。此之矫揉造作，而曹子建信之，何也？又如古称扬雄，几于圣人，司马温公尚然，而后人訾之。以余观之，雄不过常人而已。

复次借古事以论今事，所谓借题发挥者，亦读史所忌。王船山《读通鉴论》，于范文正贬官，欧阳修、尹师鲁、余靖与之同去，以为好名。后之朋党，即由此起。实则宋之朋党起于神宗时，范、欧四贤曷尝有此心哉。明怀宗时流寇猖獗，朝臣多议南迁，光时亨曰"国君死社稷"，以此而止。船山于时亨不加訾议，乃力斥李纲，以金人来侵，纲力主迎战，与时亨同也。不知南宋迁亦亡，不迁亦亡。其时宗泽尚在河北，所以不能成功者，以黄潜善等沮之也。如船山之言，南迁而守东都，东都亦岂易保哉？船山史论常以宋事影射明事，后之读史者往往以此矜夸。夫作诗有寄托，发感慨，原无不可，然非所语于读史也。读史当论大体，以为判案，岂可逞臆而断也。

（1933 年，选自《制言》第五十三期）

历史之重要

国学不尚空言，要在坐而言者，起而可行。十三经文繁义赜，然其总持则在《孝经》、《大学》、《儒行》、《丧服》。《孝经》以培养天性；《大学》以综括学术；《儒行》以鼓励志行；《丧服》以辅成礼教。其经文不过万字，易读亦易记，经术之归宿，不外乎是矣。经术乃是为人之基本，若论运用之法，历史更为重要，处斯乱世，尤当斟酌古今，权衡轻重。今日学校制度，不便于讲史，然史本不宜于学校讲授。大约学问之事，书多而文义浅露者，宜各自阅览，书少而文义深奥者宜教师讲解。历史非科学之比，科学非讲解一步，即不能进一步。历史不然，运用之妙在乎读者各自心领神会而已。正史二十四，约三千余卷，《通鉴》全部，六百卷，如须讲解，但讲《通鉴》，五年尚不能了，全史更无论矣。如能自修，则至迟四年可毕廿四史。今学校注重讲授，而无法讲史，故史学浸衰。惟道尔顿制实于历史之课最宜，然今之教员，未必人人读毕全史，即明知道尔顿制便于学生，其如不便于教员何。《吕氏春秋》有《诬徒篇》，今日学校之弊，恐不至诬徒不止，诚可叹也。

政治之学，非深明历史不可。历史类目繁多，正史之外，有编年，有别史，有论制度之书，有述地理之书，有载奏议之书。荀悦《汉纪》，别史类也。《通典》、《通考》，贯穿古今，使人一看了然，论制度之类也。志表之属，断代为书，亦使人了如指掌，亦论制度之类也。地理书却不易看，自正史《地理志》外，有《元和郡县志》，《元丰九域志》，《明清一统志》，《读史方舆纪要》之属，山川形势，古今沿革，非细读不能明了。奏议往往不载于正史，但见于文集，亦有汇集历代名臣奏议为专书者。今之学者，务欲速成，鲜有肯闭门读书十年者。然全看二十四史，一日不辍，亦不过四年。若但看四史，四史之后，看《通鉴》，宋、元、明鉴之类，则较正史减三分之二，一日看两卷，则五百日可毕。而纪事之书，已可云卒业矣。至于典章制度之书，《通典》古拙，不必看，看《通考》已足。施于政治，《通考》尚有用不着之处。三通不过五百卷，一日看两卷，二百五十日可毕。地理书本不多。《读史方舆纪要》为最有用，以其有论断也，旁及地理挂图，且读且看，有三四月之功夫，尽可卒业。奏议书流畅易看，至多不过一年亦毕矣。如此合计纪事之书一年有半，制度之书八月，地理之书半年，奏议之书十月，有三年半之功程，史事可以烂熟。即志在秋禄者，亦何惜此三年半之功夫，以至终身无可受用乎。历代知名将相，固有不读书者，近若曾、左、胡辈亦所谓名臣者矣，然其所得力，曾在《通鉴》、《通考》，左在《通考》，胡在《读史方舆纪要》而已，况程功之过于是者乎。

夫人不读经书，则不知自处之道，不读史书，则无从爱其国家。即如吾人今日，欲知中华民国之疆域，东西南北究以何为界，便非读史不可。有史而不读，是国家之根本先拔矣。古人有不喜人讲史者，王安石变法，惟恐人之是古非今，不得自便。今人之不喜人看史，其心迹殆与王安石无异。又好奇说者，亦不喜人看史，历史著进化之迹，进化必以渐，无一步登天之理，是故诡激流，惟恐历史之足以破其说也。至于浅见之人，谓历史比于家谱。《汉书》即刘氏之谱，《唐书》即李氏之谱，不看家谱，亦无大害。此不知国史乃以中国为一家，刘氏李氏，不过一时之代表而已，当时一国之政，并非刘氏李氏一家之事也。不看家谱，不认识其同姓，族谊亦何由而敦？不讲历史，昧于往迹，国情将何由而洽？又或谓历史有似帐簿，米盐琐屑，阅之无谓。此不知一家有一家之产业，一国有一国之产业，无帐簿则产业何从稽考？以此而反对读史，其居心诚不可测矣。信如所言，历史是帐簿是家谱，亦岂可不看。身不能看，惟恐人之能看，则沮人以为不足看也。政界之人如此，学界之人亦如此，学生又不便以讲诵，家谱、帐簿，束置高阁，四万万人都不知国家之根本何在，失地千万里，亦不甚惜，无怪其然也。日本外交官在国际联盟会称东三省本是满洲之地，中国外交官竟无以驳正，此岂非不看家谱、帐簿而不知旧有之产业乎！

昔人读史，注意一代之兴亡，今日情势有异，目光亦须变换，当注意全国之兴亡，此读史之要义也。经与史关系至深，章实斋云“六经皆史”，此言是也。《尚书》、《春秋》，本是史书，《周礼》著官制，《仪礼》详礼节，皆可列入史部。西方希腊以韵文记事，后人谓之史诗，在中国则有《诗经》。至于《周易》人皆谓是研精哲理之书，似与历史无关，不知《周易》实历史之结晶，今所称社会学是也。乾坤代表天地，《序卦》云：有天地然后有万物，是故乾坤之后，继之以“屯”，屯者草昧之时也，即鹿无虞，渔猎之征也。匪寇婚媾，掠夺婚姻之征也。进而至“蒙”，如人之童蒙，渐有开明之象矣。其时取女盖已有聘礼，故曰“见金夫不有躬”，此谓财货之胜于掠夺也。继之以“需”，则自游牧而进于耕稼，于是有饮食燕乐之事。饮食必有讼，故继之以“讼”，以今语译之，所谓面包问题，生存竞争也。于是知团结之道，故继之以“师”。各立朋党，互相保卫，故继之以“比”。然兵役既兴，势必不能人人耕稼，不得不小有积蓄，至于“小畜”，则政府之滥觞也。然后众人归往强有力者以为团体之主，故曰“武人为于大君”。履帝位而不疚，至于“履”，社会之进化已及君主专制之时矣。泰者上为阴下为阳，上下交通，故为“泰”。否者上为阳下为阴，上下乖违，故为“否”。盖帝王而顺从民意，上下如水乳之交融，所谓“泰”也，帝王而拂逆民意，上下如冰炭之不容，所谓“否”也。民为邦本之说，自古而知之矣。自“屯”至“否”，社会变迁之情状，亦已了然。故曰：《周易》者历史之结晶也。然六经之中正式之史，厥维《春秋》，后世史籍，皆以《春秋》为本。《史记》有《礼书》、《乐书》，《汉书》则礼、乐皆有志，其意即以包括《礼经》一门。《司马相如传》辞赋多而叙事少，试问辞赋何关于国家大计，而史公必以入录耶？班固曰：赋者古诗之流也。盖《史记》之录辞赋，亦犹六经之有《诗》矣。《史公自序》曰：“有能绍明世，正《易》传，继《春秋》，本《诗》、《书》、《礼》、《乐》之际，意在斯乎！小子何敢让焉。”班固亦有类此之语。由今观之，马、班之言，并非夸诞，良史之作，固当如是也。

史与经本相通，子与史亦相通。诸子最先为道家，老子本史官也，故《艺文志》称“道家者流，出于史官”。史官博览群籍，而熟知成败利钝，以为君人南面之术。他如法家，韩非之书称引当时史事甚多。纵横家论政治，自不能不关涉历史。名家与法家相近。惟农家之初，但知种植而已。要之九流之言，注重实行，在在与历史有关。墨子、庄子皆有论政治之言，不似西洋哲学家之纯谈哲学也。今日学士大夫，治经者有之，治诸子者有之，而治史则寡，不知不讲历史，即无以维持其国家。历史即是帐簿、家谱之类，持家者亦不得不读也。

复次，今日有为学之弊，不可盲从者二端，不可不论。夫讲西洋科学，尚有一定之轨范，决不能故为荒谬之说，其足以乱中国者，乃在讲哲学讲史学，而恣为新奇之议论。在昔道家，本君人南面之术，则可致治，汉人之重黄老，其效可见矣。一变而为晋人之清谈，即好为新奇之议论，于是社会遂有不安之状，然刘伶之徒，反对礼教，尚是少数。今之哲学，与清谈何异？讲哲学者，又何其多也。清谈简略，哲学详密，比其贻害，且什百于清谈。古人有言："智欲圆而行欲方"，今哲学家之思想，打破一切，是为智圆而行亦圆，徇已逐物，宜其愈讲而愈乱矣。余以为欲导中国人于正轨，要自今日讲平易之道始，三十年后，庶几能收其效，否则推波助澜，载胥及溺而已。

又今之讲史学者，喜考古史，有二十四史而不看，专在细微之处，吹毛索瘢，此大不可也。昔蜀之谯周，宋之苏辙，并著古史考，以驳正太史公。夫上下数千年之事，作史者一人之精力，容有不逮，后之人考而正之，不亦宜乎！无如今之考古者，异于谯周、苏辙，疑古者流，其意但欲打破历史耳。古人之治经史，于事理所必无者，辄不肯置信，如姜嫄履大人迹而生后稷，刘媪交龙于上而生高祖，此事理所必无者也，信之则乖于事实。又同为一事，史家记载有异，则辨正之，如《通鉴考异》之类，此史学者应有之精神也。自此以外，疑所不当疑，则所谓有"疑疾者"尔。日本人谓尧、舜、禹皆是儒家理想中人物，自以开化之迟，而疑中国三千年前已有文化如此。不知开化有迟早，譬如草木之华，先后本不一时，但见秋菊之晚开，即不信江梅之早发，天下宁有此理。日本人复疑大禹治水之功，以为世间无此神圣之人。不知治河之功，明清两代尚有之，本非一人之力所能办，大臣之下，固有官吏兵丁在，譬如汉高祖破灭项羽，又岂一身之力哉。此而可疑，何事不可疑？犹记明人笔乘，有"丘为最高，渊为最深"之言，然则孔、颜亦在可疑之列矣。当八国联军时，刚毅不信世有英、法诸国；今之不信尧禹者，无乃刚毅之比乎。夫讲学而入于魔道，不如不讲。昔之讲阴阳五行，今乃有空谈之哲学，疑古之史学，皆魔道也。必须扫除此种魔道，而后可与言学。

（1935 年，选自《制言》第五十五期）

邹容传

邹容，字蔚丹，四川巴人。父某，行商陇、蜀间，略知书。容少慧敏，年十二，诵九经、《史记》、《汉书》，皆上口。父以科甲期之。容弗欲，时憙雕刻。父怒，辄榜笞至流血。然愈重爱容。稍长，从成都吕翼文学。与人言，指天画地，非尧、舜，薄周、孔，无所避。翼文惧，摈之。父令就日本学，时年十七矣。与同学钮永建规设中国协会，未就。学二岁，陆军学生监督姚甲有奸私事，容偕五人排闼入其邸中，榜颊数十，持翦刀断其辫发。事觉，潜归上海，与章炳麟见于爱国学社。是时社生多习英吉利语，容调之曰："诸君堪为贾人耳!"社生皆怒，欲殴之。广州大驵冯镜如，故入英吉利籍，方设国民议政厅于上海，招容。容诘镜如曰："若英吉利人，此国民者，中国民耶？英吉利国民耶？"镜如惭，事中寝。容既明习国史，学于翼文，复通晓《说文》部居，疾异族如仇雠。乃草《革命军》以摈满洲。自念语过浅露，就炳麟求修饰。炳麟曰："感恒民当如是。"序而刻之。会虏遣江苏候补道俞明震检察革命党事，将逮爱国学社教习吴朓，朓故基容、炳麟，又幸脱祸，直诣明震，自归，且以《革命军》进。明震缓朓，朓逸。遂名捕容、炳麟。容在狱，日就炳麟说经，亦时时讲佛典。炳麟以《因明入正理论》授之曰："学此，可以解三年之忧矣!"明年，狱决，容、炳麟皆罚作。西人遇囚无状，容不平，又啖麦饭不饱，益愤激，内热溲膏。炳麟谓容曰："子素不嗜声色，又未近女，今不梦寐，而髓自出，宜惩忿自摄持；不者，至春当病温。"明年正月，疾果发，体温温不大热，但欲寐，又懊侬烦冤，不得卧。夜半独语骂人，比旦皆不省。炳麟知其病少阴也，念得中工进黄连、阿胶、鸡子黄汤，病日已矣。则告狱卒长，请自为持脉疏汤药，弗许；请召日本医，弗许。病四十日，二月二十九日夜半，卒于狱中，年二十一矣。诘朝，日加已，炳麟往抚其尸，目不瞑。内外哗言，西医受贿，下毒药杀之，疑不能明。然西医视狱囚至微贱，凡病，皆令安坐待命，勿与药。狱囚五百，岁瘐死者，率一百六十人！容疾始发，而医不知其剧，比日久，病态已著，顾予以热病常药，亦下毒之次也。容卒之岁，日本与露西亚始成。

（1906 年，选自《太炎文录初编》文录卷二）

高先生传

高先生，讳学治，字宰平，其先自山阴之前梅渡江而宅，为仁和人。先生生则扶义，俶傥乐文籍，无纯驳皆取。弱冠，游同县劳权、劳格兄弟间，慕其悃愊，始刻苦求朴学。劳氏多藏书，自何焯、卢文弨、顾广圻所校，键箧百种，得尽假读。深居治三礼及四家诗，旁罗金石，亦好宋、明儒书，以贡生选乌程训导。是时归安徐有壬善四元术，仁和劳权善校雠，德清戴望好为故训，皆时走集。望年最少，性感概不与时俗偶。每至，见他人所论著，即曰为先生谳狱。先生曰：诺。望即取书反覆检之，证一事，驳一事。曰为先生奏悲诵。先生曰：诺。望则倚墙振愅，声振林木。当是时，先生最欢。及望治《公羊春秋》，与先生异术，劳权亦死，先生始不说经。炳麟见先生，先生年七十五六矣，犹日读书，朝必写百名，昼虽倦不卧也。问经事，辄随口应，且令读陈乔枞书。炳麟曰：若不逮陈奂矣。先生曰："长洲陈君过拘牵，不得骋"。炳麟问孙星衍，且及《逸书》。先生曰："《逸书》置之，《禹贡》郑注引《胤征》曰：篚厥玄黄，昭我周王。孙君曰：诏导，劭也，忠信为周。说昭为劭则是，言忠信王，何其纡曲无文义耶?"炳麟曰："太康失邦，及仲康至相世，天子守府，有斟灌、斟寻之地耳。《地理志》北海郡有平寿、寿光二县。应劭曰：平寿故斟寻，寿光故斟灌，斟城、灌亭皆在焉。然则周王者寿王也。地本名寿，汉世因以名县。古者迁都，则国号从之，商更为殷，豳更为周，唐更为晋，是也。天子依寿为行在，故不曰夏王，称寿王矣。古文周、寿声近，裯或作祷，其例也。望文生义，言忠信王，未之思也!"先生称善，且曰："若是，《逸书》则可说矣。虽然，不见篇帙，从朽壁中得一二语已拉绝者，辄以施训，若得完书，当云何?"炳麟由是说经益谨。先生语炳麟，惠戴以降，朴学之士，炳炳有行列矣。然行义无卓绝可称者，方以程、朱，俛也。视两汉诸经师，坚苦忍形，遯世而不闷者，终莫能逮。夫处陵夷之世，刻志典籍，而操行不衰，常为法式，斯所谓易直弸中，君子也。小子志之！炳麟拜受教。先生为人宣发而髯，以好金石，财略尽。子保徵，善治生。先生得取给。常薄滋味，缓形，故得寿考。以清光绪二十年，年八十一卒。病时语其子保康曰：居乱世，无票票如柳絮！吾闻诸朱用纯矣，葑以冬甘，疢疾者将以定而性也。既病甚，保康常采庭华进，先生说之。顷之，又进黄甘，枕上，命徹之，曰：自病莫如贪，既得华，复乐此耶？其自敕如此。子二，保康、保徵。

（1908 年，选自《太炎文录初编》文录卷二）

俞先生传

俞先生，讳樾，字荫甫，浙江德清人也。清道光三十年，成进士，改庶吉士。既授编修，提督河南学政，革职。既免官，年三十八，始读高邮王氏书。自是说经依王氏律令。五岁，成《群经平议》，以剀《述闻》，又规《杂志》作《诸子平议》，最后作《古书疑义举例》。治群经，不如《述闻》谛，诸子乃与《杂志》抗衡。及为《古书疑义举例》，巡察鰓理，疏紾比昔，牙角才见，紬为科条，五寸之矩，极巧以𨶔，尽天下之方，视《经传释词》益恢郭矣！先是浙江治朴学者，本之金鹗、沈涛，其他多凌杂汉、宋。邵懿辰起，益夸严。先生教于诂经精舍，学者乡方，始屯固不陵节。同县戴望，以丈人事先生，尝受学长洲陈奂，后依宋翔凤，引《公羊》致之《论语》。先生亦次何邵公《论语义》一卷。始先生废，初见翔凤，翔凤言《说文》"始一终亥"，即《归藏经》，先生不省。然治《春秋》颇右公羊氏，盖得之翔凤云。为学无常师，左右采获，深疾守家法违实录者。说经好改字，末年自敕为《经说》十六卷，多与前异。章炳麟读《左氏·昭十七年传》："其居火也久矣，其与不然乎？"证以《论衡·变动篇》云："綝然之气见，宋、卫、陈、郑灾。"说曰："不然者，林然之误，借林为綝。"先生曰："虽詾善，不可以训。"其审谛如此！治小学不摭商、周彝器，曰："欧阳修作《集古录》，金石始萌芽，搉略可采。其后多巫史诳豫为之，韩非所谓番吾之迹，华山之棊，可以辨形体，识通假者，至秦、汉碑铭则止。"雅性不好声色，既丧母、妻，终身不肴食，衣不过大布，进礼不过茗菜，遇人岂弟，卧起有节，气深深大董，形无苛㛍，老而神志不衰，然不能忘名位。既博览典籍，下至稗官歌谣，以笔札泛爱人，其文辞瑕适并见，杂流亦时时至门下，此其所短也。所著书，自《群经平议》、《经说》而下，有《易说》、《易穷通变化论》、《周易互体征》、《卦气直日考》、《卦气续考》、《书说》、《生霸死霸考》、《九族考》、《诗说》、《荀子诗说》、《诗名物证古》、《读韩诗外传》、《士昏礼对席图》、《礼记郑读考》、《礼记异文笺》、《郑康成驳正三礼考》、《玉佩考》、《左传古本分年考》、《春秋岁星考》、《七十二候考》、《论语郑义考》、《何邵公论语义》、《续论语骈枝》、《儿笘录》、《读汉碑》。自《诸子平议》而下，有《读书余录》、《读山海经》、《读吴越春秋》、《读越绝书》、《孟子高氏学》、《读文子》、《读公孙龙子》、《读鹖冠子》、《读盐铁论》、《读潜夫论》、《读论衡》、《读中论》、《读抱朴子》、《读文中子》、《读楚辞》，如别录。其他笔语甚众，然非其至也。年八十六，清光绪三十三年卒。

赞曰：浙江朴学晚至，则四明、金华之术茀之，昌自先生。宾附者，有黄以周、孙诒让。是时先汉师说，已陵夷矣，浙犹彀张，不弛愈缮。不逮一世，新学蠕生，灭我圣文，粲而不蝉，非一隅之忧也！

（1909 年，选自《太炎文录初编》文录卷二）

孙诒让传

孙诒让，字仲容，浙江瑞安人也。父衣言，清太仆卿，性骨骾，治永嘉之学，而诒让好六艺古文。父讽之曰：孺子徒自苦，经师如戴圣、马融，不阻群盗为奸劫，则贼善人，宁治史志，足以经世致远。诒让曰：以人废言不可，且先汉诸黎献，风义皭然，经训之以徒举一二人僻衺者，史官如沈约、许敬宗，可尽师耶？父乃授《周官经》，其后为《正义》，自此始。年二十，中式丁卯科乡试，援例得主事，从父宦于江宁。是时德清戴望、海宁唐仁寿、仪征刘寿曾，皆治朴学，诒让与游，学益进。以为典莫备于六官，故疏《周礼》；行莫贤于墨翟，故次《墨子间诂》；文莫正于宗彝，故作《古籀拾遗》。其他有《名原》、《古籀余论》、《契文举例》、《九旗古义述》、《周书斠补》、《尚书骈枝》、《大戴礼记斠补》、《六历甄微》、《广韵姓氏刊误》、《经迻》、《札迻》、《述林》。又述方志为《永嘉郡记》。初，贾公彦《周礼疏》多隐略，世儒各往往傅以今文师说，而拘牵后郑义者，皆仇王肃，又糅杂齐、鲁间学。诒让一切依古文弹正，郊社禘祫则从郑，庙制昏期则从王，益宣究子春、少赣、仲师之学，发正郑、贾凡百余事。古今言《周礼》者，莫能先也。墨子书多古字古言，《经》上、下尤难读，《备城门》以下诸篇，非审曲勿能治。始南海邹伯奇比次重差、旁要诸术，转相发明，文义犹诘诎不驯。诒让集众说，下以己意，神恉迵明，文可讽诵。自墨学废二千岁，儒术孤行，至是较著。诒让行亦大类墨氏，家居任恤，所至兴学，与长吏楮柱，虽众怨弗恤也。自段玉裁明《说文》，其后小学益密，然说解犹有难理者。又经典相承诸文字，少半缺略，材者欲以金石款识补苴，程瑶田、阮元、钱坫往往考奇字，征阙文，不审形声，无以下笔。龚自珍治金文，盖缪体滋多于是矣。诒让初辨彝器情伪，摈北宋人所假名者，即部居形声不可知，辄置之；即可知，审其刻画，不趹豪氂，然后傅之六书。所定文字，皆隐括就绳墨，古文由是大明。其《名原》未显于世。《札迻》者，方物王念孙《读书杂志》。每下一义，妥睓宁极，淖入凑理。书少于《诸子平议》，校雠之勤，倍《诸子平议》。诒让学术，盖龙有金榜、钱大昕、段玉裁、王念孙四家，其明大义，钩深穷高过之。晚年尝主温州师范学校，充浙江教育会长。清廷征主礼学馆，不起。年六十一。清光绪三十四年五月，病中风卒。

赞曰：叔世士大夫，狃于外学，才得魄莫，视朴学若土梗。诒让治六艺，旁理墨氏，其精嫥足以摩掇姬、汉，三百年绝等双矣！遭时不淑，用晦而明，若日将暮，则五色柳谷愈章。而学不能传弟子，勉为乡里起横舍，顾以裂余见称于世。悲夫！

（1909年，选自《太炎文录初编》文录卷二）

喻培伦传

民国之先，以气矜慑清吏，独行奇材相继也。浙江则徐锡麟，于广东则温生财，在四川则喻培伦、彭家珍。培伦两发难，始入宛平，欲击清摄政王载沣，不得，后与百余人入广州击清两广总督张鸣岐，与七十一人俱死。功虽不成，然自武昌兵起，清吏所在奉头豨骁者，其气夺也。

培伦者字云纪，内江人也。先世为江西人，明时有官四川者，遂家内江。培伦性精敏，好技术。少时见时辰表，即仿为之。又尝刻石，自署世界恶少年。闻塾师说史事及国家兴废种族代起状，必动容质其所从来，师诃之乃已，其光复之志始萌矣。清光绪末，与弟培棣游日本，入同盟会。初学警监，后入经纬学校，旋习工。培棣好尚与兄異，然皆锐身任国事。自黄兴攻河口，培伦兄弟从，奔走云南、交趾间，复转入南洋群岛，散訾财无算。培伦素多病，欲致命遂志，而责培棣承家事，故所为皆独力径行事也。

初，培伦在日本，尝习化学，又入千叶医学习药科，由是能造爆药，技甚精。时同志习射击多治银药者，培伦以试银药伤臂，求所以安全者，乃穷搜海外爆药诸书，讲于日本人藤泽氏，质衣物以供药。药成，著书道其利病，为同志法。故中土言爆药者本之培伦。

清宣统初，与汪兆铭谋击清直隶总督端方，不果，遂入宛平，与兆铭、黄复生等谋击载沣。造爆弹重二十余斤，夜匿桥下，俟明，载沣车过，以电发之。未及期，桥外犬惊吠，居人起视，觉有物，培伦跳，得去。而兆铭、复生以故入狱，外人视其爆弹，曰："幸不发，发则二十里中无噍类矣。"培伦既脱，即东行，更造药，闻宛平不可入，遂已。以艺食于香港，岁余，黄兴起广州，以手铳数百挺潜渡，令培棣与吴永珊主转运。方到，培伦已挟弹至，谓培棣曰："吾分死，尔当嗣吾宗。"麾之去。会温生财击杀清广州将军孚琦，省会戒严，不可动。培伦曰："等死，不如以身决之。"或曰："公一臂废，何苦自送？"培伦奋曰："诸公具四体，不如吾偏枯人也。"众大感动，遂与兴、熊克武、但懋辛等将百余人攻督部，掷大弹，洞其壁，登陴，散丸如雨下，当者皆糜碎，身创甚，贼群至，被执，自承王光明，死，与七十一人丛葬黄花冈。后五月[①]武昌兵起，应者十三省，无锐师突骑皆走矣。民国元年，南京政府论元功，赠大将军，而克武、懋辛、培棣亦以蜀军立于四川。

赞曰：汉族光复，藉狙击之威，余烈讫于数岁。袁世凯已定江南，犹曰："吾不畏南兵反攻，畏其药取人命于顾眄间。"由此观之，攻心为上，攻城为下，非虚言也。然非轻死生外功名者亦弗能为。十年之间，南北更仆迭起，皆以戎卒相角，抑有由哉！

（1924 年，选自《太炎文录续编》卷四）

① 《章太炎全集》（五）之《太炎文录续编》卷四校勘记：据《华国》一卷十一期"日"作"月"，今改。

焦达峰传

焦达峰初名大鹏，字鞠荪，湖南浏阳人。在长沙，或称焦煜。而之日本，自署焦达峰，故世称达峰云。少豪健，每读书塾中散归，辄集儿童为两部，决战。己不胜，必复之，敌溃然后已。年十五，入浏阳学堂。浏阳先有谭嗣同、唐才常，以牾贵幸及起兵死。达峰闻人道其事，必怒目抵案而立。持论刚断，不苟言，竞走蹴鞠皆兼人，校中戏呼之曰谭唐，或拟以俾斯麦克纳尔逊，亦不让也。

年十九，东游日本，与乡人禹之谟善，缘是入中国同盟会，首领黄兴等未之奇也。欲习陆军，格于例，乃入东斌学校，讲戎事。几二年，同盟会成立已三岁。集才多，然未有所用。时转掠边徼，不能为利害。及徐锡麟杀恩铭，天下震动，锡麟又非同盟会人也。达峰则与四川张百祥、江西邓文恢、湖北孙武等集共进会，和者数十人，多山泽豪帅与手臂技击之士，期就腹地以勇气振之。而达峰游学未返，占名同盟尚如故。时兴自交趾来，问达峰何故立异，答言："同盟会举趾舒缓，故以是赴急，非敢异也。"兴曰："如是，革命有二统，二统将谁为正？"达峰笑曰："兵未起，何急也？异日公功盛，我则附公。我功盛，公亦当附我。"兴爽然无以难也。兴就大森起体育会，达峰亦赴之。

会清新主立，袁世凯罢归。达峰知势可乘，遂返。明年三月，抵夏口，始立共进会总统，分在武昌，江汉间附者甚众。七月，返至湘东，更名左耀国，集浏阳、醴陵、萍乡诸豪，内设部长沙。明年三月，以军法部勒其众，所统已千数百人矣。九月，复与杨任、余华禄等遍通常德辰沅宗帅，众益盛。明年春，至夏口。汉上诸子期以秋操起兵，患北军自武胜关径下，欲长沙先发，武昌应之。咨于达峰，达峰曰："长沙发难易耳。然十日武昌不应，我必击武昌。"皆诺。亦以武昌先长沙应要达峰，达峰亦诺。自是湖北军官蔡济民等多赴共进会立盟誓矣。五月，达峰与陈作新说长沙新军及巡防营倡义，皆受约。其秋八月十九日，武昌以谋泄先发，檄到，达峰欲如十日期，众犹豫，时清军已骆驿度武胜关，湖南巡防统领黄忠浩谋以师北上应之。达峰愤急曰："中国废兴在今日矣，尚观望耶?"九月朔，自统新军攻小吴门，令陈作新攻北门，遇巡防军，即探白布绾其臂，皆笑受之，遂入据军械局。巡抚余诚格走，忠浩不降，杀之。明日，就咨议局举帅，以达峰充都督，作新副。达峰集党财四岁，上溯湘，下沿汉，义从如墙，清吏不能禽制。微达峰坚诺，武昌固不敢动。湘军起，又与夏口结言相应，于发难功最高。视事数日，议出师援武昌，以第四十九标为前列，以第五十标与巡防营番上，而急练民军承其乏。计定，请辞职北征，众未听。

初，衡湘间多贵族子，达峰以寒微起为帅，参佐大抵椎少文，搢绅间独龙璋与善，佗多嫉之，知达峰誉闻狭，可动，则以术挠其庆赏，而扬言武昌济饷数十万，达峰持不下。又新军有功不迁官，将尽黜，用激怒其众。标统梅馨忿，九日，密谋于求忠学堂。明日，市中小骚，作新单骑行视，即马上击杀之，断其头，遂引兵攻督府。达峰困，请拜军旗而死，许之，拜起，杀焉。乃推故咨议局议长谭延闿为督，众始定。竟不执①何（梅）馨，故湖南北颇有异论。

后十余岁，馨失兵居上海，患乳痈，将死，达峰义故邓玉麟往视，曰："得无焦公为厉耶?"馨叹曰："当时直为人作猎狗耳。"达峰死，时年二十五六矣，延闿葬之岳麓山。民国五年，刘人熙督湖南，始立石冢，上曰："浏水堕泪之碑"。诸述达峰事者，率承变乱时所录。后起势盛，故人多雷同，其语绝谩。余以身在日本所见，及孙武、邓玉麟、李根源所述，谭人凤所记，兼摭吴慰祖李某所作事略，校其同异，为之传。

赞曰：达峰年少蹶起，义屈元耆，而其言卒中。智勇仁强，实出侪辈上。故能平行湘汉，制其輨毂，桀然为义师树枢，盛哉！斯陈项之亚已。夫首义者固多强死，衔辔不整，陈王且有庄贾之祸，又况于余子?重以民党日偷，恶直上谀，扬浮名，没实功，达峰已死，而后来者掩以为上勋，众口嶓嶓，又曷足校哉?

（1935年，选自《太炎文录续编》卷四）

---

① 《章太炎全集》（五）之《太炎文录续编》卷四校勘记：据《制言》第十二期"孰"作"执"，今改。

大总统黎公碑

公讳元洪，字宋卿，湖北黄陂人也。考讳朝相，清世以游击隶北洋练军。公习业水师，勤学为诸生冠，役于海军七年。光绪二十年，清与日本战威海，公以广甲管轮自广州赴之，船脆不任战，遂陷。长官乘小艇逸，公愤甚，赴海，水及颏者数矣，卒泅邸大连岸，同行十二人，存四耳。署两江总督事张之洞闻公材，召修江宁、江阴炮台，皆坚精中法程。之洞还督湖广，公从，与德意志人某教练湖北新军。三赴日本考察军务，归充湖北护军马队长，前锋统带，擢第二镇镇统，兼本镇协统。寻以饷诎罢镇，以二十一混成协统领兼管马炮工辎各队，假陆军协都统衔，并提调兵工钢药两厂，监督武中学堂，会办陆军特别学堂，统楚字兵船六、湖字雷艇四。凡两主大操，指麾中度，声藉甚。治军严仁，不滥费军需一钱，有余即以逮士卒。故所部军装整振，绝于佗军。平居卧起皆准军号，不妄先后。夜必宿军中，虽遇岁时不移。教士剀至，唯恐不尽其才，尤敬士大夫，一方归心焉。

瑞澂督湖广，公被劾，事久未下。瑞澂忌益甚，檄所部四出以披之。时革命已有萌芽，而湖北军故多怀匡复者，期以宣统三年秋操起兵。未及期，瑞澂以事捕杀彭、刘、杨三士，复按所获名册分道往兵营逮捕，人人自危。八月十九夕，武昌革命军起，瑞澂与镇统张彪挺身走，乃推公为中华民国军政府鄂军大都督。初，自黄花冈之难，中国同盟会衰矣。其在江汉，共进会最盛。次有日知、文学诸会，各有名字与其所交关军士，力均不能相听下，谋帅无适任者，以公善拊御，皆属意公。且曰：谘议局议长汤化龙才，请以民政长辅公。议定三月矣，阴为文告署检，称大都督黎，未以告也。兵起，有数卒突入公门，公错遌，手刃之。无几，又数人至，促公赴军械局，请受都督印。公见化龙在，知士大夫有谋，宣言无略财，无妄杀，如是则可，皆踊跃称听命。促公[①]诣谘议局就选。其日溃兵返，市门启，时瑞澂亡已逾日矣。瑞澂始谓小寇蜂起易定，故走江上兵舰待其变，闻公出，乃去。

军府初立，纲纪未具，将校入谒，语人人异端，不合，或抵掌捶书案，然皆以公厚重知兵，无敢轻动摇者。故军政虽纷，纪律未尝乱，南方诸革命军尝更起迭仆，及是竟以集事，由公镇之也。明日，美利坚领事入谒，问邦交，公言："自今日始，邦交由民国主之。自今日以往，约如故。"而先所拟文告，其草稿为俄罗斯领事所得，译其辞，以为有大体。会我师败清陆军大臣荫昌之师于滠口，走之，由是被仞为交战团体，去倡义八日耳。鄂府储金多，富兵杖，滨江诸省欲有事者，即赋予之无所吝。至十月，南方十一省与山西、陕西，次第反正，皆遣使来，推公为中央大都督陆海军大元帅。俄汉阳陷，守将黄兴走，会下游亦拔江宁，清内阁总理袁世凯使蔡廷干来，战中止。使唐绍仪来议和，公任伍廷芳为代表，令开议上海，时香山孙公自海外归，议者以武昌危孑，宜置政府江宁，即推孙公为临时大总统，公副之。十一月，改宣统三年为中华民国元年，始颁太阳历也。

二月，清帝逊位，临时参议院复举袁公为大总统，公副如故。北都定，以公领参谋总长，授大勋位。当是时，南北瓦合，虽选袁公，非其意。袁公亦介北洋军威重，以南士蕤果，不肯亲。公弥缝其间，卒不效。先是湖北有一镇一混成协，及倡义，稍增至八师，公痛裁之，存其三，及军民分治制，皆自公创之。自义师起，督府苛礼尽去，公尤任自然，尝夏日入谒，公短衣持径尺蒲葵扇，与客语半刻所。侍者进荞麦屑，公手分牛乳，与客尽之，易简如此，海内乡风矣。然诛钼骠悍亦几千数[②]，军人被裁者，颇群聚江湖为乱，率多借黄兴名号。公雅不信，而将佐颇以为疑，交亦渐疏。明年春，袁公使贼杀故农林总长宋教仁于上海，狱不具，南北凶凶。袁公令师长李纯下夏口受公调遣，实不用其命。其夏，江西、安徽、湖南、广东四都督罢，皆起兵抗袁氏，以兴为主，未一月，败。公素善湖南都督谭延闿，及湘上主起兵者谭人凤，又武昌倡义人也，为解说令罢兵，故延闿等得免于难。独蒋翊武不肯听，

① 《章太炎全集》（五）之《太炎文录续编》卷五之上校勘记：据《制言》"即"作"促公"，今改。

② 《章太炎全集》（五）之《太炎文录续编》卷五之上校勘记：据《制言》第三十一期"诛钼贼猾亦近二万人"改为"诛钼骠悍亦几千数"，今改。

入广西，捕得，斩之。时议者多病公持两端，公以为大总统非犯叛乱，不得与校，卒未尝自明也。

其秋，袁公被选为正式大总统，公副如故，时孙黄已亡命，袁公视天下无与己伉者，独惮公得南方心，以兵胁之入京师，馆于瀛台。公阳与和叶，而内深自为计。袁公改《临时约法》，以参政院代国会，属公长之，亦不拒也。四年，帝制议起，始辞参谋、参政二长，袁氏又以武义亲王爵公，公拒其册，却其禄。五年一月，当朝正，胁者数辈至，公誓曰："辛亥倡义，踣军民无算，非为一人求官禄也。诸君如相迫，即立触柱死矣。"袁氏乃不敢逼。会云南、广西起兵讨帝制，师逾岭，江上游皆起。六月，袁世凯卒，依法以公继任，始复约法，还袁氏所夺将吏官勋，录旧功也。

时公久失兵，而北洋军势未衰，嫚侮跆藉，无所不至。而国务总理段祺瑞当袁氏称制时独弗顺，功亦高。其秘书长徐树铮缘傅约法，谓凡事当听国务院裁决，总统徒画诺耳。每拟令，直入府要公署名。公任丁世峄为府秘书长，与相枝柱，事稍解，未平也。六年，欧洲联军与德意志战已三岁，求中国参战，公始可之，后闻国务院将因是举债日本，亟已其事。两院议皆如公旨。树铮怒，雇恶少年聚击议员，公闻，立罢祺瑞，以伍廷芳代之。令下数日，九省督军皆反，连兵请解散国会，于是两广巡阅使陆荣廷新以讨帝制有功，难将作，公问计荣廷。荣廷者，无知人鉴，称长江巡阅使张勋能已之。难作，问财政总长李经羲。经羲对如荣廷。时勋与北洋将领开徐州会议，有阴规复辟计，勋故漏其事府秘书以示诚。公召勋，勋请解散国会，登经羲为总理，竟因是败。勋以兵二千入都，与陆军总长江朝宗结。朝宗以清遗臣梁鼎芬入谒，鼎芬请归政清废帝。公厉声诃之，鼎芬退，复说守卫司令萧安国毋用公命，安国者，鼎芬门人也。七月，勋以清废帝复辟，经羲降，公密令复祺瑞职，令讨贼。未几，祺瑞起兵击勋，走之，遣使迎公，公谢焉，乃以副总统冯国璋摄，始就参战事，但开和粜许庸赁，不出师也。

初，九省督军反，公使海军总长程璧光南下纠义旅。至是，西南护法军起，璧光数请公南行，道梗，不得前。自是南北交兵，绵四五岁。国璋去，北方又拥徐世昌主之。至十一年夏，直隶关东相持急，长江上游总司令孙传芳腾书请公复位，北洋将领皆响应，旧议员赴天津和之，世昌走。炳麟以书邸公曰："将帅过骄，难为其上，公于段阁，有前鉴矣。必欲复位，请南都武昌，无滞宛平中。"公卒强起，以废督军要疆吏。疆吏阳应之，独废安徽，佗未动。公入都，即下直隶关东停战令，复召集旧议员，促制宪法。十二年，改选期薄，直鲁豫巡阅使曹锟疑议员附公，已不得代，则以金购致议员，且遣兵迫公府，水火尽断。公与农商总长李根源谋，令代国务总理。因出道天津浮海至上海，欲即上海置政府，为浙江督军卢永祥所持。是时南北有力者，独关东张作霖以停战令德公，而云南唐继尧雅知大义，然皆远莫能助。乃去，东之日本别府，数月归天津。自是绝口不道国政，日步马郊外，示习劳也。

明年，作霖入关，锟废。十七年夏六月，蒋中正以兵攻作霖。时公病已亟，南军薄天津，公薨。诘旦，北畿皆改树青天白日旗矣。公薨时，年六十五。公丰肉舒行身短，望之如千金翁。而自有纯德，不由勉中。爱国悬至，不訹于强大，度越并时数公远甚。

始在海军，已习水战。及统陆军十余岁，日讲方略，于行军用兵尤精，山川阨塞，言之若成诵。绝甘分少，与士均劳逸，士无不乐为用者。会倡义诸师旅长皆自排长兵曹起，或杂山泽耆帅，跅弛志满，教令不下行。汉阳败后，公始综百务。未期月，燕吴交捽，日相椎杵，终掩于袁氏，再陟极位，卫士无一人为其素练者。故公于民国为首出，而亦因是不得行其学。使公得位乘权十年，边患必不作，陆海军亦日知方矣。世之推公，徒以其资望，或乃利以纾祸，不为材用发舒地。虽就大名，抱利器无所措，与委裘奚异？悲夫！公不念旧怨，张彪在清时，数椓公，及公贵，彪来谒，公好遇之。湖南人胡瑛以谋革命系汉阳狱，兵起得释，欲撼公，他有所立。后瑛附帝制，当捕诛，公以其被胁，卒不问也。季雨霖以督队官隶张彪，入日知会，发觉，榜掠两股尽溃。公力请之，彪不许，又属日本人任教练者请之，乃许，阴资遣赴四川。比倡义归，公令宣抚荆州驻防，任尤亲。后雨霖背公，欲劫焉，事发，逃走，公虽怒，亦不深诛云。性廉，初倡义时，约自都督至录事皆月取银二十版。事定，将吏皆增奉，身取二十版如故。再起莅政，虽常奉不入，减公府经费三分之二。崇文门税关及烟酒署旧供公府银月六万版，尽却之。尤恶举外债，以为病国。所至节财用，慎赐予。然持承平法过严，绌于拨乱，亦公所短也。自民国兴十余年，正僭迭起，大氐出介胄或幕府士，世谓与共和政体应者莫如公。其后北洋军坏散，颇自悔曩日困公，卒无及云。夫人同县吴氏，初适公，家贫甚，及公贵，起居未尝异。公再起，夫人数谏公毋行，及遇变，亦无戚容，可谓有德操侔于天地者矣。后公一岁殁，丈夫子二，绍基、绍业。女子子二，绍芬适某，绍芳适某。妾危氏。公薨后五年，绍基等奉柩归葬武昌某山。吴夫人祔。炳麟数尝侍公，识言行，其事或隐，即遍询故参佐，故以实录刻石，不敢诬。铭曰：

于铄黎公，胙承殷周。弱冠方毅，从军习流。楼船否臧，踊身大湫。万灵翼卫，浮行得洲。总师汉上，戎士不偷。胡运方斩，轩辕下求。天棓夕陨，宣光园陬。乃起树纛，胜清遏刘。大功不蔵，袁承其休。客实憎主，白刃在头。王章缤绶，不我能缁。否之后喜，乃膺大球。中立天衢，何党何雠？灵囊广橐，靡物不投。伏蛊未荡，曰相其矛。胡王眈眈，狙我内忧。公命苍兕，南总楫舟。三光乍隔，分曹千掫。再莅法宫，去来如浮。虹见龙藏，别风高飂。岳岳之鹤，为主杀躯。胡斯悖德，植冠而猴。公之在位，视以赘游。公之下世，蓟辽为丘。焞焞北军，亦允无鸠。孰令夸咤，召是悔尤。盘石在兹，下诏万秋。

（1933 年，选自《太炎文录续编》卷五之上）

黄季刚墓志铭

季刚讳侃，湖北蕲春人也。余违难居东，而季刚始从余学，年逾冠耳，所为文辞已渊懿异凡俗。因授以小学经说，时亦作诗相倡和，出入四年，而武昌倡义。其后季刚教于北京、武昌、南都诸大学，凡二十年，弟子至四五传。余之学不能进以翲，而季刚芀颖骏发，所得视曩时倍蓰，竟以此终。

世多知季刚之学，其志行世莫得闻也。黄氏出宋秘书丞庭坚，自徙蕲春至季刚如干世。考讳云鹄，清四川盐茶道，署按察使事，以学行著。所生母周。季刚生十三岁而孤，蕲春俗轻庶孽，几不逮学，故少时读书艰苦，其锐敏勤学亦绝人。既冠，东游学日本，慨然有光复诸夏之志。尝归集孝义会于蕲春，就深山废社说种族大义及中国危急状，听者累千人，环蕲春八县皆向之，众至数万，称曰黄十公子。清宣统三年，武昌倡义，季刚与善化黄兴、广济居正往视，皆曰：“兵力薄，不足支北军。”乃返蕲春集义故谋牵制，得三千人，未成军，为降将某所袭，亡去，之九江。未几，清亡。

季刚自度不能与时俗谐，不肯求仕宦。尝一为直隶都督赵秉钧所迫，强出任秘书长，非其好也。秉钧死，始专以教授自靖。民国四年秋，仪征刘师培以筹安会招学者称说帝制，季刚雅与师培善，阳应之，语及半，即瞋目曰：“如是，请先生一身任之。”遽引退，诸学士皆随之退。是时微季刚众几不得脱。

初，季刚自始冠已深自负，及壮，学成。好酒，一饮至斗所。俾倪调笑，行止不甚就绳墨。然事亲孝，丧生母哀毁几绝，奉慈母田如母。尝在北京召宾友会食，北方重蟹羹，季刚自垣一方问母：“得蟹羹不?”母无以应。即召庖人痛诃谴之，世以比茅容、阮籍云。

性虽俶异，其为学一依师法，不敢失尺寸。见人持论不合古义，即眙视不与言，又绝类法度士。自师培附帝制，遂与绝，然重其说经有法。师培疾亟，又往执挚称弟子。始与象山陈汉章同充教授，言小学不相中，至欲以刀杖相决，后又善遇焉。世多怪季刚矜克，其能下人又如是。为学务精习，诵四史及群经义疏，皆十余周，有所得辄笺识其端，朱墨重沓，或涂剟至不可识。有余财，必以购书，或仓猝不能具书簏，即举置革笥中，或委积几席皆满。得书，必字字读之，未尝跳脱。尤精治古韵，始从余问，后自为家法。然不肯轻著书，余数趣之，曰："人轻著书妄也，子重著书吝也。妄不智，吝不仁。"答曰："年五十当著纸笔矣。"今正五十，而遽以中酒死。独《三礼通论》、《声类》目已写定，他皆凌乱，不及第次。岂天不欲存其学耶？于是知良道之不可隐也。配王，继娶黄，子男八：念华、念楚前卒，念田、念祥、念慈、念勤、念宁、念平。女子子二，长适潘。季刚以二十四年十月八日殁于南都，以十一月返葬蕲春。铭曰：

微回也无以胥附，微由也无以御侮。系上圣犹恃其人兮，况余之瘝腐？嗟五十始知命兮，竟绝命于中身。见险征而举翮兮，幸犹免于逋播之民。

（1935 年，选自《太炎文录续编》卷五之下）

史量才墓志铭

君讳家修，字量才，晚以字行。其先江宁人，父春帆翁，避兵徙娄之泗泾，故君补娄县学生。少时已卓荦有智行，既入学，寻弃去，习远西文字，肄业杭州蚕学馆，归设小学于泗泾，数教授上海，以所得立女子蚕学馆，太湖左右化之，后江苏蚕桑学校本诸此。会沪杭甬铁道事起，以集资被选董事。民国兴，主松江盐局及沪关清理处。君虑宪过人，处事悉综名实，然尤专意新闻事。初春帆翁虽不遇，素持直道，常以是诲子。君自清末已主时报，其后主申报，殆二十年。直袁氏称帝，以重赂要君，请毋娆帝制，拒之。自尔南北交閧者十余岁。常有问遗，悉无所染，盖受之家训，亦其天性骨骾然也。

少时家甚贫，初教上海，布单衣，徒行遇雨，革鞜尽淖，望之寒甚。及与语，吐辞砉然，精采动一坐，久之誉日起。所立工商事益众，殖币治纺，靡不为也，号为素封矣。然自守确固，不肯随驵侩进退，人严惮君而未尝与忤。民国二十年，日本战事起，明年遂掠上海，君日夜资助十九路军，卒无大败。虽政府亦重君才，被推上海市参议会长矣。二十三年十一月，自杭西湖归，道出海宁大闸口，遇盗，环列狙击，与同车一人及御者皆死。配某氏，子男必恕，遇盗时皆在侧，挺走得免。

君平生领事虽繁脞，然能通释氏书，时时宴坐。亦习技击，身手矫健，又与人无怨恶，内外皆无死道。或曰：暴得大名不祥，清议之权，自匹夫尸之，常足以贾祸。然自武昌倡义至今，由屠酤稗贩以陟高位处方面者，盖什百数。君本书生，积资不过比良贾，名虽显，不能出一州，其视权要人固微甚。且清议衰久矣，虽百计持之，仅乃振其标末，非有裁量刻至之事，如汉甘陵近世东林比也。揆之固不足以召衅，而竟为人阻隘以死，且若欲夷其宗者，抑命也夫，命也夫！君亡时年五十六，某年某月葬于某。铭曰：

史氏之直，肇自子鱼。子承其流，奋笔不纡。卖浆洒削，华屋以居。以子高材，宜其有余。何烦辱任事，而不与俗同汙。恬智相养，则亦与天为徒。吾闻夫毅饰貌以内热，豹菀中而外枯。智之所不能避者，虽圣哲有所不虞。唯夫白刃交胸，而神气自如，斯古之伟丈夫欤！

（1935 年，选自《太炎文录续编》卷五之下）

书十九路军御日本事

民国二十年九月，日本军陷沈阳，旋攻吉林，下之。未几又破黑龙江，关东三省皆陷。明年一月，复以海军陆战队窥上海。枢府犹豫，未有以应也。二十八日夕，敌突犯闸北，我第十九路军总指挥蒋光鼐军长蔡廷锴令旅长翁照垣直前要之，敌大溃，杀伤过当。其后敌复以军舰环攻吴淞要塞，既击[①]毁其三矣，徐又以陆军来。是时敌船械精利数倍于我，发炮射击十余里，我军无与相当者。要塞司令邓振铨惧不敌，遽脱走，乃令副师长谭启秀代之。照垣时往来闸北吴淞间，令军士皆堑而处，出即散布，炮不能中。俟其近，乃以机关枪扫射之，弹无虚发。军人又多善跳荡，时超出敌军后，或在左右，敌不意我军四面至，不尽歼即缴械，脱走者才什一，卒不能逾我军尺寸。

始日本海军陆战队近万人，便衣队亦三千人，后增陆军万余人，数几三万，我军亦略三万。自一月二十八日至二月十六日，大战三四，小战不可纪，敌死伤八千余人，而我军死伤不逾千。自清光绪以来，与日本三遇，未有大捷如今者也。原其制胜之道，诚由将帅果断，东向死敌，发于至诚。亦以士卒奋厉，进退无不如节度。上下辑睦，能均劳逸。战剧时，至五昼夜不卧，未尝有怨言。故能以弱胜强，若从灶上扫除焉。

初，敌军至上海，居民二百余万惴恐无与为计，闻捷，馈饷持橐累累而至。军不病民，而粮秣自足。诸伤病赴医院者，路人皆乐为扶舆，至则医师裹创施药，自朝至夜半未尝倦，其得人心如此。

---

① 《章太炎全集》(五)之《太炎文录续编》卷六之上校勘记：据《制言》第三十二期“□”作“击”，今改。

章炳麟曰：自民国初元至今，将帅勇于内争，怯于御外。民闻兵至，如避寇仇。今十九路军赫然与强敌争命，民之爱之，固其所也。余闻冯玉祥所部，长技与十九路军多相似，使其应敌，亦足以制胜。惜乎以内争散亡矣，统军者慎之哉！民国二十一年二月十七日章炳麟书。

（1932 年，选自《太炎文录续编》卷六之上）

菿汉昌言·区言

区言一

恻隐羞恶，生而具者也，以为性善可也。辞让必非生而具者，观夫儿童岐嶷，分果必务多，得物必相竞，虽让之父兄，情有不厌；蛮貊之人，家自为社，交相陵暴，夺掠禽鱼，争取畜产，以为固然，此其事之有验者矣。荀子论性恶，不言恻隐羞恶为人所本无，但云“顺情性则不辞让，辞让则悖于情性”，虽令孟子与之对论，无以屈也，其云“礼义生于圣人之伪”，则不然。圣人之性，宁独异人？人皆无辞让，而圣人独有辞让乎？《易·序卦》云：“屯者，物之始生也，物生必蒙。蒙者，物之稚也，物稚不可不养也。需者，饮食之道也，饮食必有讼。讼必有众起，众必有所比，比必有所畜，物畜然后有礼。”此真能明辞让所始者。太古无化之民，因给养而生争竞；争竞愈广，众比愈盛，又必储财以备久斗。斯时外扞强敌，期于僇力相赴，若夫内争货财，宁有济理？由是自相约束，始行辞让。故始之以饮食必有讼，终之以物畜然后有礼，见让由争成，可谓本隐之显之论矣。孟喜说《易》曰：“阴阳养万物，必讼而成之；君臣养万民，亦讼而成之。”（程迥《古占法》引僧一行所述。）成者，成此礼也。辞让既成，习贯若性，恻隐羞恶复旁济之，安行谓之圣人，利行勉行谓之君子。

韩非《五蠹》云：“古者丈夫不耕，草木之实足食也；妇人不织，禽兽之皮足衣也。不事力而养足，人民少而财有余，故民不争。今人有五子不为多，子又有五子，大父未死而有二十五孙。是以人民众而货财寡，事力劳而供养薄，故民争。古之易财，非仁也，财多也。今之争夺，非鄙也，财寡也。”此说虽若成义，不悟木实兽皮苟无定分，虽至足亦自相争。其渐至不敢争者，怨家敌国迫于肘腋故也。且尧舜之际，艰食鲜食，犹有阙乏，稷教播种，禹益懋迁，仅乃得济，安得人民少财有余邪？汉至文景之末，家给人足，都鄙廪庾尽满，众庶街巷有马，由是人人先行义绌耻辱，始可谓财多而不争矣。此事又在韩非身后，礼法既行，制有定分，故人民各治其生尔。若如太古无法之世，夺攘足以自活，安肯尽力田畜，虽欲人给家足，岂可得也！

总政纲，司黜陟，专生杀，则谓之君，谓之帝王。今之大总统不兼大元帅者，犹与君稍异；兼大元帅，则宛然无以辨矣。以其出自民选，天下为公，故谓与君主有殊尔。

《周官》有外朝询万民之法。春秋时晋惠公失国，卫灵公欲叛晋，皆尝举其事，即今所谓国民大会也。小国寡民，事则可尔。汉之议盐铁，实召贤良文学议之，此无异今之代议士。但出于郡国选举，不出民选，其来稍异，此大国所宜也。虽然，霍光秉政，最为专擅，犹知与俊民集议。晚世武人恣横，虽以此制之，身无一剑之任，则必为所侮矣。非改募兵为征兵，而又遍置团练，民权殆无以伸也。

礼法之属，品目扶疏，必有其维纲焉。古之法纲，散在《周官》、《礼经》，其间本枝错杂，细大相糅；次则传记有引古之制者，唯及单文，更难见其邻类矣。然则撮举法纲集成宪法者，三代未之有也。《秋官·布宪》与《管子·立政篇》所说，皆在正月之吉，此则每岁有异，只于当时切用，非立法之大纲也。唯《魏策》安陵君曰：“吾先君成侯受诏襄王以守此地，手受太府之宪。宪之上篇曰：‘子弑父，臣弑君，有常不赦。国虽大赦，降城亡子不得与焉。’”是乃传之数世，著为典常，正是今之宪法。（知非刑律者，魏李悝作《法经》六篇，此云“宪之上篇”，上下相对，只二篇，与《法经》繁简不同，故知非刑律也。）盖七国时始有之，惜其全书不可睹耳。自汉以后，又散之官制律令中，而宪法无特著者矣。虽然，苟无忠信诚悫以先之，虽有宪法，抑末也。

西伯受命称王，见太史《周本纪》，唐梁肃据《论语》服事之文以非之。夫群言淆乱，折中于圣，如《鲁诗》、《书大传》、《小戴记》诸文，出周、汉间儒者，文各驳异，今置不论。《论语》真孔子书，《三朝记》亦真孔子书也。《三朝记·少间篇》曰：“纣不率先王之明德，粒食之民忽然几亡，乃有周昌霸诸侯以佐之。纣不说诸侯之听于周昌，则嫌于死，乃退伐崇、许、魏以客事天子，文王卒受天命，作物配天制典。”其云“霸诸侯以佐之”者，即三分天下有其二以服事殷也；其云“嫌于死”者即羑里之囚也；其云“卒受天命，作物配天制典”者，即受命称王也。（诸经言文王受命者，《书》称“文王受命惟中身”，此谓嗣位为君，《大雅》称“文王受命，有此武功，既伐于崇，作邑于丰”，此即《三朝记》所谓受天命，或说为受殷命为西伯，寻文王未囚羑里时已霸诸侯，则为西伯久矣，岂待伐崇时邪？）此则服事在前，称王在后，不得举一以疑一矣。《逸周书》亦当时实录，其《程典篇》曰：“维三月，既生魄，文王合六州之侯，奉勤于商。商王用宗谗，（宗即崇字，谓崇侯也。）震怒无疆。诸侯不娱，逆诸文王。文王弗忍，乃作程典，以命三忠。”是始而服事. 因以被囚，既出羑里而诸侯劝进，文王犹未忍称王。其《酆保篇》则曰：“维二十三祀，（二十三字有误。）庚子朔，九州之侯咸格于周，王在酆，乃命三公九卿及百姓之人。”此乃在伐崇后，九州和会，又过于前之六州，既命三公九卿，则称王可知也。原诸侯所以归文王者，以纣为无道，欲借文王之宠灵以护已耳。既囚羑里，文王尚不自保，安能护人？出囚以后，六州劝进，势在必然，文王始犹弗忍，及九州咸格终遂称王者，以非是则诸侯无所系，将参伍合从以抗纣而自固，不至天下瓦裂不止也。且王者，往也，朝觐者往焉，讼狱者往焉，则可以践天子位矣。九州咸格，朝觐者往也；虞芮质成，讼狱者往也。既有其实，而何为阳谢其名乎？借观孟子之在衰周，力言王齐，齐苟王矣，置周何地？此与文王称王事例正同。如李泰伯之伦直诋孟子，是即不论。后之儒者不非孟子王齐，而疑文王称王，何其自为矛盾欤！

《逸周书·世俘篇》，校其月日，与《汉志》所引《武成》相会，间有误字；其言狩事，亦与《书序》“往伐归兽”，《周本纪》读兽为狩者同，是即《武成篇》也。其云：“武王遂征四方，凡憝国九十有九国，馘磿亿有十万七千七百七十有九，俘人三亿万有二百三十，凡服国六百五十有二。”磿即歷，《释诂》训数。馘数之多，孟子固以为疑。然若以万万为亿，其时人口未能满此，恐史官不应夸诞若是。亿有十万，十盖七或乂之误，当以十万为亿释之，则馘数十七万七千有余，俘人三十一万有余。夫征服之国至六百五十有二，平均分之，则每国被馘者止二百七十余人，被俘者四百八十人不足，合计则多，分计未为多也。下言“武王俘商旧玉亿有百万”，百亦一字之误，谓十一万也。古者采玉有蓝田、荆山，非远取西域者，故其数至是。

庄生云：“众雌而无雄，而又奚卵焉，自古未有不诚而能定功者。”荀卿称“粹而王，驳而伯”，此定论也。以五伯为假之者，只论齐桓一身，未知管仲之诚也。大抵人君材高，则名实皆系其君，文武是矣；人君材劣，则名系乎君，实系乎臣，周公辅成王、管仲相桓公是矣。责包茅，拜赐胙，拒子华，寝封禅，皆管仲之力，故曰一则仲父，再则仲父，明管仲为雄而齐桓其雌也。若夫戎狄豺狼，陵轹诸夏，含识者谁不扼腕？虽秦皇之筑长城以扞匈奴，亦曾非伪也。桓之伐山戎，斩孤竹，存邢救卫，西攘白狄，事定以还，已无所利焉，安得以为假之？若曰此恃力也，非恃仁义也，文王之御玁狁，喙昆夷，以兵力定之邪？抑传檄而走之邪？若曰以让饰争也，文王三分天下有其二以服事殷，卒乃戡黎，兵加于王之圻内，何不曰以让饰争邪？（儒者喜诛意，必云“无所为而为，然后为诚”，此为修己言之则然尔，一涉王伯之事，彼以仁义求王天下者，仁义亦伪矣。斯作法自毙也。）

《荀子·王霸篇》称“义立而王，信立而霸，权谋立而亡”，其说曰：“德虽未至也，义虽未济也，然而天下之理略奏矣，刑赏已诺信乎天下矣，臣下晓然皆知其可要也。政令已陈，虽睹利败，不欺其民；约结已定，虽睹利败，不欺其与；如是，则兵劲城固，敌国畏之；国一綦明，与国信之：虽在僻陋之国，威动天下，五伯是也。非本政教也，非致隆高也，非綦文理也，非服人之心也，乡方略，审劳佚，谨畜积，修战备，齺然上下相信，而天下莫之敢当。故齐桓、晋文、楚庄、吴阖闾、越勾践，是皆僻陋之国也，威动天下，强殆中国，无他故焉，略信也，是所谓信立而霸也。”然于《仲尼篇》则曰：“颠倒其敌，诈心以胜矣。”信诈不并立，今云然者，于民及与国则信之，于敌则诈之尔。不悟桓、文正谲已有不同。诈敌之事，晋文有之，齐桓犹未也。若夫齐桓有士乡之教，晋文有执秩之法，楚庄择楚国之令典，百官象物而动，军政不戒而备，谓非本政教可乎？此又可以议吴越，未可以议齐晋楚也。大抵五伯本有优劣，而儒者必合之于一剂，所以语多自破已。

齐桓秽德在躬，犹唐之太宗也。不以齐桓累管仲，犹不以太宗累魏徵也。

孟子、荀卿时，中国无虏患；董生时，匈奴虽数扰边，未足以为大虞也。故忘齐桓扞卫诸夏之忠，而专以余事责其诈力。虽然，一盛一衰，可永恃乎！

荀子称管仲不可以为天子大夫。盖管仲但法昭王穆王，使其辅周，不能致成周之盛也。是以孔子谓之小器。若云不能辅桓致王，则周鼎固未可问也。

《管子·心术下篇》云："金心在中，不可匿，外见于形容，可知于颜色。善气迎人，亲如弟兄；恶气迎人，害于戈兵。不言之言，察于雷鼓。金心之形，明于日月，察于父母。"其言如此，而肯伪饰仁义乎？

武侯自比，不过管、乐。姚崇问己何如管、晏，识者犹不许。此岂易及者哉！庞士元为先主规取刘璋，及战胜置酒，欢情顿戢，以背信取人，神明有疚故也。管仲拒子华，而士元延法正，能无愧乎？（王文成之破宸濠，谲胜之也；徐文贞之除严嵩，术取之也。王尚讥伯者，徐则无辞矣。）

梅福上书成帝曰："今不循伯者之道，乃欲以三代选举之法取当世之士，犹察伯乐之图，求骐骥于市，而不可得也，亦已明矣。一色成体谓之醇，白黑杂合谓之驳。欲以承平之法治暴秦之绪，犹以乡饮酒之礼理军市也。"此论王伯醇驳，亦同荀子。乃所谓伯者之道者，则延致俊杰，无问资序而已，此亦非诚伪之所系也。

《管子·心术下》云："能专乎？能一乎？能毋卜筮而知凶吉乎？能止乎？能已乎？能毋问于人而自得之于己乎？"《庄子·庚桑楚篇》载老子告南荣趎，正用此语，独改"能专"为"能勿失"耳。以义求之，失当读佚，勿佚则专之谓也。管子之为道家，兹其显然者矣。

存乎人者，孰无仁义之心？项王为暴矣，人有病疾，涕泣分食饮，其赤心也。汉宣为契矣，不背许氏，求微时故剑以示旨，其赤心也。魏武为诈矣，祭桥公，赎蔡琰，其赤心也。此岂有所要誉而然者！

《伊尹》书列在道家，当时以为权谋之祖。故孟子解之曰："非其义也，非其道也，一介不以与人，一介不以取诸人。"非道义而与人，正指行赂耳。散宜生取美女、驳马、白狐、驺虞、大贝以赂纣，伊尹不为也。虽然，伊、吕等夷也。四友献宝，太公实为谋主。孟子不举太公之行，盖亦有以。（太公阴谋，为后人增加，观四友献宝而纣遽卖崇侯，其浅如此，对之易尔，安用阴谋。）

江都易王以泄庸、种、蠡为三仁，仲舒引"伐国不问仁人"以折之，谓"越本无一仁"。若以易王奉藩下国，宜敬事天子，共承朝命，不应追慕勾践，可也。然曰五伯苟为诈而已，不足称于大君子之门，其比三王，犹武夫之与美玉也，是其意不在讽戒易王。他且勿论，如范蠡事，国破主危，而不图报，则将焉用彼相矣！蠡之言固曰："为人臣者，君忧臣劳，君辱臣死。昔者君王辱于会稽，臣所以不死者，为此事也。"观仲舒《繁露》所言，盖燕齐怪迂之士之绪论，不足经国，而又附会《春秋》以决疑狱，析言破律，则李悝、商鞅所不为。使其在越，非如苌弘之辅周，则为刘隗、刀协之辅晋耳。以比范蠡，又如瓦砾之与武夫也。独范蠡去位，三致千金；仲舒去位，不治产业，此一事仲舒为愈。（荀子称“仲尼之门人，五尺之竖，羞称五伯”，仲舒亦称之。冉子为季氏聚敛，视管仲何如邪？）

齐威王尝朝周，故宣王欲以桓、文自处。孟子不对，而言“无以，则王”者，固由不悉桓、文事状，亦因宣王无可为桓、文之理。盖时周方致伯于秦孝公，又致文武胙于其嗣惠王。齐之伯，欲受锡命于周邪，则秦实阻之；欲自为伯邪，等之不尊周室，则不如王也。此乃审时度势之言。鲁肃对孙权云：“将军何由得为桓、文，唯有鼎足江东，以观天下之衅，然后建号帝王”，意正相似。特为贵王贱霸之说所掩耳。

创业之事，著乎《易·传》，岂须多言。一曰：“天之所助者顺也，人之所助者信也。”再曰：“君子安其身而后动，易其心而后语，定其交而后求。君子修此三者，故全也。危以动，则民不与也；惧以语，则民不应也；无交而求，则民不与也。莫之与，则伤之者至矣。”三曰：“革而当，其悔乃亡。”然则涉险被创者，岂安其身而后动哉，胜算定也。

财散则民聚，故君子怀德，小人斯怀土矣。法行则知恩，故君子怀刑，小人斯怀惠矣。李充之解近之。

汉王数项羽曰：“皆王诸将善地，而徙逐故主，令臣下争畔逆，罪七也。出逐义帝彭城，罪八也。使人阴杀义帝江南，罪九也。”此虽权以拒羽，羽实无辞。第七罪尤易使人觊觎，使项氏有天下，上下亦不相维制矣。

自三代以来，唯汉不为异族所困。虽白登暂厄、马邑失利，终能臣呼韩，斩郅支，驱匈奴于秦海。原其规始，实自齐桓。自北伐山戎以讫三国之末九百年间，为中国全盛之世，唐以下则时盛时衰。故曰“微管仲吾其被发左衽矣”。

孔子曰：“君子之于天下也，无适也，无莫也，义之与比。”按《诗传》：适，主也；莫，谋也。（《卫风·伯兮》、《小雅·巧言》传。）君子治天下，不建己，故无主；不用智，故无谋，动静不离于理而已。其后慎到闻其说，曹参施诸用。参不治事，与醉吏歌呼，是无主；来者欲有所言，饮以醇酒，莫得开说，是无谋；法令明具，遵而无失，是义之与比。是时参礼下贤人，蒯通亦往焉，而无所措其利口也。大乱初夷，赖是民得宁壹，豪杰焉得而笑之？

贾生对于宣室，既罢，文帝曰：“吾久不见贾生，自以为过之，今不及也。”然亦不加委任者。不及之端，在乎鬼神，不在政事也。魏文以为文帝大人之量，非贾生所及，是又抑扬太过。帝之躬行玄默，生弗如也；生之洞达治体，帝亦弗如也。孟坚云“谊之所陈略施行矣”，然其辅翼太子之术，竟亦寂然。孝景天资刻深，夷戮三公，斩艾子姓，有如草芥。生之上书曰：“秦使赵高傅胡亥而教之狱，所习者非斩劓人，则夷人之三族也。故胡亥今日即位而明日射人。”使汉文早听其言，移以傅太子，则晁错不诛，临江王不死矣。

汉人多怪屈原不去楚。宋吕与叔说以同姓之臣，近代多宗之。按屈氏虽楚公族，据《春秋传》，桓十一年屈瑕已为莫敖，至赧王十六年楚怀入秦，相距四百岁，原之于楚公室亦甚疏矣。本有可去之道，徒以初见信任，不忍决绝，非为同姓也。三仁于纣皆至亲，而去留尚异，此亦各行其志而已。

或谓景帝殁后，得河间献王为帝，董仲舒为丞相，汲黯为御史大夫，汉治必盛。余谓献王尚未可知，黯与仲舒则正相水火者也。黯学黄老言，治官民好清静。张汤更定律令，黯责之曰：“何空取高皇帝约束纷更之为?”仲舒则言：“琴瑟不调，甚者，必解而更张之，乃可鼓也。为政而不行，甚者，必变而更化之，乃可理也。当更化而不更化，虽有大贤，不能善治也。”其为术相反如此。所作《春秋决狱》二百二十三事，皆以对张汤之问者，此岂复与黯相容邪？武帝陋文景之恭俭，而仲舒教以更化；张汤以诛意为法，而仲舒教以决狱。其与汲黯，贤不肖之相去远矣！

东方朔谏起上林，请诛董偃，欲推甲乙之帐燔之于四通之衢，却走马示不复用，追迹孝文，以道德为丽，仁义为准，其直言切谏，盖亦汲黯之亚。然又陈农战强国之计，其言专商鞅、韩非之语，岂前后相背邪？是不然。商、韩所持，要在务本，与武帝好为奢侈者绝异。立法贵专，不在深文小苛，亦与张汤、赵禹更定律令大异也。

以诸生起为帝王者，自光武始。拨乱致理，备乎一身，其方略或不逮高帝；仁明雅亮，高帝亦弗如也。以莽自三公篡汉，于是虚任公府，责归台阁，则所谓惩羹而吹齑也。其后明祖废中书省亦然。

子陵所以去光武者，非以求名高。其致侯霸书曰：“怀仁辅义天下悦，阿谀顺旨要领绝。”盖以光武精勤吏事，三公将顺之不暇也。德如子陵，不为傅说，亦当为孙叔敖之伦；若徒以高位尸禄，夫岂其志哉！卓茂，未及子陵者也，故就太傅之位而不辞。虽然，东汉风流，本乎名节。巢、许为唐尧之外臣，子陵亦光武之对物矣。（子陵于更始时，尝应会稽都尉任延之聘，延待以师友之礼，见《延传》。及光武即位，乃变名姓，隐身不见，延岂能过光武，一就一去，有由然也。）

汉初法律，丧服本无定制，故晁错父自经死，犹衣朝衣。及窦婴为丞相，田蚡为太尉，始以礼为服制。杨〔扬〕子云《解嘲》云："旷以岁月，结以倚庐"，应劭引汉律"不为亲行三年服，不得选举"，盖窦、田后始有此律尔。然据《哀帝纪》，诏"博士弟子，父母死，予宁三年"，则前此尚未得予宁也。陈汤为太官献食丞，父死不奔丧，为司隶举劾下狱，则奔丧有定制而终丧无定制。其公卿大臣，当时即不得终丧，故翟方进母死既葬，三十六日，除服起视事，自谓不敢逾国家制。诸侯王行三年丧者，时亦鲜有，唯河间王良丧太后三年，哀帝至褒为宗室仪表，益封万户。然则汉律只以约束庶士，不以约束在位者也。后汉安帝以后，于大臣、刺史、二千石行三年丧，屡开屡断。唯士大夫多行丧服，盖亦依据《士礼》，非依窦、田之制。

曾巩称：唐太宗引《中论·复三年丧》篇，今阙。按《群书治要》有之，凡四百三十五字。其云："显宗圣德钦明，深照孝文一时之制，是以世祖徂崩，则斩衰三年"，与《续志》注引谢承《书》蔡邕言"明帝圣孝之心，亲服三年"合。今范氏《后汉书》不见其事，光武以中元二年二月戊戌崩，明帝以永平二年正月辛未宗祀光武皇帝于明堂，帝及公卿列侯始服冠冕衣裳玉佩绚屦以行事，时尚未大祥也。汉碑或云五五，或云祥除，知当时丧制断以二十五月。然从中元二年二月至此永平二年正月，首尾裁二十四月，丧服未终，岂史书日月有误乎？不然，迟之一月而举宗祀亦未晚也。若云明堂上帝之祭不以丧废，则事毕仍返丧服矣。

光武称赤眉有三善，攻破城邑，周遍天下，本故妻妇，无所改易，是其一也。今之新得志者，又赤眉之不若也。

杜林、孟冀客河西，逢贼数千人，拔刀欲杀之，冀仰曰："赤眉残贼不道，卒至破败。今将军不行仁恩，而反遵覆车，不畏天乎？"贼遂释之。郑康成还高密，道遇黄巾贼数万人，见玄皆拜，相约不敢入县境。姜肱与弟季江谒郡，道遇盗欲杀之，肱兄弟更相争死，贼遂两释焉，但掠夺衣资而已。至郡终不言盗，盗闻而感悔，后乃就精庐求见征君，叩头谢罪，还所略物。此三事者，固由诸公言行足以动人，亦以当时民俗醇厚，感慕名德使然也。唐李涉才一诗人，皖口遇盗，但求一篇，不敢取金帛。余昔以事至巴，时萑苻遍地，有弟子自万县陆行千里来省。问："不遇盗邪?"答言："此间群盗不犯教授及方外。"是则晚世尚有然者。盗亦有道，庄生以病圣人，然非礼义未绝，何以得此。是以颜涿聚戴渊之徒回面事师，卒为烈士也。

后汉贤士，多在逸民，其次独行。若夫党锢之秀，独有范滂，至李膺已近标榜矣，张俭辈不足道也。

申屠刚、郅恽抗议于王莽之朝，卒亦无恙；子云汲于苟免，乃致投阁。故曰："不知命无以为君子也"。

汉季阉宦乱政，人所深嫉。曹腾虽无过，人恶其类自若也。魏武自知非岩穴之士，为人所轻，故务为名行以雪之，诸名士遂折节与交，此其难能者。然则洛京不乱，彼亦以征西将军终矣。

荀彧策袁绍曰："绍布衣之雄，能合其众而不能用也。"乌虖！岂独绍也。

汉魏废兴之际，陈群所为，未若华歆之甚也。及魏受禅，群与歆皆有戚容。时人议群者，犹曰"公惭卿，卿惭长"。独于歆，魏晋间皆颂美不容口，曹植亦不慊于其兄之夺汉者，然所作《辅臣论》称歆"清素寡欲，聪敏特达，志存太虚，安心玄妙，处平则以和养德，遭变则以义断事"，然则歆之矫伪干誉，有非恒人所能测者矣。南唐宋齐丘效之，不能工也。(歆之得誉，亦缘峤之《谱叙》，范书载歆勒兵收伏后事，本诸吴人所作《曹瞒传》，若峤所作《后汉书》，必不载也。)

《萃》上六象曰："赍资涕洟，未安上也。"荀慈明说之曰："此本否卦上九，阳爻见灭迁移，以喻夏桀殷纣，以上六阴爻代之。若夏之后封东娄公于杞，殷之后封微子于宋，去其骨肉，臣服异姓，受人封土，未安居位，故曰赍资涕洟，未安上也。"余谓绍封而安上者，独汉时殷绍嘉、周承休而已，自山阳公以下，皆涕洟者也。会稽、怀安，欲涕洟，不可得已。

汉王与陈平黄金四万斤，令间楚君臣。至魏武，则纯以智谋胜人，无行金之事，岂其守正过于汉王邪？秦末士多污行，故可贿；汉末士尚廉节，故不可贿尔。

荀彧阻九锡事，议者纷如，唯《宋景文笔记》谓："彧之于操，本许以天下，及议者欲加九锡，彧未之许。非不之许，欲出诸己耳。"斯论似得其真，然温公不取者，以彧虽事非其主，器宇本度越常人，不应以议出董昭，遂尔悻悻也。若后世类此者，则往往不出景文度中。

严君平、管幼安，非独新与魏所不得臣也，汉之昏主亦不得而臣也。

蜀先主少从卢子干学，然所任儒者甚少。吴之张、顾皆醇儒，陆逊黜先刑后礼之论，亦儒家也。

《华阳国志》称：诸葛亮定南中，收其俊杰，以孟获为御史中丞。中丞威慑百僚，乃以夷叟为之者，以其无族姻远朋党也。尧不能去四凶，必待妫汭之鳏，犹是也。

孙仲谋之拒曹氏也，谋成于周、鲁，而张昭不与。晋明帝之讨王敦，成帝之破苏峻也，谋成于郗、温，王导乃因人之功耳。然魏武与仲谋书，以子布与刘备并论，欲令取之以效赤心。温峤、桓彝始至江东，并以导比夷吾，元功巨德，若无有先焉者，则以其能礼贤附民为国树本故也。仲谋乃云："从张公计，今已乞食"，可谓以一眚弃大德矣。导于周、戴之死，岂无瑕疵？若庾亮之诋导，则出于忮忌尔。

陆机兄弟，吴之世臣而仕于晋，世病机诗平缓，无故国之思。然观其《赴洛》诗，首称"希世无高符，营道无烈心"，末称"惜无怀归志，辛苦谁为心"；《猛虎行》首称"渴不饮盗泉水，热不息恶木阴"，末称"眷我耿介怀，俯仰愧古今"，此亦疚心之语矣。云作《九愍》，《悲郢》一首，辞尤痛切；《盛德颂》称"粪土臣云稽首再拜，上书皇帝陛下"，异代之人而称谓如此，见仕晋非其本心，故托汉以自见尔。近代诗人，称朱彝尊、王士禛，朱尚有感激，王则恝然忘其本矣。《己亥》诗以卢循目郑成功、张煌言，可谓全无心肝者也。举世推王为诗宗，风义焉得不衰！

谢安力存晋胙，而终身不言桓温之过，以其功在诸夏也，北府练兵，实亦自温造端。

汉承秦制，以吏为师，由小吏至公卿者甚众，后汉渐有流品矣。然郑康成尝为乡啬夫，犹曰"家本寒微"也；马季长以外戚豪家，亦尝仕为督邮，此在晋世，则乡里小儿为之矣。又方技之官，汉人亦不贱视。《衡方碑》：方尝为颍川太守，免归，征拜议郎，迁太医令。《杨淮表纪》：淮从弟弼由冀州刺史迁太医令。议郎、刺史之与太医令，虽同为六百石，望之清浊，权之重轻，岂可同年而语。今世虽士人知医者，宁卖诊市上，必不屈居是职，而汉人不耻也。

江左虽重门地，熊远以石崇苍头之孙，竟仕至尚书左丞、散骑常侍，然所请招贤良于屠钓，聘耿介于丘园，卒不行也。

宋武帝削平燕、秦，功逾曹、马，黜华尚俭，以身范物。文帝继之，元嘉之政，上方文、景，外戚如臧焘，逸民如雷次宗，并敦尚儒学，为当时引重。然文帝弑于元凶，孝武亦不克负荷，家国紊乱，又甚于晋，以子孙无素教尔。故贾生曰："戒之哉！无养乳虎，将伤天下。"

汉制：太守以上，亲丧率不得去官。吴时虽下吏亦然。中原丧制，乃又矫而过隆，魏晋人期丧犹去官。潘岳《悼亡诗》，上言"荏苒冬春谢，寒暑忽流易"，下言"僶俛恭朝命，回心反初役"，是妻丧至期始复仕也。唐制唯三年之丧去官矣。三年丧自周至唐，父为长子皆斩，晋嵇绍以长子丧去官，唐人唯父母丧去官矣。

丧乱之世，岂乏正人？于魏陈泰，于晋王坦之，于宋蔡廓、蔡兴宗，皆是也。魏之范粲，寝所乘车，足不履地，不言三十六载，视夷齐、龚胜尤难。

魏世学未大丧，其始魏武所任，节义如王修，清白如国渊，骨鲠如崔琰，纯素如毛玠、徐邈，学行皆足以自辅。魏文虽慕通达，羔羊素丝之风，犹存于士大夫间。郑门之王基，卢门之毓，布在朝列，可谓有守有为者。高堂隆之直谏，尤当时所难也。杜恕、桓范虽无周身之防，其持论足次周汉儒家也。玄言初作，稽康犹是正人，夏侯玄亦尚以方严自守也。唯王沈以文籍先生称，而叛魏即晋，以成成济之祸；王肃以古学称，其子恺乃与石崇竞为奢侈，儒风荡然矣。

《说文》每引经以证古文，康成亦时引逸《书》逸《礼》，知壁经迻写之本，许、郑皆亲受之于师也。康成《戒子书》云："所好群书，率皆腐敝，不得于礼堂写定，传与其人。"而古文由此绝矣，弟子所传，唯有康成定本，其文字多改故书。是以魏初传古文者，独一邯郸淳，其传自度尚来也。王子雍虽称古学，生逢丧乱，不得其师，盖只见贾、马定本，非睹古文真迹。正始中，邯郸所传虽摹写上石，子雍尝亲见之，只得《尚书》、《春秋》，于《礼》不著一字，《尚书》又无逸篇，故所见不免局狭。自是郑冲伪古文作矣。然据颜师古、玄应、郭忠恕所引及今莫高窟所发《尧典》释文，其文字犹依仿石经。隋唐间明古文者，独陆德明、曹宪，所谓补苴罅漏尔。犹幸《礼经·丧服》，代有讲明，施于实事，士大夫未至背死忘亲也。

梁武帝初无失德，其始相如徐勉，将帅如韦叡、曹景宗，纵不能定河北，于以保持江左，无难也。晚节一内侯景、势遂瓦解。或以梁武护前愎谏为过，此尚非其本。盖时将相无人，虽真士人亦少，本实已先拨矣。颜黄门《家训》言："梁朝全盛之时，贵游子弟多无学术，至于谚云'上车不落则著作，体中何如则秘书'，无不熏衣剃面，傅粉施朱，驾长檐车，跟高齿屐，坐棋子方褥，凭斑丝隐囊，列器玩于左右，从容出入，望若神仙，明经求第，则顾人答策，三九公宴，则假手赋诗。及离乱之后，诸见俘虏。虽百世小人，知读《论语》、《孝经》者，尚为人师；虽千载冠冕，不晓书记者，莫不耕田养马。"如颜氏言，则视两晋膏粱博物止乎七篇者又弥不逮，而骄佚或过之。士大夫如此，欲其致命御侮，岂可得乎？护前愎谏，一人之过，逸居无教，则亿兆尽崩矣，国焉得不亡。

刘孝标《广绝交论》，意趣感愤，自谓广朱公叔之义。未思公叔尚有《崇厚论》也，论称"天不崇大，则覆帱不广；地不深厚，则载物不博；人不敦庞，则道数不远。昔在仲尼不失旧于原壤，楚严不忍章于绝缨。由此观之，圣贤之德敦矣！"此与《绝交论》自为违戾。盖公叔天性卞狷，观其与刘伯宗书可见。《绝交论》则径情直行之言，《崇厚论》乃勉其所不能耳。若孝标，则更不欲勉矣，南朝人不逮汉人如此。

区言二

隋唐之相禅，武氏之代兴，其臣效死者寡。及安史为乱，以死勤事不辱伪命者如此其众也，则同类与胡虏异也。

唐太宗谋取建成，问李勣，李勣辞。及高宗欲立武氏，勣乃对以"陛下家事"，卒成牝晨之祸。何前后自相戾也？或曰：勣本群盗，无足议。余谓以孽夺宗，以弟之妻备嫔御，彝伦既斁于前矣。不端其本而正其末者，无忌、遂良之忠也；以为无化而弃之者，李勣之愤也。夫曰"陛下家事"者，明其闺门之内索如犬豕，细者不足责也。虽然，勣是时已贵矣，纵不欲诤，独不能如前者之默乎！干其蛊者，幸有敬业尔。

房、杜佐唐，功参闳、散，然其为太宗谋夺宗，则已甚矣。始秦王与隐太子不平，玄龄劝行周公之事，既而与如晦并劝秦王诛建成、元吉。后二人又同着道士服入秦府密谋，遂成玄武之变，此其事过丁仪兄弟远矣。当时太宗义故如无忌、敬德、公谨之伦，姻亚武夫，不足多訾，任其责者非房、杜而谁！其后玄龄子遗爱谋逆，自欲夺其兄遗直袭爵始，此与其父教秦王夺适无异也。如晦子荷参太子承乾逆谋，欲废太宗为太上皇，此与迫高祖内禅无异也。以逆为训，故子姓效尤，宜无讙焉！《传》称：玄龄治家有法度，集古今家诫，书为屏风，以教诸子，曰："汉袁氏累世忠节，吾心所尚，尔宜师之"。焉知其身不正，虽令不从也。

问者曰：房、杜之事，亦不过如鲍叔耳，何世人皆宽议鲍叔而予严议房、杜也？曰：纠与小白，非判然有当立不当立之分也；建成与秦王，太子支子之分已定也。夫焉得以为比！

汉楚王英谋逆，明帝徙英丹杨，未尝罪其妻子。唯楚狱连及者广，袁安则以死自任，为理出之。唐太宗杀太子、齐王，亦可已矣，而又诛其十子，房、杜于此无一言。岂非明帝之举以义，故不患楚嗣之报复；太宗之举以不义，故深患二嗣之报复乎？玄龄欲子孙师汉袁氏，未思己之得比袁安否也？

王绩《游北山赋》自注称其兄门人百数，有董恒、程元、贾琼、薛收、姚义、温彦博、杜淹，而不及房、杜、魏徵、陈叔达等。由今追观，玄龄少时已知隋祚不长，而仲淹方献太平策，以隋文之猜刻，太子广之奸狡，杨素之邪佞，乃欲其追比成康，其识不及玄龄远甚，知房必不事王也。魏徵于隋末为道士，诡托方外，亦无执挚儒门之理。陈叔达答绩书称"贤兄文中子"，是叔达亦非仲淹门人；又云："叔达亡国之余，幸赖前烈，有隋之末，滥尸贵郡，因沾善诱，颇识大方"，则是尝以郡守下问部民，非著籍门下者也。绩书但举亡兄芮城，不及文中，果尝抗颜为师，安有不举为表旗者哉？唐初卿佐，薛收最少，其为仲淹门人，斯无可疑，然《中说》称内史薛公令子收往事，尚亦不谛，使道衡重仲淹如此，不令作蜀郡司户书佐矣。

陈子昂之谀武氏，犹子云之谀莽也。然观其《感寓三十八首》，刺讥良多。最显著者，一云："世情甘近习，荣耀纷如何？怨憎未相复，亲爱生祸罗。瑶台倾巧笑，玉杯陨双蛾。"是明斥武氏之惑主也。一云："临岐泣世道，天命良悠悠。昔日殷王子，玉马遂朝周。宝鼎沦伊谷，瑶台成故丘。西山伤遗老，东陵有故侯。"是悲唐周鼎革之事也。一云："乐羊为魏将，食子殉军功。骨肉且相薄，他人安得忠？吾闻中山相，乃属放麑翁。孤兽犹不忍，况以奉君终。"是已知狄梁公之心也。盖亦犹子云《法言》，语多讥切，称汉兴二百一十载而中天，其献谀则无特操也；其有所刺讥感伤，则素心之不可掩者也。（近代全绍衣表彰明季义士，其素心也；而《圣清戎乐词》特为献谀，盖亦有不得已者。深诋子昂，岂有意乎？）

《法言》称“蜀庄沈冥，两龚洁清”，其不怡于莽可知也。子昂为其父元敬墓志云：“青龙癸未，唐历云微，公乃山栖绝谷，放息人事，饵云母以怡其神。居十八年，玄图大象，无所不达，尝宴坐谓其嗣子曰：‘吾观大运，贤圣生有萌芽，时发乃茂，不可以智力图也。’”又为其族人居士嗣墓铭，比之庞德公、郑子真王霸蜀才，“非其道万钟不足丰，非其荣五鼎不足任”，然则顾丘垄、瞻桑梓，岂无追孝慕义之心哉！两人先后产蜀中，文章皆陵跨百代，而操行持论亦相若，岂渊源所渐如是邪？

作礼乐以文奸言，称符瑞以愚百姓，武氏与莽无异也。莽末天下大乱，身陨渐台，而武氏无是。是有故。莽变乱人民职业，其毒布于天下；武氏之酷，只及于朝臣也。莽忌人材，而武氏能超用俊杰也，姚、宋亦武氏所得士耳。

上官仪以谋废武氏见杀，其孙女为昭容，乃通武三思，内出诏命，辄推右武氏。李义府以附武氏贵幸，其子湛乃助张柬之诛二张，迎中宗复位。后人之异于前人如此。然则忠正之后，从恶如崩；奸谀之嗣，干蛊无咎。岂天道邪？在人自为尔。

裴行俭不喜王勃，谓其不得令终；独喜勃兄勮，谓当掌铨衡之任。其后勃渡海溺死，勮仕至天官侍郎，其言验矣。然勮卒坐綦连耀事诛死，并及其弟勔，则犹不如溺死之为安也。行俭之鉴裁岂有当哉？观其所谓器识者，本谓享爵禄之器，然则生五鼎食，死五鼎烹，行俭固不以为非也。

陶弘景称山中宰相，未尝居位也。以道士登相位者，自魏徵始。及元刘秉忠、明姚广孝出，遂有黑衣宰相矣。韩退之汲汲以利禄诱沙门，未思有此辈在耳。龟潜而龙跃者，自非贤哲，必为奸雄，固不与鸡鹜争食。非其时，诱之亦不出；得其时，沮之亦不能矣。澄观公才吏用，当时所无，然其志既定，虽伊吕亦不为也。徒得贾岛之伦，将安用之？

天之生才，不为治乱增减。汉世，上有光武、明、章，下有严光、梁鸿，斯为最盛。然汉廷公卿，亦非有特达之士也。其后外戚阉竖渎乱朝政，则韩康、徐稚、陈寔、黄宪、袁闳、姜肱、郑玄、申屠蟠、庞公、司马徽兴乎下，或仕或隐，亦不离儒行也。魏、晋二季，儒者渐零落矣。而隐逸转多于汉，苦节如孙登、焦先、董京、郭文，甘节如范乔、戴逵、孟陋、刘驎之、陶潜，与夫索袭、杨轲之流。隔在异域，悉能以贞白自持，则搢绅端笏者对之有惭色矣。乃其所学，固不必纯乎儒术也。佛道既昌，隐者别有归宿，故自达摩东来以后，逸民渐希，而禅宗高德如竹如蔗矣。唐贞元、元和间，不为盛世也，有如郭文之流，亦未肯出，退之乃欲挽禅人以从政，岂可得邪？

吕温《广陵陈先生墓表》曰："广陵郡棠邑乡陈君曰融，长而不学，老而不仕，殁而不称。若夫为养克孝，居丧致毁，事亡如存，朋友孜孜，兄弟怡怡，于乡恂恂，与物熙熙，天性人道，其尽于兹。何必读书，然后为学？予贞元初，寓居是邑，言归京国，道出其乡，始见一乡之人，父义子孝，长惠幼敬，见乎词气，发乎颜色，不闻忿争之声，不见傲惰之容，雍雍穆穆，甚可异也。因揣之而叹曰：此乡之人，岂必尽仁？其必有贤者生于是矣！周访故老，果曰：吾里尝有陈融，孝慈仁信，不学不仕，乡人见之，皆自欲迁善远罪，亦不知其所以然。"如《表》所称，此与汉之姜肱、王烈何异？若其生无硕师，自然醇懿，视姜、王尤难得。意者天生烝民，如此者亦常不绝，特不见称于衰敝之世尔。

韩退之笃于故旧，见人有技，休休乎若己有之，视前世诸文士诚贤。然其戚于贫贱，耽于饮博，去居易俟命能节制者盖远，而便栩栩欲拟孟子，亦不自度甚矣。方其瑕适未暴，以儒者之名为干橹而排释氏，人莫之非，虽己亦自谓足以任也。及贬官潮州，震怖失据，谢表称宪宗功德优于高祖、太宗，请"东巡泰山，奏功皇天，明示得意"，末言"皇帝陛下，天地父母，哀而怜之"，其谄屈若是，儒者之干橹败矣。是时虽一渔父指数其失，犹将索然无以应。而大颠方以儒者之义相责，谓不应请封禅，一发中其所自疚，虽欲不屈无由。且夫人能外形骸以理自胜，不为事物侵乱者，自平居视之，未以为贤也，会其震怖失据而得之，则自知己之不若，审矣。退之始终不肯屈于释氏，其情也；其屈于大颠一人，亦情也。《与孟简书》虽文饰，盖不离其质云。

张万福之拜阳城，昔人以比辛庆忌救朱云、刘辅，斯诚介胄所难。汉唐时狂者如盖宽饶，躁者如李邕，不知进退有之，其伉直亦不可没。以魏相、姚崇之贤，而不能容此二子，将其信未孚，抑魏、姚之度诚有不如介胄者邪？

陆贽在建中、贞元间专主息兵，李绛、武元衡、裴度在元和朝决策讨伐，非宪宗之能过于德宗也，河北之盛衰、淮西之坚脆不同也。刘辟、李锜素无根柢，则指麾而定之耳。淮西虽梗，于九州才如黑子，克之未足以肃群凶之心。当时朝野崇饰其功如此，毛公《采芑传》曰：

“言其强美斯劣矣！”

唐室闺门无礼，其时诗人亦多荡佚。然坚贞之材，如宋璟、张九龄、杨绾、颜真卿、崔祐甫者，亦仿佛东汉诸贤，赖以持国，则礼教未衰于搢绅之间也。观《通典》知之矣。

朱全忠之暴戾而能薄赋，张全义之无耻而能劭农，所谓盗亦有道者，固出于真忱，非缘饰外貌也。后代不逮此者多矣！

钱镠保障两浙，浙人至今德之。按：是时吴大而吴越小，徐温无锡之捷，诸将欲乘胜薄之，温不许，与钱氏讲解，自是两国偃兵二十余年，则德在温而不在镠也。

宋盛时，南国人材以江西、闽、蜀为冠冕。江西与蜀，汉、晋已多达者，为杨、徐、王、孟所保育，文学视中原自胜。闽在南朝，犹有蛮夷之俗，唐常衮始为设乡校，文士如欧阳詹辈，才一间见。逮宋丰蔚如此，则知中土簪缨，避地南徙，因以流衍文化者多矣。虽然，文行有之，国士远器则鲜焉。榷论南材，唯范文正、李忠定、宗忠简为人杰，而皆起于吴会。今又逾七八百年，其质亦衰矣。

襄阳、彭城，汉唐多秀硕之士。中更六代，其地当南北兵冲，而不能摧沮也。北宋尝有称者，后遂阒然，其衰先于北方。

宋惩方镇之乱，国势转弱，昔人论此多矣。然使建置大郡，任以文吏，如西汉盛时，则力不能畔而兵足任也。必欲破析州郡如春秋陈、许诸小国，宜其惫矣。韩、范在西，虽专兵柄，计其现力，实不当汉时边郡太守也。

李沆为相，大似曹参，黜喜事之人，罢言利之说，斯为当务。唯日取四方水旱盗贼奏之，视参为缜密，所谓居敬行简者也。

宋承五季苟且之政，官制荡然。杨亿尝欲复尚书省制，范仲淹遂多条列。此于纲纪为不可缺，非若仲舒更化之说也。

宋之行法，不忍于搢绅，盖与梁武同病。其称厚德以此，其不振亦以此。

田锡、王禹偁始以儒学致用，孙奭称“‘天何言哉’，之岂有书也？”盖学孟子而有得者，贤于唐之韩愈矣。其时国俗敦庞，故数公声誉不如后来者之显赫也。

奇伟如张咏，侃直如唐介，风采不似宋人，犹东晋之有陶侃、卞壶也。

朱邪称制以后，绵历三姓，讫宋初犹有胡风。徐铉初至京师，见朝士多披毛褐，哂为五胡之俗。及贬邠州，地苦寒，铉终不御毛褐，以冷气入腹卒。此虽近戆，其志亦可悲矣。清世命妇制服，皆施长衣，汉人卒不肯服。上著袿衣，下施赤裳，绣补袿衣胸前以分品秩、虽入谒宫庭，宾赞大礼，亦不改。其实私造命妇服也，然未有敢非之者，由其耻与胡妇同服，遂成习贯。妇人贞恒，犹有徐铉风，而夫子制义者竟不能也。或者乃谓“无衣无褐”，已见《豳风》，妇人之服，于礼本不殊衣裳，反之者为不知古。不知称褐宽博褐之父者，皆以贫窭致然。宋时进士登第，尚称释褐，此岂士大夫之法服也？妇人宵衣之属，皆上侈袂而下曳地，非如清时所为也。

礼失而在四夷者，《周官·大祝》之奇拜。杜子春云：“谓先屈一膝，今雅拜是也”，然何武所举方正，檠辟雅拜，有司以为诡众虚伪，是汉时行此者已鲜。《后汉书·东夷高句骊传》“跪拜曳一脚”，正此奇拜。建州本高句骊地，故清时亦屈一膝曳一脚而拜也。其他燔豚之食，席地之燕，盛行于清世者，孰非古礼？此犹祭祀立尸犹存于蛮夷中耳。礼法后王，不得缘饰周典以颂殊俗。惟日本法服独存唐制，皇室大礼则冠通天冠，此其当采者也。

《东都事略》载：余靖两使契丹，通外国语，至为蕃语诗，为御史劾奏，自知制诰出知吉州。靖本正人，亦无蛮府参军之屈，直游戏为此，犹不免于弹劾，则宋时尚有典型也。

庆元内禅，近世钱晓徵议之曰：“古有废昏立明者矣，未有废父立子者也。父子之义，无所逃于天地之间。若以太皇太后之诏为辞，此掩耳盗钟之为。论者许赵汝愚为社稷臣，此夫子为卫君之说也。”此论至当。唐天宝末，玄宗幸蜀，中原将帅无所禀命，宗社存亡，仅如一发，肃宗嗣位灵武，为恢复根本，宋儒犹谓之篡。绍熙末年，非有亡国破家之衅，其率群臣而退者，留正所为尔。而汝愚拥立嘉王，诸儒又身与焉，盖亦弗思而已矣。必不得已。立嘉王为太子，奉以监国可也。强使即真，是卫辄之继也。

孟子云：“不嗜杀人者能壹之。”明太祖威刑逾滥，二世而亡，与秦皇无异也。秦时有六国公族，故六国亡之。明之取胡元，至顺也，胡既不复能南牧，民亦无与胡者，故其分封之子亡之，亡一也。晋亡于曲沃，汉阳诸姬亡于楚，非有异也。

建文朝缘饰儒术，而不能胜燕王之残暴。孟子曰：“今之为仁者，犹以一杯水救一车薪之火。”

明初暴戾之气，垂六十年，厚德如仁宗，犹瓜击李时勉，折胁几死。宣德以后，其风始衰。

解缙《上大庖西室封事》，通达治体，其识过方正学远甚，而建文朝黜之，何也？

成祖讨黎季犛弑君之罪，犹灵王之戮庆封也，是以交趾卒不服也。

宋丁谓诬寇准，章惇、邢恕诬刘挚，皆谓其谋废立，准与挚不过远窜耳。明石亨等诬于谦、王文欲迎立外藩，其无根犹是也，而谦、文竟死。君子是以不怡于薛瑄也。

中夏典法，至胡元荡尽，明虽复之而不能尽也。张居正称："高皇帝之治，主于威强，前代繁文苛礼乱政弊习，铲削殆尽，其所芟除夷灭，秦法不严于此矣，又混沌之再辟也。"其实礼文废于胡元，明祖因循而已。废其大者：则公除以后，嗣君亦无心丧；大行百日，遽行大婚，是也。废其小者：则祖宗之名亦不讳也。（明世名璋名深者甚多，官名则镇守、照磨亦不改。）然据《明律》称，御名庙讳有二字止犯一字者，不坐罪；《会典》称二名不偏讳，亦只据表笺文书言之。乃臣下竟以为名，此何义也？嘉靖以还，稍稍知讳矣。

刘宋时，三吴犹有乡射，羊玄保、蔡兴宗皆举行之。乡饮酒讫明未废，其有相陵犯者，律著其刑甚峻。此之不行，则少陵长者多矣。

英宗释建庶人之囚，曰："有天命者任自为之。"英宗何以有此言哉？覆于土木，锢于南宫，而卒还大宝，知天命不可夺也。前世楚成王失之重耳，吴夫差失之勾践，项王失之沛公，魏武失之先主，苻坚失之慕容垂，桓玄失之宋武，高欢失之宇文泰，建庶人不辨牛羊，固非七人之伦矣。虽然，唐宣宗之在潜邸，沉默不言，当时视之，亦谓其痴，与建庶人无异也，英宗不以是疑建庶人，则诚有过人之度也，其不失国也宜哉。

明世人材，至弘治而极盛，王恕、马文升、刘大夏、杨一清，得一人可安天下。孝宗孜孜求治，早朝晏罢，亲信大臣，又非君臣不相遇之时也。惜其龄促，而武宗以荒淫继之。使孝宗寿过中身，则可比隆于文景矣。

荀子云："有暴察之威者，有狂妄之威者。"明武宗以巡幸故，杖杀谏者十余人，狂妄之威也。世宗以大礼故，杖杀谏者十余人，暴察之威也。所谓"百姓劫则致畏，嬴则敖上，执拘则最，得间则散，敌中则夺"者，于世宗见之，所谓倾覆灭亡可立而待者，则武宗竟免焉，是何也？武宗之世，弘怡德泽犹在人心，又有李王二杨四相弥缝其阙，虽杖毙谏官，未敢妄戮大臣，且其威如飘风暴雨，不终朝夕，故无灭亡之祸也。世宗时，弘治余泽已衰矣，以营造斋醮浚民，与以巡幸厉民无异也。而又享国久长，老而弥虐，张孚敬、桂萼、严嵩逢君之恶，凡四十年，戮一宰相，杀尚书、总督以下无算，非徒杖毙谏官而已。是以明之亡征，在暴察之威，不在狂妄之威也。

阳明《答顾东桥书》称："人而不仁如礼何？人而不仁如乐何？"《答聂文蔚书》称："一家骨肉，不能无尔我胜负之意，彼此藩篱之形，况于天下之大，民物之众，何能一体视之？"按《年谱》，答顾书在嘉靖四年，答聂书在五年，其针砭世宗君臣，可谓切至矣。惜以霍韬、黄绾自累耳。

明中叶以后，人主多不涉学，独世宗知之。乃若资辨捷疾，闻见甚敏，强足以拒谏，辨足以饰非，适自取危殆耳，其材盖与新盖〔莽〕、梁元无异。及愍帝效之，明遂不祀。

明世士人，不可与道古；然于朝章吏法，靡不周知。故虽弱冠释褐，出宰远县，处分公事，晏然有余。上至监司，亦未尝特延幕僚也。清世士人，知古不知今，适相反矣。

明进士第一人，商辂、彭时，见之政事者卓然过人；岳正、罗伦、舒芬、杨慎、罗洪先、吕柟，亦皆直谅之士。至清而寂然，恬淡守经者，才一金榜尔。

天启、崇祯间，镇辽则有孙承宗、熊延〔廷〕弼、袁崇焕，剿寇则有卢象昇，皆一世之奇材也。能终其用，明亦不亡。熹宗只失一人，愍帝乃失三人。崇祯朝之宰相，祸国甚于魏奄矣。

天顺、成化间，王翱、姚夔主铨事，王专用北人，姚专用南人。是时南北人材固相敌，终明之世亦无低仰焉。及清以甲科饵南人，士风日靡，唯湖南得免。然曾国藩犹未脱然于是也。

或曰："张居正沙汰生员，可乎？"曰："游食聚处，好行小慧，沙汰之可也。""乡校议政，可乎？"曰："有子产则可，无子产则乱。""明太祖严太学之法，咎重者至于谪戍，可乎？"曰："可也。未若申之以孝弟忠信也。"

或曰：明亡于东林，有诸？曰：东林之党犹正也。国虽亡，君臣之义不亡也。君虽亡，朋友之义不亡也。友虽亡，夷夏之义不亡也。（抗疏攻奄，激使狂噬者，杨忠烈也。时东林高忠宪、黄忠端皆谓宜缓。）

袁世凯之信臣陆建章者，一日不杀人，则邑邑不自得。日射击数人，即快意惛然而卧，卧必见死者被发血模胡䰡䰡来逼其身，又震怖失次，后不敢卧，歠御米以待旦。余方见羁，而建章问曰：“死者之来，谁为之也?”余曰：“是君天性未尽丧之征也。假令如张献忠之徒以人为当杀者，则不见死者来逼矣。”曰：“为献忠即卧安乎?”余曰：“君能为则为之。”建章默然，自是杀人亦少衰。

（1926年，选自《菿汉昌言》）

自述学术次第

余生亡清之末，少甚异族，未尝应举，故得泛览典文，左右采获。中年以后，著撰渐成，虽兼综故籍，得诸精思者多，精要之言，不过四十万字。而皆持之有故，言之成理，不好与儒先立异，亦不欲为苟同。若《齐物论释》、《文始》诸书，可谓一字千金矣。晚更患难，自知命不久长，深思所窥，大畜犹众。既以中身而陨，不获于礼堂写定，传之其人，故略录学术次第，以告学者。顷世道术衰微，烦言则人厌倦，略言又惧后生莫述。昔休宁戴君，著书穷老，然多发凡起例，始立规摹，以待后人填采，其时墨守者有元和惠氏，尚奇者有长州彭氏，皆非浮伪妄庸士也。人多博览，亦知门径，一身著述，既有不暇，则定凡例以俟后生，斯亦可矣。今者讲诵浸衰，徒效戴君无益，要令旧术之繁乱者，引以成理。所谓提要钩玄，妙达神恉；而非略举大纲，为钞疏之业也。敢告诸生，亹亹不已。识大识小，弘之在人。

余少年独治经史、《通典》诸书，旁及当代政书而已，不好宋学，尤无意于释氏。三十岁顷，与宋平子交，平子劝读佛书，始观《涅槃》、《维摩诘》、《起信论》、《华严》、《法华》诸书，渐近玄门，而未有所专精也。遭祸系狱，始专读《瑜伽师地论》及《因明论》、《唯识论》，乃知《瑜伽》为不可加。既东游日本，提倡改革，人事繁多，而暇辄读《藏经》。又取魏译《楞伽》及《密严》诵之，参以近代康德、萧宾诃尔之书，益信玄理无过《楞伽》、《瑜伽》者。少虽好周秦诸子，于老庄未得统要，最后终日读《齐物论》，知多与法相相涉。而郭象、成玄英诸家悉含胡虚冗之言也。既为《齐物论释》，使庄生五千言，字字可解，日本诸沙门亦多慕之。适会武昌倡义，束装欲归，东方沙门诸宗三十余人属讲佛学，一夕演其大义，与世论少有不同。东方人不信空宗，故于法相颇能听受，而天台、华严、净土诸巨子，论难不已。悉为疏通滞义，无不厌心。

余治法相，以为理极不可改更，而应机说法于今尤适。桂伯华初好华严，不喜法相，末乃谓余曰："今世科学论理日益昌明，华严、天台，将恐听者藐藐，非法相不能引导矣。释迦之后，弥勒当生，今其弥勒主运之时乎！"又云："近世三百年来，学风与宋明绝异。汉学考证，则科学之先驱，科学又法相之先驱也。盖其语必征实，说必尽理，性质相同尔。"斯言可谓知学术之流势者矣。余既解《齐物》，于老氏亦能推明。佛法虽高，不应用于政治社会，此则惟待老庄也；儒家比之，邈焉不相逮矣。然自此亦兼许宋儒，颇以二程为善，惟朱陆无取焉。二程之于玄学，间隔甚多，要之未尝不下宜民物。参以戴氏，则在夷、惠之间矣。至并世治佛典者，多以文饰膏粱，助长傲诞，上交则谄，下交则骄，余亦不欲与语。余以佛法不事天神，不当命为宗教，于密宗亦不能信。

余治经专尚古文，非独不主齐、鲁，虽景伯、康成亦不能阿好也。先师俞君，曩日谈论之暇，颇右公羊。余以为经即古文，孔子即史家宗主，汉世齐学，杂以燕齐方士怪迂之谈，乃阴阳家之变，鲁学犹近儒流，而成事不符已甚。康成所述，独《周礼》不能杂以今文，《毛诗笺》名为宗毛，实破毛耳。景伯谓左氏同公羊者什有七八，故条例多为元凯所驳。余初治左氏，偏重汉师，亦颇傍采公羊以为元凯拘滞，不如刘、贾闳通。数年以来，知释例必依杜氏，古字古言，则汉师尚焉；其文外微言，当取二刘以上；元年之义，采诸吴起，专明政纪，非可比傅乾元也；讥世卿之说，取之张敞，所指则季氏、田氏、赵氏，非如公羊谰言崔尹也。北平《历谱》，长沙训故之文，汉以后不遗只字，余独于《史记》得之。《十二诸侯年表》所载郑妾梦兰、卫鞭师曹、曹人弋雁诸事，左氏皆不志其年，而《年表》有之，斯必取诸《历谱》者矣。采用传文，时或改字，观《尚书》改字本于安国，则知《左氏》改字于长沙矣。所次《左传读》，不欲遽以问世者，以滞义犹未更正也。《毛诗》微言，所得尤众，藏之胸中，未及著录，今则亡矣。

余少读惠定宇、张皋文诸家《易》义，虽以为汉说固然，而心不能惬也，亦谓易道冥昧，可以存而不论。在东因究老、庄，兼寻辅嗣旧说，观其明爻明象，乃叹其超绝汉儒也。近遭忧患，益复会心。然辅嗣《易》注，简略过甚；康成爻明辰之说，诚无足取，以《礼》说《易》，则可谓有所甄明。《易》者，藏往知来之学，开物成务之书，所叙古今事变，不专为周氏一家，则康成有未及也。近欲有所论著，烦忧未果，惟条记数事，亦足以明易道之大矣。《上经》以“乾坤”列首，而《序卦》偏说“屯蒙”，“屯”者草昧，“蒙”者幼稚，此历史以前事状也。“屯”称“即鹿无虞”，斯非狩猎之世乎？其时人如鸟兽，妃匹皆以劫夺得之，故云“匪寇，婚媾”也。然女子尚有“贞而不字”，君子尚有“舍不从禽”，廉耻智慧，民之天性，故可导以礼而厚其生。“蒙”始渐有人道，故言纳妇，婚姻聘币，初与买鬻等耳，故云：“见金夫不有躬也。”需为饮食宴乐，始有酒食，乃入农耕之世。观说神道设教，《易》明宗教之事唯此耳。而观我生观其生者，展转追求，以至无尽，则知造物本无，此超出宗教以上者也。“观”之所受曰“噬嗑”，先王以明罚敕法。大凡肉刑皆起宗教，蚩尤泯棼，九黎乱德，人为巫史，五虐之刑亦作焉。参及域外，则有以违教而受炮燔之刑者矣。“噬嗑”有“灭鼻”、“灭趾”之象，斯所以继“观”也。受“噬嗑”者为“贲”，“贲”者文饰，今所谓文明也。而君子以庶明政，无敢折狱，故称“贲其趾，舍车而徒”，是为废刖足而代以髡钳役作也。又称“贲其须”，则并除耏刑也。其卦亦及妃匹之事，言“白马翰如，匪寇，婚媾”者，文明之世，婚礼大定，立轺骈马，于是行矣，然亲迎御轮，亦仿古者劫掠而为之，如繁赤韨以仿蔽前耳，故亦称“匪寇，婚媾”，（“睽”亦称“匪寇婚媾”，王辅嗣说此子爻即以文明至秽为说，所谓君子以而异也。）足知开物成务，其大体在兹矣。“屯”称“利建侯”，象曰：“宜建侯而不宁”；“比”称“不宁方来，后夫凶”，象曰：“先王以建万国亲诸侯。”“屯”之“侯”，部落酋长，无所统属者也。“比”之“侯”，封建五等，有所统属者也。所谓“不宁”者，即《考工》所谓“宁侯不宁侯”耳。酋长无统，不属于王所，故不宁为宜也。五等有统，来享来王，故不宁方来化为宁侯也。“后夫凶”者，若涂山之会，防风后至而戮矣。所谓“屯”者，亦不必远在上古，后世蛮夷犹尔。三代之五等，“比”之“侯”也；三代之荒服，汉之边郡属国，近世漠北漠南，“屯”之“侯”也。“豫”言“利建侯、行师”者，周秦汉之侯王，大分圭土，以封功臣，其柄操之自上。“晋”言“康侯”，“康”训为“空”，则秦汉之关内侯，唐以来之虚封矣。罢侯置守，改土归流，《易》无明文，于“晋”乃隐示之意。《下经》始“咸恒”亦主夫妇之道，其言变事又多矣。“姤”称“女壮”，而象云：“后以施命诰四方”，以一阴承五阳，则乌孙、匈奴之妻后母，卫藏之兄弟同室也。然“施命诰四方”者，不得格以中华礼法，汉且以诏公主矣。“归妹”为“人之终始”，《上经》之“泰”，但言“帝乙归妹”耳，《下经》乃说“其君之袂，不如其娣之袂良”。观夫东方之俗，帝女不下嫁异姓，而貉俗或制其夫妇同室，惟妾媵乃得进御，即其事也，且归妹常道耳。彖必言“天地不交，而万物不生，归妹人之终始”，其郑重至是者，亦豫为彼著戒矣。“丰”以折狱致刑，其义略同“噬嗑”，故有“折其右肱”，肉刑之事也。“解”以赦过宥罪，其义略同“贲”，故两言“解而拇”，废除肉刑之事也。余卦或言劓刖，或称天劓者，自主受者吉凶，不及法制。《易》以开物成务，故首“屯”为草昧，次“蒙”为幼稚，“需”以饮食宴乐，“始”为农耕之世，饮食必有“讼”者，则今人所谓生存竞争也。讼之事小者，但为两造对簿，大者则聚群攻夺，“讼必有众起”，指讼之大者也。是故受讼以“师”，夫必共甘苦听约束，然后群体固结。故有“师”然后相“比”，师比之上，宗主存焉，赋调所归。故“比”必有“畜”，有师有财，加以亲比，故“履”帝位而不疚，上下有辨，民志亦定矣。初设帝制，君民未有隔阂，是以“泰”也。自尔相沿，等威严峻，是以“否”也。其道古今人事之变，可谓深切著明矣。夫“生生之谓易”，原要终始，知死生之说者，莫备乎“蛊”。“随”“以向晦入宴息”、“以喜随人”、“受之以蛊”，局言之，则医和所谓“阳物晦时，淫则生内热惑蛊之疾”耳；广言之，释氏所谓惑业苦者，大略举之矣。沈溺惑蛊，斯非惑乎！“蛊者事也”，斯非业乎！虫食心腹，斯非苦乎！“观”之“观我生”、“观其生”，展转追寻，以至无尽，而知造物本无。合之“乾元”，赞以首出庶物，“万物资始，云行雨施，品物流形”；而用九乃言“群龙无首”，“象”曰：“天德不可为首也”，义又相及。盖强阳之气，群动冥生，非有为之元本者。其曰“穷理尽性”，岂虚言哉！

余治小学，不欲为王菉友辈，滞于形体，将流为字学举隅之陋也。顾、江、戴、段、王、孔音韵之学，好之甚深，终以戴、孔为主。明本字，辨双声，则取诸钱晓徵，既通其理，亦犹所歉然。在东闲暇，尝取二徐原本，读十余过，乃知戴、段而言转注，犹有泛滥，由专取同训，不顾声音之异。于是类其音训，凡说解大同，而又同韵或双声得转者，则归之于转注。假借亦非同音通用，正小徐所谓引伸之义也。（同音通用，治训故者所宜知，然不得以为六书之一。）转复审念，古字至少，而后代孳乳为九千，唐宋以来，字至二三万矣，自非域外之语，（如伽佉僧塔等字，皆因域外语言声音而造。）字虽转繁，其语必有所根本，盖义相引伸者，由其近似之声，转成一语，转造一字，此语言文字自然之则也。于是始作《文始》，分部为编，则孳乳浸多之理自见，亦使人知中夏语言，不可贸然变革。又编次《新方言》以见古今语言，虽递相嬗代，未有不归其宗，故今语犹古语也。凡在心在物之学，体自周圆，无间方国，独于言文历史，其体则方，自以己国为典型，而不能取之域外，斯理易明。今人犹多惑乱，斯可怪矣。《新方言》不过七八百条，展转访求，字当逾倍。余成书以后，犹颇有所得者，今亦不能自续。弟子有沈臤者，实好斯事，其能继余之志乎？

余少已好文辞，本治小学，故慕退之造词之则。为文奥衍不驯，非为慕古，亦欲使雅言故训，复用于常文耳。犹凌次仲之填词，志在协和声律，非求燕语之工也。时乡先生有谭君者，颇从问业，谭君为文，宗法容甫、申耆，虽体势有殊，论则大同矣。三十四岁以后，欲以清和流美自化，读三国两晋文辞，以为至美，由是体裁初变。然于汪、李两公，犹嫌其能作常文，至议礼论政则踬焉。仲长统、崔寔之流，诚不可企。吴、魏之文，仪容穆若，气自卷舒，未有辞不逮意、窘于步伐之内者也。而汪、李局促相斯，此与宋世欧阳、王、苏诸家务为曼衍者，适成两极，要皆非中道矣。匪独汪、李，秦汉之高文典册，至玄理则不能言。余既宗师法相，亦兼事魏晋玄文，观夫王弼、阮籍、嵇康、裴頠之辞，必非汪、李所能窥也。尝意百年以往，诸公多谓经史而外，非有学问，其于诸子佛典，独有采其雅驯，摭其逸事，于名理则深惎焉，平时浏览，宁窥短书杂事，不窥魏晋玄言也，其文如是，亦应于学术耳。余又寻世之作奏者，皆知宗法敬舆，然平彻闲雅之体，始自东汉，讫魏晋南朝皆然，非敬舆始为之也。中书奏议，文益加详，一奏或至五六千字，若在后代，则览者易生厌倦。故宋时已有贴黄，清初且制全疏不得过三百字，斯由繁而不杀，成此穷反也。曾涤生窥摹陆公，颇复简约，其辞乃如房行制义，若素窥魏晋南朝诸奏，则可以无是过矣。由此数事，中岁所作，既异少年之体，而清远本之吴、魏，风骨兼存周、汉，不欲纯与汪、李同流。然平生于文学一端，虽有所不为，未尝极意菲薄，下至归、方、姚、张诸子，但于文格无点，波澜意度，非有昌狂偭规者，则以为学识随其所至，辞气从其所好而已。今世文学已衰，妄者皆务为献骸，亦何暇訾议桐城义法乎？余作诗独为五言，五言者，挚仲治〔洽〕《文章流别》本谓俳谐倡乐所施，然四言自风雅以后，菁华既竭，惟五言犹可仿为。余亦专写性情，略本钟嵘之论，不能为时俗所为也。

余于政治，不甚以代议为然，曩在日本，已作《代议然否论》矣。国体虽更为民主，而不欲改移社会习惯，亦不欲尽变时法制，此亦依于历史，无骤变之理也。清之失道，在乎偏任皇族，贿赂公行，本不以法制不善失之。旧制或有拘牵琐碎，纲纪犹自肃然。明世守法，虽专制之甚，乱在朝廷，郡县各守分职，犹有循良之吏。清世素不守法，专制之政虽衰，督抚乃同藩主，监司且为奴虏，郡县安得有良吏乎？逮乎晚世变法，惑乱弥深，既恶旧法之烦，务为佚荡，以长驾远驭为名，而腐蠹出于钧府，鱼烂及下邑，夫焉能以旧法为罪也。尚新者知清政之衰，不知极意更其污染，欲举一切旧法尽废夷之。主经验者又以清政为是，踵其贪淫，而不肯循其法纪。斯犹两医同治一疾，甲断为热，乙断为寒，未知阴阳隔并，当分疏而治之也。余独以为旧法多可斟酌，惟省制当废耳。一省小者或为二三道，大者或为三四道，道不过六七十部，所部不过二三十县，犹大于汉之列郡，而司察可周矣。明世设分守道，即布政司参政参议也，名曰分守即与汉时太守相同地也。省制不除，非独政纪不能清理，而地方自治之法，亦难以见诸实行。（地方稍小则能自治．过大则未有不疏略诞慢者。）明时以布政使专主省事，晚设督抚，不能专有其地，（明督抚甚多，一省或二三人。）而政治已渐有牵掣矣，况军民同主乎？然自两汉以下，制度整齐，莫如明世，清世因循其法，虽稍汗漫，亦未至如唐宋甚也。明之亡国，在以常法议军事，知兵宿将，倚为干城者，失一要塞，陷一藩城，无不依律处戮，熊廷弼之传首，杨嗣昌之自杀，皆坐此也。终于为敌报仇，而为清所禽制矣。清之亡国，在以军法处民政，官常计典，视若具文。最后二三十年，以赃盗罢遣者，逾数岁亦还起复，钱粮侵挪之考成，风厉杀人之罪状，始则严于小吏，缓于大僚，其后小吏亦多不治。贿积于上，盗布于下，民怨沸腾，又安得不瓦解也。是故明政踬于应变，清政绌于守常。言政治者，本多论常道耳。且守法之弊，能令胥史把持，得因受贿，然所取本非甚巨，亦不敢破律败度为之，议既定矣，又不保长官之觉察否也。释法之弊，胥史无受赇之门，而大臣乃为奸府，其破律败度，得以破格应变为名，其所取又十倍于胥史，而复更无长官以觉察之也。三百年以来，言胥史蠹败者多矣。清平之世，长官寡过，其忿疾胥史自可也。及于末世，士大夫之行，乃较胥史愈下，而复昌言骂詈，其忸怩不已甚乎！明世长官，不敢恣意为非者，饬法循纪之效也，然犹设都察院以督百僚。自洪武讫于隆庆，台宪著效，吏治甚清。万历中年以降，言官始有分曹树党，而杨、左诸公之风节，于国事终非无补也。清世虽循旧设官，内多惩忌，台宪之职已轻，然大吏奸私，尚颇因之发觉。末世乃有受财鬻奏毛举世故者，则以风宪官吏犯赃罪加二等之制，浸废不行也。向令清无察院，其昏乱又何所底止矣！余向与总统孙公，论政多所不合，其谓中国有都察院制度善于他方，适与鄙心相中。及南都建设，余以议员或难专任，亟怂恿设评政院，遂著之约法焉。虽然，此非可以虚名取效。余从政时所有条议，多未存稿。

余于法律非专，而颇尝评其利害。以为当令既废帝制，妖言左道诸律，固宜删刊。其旧律有过为操切、反令不行者，与自相缪戾者，删改亦宜也。而今律之缪亦多，略论如左。余以法律之要，莫如刑名。唐律五刑，各分等次。明世新增凌迟充军重法，未载律条，清律则兼载之矣。凌迟固无人理，而流刑未足惩奸，故别增发遣充军之法，亦仿唐之加役流，而稍峻厉，此所以弥缝其阙也。今拟新刑律者，死刑以下，独有徒刑一名，虽无期五等，迭为衰次，其名曰徒刑则一也。旧律为名者五，为等十七，（二死、三流，各作一等。）清又加发遣及五等充军，并及准徒总之例，其名等已多矣。今者但有二名七等，名既阔略，则伸缩当在一等之中，而不可滥于同名之内。今之伸缩，遂有三等之差，同一罪状，而徒五年与徒六月，得以随意定之，阔绝亦泰甚矣。案清世死刑监候，分情实、缓决、矜疑三种，律不明著，而随法吏意见以为重轻，固以情伪繁多，不可豫制。今之伸缩，亦其类也。然法官不皆平情审察，不当授权过重。刑名泰简，则伸缩相悬，名之不治，而苟且以定律，纵任法官，随其高下。此乃近于古之议事以制者，岂刑书之谓乎？然则杖笞虽废，徒刑而下，宁无他种惩罚之名？徒之五等，亦宜分剂五年耳，每一年限之中，或伸或缩，法官犹绰绰有余，而罪状不失于轩轾。自徒以上，流刑虽无所用，加役流与发遣当差，今犹可以惩创。此其大法当革者也。余观唐律虽宽，滞于阶级，故黎庶屈而搢绅伸。明以来渐革除矣，清制多设条例，遂有奇觚。今当变革刑名，于清时律例之破碎不完者，简练以归一齐，无取诡更旧贯，而悉以新意易之也。且监临主守诸名，名之善者也。监守自盗本在贼盗科中，罪视强盗稍轻，而视常人窃盗为重，斯乃旧制相沿，法之至当者也。今拟新刑律者，一切以侵占目之，主守侵占官财与常人侵占私有田宅器物，遂无所分，岂忘责任所在，与悠悠路人有殊乎。又放火决水坏历史宗教之图书建筑物，遂科死刑，而坏常人宅舍图书者，罪反减轻。岂焚一尼庵，烧一卷《金刚经》、《新旧约》者，其罪当重，而毁广夏藏书者，其罪转轻耶？是则律为保护鬼神，不为保护生人也。（《清例》，发名臣大儒家墓见尸者，罪至斩枭；盗大祀神御物，斩立决，过亦同此。古人已往，宜所尊敬，然法不应加重，鬼神则更当置之矣。）又谋杀、故杀、斗殴杀，情罪自殊，二人以上为谋，本诸《晋律》，而《唐律》所同也。清律以谋诸心谋诸人皆称为谋，已失本原，然三者犹有分剂。今拟新刑律者，遂无殊别，此亦含胡之甚者矣。又明清诸律，亲属相奸，其罪至重。今常人和奸但无夫者即无罪，与习惯所恶已殊矣。而亲属父子兄弟之间，聚麀无忌，彼则曰："他国法律固然，法律不与道德相谋也。"法律固不与道德相谋，岂不与人情习俗相谋耶？彼干犯宗教神庙者，罪或加重，在彼亦谓人情习惯宜然，自中国视之，亦若为道德耳。夫人情习俗，方国相殊，他国之法，未尝尽从一概，独欲一屈中国之人情习俗以就异方，此古所谓削趾适履者矣。

余观《明·志》，鞫问之制甚详，清亦拟议其法。其以人主亲临勾决，及有改变部议者，诚为出位，而定谳平允者亦多。若夫恭请王命即行正法，此又其泰简者也。凡事固有紧急寻常之分，不当以罪有重轻为量。彼响马江洋大盗之流，罪虽稍轻，而事关紧急，临时杀之亦可矣。杀父母祖父母及杀一家非死罪三人者，罪虽至重，而非紧急之科，其事迹虚实，亦不如大盗之著明，则恭请王命非也。逮清末世，常罪且有就地正法者矣。今法官断罪以后，非上控者，虽至死刑，亦无再鞫之例。而上控又必延请律师，所费至巨，则是贫人常屈，而富人或有可伸耳。此其不如清初旧制彰彰明矣。旧制判狱之职，守土主之，今则别设法官，其间亦各有利害。守土主行政之事，于民多有爱憎，又事繁不暇专理，或有率尔判定者。法官于民事不关，无所恩怨，既有专职，则事稍精审，此其利也。守土奉禄有余，武断轻率者多，而受赇鬻狱者寡。法官贫乏，则受赇者自多，此其害也。宜大增法官之禄，使无他心。守土虽不能干预法事，法官有枉法受赃者，则宜付守土检举，而判决法官罪状者，当别选其人，不然则法官之朋党比周，非律所制能也。清时已得蒙古，习俗与中国异状，故刑部律与蒙古律有分，卫藏、新疆，有未所制焉。近世名为五族共和，清时并去司衔，则布政司之权已分，使各道隶于督抚，曷若隶于中央，而以巡按监之为愈乎！（督抚可以挠守道之权，巡按但主纠察，不能挠其政权也。）边方斗绝，兵民之政难分，户口之数寡少，自可别为区处，不当以是概内。然蒙古律卒不可改；新疆虽建设行省，处置回人，亦宜有与内土异状者。卫藏等于羁縻，法由彼制，则新疆宜有治理回人条例，而蒙古律亦当更定刑名。凡法律条文，不必尽从域内，惟刑名则不可差池。蒙古律尚有凌迟之法，（奴奸家长妻，本部人奸福晋，皆凌迟处死。）宜亟废去；其九九赎刑，则以素少钱币，存之可也。

余于晚明遗老之书，欲为整理而未逮也。古称读书论世，今观清世儒先遗学，必当心知其意。若全绍衣痛诋李光地佻淫不孝，实未足以为大过。台湾之役，光地主谋，使汉绪由兹斩，而欲明加罪状则不能，故托他过以讥之也。江子屏《宋学渊源记》不录高位者一人，自汤斌、二魏、熊赐履、张伯行之徒，下至陆陇其辈，靡不见黜，而顾、黄二子为明代人物，又别为论叙以见端，诚谓媚于胡族得登朊仕者，不足与于理学之林也。其他微言难了者，尚复众多，而侈谈封建井田者为甚。是议起于宋儒，而明末遗民陈之，其意乃绝相反。（除王而农别有所感，王崑绳辈意见，则纯同宋儒，他皆有别旨。）宁人之主张封建，后世不明其故，戴子高犹肆口评之，甚无谓也。宋儒欲以封建井田致治，明遗民乃欲以封建井田致乱。盖目睹胡人难去，惟方镇独立以分其权，社会均财以滋其扰，然后天下土崩，而孤偾易除也。当时无独立及社会主义诸名，有之亦不可明示，托于儒家迂论，乃可引致其涂耳。自宁人以下者，斯类多矣。而清雍正、乾隆二朝，亦能窥其微旨，故有言封建井田者，多以生今反蒙古戮，又数为诏令以驳斥之。若以为沿袭宋儒迂论者，又何必忌之至是耶！然终无可奈何，及同治、光绪以还，行省拥兵于上，会党横行于下，武昌倡义，上下同谋，而清之亡忽焉。则先正之谋果效，而朽腐化为神奇之说亦不虚也。乌呼！前哲苦心，若斯者岂独一端已，后之学者，其识之哉！余昔在南皮张孝达所，张尝言："国学渊微，三百年发明已备，后生但当蒙业，不须更事高深。"张本好疏通，不暇精理，又见是时怪说流行，惧求深适以致妄，故有是语。时即答曰："经有古今文，自昔异路。近代诸贤，始则不别；继有专治今文者作，而古文未有专业。此亦其缺陷也。"十余年中，思近世学术未备，犹不止此。诸治史学者，皆留心地理、官制，其他已甚痟矣。姓氏之学，自《元和姓纂》以降，郑樵亦粗明其统绪，至邓氏《辩证》，渐墝峃矣。元明以降，转变增捐，又益繁多，未见近代有治此者也。（《元史氏族志》别是一种。）刑法之学，旧籍《唐律》为完，汉晋南北朝之事，散在史传。如补兵以减死，督责以代杖，又皆律外方便之门，皆当校其异同，评其利病，又未见近代有治此者也。食货之学，非独关于租赋，而权度之大小，钱币之少多，垦田之盈诎，金银粟米之贵贱，皆与民生日用相系，此不可不论列者，又未见近代有治此者也。乐律之学，略有端倪，陈氏《通义》发明荀勖之学，可谓精且博矣。然清康熙朝所审定者，丝声倍半相应，竹声倍不相应，相应者乃八与一，九与四，其言人气折旋，必有度数，皆由证验所明，更谓丝器不可名以律吕，亦可谓得理者，而陈君犹取倍半相应之说，两者孰是，必听音而后知之，非衍算所能尽理，又未有商略是非者也。斯四术者，所包闳远，三百年中，何其衰微也。此皆实事求是之学，不能以空言淆乱者，既尚考证，而置此弗道乎！其他学术，虽辩证已精，要未可谓达其玄极。夫学术不在大小，要能精审，则可以成天下之亹亹。自百工技艺之微，所诣固有高下殊绝者，大方之粗疏，或不如小物之精理矣。故近世小学，似若至精，然推其本则未究语言之原，明其用又未综方言之要。其余若此类者，盖亦多矣。若夫周秦九流，则眇尽事理之言，而中国所以守四千年之胙者也。玄理深微，或似佛法，先正以邹鲁为衡，其弃置不道，抑无足怪。乃如庄周《天运》，终举巫咸，此即明宗教惑人所自始。惠施去尊之义，与名家所守相反。子华子迫生不若死之说，又可谓管乎人情矣。此皆人事之纪，政教所关，亦未有一时垂意者。汪容甫略推墨学，晚有陈兰甫始略次诸子异言，而粗末亦已甚。此皆学术，此皆学术缺陷之大端，顽鄙所以发愤。古文经说，得孙仲容出，多所推明。余所撰著，若《文始》、《新方言》、《齐物论释》及《国故论衡》中《明见》、《原名》、《辨性》诸篇，皆积年讨论以补前人所未举。其他欲作《检论》明之，（旧著《訄书》，多未尽理，欲定名为《检论》，多所更张。）而时不待人，日月亦将逝矣。昔人云："百龄影徂，千载心在"，岂不痛哉！

余以人生行义，虽万有不同，要自有其中流成极，奇节至行，非可举以责人也。若所谓能当百姓者，则人人可以自尽。顾宁人多说行己有耻，必言学者宜先治生。钱晓徵亦谓求田问舍，可却非义之财。斯近儒至论也。追观晚清遗吏，非无二三可取者，至于林下之风，则泯然同丧矣。亡国以后，其余臭尚未涤荡，当其在位可知也。所取于林下风者，非为慕作清流，即百姓当家之事，小者乃生民常道。苟论其至，沮溺、荷蓧之隐，仲子之廉，武侯之德，未或不本于勤生。斯风既亡，所谓"见利思义，见危授命，久要不忘平生之言"者，宜其澌灭而不存矣！

章太炎年谱简编

同治七年（1868）

十一月三十日（1869年1月12日）生于浙江杭州府余杭县东乡仓前镇。父名濬，字轮香，时正在杭州府知府谭钟麟幕中。母朱氏。兄箴、篯。

初名学乘，后改名炳麟，字枚叔，号太炎。

同治八年（1869）

谭钟麟擢授河南按察使，章濬返余杭任县学训导，兼杭州诂经精舍监院。

同治十二年（1873）

开始入塾就读。

光绪二年（1876）

外祖父朱有虔从海盐来亲自课读，根据清代汉学由声音、文字以求训诂，由训诂以求义理的治学要求，对外孙严格要求，使他从小便在文字音韵方面受到严格训练。

光绪三年（1877）

章濬被革去训导一职。

光绪六年（1880）

外祖父课读四年后返回海盐。父亲亲自督教，课以律诗及科举文字。

光绪七年（1881）

读到蒋良骐的《东华录》，见到清代文字狱的记录，心中愤激，时发狂论："明亡于满清，不如亡于李自成！"

光绪九年（1883）

奉父命赴余杭县应童子试，这是为取得生员即秀才资格而举行的初级考试。考试中途，癫痫症突然发作，不得不退出。此后，父亲同意他不再耗费精力去作八股制义，他因此得以专心学业。

光绪十年（1884）

初读《史记》、《汉书》、《后汉书》、《三国志》、《文选》及《说文解字》，通过了解字义、训诂了解史传。

光绪十一年（1885）

读顾炎武《音学五书》、王引之《经义述闻》、段玉裁《说文解字注》、郝懿行《尔雅义疏》等一批文字音韵学方面的权威性著作，在其兄章篯指导下，一意治经，文必法古。

光绪十二年（1886）

从这一年开始，用了两年时间通读了《学海堂经解》一百八十八种共一千四百零八卷。

得《明季稗史》十七种和王夫之《黄书》，深受明末清初反满思想影响。

光绪十四年（1888）

通读《南菁书院经解》二百零九种一千四百三十卷，兼治老、庄、荀、韩诸子著作及史传。

光绪十六年（1890）

父亲去世。离家赴杭，进入诂经精舍从俞樾学习，并向高宰平问经，向谭献问文辞法度。

始读《通典》，其后反复研读七八遍。

光绪十七年（1891）

开始撰写《膏兰室札记》，对《管子》、《墨子》、《吕氏春秋》、《淮南子》等诸子著作及《诗》、《礼》、《易》、《春秋》等经书进行考释驳论。由是书可知，在此期间，他已相当认真而广泛地阅读了江南制造局、同文馆、广学会所出版的西学书籍，故札记中多处引用欧几里得《几何原本》、侯失勒《谈天》、雷侠尔《地学浅释》等书。札记共四册，约用三年左右时间写成，生前未刊刻。

光绪十八年（1892）

开始撰写《春秋左传杂记》，所见辄录，不随经文编次。该书历时五年方写成。

光绪二十一年（1895）

母去世。

《诂经精舍课艺文》第七集刊刻问世，内收录章文十七篇，俱光绪十六年至十九年之作。

十月（11月），康有为在沪设立上海强学会，章纳会费十六圆加入。

光绪二十二年（1896）

撰成《春秋左传杂记》，更名为《春秋左传读》，共九卷九百则，诠释古言古字、典章名物，疏证《左传》体例、传授统系。另撰《驳箴膏肓评》等。

七月（8月），《时务报》在沪创刊，梁启超任主笔，汪康年任经理。章氏为该刊撰稿，并被邀于岁末离开诂经精舍至沪任《时务报》笔政。

光绪二十三年（1897）

春，因阅西报，知伦敦使馆有逮捕孙文之事，对孙蓄志倾覆满清政府心甚壮之。

三月（4月），因不同意康有为、梁启超昌言建立孔教，与时务报馆内康氏门徒大讧，愤而离开时务报馆。返杭撰《〈新学伪经考〉驳议》。

《诂经精舍课艺文》第八集刊成，内收章氏课艺二十一篇，系光绪二十年至二十二年间所作。

五月（6月），在杭州与宋恕、陈虬等发起成立兴浙会，号召振兴浙江，进而振兴中国、振兴亚洲。

七月（8月），与宋恕等创刊《经世报》，任总撰述，发表《变法箴言》等文。

七月（8月），与王仁俊等创刊《实学报》，任主笔，后因与王思想不合，便不再为该刊供稿。

十月（11月），与恽积勋、董康等组织译书公会，创刊《译书公会报》，任主笔。

光绪二十四年（1898）

年初，为德军强占胶州湾、俄军侵入旅顺港、英法等国乘机觊觎息壤，瓜分之形日著，上书李鸿章，要求联合日本以阻遏俄、英、德、法势力的扩张。

三月（4月），赴武昌，应张之洞之邀拟主持《正学报》。因不赞成张之洞“中学为体，西学为用”的主张，流露了反对清王朝统治的情绪，被逐返沪。

七月（8月），汪康年将《时务报》改名为《昌言报》，章被聘为主笔。

八月（9月），慈禧太后发动政变，使百日维新失败，谭嗣同等六君子被杀。章氏打算设奠黄埔，写了《祭维新六贤文》，并发表了《书汉以来革政之狱》，结合历史总结改革运动失败经验。

十一月（12月），因被清廷列名通缉，离沪赴台北，任《台湾日日新报》特约撰述。

光绪二十五年（1899）

春，同康有为、梁启超等书信往还，在梁启超主编的《清议报》上发表诗文多篇，其中以《儒术真论》、《菌说》、《客帝论》为最重要。

五月（6月），应梁启超及留日学生监督之邀，东游日本，首次会见孙中山。

七月（8月），由日返沪，并由沪转浙。

夏秋间，编定论学论政的第一部专著《訄书》，包括文五十篇，由梁启超题名，木刻印行。

孟冬，北游天津，但饿莩满陵原、猛兽据关隘，他愈加深切感到不进行推翻满清统治的革命，中国必难以振兴。

光绪二十六年（1900）

年初，因被列名各省寓沪绅商反对立大阿哥及废黜光绪的通电，又一次被缉捕。

五月（6月），八国联军进军津、京，清廷决定宣战，刘坤一、张之洞等商定“东南互保”。章太炎致书李鸿章、刘坤一，策动他们据两广、两江独立。

六月（7月），唐才常在上海召集中国议会，推容闳、严复为正副会长。章氏反对以勤王为目标，并剪去辫发，公开与清廷及保皇主义决裂。

七月（8月），唐才常组织自立军汉口起事失败，章氏因曾列名自立会与中国议会，又一次被指名追捕。

光绪二十七年（1901）

正月，在余杭家中度岁，因捕者跟踪而至，避走僧寺，复入上海，居友人家中。

夏，为驳斥梁启超《积弱溯源论》，撰《正仇满论》，发表于东京出版的《国民报》。

七月（8月），赴苏州至东吴大学任教，继续宣传革命。

光绪二十八年（1902）

正月朔旦，正在家中过年，获悉清廷捕者即至，匆匆经沪附日本舟东渡走避。

三月（4月），与秦力山、孙中山等在东京举行中夏亡国二百四十二年纪念会，为日本警方阻挠，改在横滨举行。

在日停留三月，与孙中山密切往还，共商革命大计。

四月（5月），由日返国，潜回乡里，删革《訄书》，着手编写《中国通史》，并为广智书局润饰译稿。

光绪二十九年（1903）

二月（3月），应蔡元培之邀，赴沪至爱国学社任教，参加中国教育会活动，经常至张园发表革命演说。

三月（4月），留学日本的邹容、张继、陈独秀因强行剪去湖北留学生监督姚文甫的辫子并悬于留学生会馆示众，被迫秘密回国。章太炎与他们相识，并同邹容、张继及由南京陆师学堂退学来爱国学社的章士钊结为兄弟。

四、五月（5、6月），撰《驳康有为论革命书》，为邹容《革命军》作序，将《苏报》变成宣传革命的喉舌，引起强烈社会反响。

闰五月（6、7月），清廷与租界当局勾结，逮捕章太炎、邹容等，制造了震动中外的《苏报》案。章太炎、邹容等在法庭上坚持斗争。

十月（12月），会审公廨额外公堂判处章、邹二人永远监禁，舆论大哗，领事团被迫宣布判决无效。

光绪三十年（1904）

四月（5月），清廷外务部会同各国公使共同决定章监禁三年、邹监禁二年，罚作苦工，期满驱逐出租界。章、邹被移送上海西牢关押。

在狱中的章、邹从事苦役，并受到狱卒虐待。为此，他们绝食抗议，坚持七日，后改事裁缝役作，并获准阅读《瑜伽师地论》、《因明入正理论》、《成唯识论》等书籍。

冬，推动蔡元培、陶成章建立光复会。

《訄书》修订本由日本东京翔鸾社于4月铅印出版，10月加圈点重印，随后又多次重印。修订后的《訄书》，包括前录二篇，正文六十三篇，由邹容题写书名。

光绪三十一年（1905）

二月二十九日（4月3日），邹容暴卒于狱中。章太炎狱中境遇引起舆论关注。在各方调护下，章氏改任炊务。

光绪三十二年（1906）

五月八日（6月29日），三年监禁期满出狱，当晚即在同盟会总部派来迎接的代表陪同下，离沪赴日。

五月十六日（7 月 7 日），由孙中山主盟，孙毓筠介绍，加入同盟会，接任同盟会机关报《民报》总编辑和发行人。

九月（10 月），孙中山由南洋返回日本，章氏与孙中山、黄兴每日相聚，共同制定革命方略。

夏、秋间，建立国学振起社，举办国学讲习会，作了《论语言文字之学》、《论文学》、《论诸子学》等讲演。

是年，在《民报》发表《演说录》、《俱分进化论》、《无神论》、《革命之道德》、《建立宗教论》、《箴新党论》、《军人贵贱论》等一批重要论文。

光绪三十三年（1907）

三月（4 月），与幸德秋水、保什等倡导组织亚洲和亲会，参加者有中、日、印、越南、菲律宾等国志士，以反抗帝国主义，期使亚洲已失主权之民族各得独立为宗旨。

七月（8 月），刘师培、张继等创办社会主义讲习会，发刊《天义报》，章氏积极支持，并在讲习会中作了《国家论》等演讲。

春、夏间，因日本当局迫令孙中山离境，参加同盟会的八名日本人互相克伐，在同盟会领导层中挑起了误会与纠纷，章氏曾与张继等要求罢免孙同盟会总理职务，因黄兴等力谋调解，风波暂时平息。

十一月（12 月），因脑病发作，辞《民报》总编辑职，《民报》第十九号至第二十二号改由张继、陶成章总编。

是年，在《民报》发表《〈社会通诠〉商兑》、《讨满洲檄》、《中华民国解》、《五无论》、《定复仇之是非》、《国家论》等论文。

撰《新方言》，在《国粹学报》连载。

光绪三十四年（1908）

春、夏间，复任《民报》总编辑兼社长。除揭露清廷伪立宪外，还同《新世纪》展开论战。这期间，在《民报》上发表了《排满平议》、《驳神我宪政说》、《驳中国用万国新语说》、《哀陆军学生》、《革命军约法问答》、《四惑论》、《代议然否论》、《规〈新世纪〉》等一批论文和多篇时评。

二月至九月（3 月至 10 月），为留学生开设讲座，讲授《说文》、

《庄子》、《楚辞》、《尔雅》等。为朱希祖、钱夏（玄同）、周树人、周作人、龚宝铨、许寿裳等单独开设一班，另行讲授。

九月（10月），日本政府为诱使清廷在东北作出更多让步，接受清廷要求，勒令《民报》停止发卖。章氏向日本内务大臣及警察总监等提出强烈抗议。

十月（11月），日本当局对章氏威胁利诱不成，由东京地方裁判所对章开庭审讯。12月12日判决《民报》禁止发行。

完成《新方言》一书。

宣统元年（1909）

继续在东京讲学，撰写《庄子解诂》、《小学答问》等著作。

七月（8月），《新方言》刊于日本东京。为在南洋筹款受挫，陶成章迁怒于孙中山，于是月向同盟会总部提出罢免孙中山总理职务的要求。章氏表示同情。

九月（10月），汪精卫从南洋到东京秘密筹备《民报》复刊，自行编辑出版了《民报》第二十五号和第二十六号。章太炎见自己完全被排斥于事外，撰写了《伪民报检举状》，斥责汪精卫，词连孙中山。由此，以章太炎、陶成章为一方，以孙中山、黄兴为一方，双方在报刊上互相攻讦，彼此伤害，导致同盟会在组织上逐步分裂。

宣统二年（1910）

正月（2月），光复会在东京重新建立，章太炎任会长，陶成章任副会长，以《教育今语杂识》出版机构为公开的对外联络机关，在南洋成立行总部，代总部行事。

夏，黄侃创办《学林》杂志，刊登章太炎《文始》、《五朝学》、《封建考》、《信史》、《思乡愿》、《秦政记》、《秦献记》、《医术平议》等许多重要论著。

是年，撰定《文始》、《齐物论释》。编定《国故论衡》，由日本秀光社铅字排印出版，上卷小学十篇，中卷文学七篇，下卷诸子学九篇。

是年，还对《訄书》再次修订，原件现存北京图书馆。

宣统三年（1911）

继续在东京讲学。

八月十九日（10月10日），武昌起义。消息传到东京，章氏中断讲业。

九月五日（10月25日），以中国革命本部名义在东京发布《中国革命宣言书》。在此前后，还发布《致留日满洲学生书》、长篇论文《诛政党》及《支那革命党及秘密会社序》等。

九月十三日（11月3日），上海光复。章氏闻讯后，即离东京赴神户，于11月11日乘轮离日返沪，11月15日回到上海。

十、十一月（11、12月），章氏返国后，劝说吴淞都督李燮和去都督称号，改称总司令，奉程德全为江苏全省都督，结束江苏一省五都督的局面；积极支持攻宁、援鄂；要求承认武昌军政府为中央临时政府，在民选总统前，首领只宜称元帅、副元帅；建议以黎元洪为元帅，黄兴为副元帅；与程德全共同倡议建立中华民国联合会；为反对以一党组织政府，致电各省代表会议议长谭人凤，倡导“革命军兴，革命党消，天下为公，乃克有济”。

中华民国元年（1912）

1月3日，中华民国联合会在上海江苏教育总会开成立大会，正式成立，章太炎、程德全分任正、副会长。次日，《大共和日报》创刊，章氏任社长。

1月14日，陶成章在沪被刺身死。其先，因浙江都督汤寿潜被任命为南京临时政府交通总长，章太炎推荐陶成章继任浙督。陶死，光复会势力大挫。

2月初，孙中山任命章氏为总统府枢密顾问。2月7日，章氏至南京与孙中山晤面，旋即返沪，不久，即为反对以将汉冶萍公司改为中日合办为条件向日本财团借款，以及反对建都南京而要求继续以北京为首都，同孙中山发生冲突。

3月2日，中华民国联合会改组为统一党，章太炎、张謇、程德全、熊希龄、宋教仁当选为理事。主张统一全国建设，强固中央政府，促进完美共和政治。

4月9日，被袁世凯聘为总统府高等顾问。

4月下旬，离沪抵京，在京活动。

5月9日，统一党与共和建设讨论会、民社等合并组成共和党，黎元洪当选为理事长，张謇、章太炎、伍廷芳、那彦图为理事。

6 月 5 日，章氏在北京重组统一党，被推为该党总理。

7 月下旬至 8 月中旬，访武汉，会见黎元洪，答应担任共和党理事，邀请黎元洪担任统一党名誉总理。

8 月下旬，因不满共和党、统一党现状，宣布脱党，并要求袁世凯、黎元洪、孙中山三人都超然于所有党派之外。

10 月，沙俄加紧胁迫外蒙当局签订《俄蒙协约》与其附约《商务专条》，日本亦加紧经营东北。章氏赴东北奉天、长春、哈尔滨等处就此进行考察，返京后上书袁世凯，要求加强漠北与塞外的建设，但未有结果。

12 月 1 日，发表《发起根本改革团意见书》，要求推进政治革命，认为“革命小成，力未及于政治则乱；革命大成，力已及于政治则治”。

12 月下旬，袁世凯任命章氏为东三省筹边使，但一不拨给经费，二不给予编制，只是一个虚名。

民国二年（1913）

1 月 3 日，章太炎离京赴长春，于旧道署衙门设筹边使署，率领很少几名随员到处勘查，拟定发展东北实业计划书，但处处受到掣肘，无法有所作为。

1 月 27 日，返京向袁面陈东三省情形，毫无成效。

2 月中旬，再度赴长春，率员实地测量运河开凿线路。

3 月 20 日，宋教仁在沪被刺身死，章氏要求查究元凶。

4 月 17 日，章氏从长春赶回上海，与孙中山、黄兴等共谋解决宋案对策，要求铲除腐败、专制。

5 月上旬，通电要求罢黜四凶：梁士诒、赵秉钧、陈宧、段芝贵，翦除袁世凯羽翼。

5 月中旬，赴武汉游说黎元洪。

5 月下旬，袁世凯下令授予章氏二级勋章一枚。章氏到京与袁面争。

6 月 4 日，离京南返回上海。

6 月 15 日，由蔡元培主婚，与汤国梨在哈同花园举行婚礼。

6 月 18 日，致电袁世凯及国务院，辞去东三省筹边使职务。

7 月 12 日，李烈钧在江西兴师讨袁，二次革命爆发，旋即失败。黄兴、孙中山先后离沪赴日，再度流亡。

8 月，章氏不愿再次亡命，为推动国民党、共和党议员合作，利用国会制定宪法及选举总统的机会同袁世凯一搏，决定冒危入京。

8 月 11 日，章太炎抵达北京，住化石桥共和党本部。袁氏党羽立即派四名巡警对章氏出入行动严密监视。

9 月下旬，发表《驳建立孔教议》，反对定孔教为国教。

10 月，袁世凯强迫国会选举他为正式大总统，章太炎痛骂袁贼。几次欲南归，都被军警阻止。

11 月，袁世凯企图以国史馆总裁及开设弘文馆为饵，诱使章氏缄口，为章所严词拒绝。袁氏所派军警加紧对章监视。

12 月，在共和党本部会议厅开办国学会，由章主讲经学、史学、玄学、小学。

民国三年（1914）

1 月，章太炎决定冒死出京。7 日晨，他只身一人赴总统府要求面见袁世凯。总统府秘书长梁士诒、国务总理熊希龄出面与章虚与委蛇。延至下午，章将招待室器物击毁几尽，被宪警押往石虎胡同军事教练处拘禁起来。消息传出，舆论哗然。

2 月 20 日，被移送南下洼龙泉寺，由京师警察厅总监吴炳湘负责监视。关于时局的所有文字均禁止外传。

6 月上旬，因幽居五个月，深为愤疾，开始绝食，持续七八日。引起各方关切。

6 月 16 日，被移至本司胡同铁如意轩医院，表面上撤走军警，章始复食。

7 月 24 日，经黎元洪等再三疏解，迁入东四牌楼钱粮胡同一家民房，由巡警充当门卫。但黄侃、钱玄同、吴承仕、周树人、朱希祖、许寿裳、马裕藻等一批学生获准可以前来探视。获得一定程度的读书和写作的自由。

秋、冬，开始修订《訄书》，改名为《检论》。

12 月，因为与章氏同住的黄侃突然被警察强制迁走，章氏再次绝食。经弟子再三劝解，吴炳湘答应放松对章氏门人及友朋入访的限制，他方才复食。

民国四年（1915）

4 月，上海国学书室出版钱须弥编《太炎最近文录》，收录章氏辛亥以来文电演说。章太炎对此书深为不满。

5 月，《国故论衡》增订完毕。《检论》定稿，共分九卷，正文六十篇，附录七篇，大半为新写或据《訄书》旧稿重新写定。

7 月，上海右文社出版《章氏丛书》，铅字排印，共两函二十四册，包括《春秋左传读叙录》一卷、《刘子政左氏说》一卷、《文始》九卷、《新方言》十一卷附《岭外三州语》一卷、《小学答问》一卷、《说文部首韵语》一卷、《庄子解故》一卷、《管子余义》一卷、《齐物论释》一卷、《国故论衡》三卷、《检论》九卷、《太炎文录初编》文录二卷别录三卷。

8 月，杨度、孙毓筠等成立筹安会，要求改共和国体为帝制。章太炎用七尺宣纸篆书“速死”二字高悬于壁，表示决不与帝制共存。

冬，口述玄理，令吴承仕笔述整理，是为《菿汉微言》。为反对袁世凯复辟帝制，秘密联络张謇、黎元洪等，筹划倒袁事宜。

民国五年（1916）

春，完成《菿汉微言》。

1 月，护国战争爆发，章太炎大为兴奋，图谋出京，未成。

4 月，为阻遏南军中以袁世凯退位为息兵条件的妥协倾向，撰写一份《对于时局之意见书》，托日本正金银行职员携出，转交南军，要求南军不要半途而废。

5 月 18 日，在日本海军军官安排下，以看病为名，换上和服，企图乘火车去天津转道南下，被监视的巡警发现，中途被强行截回。

6 月 6 日，袁世凯殒命。7 日，黎元洪继任大总统。由于身为内务总长的王揖唐多方留难阻挠，至 16 日章太炎方才获得自由。26 日离京南下。

7 月，返回上海，复返杭州。一再通电，反对取消南方各省独立和军务院，要求清除盘踞于中央的“国蠹”。但这些呼吁都未能奏效。

7 月中、下旬，与孙中山、黄兴等在沪相会，强调帝制余孽犹未剿除，墨吏贪人布满朝列，非震以雷霆霹雳之威，不足以廓清。

8 月下旬，南下两广护国军都司令所在地广东肇庆会见岑春煊、李根源等，责问他们余孽犹在，段祺瑞专恣，大难未已，何以轻于收束若是。见南方无可与谋者，遂出游南洋群岛。

12 月初，由南洋返沪。时黄兴已去世，冯国璋被选为副总统。知大乱之将作，便留住于沪。

民国六年（1917）

1月，拒绝担任国史馆馆长一职。

2月，致电黎元洪，反对加入协约国参加第一次世界大战。

3月，在上海发起成立亚洲古学会，以研究亚洲文学、联络感情为宗旨。

5月，为参战事，黎元洪与段祺瑞矛盾激化，黎免去段总理职务。章太炎与孙中山等多次通电支持黎。

7月，张勋拥废帝溥仪复辟，段祺瑞起兵“讨逆”，冯国璋取代黎为总统。章氏与孙中山等离沪赴粤，发动护法战争。

8月25日，齐集于广州的议员举行非常国会。

9月1日，军政府于广州成立，孙中山为大元帅，章太炎为秘书长。

9月，被任命为军政府总代表，经越南转道去昆明，赍送军政府元帅印信给唐继尧，说服唐支持护法。

11月，唐继尧组织滇黔联军进军四川，章氏被任命为联军总参议，随营行动。

12月4日，滇黔联军攻占重庆。孙、章一再要求唐率军顺流东下，皆为唐所拒绝，章遂离开唐继尧驻地云南毕节赴东川。

民国七年（1918）

春，在重庆等地讲学。为推动唐继尧所统领的滇、川、黔三省靖国联军和谭浩明所率领的湘桂联军进攻武汉，继续不断努力，俱无成效。

5月，护法军政府改组为七总裁合议制，岑春煊任主席。孙中山辞军政府大元帅职，离粤返沪。章太炎见护法事已无可为，离川入鄂，至利川蔡济民部驻地。欲归乡里，中阻宜昌，遂转往恩施唐克明军部驻地，在该地考察达两月。

7月，由恩施去来凤，在吴醒汉屯兵处逗留考察达两月。

9月，离恩施进入湘西，自沅陵出常德，渡洞庭，至夏口。

10月11日，返归上海。

12月初，发表长信，历述自己为唐继尧等参议的经过，揭露西南军阀所持乃“部落主义”，割据一方，断言“西南与北方者，一丘之貉而已”。

民国八年（1919）

2月，在沪组织护法后援会。

2月至5月，北洋政府徐世昌总统派遣朱启钤同护法军政府总代表唐绍仪在沪会谈议和。章太炎不断揭露徐世昌阴谋，八次致书唐绍仪，道其隐情，坚决反对同北洋政府妥协和议。五四运动中，上海国民大会指责南北议和为附贼，使议和不得已中断。

8月以后，南北议和恢复，章氏继续持反对态度。

《章氏丛书》浙江图书馆刊本问世，较上海右文社版新增《齐物论释重定本》、《太炎文录初编》补编、《菿汉微言》三种，校勘颇精，改正了右文社版不少差错。

民国九年（1920）

1月至3月，身患黄疸，病卧。

4月，劝导川军熊克武与湘军谭延闿互为唇齿援，建立川、湘同盟。是为倡导联省自治之先河。

6月，热病大作，几死。病中闻湘军克长沙，喜甚，兼以药治，热病寻愈。念军政府势力日衰，倡导建立各省自治同盟，以抗拒北洋军阀。接受章士钊建议，易自治同盟名为联省自治。

9月，以病愈返余杭旧居探视。

9月至10月，应谭延闿之邀至长沙，以联省自治说其人士，并劝说川军将领支持这一主张。

11月，发表《联省自治虚置政府议》。

民国十年（1921）

1月，发表与各省区自治联合会电，主张以各省自治为第一步，联省自治为第二步，联省政府为第三步。

1月至2月，支持四川刘湘、但懋辛实行川省自治。

5月，广东选举孙中山为非常大总统。孙邀请章太炎赴粤相助，章坚持联省自治主张，未应聘。

6月，浙江督军卢永祥宣布自治，章太炎认为卢只宜宣布自主，唯有浙人方可昌言自治。之所以如此，是因为章认为，卢并无真正进取之心。

《太炎学说》上、下卷由四川观鉴庐印行，上卷为章氏1918年在四川讲演记录，包括《说新文化与旧文化》、《说今日青年的弱点》、《说求学》、《说真如》、《说忠恕之道》、《说道德高于仁义》、《说职位》、《说音韵》、《说自心之思想迁变》；下卷为一批书札。

《章太炎的白话文》由泰东图书馆出版，系将《教育今语杂识》上所发表的演讲汇集编成。

民国十一年（1922）

4月至6月，应江苏教育会之邀，主讲国学，每周一次，共十次，讲题为《国学大概》、《治国学之法》、《经学之派别》、《哲学之派别》、《文学之派别》、《国学之进步》。听讲者多至三四百人，最少时亦七八十人。讲演记录有两个版本，一为曹聚仁所编《国学概论》，一为张冥飞所编《章太炎先生国学讲演集》。

5月至6月，直系军阀曹锟、吴佩孚为反对徐世昌，拟让黎元洪复大总统职。章致电曹、吴，指出他们不毅然废巡阅使，以自治还付省民，拥护黎元洪复位，“是谓囚尧”。又秘密致书黎元洪，要黎坚持以废督裁军为复位条件。但黎很快就宣布复总统职。

6月，通电反对以法统已恢复为名压迫南方各省，支持孙中山为南方自争生存而北伐。

6月15日，致书柳诒徵，感谢柳对自己先前诋孔之论所作的批评。

6月25日，提出《大改革议》，建议以联省自治取代中央集权，以联省参议院取代国会，以委员制取代总统制。

7月，参加上海八团体国是会议国宪草议委员会，力谋在宪法草案中贯彻自己的主张。

7月至8月，筹备建立联省自治促进会，负责宣言及章程等修改定稿事宜。

8月29日，黎元洪发布大总统令，授章氏勋章一枚。

10月，发表《时学箴言》。

民国十二年（1923）

2月，孙中山南下，于广州建立大元帅大本营。章认为此举于大局有益无害。

4 月，为反对直系军阀武力统一主义，以孙文、唐继尧等西南各省领袖名义发表通电，声明自今以后，西南各省决以推诚相见，共议图存，以抗直系。此电系章起草，征询孙中山等同意后发出。

5 月，返杭一周，参加浙江教育会召开的五四纪念会，发表演说。

6 月，直系军阀逼使黎元洪辞大总统职，控制北京政权。章一再通电抗议，建议黎元洪与国会议员南下。

8 月，发起在沪召集各省代表会议，未成。

9 月，创办《华国月刊》，在沪出版。

10 月，曹锟贿选为总统。章太炎建议西南或再设军政府，或建立各省攻守同盟，与北京政府相抗。

民国十三年（1924）

1 月，发表《与章行严论改革国会书》，主张以选举元首、批准宪法之权还之国民、监督政府当规复给事中、监督官吏当规复监察御史。

7 月，联省自治促进会在沪开第三次筹备会，章为主席，要求打破旧有一切团体，以联治主义为结合之中心。

8 月，于《华国月刊》发表《救学弊论》。

11 月，冯玉祥倒戈使曹锟被逐后，章太炎发表改革意见书，认为统一不如分治，中央实行总统制不如改行委员制。同时，倡导长江流域之鄂、赣、闽、皖、苏、浙六省自治。

12 月，段祺瑞函聘章太炎为执政府高等顾问，章将原聘书退回。

冬，与冯自由、居正、田桐等共同发出《护党救国公函》，要求同盟旧人重新集合团体。

《清建国别记》撰成印行。《猝病新论》四卷完成。上海古书流通处印行《章太炎先生所著书》。

民国十四年（1925）

1 月，段祺瑞邀请章氏赴京出席善后会议，章拒绝参加。

2 月，与唐绍仪等组织辛亥同志俱乐部。

6 月，发出《为上海英租界巡捕惨杀学生通电》，要求收回租界市政。发表谈话，支持实行经济绝交，说明军阀已不可恃，所可恃者惟吾民众。

9 月，应湖南省长赵恒惕之邀，赴长沙主考知事。中途在汉口会见萧耀南，在岳阳会见吴佩孚。

10 月，吴佩孚在汉口就任十四省联军总司令，聘章氏为总参议，章辞谢，建议吴顺从民意，实行联省自治。

11 月，发起召开苏、浙、皖、闽、赣五省协会，辅助及监督五省总司令之行动，商讨五省兴革之事。

12 月，发表外交政策通电，反对冯玉祥联俄。

民国十五年（1926）

1 月，发表对时局意见，认为国内之问题，打倒赤化较之护法倒段为更引人注意。

2 月，应五省联军总司令孙传芳之邀赴宁商议时局问题。

4 月，在沪组织反赤救国大联合，任理事。又参与发起成立国民外交协会，任名誉会长。

6 月，任国民大学校长。

7 月，与太虚法师等组织佛化教育会。

8 月，应孙传芳及江苏省长陈陶遗之邀，到南京就任修订礼制会会长，行雅歌投壶礼。

8 月 13 日，通电全国，反对蒋介石组织北伐。

民国十六年（1927）

5 月至 6 月，被指为第一名学阀，由上海特别市党部临时执委会呈请国民党中央加以通缉。

7 月至 11 月，居同孚路赁寓，终日宴坐，兼治宋明儒学，借以惩忿，如是四个月。蔡元培欲章往南京参预教育，张静江求为其父作墓表，皆拒绝之，表示宁作民国遗民。

民国十七年（1928）

撰写《自定年谱》，止于民国十一年。除作诗写字外，余更无事。

6 月，黎元洪死于天津。章氏挽联下署“中华民国遗民章炳麟哀挽”。

11 月，在招商局轮船公司招待新闻界席上抨击国民党以党治国乃是以党员治国，攫夺国民政权，主张国民应起而讨伐之。上海市党务指导委员会要求按照惩戒反革命条例对章氏加以通缉。

民国十八年（1929）

终年闭门杜客，“故书适一启，蠹食殊无绶”。对国事、学术俱保持缄默。

民国十九年（1930）

撰成《春秋左氏疑义答问》。

民国二十年（1931）

继续蛰居。

九一八事变后，通信中多次议论时事，对蒋介石、张学良拱手将奉、吉让予日本不满，也不满粤方乘机倒蒋，以为蒋为秦桧，粤则石敬瑭。

民国二十一年（1932）

1 月，与熊希龄、马相伯等组织中华民国国难救济会，通电要求国民党各派系或联合全民总动员，收复失地，或归政全民，召集国民会议，产生救国政府，俾全民共同奋斗。

2 月下旬，离沪北上。在天津与段祺瑞讨论时局。

3 月，在北平会见张学良、吴佩孚。坚持对日本之侵略唯有一战，号召全国舆论一致督促政府实现此事。同时，在燕京大学、北京师范大学演讲。

4 月，致书顾维钧，要他和国际联盟调查团同到东北，以彰日人之暴行，启国联之义愤。

5 月，将《章氏丛书续编》稿本交弟子钱玄同等，令其梓行。

5 月下旬，离北平赴济南，至青岛，在青岛大学等处演讲。

6 月，返沪。盛暑中撰成《太史公古文尚书说》等。

秋，赴苏州讲学，讲《儒行要旨》、《大学大义》等，为期一月。

民国二十二年（1933）

1 月，国学会在苏州成立，李根源为主任干事，章列名会籍，并撰国学会会刊宣言。

同月，冯玉祥派代表来沪与章氏联络，章给予支持，并在给冯信中批评蒋介石置外患于不顾，西上剿共，系步西太后“宁送朋友，不送家奴”之后尘。

2月，与马相伯联合发表宣言，痛斥日本制造伪满洲国，说明东三省历来是中国领土。

3月3日，发表呼吁抗日电，批评国民政府成立以来，勇于私斗，怯于公战，九一八以来，继续以剿匪为名，自图卸责，致使热河又复沦陷，此乃自绝于国人，甘心于奴隶者。

3月中旬，赴无锡，在无锡国学专门学校讲演，提倡读史，注意全国之兴亡。

4月1日，与马相伯、沈恩孚联合宣言，反对当局阳示抵抗以息人言，阴作妥协以受敌饵。

4月上旬，张继受命劝告章氏安心讲学，勿议时事，章复信指责张这样做是“效厉王之监谤”，悲愤地说：“惟望以中华民国人民之名表吾墓道，乃今亦几不可得。”

4月27日，与马相伯联合通电，警告国人毋幸喜峰口小胜，警告当局“勿幸小胜而忘大虞，勿狃近忧而忽远虑”。

5月，与马相伯联合通电，支持冯玉祥发动察哈尔抗战。

10月10日，作《民国光复》讲演，说明政治至今只有纷乱而无改良，革命尚未成功。

10月下旬，赴无锡国学专门学校讲学。

《章氏丛书续编》于6月在北平印行，收录著作七种：《广论语骈枝》一卷、《体撰录》一卷、《太史公古文尚书说》一卷、《古文尚书拾遗》二卷、《春秋左氏疑义答问》五卷、《新出三体石经考》一卷、《菿汉昌言》六卷。

民国二十三年（1934）

春、夏间，国民党当局加紧取缔抗日言论，章发起成立光复学会，意在以学术振起人心。

秋，由上海迁居苏州。

冬，发起开办章氏国学讲习会。

民国二十四年（1935）

春，李烈钧、居正等举荐章氏为南京政府高等顾问，章请李根源代为婉辞。陈济棠邀请章氏赴广州讲学，章适逢鼻菌作衄，未能成行。

3月，蒋介石派丁惟汾至苏州慰问，并赠万元为疗疾费。章即将此款移作章氏国学讲习会经费。

4月，开办章氏星期讲习会，共九期，讲题为《说文解字序》、《白话与文言之关系》、《论读经有利而无弊》、《论经史实录不应无故怀疑》、《再释读经之异议》、《论经史儒之分合》等，一一都有记录单行出版。

6月，答张季鸾问政书，号召提倡民族主义之精神。

9月，章氏国学讲习会于苏州锦帆路五十号章氏宅邸正式开办，学生一百多人。同月，《制言》半月刊创刊，由章任主编。其宗旨是研究中国固有文化，造就国学人才。

12月，北平学生于九日、十六日示威，平津卫戍司令宋哲元发出告学生书，指责有共党分子欺骗煽动，表示对他们决予以适当之制止。章氏致电宋哲元："学生请愿，事出公诚。纵有加入共党者，但问今之主张何如，何论其平素？"上海学生赴南京请愿，列车过苏州，章派代表慰劳，要求当局不应贸然加以共产头衔，武力制止。

民国二十五年（1936）

冬、春间，于章氏国学讲习会议授《小学略说》、《经学略说》、《史学略说》、《诸子学略说》，俱有讲演记录刊行。续讲《尚书》。

3月，发起由四十年间及门弟子组织一学会。

5月，《尚书》讲毕，新开《说文部首》。鼻衄病急，仍手定《古文尚书拾遗定本》，坚持讲课。

6月4日，致书蒋介石，以为今之国计，领土未亡者不可不加意顾全。建议驱使共党出塞，即以绥远一区处之，姑以民军视之，使之与日军相抗。要求蒋氏开诚布公，以悬群众，使将相之视枢府，犹手足之扞头目。

6月上旬，病势弥重。草遗嘱，仅二语："设有异族入主中夏，世世子孙毋食其官禄。"

6月14日，因鼻衄病和胆囊炎等于晨七时三刻去世。时人评为革命元勋、国学泰斗。国民政府7月9日发布国葬令，称："宿儒章炳麟，性行耿介，学问淹通。早岁以文字提倡民族革命，身遭幽禁，义无屈挠。嗣后抗拒帝制，奔走护法，备尝艰险，弥著坚贞。居恒研精经术，抉奥钩玄，究其诣极，有逾往哲。所至以讲学为事，岿然儒宗，士林推重。"

根据章太炎生前愿望，墓址选择杭州西湖畔张苍水墓侧。因七七事变爆发，战火逼近苏州，灵柩暂厝于家邸花园利用原鱼池做成的墓穴内。直至 1955 年 4 月 3 日方迁葬于杭州南屏山北麓张苍水墓东南。1966 年秋被掘墓曝尸，墓地后被辟为菜圃。1981 年 10 月找到遗骨，墓被修复。墓碑铭文系章氏被袁世凯囚系期间所自书“章太炎之墓”。

中国近代思想家文库

方东树、唐鉴卷	黄爱平、吴杰　编
包世臣卷	刘平、郑大华　主编
林则徐卷	杨国桢　编
姚莹卷	施立业　编
龚自珍卷	樊克政　编
魏源卷	夏剑钦　编
冯桂芬卷	熊月之　编
曾国藩卷	董丛林　编
左宗棠卷	杨东梁　编
洪秀全、洪仁玕卷	夏春涛　编
郭嵩焘卷	熊月之　编
王韬卷	海青　编
张之洞卷	吴剑杰　编
薛福成卷	马忠文、任青　编
经元善卷	朱浒　编
沈家本卷	李欣荣　编
马相伯卷	李天纲　编
王先谦、叶德辉卷	王维江、李鹜哲、黄田　编
郑观应卷	任智勇、戴圆　编
马建忠、邵作舟、陈虬卷	薛玉琴、徐子超、陆烨　编
黄遵宪卷	陈铮　编
皮锡瑞卷	吴仰湘　编
廖平卷	蒙默、蒙怀敬　编
严复卷	黄克武　编
夏震武卷	王波　编
陈炽卷	张登德　编
汤寿潜卷	汪林茂　编
辜鸿铭卷	黄兴涛　编

康有为卷	张荣华　编
宋育仁卷	王东杰、陈阳　编
汪康年卷	汪林茂　编
宋恕卷	邱涛　编
夏曾佑卷	杨琥　编
谭嗣同卷	汤仁泽　编
吴稚晖卷	金以林、马思宇　编
孙中山卷	张磊、张苹　编
蔡元培卷	欧阳哲生　编
章太炎卷	姜义华　编
金天翮、吕碧城、秋瑾、何震卷	夏晓虹　编
杨毓麟、陈天华、邹容卷	严昌洪、何广　编
梁启超卷	汤志钧　编
杜亚泉卷	周月峰　编
张尔田、柳诒徵卷	孙文阁、张笑川　编
杨度卷	左玉河　编
王国维卷	彭林　编
黄炎培卷	余子侠　编
胡汉民卷	陈红民、方勇　编
陈撄宁卷	郭武　编
章士钊卷	郭双林　编
宋教仁卷	郭汉民、暴宏博　编
蒋百里、杨杰卷	皮明勇、侯昂妤　编
江亢虎卷	汪佩伟　编
马一浮卷	吴光　编
师复卷	唐仕春　编
刘师培卷	李帆　编
朱执信卷	谷小水　编
高一涵卷	郭双林、高波　编
熊十力卷	郭齐勇　编
任鸿隽卷	樊洪业、潘涛、王勇忠　编
张东荪卷	左玉河　编
丁文江卷	宋广波　编

钱玄同卷	张荣华　编
张君劢卷	翁贺凯　编
赵紫宸卷	赵晓阳　编
李大钊卷	杨琥　编
李达卷	宋俭、宋镜明　编
张慰慈卷	李源　编
晏阳初卷	宋恩荣　编
陶行知卷	余子侠　编
戴季陶卷	桑兵、朱凤林　编
胡适卷	耿云志　编
郭沫若卷	谢保成、魏红珊、潘素龙　编
卢作孚卷	王果　编
汤用彤卷	汤一介、赵建永　编
吴耀宗卷	赵晓阳　编
顾颉刚卷	顾潮　编
张申府卷	雷颐　编
梁漱溟卷	梁培宽、王宗昱　编
恽代英卷	刘辉　编
金岳霖卷	王中江　编
冯友兰卷	李中华　编
傅斯年卷	欧阳哲生　编
罗家伦卷	张晓京　编
萧公权卷	张允起　编
常乃悳卷	查晓英　编
余家菊卷	余子侠、郑刚　编
瞿秋白卷	陈铁健　编
潘光旦卷	吕文浩　编
朱谦之卷	黄夏年　编
陶希圣卷	陈峰　编
钱端升卷	孙宏云　编
王亚南卷	夏明方、杨双利　编
黄文山卷	赵立彬　编
雷海宗、林同济卷	江沛、刘忠良　编

贺麟卷	高全喜　编
陈序经卷	田彤　编
徐复观卷	干春松　编
巨赞卷	黄夏年　编
唐君毅卷	单波　编
牟宗三卷	王兴国　编
费孝通卷	吕文浩　编

图书在版编目（CIP）数据

中国近代思想家文库．章太炎卷/姜义华编．—北京：中国人民大学出版社，2015.1

ISBN 978-7-300-19390-8

Ⅰ．①中… Ⅱ．①姜… Ⅲ．①思想史-研究-中国-近代②章太炎（1869～1936)-思想评论 Ⅳ．①B250.5

中国版本图书馆 CIP 数据核字（2015）第 017081 号

中国近代思想家文库
章太炎卷
姜义华　编
Zhang Taiyan Juan

出版发行	中国人民大学出版社		
社　　址	北京中关村大街 31 号	**邮政编码**	100080
电　　话	010－62511242（总编室）		010－62511770（质管部）
	010－82501766（邮购部）		010－62514148（门市部）
	010－62515195（发行公司）		010－62515275（盗版举报）
网　　址	http://www.crup.com.cn		
经　　销	新华书店		
印　　刷	涿州市星河印刷有限公司		
开　　本	720 mm×1000 mm　1/16	**版　　次**	2015 年 1 月第 1 版
印　　张	31.75 插页 1	**印　　次**	2025 年 4 月第 3 次印刷
字　　数	507 000	**定　　价**	113.00 元